Handbuch Geschlechterforschung
und Fachdidaktik

Marita Kampshoff · Claudia Wiepcke
(Hrsg.)

Handbuch Geschlechterforschung und Fachdidaktik

Herausgeberinnen
Prof. Dr. Marita Kampshoff
Pädagogische Hochschule
Schwäbisch Gmünd
Deutschland

Prof. Dr. Claudia Wiepcke
Pädagogische Hochschule
Weingarten
Deutschland

ISBN 978-3-531-18222-3
DOI 10.1007/978-3-531-18984-0

ISBN 978-3-531-18984-0 (eBook)

Die Deutsche Nationalbibliothek verzeichnet diese Publikation in der Deutschen Nationalbibliografie; detaillierte bibliografische Daten sind im Internet über http://dnb.d-nb.de abrufbar.

Springer VS
© VS Verlag für Sozialwissenschaften | Springer Fachmedien Wiesbaden 2012
Das Werk einschließlich aller seiner Teile ist urheberrechtlich geschützt. Jede Verwertung, die nicht ausdrücklich vom Urheberrechtsgesetz zugelassen ist, bedarf der vorherigen Zustimmung des Verlags. Das gilt insbesondere für Vervielfältigungen, Bearbeitungen, Übersetzungen, Mikroverfilmungen und die Einspeicherung und Verarbeitung in elektronischen Systemen.

Die Wiedergabe von Gebrauchsnamen, Handelsnamen, Warenbezeichnungen usw. in diesem Werk berechtigt auch ohne besondere Kennzeichnung nicht zu der Annahme, dass solche Namen im Sinne der Warenzeichen- und Markenschutz-Gesetzgebung als frei zu betrachten wären und daher von jedermann benutzt werden dürften.

Einbandentwurf: KünkelLopka GmbH, Heidelberg

Gedruckt auf säurefreiem und chlorfrei gebleichtem Papier

Springer VS ist eine Marke von Springer DE. Springer DE ist Teil der Fachverlagsgruppe
Springer Science+Business Media.
www.springer-vs.de

Inhalt

1 Einleitung: Zur Bedeutung der Geschlechterforschung in der Fachdidaktik 1
Marita Kampshoff und Claudia Wiepcke

Teil I Grundlagen 9

2 Grundlagen der Allgemeinen Didaktik und der Fachdidaktiken 11
Karl-Heinz Arnold und Anne-Elisabeth Roßa

3 Schule und Genderforschung 25
Hannelore Faulstich-Wieland und Marianne Horstkemper

4 Feministische- und Geschlechtertheorien 39
Paula-Irene Villa

Teil II Schulfächer 53

5 Didaktik der Arbeitslehre und Geschlechterforschung 55
Marianne Friese

6 Grundlagen und Visionen einer genderreflexiven Biologiedidaktik 69
Kerstin Palm

7 Genderforschung in der Chemie- und Physikdidaktik 83
Anja Lembens und Ilse Bartosch

8 Didaktik des Deutschunterrichts: Literaturdidaktik und Geschlechterforschung 99
Toni Tholen und Kerstin Stachowiak

9 Didaktik des Deutschunterrichts: Geschlechterforschung und Schriftsprachdidaktik 113
Sigrun Richter

10 Zur Situation der Geschlechterforschung in der Fachdidaktik Ethik 127
Eva Marsal und Takara Dobashi

11	**Geschlechterforschung und Englisch-Literaturdidaktik**	141
	Renate Haas	
12	**Geschlechterforschung und Fachdidaktik: Sprachdidaktik Englisch**	155
	Gabriele Linke	
13	**Geschlechterforschung und Fachdidaktik Französisch (mit Hinweisen auf Fachdidaktik Spanisch)**	169
	Matthias Grein	
14	**Didaktik der Geschichte – Geschlechterkonstruktionen historisch erzählen**	185
	Martin Lücke	
15	**Haushaltslehre – Vom Emanzipations- zum Kompetenzdiskurs**	199
	Silke Bartsch und Barbara Methfessel	
16	**Gender im naturwissenschaftlichen Unterricht**	213
	Gertraud Benke	
17	**Geschlechterforschung und Politikdidaktik**	229
	Christian Boeser	
18	**Perspektiven einer geschlechterbewussten Religionsdidaktik**	245
	Rita Burrichter	
19	**Genderforschung in der Sachunterrichtsdidaktik**	259
	Astrid Kaiser	
20	**Geschlechterforschung und Sportdidaktik**	273
	Petra Gieß-Stüber	
21	**Geschlechtergerechte Technikdidaktik**	287
	Anita Thaler und Birgit Hofstätter	
22	**Wirtschaftsdidaktik und Geschlechterforschung**	299
	Claudia Wiepcke	
Teil III	**Wissenschaftsdisziplinen**	315
23	**Genderdimensionen in der Hochschuldidaktik-Forschung**	317
	Sigrid Metz-Göckel	
24	**Geschlechtergerechte Informatik-Ausbildung an Universitäten**	331
	Britta Schinzel	
25	**Geschlechterorientierte Didaktik in den Ingenieurwissenschaften**	345
	Susanne Ihsen	
26	**Geschlechterforschung in der Schulpädagogik**	357
	Martina Walther	

Inhalt

27 Geschlechterforschung, Psychologie und ihre Didaktik 371
Gisela Steins

Teil IV Querschnittsdisziplinen 385

28 Geschlechtergerechtigkeit im Anfangsunterricht? 387
Agi Schründer-Lenzen

29 Ästhetische Bildung: Differenz und sinnliche Wahrnehmung 401
Jeannette Windheuser

30 Querschnitt – Gender in der Didaktik der Beruflichen Bildung 415
Ilona Ebbers

31 Erwachsenenbildung, Gender und Didaktik 429
Anne Schlüter und Babette Berkels

32 Geschlechtertrennung ja oder nein?! 443
Marita Kampshoff

**33 Geschlechterforschung und Gesundheitsförderung: Anforderungen
an die Fachdidaktik** 455
Birgit Babitsch und Ingeborg Jahn

34 Geschlecht(erforschung) in der Interkulturellen Pädagogik 471
Leonie Herwartz-Emden und Wiebke Waburg

**35 Die Kategorie Geschlecht in Umwelt-/Nachhaltigkeitswissenschaften
und -bildung** 485
Sabine Hofmeister

36 Schulische Mobilitätserziehung aus der Geschlechterperspektive 499
Maria Limbourg

Autoren- und Autorinnenverzeichnis

Dr. phil. Karl-Heinz Arnold Professor für Schulpädagogik an der Universität Hildesheim. Forschungsschwerpunkte: Allgemeine Didaktik, Lehrerbildungsforschung, Entwicklung sozialer Fähigkeiten, Pädagogische Diagnostik.

Dr. Birgit Babitsch Professorin und Leiterin des Fachgebietes New Public Health im Fachbereich Humanwissenschaften der Universität Osnabrück. Forschungsschwerpunkte: Sozialepidemiologie, Gender und Diversity in Global Public Health, Kinder- und Jugendgesundheit, Versorgungsforschung, Multiprofessionelle Zusammenarbeit.

Dr. Ilse Bartosch Universität Wien, Didaktik der Physik und E-Learning. Arbeitsschwerpunkte: Lehr-Lern-Prozesse, Gender und Diversität im Physikunterricht, Natur der Naturwissenschaft.

Dr. Silke Bartsch Professorin für Haushalts- und Ernährungswissenschaften und deren Didaktik in der Abteilung Alltagskultur und Gesundheit an der Pädagogischen Hochschule Karlsruhe. Forschungsschwerpunkte: Essverhalten von Jugendlichen, Ernährungs- und Verbraucherbildung.

Dr. Gertraud Benke Assistenzprofessorin am Institut für Unterrichts- und Schulentwicklung an der Universität Klagenfurt. Forschungsschwerpunkte: Unterrichtskommunikation und Lernprozessen im Unterricht, Kommunikation und Geschlecht sowie situierte Kognition.

Dipl.-Päd. Babette Berkels Wissenschaftliche Mitarbeiterin im Institut für Berufs- und Weiterbildung an der Fakultät für Bildungswissenschaften an der Universität Duisburg-Essen. Forschungsschwerpunkte: Mentoring, Biographieforschung.

Dr. phil. Christian Boeser Akademischer Oberrat am Lehrstuhl für Pädagogik mit Schwerpunkt Erwachsenen- und Weiterbildung an der Universität Augsburg. Forschungsschwerpunkte: Geschlechtsspezifische Aspekte in der politischen Bildung und Netzwerke in der politischen Bildung.

Dr. theol. Rita Burrichter geb. 1961. Professorin für Praktische Theologie im Institut für Katholische Theologie der Universität Paderborn. Forschungsschwerpunkte: Ästhetische Fragen im Horizont religiösen Lernens und bildungstheoretische sowie bildungspraktische Fragen zu Rezeptions- und Transformationsprozessen im Bereich religiöser Kunst und Architektur. Fragen zum Umgang mit religiöser Differenz im Horizont gesellschaftlicher Pluralisierung und Individualisierung mit Schwerpunkten im Bereich der Auseinandersetzung mit Religion und Religiosität in der Alltagskultur und in popkulturellen Zusammenhängen.

Dr. Dr. hc. Takara Dobashi geb. 1949. Professor für Philosophie und Pädagogik an der Hiroshima University/ Japan. Sprecher der Deutsch-Japanischen Forschungsinitiative zum Philosophieren mit Kindern (DJFPK). Forschungsschwerpunkte: Goethe, Bildungsdenken im deutschen Klassizismus, Hermeneutik des Lernens, Humanitätsidee. Lebenslanges Lernen, Ethikdidaktik, Philosophieren mit Kindern, Spiel als Kulturtechnik.

Dr. Ilona Ebbers Professorin für Wirtschaftswissenschaften und ihre Didaktik am Internationalen Institut für Management und ökonomische Bildung an der Universität Flensburg. Arbeitsschwerpunkte: Entrepreneurship Education, Gender als didaktische Kategorie, Diversity Education in der ökonomischen Bildung.

Dr. phil. habil. Hannelore Faulstich-Wieland geb. 1948. Universitätsprofessorin für Erziehungswissenschaft an der Universität Hamburg. Forschungsschwerpunkte: Geschlechterverhältnisse im Bildungssystem, Koedukation, Geschlecht und naturwissenschaftliche Bildung, Geschlecht und Berufsorientierung.

Dr. Marianne Friese Professorin für Erziehungswissenschaft mit dem Schwerpunkt Berufspädagogik/Arbeitslehre an der Justus-Liebig-Universität Gießen, Arbeitsschwerpunkte: Berufliche Aus- und Weiterbildung, Berufswahl, Berufsorientierung, Berufsvorbereitung, Lehrer/innenbildung, Organisationsentwicklung, Professionalisierung, Personenbezogene Dienstleistungsberufe, Gender, Berufliche Integrationsförderung, Evaluation und Netzwerkbildung.

Dr. Petra Gieß-Stüber Professorin am Institut für Sport und Sportwissenschaft der Albert-Ludwigs-Universität Freiburg. Arbeitsschwerpunkte: geschlechtsbezogene Sportpädagogik, Unterrichtsforschung, Sport und Integration, interkulturelle Erziehung im Sport, Sportentwicklungsplanung.

Matthias Grein M. A. Wissenschaftlicher Mitarbeiter Didaktik der Romanischen Sprachen an der Universität Hamburg. Arbeitsschwerpunkte: Die Kategorie Geschlecht im Französischunterricht.

Autoren- und Autorinnenverzeichnis

Dr. Renate Haas Professorin am Englischen Seminar der Christian-Albrechts-Universität Kiel. Arbeitsschwerpunkte: Literaturwissenschaft und -didaktik, Geschichte der Anglistik/ Amerikanistik, insbesondere als europäischer Disziplin, Gender Studies.

Dr. Leonie Herwartz-Emden Universitätsprofessorin für Pädagogik der Kindheit und Jugend an der Philosophisch-Sozialwissenschaftlichen Fakultät der Universität Augsburg, Arbeitsschwerpunkte: interkulturell-vergleichende Forschung, empirische Bildungsforschung mit Schwerpunkt: Migration, Akkulturation und Schule; Einwandererfamilien und kulturspezifische Sozialisation; Methode und Methodologie kulturvergleichender Forschung; Interkulturelle Pädagogik, Forschung im Bereich der ‚Gender-Studies' in Fragen der Biographie und Bildungsverläufen, der geschlechtsspezifischen Sozialisation in Kindheit und Jugend, Koedukation und Monoedukation.

Dr.-Ing. Sabine Hofmeister Universitätsprofessorin am Institut für Nachhaltigkeitssteuerung, Fakultät Nachhaltigkeit, Leuphana Universität Lüneburg. Arbeitsschwerpunkte: Nachhaltige Raumentwicklung, Soziale Ökologie, Geschlechterverhältnisse und Nachhaltigkeit.

Birgit Hofstätter Mag.ª IFZ – Interuniversitäres Forschungszentrum für Technik, Arbeit und Kultur an der Alpen-Adria-Universität Klagenfurt|Wien|Graz. Arbeitsschwerpunkte: Repräsentation und Reproduktion von Geschlechterverhältnissen in Medien, Technikforschung und Geschlecht, Monoedukation in der Technik-Bildung.

Dr. phil. Marianne Horstkemper Professorin (em.) für Schulpädagogik/ Unterrichtsforschung an der Universität Potsdam. Arbeitsschwerpunkte: Allgemeine Didaktik und empirische Schulforschung, Geschlechterverhältnisse in der Schule, Koedukation, Unterrichts- und Schulentwicklung.

Dr. phil. Susanne Ihsen geb. 1964. Sozialwissenschaftlerin. Professorin für Gender Studies in Ingenieurwissenschaften an der Technischen Universität München. Forschungsschwerpunkte: Nachhaltigkeitsforschung in Genderprojekten, Diversity in der Technikentwicklung, erfolgreiche Karriereverläufe von Frauen in Wirtschaft und Wissenschaft, Diversity-Management in Hochschule und Unternehmen, Gender und Diversity in Studium und Weiterbildung.

Dr. phil. Ingeborg Jahn geb. 1953. Wissenschaftliche Mitarbeiterin am BIPS – Institut für Epidemiologie und Präventionsforschung GmbH. Forschungsschwerpunkte: Frauen- und Geschlechterforschung in Epidemiologie und Public Health, Sozialepidemiologie, Evaluation und Qualitätsentwicklung in Prävention und Gesundheitsförderung.

Dr. phil. Astrid Kaiser geb. 1948. Professorin für Didaktik des Sachunterrichts an der Carl von Ossietzky Universität Oldenburg. Arbeitsschwerpunkte: Erziehungswissenschaftliche

Genderforschung, Sachunterrichtsdidaktik, Forschung zum Übergang Elementarbereich/ Primarbereich, Energiebildung, didaktische Rekonstruktion.

Dr. Marita Kampshoff Professorin für Erziehungswissenschaft mit dem Schwerpunkt empirische Unterrichtsforschung an der Pädagogischen Hochschule Schwäbisch Gmünd. Arbeitsschwerpunkte: genderbezogene Schul(leistungs) und Unterrichtsforschung, Heterogenität in Schule und Unterricht, Chancengleichheit im Bildungswesen, Kinder- und Jugendforschung.

Dr. Anja Lembens Professorin am Österreichischen Kompetenzzentrum für Didaktik der Chemie, Universität Wien. Arbeitsschwerpunkte: Entwicklung eines angemessenen Wissenschafts-verständnisses, Natur der Naturwissenschaft, Inquiry Based Science Education, Kompetenzorientiertes Lehren und Lernen.

Dr. Maria Limbourg geb. 1945. em. Universitätsprofessorin für Erziehungswissenschaft mit dem Schwerpunkt „Mobilitätspädagogik" an der Universität Duisburg-Essen. Forschungsschwerpunkte: Erlebens- und Verhaltensweisen sowie Risikowahrnehmung von Kindern und Jugendlichen im Straßenverkehr, Entwicklung von mobilitätspädagogischen Ansätzen für diese Altersgruppen.

Dr. Gabriele Linke Professorin am Institut für Anglistik/Amerikanistik an der Universität Rostock. Arbeitsschwerpunkt in der Englischdidaktik: Kultur- und Mediendidaktik, Arbeitsschwerpunkte Kulturstudien: Autobiographie-Studien; Filmstudien.

Dr. phil. Martin Lücke geb. 1975. Professor für Didaktik der Geschichte an der Freien Universität Berlin. Forschungsschwerpunkte: Geschlechter- und Sexualitätsgeschichte, Diversity- und Intersectionality Studies, historisches Lernen zur Shoah.

Dr. Dipl. Psych. Eva Marsal geb. 1948. Professorin für Philosophie und Ethik an der Pädagogischen Hochschule Karlsruhe, Stipendiatin der Japan Society for the Promotion of Science (JSPS) und Sprecherin der Deutsch-Japanischen Forschungsinitiative zum Philosophieren mit Kindern (DJFPK). Forschungsschwerpunkte: Philosophie der Person, Nietzsche, Ethikdidaktik, Philosophieren mit Kindern, Gender, Spiel als Kulturtechnik.

Dr. phil. Dipl. troph. Barbara Methfessel geb. 1950. Professorin in der Abteilung Ernährungs- und Haushaltswissenschaft und ihre Didaktik (Fach: Alltagskultur und Gesundheit) an der Pädagogischen Hochschule Heidelberg. Forschungsschwerpunkte: Ernährungs- und Verbraucherbildung, Ernährung und Esskultur, Ernährung, Lebensführung und Gesundheit.

Dr. phil. em. Sigrid Metz-Göckel Professorin und Leiterin des Hochschuldidaktischen Zentrums sowie der Frauenstudien der Technischen Universität Dortmund bis Juli 2005.

Aktuelle Forschungsschwerpunkte in der Frauen- und Geschlechterforschung: Pendelmigration von Polinnen ins Ruhrgebiet, Elternschaft und Wissenschaftskarriere, Geschlechterdimensionen der Hochschul- und Fachkulturforschung.

PD Dr. rer. nat. Kerstin Palm geb. 1961. Gastprofessorin für Gender & Science an der Universität Basel. Forschungsschwerpunkte: Genderforschung der Naturwissenschaften insb. Epistemologie und Kulturgeschichte der Biologie aus der Genderperspektive.

Dr. Dipl.-Psych., em. Sigrun Richter Professorin für Grundschulpädagogik und -didaktik an der Universität Regensburg. Arbeitsschwerpunkte: Schriftspracherwerb mit den Schwerpunkten Rechtschreibentwicklung und Geschlechterdifferenzen Aktuell: Entwicklung eines geschlechterfairen Rechtschreibtests.

Anne-Elisabeth Roßa Stipendiatin Promotionskolleg Unterrichtsforschung des Centrums für Bildungs- und Unterrichtsforschung (CeBU) an der Universität Hildesheim. Forschungsschwerpunkt: Lehrerbildungsforschung. Arbeitsschwerpunkte: Allgemeine Didaktik, Fachdidaktik, Lehrerbildungsforschung.

Dr. Britta Schinzel geb. 1943. Em. Professorin für Informatik und Gesellschaft am Institut für Informatik und Gesellschaft an der Universität Freiburg. Forschungsschwerpunkte: Theorie der Informatik, Rechtsinformatik, Informatik und Geschlecht, Neue Medien in der Hochschullehre in Forschung, Entwicklung und Anwendung, Normen und Normalisierungen durch Bild gebende Verfahren in der Biomedizin.

Dr. Agi Schründer-Lenzen Professorin für Allgemeine Grundschulpädagogik und -didaktik an der Universität Potsdam. Forschungsschwerpunkte: Umgang mit sprachlich-kultureller Heterogenität in Schule und Unterricht Didaktische Konzepte des Schriftspracherwerbs Empirische Schul- und Unterrichtsforschung.

Dr. Anne Schlüter geb. 1950. Professorin für Weiterbildung und Frauenbildung im Institut für Berufs- und Weiterbildung an der Universität Duisburg-Essen. Forschungsschwerpunkte: Bildungs- und Biographieforschung, Erwachsenenbildung und Genderforschung, aktuell insbesondere Frauen in Leitungsfunktionen in Bildungseinrichtungen.

Dr. Diplom-Psychologin Gisela Steins geb. 1963. Professorin für Allgemeine Psychologie und Sozialpsychologie, Fakultät für Bildungswissenschaften an der Universität Duisburg-Essen. Tätig in der Lehrer- und Lehrerinnen-Ausbildung. Forschungsschwerpunkt: Die Bedeutung und die Veränderung von Interaktionen in Erziehungs- und Bildungskontexten.

Kerstin Stachowiak (Master of Education) Wissenschaftliche Mitarbeiterin am Institut für deutsche Sprache und Literatur der Universität Hildesheim. Arbeitsschwerpunkte:

Geschlechtersensible Literaturdidaktik, literatursoziologische Betrachtung von Geschlechterrollen in der Kinder- und Jugendliteratur und in deren Medienverbünden.

Dr. in Anita Thaler IFZ – Interuniversitäres Forschungszentrum für Technik, Arbeit und Kultur an der Alpen-Adria-Universität Klagenfurt|Wien|Graz. Arbeitsschwerpunkte: Wissenschafts- und Technikforschung: Analyse von Technik- und Geschlechterwissen, sowie von Geschlechterdimensionen im Berufsfeld Wissenschaft und Technik; Bildungs- und Evaluationsforschung: Analysen formeller und informeller Technik-Lernszenarien.

Dr. Toni Tholen Professor am Institut für deutsche Sprache und Literatur der Universität Hildesheim. Arbeitsschwerpunkte: Literatur- und kulturwissenschaftliche Männlichkeitsforschung, geschlechtersensible Literaturdidaktik, Narrationen von Familie und Geschlecht in der Gegenwartsliteratur, Literaturwissenschaft als „Lebenswissenschaft".

Dr. rer. Soc., Paula-Irene Villa geb. 1968. Dipl. Sozialwissenschaftlerin, Professorin und Lehrstuhlinhaberin für Soziologie/Gender Studies an der LMU München. Forschungsschwerpunkte: Soziologische und Geschlechtertheorien, Körpersoziologie, Kultursoziologie, Biopolitik, Elternschaft.

Dr. Wiebke Waburg Assistentin an der Professur für Pädagogik der Kindheit und Jugend/ Universität Augsburg. Arbeitsschwerpunkte: interkulturelle Geschlechterforschung, Koedukation und Monoedukation, rekonstruktive Methoden.

Dr. Martina Walther Akademische Mitarbeiterin in der Abteilung Schulpädagogik/ Empirische Unterrichtsforschung an der Pädagogischen Hochschule Schwäbisch Gmünd, Forschungsschwerpunkte: Heterogenität in Schule und Unterricht, Unterrichtsqualität, Bildungsgerechtigkeit, Lehrerprofessionalisierung, Reformpädagogik.

Dr. phil. Claudia Wiepcke Professorin für Wirtschaftswissenschaften und ihre Didaktik an der Pädagogischen Hochschule Weingarten. Forschungsschwerpunkte: Finanzielle Allgemeinbildung, Übergang Schule/ Beruf (inklusive Entrepreneurship Education und Employability), Geschlechterforschung in Anwendungsfeldern der ökonomischen Bildung, geschlechtergerechte Wirtschaftsdidaktik.

Dipl.-Päd. Jeannette Windheuser Wissenschaftliche Mitarbeiterin Allgemeine Erziehungswissenschaft/Theorie der Bildung an der Bergischen Universität Wuppertal. Arbeitsschwerpunkte: Allgemeine Erziehungswissenschaft, Frauen- und Geschlechterforschung, Sozialpädagogik, qualitative Methoden.

Einleitung: Zur Bedeutung der Geschlechterforschung in der Fachdidaktik

1

Marita Kampshoff und Claudia Wiepcke

1.1 Wandel und Aktualität der Geschlechterforschung

Eine geschlechtergerechte Bildung stellt in der heutigen Gesellschaft nach wie vor eine Herausforderung dar. Nachdem bereits seit Ende des 19. Jahrhunderts um Mädchen- und Frauenbildung gekämpft wurde, stehen seit einigen Jahren auch Jungen im Zentrum von Forderungen nach Geschlechtergerechtigkeit (vgl. etwa BMBF 2008). Von Geschlechtergerechtigkeit in und durch die Bildung wird erwartet, dass sie Frauen wie Männern sozialen Anschluss und gesellschaftliche Integration ermöglicht. Dennoch wird das Geschlechterverhältnis im Bildungswesen auf vielfältige Weise hinterfragt, denn die Fächer- und Berufswahl sowie die beruflichen Möglichkeiten bleiben nach wie vor weitgehend traditionell verteilt (vgl. Schlüter 2008, S. 686). Auch laut Herwartz-Emden (2008) ist die zentrale Grundannahme für eine geschlechtergerechte Pädagogik – und dies gilt auch für die Didaktik –, dass Geschlechterdifferenzen nach wie vor zu strukturellen Ungleichheiten führen. Geschlechterkonzeptionen sind zwar im Zuge von Modernisierungsprozessen vielgestaltiger und zum Teil auch widersprüchlicher geworden, das Ziel einer Demokratisierung von Geschlechterverhältnissen gilt dennoch noch nicht als erreicht (vgl. ebd., S. 118).

Für eine Umsetzung von Geschlechtergerechtigkeit schlagen Faulstich-Wieland u. a. (2008, S. 11 ff.) einen Dreischritt vor: Dramatisierung – Reflektion – Entdramatisierung.

1. Der erste Schritt, die Dramatisierung, ist erforderlich, um zunächst eine Sensibilität für die Bedeutung von Geschlechterunterschieden oder -eigenheiten zu entwickeln. Hier

---

M. Kampshoff (✉)
Pädagogische Hochschule Schwäbisch Gmünd,
Oberbettringer Straße 200, 73525 Schwäbisch Gmünd, Deutschland
E-Mail: marita.kampshoff@ph-gmuend.de

C. Wiepcke (✉)
Pädagogische Hochschule Weingarten, Leibnizstraße 3, 88250 Weingarten, Deutschland
E-Mail: wiepcke@ph-weingarten.de

M. Kampshoff, C. Wiepcke (Hrsg.), *Handbuch Geschlechterforschung und Fachdidaktik,*
DOI 10.1007/978-3-531-18984-0_1,
© VS Verlag für Sozialwissenschaften | Springer Fachmedien Wiesbaden 2012

können etwa Ergebnisse empirischer Studien zu Bildungsbeteiligung sowie Kompetenzen von Mädchen wie Jungen herangezogen werden, die auf bestehende Geschlechterdifferenzen hinweisen. (Geschlechtersensibilität alleine reicht nicht aus, da hier die Gefahr der Reifizierung, also der Bestätigung und Verfestigung von Geschlechterdifferenzen besteht.)

2. Im zweiten Schritt, der Reflektion, soll ergründet werden, worin genau die Differenzen liegen und womit sie sich begründen lassen. Hier ist es nach Faulstich-Wieland u. a. wichtig, dass neben der Kenntnis von Unterschieden zwischen den Geschlechtern sowie eines möglichen Umgangs mit diesen Herausforderungen auch eine angemessene Gendertheorie erforderlich ist. Ohne eine solche Theorie besteht die Gefahr, dass eine Dichotomisierung der Geschlechter oder eine Reproduktion der Ungleichheiten erfolgen.

3. Die Entdramatisierung als dritter Schritt ist die Folge dieser Analyse. Hier geraten weitere, für Bildungsprozesse bedeutsame Differenzen, wie etwa soziale Herkunft, Migrationshintergrund, Alter, Gesundheit, Leistungsheterogenität in den Blick. Es findet sich eine gewisse Relativierung der Geschlechterdifferenzen mit dem Ziel das „Augenmerk auf vorhandene (und nicht auf Basis geschlechtlicher oder sonstiger Zuordnungen unterstellte) Kompetenzen und Defizite der *individuellen* Schülerinnen und Schüler zu richten" (ebd.).

In eine ähnliche Richtung geht der Vorschlag von Wiepcke (2010, S. 54 ff.): Aufbauend auf den drei Phasen einer Bildungsmaßnahme (Planung/Entwicklung, Durchführung und Bewertung) modelliert sie unterschiedliche Anforderungen an die fachdidaktische Planung, die aus den drei Phasen resultieren. Dabei kommt sie zu einer ähnlichen Erkenntnis wie Faulstich-Wieland. Eine geschlechtergerechte Fachdidaktik erfordert unterschiedliche Herangehensweisen und geht somit sowohl mit einer Bewusstmachung der Geschlechterdifferenzen in und für Bildungsprozesse als auch deren bewusst vorgenommener Dekonstruktion einher. Dieses Anliegen spiegelt sich auch in der Systematik der einzelnen Beiträge wider, wie sie in Kapitel 1.3 vorgestellt werden. Die Handbuchartikel zu den Fachdidaktiken der Schulfächer sowie der Wissenschafts- und Querschnittsdisziplinen bauen darauf (abhängig vom Forschungsstand der jeweiligen Fachdidaktik) jeweils auf.

1.2 Fachdidaktisches Grundverständnis

Bereits in der Kindheit werden *geschlechterbezogene* Verhaltensmuster durch die soziale Umwelt, Medien und nicht zuletzt durch die Lehrkräfte vermittelt, reproduziert und somit gefestigt. (Während in den 1970er Jahren von *geschlechtsspezifischen* Besonderheiten gesprochen wurde, ist dieser Begriff spätestens seit dem Nachweis der sogenannten Nullhypothese, dass nämlich die Unterschiede innerhalb der Gruppe der Mädchen und Jungen größer sind als die Unterschiede zwischen den Geschlechtern, überholt. Von einer *Geschlechtsspezifik* lässt sich somit nicht ausgehen, wir verwenden deshalb den ‚weicheren' Begriff der *Geschlechtsbezogenheit*.) Mädchen und Jungen bringen dem entsprechend oftmals unterschiedliche Präferenzen in Lernprozesse ein, die in fachdidaktischen Überlegungen berücksichtigt werden müssen (vgl. auch Hoppe/Kampshoff/Nyssen 2001). Didaktik nimmt darauf aufbauend eine herausragende Position ein, denn sie gilt als die Lehre vom Lehren und Lernen, in unterschiedlichen Kontexten sowie inhaltlichen Lernbereichen und ist somit Bestandteil aller Stufen des Bildungssystems (Terhart 2009, S. 133). Innerhalb der Allgemeinen Didaktik lassen sich verschiedene Gegenstandsbereiche ausmachen, die auf die jeweilige Fachdidaktik übertragen werden können: Hauptgegenstand der Didaktik ist der Unterricht. Unterricht gilt als ein Vorgang, in dessen Verlauf versucht wird, eine Erweiterung des gegebenen Wissens-, Kenntnis- und Fähigkeitsstandes sowie Kompetenzniveaus zu erreichen. Daraus ergeben sich weitere Gegenstandsbereiche:

- Die **Theorien und Modelle der Allgemeinen Didaktik** zeigen bestimmte Herangehensweisen an den Gegenstandsbereich Unterricht,
- die **Unterrichtsmethoden und -medien** geben über die Möglichkeiten der Realisierung erfolgreicher Lehr- und Lernprozesse Aufschluss und
- die **empirische Lehr- und Lernforschung** befasst sich mit der Frage der zukünftigen Weiterentwicklung der Allgemein Didaktik (ebd., S. 101 ff.).

Fachdidaktisches Wissen steht dabei zunehmend in Konkurrenz zu Erkenntnissen, die aus der Lehr-Lern- oder empirischen Unterrichtsforschung gewonnen werden. Teilweise widersprechen sich die Erkenntnisse beider Disziplinen, größtenteils ergänzen sie einander aber auch (vgl. Meyer 2005; Reusser 2008). Empirische Studien liefern auch Einsichten für die Perspektive der Geschlechtergerechtigkeit im Bildungswesen. Als Beispiele seien hier Forschungen zu Einstellungen von Lehrpersonen, zu Interaktionen im Klassenzimmer, zum Sach- und Fachinteresse, zur Motivation oder zu den Selbstkonzepten genannt. Neben der klassischen didaktischen Sicht auf Unterricht, Schule und Bildungsprozesse wird aus diesem Grund die Perspektive der Bildungsforschung mit einbezogen.

Im Verbund der empirischen Lehr- und Lernforschung werden der Fachdidaktik neue Aufgaben in Form der Einführung von Bildungsstandards gestellt. Dabei gibt die Fachdidaktik Hilfestellung, Bildungsstandards auszuformulieren und ein fächerübergreifendes Konzept kompetenzorientierten Unterrichts zu entwerfen. Mit dieser Entwicklung soll die Inputorientierung bisheriger didaktischer Ansätze durch eine Orientierung am Output ergänzt werden (Helmke 2009). Mit Hilfe von Bildungsstandards werden verbindliche (Kompetenz-)Ziele formuliert. Diese beschreiben grundlegende fachliche, personale und soziale Kompetenzen, die am Ende des Lernprozesses erreicht werden sollen. Entscheidend ist am Ende die Überprüfung der Lernergebnisse (Klieme et al. 2003, S. 24 ff.), d. h. Bildungsstandards müssen in einem Gesamtkonzept der Qualitätssicherung von Unterricht eingebettet sein. Die Qualitätsstufen werden auf Basis der (vergleichenden) empirischen Forschung gewonnen und auf Grundlage einer Unterrichts- bzw. Bildungstheorie gewichtet (Meyer 2008, S. 78). Fachdidaktik bedeutet nach dem Verständnis nicht nur die Praktizierung und Anleitung zur Reproduktion von Wissen, sondern schließt die Förderung von fachlichen und überfachlichen Kompetenzen ein, damit die Fähigkeit zur Anwendung erworbener

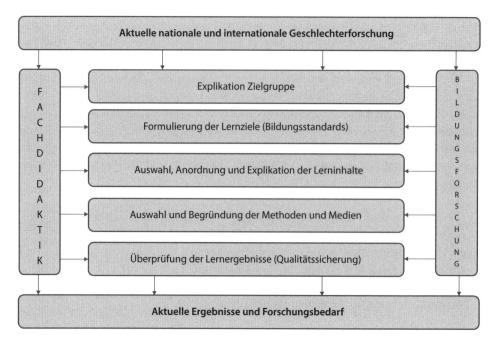

Abb. 1.1 Faktoren der Fachdidaktik

Kompetenzen in authentischen Lebenssituationen und die Anschlussfähigkeit des Wissens gewährleistet werden kann (Jung 2010, S. 87).

Im Bereich der Kompetenzen sind durch die starke Rezeption der Schulleistungsforschung seit der PISA-Studie im Jahre 2000 bestimmte Ergebnisse einer vornehmlich quantifizierend-empirischen Bildungsforschung Allgemeingut geworden. Diese Ergebnisse liefern einerseits wichtige Erkenntnisse für einen differenzierten Blick auf die Geschlechterverhältnisse im Bildungswesen. Andererseits trägt eine oftmals leider nur verkürzte Rezeptionsweise dazu bei, dass einseitige Geschlechterbilder, wie etwa ‚Mädchen können kein Mathe, Jungen sind schlechte Leser' verbreitet werden.

In den einzelnen Beiträgen der Fachdidaktiken der Schulfächer sowie Wissenschafts- und Querschnittsdisziplinen werden neben den genannten Erkenntnissen der Unterrichtsforschung auch Ergebnisse aus der Schul(leistungs)forschung sowie der Forschung in weiteren Bildungseinrichtungen (Bildungsforschung) mit einbezogen. Die Herangehensweise verdeutlicht, dass im Rahmen der Fachdidaktik Entscheidungen hinsichtlich der Zielgruppe, Lernziele, der Auswahl, Anordnung und Explikation von Inhalten, Methoden und Medien zu treffen sind sowie eine Lernerfolgskontrolle im Sinne der Qualitätssicherung verlässlich und nachprüfbar zu bestimmen ist. Daraus ergeben sich folgende Faktoren der Fachdidaktik (angelehnt an Wiepcke 2010):

Um die Kategorie des Geschlechts in die jeweilige Fachdidaktik als Querschnittsperspektive umfassend aufzunehmen, sollte eine geschlechtergerechte Didaktik die Beschreibung der in Abb. 1.1 dargestellten Faktoren unter einer Geschlechterperspektive beleuchten.

1.3 Aufbau des Bandes und der Beiträge

Nach grundlegenden einführenden Kapiteln in die Fachdidaktik sowie in die Geschlechterforschung (Teil I) steht im Handbuch die Geschlechterforschung in der jeweiligen Fachdidaktik der **Schulfächer** im Zentrum (Teil II). Bei der Konzeption des Bandes wurde versucht, möglichst alle Schulfächer abzudecken. Dies war aufgrund fehlender ausgewiesener Expertinnen und Experten nicht in allen Schulfächern zu realisieren (dies gilt z. B. für Musik, Kunst sowie die Sozialwissenschaften). Auch steht die Geschlechterforschung in einigen Fachdidaktiken noch am Anfang (vgl. etwa Französisch, Wirtschaftsdidaktik und Deutsch als Zweit- bzw. Fremdsprache). Einige Beiträge zeichnen sich dadurch aus, dass sie auf die Geschlechterforschung in der jeweiligen Fachwissenschaft zurückgreifen und daraus wichtige Fragen und Anregungen für die Entwicklung der Geschlechterforschung in der jeweiligen Fachdidaktik formulieren (vgl. etwa Biologie). Ein solch umfangreicher Überblick über die Situation der Geschlechterforschung in den Fachdidaktiken ist (insbesondere in der ersten Auflage) nie vollständig. Er ist als vollständig zu erklären, wenn man nach Zeit und Umständen das Mögliche getan hat. Ergänzungsbedarf gibt es vor allem im Bereich der Mathematik- und Geografiedidaktik.

Als Hintergrund für die Geschlechterforschung der Fachdidaktiken der Schulfächer werden ausgewählte **Wissenschaftsdisziplinen** vorgestellt (Teil III). So bildet z. B. Geschlechtergerechtigkeit im Bereich der Hochschuldidaktik für alle Hochschuldisziplinen eine grundlegende Basis. Weitere entscheidende Fachgebiete sind Erziehungswissenschaft, Psychologie, Naturwissenschaften sowie eine geschlechterorientierte Didaktik in den Ingenieurwissenschaften. Im Bereich der Wissenschaftsdisziplin bleibt die Auswahl der das Handbuch betreffenden Fachgebiete in einem überschaubaren Rahmen.

Die im Band ausgewählten **Querschnittsdisziplinen** (Teil IV) erheben ebenfalls keinen Anspruch auf Vollständigkeit, da sich in einigen Bereichen die Geschlechterforschung bezogen auf fachdidaktische Aspekte noch in den Anfängen befindet. Die Lücken im Handbuch verweisen somit auf offene Fragen und Themenfelder.

Insgesamt freuen sich die Herausgeberinnen auf eine vielfältige Diskussion und Anregungen für die zweite Auflage.

1.3.1 Aufbau der Beiträge

Die einzelnen Beiträge bauen (abhängig vom Forschungsstand in dem jeweiligen Fachgebiet) auf einer Systematik auf, die im Folgenden vorgestellt wird.

Zunächst wird in den Beiträgen der **Stand der Geschlechterforschung** in der jeweiligen Disziplin nachgezeichnet. Neben einer Definition grundlegender Begriffe des Faches findet hier die historische und soziokulturelle Einordnung der Entwicklung der Geschlechterforschung und ihrer Bedeutung für die jeweilige Disziplin statt. Die Autorinnen und Autoren verorten sich geschlechtertheoretisch, gehen auf die Geschlechterverhältnisse im Fach ein, zeigen Stärken und Schwächen der aktuellen Geschlechterforschung in der Fachdidaktik bzw. in der jeweiligen Domäne auf und weisen darauf hin, welche Fragen bisher unbeantwortet geblieben sind.

In einem nächsten Schritt widmen sich die Beiträge des Handbuches der **Frage der Geschlechtergerechtigkeit**. Hier können Aspekte der Geschlechterkonstruktion und -dekonstruktion aufgezeigt werden. Es zeigt sich jedoch, dass diese Aspekte nicht in allen Fachdisziplinen diskutiert werden. Vor allem der Schritt der Dekonstruktion steht in einer Reihe von Disziplinen noch aus. In anderen Fachdisziplinen ist Geschlechterforschung nicht in nennenswertem Umfang betrieben worden, so dass hier sogar der erste Schritt, die Konstruktion, ausbleibt. Im Idealfall und bei Vorliegen einer soliden Grundlage umfassen die Beiträge Debatten zu **Geschlechterkonstruktionen** in Hinblick auf die Explikation der Zielgruppe, der Rahmenbedingungen, Formulierung einer Auswahl geschlechtersensibler Kompetenzen, Auswahl, Anordnung und Explikation geschlechtersensibler Inhalte, Auswahl und Begründung von Methoden und Medien sowie die Überprüfung der Lernergebnisse – alle in der Abb. 1.1 angeschnittenen Faktoren. In den Fällen einer fehlenden soliden Grundlage der Geschlechterforschung, werden von den Verfasserinnen und Verfassern Fragen und Forschungsbedarf an die Fachdidaktik formuliert.

In einem zweiten Unterkapitel diskutieren die Autorinnen und Autoren Fragen der **Geschlechterdekonstruktion** einzelner Eckpunkte sowie deren Auswirkungen auf die jeweilige Disziplin. Hier werden mögliche Entwicklungen hinsichtlich einer Öffnung für Geschlechterdifferenzierungen durch Diversity, Intersektionalität, Heterogenität aufgezeigt, wie z. B. der Zusammenhang von Geschlecht, sozialer und ethno-natio-kultureller Herkunft der Lernenden. Geschlechterstereotype Darstellungsweisen lassen sich auf diese Weise in Frage stellen und korrigieren. Während der Diversity-Ansatz (vielfach im Kontext der Wirtschaft angewandt) die Vielfältigkeit und Unterschiedlichkeit von verschiedenen Personengruppen ausdrücklich begrüßt, beleuchtet der Ansatz der Intersektionalität (in der Soziologie entwickelt) die verschiedenen Schnittpunkte, an denen jede und jeder einzelne bezüglich der Geschlechtszugehörigkeit, sexuellem Begehren, sozialer Herkunft steht. Der Begriff ‚Heterogenität' wird meistens jedoch nur als Schlagwort verwendet (vgl. Kampshoff 2009, S. 36 ff.). Da er aber sehr prominent und in zahlreichen Veröffentlichungen verwendet wird, findet er im Handbuch ebenso Berücksichtigung.

In einem letzten Abschnitt stellen die Verfasserinnen und Verfasser der Handbuchartikel **Ergebnisse der aktuellen Bildungsforschung** und ihre Einflüsse auf die jeweilige Fachdisziplin dar. Geschlechterdifferenzen sowie Gemeinsamkeiten beider Geschlechter in den Forschungsergebnissen sind hier von Interesse. Durch das Beleuchten von weiteren Forschungsperspektiven werden in den Beiträgen u. a. Vorschläge für die Realisierung einer höheren Geschlechtergerechtigkeit formuliert. Auch der Transfer in die schulische und universitäre Praxis wird hier behandelt, wenn dargestellt wird, welche Konzepte für die Implementierung von Geschlechtergerechtigkeit in der jeweiligen fachdidaktischen Perspektive sich als tragfähig herausgestellt haben. Abschließend wird der Forschungsbedarf für die Zukunft diagnostiziert.

Das Handbuch richtet sich an Wissenschaftler und Wissenschaftlerinnen, Lehrpersonen, Studierende und an in der pädagogischen und didaktischen Praxis außerschulischer

1 Einleitung: Zur Bedeutung der Geschlechterforschung in der Fachdidaktik

Arbeitsfelder Tätige. Das Handbuch gibt den Entwicklungsstand der Geschlechterforschung in einzelnen Fachdidaktiken von Schulfächern sowie relevanten Wissenschafts- und Querschnittsdisziplinen wider und soll die Geschlechterforschung in der jeweiligen Fachdidaktik transparent machen. Das Handbuch versteht sich als Hilfestellung und Leitfaden, das Anliegen einer anspruchsvollen geschlechtergerechten Bildung, die auch für weitere Differenzen sensibel ist, in einzelnen Fachdidaktiken der Schulfächer sowie Wissenschafts- und Querschnittsdisziplinen, wie sie im Handbuch vertreten sind, zu integrieren. Ziel ist es zu einer Demokratisierung der Geschlechterverhältnisse beizutragen.

Eine besondere Herausforderung der Beiträge liegt darin, Theorieanspruch und Tauglichkeit (für eine schulische bzw. universitäre) Praxis miteinander zu vereinbaren. In den jeweiligen Texten wird berücksichtigt, dass ein Teil der Zielgruppe die Bedeutung der ‚Kategorie Geschlecht‘ im eigenen Fachgebiet noch nicht erkannt hat. Für einen anderen Teil der Zielgruppe ist hingegen der aktuelle Stand der Forschung in diesem Bereich relevant.

Konkrete Vorschläge für einen geschlechtergerechten Unterricht wurden zugunsten der Vielfalt der Schulfächer, Wissenschafts- und Querschnittsdisziplinen, die in diesem Band versammelt sind, zurückgestellt. Die Herausgabe eines zweiten Bandes, in dem die Autoren und Autorinnen die Möglichkeit haben, Umsetzungsbeispiele für die Praxis zu formulieren, ist bereits geplant.

Literatur

BMBF (2008): Bundesministerium für Bildung und Forschung (Hrsg.): Bildungs(miss)erfolge von Jungen und Berufswahlverhalten bei Jungen/männlichen Jugendlichen. Bonn, Berlin.

Faulstich-Wieland, Hannelore/Willems, Katharina/Feltz, Nina/Freese, Urte/Läzer, Katrin Luise (2008): Genus – geschlechtergerechter naturwissenschaftlicher Unterricht in der Sekundarstufe I. Bad Heilbrunn: Kinkhardt.

Helmke, Andreas (2009): Unterrichtsqualität und Lehrerprofessionalität. Diagnose, Evaluation und Verbesserung des Unterrichts. Seelze-Velber: Kallmeyer Verlag.

Herwartz-Emden, Leonie (2008): Interkulturelle und geschlechtergerechte Pädagogik für Kinder im Alter von 6 bis 16 Jahren. Eine Expertise. Düsseldorf: Online: http://www.eduhi.at/dl/Expertise-Herwartz-Emden.pdf. 29.11.2010.

Hoppe, Heidrun/Kampshoff, Marita/Nyssen, Elke (Hrsg.) (2001): Geschlechterperspektiven in der Fachdidaktik. Weinheim: Deutscher Studienverlag.

Jung, Eberhard (2010): Kompetenzerwerb. Grundlagen, Didaktik, Überprüfbarkeit. München: Oldenbourg.

Kampshoff, Marita (2009): Heterogenität im Blick der Schul- und Unterrichtsforschung. In: Budde, Jürgen/Willems, Katharina (Hrsg.): Bildung als sozialer Prozess – zwischen Ungleichheit und Entwicklungsperspektiven. Weinheim, München: Juventa Verlag, S. 35–52.

Klieme, Eckhard et al. (2003): Zur Entwicklung nationaler Bildungsstandards – Eine Expertise. Berlin, Bonn: BMBF Band 1.

Meyer, Hilbert (2008): Disput über aktuelle Probleme und Aufgaben der Didaktik. In: Meyer, Hilbert/Meyer, Meinert (Hrsg.) et al.: Perspektiven der Didaktik. Zeitschrift für Erziehungswissenschaft, Sonderheft 9, S. 77–86.

Meyer, Hilbert (2005): Was ist guter Unterricht? Berlin: Cornelsen.

Reusser, Kurt (2008): Empirisch fundierte Didaktik – didaktisch fundierte Unterrichtsforschung. In: Zeitschrift für Erziehungswissenschaft, 10. Jg., Sonderheft 9, S. 219–237.

Schlüter, Anne (2008): Bildung: Hat Bildung ein Geschlecht? In: Becker, Ruth/Kortendiek, Beate (Hrsg.): Handbuch Frauen- und Geschlechterforschung. Wiesbaden: VS Verlag für Sozialwissenschaften, S. 684–688.

Terhart, Ewald (2009): Didaktik – Eine Einführung. Stuttgart: Reclam.

Wiepcke, Claudia (2010): Gender-Didaktik und Berufsorientierung – Förderung von Chancengleichheit auf dem Arbeitsmarkt. In: Journal Netzwerk Frauenforschung 26/2010. Dortmund, S. 48–57.

Teil I
Grundlagen

Grundlagen der Allgemeinen Didaktik und der Fachdidaktiken

Karl-Heinz Arnold und Anne-Elisabeth Roßa

2.1 Einleitung

Die Allgemeine Didaktik und die Fachdidaktiken haben in der akademischen Lehramtsausbildung einen sehr bedeutsamen Status in Deutschland. In anderen europäischen Ländern ist dies zum Teil ähnlich (z. B. Schweiz, Niederlande, Norwegen) oder dies gilt nur für die Fachdidaktiken (z. B. Frankreich). In den USA wird hingegen eher von *curriculum and instruction* bzw. *pedagogy* und von *subject matter teaching* gesprochen, wobei – falls überhaupt bekannt – die profunde sogenannte German Tradition durchaus geschätzt wird.

2.2 Allgemeine Didaktik

Das Wort Didaktik stammt aus dem Griechischen (διδάσκειν, didáskein) und bedeutet Lehren. Diesem etymologischen Ursprung trägt die von Klafki (1976, S. 77) als *weit* bezeichnete Definition von Didaktik Rechnung: „Didaktik als Theorie des Unterrichts". Als *engere* Definition grenzt Klafki davon die bildungstheoretische Tradition ab: Didaktik als „Theorie der zielorientierten Lehr- und Lerninhalte bzw. der Bildungsinhalte" (Klafki 1970, S. 70).

Die historische Entwicklung der Allgemeinen Didaktik wird in unterschiedlichen, deutschsprachigen Standardpublikationen referiert. Von Martial (2002) arbeitet insbesondere die frühe Ideengeschichte eingehend heraus. Kron (2008) gibt einen konzeptorien-

---

K.-H. Arnold (✉)
Stiftung Universität Hildesheim, Marienburger Platz 22, 31141 Hildesheim, Deutschland
E-Mail: arnold@rz.uni-hildesheim.de

A.-E. Roßa (✉)
Stiftung Universität Hildesheim, Marienburger Platz 22, 31141 Hildesheim, Deutschland
E-Mail: ae.rossa@web.de

M. Kampshoff, C. Wiepcke (Hrsg.), *Handbuch Geschlechterforschung und Fachdidaktik,*
DOI 10.1007/978-3-531-18984-0_2,
© VS Verlag für Sozialwissenschaften | Springer Fachmedien Wiesbaden 2012

tierten Überblick. Peterßen (2001) ist eher an den aktuellen didaktischen Theorien orientiert und stellt die historische Perspektive anschließend dar.

Die Entstehungszeit der Allgemeinen Didaktik liegt in der beginnenden Aufklärung. Seinerzeit revolutionär, weil egalitär und damit Standesprivilegien ebenso ablehnend wie Geschlechterdiskriminierung war die von Johann Amos Comenius verfasste ‚didactica magna' (1657), deren Ziel es war, „alle alles vollständig zu lehren, und zwar rasch, angenehm und gründlich". Bereits zu Beginn des 17. Jahrhunderts forderte Ratke, den Unterricht in der Muttersprache zu halten; zudem formulierte er ähnlich wie Comenius Prinzipien der „Lehrkunst" (z. B. „Eins oft wiederholet.").

Im zweiten Teil des 18. Jahrhunderts entwickelte der sogenannte Philanthropismus innovative schulischen Erziehungskonzepte (vgl. von Martial 2002, S. 94 f.) in einzelnen Schulen (z. B. Rochowsche Musterschule, Dessauer Philanthropin, Salzmannschule Schnepfental) sowie bemerkenswerte fachdidaktische Innovationen (z. B. Versinnlichungsmethode des Basedowschen Elementarwerks, Schnepfentaler Denklehrzimmer; vgl. Schmitt 2007, S. 225 ff.).

Johann Herbart, ein Schüler von Immanuel Kant, formulierte zu Beginn des 19. Jahrhunderts eine Unterrichtstheorie, die neben dem Postulat des „erziehenden Unterrichts" auch eine viel beachtete lehr-lerntheoretische Grundstruktur enthält. Sein analytisches Konzept der „stufenhaften Entwicklung des Gedankenkreises" (Klarheit, Assoziation, System, Methode) wurde von seinen Nachfolgern (Herbartianer: Ziller, Rein) zu einem zumeist rigide genutzten Ablaufmodell (Artikulation) einzelner Unterrichtsstunden verengt (vgl. von Martial 2002, S. 97 ff.).

Im letzten Viertel des ausgehenden 19. Jahrhunderts entstand die reformpädagogische Bewegung, die insbesondere in Schulversuchen mit Konzepten wie ‚Selbsttätigkeit' und ‚Lebensnähe' eine Alternative zur traditionellen „Buchschule" suchte und noch heute viel beachtete Methodenkonzeptionen entwickelte (z. B. Projektmethode).

Eine erhebliche Systematisierung der Allgemeinen Didaktik schuf Otto Willmann (1889/1967) mit dem Postulat, dass ‚Bildungsinhalte' des Unterrichts aufgrund ihres „Bildungsgehaltes" zu rechtfertigen sind und damit Lehrplanvorgaben auf dieser übergeordneten Ebene formuliert werden können. Erich Weniger (1930/1960), ein Schüler von Hermann Nohl, entwickelte diesen Gedanken weiter und begründete die sogenannte bildungstheoretische Didaktik als Lehrplantheorie.

Wolfgang Klafki gilt sowohl national wie international als der bekannteste Theoretiker der Allgemeinen Didaktik. Als Schüler von Erich Weniger entwickelte er dessen auf die Inhalts- und Zielentscheidungen begrenzte Didaktik weiter und arbeitete das Konzept der ‚kategorialen Bildung' heraus (1959). Durch Nutzung des Konzepts des Exemplarischen erschloss er eine Lösung des Problems der zunehmenden Stofffülle sowie der gesellschaftlich-historischen Ignoranz der sogenannten klassischen Bildung. Klafki schuf mit der „Didaktischen Analyse" (1958) das wohl bekannteste Modell einer wissenschaftlich basierten Planung einer Unterrichtseinheit bzw. -stunde, das entgegen Klafkis Intention oftmals als rigides Ordnungsschema den Lehramtstudierenden und Referendaren und Referendarinnen abverlangt wurde. In den 1970er Jahren fundierte Klafki seine erziehungswissenschaftlichen und didaktischen Theorien im Rahmen einer kritischen Analyse der Gesellschaft

(Kritische Theorie der Frankfurter Schule) und erarbeitete ein entsprechendes Konzept der Allgemeinbildung ebenso wie eine kritisch-konstruktive Didaktik (vgl. Klafki 1994).

In den 1960er Jahren entwickelte Wolfgang Schulz zusammen mit seinem akademischen Lehrer Paul Heimann eine wissenschaftlich basierte schulpraktische Ausbildung (Didaktikum) im Rahmen der hochschulischen Lehrerbildung, deren Kernstück ein Modell der Unterrichtsplanung (Berliner Didaktik bzw. lerntheoretische Didaktik) bildete (vgl. Schulz 1965). Die vier darin unterschiedenen und in Wechselbeziehung gesetzten Entscheidungsfelder (Intentionalität, Thematik, Methodik und Medienwahl) gelten noch heute als fundamentale Kategorien der planungsbezogenen Unterrichtsanalyse sowie der Planung von Unterrichtseinheiten und –stunden (vgl. Meyer 2007, S. 176 f.).

Die Modelle von Klafki und Heimann/Schulz wurden Ende der 1960er Jahre kontrovers diskutiert: Der bildungstheoretische Ansatz Klafkis wurde als zu wenig methodenorientiert und der lerntheoretische Ansatz von Heimann/Schulz als zu technokratisch bzw. zu wenig gesellschaftlich reflektiert angesehen. Beide Autoren entwickelten ihre Modelle weiter. Klafki (1994) überführte die didaktische Analyse in das Perspektivenschema der Unterrichtsplanung und Schulz (1980) entwickelte die Lehrtheoretische Didaktik bzw. das sogenannte Hamburger Modell der Unterrichtsplanung. Die Desiderate beider Modelle wurden damit in beträchtlichem Maße behoben und ihre Unterschiedlichkeit reduziert. Es lässt sich zeigen, dass beide Modelle integrierbar und durch zentrale Konzepte der Lehr-Lern-Forschung auf der Mikroebene der Planung ergänzbar sind (vgl. Arnold/Koch-Priewe 2010, 2011).

2.3 Fachdidaktiken

Als Wissenschaften und Theorien des Fachunterrichts weisen die Fachdidaktiken zahlreiche inter- und intradisziplinäre Überschneidungsbereiche auf (vgl. Arnold/Koch-Priewe/ Lin-Klitzing 2007, S. 19 f.; Heursen 1994, S. 588 f.; Plöger 2009, S. 429 f.). Es liegen eine Reihe unterschiedlicher, jedoch zumeist konvergenter Definitionsansätze vor (vgl. u. a. Haß 2010, S. 83; Timmerhaus 2001, S. 22). Dementsprechend gelingt Köhnlein zunächst eine sehr grundlegende Begriffsbestimmung, indem er Fachdidaktik als „[…] die Wissenschaft vom pädagogisch angeleiteten institutionalisierten Lehren und Lernen fachlich bezogener Inhalte, Methoden, Prinzipien und Aspekte" (2004, S. 140) formuliert und daher deutlich auf die besondere Funktion der Fachdidaktiken als Berufswissenschaften von Lehrerinnen und Lehrern verweist. Im Gegensatz zu dieser weiten Begriffsbestimmung wählt Beckmann eine etwas engere Begriffsbestimmung, indem er Fachdidaktik als „[…] Theorie und der Lehre des Unterrichts in *einem* Fach unter Beachtung des Verhältnisses zu einer Fachwissenschaft" (1994, S. 674, Herv. i. O.) beschreibt und somit ausdrücklich das besondere Verhältnis von Fachdidaktik, Fachwissenschaft und Schulfach betont. Klafki ergänzt dieses Verhältnis um die Perspektive der Allgemeinen Didaktik, „weil die Beziehung der Allgemeinen Didaktik zum Fachunterricht immer – explizit oder implizit – über die Vermittlungsebene der Fachdidaktik verläuft" (1994, S. 42). Insofern kann eine umfassende Begriffsbestimmung der ‚Fachdidaktik' nur unter Berücksichtigung dieses besonderen Spannungsverhältnisses zwischen Allgemeiner Didaktik, Fachdidaktik und Fachwissenschaft gelingen (vgl. Roth 1980b, S. 19).

Anknüpfend an die von Klafki (1985) vorgenommene, übergeordnete Klassifizierung der Didaktik in die Bereiche der Allgemeinen Didaktik bzw. Allgemeinen Curriculumtheorie und der Bereichs- bzw. der Fachdidaktik oder der Bereichs- bzw. Fachcurriculumtheorie (vgl. 1985, S. 94) ist eine zusätzliche Unterscheidung der spezifischen didaktischen Bereiche in die Konkretisierungsfelder der 1) Fachdidaktik, 2) Bereichsdidaktik, 3) Stufendidaktik und 4) Schulartendidaktik bzw. Besondere Didaktik möglich, wobei die Etablierung eigenständiger Schulstufen- und Schulformdidaktiken bisher nicht hinreichend wissenschaftlich begründet ist (vgl. Arnold/Roßa 2011, S. 8; Beckmann 1994, S. 674; Kron 2004, S. 33 f.; Timmerhaus 2001, S. 27). Dessen ungeachtet sind durch die Fachdidaktiken zahlreiche Aufgaben zu bewältigen, die hauptsächlich den zentralen Aufgabenbereichen der 1) Forschungsaufgaben, 2) Entwicklungsaufgaben, 3) Lehraufgaben und 4) Fächerübergreifenden Aufgaben der Fachdidaktiken zuzuordnen sind (vgl. Bayrhuber 2007, S. 230 f.; Köhnlein 2004, S. 141). Darüber hinaus nennt Achtenhagen im Zusammenhang mit den Bemühungen um eine allgemeine Theorie der Fachdidaktik 1) die theoretische Begründung und 2) die Bereitstellung von Entscheidungshilfen für unterrichtliches Handeln als wesentliche Aufgaben der Fachdidaktik und verweist somit ausdrücklich auf den Kontext institutionalisierter Lehr- und Lernprozesse, in dem die genannten Aufgabenbereiche hauptsächlich zu realisieren sind (vgl. 1981, S. 275). Folglich wird den Fachdidaktiken auch im Rahmen der Lehramtsausbildung besondere Bedeutung beigemessen, da sie primär für die fachspezifische Auswahl und Legitimation der Unterrichtsinhalte zuständig sind (vgl. Sandfuchs 1990, S. 10 f.).

Einen detaillierten Überblick über die Entwicklungsprozesse der einzelnen Schulfächer und deren Didaktik bieten Arnold et al. (2006/2009), Blömeke et al. (2004), Dietrich (1980), Roth (1980a) und Twellmann (1981). Einen Überblick über Entwicklungstendenzen und Perspektiven der Fachdidaktiken bieten zudem Beckmann (1980), Heursen (1994) und Plöger (2009).

2.4   Zum Verhältnis von Allgemeiner Didaktik und Fachdidaktik

2.4.1   Systematisierung des Verhältnisses von Allgemeiner Didaktik und Fachdidaktiken

In der Bestimmung als „Wissenschaft und Theorie des (Fach-)Unterrichts" verweisen sowohl die Allgemeine Didaktik als auch die Fachdidaktiken auf das geteilte Gegenstandsfeld schulischen Lehrens und Lernens (vgl. u. a. Arnold/Koch-Priewe/Lin-Klitzing 2007; Keck et al. 1990a; Meyer/Plöger 1994). Im Hinblick auf die konkrete Realisierung dieses Verhältnisses existieren sehr unterschiedliche Systematisierungsansätze, nach denen das Verhältnis von Allgemeiner Didaktik und Fachdidaktik entweder als 1) hierarchische Ordnung und 2) Bedingungszusammenhang im Sinne einer Subsumptionsthese oder als 3) arbeitsteilige Organisation und 4) Kooperation an einer gemeinsamen Aufgabe im Sinne einer Komplementaritätsthese verwirklicht werden kann (vgl. Kron 2004, S. 37).

Insbesondere um die Vorstellung eines subsumierenden, die Fachdidaktiken der Allgemeinen Didaktik unterordnenden Verhältnisses wurden in der Vergangenheit zahlreiche kritische Diskussionen geführt, die jedoch trotzdem durch die Gesprächsbereitschaft beider Disziplinen gekennzeichnet waren (vgl. Klafki 1994; Sandfuchs 1990; Plöger 1994 und 2009). Im Gegensatz zu dieser ursprünglichen Verständigungsbereitschaft zwischen Allgemeiner Didaktik und den Fachdidaktiken wies das Verhältnis in den 1970er Jahren gemessen an der geringen Anzahl interdisziplinärer Forschungsvorhaben und Publikationen eher gegenläufige Entwicklungstendenzen auf (vgl. Plöger 1999, S. 13 f., sowie Arnold et al. 2007; Plöger 1999 und 2009; Terhart 2005 und 2009). Obwohl das Verhältnis von Allgemeiner Didaktik und Fachdidaktik seither kontinuierlichen Schwankungen unterworfen ist, stellen die umfangreichen Diskussionen der 1960er Jahre dennoch einen wesentlichen Ausgangspunkt einer grundlegenden interdisziplinären Verständigungsbereitschaft dar. Einen ausführlichen Überblick über die Entwicklung des Verhältnisses von Allgemeiner Didaktik und Fachdidaktik bieten u. a. Plöger (1994, 1999 und 2009), Roßa (im Druck) und Sandfuchs (1990). Eine Fokussierung auf die Entwicklungen in der DDR erfolgt zudem u. a. durch Klingberg (1994) und Meyer (1990).

2.4.2 Fachdidaktiken und Fachwissenschaften

Über die intendierte Vereinheitlichung der Lehramtsausbildung und die damit verbundene Etablierung der Fachdidaktiken als eigenständige institutionalisierte wissenschaftliche Disziplinen hinaus war der „Strukturplan für das Bildungswesen" auch für das Verhältnis der Fachdidaktiken zu den entsprechenden Fachwissenschaften von besonderer Bedeutung, da im Rahmen dessen eine Bedeutungsverschiebung der Fachdidaktiken in Richtung der Fachwissenschaften erfolgte (vgl. Deutscher Bildungsrat 1970, S. 225). Im Sinne der sogenannten Korrespondenzthese, die von einer grundlegenden Übereinstimmung zwischen den Unterrichtsfächern und fachwissenschaftlichen Disziplinen ausgeht, wurden die Fachdidaktiken – trotz deutlich kritischer Stimmen zu dieser Fach-zu-Fach-Zuordnung – disziplinär in nahezu allen Bundesländern den entsprechenden Fachwissenschaften und nicht wie ebenfalls denkbar dem erziehungswissenschaftlich-didaktischen Fachbereich zugeordnet (vgl. Plöger 2009, S. 441 f.; ergänzend siehe auch Heursen 1994, S. 593 f.).

2.4.3 Perspektiven

Trotz der aussichtsreichen Entwicklungen in den 1960er Jahren ist das Verhältnis von Allgemeiner Didaktik und Fachdidaktik aufgrund unterschiedlicher historischer und bildungspolitischer Einflüsse seither kontinuierlichen Schwankungen unterworfen. So ist seit Beginn der 1990er Jahre nach einer längeren Phase des Stillstands innerhalb der ursprünglich wahrgenommenen Verständigungsbereitschaft eine erneute Annäherung dieser Disziplinen zu verzeichnen, die zahlreiche, richtungsweisende Publikationen zur Klärung dieses Verhältnisses zur Folge hat (vgl. Keck et al. 1990a; Meyer/Plöger 1994; Plöger 1999).

Dies führte u. a. erstaunlicherweise ebenfalls dazu, dass dem Verhältnis von Allgemeiner Didaktik und Fachdidaktik auch aus internationaler Perspektive zunehmend Bedeutung beigemessen wurde, obwohl die äußerst umfassenden Diskussionen um dieses Verhältnis – trotz entsprechender Begrifflichkeiten im angelsächsischen Bereich (z. B. „subjekt (matter) didactics" bzw. „pedagogical content knowledge" (Shulman 1987)) – ein eher deutschsprachiges Spezifikum darstellen (vgl. Westbury et al. 2000). Darüber hinaus sind auch gegenwärtig ähnliche Entwicklungstendenzen in Richtung eines interdisziplinären Dialogs zwischen Allgemeiner Didaktik und den Fachdidaktiken zu verzeichnen, wobei insbesondere auch das im Rahmen der gegenwärtigen Reformtendenzen zunehmend bedeutsam werdende Verhältnis der Allgemeinen Didaktik und Fachdidaktiken zur Lehr-Lern-Forschung umfassend diskutiert wird (vgl. Arnold 2007; Arnold et al. 2009; Arnold/Roßa 2011; Bayrhuber et al. 2001; Ensberg/Wittkowske 2010; Finkbeiner/Schnaitmann 2001; Terhart 2002 und 2005; Roßa im Druck; 4.1). In diesem Zusammenhang wird allerdings ebenfalls ausdrücklich auf bestehende Entwicklungsdefizite hingewiesen, die sowohl aus theoretischer Perspektive als auch aus der Perspektive der nur sehr selten didaktisch ausgerichteten Forschungsaktivitäten sowie in Bezug auf die mangelnde praktische Umsetzung dieses Verhältnisses im Rahmen der Lehramtsausbildung deutlich werden (vgl. Arnold et al. 2007; Keck et al. 1990b; Terhart 2002, 2005 und 2009).

2.5 Das Verhältnis von Allgemeiner Didaktik und Fachdidaktiken im Rahmen der Lehramtsausbildung

2.5.1 Entwicklungstendenzen in der Lehramtsausbildung

Die Lehramtsausbildung in Deutschland, die als Ergebnis eines umfassenden historischen Entwicklungsprozesses von der Meisterlehre hin zu einer institutionalisierten Lehramtsausbildung zu beschreiben ist, zeichnet sich im Vergleich zu anderen internationalen Lehrerbildungssystemen durch eine sehr einzigartige zwei- bzw. dreiphasige Struktur der Lehramtsausbildung aus (vgl. Terhart 2004, S. 37 f.). Einen ausführlichen Überblick über die historische Entwicklung der Lehramtsausbildung in der Bundesrepublik Deutschland bieten u. a. Blankertz (1982), Ipfling (2007), Roßa (im Druck) und Sandfuchs (2004) sowie zur Lehrerinnenbildung Brehmer (1980) und Sandfuchs (2004). Die historischen Entwicklungen in der Deutschen Demokratischen Republik werden u. a. durch Kemnitz (2004) dargestellt. In Deutschland findet seit ungefähr einer Dekade ein erheblicher Umstrukturierungsprozess in der Lehrerbildung statt (vgl. Hilligus 2003, S. 159; Terhart 2004, S. 38). Den Ausgangspunkt dieser auch international zu verzeichnenden Reformbestrebung bilden einerseits die grundlegenden Veränderungen einer Outcome-orientierten Steuerung innerhalb der Lehrerbildung in den USA, die hauptsächlich auf eine Qualitätsverbesserung und -sicherung der Lehramtsausbildung abzielten, als auch die europäischen Integrations- und Reformbestrebungen, die spätestens seit der Konferenz der europäischen Bildungsminister im Jahr 1999 in Bologna verbindlich verfolgt wurden (vgl. Hilligus 2003, S. 165 f.;

2 Grundlagen der Allgemeinen Didaktik und der Fachdidaktiken

Larcher/Oelkers 2004, S. 133 f.; Teichler 2005, S. 18 f.). Mit dem Ziel der Herausbildung eines einheitlichen europäischen Hochschulraumes wurde 1999 die sogenannte Bologna-Erklärung unterzeichnet (vgl. Gemeinsame Erklärung der Europäischen Bildungsminister 1999, S. 3 f.). Infolgedessen wurden auf Bundes- und Länderebene zahlreiche Gutachten, Expertisen und Kommissionsberichte erarbeitet, die „Anforderungen an eine zukunfts-fähige Lehrerbildung" (Sandfuchs 2004, S. 32) gezielt aufzeigten und zudem vielfältige Verbesserungsvorschläge für eine umfassende Reform der Lehrerbildung in Deutschland ausformulierten (vgl. Keuffer 2002, S. 97 ff.; Terhart 2000, S. 13 ff.). Unter Berücksich-tigung der dargestellten Anforderungen und Zielvorstellungen wurden seither viele Re-formprojekte in den verschiedenen Bundesländern initiiert, die die zukünftige Entwick-lung der Lehrerbildung in Deutschland sowohl auf struktureller als auch auf inhaltlicher Ebene maßgeblich beeinflussen werden (vgl. Sandfuchs 2004, S. 32; Thierack 2003, 180 ff.; Terhart 2004, S. 52).

2.5.2 Praxisphasen in der universitären Lehrerbildung

Obwohl schulpraktische Studienanteile inzwischen in allen universitären Lehrer-ausbil-dungsprogrammen „als das zentrale Bindeglied zwischen Theorie und Praxis, nicht selten als ‚Herzstück' der Ausbildung von Lehrpersonen" (Hascher 2007, S. 161) vorgesehen sind, bilden sie trotzdem wiederholt einen Ausgangspunkt zahlreicher Diskussionen, die im Wesentlichen auf die noch ausstehende Begründung derartiger Theorie-Praxis-Verknüp-fungen sowie die bisher nicht hinreichend erfolgte Erforschung der Wirksamkeit studien-begleitender Praxisphasen ausgerichtet sind (vgl. Bennack 1989; Bennack/Jürgens 2002; Hascher 2007). Zudem wird auch die Frage nach der Verknüpfbarkeit allgemein- und fachdidaktischer praxisbezogenen Ausbildungsphasen diskutiert, da sowohl umfassende theoriebasierte Beschreibungen und Begründungen als auch entsprechende empirische Forschungsergebnisse immer noch nicht ausreichend vorhanden sind (vgl. Arnold et al. 2011, S. 28). Indem derartige Praxisphasen im Rahmen der Lehramtsausbildung nicht als direkte Übungsmöglichkeit für die zukünftige Berufspraxis sondern als 1) Erfahrungsfeld, 2) Motivationsfaktor, 3) Anschauungsfeld und 4) Forschungsfeld konzipiert sind, bieten sie den Studierenden trotz der dargestellten Defizite dennoch eine besondere Möglich-keit des Erkenntnis- und Erfahrungsgewinns (vgl. Bennack 1989, S. 341; Bennack/Jürgens 2002, S. 153). Unter der Bezeichnung „Schulpraktische Studien" verweisen jene studien-begleitende Praxisphasen außerdem auf einen speziellen Wissenschaftsbezug, da sie mit universitären Lehrveranstaltungen kombiniert sind und somit „vorbereitet, begleitet und ausgewertet werden und auf diese Weise eine tatsächliche Einbindung in die wissenschaft-lichen Studien erfahren" (Terhart 2000, S. 69; vgl. ebenfalls Beckmann 1997). Einen umfas-senden Überblick über Realisierungsformen schulpraktischer Studien bieten u. a. Arnold et al. (2011), Hilligus et al. (2006), Flagmeyer/Rotermund (2007), Rotermund et al. (2008), Bolle/Rotermund (2009). Dementsprechend zielen studienbegleitende Praxisphasen über-einstimmend auf 1) Berufswahlüberprüfung, 2) Kompetenzerwerb bzw. -erweiterung und 3) Theorie-Praxis-Verbindung ab, wobei der Ermöglichung von Orientierungswissen mehr Bedeutung als dem Erwerb von Handlungswissen beigemessen wird (vgl. Bennack/ Jürgens 2002, S. 153; Hascher 2007, S. 161). Auf administrativer Ebene werden die unterschiedlichen Realisierungsformen schulpraktischer Studienanteile, die überwiegend als 1) allgemein- bzw. erziehungswissenschaftliche und fachdidaktische Praktika, 2) Hospitations- und Mitwirkungspraktika oder als 3) semesterbegleitende Einzel- oder Blockpraktika verwirklicht werden, durch entsprechende hochschul- und fachspezifische Studien- oder Praktikumsordnungen verbindlich geregelt (vgl. Arnold et al. 2011, S. 58 f.; Bennack/ Jürgens 2002, S. 157).

2.5.3 Die Stellung des Praktikums im Lehrplan der Lehrerinnen- und Lehrerbildung

Infolge der reformbedingten Entwicklungsprozesse erfolgte eine umfassende Bedeutungsverschiebung in Richtung einer „Output bzw. Outcome" orientierten Steuerung des Bildungswesens, wodurch der empirisch gestützten Evaluation von Bildungsprozessen auch innerhalb der Lehramtsausbildung besondere Bedeutung beigemessen wurde (vgl. Allemann-Ghionda/Terhart 2006, S. 7 f.; Baumert/Kunter 2006, S. 469; Helmke 2010, S. 143 f.; Klieme et al. 2007, S. 8 f.; Maag Merki 2009, S. 492; Terhart 2002, S. 3; Terhart 2006, S. 29 f.; 4.1). Demgemäß wurden auch im Rahmen der Lehramtsausbildung durch die Kultusministerkonferenz entsprechende ‚Standards' vereinbart, die hauptsächlich die Entwicklung und Sicherung einer qualitätsvollen Lehramtsausbildung beabsichtigen und insofern „in definierter, differenzierter und möglichst präziser Weise die Ziele und erwartete Ergebnisse des ganzen Unternehmens ‚Lehrerbildung' beschreiben" (Terhart 2006, S. 31). Zusätzlich zu den bisherigen administrativen Regelungsstrukturen, die überwiegend durch staatliche Vorgaben und hochschulische Studienordnungen verwirklicht wurden, erfolgte durch die Vereinbarung zu den „Standards für die Lehrerbildung: Bildungswissenschaften" (Kultusministerkonferenz 2004) erstmals eine inhaltsbezogene, normative Regelung der ersten und zweiten Phase der Lehramtsausbildung, die durch die „Ländergemeinsamen inhaltlichen Anforderungen für die Fachwissenschaften und Fachdidaktiken in der Lehrerbildung" (Kultusministerkonferenz 2008) eine notwendige fachspezifische Ergänzung fanden (Arnold et al. 2011, S. 24). Somit wurde durch die „Standards für die Lehrerbildung" und die „Ländergemeinsamen inhaltlichen Anforderungen" erstmals eine einheitliche Normierung über die lehramtsbezogenen Anforderungen und Ziele beider Ausbildungsphasen vereinbart, die hauptsächlich auf einen „systematischen, kumulativen Erfahrungs- und Kompetenzaufbau" (Kultusministerkonferenz 2004, S. 4) abzielen. Unter besonderer Berücksichtigung der begrifflichen und konzeptionellen Gestaltung sowie der praktischen Umsetzung dieser Vereinbarungen wurde in der Vergangenheit eine tiefgreifende, sehr kritische Diskussion geführt. Einen ergänzenden Überblick über zentrale Argumentationslinien bieten in diesem Zusammenhang u. a. Gehrmann et al. (2010), Hilligus/ Rinkens (2006), König et al. (2010) und Oelkers (2009).

2.5.4 Zum Verhältnis von Allgemeiner Didaktik und Fachdidaktiken im Rahmen der Lehrerbildung

Obwohl das Verhältnis von Allgemeiner Didaktik und Fachdidaktik in der Vergangenheit häufig Gegenstand tiefgreifender Diskussionen war und demzufolge insbesondere auf theoretischer Ebene umfassend dargestellt und bestimmt wurde (vgl. Kapitel 2.3), wird im Hinblick auf die praktische Umsetzung dieses Verhältnisses im Rahmen institutionalisierter Lehr- und Lernprozesse ein beträchtliches Theorie- und Forschungsdesiderat deutlich, da weder die curriculare Verknüpfbarkeit allgemein- und fachdidaktischer Schulpraktika noch die konkrete Anwendung allgemein- und fachdidaktischer Theorien auf die Unterrichtspraxis bisher hinreichend begründet wurde (vgl. Arnold et al. 2011; Bach et al. 2010; Beckmann 1994; Koch-Priewe 2000). Dass aufgrund der überschneidenden Bestimmung beider Disziplinen als „Wissenschaft und Theorie des (Fach-)Unterrichts" (vgl. Kapitel 2.1.1: 2.2.1) das zentrale Handlungsfeld schulischer Lehr- und Lernprozesse nur in Kooperation allgemein- und fachdidaktischer Ausbildungselemente angemessen verwirklicht werden kann, scheint in diesem Zusammenhang jedoch evident zu sein. „Man würde die Bedeutung allgemeindidaktischer Aussagen hoffnungslos überschätzen, wäre man im Glauben, sie könnten Unterrichtspraxis direkt anleiten. […] Demgegenüber gilt es zu betonen, daß allgemeindidaktische Begriffe und Kategorien über fachdidaktische Forschung und Lehre erst zu konkretisieren sind. […] Das geeignete Handlungsfeld, in dem das Ineinander von Theorie und Praxis als Einheit erfahren werden kann, ist die Schulpraxis. Lehrerausbildung ist ohne schulpraktische Studien nicht denkbar, weil sich ansonsten keine Gelegenheit ergäbe, die Handlungsrelevanz allgemein- und fachdidaktischer Theorien ‚am eigenen Leibe' zu überprüfen" (Plöger 1994, S. 39). Dementsprechend offenbart das Verhältnis von Allgemeiner Didaktik und Fachdidaktik im Rahmen der Lehrerbildung ein umfassendes Forschungsfeld, dass es zukünftig theoretisch wie empirisch genauer zu bestimmen gilt.

Literatur

Achtenhagen, Frank (1981): Theorie der Fachdidaktik. In: Twellmann, Walter (Hrsg.): Handbuch Schule und Unterricht. Düsseldorf: Schwann, S. 275–296.

Allemann-Ghionda, Christina/Terhart, Ewald (2006): Kompetenzen und Kompetenzentwicklung von Lehrerinnen und Lehrern: Ausbildung und Beruf. In: Zeitschrift für Pädagogik. 51. Beiheft. Weinheim: Beltz, S. 7–11.

Arnold, Karl-Heinz/Koch-Priewe, Barbara/Lin-Klitzing, Susanne (2007): Allgemeine Didaktik, Fachdidaktik und Unterrichtsqualität. In: Arnold, Karl-Heinz (Hrsg.): Unterrichtsqualität und Fachdidaktik. Bad Heilbrunn: Klinkhardt, 19–49.

Arnold, Karl-Heinz/Sandfuchs, Uwe/Wiechmann, Jürgen (2009): Handbuch Unterricht. 2. Auflage. Bad Heilbrunn: Klinkhardt.

Arnold, Karl-Heinz/Blömeke, Sigrid/Messner, Rudolf/Schlömerkemper, Jörg (Hrsg.) (2009): Allgemeine Didaktik und Lehr-Lernforschung: Kontroversen und Entwicklungsperspektiven einer Wissenschaft vom Unterricht. Bad Heilbrunn: Klinkhardt.

Arnold, Karl-Heinz/Koch-Priewe, Barbara (2010): Traditionen der Unterrichtsplanung in Deutschland. In: Bildung und Erziehung 63 (4), S. 401–416.

Arnold, Karl-Heinz/Roßa, Anne-Elisabeth (2011): Das Verhältnis von Allgemeiner Didaktik und Fachdidaktik. In: Rahm, Sibylle/Nerowski, Christian (Hrsg.): Enzyklopädie Erziehungswissenschaft Online (www.erzwissonline.de: DOI 10.3262/EEO09110165). Weinheim: Beltz.

Arnold, Karl-Heinz/Koch-Priewe, Barbara (2011): The merging and the future of the classical German traditions in General Didactics: A comprehensive framework for lesson planning. In: Hudson, Brian/Meyer, Meinert A. (Hrsg.): Beyond fragmentation: Didactics, learning and teaching in Europe. Opladen: Verlag Barbara Budrich, S. 252–264.

Arnold, Karl-Heinz/Hascher, Tina/Messner, Rudolf/Niggli, Alois/Patry, Jean-Luc/Rahm, Sybille (2011): Empowerment durch Schulpraktika. Bad Heilbrunn: Klinkhardt.

Bach, Andreas/Brodhäcker, Sarah/Arnold, Karl-Heinz (2010): Entwicklung allgemeindidaktischer Kompetenz in Schulpraktika: Erfassung der Kompetenzen zur Unterrichtsplanung, -durchführung und -analyse. In: Lehrerbildung auf dem Prüfstand 2, S. 158–178.

Baumert, Jürgen/Kunter, Mareike (2006): Stichwort: Professionelle Kompetenz von Lehrkräften. In: Zeitschrift für Erziehungswissenschaft 4, S. 469–520.

Bayrhuber, Horst/Finkbeiner, Claudia/Spinner, Kaspar H./Zwergel, Herbert A. (2001): Lehr- und Lernforschung in den Fachdidaktiken. Innsbruck: Studienverlag.

Bayrhuber, Horst (2007): Fachdidaktik. In: Tenorth, Heinz-Elmar/Tippelt, Rudolf (Hrsg.): Lexikon Pädagogik. Weinheim: Beltz, S. 230–233.

Beckmann, Hans-Karl (1994): Fachdidaktik. Bereichsdidaktik. Stufendidaktik. In: Roth, Leo (Hrsg.): Pädagogik. Handbuch für Studium und Praxis. München: Ehrenwirth, S. 674–688.

Beckmann, Hans-Karl (1997): Das Verhältnis von Theorie und Praxis in der Pädagogik und Konsequenzen für die Lehrer(aus)bildung. In: Glumpler, Edith/Rosenbusch, Heinz S. (Hrsg.): Perspektiven der universitären Lehrerbildung. Bad Heilbrunn: Klinkhardt, S. 97–121.

Bennack, Jürgen (1989): Möglichkeiten und Grenzen der Schulpraktika im erziehungswissenschaftlichen Lehramtsstudium. In: Bildung und Erziehung 3, S. 331–346.

Bennack, Jürgen/Jürgens, Eiko (2002): Schulpraktika in Lehramtsstudiengängen. In: Otto, Hans-Uwe/Rauschenbach, Thomas/Vogel, Peter (Hrsg.): Erziehungswissenschaft: Lehre und Studium. Opladen: Leske + Budrich, S. 143–160.

Blankertz, Herwig (1982): Die Geschichte der Pädagogik: Von der Aufklärung bis zur Gegenwart. Wetzlar: Büchse der Pandora.

Blömeke, Sigrid/Reinhold, Peter/Tulodziecki, Gerhard/Wildt, Johannes (2004): Handbuch Lehrerbildung. Bad Heilbrunn: Klinkhardt.

Bolle, Rainer/Rotermund, Manfred (Hrsg.) (2009): Schulpraktische Studien in gestuften Studiengängen. Leipzig: Leipziger Universitätsverlag.

Bölling, Rainer (1983): Sozialgeschichte der deutschen Lehrer. Göttingen: Vandenhoeck & Ruprecht.

Brehmer, Ilse (1980): Lehrerinnen: Zur Geschichte eines Frauenberufes. München: Urban & Schwarzenberg.

Comenius, Johann Amos (1657/1970): Große Didaktik (hrsg. v. Andreas Flitner). 4. Auflage. Düsseldorf: Küpper.

Deutsche Gesellschaft für Erziehungswissenschaft (2004): Zum Entwurf der Kultusministerkonferenz „Standards für die Lehrerbildung – Bildungswissenschaften". http://www.dgfe.de/fileadmin/OrdnerRedakteure/Stellungnahmen/2004_Stellungnahme_KMK_Lehrerbildung.pdf (30.09.2011).

Deutscher Bildungsrat (1970): Strukturplan für das Bildungswesen. Stuttgart: Ernst Klett.

Dietrich, Theo (1980): Inhalte und Fächer der Schule. In: Roth, Leo (Hrsg.): Handlexikon zur Didaktik der Schulfächer. München: Ehrenwirth, S. 36–44.

Finkbeiner, Claudia/Schnaitmann, Gerhard W. (2001): Lehren und Lernen im Kontext empirischer Forschung und Fachdidaktik. Donauwörth: Auer.

Flagmeyer, Doris/Rotermund, Manfred (Hrsg.) (2007): Mehr Praxis in der Lehrerbildung – aber wie? Leipzig: Leipziger Universitätsverlag.

2 Grundlagen der Allgemeinen Didaktik und der Fachdidaktiken

Gehrmann, Axel/Hericks, Uwe/Lüders, Manfred (Hrsg.) (2010): Bildungsstandards und Kompetenzmodelle. Bad Heilbrunn: Klinkhardt.

Hascher, Tina (2007): Lernort Praktikum. In: Gastager, Angela/Hascher, Tina/Schwetz, Herbert (Hrsg.): Pädagogisches Handeln. Landau: Verlag Empirische Pädagogik, S. 161–174.

Haß, Frank (2010): Zum Verhältnis von Allgemeiner Didaktik und Fachdidaktik Englisch. Berlin: Pro BUSINESS.

Helmke, Andreas (2010): Unterrichtsqualität und Lehrerprofessionalität. Seelze: Friedrich.

Heursen, Gerd (1994): Fachdidaktik. In: Lenzen, Dieter (Hrsg.): Pädagogische Grundbegriffe. Aggression bis Interdisziplinarität. Stuttgart: Rowohlt, S. 588–602.

Hilligus, Annegret Helen (2003): Strukturdebatte der Lehrerbildung. In: Lemmermöhle, Doris/Jahreis, Dirk (Hrsg.): Professionalisierung der Lehrerbildung (Die deutsche Schule, 7. Beiheft). Weinheim: Juventa, S. 157–179.

Hilligus, Annegret Helen/Rinkens, Hans-Dieter (Hrsg.) (2006): Standards und Kompetenzen – neue Qualität in der Lehrerausbildung? Münster: LIT Verlag.

Ipfling, Heinz-Jürgen (2007): Schule – ihre Geschichte und ihre Organisation. In: Apel, Hans-Jürgen/Sacher, Werner (Hrsg.): Studienbuch Schulpädagogik. Bad Heilbrunn: Klinkhardt, S. 53–70.

Keck, Rudolf W./Köhnlein, Walter/Sandfuchs, Uwe (1990a): Fachdidaktik zwischen Allgemeiner Didaktik und Fachwissenschaft. Bad Heilbrunn: Klinkhardt, S. 140–142.

Keck, Rudolf W./Köhnlein, Walter/Sandfuchs, Uwe (1990b): Versuch einer vergleichenden Analyse des fachdidaktischen Selbstverständnisses aus allgemeindidaktischer Sicht. In: Keck, Rudolf W./Köhnlein, Walter/Sandfuchs, Uwe (Hrsg.): Fachdidaktik zwischen allgemeiner Didaktik und Fachwissenschaft. Bad Heilbrunn, Klinkhardt: S. 335–351.

Kemnitz, Heidemarie (2004): Lehrerbildung in der DDR. In: Blömeke, Sigrid/Reinhold, Peter/Tulodziecki, Gerhard/Wildt, Johannes (Hrsg.): Handbuch Lehrerbildung. Bad Heilbrunn: Klinkhardt, S. 92–110.

Keuffer, Josef (2002): Reform der Lehrerbildung durch Professionalisierung, Standards und Kerncurricula. In: Breidenstein, Georg/Helsper, Werner/Kötters-König, Catrin (Hrsg.): Die Lehrerbildung der Zukunft – eine Streitschrift. Opladen: Leske + Budrich, S. 97–112.

Klafki, Wolfgang (1958): Didaktische Analyse als Kern der Unterrichtsvorbereitung. In: Die Deutsche Schule 50 (10), S. 450–471.

ders. (1959): Das pädagogische Problem des Elementaren und die Theorie der kategorialen Bildung. Weinheim: Beltz.

ders. (1970): Der Begriff der Didaktik im engeren Sinne und der Satz vom Primat der Didaktik (im engeren Sinne) im Verhältnis zur Methodik. In: ders. et al. (Hrsg.): Funk-Kolleg Erziehungswissenschaft. Bd. 2. Frankfurt a. M.: Fischer Taschenbuch Verlag, S. 55–73.

ders. (1976): Zum Verhältnis von Didaktik und Methodik. In: Zeitschrift für Pädagogik 22, S. 77–94.

ders. (1985): Neue Studien zur Bildungstheorie und Didaktik. Weinheim: Beltz.

ders. (1994a): Zum Verhältnis von Allgemeiner Didaktik und Fachdidaktik – Fünf Thesen. In: Meyer, Meinert/Plöger, Wilfried (Hrsg.): Allgemeine Didaktik, Fachdidaktik und Fachunterricht. Weinheim: Beltz, S. 42–64.

ders. (1994b): Neue Studien zur Bildungstheorie und Didaktik. Zeitgemäße Allgemeinbildung und kritisch-konstruktive Didaktik. 4., durchges. Auflage. Weinheim: Beltz.

Klieme, Eckhard/Maag Merki, Katharina/Hartig, Johannes (2007): Möglichkeiten und Voraussetzungen technologiebasierter Kompetenzdiagnostik. Berlin: BMBF.

Klingberg, Lothar (1994): Fach, Fachdidaktik und Allgemeine Didaktik. In: Meyer, Meinert A./Plöger, Wilfried (Hrsg.): Allgemeine Didaktik, Fachdidaktik und Fachunterricht. Weinheim: Beltz, S. 65–84.

Koch-Priewe, Barbara (2000): Zur Aktualität und Relevanz der Allgemeinen Didaktik in der LehrerInnenausbildung. In: Bayer, Manfred/Bohnsack, Fritz/Koch-Priewe, Barbara/Wildt, Johannes (Hrsg.): Lehrerin und Lehrer werden ohne Kompetenz? Bad Heilbrunn: Klinkhardt, S. 149–169.

Köhnlein, Walter (2004): Fachdidaktik. In: Keck, Rudolf W./Sandfuchs, Uwe/Feige, Bernd (Hrsg.): Wörterbuch Schulpädagogik. Bad Heilbrunn: Klinkhardt, S. 140–143.

König, Johannes/Peek, Rainer/Blömeke, Sigrid (2010): Erfassung von Ergebnissen der erziehungswissenschaftlichen Lehrerausbildung. In: Gehrmann, Axel/Hericks, Uwe/Lüders, Manfred (Hrsg.): Bildungsstandards und Kompetenzmodelle. Bad Heilbrunn: Klinkhardt, S. 73–84.

Kron, Friedrich W. (2004/2008): Grundwissen Didaktik. 4., akt./5. überarb. Auflage. München: Reinhardt.

Larcher, Sabina/Oelkers, Jürgen (2004): Deutsche Lehrerbildung im internationalen Vergleich. In: Blömeke, Sigrid/Reinhold, Peter/Tulodziecki, Gerhard/Wildt, Johannes (Hrsg.): Handbuch Lehrerbildung. Bad Heilbrunn: Klinkhardt, S. 128–150.

Maag Merki, Merki, Katharina (2009): Kompetenz. In: Andresen, Sabine/Casale, Rita/Gabriel, Thomas/Horlacher, Rebekka/Larcher Klee, Sabina/Oelkers, Jürgen (Hrsg.): Handwörterbuch Erziehungswissenschaft. Weinheim: Beltz, S. 492–506.

Martial, Ingbert von (2002): Einführung in didaktische Modelle. 2., überarb. Auflage. Baltmannsweiler: Schneider Verlag Hohengehren.

Meyer, Meinert A./Plöger, Wilfried (Hrsg.) (1994): Allgemeine Didaktik, Fachdidaktik und Fachunterricht. Weinheim: Beltz.

Meyer, Hilbert (2007): Leitfaden Unterrichtsvorbereitung. Komplett überarb. Neuausg. Berlin: Cornelsen Scriptor.

Nicklis, Werner S. (1981): Didaktik der Hauptschule. In: Twellmann, Walter (Hrsg.): Handbuch Schule und Unterricht. Düsseldorf: Schwann, S. 37–55.

Oelkers, Jürgen (2009): "I wanted to be a good teacher …". Zur Ausbildung von Lehrkräften in Deutschland. Berlin: Friedrich-Ebert-Stiftung.

Peterßen, Wilhelm H. (1980): Didaktik und Curriculum/Lehrplan. In: Roth, Leo (Hrsg.): Handlexikon zur Didaktik der Schulfächer. München: Ehrenwirth, S. 658–673.

Peterßen, Wilhelm H. (2001): Lehrbuch Allgemeine Didaktik. 6., völlig veränd., aktual. u. stark erw. Auflage. München: Oldenbourg.

Plöger, Wilfried (1994): Zur Entwicklung und zum gegenwärtigen Verhältnis von Allgemeiner Didaktik und Fachdidaktik – Ein Rückblick. In: Meyer, Meinert A./Plöger, Wilfried (Hrsg.): Allgemeine Didaktik, Fachdidaktik und Fachunterricht. Weinheim: Beltz, S. 23–41.

Plöger, Wilfried (1999): Allgemeine Didaktik und Fachdidaktik. München: Fink.

Plöger, Wilfried (2009): Allgemeine Didaktik – Fachdidaktik – Fachwissenschaft. In: Mertens, Gerhard/Frost, Ursula/Böhm, Winfried (Hrsg.): Handbuch der Erziehungswissenschaft. Paderborn: Schöningh Verlag, S. 429–447.

Rotermund, Manfred/Dörr, Günter/Bodensohn, Rainer (Hrsg.) (2008): Bologna verändert die Lehrerbildung. Leipzig: Leipziger Universitätsverlag.

Roth, Leo (1980a): Handlexikon zur Didaktik der Schulfächer. München: Ehrenwirth.

Roth, Leo (1980b): Erziehungswissenschaft – Allgemeine Didaktik – Fachdidaktik – Fachwissenschaft. In: ders. (Hrsg.): Handlexikon zur Didaktik der Schulfächer. München: Ehrenwirth, S. 19–36.

Sandfuchs, Uwe (1990): Anmerkungen zur historischen Entwicklung und zum gegenwärtigen Stand der Fachdidaktik als Wissenschaft. In: Keck, Rudolf W./Köhnlein, Walter/Sandfuchs, Uwe (Hrsg.): Fachdidaktik zwischen Allgemeiner Didaktik und Fachwissenschaft. Bad Heilbrunn: Klinkhardt, S. 10–21.

Sandfuchs, Uwe (2004): Geschichte der Lehrerbildung in Deutschland. In: Blömeke, Sigrid/Reinhold, Peter/Tulodziecki, Gerhard/Wildt, Johannes (Hrsg.): Handbuch Lehrerbildung. Bad Heilbrunn: Klinkhardt, S. 14–36.

Schmitt, Hanno (2007): Vernunft und Menschlichkeit: Studien zur philanthropischen Erziehungsbewegung. Bad Heilbrunn: Klinkhardt.

2 Grundlagen der Allgemeinen Didaktik und der Fachdidaktiken

Schulz, Wolfgang (1965): Unterricht – Analyse und Planung. In: Heimann, P./Otto, G./Schulz, W. (Hrsg.): Unterricht – Analyse und Planung. Hannover: Schroedel, S. 13–47.

ders. (1980): Ein Hamburger Modell der Unterrichtsplanung. Seine Funktion in der Alltagspraxis. In: Adl-Amini, Bijan (Hrsg.): Didaktische Modelle und Unterrichtsplanung. Weinheim: Juventa, S. 49–87.

Sekretariat der Ständigen Konferenz der Kultusminister der Länder in der Bundesrepublik Deutschland (2004): Standards für die Lehrerbildung: Bildungswissenschaften. http://www.kmk.org/fileadmin/veroeffentlichungen_beschluesse/2004/2004_12_16-Standards-Lehrerbildung.pdf (30.09.2011).

Sekretariat der Ständigen Konferenz der Kultusminister der Länder in der Bundesrepublik Deutschland (2008): Ländergemeinsame inhaltliche Anforderungen für die Fachwissenschaften und Fachdidaktiken in der Lehrerbildung. http://www.kmk.org/fileadmin/veroeffentlichungen_beschluesse/2008/2008_10_16-Fachprofile-Lehrerbildung.pdf (30.09.2011).

Shulman, Lee S. (1987): Knowledge and teaching. Foundations of the new reform. In: Harvard Educational Review 1, S. 1–22.

Teichler, Ulrich (2005): Quantitative und strukturelle Entwicklungen des Hochschulwesens. In: Zeitschrift für Pädagogik, 50. Beiheft. Weinheim: Beltz, S. 8–24.

Terhart, Ewald (2000): Perspektiven der Lehrerbildung in Deutschland. Weinheim: Beltz.

Terhart, Ewald (2002): Standards für die Lehrerbildung. Münster, Universität Münster.

Terhart, Ewald (2004): Struktur und Organisation der Lehrerbildung in Deutschland. In: Blömeke, Sigrid/Reinhold, Peter/Tulodziecki, Gerhard/Wildt, Johannes (Hrsg.): Handbuch Lehrerbildung. Bad Heilbrunn: Klinkhardt, S. 37–58.

Terhart, Ewald (2005): Fremde Schwestern – Zum Verhältnis von Allgemeiner Didaktik und Lehr-Lern-Forschung. In: Stadtfeld, Peter/Dieckmann, Bernhard (Hrsg.): Allgemeine Didaktik im Wandel. Bad Heilbrunn: Klinkhardt, S. 96–114.

Terhart, Ewald (2006): Standards und Kompetenzen in der Lehrerbildung. In: Hilligus, Annegret Helen/Rinkens, Hans-Dieter (Hrsg.): Standards und Kompetenzen – neue Qualität in der Lehrerausbildung? Münster: LIT Verlag, S. 29–42.

Terhart, Ewald (2009): Didaktik. Stuttgart: Reclam.

Thierack, Anke (2003): Neue Ausbildungskonzepte für das Lehramtsstudium in Deutschland. Ausgewählte Beispiele. In: *Die Deutsche Schule* (7), S. 180–195.

Timmerhaus, Winfried (2001): Fachdidaktik als konstitutives Element universitärer Lehrerbildung. Marburg: Tectum.

Topsch, Wilhelm (2004): Schulpraxis in der Lehrerbildung. In: Blömeke, Sigrid/Reinhold, Peter/Tulodziecki, Gerhard/Wildt, Johannes (Hrsg.): Handbuch Lehrerbildung. Bad Heilbrunn: Klinkhardt, S. 476–486.

Twellmann, Walter (Hrsg.) (1981): Handbuch Schule und Unterricht. Düsseldorf: Pädagogischer Verlag Schwann.

Vollmer, Johannes (2007): Zur Situation der Fachdidaktiken an deutschen Hochschulen. http://gfd.physik.rub.de/texte/Zur_Situation_der_Fachdidaktiken-Vollmer.pdf (30.09.2011).

Westbury, Ian/Hopmann, Stefan/Riquarts, Kurt (2000): Teaching as a reflective practice: The German Didaktik tradition. London: Erlbaum.

Weniger, Erich (1930/1960): Theorie der Bildungsinhalte und des Lehrplans. 3. Auflage. Weinheim: Beltz.

Willmann, Otto (1889/1967): Didaktik als Bildungslehre nach ihren Beziehungen zur Socialforschung und zur Geschichte der Bildung. 7. Auflage. Freiburg: Herder.

Schule und Genderforschung

3

Hannelore Faulstich-Wieland und Marianne Horstkemper

3.1 Die Geschlechterfrage als Thema von Unterrichts- und Schulforschung

In Deutschland wurde die Frage nach der Bedeutung von Geschlecht für schulische Lern- und Bildungsprozesse im Vergleich zu anderen Ländern erst verhältnismäßig spät zum Thema. Immerhin liegen inzwischen aber Erkenntnisse aus etwa dreißigjähriger intensiver Forschung dazu vor. Im Zentrum der Genderforschung stand zunächst die Frage nach dem Abbau von Ungleichheit der Bildungschancen, wobei *weibliche* Benachteiligung den Ausgangspunkt darstellte: In welcher Weise trägt Schule zur Fortschreibung hierarchischer Geschlechterdifferenz bei, welche Chancen der Gegensteuerung bietet sie, wo liegen aber auch die Grenzen ihrer Einflussmöglichkeiten? Im Zuge der weiteren Entwicklung differenzierte sich diese Perspektive zunehmend aus. Theoretisch und empirisch wurden sowohl Bildungserfolg als auch die Sozialisationswirkung von Schule – einschließlich der Frage ihres Beitrags zum Erwerb von Geschlechtsidentität – untersucht, d. h. vor allem die *Lernenden* beiderlei Geschlechts wurden in den Blick genommen. Dabei galt es aber auch die *Lehrenden* stärker in den Focus zu rücken: Von welchen Annahmen, Wissensbeständen, Haltungen lassen sie sich im Umgang mit Mädchen und Jungen leiten? Zu diesem zweiten Strang von Genderforschung liegen bislang deutlich weniger Forschungsergebnisse vor, unter den Stichworten ‚Genderkompetenz und Professionalisierung‘ wird vor allem programmatisch die Notwendigkeit unterstrichen, diesen Fragen in der Aus-, Fort- und Weiterbildung von Lehrkräften mehr Beachtung zu schenken.

H. Faulstich-Wieland (✉)
Universität Hamburg,
Von Melle Park 8, 20146 Hamburg, Deutschland
E-Mail: h.faulstich-wieland@uni-hamburg.de

M. Horstkemper (✉)
Jenaer Straße 19, 10717 Berlin, Deutschland
E-Mail: horstkemper@t-online.de

M. Kampshoff, C. Wiepcke (Hrsg.), *Handbuch Geschlechterforschung und Fachdidaktik,*
DOI 10.1007/978-3-531-18984-0_3,
© VS Verlag für Sozialwissenschaften | Springer Fachmedien Wiesbaden 2012

In diesem Beitrag wird in der für einen Handbuchartikel notwendigen Knappheit rekapituliert, in welcher Entwicklungslinie theoretische Konzepte und die von ihnen angeleiteten empirischen Analysen von Genderforschung sich verändert haben und welche Forschungsperspektiven für die Zukunft uns vordringlich erscheinen. Charakterisieren lässt sich diese Entwicklung als Abkehr vom vorherrschenden Denken von Geschlecht als anthropologischer Konstante in polaren Begriffen hin zu einer Sichtweise, die Männlichkeit und Weiblichkeit als das Ergebnis sozialer Praktiken betrachtet. Geschlecht ist danach nicht das, was man *ist*, sondern etwas, das man *tut*. Aus diesem Paradigmenwechsel ergibt sich aus unserer Sicht eine verschärfte Herausforderung für Schule und alle in ihr Handelnden, den eigenen Anteil zu analysieren, den sie – quer durch unterschiedliche Fächer, Schulstufen und Schulformen – an dieser Herstellung von Geschlecht und der Gestaltung von Geschlechterverhältnissen haben.

3.2 Geschlechterdifferenzen sichtbar machen

Den Beginn der Genderforschung markierte das Bestreben, fortbestehende Ungleichheiten zwischen den Geschlechtern aufzudecken. Man kann insofern von einer zunächst stark defizitorientierten Perspektive sprechen: Differenz galt als etwas zu Überwindendes, Gleichheit wurde verstanden als Wegfall von Barrieren und Erweiterung von Handlungsspielräumen (vgl. Nyssen/Schön 1992, S. 858 ff.). Das galt sowohl für die Frage des Schulerfolgs als auch für die Entwicklung von Interessen, Selbstbildern und Einstellungen, die nicht an die Zugehörigkeit zu einem bestimmten Geschlecht gebunden sein sollten. Sehr früh wurde dieser Ansatz jedoch kritisiert, weil darin die Gefahr gesehen wurde, eine androzentrisch verkürzte Sicht auf Bildungsinhalte und -prozesse unbefragt zu übernehmen und damit eine Anpassung an männliche Normen und Werte zu befördern. Vertreterinnen differenztheoretischer Positionen forderten dagegen, bei der Analyse von Geschlechterunterschieden weibliche Präferenzen und Sichtweisen selbstbewusst als spezifische Stärken herauszuarbeiten, die im weiblichen Lebenszusammenhang erworben werden und für die Gestaltung einer lebenswerten Gesellschaft unverzichtbar sind. Gerade die Herausarbeitung dieser Differenzen könne sich als Motor für die innovative Gestaltung von Schule und Unterricht erweisen.

Im Folgenden werden zunächst die zentralen Themenfelder skizziert, in denen geforscht wurde, es werden aber keine detaillierten Ergebnisse präsentiert, sondern überwiegend auf entsprechende Forschungsüberblicke verwiesen und der Erkenntnisgewinn auf die zentralen Kernaussagen konzentriert. Die Aufmerksamkeit wird dabei zunächst auf die Lernenden gerichtet.

3.2.1 Mädchen und Jungen

Wenn im Folgenden die Gruppe ‚der' Mädchen mit denen ‚der' Jungen verglichen wird, so folgt dies der Logik empirischer Forschung, die sich quantitativer Forschungsmethoden

3 Schule und Genderforschung

bedient und Mittelwerte darauf hin prüft, ob diese sich signifikant unterscheiden. Dabei ist stets zu bedenken, dass sich hinter solchen Durchschnittswerten jeweils individuell enorme Unterschiede innerhalb der Geschlechtergruppen verbergen können.

3.2.1.1 Bildungsabschlüsse und Schulerfolg

Übereinstimmend kommen bilanzierende Aussagen zur Frage des Schulerfolgs zu dem Urteil, dass die zu Beginn der Bildungsexpansion der 1960er Jahre noch klar festzustellende Benachteiligung der Mädchen – gemessen an der Qualität von Bildungsabschlüssen – nicht mehr besteht. Mädchen haben nicht nur gleichgezogen, seit den 1990er Jahren haben sie die Jungen mit zunehmender Tendenz überholt (Horstkemper 1995, S. 189 f.; Aktionsrat Bildung 2009, S. 95). Hier scheint sich das Bild auf den ersten Blick sogar eher umzukehren. Betrachtet man Indikatoren wie Zurückstellung vom Schulbesuch, Klassenwiederholungen, Überweisung zur Sonderschule für Kinder mit Lernbehinderungen oder Verlassen der Schule ohne Abschluss, dann sind in allen Fällen männliche Kinder stärker betroffen, ihre Schulbiografien waren und sind offensichtlich stärker gefährdet (vgl. Budde 2008, S. 11 ff.). Allerdings zeigt sich – nicht nur in Deutschland, sondern auch im internationalen Vergleich – eine Überrepräsentanz der Jungen nicht nur in den negativen, sondern häufig auch in positiven Extremgruppen: „So werden Jungen öfter als hoch begabt identifiziert, gehören häufiger zu den Klassenüberspringern und profitieren ausgeprägter von spezifischen Begabungsfördermaßnahmen" (Stamm 2008, S. 111). Während in der Grundschulzeit noch kaum geschlechtstypische Leistungsunterschiede zu verzeichnen sind, prägen diese sich ab der Sekundarstufe I deutlich aus, wobei dies jedoch fachabhängig ist: In sprachlichen Fächern sind häufig die Mädchen überlegen, in mathematisch-naturwissenschaftlichen Fächern kehrt sich dies häufig zugunsten der Jungen um, wie sich auch in den internationalen Leistungsvergleichsstudien TIMSS und PISA zeigen lässt (vgl. den Überblick bei Stürzer 2003). Deutlich wird dort aber auch, dass minimale Basisfertigkeiten im Lesen und Textverstehen, die negative Konsequenzen für Leistungen in nahezu allen Fächern nach sich ziehen, sehr viel häufiger bei Jungen auftreten. Diese Situation ist in den Jahren 2000–2006 stabil geblieben (Drechsel/Artelt 2007, S. 245).

3.2.1.2 Unterschiedliche Sozialisationswirkungen von Schule

Hierzu wurde im Zuge der sich seit den 1980er Jahren zunehmend etablierenden Frauen- und Geschlechterforschung eine Fülle empirischer Ergebnisse zutage gefördert: zur unterschiedlichen Interessenentwicklung und Fächerpräferenzen (Roisch 2003), zur Tradierung von ‚Geschlechterrevieren des Wissens' durch Curricula, Schulbücher und Lehr-Lern-Materialien (Hunze 2003), zu subtilen Mechanismen der Hochschätzung männlicher Leistungen und Beiträgen zur gesellschaftlichen Entwicklung und Kultur, während gleichzeitig weibliche Anteile deutlich weniger zur Kenntnis genommen bzw. gewürdigt werden (vgl. Faulstich-Wieland 1991). Es verwundert danach nicht, dass Mädchen in der Regel größere Probleme haben als Jungen, ein tragfähiges Selbstvertrauen zu entwickeln (vgl. Horstkemper 1987; Fend 1997, S. 247) und deutlich geringere Ansprüche auf die Durchsetzung eigener Lebenspläne formulieren (Lemmermöhle/Nägele 1999). Gleichzeitig werden Jungen allerdings häufig weniger soziale und stärker konkurrenzorientierte Verhaltensweisen bescheinigt (Krappmann/Oswald 1995), sie sind auch wesentlich stärker sowohl als Opfer wie auch als Täter in Gewalt verstrickt (Popp 1999).

Zur Erklärung dieser Differenzen wird vor allem auf Interaktions- und Kommunikationsformen verwiesen, die geschlechtstypisch unterschiedliche Anforderungen an Mädchen und Jungen richten und auch Verhaltensweisen abhängig vom Geschlecht unterschiedlich honorieren oder tolerieren. Während bei Mädchen eher schulangepasstes, fleißiges, freundliches und soziales Verhalten vorausgesetzt wird, geht man bei Jungen häufig davon aus, dass die Anforderungen ihrer Geschlechtsrolle eher mit der Schülerrolle in Konflikt geraten werden. Sie werden entsprechend häufiger ermahnt, getadelt oder auf andere Weise sanktioniert, gelten aber gleichzeitig häufig auch als die interessanten, fähigen, kreativen (Mit-)Schüler, die im Schulalltag unverzichtbar sind. Dies gilt nicht nur für die Sicht der Lehrkräfte, sondern auch für die peer-group (Schefer-Vietor 1990; Horstkemper 1994). Bis in die Gegenwart hinein sind solche an Geschlechtsrollenstereotypen orientierten Zuschreibungen und die damit verbundenen Verhaltensweisen wirksam (Trautwein 2003, S. 102; Faulstich-Wieland/Weber/Willems 2004; Budde/Scholand/Faulstich-Wieland 2008).

3.2.2 Lehrerinnen und Lehrer

Wenn im Folgenden der Blick auf die *Lehrenden* gerichtet wird, liegen deutlich weniger Studien vor, die systematisch die Geschlechterperspektive berücksichtigen. Thematisiert wurde in den vergangenen Jahrzehnten vor allem die Frage der *Feminisierung des Lehrberufs*. Hier überwiegen Positionen, die darin vor allem Probleme sehen: Sie behindere zum einen den Ausbau des Lehrberufs zu einer vollen akademischen Profession (vgl. den Überblick in Schwänke 1988). Zum anderen sei die zunehmende Verweiblichung auch aus sozialisationstheoretischer Perspektive insbesondere für männliche Schüler nicht wünschenswert, weil diesen dadurch gleichgeschlechtliche Identifikationsfiguren im Erziehungs- und Bildungsbereich weitgehend fehlen. Die schlechtere Leistungsbilanz der Jungen wird gerade in jüngster Zeit hiermit in Verbindung gebracht (vgl. Guggenbühl 2008).

Gegen eine solch defizitorientierte Sichtweise wird kritisch eingewendet, dass so umstandslos in diesem Berufsfeld von weiblicher *Dominanz* nicht die Rede sein könne. Im Gegenteil sei eine geschlechtstypische Binnensegregierung des Arbeitsfeldes festzustellen, bei der Frauen jeweils auf die weniger attraktiven, damit auch weniger prestigeträchtigen und schlechter bezahlten Bereiche gelenkt würden, insbesondere auch in Leitungstätigkeiten immer noch unterrepräsentiert seien (Hänsel 1995). Eine solche Prägung der Institution Schule signalisiere aber deutlich, dass diese Institution keineswegs geschlechterdemokratisch verfasst sei und somit auch keine Vorbildfunktion für ein gleichberechtigtes Miteinander abgeben könne. Gleichzeitig werde eine Chance übersehen: Gerade in der stärkeren Beteiligung von Frauen an der Gestaltung von Schule stecke ein gehöriges Maß an Chancen für Demokratisierung und Humanisierung (vgl. Fischer/Jacobi/Koch-Priewe 1996).

3.2.2.1 Geschlechtersegregation bei den Lehrkräften

Dieser Aspekt ist nicht nur für Deutschland typisch, sondern auch international gut belegt: Lehrerinnen konzentrieren sich jeweils besonders stark im Primar- und Elementarbereich, auf den höheren Stufen des Bildungswesens und mit höherem Alter der Schüler und Schülerinnen nimmt der Frauenanteil an den Lehrkräften jeweils ab. In leitenden Positionen in den Schulen und erst recht in der Schulverwaltung sind Frauen klar unterrepräsentiert. Sie verbinden deutlich stärker als Männer Familienpflichten mit ihrer Berufstätigkeit, nehmen dafür öfter diskontinuierliche Berufsverläufe durch Beurlaubung und/oder Teilzeitarbeit in Kauf (Horstkemper 2000; Budde 2008, S. 48 f.). In neueren Untersuchungen lässt sich jedoch aufzeigen, dass sich insbesondere Karriereorientierung und die Form pädagogischen Leitungshandelns zwischen Männern und Frauen in schulischen Leitungspositionen durchaus annähern (Hoff 2005, S. 23 f.).

3.2.2.2 Geschlechtstypische Interpretationen des Lehrberufs

Deutlich weniger gut untersucht ist die Frage, ob es eine spezifisch weibliche Form der Berufsausübung gibt, die eine Basis darstellt für die Aussagen über die Qualitätsverbesserung von Schule durch den Rückgriff auf weibliche Orientierungen als Innovationspotenzial. Sichtet man die eher spärlichen Befunde (Horstkemper 2000), so lässt sich zusammenfassend bilanzieren: Es lassen sich keineswegs durchgängige, gar dramatische Unterschiede zwischen den Geschlechtern im Sinne polarer Gegensätze (z. B. Sach- versus Beziehungsorientierung, Vermittlungskompetenz versus Erziehungsinteresse etc.) aufzeigen. Konstatieren lassen sich aber graduelle Unterschiede, die insgesamt auf eine Erweiterung des Berufsverständnisses hindeuten, wenn die von Frauen stärker betonten Aspekte integriert werden können. Sie zentrieren sich vor allem um eine stärkere Ausrichtung an den emotionalen Bedürfnissen und den Entwicklungsvoraussetzungen der Kinder und Jugendlichen sowie um die Ebene kommunikativer und kooperativer Verständigung im Kollegium. Beide Dimensionen betreffen relevante Zielsetzungen von Unterrichts- und Schulentwicklung, die auf Lernerfolg und Persönlichkeitsbildung von Schülerinnen und Schülern Einfluss nehmen. Die kontroverse Diskussion um die Frage, ob Jungen durch die zunehmende Feminisierung des Lehrberufs benachteiligt werden, hat gerade in jüngerer Zeit sowohl in Deutschland als auch im anglo-amerikanischen Bereich Untersuchungen angestoßen, die in Kapitel 3.4 wieder aufgegriffen werden.

3.2.3 Zwischenbilanz: Erträge und Probleme defizitorientierter und differenztheoretischer Zugänge

Zweifellos hat die kritische Analyse bildungstheoretischer Konzepte, sowie des didaktischen und kommunikativen Geschehens im Schulalltag zu einer Fülle von Erkenntnissen geführt. Insbesondere hat sie die Wahrnehmung geschärft für die weitgehend unterhalb der Bewusstseinsebene ablaufenden Prozesse der Kategorisierung und Interpretation von Verhaltensweisen in Abhängigkeit vom Geschlecht. Wie stark die damit verbundenen Normalitätserwartungen den Charakter von Zuschreibungen und sich selbst erfüllenden Prophezeiungen entfalten können, ist eindrucksvoll belegt worden. Allerdings wurde schon früh Kritik an solchen differenztheoretischen Modellen formuliert, So hielt Hagemann-White (1988, S. 225) der feministischen Theoriediskussion in der Bundesrepu-blik Deutschland vor, „daß sie in der Vorstellung von Biologie als Schicksal stark verankert (sei), und wenn es in der Negation wäre". Die Herausarbeitung von Geschlechterdifferenzen könne insofern zu einer Reifizierung dessen führen, was man doch gerade überwinden wolle. Auch dabei könne ein gewisser Boden neuer Gläubigkeit für Thesen über *unaufhebbare* Geschlechtsunterschiede entstehen, wenn die Wesensverschiedenheit der Geschlechter akzeptiert würde, selbst wenn historische und soziale Lernprozesse dafür verantwortlich gemacht würden. Der Fehler liege also in der Akzeptanz von Zweigeschlechtlichkeit als „natürlicher Tatsache". Sie setzt dagegen als „Null-Hypothese", „daß es keine notwendige naturhaft vorgeschriebene Zweigeschlechtlichkeit gibt, sondern nur verschiedene kulturelle Konstruktionen von Geschlecht" (ebd., S. 230).

3.3 Perspektivwechsel: Geschlecht als soziale Konstruktion

Bereits seit Mitte der 1980er Jahre gab es in der Frauenbewegung Ansätze, die Differenzannahmen, die Frauen einerseits als Opfer, andererseits als Ikone konzipiert hatten, zu überwinden und dabei den aktiven Part aller Beteiligten an der Gestaltung der Geschlechterverhältnisse deutlich zu machen (vgl. dazu die Publikation von Tina Thürmer-Rohr (1988), die zu heftigen Debatten geführt hat). Bei den im Folgenden zu betrachtenden Analysen geht es im Kern um Interaktions- und Kommunikationsprozesse, an denen in der Regel Lehrende *und* Lernende beteiligt sind. Die in Kapitel zwei vorgenommene Untergliederung ist deshalb nicht sinnvoll fortzusetzen, so dass im Folgenden deshalb in einem ersten Schritt die Auseinandersetzung mit theoretischen Positionen skizziert und anschließend Ergebnisse empirischer Forschung, die daraus entstanden sind, präsentiert werden.

3.3.1 Schule als Ort der Herstellung von Geschlecht

Für die Erziehungswissenschaft bzw. die Schulpädagogik hat Nyssen (1993) in ihrer damaligen Bilanz der feministischen Schulforschung die Forderung nach Berücksichtigung des aktiven Charakters der Auseinandersetzung der Mädchen und Jungen mit der schulischen Umwelt gefordert und den Blick auf die Frage nach der Entwicklung des Geschlechterverhältnisses gerichtet. Prengel (1993) hat im gleichen Jahr in ihrer „Pädagogik der Vielfalt" mit der Formel von der „egalitären Differenz" versucht, eine Balance zwischen der Beachtung der besonderen Lebenssituation von Frauen und dem Festhalten an gleichberechtigten Lebensentwürfen theoretisch zu fundieren. Eine Art ‚Befreiungsschlag' in der erziehungswissenschaftlichen Frauenbewegung war dabei ihr bereits auf dem DGfE-Kongress in Bielefeld gehaltener Vortrag, in dem sie deutlich machte, dass Frauen zur Legitimation

3 Schule und Genderforschung

ihrer Gleichheitsrechte „nicht moralisch besser oder besonders wertvoll zu sein" bräuchten (ebd., S. 182; Prengel 1990). Damit entfiel die Basis einer Differenzbetrachtung, die ‚Weibliches' gegen die geltende Geschlechterhierarchie als höherwertiger herauszustellen versuchte.

Für den Perspektivwechsel war dabei die theoretische Weiterentwicklung des Verständnisses von Geschlecht als sozialer Konstruktion zentral (vgl. den Tagungsband der (damaligen) Kommission Frauenforschung in der DGfE dazu: Lemmermöhle et al. 2000).

Ansätze, Geschlecht als soziale Kategorie zu begreifen, waren wie bereits erwähnt nicht ganz neu (vgl. z. B. Hagemann-White 1985). In der Soziologie finden sich schon in den 1960er und 1970er Jahren von Harold Garfinkel und von Erving Goffman Arbeiten, die Zweigeschlechtlichkeit nicht als Personenmerkmal betrachteten, sondern als eine Form der Einteilung von bzw. Inszenierung/Darstellung durch Menschen. Harold Garfinkel hat in seiner ethnomethodologischen Studie über die Mann-zu-Frau-Transsexuelle Agnes eindrücklich zeigen können, wie sie die alltäglichen Praktiken lernen muss, die es ihr ermöglichen, sich als Frau darzustellen und als solche wahrgenommen zu werden (Garfinkel 1967). Erving Goffman hat in seinem „Arrangement der Geschlechter" (Goffman 1994, original 1977) gezeigt, wie „geschlechtsspezifische Subkulturen" (ebd., S. 109) entstehen, die mit adäquaten „geschlechtsklassenspezifischen" Verhaltensweisen verbunden sind. Diese Verhaltensweisen entsprechen unterschiedlichen Erwartungen, Erfahrungen und Anforderungen an Frauen und Männer, denen wiederum gesellschaftliche Glaubensvorstellungen über die Geschlechter zugrunde liegen. Ihre Produktion und Reproduktion nennt Goffman „Genderism".

Von Candace West und Don H. Zimmerman ist 1987 unter dem Titel „doing gender" (wieder abgedruckt 1991) der Ansatz, Geschlecht als soziale Konstruktion zu verstehen, systematisiert worden. West und Zimmerman wollten verdeutlichen, wie „gender as a routine, methodical, and recurring accomplishment" verstanden werden kann (West/Zimmerman 1991, S. 13). Sie schlagen dafür vor, eine Unterscheidung von sex, sex category und gender vorzunehmen. „Sex" ist dabei die Bestimmung jener biologischen Kriterien, auf die man sich gesellschaftlich geeinigt hat, um mit ihnen Personen als ‚männlich' oder ‚weiblich' zu klassifizieren. Üblicherweise sind das in den meisten Gesellschaften die Genitalien bei der Geburt. „Sex category" ist die Zuordnung in eine der beiden Kategorien durch die Anwendung des Kriteriums. Im Alltag allerdings muss diese Zuordnung immer wieder erkennbar gemacht werden. Die Fähigkeit, das eigene Verhalten so zu managen, dass die alltäglichen Praktiken mit der vorgenommenen Zuordnung übereinstimmen, bezeichnen West/Zimmerman als „gender". „Doing gender" erfordert, sich in den unterschiedlichsten Situationen so zu verhalten, dass im Endeffekt das Ergebnis als gender-angemessen oder absichtlich gender-unangemessen angesehen werden kann, die Verantwortbarkeit also gewährleistet bleibt: „Doing gender consists of managing such occasions so that, whatever the particulars, the outcome is seen and seeable in context as gender-appropriate or purposefully gender-inappropriate, that is, *accountable*" (ebd., S. 22).

Im alltäglichen Verhalten werden die Handlungen der einzelnen immer bewertet, abhängig vom sozialen Kontext, in dem sie passieren und in dem sie beurteilt werden. West und Zimmerman sehen hierin das zentrale Moment für doing gender: Es geht nicht darum, sich normativ korrekt zu verhalten – so wie es sich für eine Frau oder einen Mann idealerweise ‚gehört', sondern das Verhalten eines Menschen *kann–*, muss aber keineswegs zwangsläufig – vor der Folie der Geschlechtszugehörigkeit beurteilt werden. Doing gender „is to engage in behavior *at the risk of gender assessment*" (ebd., S. 23).

3.3.2 Wie werden Geschlechterdifferenzen hergestellt?

Für die Schulforschung – ebenso wie für andere Bereiche der Erziehungswissenschaft – entstanden daraus neue Forschungsperspektiven, nämlich insbesondere Studien zu Interaktionsprozessen im schulischen Kontext durchzuführen. Zu nennen ist hier exemplarisch eine Reihe von Arbeiten, die versuchen, den Blick nicht mehr auf die Geschlechterdifferenzen zu richten, sondern den Mechanismen ihrer Herstellung auf die Spur zu kommen.

Eine frühe Arbeit dazu, die eine Mischung aus verändernder und forschender Praxis war, stellt das Projekt „Was Sandkastenrocker von Heulsusen lernen können" von Brehmer (1996) dar. Das Projekt wurde in den Klassen 5 bis 7 an der Laborschule Bielefeld, an einer weiteren Gesamtschule und an einem Gymnasium durchgeführt. In der Selbstsicht der Lehrkräfte betrachten sie diese Kinder eher als Individuen denn als Geschlechtsvertreter und Geschlechtsvertreterinnen. Die Beobachtungen allerdings zeigen deutlich anderes: Lehrkräfte greifen offenbar häufiger auf die Klassifizierung der Mädchen und Jungen als Gruppen zurück, womit sie eine Dramatisierung der Differenzen herstellen. Die im Bericht skizzierten Beispiele zeigen, dass offenbar nach wie vor auf subtile Weise geschlechterhierarchische Strukturen etabliert werden:

> Die Videobeobachtungen zeigen anhand einiger ‚kleiner Szenen', wie aus alltäglichen Verhaltensweisen geschlechtsspezifisch eine unterschiedliche Behandlung von Mädchen und Jungen folgt. So etwa, wenn Mädchen die Zeit zur Diskussion beschnitten wird, wenn Äußerungen der Schülerinnen über aggressives Verhalten von Jungen heruntergespielt werden, wenn ablenkende Kommunikation von Jungen zugelassen oder konkurrenzorientiertes Verhalten unterstützt wird. Auch die wiederholte Feststellung, dass Mädchen sich nicht am Unterricht beteiligen und sie dann aufzufordern, ihre Unwissenheit an der Tafel vorzuführen, verfestigt den Eindruck der Inkompetenz von Mädchen. Geschlechtsstereotype Zuschreibung erfolgt durch die Lenkung der Kommunikation durch die Lehrerinnen und Lehrer, durch Unterbrechungen, Rededauer und Erwartungshaltungen. (Brehmer 1996, S. 65)

Breidenstein und Kelle (1998) haben ihren Schwerpunkt auf die Interaktionen der Kinder gelegt, die sie über mehrere Jahre in der Laborschule begleiteten. Sie zeigen, wie Kinder selbst das Geschlecht als Unterscheidungsmerkmal nutzen und so Geschlechterunterschiede immer wieder auch reproduzieren. ‚Geschlecht als Zugehörigkeit' ist das entscheidende Moment hierfür. Kelle und Breidenstein verweisen darauf, dass im interaktiven Alltag verschiedene Zugehörigkeiten präsent und auch relevant sein können, weil man im Allgemeinen Angehörige oder Angehöriger mehrerer Sorten von Gruppen ist. Die Binarität der Geschlechterzuschreibung allerdings erhält deshalb eine besondere Bedeutung, weil sie nicht in der eigenen Verantwortlichkeit liegt und jederzeit aktivierbar für Identifikation oder für Distinktion ist. Anders als alle anderen Gruppenzugehörigkeiten gibt es hier immer nur eine Gruppe, die die anderen darstellt. Die Geschlechterunterscheidung basiert nicht auf Geschlechtsunterschieden. Dennoch wird durch eine „institutionelle Reflexivität" (Goffman 1994, S. 107) quasi eine Unterscheidung hervorgebracht, die selbstbezüglich und zirkulär inhaltlich gefüllt wird: „Geschlechtsunterschiede werden zum Anlaß institutioneller oder organisatorischer Arrangements, die so beschaffen sind, daß sie eben diese Geschlechtsunterschiede hervorbringen" (Breidenstein/Kelle 1998, S. 269).

Wiltrud Thies und Charlotte Röhner gingen als Ausgangsthese ihrer Forschungen in einer Kasseler Reformschule davon aus, „dass die Ungleichbehandlung von Mädchen und Jungen in der Schule auf einem allgemeinen Verhaltensphänomen von Lehrerinnen und Lehrern beruht" (Thies/Röhner 2000, S. 105). Durch Beobachtungen in verschiedenen Schulstunden bei Lehrern und Lehrerinnen konnten sie Diskrepanzen zwischen Selbst- und Fremdwahrnehmung heraus arbeiten, wie sie bereits bei Brehmer (1996) deutlich wurden: So gingen die Lehrkräfte im Deutschunterricht beispielsweise davon aus, dass sie Mädchen bevorzugten, während die Beobachterinnen eine Bevorzugung von Jungen wahrnahmen. Damit einher ging eine Diskrepanz in der Nicht-Wahrnehmung der Potenziale der Mädchen, die den Unterricht inhaltlich voranbrachten, weil die Lehrkräfte „von der Selbstverständlichkeit dieses Leistungspotentials ausgehen" (Thies/Röhner 2000, S. 119).

> Bei den Mädchen wird ein erwünschtes Verhalten akzeptiert und somit auch bis zu einem gewissen Maße für selbstverständlich angenommen, bei Jungen ein unerwünschtes. Anders ausgedrückt: für die Jungen ist es vorteilhaft, dass ihr den Unterricht behinderndes Agieren weniger Beachtung und Bewertung findet. Für die Mädchen ist es ein Nachteil, dass ihr den Unterricht tragendes und stützendes Verhalten weniger beachtet und wertgeschätzt wird. (ebd., S. 158)

Ähnliche Fehleinschätzungen konnten im Projekt „Soziale Konstruktion von Geschlecht in schulischen Interaktionen" (Faulstich-Wieland et al. 2004) gezeigt werden.

Weber (2003) hat mit ihrer Analyse durch Interviews und Beobachtungen in gymnasialen Oberstufen zum Zusammenhang von Ethnie und Geschlecht deutlich machen können, wie selbst bildungserfolgreiche Migrantinnen diskriminierende Zuschreibungen durch die Lehrkräfte erfahren. Dabei wird eindrucksvoll belegt, dass auch positiv gemeinte Rückmeldungen z. B. die Hervorhebung von Erfolg trotz schwieriger Bedingungen als Diskriminierung erfahren wird, weil gerade die ‚Erwartungswidrigkeit' des Erfolgs negative Stereotype verfestigt. Dies gilt keineswegs nur für Migrantinnen, sondern wird in sehr ähnlicher Weise von Mädchen berichtet, die in eher männlich konnotierten Wissensrevieren erfolgreich sind.

3.3.3 Koedukationskritik und die Suche nach einer geschlechtergerechten Pädagogik

Als Konsequenz aus den von frauenbewegten Lehrerinnen und Erziehungswissenschaftlerinnen aufgezeigten Benachteiligungen von Mädchen wurde bereits in den 1980er Jahren eine erneute Kritik an der Koedukation geäußert, die zur teilweisen oder fachspezifischen

Aufhebung führen sollte und in vielen Schulen auch – ohne jede Evaluation – geführt hat (vgl. Koch-Priewe 2002; zur Nachzeichnung der Entwicklung und dem Stand der empirischen Forschung vgl. Faulstich-Wieland 2011a). Überwiegend waren die Erfahrungsberichte wie die Forschungen dazu dem Differenzansatz verpflichtet. Es gab aber auch bereits in den 1990er Jahren Forschungen zur reflexiven Koedukation, also zum Versuch, koedukative wie monoedukative Kontexte auf die zugrunde liegenden Geschlechterverhältnisse rückzubeziehen. Ein Projekt von Margret Kraul und Marianne Horstkemper in Rheinland-Pfalz setzte Ende der 1990er Jahre auf eine thematische Bearbeitung von Genderthemen in den verschiedenen Schulfächern (Kraul/Horstkemper 1999). Ein nicht unwichtiges Ergebnis dabei war, dass die Schülerinnen und Schüler nach relativ kurzer Zeit ‚übersättigt' waren und keine Lust mehr auf solche Inhalte hatten.

Schulen, die zwar den Anspruch erheben, Geschlechtergerechtigkeit als Schulprogramm zu verwirklichen, ihr Verständnis jedoch entweder aus Differenzannahmen von Geschlecht gewinnen oder die gendertheoretischen Grundlagen nicht reflektieren, sind in der Gefahr, das Gegenteil der angestrebten Ziele zu erreichen, nämlich eine Verfestigung von Geschlechterstereotypen. Dies konnte an einer Fallstudie, in der ein erster Gymnasialjahrgang eines österreichischen Gymnasiums mit einem Genderschwerpunkt begleitet wurde, an vielfältigen Details aufgezeigt werden (Budde et al. 2008).

Alle genannten Forschungen verdeutlichen, dass Dramatisierungen der Differenzen durch die klare Unterscheidung der Geschlechter zum einen die Wahrnehmung der Differenzierungen *innerhalb* der Gendergruppen erschweren. Zum anderen befördern sie mindestens teilweise ein stereotypes doing gender durch die Schülerinnen und Schüler.

Die Forderung nach Entdramatisierungen von Geschlecht kann allerdings nicht bedeuten, zur vermeintlichen Geschlechtsneutralität zurück zu gehen. Jene Lehrkräfte, die glauben, keine Geschlechterunterschiede zu machen, sondern alle gleich zu behandeln, sind sehr wohl in die alltäglichen doing gender Prozesse involviert, ebenso wie die Schülerinnen und Schüler. Sie reproduzieren auf diese Weise durchaus die ‚normalen' Geschlechterbilder. Pädagogisches Handeln wäre deshalb rückzubinden an Selbstreflexionen des eigenen doing gender. Der Auf- und Ausbau von Genderkompetenz stellt in der Tat einen wichtigen Schritt für die Professionalisierung des Lehrberufs dar.

3.4 Wiederaufleben der Differenzannahmen: Forderungen nach Jungenförderung

In den letzten Jahren zeichnet sich aber nicht nur die aufgezeigte gendertheoretische Weiterentwicklung ab, sondern zugleich lebt die Betonung von Genderdifferenzen neu auf, dieses Mal allerdings mit Blick auf die Jungen. Die vorn schon angesprochenen durch die PISA-Studien deutlich gewordenen erheblich schlechteren Mittelwerte in den Lesekompetenzen von Jungen haben zu einer neuen Debatte um die Benachteiligung geführt. Eine OECD-Veröffentlichung mit dem Titel „Equally prepared for life?" stellt die Ergebnisse der

Leistungsstudien zusammen und fragt nach den Erklärungsmöglichkeiten. Sie stellt definitiv fest, dass es keineswegs biologische Grundlagen wie etwa Gehirnstrukturen für gefundenen Differenzen gibt: „No study to date has shown gender-specific processes involved in building up the networks in the brain during learning" (OECD 2009, S. 9). Auch geschlechtsgetrennte Schulen machen keinen Unterschied aus – jedenfalls dann nicht, wenn der sozio-ökonomische Hintergrund kontrolliert wird: „Generally speaking, in terms of science performance, the evidence from PISA does not uniformly support the notion that females tend to do better in a single-sex environment" (ebd., S. 45).

In den deutschen Medien – aber ähnliche Reaktionen finden sich auch international – wird die Ursache der ‚Feminisierung' des Bildungssystems zugeschrieben, d. h. der Tatsache, dass es mehr Lehrerinnen als Lehrer gibt und insbesondere die Grundschulen zu mehr als 80 % weibliche Lehrkräfte haben. Während sich die Annahmen, dass die Leistungen vom Geschlecht der Lehrkräfte abhingen, empirisch nicht bestätigen lassen (vgl. Faulstich-Wieland 2011b), zeichnet sich eine Stoßrichtung der Debatte ab, die auf ‚natürliche' Unterschiede zielt und von daher unterstellt, dass Lehrerinnen nicht angemessen auf Jungen eingehen könnten. So argumentiert Klaus Hurrelmann: „Jungen setzen nun mal gerne klare soziale und körperliche Duftnoten, verhalten sich schon mal laut und auffällig, haben mehr Aggressionen. Sie dürfen nicht immer nur die Ansage bekommen, ihr Verhalten sei ‚falsch'" (Hurrelmann 2010). Eine solche Ansage sieht er eher bei Lehrerinnen als bei Lehrern gegeben.

Allan Guggenbühl gibt in seinem Beitrag im „Handbuch Jungenpädagogik" pädagogische Ratschläge gegen eine Schule, die seiner Meinung nach ein „weibliches Biotop" darstellt – so der Titel seines Beitrags. Die dort realisierte „individualisierte Pädagogik" berücksichtige nicht die „Psychologie der Geschlechter" – wie er seine Beispielsammlung „normalen" Jungenverhaltens bezeichnet (Guggenbühl 2008, S. 163). Danach z. B. würden Jungen lernen und sich einsetzen, „weil es *Gruppennormen* verlangen und das *System* es will. [...] Sie widmen sich einem Thema, wenn eine Lehrperson sie dazu anhält und das Kollektiv sich ihm widmet" (ebd.). Frontalunterricht ist nach Guggenbühls Meinung für Jungen besonders wichtig, weil die Lehrkräfte da als „Oberbandenführer" auftreten (ebd., S. 164). Als solche seien sie auch gefragt, weil für Jungen Widerstand und Heldentum zentral seien. Für die Lehrer heißt das, „als Oberbandenführer müssen sie sich über das Verhalten der Jungen ärgern, sie disziplinieren und hie und da bestrafen" (ebd., S. 166). Guggenbühl hebt hier ab auf die Annahme, durch männliche Lehrkräfte komme Disziplin und Ordnung zustande.

Empirisch lässt sich nicht nachweisen, dass Lehrkräfte tatsächlich so geschlechtstypisch unterschiedlich agieren, wie dies in den zitierten Positionen behauptet wird (vgl. Read 2008): Beide Geschlechter praktizieren in der Regel eine Mischung aus autoritärem und egalitärem Stil in den Interaktionen mit Schülerinnen und Schülern. Das heißt, der vermeintlich ‚männliche' Stil findet sich auch bei Lehrerinnen. Insofern erweist sich auch die unterstellte Bedeutung der Geschlechtszugehörigkeit von Lehrkräften als unangemessene Dramatisierung, empirisch ist sie jedenfalls nicht gedeckt (vgl. Carrington et al. 2005; Helbig 2010).

3.5 Bilanz und Perspektive

Auch nach mehreren Jahrzehnten Genderforschung gibt es nach wie vor eine Fülle offener Fragen. Das betrifft sowohl Theoriebildung als auch eine hierdurch angeleitete empirische Analyse der Schulwirklichkeit. Es wurde schon darauf hingewiesen, dass nicht von einem linearen Erkenntnisfortschritt auszugehen ist, sondern dass sich trotz fundierter Kritik differenztheoretische Erklärungsmuster hartnäckig halten bzw. in modifizierter Form wiederaufleben. Insbesondere die Alltagstheorien der in Schule Handelnden sind offenbar mit deren Annahmen weitaus eher in Übereinstimmung zu bringen als die eher sperrigen Ansätze der ‚Doing-gender‘-Perspektive. Aber auch der Mainstream erziehungswissenschaftlicher Forschung hat sich bislang nur sehr in Grenzen mit den Erkenntnissen der Genderforschung auseinandergesetzt. Das wäre aber notwendig, um bildungstheoretische, didaktische und sozialisationstheoretische Konzepte zu entwickeln, die vorliegende Erkenntnisse aufnehmen und für weitere Theorieentwicklung und Forschungsvorhaben nutzen. Eingangs wurde bereits deutlich gemacht, dass gerade fachdidaktischer Forschung und Entwicklung besondere Bedeutung zukommt.

Sowohl die Auswahl und Vermittlung von Bildungsinhalten, die Frage nach Sozialisationszielen und -wirkungen als auch die konkrete Ausgestaltung des Arbeits- und Lebensortes Schule wird in Zukunft die Dimension ‚Geschlecht‘ nicht mehr als blinden Fleck ausklammern können. Erst damit bietet sich die Chance, die skizzierten Verkürzungen aufzubrechen und die unreflektierte Reproduktion hierarchischer Geschlechterdifferenz zu überwinden. Eben das ist mit der Forderung nach *Dekonstruktion* gemeint. Es geht um die Aufdeckung der Konstruktionsmechanismen, mit denen Geschlechterverhältnisse in unserer Gesellschaft als hierarchische Beziehungen immer wieder neu hergestellt werden. Dies ist eine notwendige – wenngleich nicht hinreichende – Voraussetzung für ihre Dekonstruktion. Die Schule – das galt es hier zu zeigen – ist als wichtige Instanz individueller und gesellschaftlicher Reproduktion in komplexer Weise in diese Konstruktionsprozesse einbezogen. Die in Theorie und Praxis für ihre Gestaltung Verantwortlichen müssen sich deshalb reflektiert damit auseinandersetzen und ihre Position vor dem Hintergrund eines professionellen Ethos begründen und legitimieren können.

Literatur

Aktionsrat Bildung (2009): Geschlechterdifferenzen im Bildungssystem. Jahresgutachten 2009. Wiesbaden: VS Verlag für Sozialwissenschaften.

Brehmer, Ilse (1996): Was Sandkastenrocker von Heulsusen lernen können. Ein handlungsorientiertes Projekt zur Erweiterung sozialer Kompetenz von Jungen und Mädchen. Düsseldorf: Ministerium für die Gleichstellung von Frau und Mann des Landes Nordrhein-Westfalen.

Breidenstein, Georg/Kelle, Helga (1998): Geschlechteralltag in der Schulklasse. Ethnographische Studien zur Gleichaltrigenkultur. Weinheim: Juventa.

Budde, Jürgen (2008): Bildungs(miss)erfolge von Jungen und Berufswahlverhalten bei Jungen/männlichen Jugendlichen. Bonn/Berlin: BMBF.

3 Schule und Genderforschung

Budde, Jürgen/Scholand, Barbara/Faulstich-Wieland, Hannelore (2008): Geschlechtergerechtigkeit in der Schule. Eine Studie zu Chancen, Blockaden und Perspektiven einer gender-sensiblen Schulkultur. Weinheim: Juventa.

Carrington, Bruce/Tymms, Peter/Merrell, Christine (2005): Role models, school improvement and the "gender gap": Do men bring out the best in boys and women the best in girls? Paper presented to the EARLI 2005 Conference. University of Nicosia.

Drechsel, Barbara/Artelt, Cordula (2007): Lesekompetenz. In: PISA-Konsortium Deutschland: PISA 06. Die Ergebnisse der dritten internationalen Vergleichsstudie. Münster/New York/München/Berlin, S. 225–247.

Faulstich-Wieland, Hannelore (2011a): Koedukation – Monoedukation. In: Hannelore Faulstich-Wieland (Hrsg.): Enzyklopädie Erziehungswissenschaft Online. Fachgebiet: Geschlechterforschung. Weinheim und München: Juventa, S. 1–37.

Faulstich-Wieland, Hannelore (2011b): Werden tatsächlich Männer gebraucht, um Bildungsungleichheiten (von Jungen) abzubauen? In: Andreas Hadjar (Hrsg.): Geschlechtsspezifische Bildungsungleichheiten. Wiesbaden: VS Verlag für Sozialwissenschaften, S. 393–415.

Faulstich-Wieland, Hannelore/Weber, Martina/Willems, Katharina (2004): Doing Gender im heutigen Schulalltag. Empirische Studien zur sozialen Konstruktion von Geschlecht in schulischen Interaktionen. Weinheim: Juventa.

Fend, Helmut (1997): Der Umgang mit Schule in der Adoleszenz. Aufbau und Verlust von Lernmotivation, Selbstachtung und Empathie. Entwicklungspsychologie in der Moderne. Band IV. Bern: Hans Huber.

Fischer, Dietlind/Jacobi, Juliane/Koch-Priewe, Barbara (Hrsg.) (1996): Schulentwicklung geht von Frauen aus. Weinheim: Beltz.

Garfinkel, Harold (1967): Studies in Ethnomethodology. New Jersey: Prentice Hall.

Goffman, Erving (1994): Interaktion und Geschlecht. Frankfurt am Main: Campus.

Grohn-Menard, Christin/Groneberg, Caren (Hrsg.) (2000): Frauen und Schule im offenen Raum – Raum für Verwandlung. 12. Bundeskongress Frauen und Schule. Bielefeld: Kleine Verlag.

Guggenbühl, Allan (2008): Die Schule – ein weibliches Biotop? Psychologische Hintergründe der Schulprobleme von Jungen. In: Matzner, Michael/Tischner, Wolfgang (Hrsg.): Handbuch Jungen-Pädagogik. Weinheim: Beltz, S. 150–167.

Helbig, Marcel (2010): Sind Lehrerinnen für den geringeren Schulerfolg von Jungen verantwortlich? In: Kölner Zeitschrift für Soziologie und Sozialpsychologie, Jg. 62, Heft 1, S. 93–111.

Hänsel, Dagmar (1995): Die Segregierung der Geschlechter. In: Hänsel, Dagmar/Huber, Ludwig (Hrsg.): Lehrerbildung neu denken und gestalten. Weinheim: Beltz, S. 108–140.

Hoff, Walburga (2005): Schulleitung als Bewährung. Opladen: Verlag Barbara Budrich.

Hagemann-White, Carol (1985): Sozialisation: weiblich – männlich. Opladen: Leske + Budrich.

Hagemann-White, Carol (1988): Wir werden nicht zweigeschlechtlich geboren ... In: Carol Hagemann-White/Rerrich, Maria S. (Hrsg.): FrauenMännerBilder. Männer und Männlichkeit in der feministischen Diskussion. Bielefeld: AJZ Verlag, S. 224–235.

Horstkemper, Marianne (1987): Schule, Geschlecht und Selbstvertrauen. Weinheim: Juventa.

Horstkemper, Marianne (1995): Mädchen und Frauen im Bildungswesen. In: Böttcher, Wolfgang/Klemm, Klaus (Hrsg.): Bildung in Zahlen. Weinheim: Juventa, S. 188–216.

Horstkemper, Marianne (2000): Lehrerinnen und Lehrer: Über die Bedeutung der Geschlechterdifferenz. In: Frommelt, Bernd et al. (Hrsg.): Schule am Ausgang des 20. Jahrhunderts. Weinheim: Juventa, S. 267–286.

Hunze, Annette (2003): Geschlechtertypisierung in Schulbüchern, in: Stürzer, Monika/Roisch, Henrike/Hunze, Annette/Cornelißen, Waltraud: Geschlechterverhältnisse in der Schule. Opladen: Leske + Budrich, S. 53–82.

Hurrelmann, Klaus (2010): Jungs in der Krise: „Sie wollen alles sein, bloß kein weibischer Streber". Spiegel vom 23.4.2010. Online: http://www.spiegel.de/schulspiegel/wissen/0,1518,688659-2,00. html, 20.11.2011.

Koch-Priewe, Barbara (Hrsg.) (2002): Schulprogramme zur Mädchen- und Jungenförderung. Die geschlechterbewusste Schule. Weinheim: Beltz.

Krappmann, Lothar/Oswald, Hans (1995): Alltag der Schulkinder. Weinheim: Juventa.

Kraul, Margret/Horstkemper, Marianne (1999): Reflexive Koedukation in der Schule. Evaluation eines Modellversuchs zur Veränderung von Unterricht und Schulkultur. Mainz: v. Hase&Koehler Verlag.

Lemmermöhle, Doris/Nägele, Birgit (1999): Lebensplanung unter Vorbehalt. Mössingen-Talheim: Talheimer Verlag.

Lemmermöhle, Doris/Fischer, Dietlind/Klika, Dorle/Schlüter, Anne (Hrsg.) (2000): Lesarten des Geschlechts. Zur De-Konstruktionsdebatte in der erziehungswissenschaftlichen Geschlechterforschung. Opladen: Leske + Budrich.

Nyssen, Elke (1993): Zur Theorie und Empirie der feministischen Schulforschung. In: Glumpler, Edith (Hrsg.): Erträge der Frauenforschung für die LehrerInnenbildung. Bad Heilbrunn: Klinkhardt, S. 48–68.

Nyssen, Elke/Schön, Bärbel (1992): Traditionen, Ergebnisse und Perspektiven feministischer Schulforschung. In: Zeitschrift für Pädagogik, Jg. 38, Heft 6, S. 855–871.

OECD (2009): Equally prepared for life? How 15-year old boys and girls perform in school. Paris: OECD.

Popp, Ulrike (1999): Geschlechtersozialisation und Gewalt an Schulen. In: Holtappels, Heinz Günter (Hrsg.): Forschung über Gewalt an Schulen. Weinheim: Juventa, S. 207–223.

Prengel, Annedore (1990): Erziehung von Mädchen & Jungen. Plädoyer für eine demokratische Differenz. In: Pädagogik, Jg. 42, Heft 7–8, S. 40–44.

Prengel, Annedore (1993): Pädagogik der Vielfalt. Verschiedenheit und Gleichberechtigung in Interkultureller, Feministischer und Integrativer Pädagogik. Opladen: Leske + Budrich.

Read, Barbara (2008): 'The world must stop when I'm talking': gender and power relations in primary teachers' classroom talk. In: British Journal of Sociology of Education, Jg. 29, Heft 6, S. 609–621.

Schefer-Vietor, Gustava (1990): Suchbewegungen nicht-geschlechtstypisierenden Lernens in der Schule. In: Horstkemper, Marianne/Wagner-Winterhager, Luise (Hrsg.): Mädchen und Jungen – Männer und Frauen in der Schule. Die Deutsche Schule (DDS), 1. Beiheft, S. 139–159.

Schwänke, Ulf (1988): Der Beruf des Lehrers. Weinheim: Juventa.

Stamm, Margrit (2008): Underachievement von Jungen: Perspektiven eines internationalen Diskurses. In: Zeitschrift für Erziehungswissenschaft (ZfE), Jg. 11, Heft 1, S. 106–124.

Stürzer, Monika (2003): Geschlechtsspezifische Schulleistungen. In: Stürzer, Monika/Roisch, Henrike/Hunze, Annette/Cornelißen, Waltraud: Geschlechterverhältnisse in der Schule. Opladen: Leske + Budrich, S. 83–122.

Thies, Wiltrud/Röhner, Charlotte (2000): Erziehungsziel Geschlechterdemokratie. Interaktionsstudie über Reformansätze im Unterricht. Weinheim: Juventa.

Thürmer-Rohr, Christina (1988): Mittäterschaft von Frauen – ein Konzept feministischer Forschung und Ausbildung. In: Beiträge zur feministischen Theorie und Praxis, Jg. 11, Heft 21/22, S. 211–214.

Trautwein, Ulrich (2003): Schule und Selbstwert. Münster, New York, München, Berlin: Waxmann.

Weber, Martina (2003): Heterogenität im Schulalltag. Konstruktion ethnischer und geschlechtlicher Unterschiede. Opladen: Leske + Budrich.

West, Candace/Zimmerman, Don H. (1991): Doing Gender. In: Lorber, Judith/Farrell, Susan A. (Hrsg.): The Social Construction of Gender. NewburyPark: Sage, S. 13–37.

Feministische- und Geschlechtertheorien

4

Paula-Irene Villa

4.1 Was – und wie? Womit beschäftigen sich feministische Theorien?

Aus der zweiten Frauenbewegung heraus gerieten die vermeintlich natürliche Geschlechterdifferenz sowie, vor allem, ihre sozialen Folgen in den Blick. Es ging und geht noch, politisch wie theoretisch, um das *soziale* Gewordensein von Geschlecht (ganz im Sinne des berühmten Mottos von de Beauvoir „Man wird nicht als Frau geboren, man wird es"; 1992, S. 265), und um die *sozial* gemachten Strukturen systematischer Positionierungen, Diskriminierungen und Exklusionen auf der Basis von Geschlecht. Es geht auch und zunehmend hauptsächlich darum, was die Geschlechterdifferenz selbst ist. Diese kann inzwischen nicht mehr als natürliche Tatsache vorausgesetzt oder durch den Verweis auf prämoderne Anachronismen aus der Sozialtheorie verbannt werden. Die Unterscheidung zwischen Männern und Frauen ist also selbst zum Theoretikum geworden, ein Politikum ist sie schon länger.

Was zunächst dezidiert feministische Theorien von Geschlechtertheorien unterscheidet, ist tatsächlich ein im weitesten Sinne politisches bzw. normatives Anliegen: „das wissenschaftlich-politische Interesse an der Verfasstheit von Geschlechterverhältnissen und die Kritik an allen Formen von Macht und Herrschaft, die Frauen diskriminieren oder deklassieren" (Becker-Schmidt/Knapp 2000, S. 7) bildet das Kernstück feministischer Theorien. Hierbei werden Theorie und Politik aufeinander bezogen, im Bewusstsein um das

---

Bei diesem Beitrag handelt es sich um eine stark gekürzte und überarbeitete Fassung von Villa, Paula-Irene: Feministische und Geschlechtertheorien. In: Kneer, Georg/Schroer, Markus (Hrsg.): Handbuch Soziologische Theorien. Wiesbaden: VS Verlag für Sozialwissenschaften 2009, S. 111–132.

P.-I. Villa (✉)
Ludwig Maximilian Universität München, Konradstr. 6, 80539 München, Deutschland
E-Mail: paula.villa@soziologie.uni-muenchen.de

M. Kampshoff, C. Wiepcke (Hrsg.), *Handbuch Geschlechterforschung und Fachdidaktik*, 39
DOI 10.1007/978-3-531-18984-0_4,
© VS Verlag für Sozialwissenschaften | Springer Fachmedien Wiesbaden 2012

außerordentlich spannungsreiche, komplexe und immer vorläufige Verhältnis zwischen diesen. Es ist nicht – oder nicht zwangsläufig – so, dass eine feministische Theorieperspektive 1:1 einen tagespolitischen Kampf in die wissenschaftliche Reflexion verlängert. Auch wenn es solche Reduktionen gegeben hat, etwa in den Postulaten von Mies (1978) zur Methodologie der Frauenforschung, die sich auf Parteilichkeit und Betroffenheit sowie der Identifikation der Forschenden mit den Problemen der Beforschten gründeten, liegt die normative feministische Pointe darin, dass sie auf die *immer schon gegebene* Normativität und damit im weitesten Sinne immer schon gegebene Politisierung von Wissenschaft im Allgemeinen und von Theorien im Besonderen hinweist. Dies betrifft den lange währenden auch formalen Ausschluss von Frauen aus der Wissenschaft ebenso wie den immer wieder feststellbaren mehr oder minder subtilen Einfluss alltagsweltlicher Stereotype zu Weiblichkeit (und Männlichkeit) in vermeintlich objektiver Erkenntnis und Theoriebildung.

Feministische Theoretikerinnen und Theoretiker bedienen sich – dies wird noch weiter erläutert werden – grundsätzlich einer Fülle an Theorien, die sie kritisch weiter entwickeln: „Das feministische Theorieprojekt entfaltete sich […] eher im kritischen Austausch mit anderen Theorien als im radikalen Neuentwurf gegen anderes Wissen" formuliert resümierend Hark (2007, S. 10). Gleichwohl thematisieren feministische Theorien doch zum Teil radikal andere ‚soziale Tatsachen' (Durkheim) als andere Sozialtheorien, wie sich nachfolgend zeigen wird. Sie rücken vermeintliche Nebensächlichkeiten, Natürlichkeiten und angebliche Anachronismen in den Mittelpunkt des theoretischen Interesses und zeigen damit, dass die soziale Welt noch komplexer und ungleichzeitiger ist als andere Sozialtheorien meinen. Im Nachfolgenden werden entlang zentraler Themen verschiedene Geschlechtertheorien skizziert, inklusive ihrer feministischen Varianten. Dabei werden in zwei Abschnitten zwei Perspektiven skizziert: Zunächst gesellschaftstheoretische und epistemologische unter dem Stichwort ‚Konstitution', dann – und etwas ausführlicher – verschiedene De/Konstruktivismen. Letztere machen derzeit das Gros einschlägiger theoretischer Auseinandersetzungen aus.

4.2 Konstitution

4.2.1 Mit Nichtigkeiten ist wohl Staat zu machen – zur Theoretisierung von Geschlechter-Verhältnissen

Gesellschaftstheoretische Analysen betrachten Geschlecht als gesamtgesellschaftlich konstitutive, historisch sedimentierte (feministisch: Herrschafts-)Struktur, die systematisch mit ökonomischen Strukturen verwoben ist, ohne auf diese im Sinne eines Nebenwiderspruchs reduziert werden zu können (vgl. Acker 2003; Beer 1990; Haug 2004). Der einschlägige analytische Begriff im deutschsprachigen Raum ist der des „Geschlechterverhältnisses", den Becker-Schmidt definiert als „Ensemble von Arrangements […], in denen Frauen und Männer durch Formen der Arbeitsteilung, soziale Abhängigkeitsverhältnisse und Aus-

4 Feministische- und Geschlechtertheorien

tauschprozesse aufeinander bezogen sind. In diesem Insgesamt wird ihnen durch Abgleichung ihrer soziokulturellen Wertschätzung gesellschaftlicher Status und soziales Ansehen zugewiesen" (Becker-Schmidt 2004, S. 66). In diesem Theoriehorizont – der immer auf das „Ingesamt" der Gesellschaft, auf ihre Totalität (Adorno 1962, S. 249) zielt – spielt die Auseinandersetzung mit Arbeit als zentraler Modus der Verteilung von Anerkennung sowie von Ressourcen eine prominente Rolle: Feministische Patriarchatstheorien z. B. gehen dabei davon aus, dass gesellschaftliche Arbeitsteilung systematisch vergeschlechtlicht ist und die ‚Quelle von Ungleichheit' par excellance darstellt (vgl. Beer 2004). Der Kritik am Begriff der Produktion, wie er in der politischen Ökonomie konturiert ist, kommt dabei eine prominente Rolle zu: Eine Reihe von feministischen Autorinnen und Autoren haben auf die problematische, wenn nicht gar falsche, Verengung des Produktions- und Arbeitsbegriffs (auf marktförmige Berufsarbeit) hingewiesen, die sich bereits bei Marx zeigt und die die als komplementär theoretisierte Reproduktion in ahistorischer Weise naturalisiert (vgl. Jaggar/McBride 1989). In der Perspektive des so genannten Bielefelder Subsistenzansatzes (vgl. überblicksartig Baier 2004) wird die aus der zweiten Frauenbewegung stammende Forderung nach Anerkennung und Aufwertung individueller und vermeintlich privater bzw. natürlich vorgesehener ‚Liebesdienste' (Fürsorge, Hausarbeit usw.) theoretisch produktiv gemacht: Ohne die unentgeltliche Reproduktion von Arbeitskraft kann die kapitalistische Wirtschaftsweise nicht existieren, sie profitiert also systematisch von unbezahlter Arbeit (vgl. Beer 2004, S. 59). Diese ist faktisch eben nicht ahistorisch oder universell und schon gar nicht natürlich, sondern als „Arbeit aus Liebe – Liebe als Arbeit" (Bock/Duden 1977) ein spezifisch bürgerlicher Entwurf in der europäischen Moderne, der überdies historisch ein Elitenphänomen war. Die Mehrheit der europäischen Frauen hat von den zweifelhaften Segnungen der „Hausfrauisierung" (Mies 2001) nicht profitiert, sondern im Gegenteil: Durch den bürgerlich-modernen Verlust des „gesellschaftlichen Charakters" der Hausarbeit (Baier 2004, S. 73) ist diese unfrei, unbezahlt und unsichtbar. Durch die ebenfalls bürgerlich-moderne Naturalisierung der polarisierten „Geschlechtscharaktere" (Hausen 1976), die seit dem späten 18. Jahrhundert durch Natur- und Geisteswissenschaften sekundiertes Alltagswissen wird, wird dieser Zustand noch als Eigentlichkeit ontologisiert, auf dass letztendlich alle Frauen als für die Hausarbeit und Mutterschaft bestimmt imaginiert werden. So spricht Becker-Schmidt, von ihrer gesellschaftstheoretischen Position ausgehend, von der „doppelten Vergesellschaftung" von Frauen (vgl. Becker-Schmidt 2004) und zielt damit auf die identitätslogischen und sozialisatorischen Folgen gesellschaftlicher Strukturen: In der bürgerlichen Moderne werden Frauen doppelt – und widersprüchlich – in eben widersprüchlichen Strukturen vergesellschaftet, nämlich als zukünftige Hausfrauen und Mütter, die zuständig sein sollen für das Private einerseits und als zukünftige Erwerbstätige, die den Logiken des Arbeitsmarktes entsprechen sollen. In der Praxis hat dies geschlechtsspezifische Folgen: Die Doppelorientierung von Frauen verläuft hochgradig konflikthaft und überwiegend individualisiert, d. h. als gesellschaftliches Problem unsichtbar, die Rede von der (individuell zu lösenden) Vereinbarkeit zwischen Reproduktionsaufgaben und Produktionserfordernissen ist eine „Verharmlosung *struktureller* Widersprüchlichkeiten" (Jürgens 2006, S. 104; Herv. P.-I. V.).

Angestoßen durch diese feministischen Theoretisierungen der Reproduktion als Arbeit und begleitet von der nachhaltigen Reflexivierung vermeintlich rein privater und individueller Lebenswirklichkeiten durch die zweite Frauenbewegung, hat sich eine theoretisch weit reichende Kritik der liberal-bürgerlichen und auch in der Soziologie weitgehend übernommenen Trennung von Öffentlichkeit und Privatheit entwickelt (vgl. Rössler 2001, insbesondere Kapitel 2). Wenn sich nämlich die Reproduktionssphäre als systematisch notwendig für die Erhaltung der gesellschaftlichen Totalität erweist und dies auch von Institutionen ebenso wie von den privat- wie zivilgesellschaftlichen Akteurinnen und Akteuren gewusst und genutzt (feministisch ausgebeutet) wird, kann mitnichten von einer rein ‚privaten' Sphäre – etwa der Familie – gesprochen werden. Hausarbeit, Familiengefüge, die Frage, wer das Bad putzt oder die alte Mutter pflegt, sind gesellschaftliche Fragen – und kein privates Detail. Auch nicht dann, wenn wie gegenwärtig im Zuge von Individualisierungsprozessen die *individuelle* Beantwortung dieser Fragen zur ambivalenten Norm wird (vgl. für eine individualisierungstheoretische Sicht Beck-Gernsheim 2008 sowie kritisch Thiessen/Villa 2008). Vermeintlich private Fragen sind „Unerheblichkeiten, die Geschichte machen" so Beck-Gernsheim (2008, S. 21). Dass die Frage, ob Kinder ihre Hausaufgaben in der Schule oder mit Mama daheim machen, ob Papa bei einer Sitzung um 18 Uhr dabei sein kann, während Mama Teilzeit arbeitet, um eben jene Hausaufgaben zu betreuen, in der Soziologie traditionell als nicht theoriefähige ‚Unerheblichkeiten' gelten, ist lange ein bezeichnendes Defizit des Faches gewesen.

Durch die feministische bzw. geschlechtersoziologische Theoretisierung solcher strukturell angelegten und strukturell folgenreichen Nichtigkeiten geraten manche Kernbegriffe soziologischer Theoriebildung ins Wanken. Im spezifischen Kontext etwa der feministischen bzw. geschlechtertheoretischen Auseinandersetzung mit der idealtypischen und ideologischen Konstruktion von klar geschiedenen gesellschaftlichen Sphären – öffentlich versus privat – mitsamt dem langen Rattenschwanz an entsprechend kodierten Dualismen – etwa familiär, fürsorglich, apolitisch, natürlich und letztendlich weiblich einerseits sowie wettbewerbsorientiert, politisch, sozial gestaltet und letztendlich männlich andererseits – kam z. B. Habermas' Gesellschaftstheorie unter starke Kritik. Die von ihm vorgenommene, zentrale Unterscheidung zwischen Lebenswelt und System als Grundstruktur der Moderne und zugleich normative Grundlegung einer kritischen Theorie in der „Theorie des kommunikativen Handelns" (Habermas 1981) wird etwa von Nancy Fraser als geschlechtsblind und folglich „naturalistisch" (Habermas 1994, S. 176) kritisiert. Die Habermas'sche Unterscheidung von einerseits materieller Reproduktion der Gesellschaft, die ihren Ort im Bereich der (Sub)Systeme hat und symbolischer Reproduktion andererseits, die in der familial konturierten Lebenswelt stattfindet, ist, so Fraser weiter, „konzeptionell unzureichend und potentiell ideologisch" (Fraser 1994, S. 176) und damit weder empirisch plausibel noch normativ tragfähig (ebd., S. 183 ff.). Habermas idealisiere die Sphäre der (liberalen) Öffentlichkeit (Fraser 1996, S. 157 ff.). Demgegenüber zielt ihr eigener Gegenentwurf, der durchaus an Habermas anschließt, allerdings fordert, „Öffentlichkeit neu zu denken" (Fraser 1996), auf neue Formen von Verteilung und Anerkennung und damit auf eine Redefinition von Arbeit ab, die vor allem Fürsorgetätigkeiten einschließt. Genau diese

4 Feministische- und Geschlechtertheorien

Forderung wird wiederum von Regina Becker-Schmidt aus einer eng an Adorno entwickelten Perspektive (Becker-Schmidt 2001, S. 101) als naiv und ungenau kritisiert: „Fraser sieht davon ab, welche Herrschaftssedimente in Geschlechterarrangements aufgebrochen werden müssten, um eine Umverteilung verschiedener Arbeitsformen (Berufsarbeit und care work […]) durchsetzen zu können."

Diese Debatte hält an und sie hat nachhaltige Effekte auf die Sozialtheorie insofern es – gerade angesichts massiver ökonomischer De- und Neuregulierungen auf globaler Skala, z. B. auf dem „Weltmarkt Privathaushalt" (Gather/Geissler/Rerrich 2007) – nach wie vor um ein angemessenes sozialtheoretisches Instrumentarium für das Verhältnis privat/ öffentlich geht. Die Forderung an die Soziologie, das „Private neu [zu] denken" (Jurczyk/ Oechsle 2008) steht also weiterhin im Raum. Und sie geht nunmehr über Geschlecht hinaus, denn im Kontext feministischer bzw. geschlechtertheoretischer Perspektiven hat sich die Reflexivierung und Theoretisierung von Sexualität unter dem Stichwort ‚queer theory' (vgl. Jagose 2001) zu einem der innovativsten theoretischen Schauplätze entwickelt. Dasselbe gilt für die Verkomplizierung der Kategorie Geschlecht durch die Theoretisierung dieser als mit anderen Differenzen und Strukturen verwobene, interdependente Kategorie (Dietze et al. 2007).

4.3 De/Konstruktionen

4.3.1 Wie wird Geschlecht gemacht?

Die Konstruiertheit des Geschlechts, auch dessen Dekonstruktion ist unbestreitbar die derzeit lauteste Stimme von allen im feministischen Theoriechor. Sie gilt inzwischen als Gemeinplatz und wird weit über die akademischen Grenzen hinaus rezipiert. Die De/ Konstruktionen erweisen sich, nach wie vor, als „höchst wirksame und weitläufige Theoriebaustelle" (Pühl et al. 2004, S. 12). Unter dem Oberbegriff der Konstruktion versammeln sich dabei eine Reihe verschiedener theoretischer Zugriffe auf die soziale Wirklichkeit des Geschlechts, die in wiederum unterschiedlicher Weise auf „Spielarten des Konstruktivismus" (Knorr-Cetina 1989) zurückgreifen. Alle feministischen bzw. geschlechtertheoretischen Konstruktivismen basieren auf der bereits von de Beauvoir formulierten Position, dass Frauen – und Männer – ‚geworden' sind (de Beauvoir 1992). Alle Konstruktivismen teilen die Ablehnung einer natürlich gegebenen, prä- oder außersozialen Fundierung von Geschlecht, bemühen sich also alle darum, „den Sinn der Biologie als Schicksal, Biologie als Zwang zu überwinden" (Butler 1995, S. 10). Dies hat im feministischen Theoriekontext seine Wurzeln zum einen in der vor allem in historischen Studien gewonnenen Einsicht, dass Abwertungen, Diskriminierungen und Exklusionen von Frauen spätestens seit der Entfaltung der bürgerlichen Moderne mitsamt ihrer Inthronisierung der (Natur-)Wissenschaften als dominante Deutungsinstanz auf der Grundlage naturalisierender Argumentationen erfolgt sind. Die ‚Natur der Frau' war nicht nur die wichtigste Legitimation für Ausschlüsse und Abwertungen – etwa im 19. Jahrhundert in Bezug auf Bildung und Erwerbstätigkeit –, sie ist es alltagsweltlich nach wie vor, wenngleich in subtiler Art und Weise. Und sie ist – paradoxerweise – hochgradig kontingent. Zum anderen greifen geschlechtertheoretische Konstruktivismen auf epistemologische Positionen zurück, die oben bereits skizziert wurden (und anderen, wie dem radikalen Konstruktivismus), und bringen diese in ein produktives und reflexives Verhältnis zu empirischer Forschung. In diesem Sinne sind sozialkonstruktivistische Positionen ein gutes Beispiel für „theoretische Empirie" (Kalthoff/Hirschauer/Lindemann 2008).

Auf der Baustelle des feministischen bzw. geschlechtertheoretischen (Sozial-)Konstruktivismus werden mannigfaltige Werkzeuge eingesetzt: Phänomenologie, Wissenssoziologie, Ethnomethodologie, Diskurstheorie, Systemtheorie. Die leitende Frage ist dabei im Allgemeinen, *„wie* soziale Ordnung als kollektiv produzierte zustande kommt und den Menschen dabei als objektiv erfahrbare Ordnung entgegen tritt" (Knorr-Cetina 1989, S. 87, Herv. i. O.) und im Besonderen, wie Menschen sich wechselseitig und in zeithistorisch je spezifischen Konstellationen zu Männern und Frauen machen und welche systematischen Folgen dies auf allen sozialen Ebenen hat. So könnte man auch frei nach Marx formulieren, dass Menschen ihr Geschlecht selber machen, wenn auch nicht aus freien Stücken. Die Gleichzeitigkeit von (inter-)subjektiver Konstruktion einerseits und verobjektivierten Ordnungen andererseits ist ein Kerngedanke geschlechtertheoretischer Konstruktivismen. Untereinander unterscheiden sich diese allerdings erheblich hinsichtlich der Modi und der sozialen Orte, durch die und in denen Geschlecht konstruiert wird.

Allen handlungstheoretischen Zugängen in der Geschlechtersoziologie geht es darum, wie Geschlechtlichkeit bzw. Geschlecht konstruiert wird. Es geht um das „doing gender" (West/Zimmermann 1987). In diesem Horizont ist Geschlecht nicht mehr eine Eigenschaft von Personen, sondern eine interaktive und institutionell gerahmte Praxis. Geschlechtlichkeit ist selber interaktiver Vollzug, d. h. eine „praxeologische" Wirklichkeit, also den Praxen nicht vorgängig oder äußerlich (Hirschauer 2001). Handlungstheoretische Zugänge betonen, dass die „Interaktion einen formenden Prozess eigener Art darstellt, Zwänge impliziert, in die die Akteure involviert sind und denen sie nicht ausweichen können" (Gildemeister 2004, S. 173). „Gesellschaft und Geschichte" sind demnach konstitutiv für die vermeintlich natürliche Geschlechterdifferenz (Teubner/Wetterer 1999, S. 23), dies gilt auch und gerade für die körperlichen Aspekte der Geschlechterdifferenz (vgl. Villa 2006c, S. 81–133). Hiervon ausgehend orientieren sich sozialkonstruktivistische Zugänge zu Geschlecht vor allem an die von Garfinkel (vgl. Garfinkel 1967) begründete und dann von Kessler und McKenna (vgl. 1978) weiterentwickelte Ethnomethodologie, an die Wissenssoziologie im Anschluss an Schütz und Berger/Luckmann sowie an die dramatologische Perspektive von Goffman (vgl. Goffman 2001). Alle sozialkonstruktivistischen Zugänge erfüllen die Forderung einer „Befremdung [an] der eigenen Kultur" (Hirschauer/Amann 1997), wie sie ja auch idealtypisch in der Ethnomethodologie verwirklicht ist. Theoretisch folgenreich sind die überwiegend empirisch ausgerichteten Arbeiten im geschlechtersoziologischen Kontext insofern sie einerseits auf die „Theoriegeladenheit der Empirie" (Hirschauer 2008, S. 167) hinweisen, andererseits auf die in der Theorie oft implizit eingelassene Empirie im Sinne von unreflektiertem Alltagswissen (vgl. ebd., S. 168 ff.). So wie die Beforschung von ‚Nichtigkeiten' in der Gesellschaftstheorie zu einer folgenreichen Verschiebung analytischer Kategorien führen kann, so führt die sozialkonstruktivistische Entnaturalisierung des Geschlechts zugunsten seiner sozialen Herstellungsmechanismen zu einer Deontologisierung des Geschlechts selbst. Wurde und wird noch Geschlecht in weiten Bereichen der Sozialtheorie als ‚askriptives Merkmal' oder als unterschlagene Dimension mitgeführt, zeigt die sozialkonstruktivistische Geschlechterforschung, wie genau dieses vermeintlich neutrale Mitführen eine Konstruktionsleistung eigener und folgenreicher Art ist. Das Implizite hat eine eigene Performativität. Das Unausgesprochene bzw. das, was als nicht der theoretischen Mühe wert scheint, erzeugt eine Wirklichkeit, die theoretisch und empirisch ist. Mit der performativen Logik von Theorie und Texten im weitesten Sinne befassen sich vor allem dekonstruktive Zugänge im geschlechtertheoretischen bzw. feministischen Kontext:

4.3.2 Dekonstruktion – Geschlecht ist nicht

Dekonstruktive Positionen bewegen sich im post-strukturalistischen Theoriehorizont und betonen im Anschluss an Derrida sowie in produktiver Fortführung sprach- und diskurstheoretischer Positionen (Austin; Foucault; vgl. Butler 1991, 1995; Villa 2006a, 2008) die ‚Uneigentlichkeit' des Geschlechts und die – im weitesten Sinne – textliche Hervorbringung einer „Metaphysik der Präsenz" (Derrida 1990, S. 114 f.). Für dekonstruktive Perspektiven ist die prinzipiell unaufhaltsame Verschiebung von Bedeutung und Sinn, ihr „unendliches Gleiten" (Stäheli 2000, S. 5) – anders als in hermeneutisch orientierten Zugängen – integraler, unvermeidlicher Bestandteil jedweder Sprach- und Schriftpraxis. Die verschiedenen Kontexte, in denen Bedeutungen produziert werden, die textimmanenten Instabilitäten sowie (und vor allem) die unendlichen intertextuellen Verweisungsketten bedingen die Unabschließbarkeit von Bedeutungen in einem grundsätzlichen Sinne. Das heißt, die ‚eigentliche' Wahrheit einer Sache, sei sie ein Gegenstand, ein Begriff oder ein empirisches Phänomen, lässt sich nicht finden. Es gibt sie schlicht nicht. Vielmehr müssen, dies betont vor allem Judith Butler in ihren geschlechtertheoretischen Arbeiten, Begriffe gewissermaßen immer scheitern: Mit Scheitern ist hier die Unmöglichkeit benannt, einen Begriff (Signifikant) wie Frau oder Mann mit einer Bedeutung (Signifikat) abschließend zur Deckung zu bringen. Kein Begriff entkommt dem prinzipiell endlosen Sprachspiel der referentiellen Verweisungen, somit ist die Setzung eines ‚transzendentalen Signifikants' – Frau ist dies oder jenes – ein letztendlich herrschaftsförmiger Akt. Und einer, der zwangsläufig scheitern muss. Dies ist der gleichermaßen politische wie theoretische Ausgangspunkt der Arbeiten Butlers: Die zunächst durch lesbische und ‚women of color' angestoßene Infragestellung der Kategorie ‚Frau(en)' als Leitkategorie des Feminismus sowie als empirisch tragfähiger Begriff wird bei Butler zum Theoretikum: Sie entwickelt ihre Theorie aus der Reflexion heraus, dass „sich die ‚Geschlechtsidentität' nicht aus den politischen und kulturellen Vernetzungen herauslösen [lässt], in denen sie ständig hervorgebracht und aufrechterhalten wird" (Butler 1991, S. 18). Daraus folgt für Butler weniger eine Theorie der Intersektionalität oder Interdependenz verschiedener (Struktur-)Kategorien – wie etwa bei Crenshaw oder derzeit Knapp –, sondern eine radikale Subjektkritik im Sinne einer Dekonstruktion und Dezentrierung, die die diskurstheoretischen Überlegungen von Foucault, die Subjektkritik von Althusser sowie die Dekonstruktion im Sinne Derridas aufgreift und weiterführt.

Butlers „Genealogie der Geschlechterontologie" (Butler 1991, S. 60) will untersuchen, wie „bestimmte *kulturelle* Konfigurationen der Geschlechtsidentität die Stelle des Wirklichen eingenommen haben und durch diese geglückte *Selbst-Naturalisierung* ihre Hegemonie festigen und aufrechterhalten" (ebd., Herv. i. O.). Diese Analyse der *diskursiven* Erzeugung ist das Gravitationszentrum feministischer Post-Strukturalismen (vgl. allgemein Weedon 1990), für die Butler als paradigmatische Autorin gelten kann. Denn in diesen ist Diskurs der Ort und der Modus, an und durch den sich die Geschlechterdifferenz überhaupt konstituiert. So gibt es auch keine Frauen hinter den diskursiven Praxen der Weiblichkeit – wie es für Foucault keinen ‚Täter hinter der Tat' gibt. Diskurs ist bei Butler „produktiv" (Butler 1993, S. 129; auch Weedon 1990, S. 34–42), insofern Sprache – im weitesten Sinne – immer zwischen den Erfahrungen der Menschen und der sie umgebenden Welt steht. Der Bezug auf die Welt ist notwendigerweise ein „linguistischer Rekurs" (Butler 1995, S. 11) und dieser ist eben weit mehr als nur eine bloße Bezugnahme, sondern eine konfigurative, performative, eine wirklichkeitserzeugende Praxis (vgl. ebd., S. 54, S. 99). Für Butler ist diese Praxis zudem immer eine Form von Macht bzw. Herrschaft: Diskursive Konfigurationen von Wirklichkeit sind notwendigerweise repressiv, denn alternative Bedeutungen werden unsichtbar gemacht, verworfen, vom Bereich der Intelligibilität ausgeschlossen (vgl. Butler 1991, S. 38).

Diese wirklichkeitserzeugende Wirkung von Diskursen stellt sich laut Butler her durch Performativität. Sprachliche Performativität ist eine „ständig wiederholende und zitierende Praxis" (Butler 1995, S. 22). Nicht nur sobald gesprochen wird, sondern jegliche sprachlich vermittelte Praxis – so auch Denken, der Selbstbezug von Personen als Subjekte usw. als Identität – ist genötigt, in bestehende Diskurse einzutreten und sich auf diese zu beziehen. Jedes Wort, jeder Begriff, jedes Konzept (so vage bzw. präreflexiv es auch sein mag) ist ein Zitat. Allerdings sind Zitate bei Butler niemals „einfach Ausfertigungen desselben Sinns" (Butler 1995, S. 299). Vielmehr ist jede Wiederholung eine Reiteration (vgl. Butler 1998, S. 208) und dadurch notwendigerweise – auch und womöglich gerade entgegen willentlicher Absichten der Akteure – eine bedingte Neuschöpfung von Sinn. Dies gelingt aber nur insofern sich Sprechakte (Austin) im Rahmen sprachlicher und sozialer Konventionen artikulieren: Es kann nicht alles überall von allen gleichermaßen gesagt werden. Und so ist die kategoriale Bezugnahme auf ‚Frau' oder ‚Geschlecht' immer eingebunden in konventionelle und zum Teil ritualisierte Strukturen, von denen nie abgesehen werden kann – die aber gleichzeitig nicht immer und schon gar nicht vollständig gewusst werden müssen oder gar können. Letzteres impliziert, dass Diskurse und Sprache eine eigene, von der Sprechpraxis teil-autonome, Logik haben. Wenn Reiteration im Sinne einer zwangsläufigen Bezugnahme auf an sich instabile, durch interne differánce (Derrida; vgl. auch Villa 2006b, S. 98 ff.) konstituierten Begriffe – wie Frau – notwendig und zugleich performativ ist, so ergibt sich hieraus für die feministische Theorie ein strukturelles Problem: Im Bewusstsein darüber, dass das theoretische oder auch alltagssprachliche sowie forschungspragmatische Operieren mit der Kategorie Geschlecht (oder Frau, Mann usw.) notwendigerweise auf eine Leerstelle verweist, z. B. im Sinne eines „supplements" bei Derrida (Derrida 1974, S. 264–287), ist die feministische Theorie doch zugleich gezwungen, mit der Kategorie umzugehen. Auch wenn also Geschlecht theoretisch nicht ‚sein‘ kann, kann darauf aufgrund der empirischen Wirklichkeit – in der Geschlecht tatsächlich *ist* – nicht verzichtet werden. So kann das Dilemma nur theoretisch produktiv gewendet werden: Die Aufgabe feministischer Theorien muss demnach darin bestehen, eine kritische Analyse der Geschlechterontologie zu betreiben. Eine, die den performativen Charakter des Geschlechts analysiert und darauf abzielt, die Naturalisierungsstrategien sichtbar zu machen, die in diesen performativen Modi eingelassen sind (vgl. Butler 1991, S. 60 f., S. 74, S. 112). Damit wird feministische (Diskurs-)Theorie zu einer Perspektive, die um die Gleichzeitigkeit von ontologischer Uneigentlichkeit und sozialer Wirkmächtigkeit nicht nur weiß, sondern zum Fokus theoretischer Bemühungen macht. Eine Alternative hierzu legen handlungstheoretische und systemtheoretische Zugänge vor, die davon ausgehen, dass die Geschlechterdifferenz entweder im Handlungsvollzug „vergessen" werden kann (Hirschauer 2001) oder aber nur dann relevant wird, wenn – entgegen der eigentlichen Logik funktional differenzierter Systeme – personalisiert werden muss, um Kommunikationserwartungen zu entsprechen (Weinbach/Stichweh 2001, S. 49).

4.3.3   Ist Frau gleich Frau? Dezentrierungen und Subjektivierungen

Poststrukturalistische feministische Positionen haben, wie bereits angedeutet, den Subjektbegriff reformuliert und ihn – so vor allem Butler – durch den prozessualen Begriff der Subjektivation (Butler 2004, S. 8) ersetzt. Diese Verschiebung hat eine lange theoretische Vorgeschichte, die bereits an den frühen Arbeiten im Rahmen der Frauenforschung Ende der 1970er Jahre ansetzt. Zu diesem Zeitpunkt konzentrieren sich viele theoretische Bemühungen, wiederum im Anschluss an de Beauvoir, auf die Konzeptualisierung des Zusammenhangs zwischen geschlechtlich strukturierter Gesellschaft einerseits und individuellen (Geschlechts-)Identitäten bzw. ‚Rollen‘ andererseits. Wie macht, so die hier vereinfachte Frage, die Gesellschaft aus Menschen Männer und Frauen? Wie machen sich diese selber zu Frauen und Männern? Das Konzept der „geschlechtsspezifischen Sozialisation" (Bilden 1980) ist eine erste, vor allem empirisch gewonnene, aber auch theoretisch formulierte Antwort hierauf und wurde zu einem Leitmotto der feministischen bzw. Geschlechtertheorie. Kurz gesagt, geht dieses davon aus, dass in komplexen Prozessen der aktiven Aneignung von Gesellschaft einzelne Individuen ihre Geschlechtsidentität gemäß gesellschaftlichen Imperativen entwickeln: „Sozialisation [ist] ein Prozess der Individuierung durch Vergesellschaftung und der Vergesellschaftung durch Individuierung (die alten Habermas'sche Formen) in einer Gesellschaft, die nach Geschlecht und anderen Differenzen strukturiert ist; insofern ist Sozialisation auch immer Vergeschlechtlichung" (Bilden 2006, S. 46). In aktuellen Fassungen des Sozialisationsparadigmas wird vor allem die Eigenaktivität von Personen – im Sinne einer Selbstbildung – sowie die Unaufhörlichkeit sozialisatorischer Prozesse betont. Demnach kommen diese nie zum Stehen (ebd., S. 46 ff.). Im Kern beton(t)en Sozialisationszugänge im geschlechtertheoretischen Feld, dass „[n]ur klar nach Geschlechtsrollen differierende Sozialisation funktional für Individuum und Gesellschaft ist" (Bilden 1980, S. 782). Aufgrund historisch gewordener differenter Lebenslagen für Männer und Frauen, die sich vor allem hinsichtlich verobjektivierter Arbeits- und Tätigkeitsstrukturen unterscheiden, differieren auch die „sozialen Inhalte" dessen, was „'Mann' und 'Frau'" sind (ebd., S. 778). Die Ontogenese kann, so vermutete die Sozialisationsforschung, dieses forschungspragmatisch aufeinander beziehen und damit erklären, wie aus Menschen in bestimmten sozialen Verhältnissen Männer und Frauen werden. Und tatsächlich machte eine Fülle an vor allem empirischen Arbeiten dies sichtbar.

Doch haben bereits in den späten 1980er Jahren zunächst Theoretikerinnen und Theoretiker aus den USA, bald auch im deutschsprachigen Raum auf zentrale – theoretische wie empirisch folgenreiche – Defizite im Sozialisationsparadigma aufmerksam gemacht. Diese liegen, kurz gefasst, zunächst in der Gleichsetzung von Verhältnissen und Identitäten: 'Rollenmuster' oder Normen wurden und werden noch in der Sozialisationsforschung häufig mit Identität gleichgesetzt, von abgefragten oder beobachtbaren Einstellungen wird auf Handeln und Selbstbild kurz geschlossen. Dadurch werden, zweitens, normative Binaritäten reifiziert, anstatt sie konzeptuell zumindest offen zu halten: Schaut man, so eine auch epistemologisch fundierte Kritik, immer nur nach der binären Geschlechterdifferenz, so wird man auch immer entsprechend fündig (vgl. kritisch Hagemann-White 1984, S. 42, S. 77), wohingegen Brüche, Widersprüche und Komplexitäten durch die Homogenisierungsbrille der Geschlechterdifferenz gesehen unsichtbar werden. Das 'soziale' Geschlecht nimmt dann eine A-priori-Funktion ein, das Sozialisationskonzept birgt damit das Risiko, 'Sozialontologie' zu betreiben. Dies spiegelt sich auch in einer weiteren Problematik des Konzepts, nämlich die Abstraktion von der Vielfalt individueller Verortungen seitens der Individuen zugunsten nur einer Kategorie. Die Fokussierung auf Geschlecht – und nur auf Geschlecht – wird sozialisationstheoretisch nur durch eine theoretische wie empirische 'Reinwaschung' von Verunreinigungen wie Klasse/Ungleichheit, Ethnizität, Alter usw. erreicht.

Gerade Letzteres wurde aber zunehmend ins Theorielicht feministischer Auseinandersetzungen und dann auch der Geschlechtertheorien überhaupt gerückt. Seinen Anfang nahm dies in den vielfältigen Auseinandersetzungen um 'den' Feminismus und 'die Frau(en)', die dieser repräsentieren solle und auf die auch Butler reagiert (siehe oben). Historisch früher als im deutschsprachigen Raum, haben in den USA 'Women of Color' auf die ethnische bzw. 'Race'-Dimension nachdrücklich aufmerksam gemacht, die sich – für alle! – nicht additiv zur Geschlechtszugehörigkeit addiere, sondern diese durchkreuzt (vgl. exemplarisch Anzaldúa/Moraga 1983 und zur ausführlichen Lektüre Lewis/Mills 2003). Ebenso haben lesbische Frauen bereits früh – in der zweiten Frauenbewegung wie in der feministischen Theorie – auf ihren impliziten und systematischen Ausschluss aus der Leitdifferenz Geschlecht aufmerksam gemacht und die Differenzachse Sexualität als gesellschaftliche Struktur und als identitätsrelevante Dimension theoretisiert (vgl. Rubin 2003). Auch im deutschsprachigen Theoriekontext spielte die Kritik an deren ‚Farbenblindheit‘ (vgl. Gutiérrez Rodríguez 1996) sowie an deren Heteronormativität (vgl. für eine Übersicht Hark 2004) seit den frühen 1990ern eine wichtige Rolle. International hatte des Weiteren die Debatte um die Mehrfachpositionierung von Frauen in der class/gender-debate immer wieder zur Hinterfragung einer homogenisierenden Kategorie ‚Frau(en)‘ geführt (siehe oben), die ihrerseits über de Beauvoirs Schriften bis zu den Auseinandersetzungen in der ersten Frauenbewegung zurück reichen. Inzwischen wird diese Dezentrierung der Kategorie Geschlecht im deutschsprachigen Raum unter dem Begriff der „Intersektionalität“ (Knapp 2005) oder „Interdependenz“ (Dietze et al. 2007) diskutiert und in den Schnittmengen feministischer Theorie mit postkolonialer sowie queer theory weiter entwickelt. Selbstverständlich gelten diese Dezentrierungen auch für die Kategorie ‚Mann‘ – und dies nicht erst seit Neuestem (vgl. Connell 1999). Gleichwohl ist die Auseinandersetzung mit Männlichkeiten weniger differenziert und auch weniger institutionalisiert als die Theoretisierung entlang der Kategorie ‚Frau‘ bzw. ‚Weiblichkeit‘.

Für die zuvor skizzierte Frage nach dem Zusammenhang von Gesellschaft – als zumindest auch vergeschlechtlichte Totalität – einerseits und Individuum bzw. (zumindest auch vergeschlechtlichter) Identität andererseits haben diese Verkomplizierungen wichtige Folgen. Sie wirken auf der gesellschaftstheoretischen Ebene als Herausforderung insofern sie nach den Konvergenzen und Differenzen verschiedener Differenz-, Ungleichheits- und In/Exklusionsmodi fragen. Ebenso ist die Verschränkung verschiedener ‚Zugehörigkeiten‘ für die Theoretisierung von Subjektivität besonders folgenreich: Wenn „Menschen nicht nur Frauen oder Männer, sondern gleichzeitig Angehörige sozialer Schichten, ethnischer Gruppen, Regionen, Nationen etc. [sind], d. h. das Geschlecht nur eine Differenzierungsdimension unter mehreren“ (Heintz 2001, S. 23), dann sind all diese Dimensionen und Zugehörigkeiten auf der Identitätsebene immer zugleich relevant. Eine hierfür angemessene Identitäts- bzw. Subjektivierungstheorie steht noch aus (vgl. die Beiträge in Bilden/ Dausien 2006), denn auf die Theoretisierung des Zusammenhangs von strukturellen „Differenzierungsdimensionen“ und individuellen Subjektivitäten kann trotz aller Probleme sozialisationstheoretischer Bemühungen nicht verzichtet werden (vgl. Maihofer 2002). Einen produktiven Ansatzpunkt liefern wiederum post-strukturalistische Entwürfe insofern sie das Subjekt, wie angedeutet, zugunsten verflüssigter, positionaler und weniger eng an vermeintlich klare soziale Imperative gebundener Subjektivationsprozesse auflösen. Mit diesem theoretischen Besteck kann auf die Notwendigkeit identitätsrelevanter Bezugnahmen auf die Normen reflektiert werden, die geschlechtlich wirksam sind – *ohne* diese mit der Identität gleichsetzen zu müssen. Subjekte sind in der poststrukturalistischen feministischen Theorie nämlich keine konkreten Personen, sondern Diskurspositionen, z. B. soziale Titel, die Anerkennung verleihen (‚Frau‘, ‚Vater‘, ‚Wissenschaftlerin‘ usw.) und die immer nur vorläufig von konkreten Personen in Prozessen der Anrufung/Umwendung angenommen werden können (Butler 2004, S. 15 sowie Villa 2006d). Personen aber sind realiter immer mehr und damit anderes als das, was diskursive Ordnungen ihnen in einer bestimmten Situation anbieten. Das ‚Scheitern‘ von Personen an ihrer Subjektwerdung eröffnet zumindest den Blick für den Normalfall der Un-Normierbarkeit konkreter Personen und zeigt, wie sehr wir zugleich ein Geschlecht sind und auch nicht.

Literatur

Acker, Joan (2003): The Continuing Necessity of ‚Class' in Feminist Thinking. In: Knapp, Gudrun-Axeli/Wetterer, Angelika (Hrsg.): Achsen der Differenz. Gesellschaftstheorie und feministische Kritik II. Münster: Verlag Westfälisches Dampfboot, S. 49–72.

Adorno, Theodor W. (1962): Zur Logik der Sozialwissenschaften. In: Kölner Zeitschrift für Soziologie und Sozialpsychologie, Jg. 14, S. 249–263.

Baier, Andrea (2004): Subsistenzansatz: Von der Hausarbeitsdebatte zur „Bielefelder Subsistenzperspektive". In: Ruth Becker/Kortendiek, Beate (Hrsg.): Handbuch Frauen- und Geschlechterforschung, Wiesbaden: VS Verlag für Sozialwissenschaften, S. 72–77.

Beck-Gernsheim Elisabeth (2008): Vom ‚Dasein für andere' zum Anspruch auf ein Stück ‚eigenes Leben'. In: Wilz, Sylvia M. (Hrsg.): Geschlechterdifferenzen – Geschlechterdifferenzierungen. Ein Überblick über gesellschaftliche Entwicklungen und theoretische Positionen, Wiesbaden: VS Verlag für Sozialwissenschaften, S. 19–62.

Becker-Schmidt, Regina (2001): Was mit Macht getrennt wird, gehört gesellschaftlich zusammen. Zur Dialektik von Umverteilung und Anerkennung in Phänomenen sozialer Ungleichstellung. In: Knapp, Gudrun-Axeli/Wetterer, Angelika (Hrsg.): Soziale Verortung der Geschlechter. Gesellschaftstheorie und feministische Kritik, Münster: Verlag Westfälisches Dampfboot, S. 91–131.

Becker-Schmidt, Regina (2004): Doppelte Vergesellschaftung von Frauen: Divergenzen und Brückenschläge zwischen Privat- und Erwerbsleben. In: Becker, Ruth/Kortendiek, Beate (Hrsg.): Handbuch Frauen- und Geschlechterforschung, Wiesbaden: VS Verlag für Sozialwissenschaften, S. 62–71.

Becker-Schmidt, Regina/Knapp, Gudrun-Axeli (2000): Feministische Theorien zur Einführung, Hamburg: Junius.

Beer, Ursula (1990): Geschlecht, Struktur, Geschichte. Soziale Konstituierung des Geschlechterverhältnisses, Frankfurt a. M., N York: Campus Verlag.

Beer, Ursula (2004): Sekundärpatriarchalismus: Patriarchat in Industriegesellschaften. In: Becker, Ruth/Kortendiek, Beate (Hrsg.): Handbuch Frauen- und Geschlechterforschung, Wiesbaden: VS-Verlag, S. 56–61.

Bilden, Helga (1980): Geschlechtsspezifische Sozialisation. In: Hurrelmann, Klaus/Ulich, Dieter (Hrsg.): Handbuch der Sozialisationsforschung, Weinheim-Basel: Juventa Verlag, S. 777–812.

Bilden, Helga (2006): Sozialisation in der Dynamik von Geschlechter- und anderer Machtverhältnissen. In: Bilden, Helga/Dausien, Bettina (Hrsg.): Sozialisation und Geschlecht: theoretische und methodologische Aspekte, Opladen: Verlag Barbara Budrich, S. 45–70.

Bilden, Helga/Dausien, Bettina (Hrsg.) (2006): Sozialisation und Geschlecht. Theoretische und methodologische Aspekte, Opladen: Verlag Barbara Budrich.

Bock, Gisela/Duden, Barbara (1977): Arbeit aus Liebe – Liebe als Arbeit: zur Entstehung der Hausarbeit im Kapitalismus. In: Frauen und Wissenschaft: Beiträge zur Berliner Sommeruniversität für Frauen Juli 1976, Berlin: Courage Verlag, S. 118–199.

Butler, Judith (1991): Das Unbehagen der Geschlechter, Frankfurt a. M.: Suhrkamp Verlag.

Butler, Judith (1993a): Kontingente Grundlagen: Der Feminismus und die Frage der ‚Postmoderne'. In: Benhabib, Seyla/Butler, Judith/Cornell, Drucilla/Fraser, Nancy (Hrsg.): Der Streit um Differenz. Feminismus und Postmoderne in der Gegenwart, Frankfurt a. M.: Fischer Verlag, S. 9–30.

Butler, Judith (1995): Körper von Gewicht. Die diskursiven Grenzen des Geschlechts, Berlin: Berlin Verlag.

4 Feministische- und Geschlechtertheorien

Butler, Judith (1998): Haß spricht. Zur Politik des Performativen, Berlin: Berlin Verlag.

Butler, Judith (2004): Gender-Regulierungen. In: Pühl, Katharina/Paulitz, Tanja/Marx, Daniela/Helduser, Urte (Hrsg.): under construction? Konstruktivistische Perspektiven in feministischer Theorie und Forschungspraxis, Frankfurt a. M., New York: Campus Verlag, S. 44–57.

Connell, Robert W. (1999): Der gemachte Mann. Konstruktion und Krise von Männlichkeit, Opladen: Leske + Budrich.

de Beauvoir, Simone (1992): Das andere Geschlecht. Sitte und Sexus der Frau, Reinbek b. Hamburg: Rowohlt Verlag.

Derrida, Jacques (1974): Grammatologie, Frankfurt a. M. Suhrkamp Verlag.

Derrida, Jacques (1990): Die Struktur, das Zeichen und das Spiel im Diskurs der Wissenschaft vom Menschen. In: Engelmann, Peter (Hrsg.): Postmoderne und Dekonstruktion. Texte französischer Philosophen der Gegenwart, Stuttgart: Reclam Verlag, S. 114–139.

Dietze, Gabriele et al. (2007): Einleitung. In: dies. (Hrsg.): Gender als interdependente Kategorie, Opladen: Verlag Barbara Budrich, S. 7–22.

Fraser, Nancy (1994): Widerspenstige Praktiken. Macht, Diskurs, Geschlecht, Frankfurt a. M. Suhrkamp Verlag.

Garfinkel, Harold (1967): Studies in Ethnomethodology, Englewood Cliffs, N.J.: Prentice-Hall.

Gather, Claudia/Geissler, Birgit/Rerrich, Maria S. (Hrsg.) (2007): Weltmarkt Privathaushalt. Bezahlte Hausarbeit im globalen Wandel, Münster: Verlag Westfälisches Dampfboot.

Gildemeister, Regine (2004): Doing Gender: Soziale Praktiken der Geschlechterunterscheidung. In: Becker, Ruth/Kortendiek, Beate (Hrsg.): Handbuch Frauen- und Geschlechterforschung, Wiesbaden: VS Verlag für Sozialwissenschaften, S. 132–140.

Goffman, Erving (2001): Interaktion und Geschlecht, Frankfurt a. M., New York: Campus Verlag.

Gutiérrez Rodríguez, Encarnación (1996): Frau ist nicht gleich Frau, nicht gleich Frau, nicht gleich Frau … Über die Notwendigkeit einer kritischen Dekonstruktion in der feministischen Forschung. In: Fischer, Ute L. et al. (Hrsg.): Kategorie: Geschlecht. Empirische Analysen und feministische Theorien, Opladen: Leske + Budrich, S. 163–190.

Habermas, Jürgen (1981): Theorie des kommunikativen Handelns. 2 Bde., Frankfurt a. M.: Suhrkamp Verlag.

Hagemann-White, Carol (1984): Sozialisation: Weiblich – Männlich? Opladen: Leske + Budrich.

Hark, Sabine (2004): Lesbenforschung und Queer Theorie: Theoretische Konzepte, Entwicklungen und Korrespondenzen. In: Becker, Ruth/Kortendiek, Beate (Hrsg.): Handbuch Frauen- und Geschlechterforschung, Wiesbaden: VS Verlag für Sozialwissenschaften, S. 104–111.

Hark, Sabine (2007): Dis/Kontinuitäten: Feministische Theorie. Lehrbuch zur Sozialwissenschaftlichen Frauen- und Geschlechterforschung, Bd. 3, Wiesbaden: VS Verlag für Sozialwissenschaften.

Haug, Frigga (2004): Sozialistischer Feminismus: Eine Verbindung im Streit. In: Becker, Ruth/Kortendiek, Beate (Hrsg.): Handbuch Frauen- und Geschlechterforschung, Wiesbaden: VS Verlag, S. 49–55.

Hausen, Karin (1976): Die Polarisierung der ‚Geschlechtercharaktere' – eine Spiegelung der Dissoziation von Erwerbs- und Familienleben. In: Conze, Werner (Hrsg.): Sozialgeschichte der Familie in der Neuzeit Europas, Stuttgart: Klett Verlag, S. 367–393.

Heintz, Bettina (2001): Geschlecht als (Un-)Ordnungsprinzip. Entwicklungen und Perspektiven der Geschlechtersoziologie. In: dies. (Hrsg.): Geschlechtersoziologie. Sonderheft 41 der Kölner Zeitschrift für Soziologie und Sozialpsychologie, S. 9–28.

Hirschauer, Stefan (2001): Das Vergessen des Geschlechts. Zur Praxeologie einer Kategorie sozialer Ordnung. In: Heintz, Bettina (Hrsg.): Geschlechtersoziologie. Sonderheft 41 der Kölner Zeitschrift für Soziologie und Sozialpsychologie, S. 208–235.

Hirschauer, Stefan (2008): Die Empiriegeladenheit von Theorien und der Erfindungsreichtum der Praxis. In: Kalthoff, Herbert/Hirschauer, Stefan/Lindemann, Gesa (Hrsg.): Theoretische Empirie. Zur Relevanz qualitativer Forschung, Frankfurt a. M.: Suhrkamp Verlag, S. 165–187.

Hirschauer, Stefan/Amann, Klaus (Hrsg.) (1997): Die Befremdung der eigenen Kultur. Zur ethnographischen Herausforderung soziologischer Empirie, Frankfurt a. M.: Suhrkamp Verlag.

Jaggar, Alison M./McBride, William L. (1989): Reproduktion als männliche Ideologie. In: List, Elisabeth (Hrsg.): Denkverhältnisse. Feminismus und Kritik, Frankfurt a. M.: Suhrkamp Verlag, S. 133–163.

Jagose, Annamarie (2001): Queer Theory: eine Einführung, Berlin: Quer Verlag.

Jurczyk, Karin/Oechsle, Mechtild (Hrsg.) (2008): Das Private neu denken. Erosionen, Ambivalenzen, Leistungen, Münster:Verlag Westfälisches Dampfboot.

Jürgens, Kerstin (2006): Arbeits- und Lebenskraft. Reproduktion als eigensinnige Grenzziehung, Wiesbaden: VS Verlag für Sozialwissenschaften.

Kalthoff, Herbert/Hirschauer, Stefan/Lindemann, Gesa (2008): Theoretische Empirie. Zur Relevanz qualitativer Forschung, Frankfurt a. M.: Suhrkamp Verlag.

Kessler, Suzanne J./McKenna, Wendy (1978): Gender. An Ethnomethodological Approach, New York: Wiley.

Knapp, Gudrun-Axeli (2005): ,Intersectionality' – ein neues Paradigma feministischer Theorie? Zur transatlantischen Reise von Race, Class, Gender. In: Feministische Studien 23, S. 68–81.

Knorr-Cetina, Karin (1989): Spielarten des Konstruktivismus. Einige Notizen und Anmerkungen. In: Soziale Welt 40, S. 86–96.

Lewis, Reina/Mills, Sara (Hrsg.) (2003): Feminist Postcolonial Theory, New York: Routledge.

Maihofer, Andrea (2002): Geschlecht und Sozialisation. Eine Problemskizze. In: EWE 13, S. 13–26.

Mies, Maria (1978): Methodische Postulate zur Frauenforschung. In: Beiträge zur feministischen Theorie und Praxis 1, S. 41–63.

Mies, Maria (2001): Hausfrauisierung, Globalisierung, Subsistenzperspektive. In: Knapp, Gudrun-Axeli/Wetterer, Angelika (Hrsg.): Soziale Verortung der Geschlechter. Gesellschaftstheorie und feministische Kritik, Münster: Verlag Westfälisches Dampfboot, S. 157–187.

Pühl, Katharina/Paulitz, Tanja/Marx, Daniela/Helduser, Urte (2004): under construction? Konstruktivistische Perspektiven in feministischer Theorie und Forschungspraxis – zur Einführung. In: dies. (Hrsg.): under construction? Konstruktivistische Perspektiven in feministischer Theorie und Forschungspraxis, Frankfurt a. M., New York: Campus Verlag, S. 11–32.

Rössler, Beate (2001): Der Wert des Privaten, Frankfurt a. M.: Suhkamp Verlag.

Rubin, Gayle (2003): Sex denken. Anmerkungen zu einer radikalen Theorie der sexuellen Politik. In: Kraß, Andreas (Hrsg.): queer denken. Queer Studies, Frankfurt a. M.: Suhrkamp Verlag, S. 31–79.

Thiessen, Barbara/Villa, Paula-Irene (2008): Die ,deutsche Mutter' – ein Auslaufmodell? Überlegungen zu den Codierungen von Mutterschaft als Sozial- und Geschlechterpolitik. In: Tel Aviver Jahrbuch für deutsche Geschichte XXXVI, S. 277–292.

Villa, Paula-Irene (2006a): Fremd sein – schlau sein? Soziologische Überlegungen zur Nomadin. In: Hitzler, Ronald/Gebhardt, Winfried (Hrsg.): Nomaden, Flaneure, Vagabunden? Wissensformen und Denkstile der Gegenwart, Wiesbaden: VS Verlag für Sozialwissenschaften, S. 37–50.

Villa, Paula-Irene (2006b): Dekonstruktion. In: Behnke, Joachim et al. (Hrsg.): Methoden der Politikwissenschaft. Neuere qualitative und quantitative Analyseverfahren, Baden-Baden: Nomos Verlag, S. 93–102.

Villa, Paula-Irene (2006c): Sexy Bodies. Eine soziologische Reise durch den Geschlechtskörper, Wiesbaden: VS Verlag für Sozialwissenschaften.

Villa, Paula-Irene (2006d): Scheitern – ein produktives Konzept zur Neuorientierung der Sozialisationsforschung? In: Bilden, Helga/Dausien, Bettina (Hrsg.): Sozialisation und Geschlecht. Theoretische und methodologische Aspekte, Opladen: Verlag Barbara Budrich, S. 219–238.

Villa, Paula-Irene (2008): Post-Ismen: Geschlecht in Postmoderne und (De)Konstruktion. In: Wilz, Sylvia M. (Hrsg.): Geschlechterdifferenzen – Geschlechterdifferenzierungen. Ein Überblick über gesellschaftliche Entwicklungen und theoretische Positionen, Wiesbaden: VS Verlag, S. 199–229.

Weedon, Chris (1990): Wissen und Erfahrung. Feministische Praxis und Poststrukturalistische Theorie, Zürich: efef Verlag.

Weinbach, Christine/Stichweh, Rudolf (2001): Die Geschlechterdifferenz in der funktional differenzierten Gesellschaft. In: Heintz, Bettina (Hrsg.): Geschlechtersoziologie. Sonderheft 41 der Kölner Zeitschrift für Soziologie und Sozialpsychologie, S. 30–49.

West, Candace/Zimmermann, Don H. (1987): Doing Gender. In: Gender & Society 1/1987, S. 125–151.

Teil II
Schulfächer

Didaktik der Arbeitslehre und Geschlechterforschung

5

Marianne Friese

Was geschieht mit der Allgemeinen Didaktik, wenn die Kategorien Arbeit und Beruf curricular verankert werden? Was geschieht mit der Didaktik der Arbeitslehre, wenn das Geschlechterverhältnis systematisch eingeschrieben wird? Die Fragen deuten darauf hin, dass im Fächerkanon der Allgemeinen Bildung und Didaktik zwei Gegenstände als curricular-didaktische Referenzpunkte zu integrieren sind: Arbeit als anthropologische und gesellschaftliche Bezugsgröße sowie Geschlecht als soziale Kategorie. Es ist historisch keineswegs ein Zufall, dass eine weitgehende Parallelität hinsichtlich der Ausgrenzung von Arbeit und Beruf sowie Gender aus den Konzepten der allgemeinen Bildung und Didaktik besteht. Vielmehr offenbart sich hier ein systematisches Defizit, das sich seit der Entstehung des modernen Arbeits- und Berufsbegriffs in der Konstruktion von Differenz zwischen allgemeiner und beruflicher Bildung sowie Geschlechterdifferenz manifestiert.

Ein Perspektivwechsel zeichnet sich erst in neuerer Zeit mit der Entwicklung der Dienstleistungs- und Wissensgesellschaft ab. Impulse für geschlechtsbezogene Erörterungen im fachdidaktischen Diskurs der Schul- und Unterrichtsforschung entstehen zögerlich durch die bereits in den 1970er Jahren begonnenen Forschungen der pädagogischen Frauen- und Geschlechterforschung zur Konstruktion und De-Konstruktion von Geschlecht. Die hier entstandene Kritik zu Gleichheit und Differenz im Bildungswesen aufgrund geschlechtlicher, sozialer und ethnischer Zugehörigkeit wird gegenwärtig im Zuge der international vergleichenden Schulleistungsforschung neu aufgenommen und für Reformkonzepte der Arbeitslehredidaktik verwendet (Friese 2011a, S. 3 ff.).

Ziel des folgenden Beitrages ist es, Konzepte der Arbeitslehre und die Bedeutung der Geschlechterforschung zu analysieren. Dazu wird in einem ersten Schritt eine historisch-

---

M. Friese (✉)
Justus-Liebig-Universität Gießen, FB 03 Sozial- und Kulturwissenschaften,
Institut für Erziehungswissenschaft, Professur Berufspädagogik/Didaktik der Arbeitslehre,
Karl-Gloeckner-Straße 21 B, 35394 Gießen, Deutschland
E-Mail: marianne.friese@erziehung.uni-giessen.de

M. Kampshoff, C. Wiepcke (Hrsg.), *Handbuch Geschlechterforschung und Fachdidaktik,*
DOI 10.1007/978-3-531-18984-0_5,
© VS Verlag für Sozialwissenschaften | Springer Fachmedien Wiesbaden 2012

55

systematische Skizze der Entwicklung des Faches Arbeitslehre mit Bezug zur Konstruktion von Geschlecht in Arbeit, Bildung und Beruf sowie Rezeption der Geschlechterforschung entfaltet. Der zweite Schritt wendet sich Neuorientierungen einer geschlechterreflektierten Arbeitslehredidaktik zu. Hierbei werden zum einen neue Berufswahlkonzepte im Kontext veränderter Lebens- und Bildungsentwürfe sowie Kompetenzansätze für neue Ausbildungs- und Berufsstrukturen und zum anderen Förderansätze für heterogene Zielgruppen ausgeführt. Im dritten Schritt werden Profile und Entwicklungsperspektiven einer geschlechterreflektierten Arbeitslehre im Kontext der universitären Lehramtsausbildung diskutiert.

5.1 Reformprojekt Arbeitslehre: Systematische und historische Eckpunkte

5.1.1 Arbeit, Beruf und Geschlecht in der Reformpädagogik und Arbeitslehre

Mit dem Begriff von Arbeit als anthropologischer Grundkonstante sowie den Bezugspunkten Beruf und Lebenswelt sind curriculare Kernpunkte und pädagogische Aufgaben der Arbeitslehre berührt: Die Unterstützung der Identitätsentwicklung und Lebenslaufplanung sowie die Vorbereitung von Jugendlichen auf den Übergang von der Schule in den Beruf (Friese 2011a, S. 3). Dieser zunächst geschlechtsübergreifende Ansatzpunkt birgt in seinen empirischen und systematischen Ausprägungen gleichwohl geschlechtsspezifische Differenzen, die sowohl Ansatzpunkte für eine geschlechtersensible Gestaltung der Fachdidaktik als auch für eine kritische Dekonstruktion von Geschlechterungleichheit bergen. Die Analyse dieser Entwicklungen und die konzeptionelle Neugestaltung einer geschlechterreflektierten Arbeitslehredidaktik kann nicht ohne Analysen des empirischen Wandels der Gesellschaft und nicht ohne Bezug zu historisch gewachsenen Konzepten von Arbeit, Bildung und Beruf geleistet werden.

Pädagogische Konzepte der Arbeitslehre sind historisch an den Arbeits- und Berufsbegriff mit seinen geschlechts- und klassenspezifischen Konnotationen wie auch an Fragen der Gestaltung des Überganges von der Schule in den Beruf gebunden. Schon mit der Entstehung des Berufsbegriffs im Zuge der Transformation von der alteuropäischen Agrargesellschaft zur modernen Industriegesellschaft und dem Wandel vom ständischen Geburtsprivileg zum bürgerlichen Leistungsdenken sowie zur Individualisierung der Berufswahl bildet die Arbeitserziehung der nachwachsenden Generation, die von den Bildungsprivilegien der höheren Schichten ausgeschlossen ist, einen soziologischen Bezugspunkt. Ein zentrales didaktisches Prinzip bildet dabei die von der Reformpädagogik postulierte Verbindung von Leben, Lernen und Arbeiten über die theoretische Durchdringung praktischen Tuns. Lerntheoretisch wird bereits durch die frühe Reformpädagogik der in Gegenwartsdiskursen prominent gewordene ganzheitliche Lern- und Bildungsbegriff vorbereitet, der kognitives, emotionales und praktisches Lernen verbindet sowie Prinzipen eines fächerübergreifenden und handlungsorientierten Unterrichts vorweg nimmt.

5 Didaktik der Arbeitslehre und Geschlechterforschung

Nachdem bereits Comenius in seiner Didactica magna von 1657 (Comenius 1966) die didaktischen Leitlinien der Verbindung von Wissenschafts- und Lebensweltbezug sowie Emotionalität und Kognition zugrundelegt und explizit Kinder *beider Geschlechter und aller Stände* einbezieht, schließt die Aufklärung mit den Postulaten der Rationalität und Autonomie des handelnden Subjekts an. Aus diesem Rationalitätsdiskurs wird jedoch das weibliche Geschlecht mit dem naturalistisch begründeten Konzept der Geschlechterdifferenz ausgeschlossen. Mit der Industrieschulbewegung des 18. Jahrhunderts und ihrem Bestreben der Erziehung der Jugend zur Arbeitswelt werden Konzepte für das Volksschulwesen entworfen mit dem Ziel, dem einfachen Volk elementare Kenntnisse im Schreiben, Lesen und Rechnen sowie auch Arbeitstugenden wie „Achtsamkeit", „Industriegeist" und „Gemeinschaftssinn" nahezubringen (Eichner 2002, S. 10 ff.). Mit dieser Orientierung entstehen bereits in der Industriepädagogik zwei grundlegende Konflikte der Arbeits- und Berufspädagogik: zum einen geschlechtlich codierte Linien, die im Programm der hauswirtschaftlichen Erziehung für junge Frauen analog zur technischen Arbeitserziehung der jungen Männer konzipiert werden; zum anderen klassenspezifische Differenzen, die im utilitaristischen Konzept der Bildung zur Brauchbarkeit zum berufspädagogischen Programm erhoben werden (Friese 2011b, S. 4). Humboldt fasst dieses Verhältnis im Jahre 1792 systematisch in den Begriff der allgemeinen sowie speziellen Bildung und stellt Allgemeinbildung als die innere Seite der Subjektentwicklung der am äußeren Zweck orientierten Berufsbildung voran (Humboldt 1982).

Diese Vorrangthese wird mit der Begründung des beruflichen Schulwesens um die Wende zum 20. Jahrhundert durch reformpädagogische Ansätze der Arbeitslehre und Berufspädagogik von Kerschensteiner, Spranger und Fischer revidiert (Eichner 2002, S. 18 ff.; Friese 2011a, S. 6 f.). Bildungstheoretisch steht dem neuhumanistischen Bildungsbegriff der höheren Allgemeinbildung das Leitbild der Berufsbildung als *Menschenbildung* entgegen. Verbunden mit der Kritik an der *Buchschule* entstehen didaktische Ansätze eines berufsorientierenden Bildungsbegriffs, der zum didaktischen Prinzip im Medium Beruf erhoben und als Konzept der Arbeitsschule zugrunde gelegt wird. Die enge konzeptionelle Verbindung von Arbeit und Lebensnähe fließt in Konzepte der Berufswahlvorbereitung im Rahmen der Bildungskonzeption der Volksschule ein. Mit diesen Bildungskonzepten für das frühe Volksschulwesen sind zentrale Prinzipien des handlungsorientierten Lernens in der Verbindung von *Kopf, Hand und Herz* sowie subjektorientierte Berufswahltheorien vorbereitet. Zugleich werden systematisch geschlechtsspezifische Differenzierungen vorgenommen.

Während die gewerblich orientierten Fortbildungsschulen die *staatsbürgerliche Erziehung* der schulentlassenen Jungen bezwecken, zielen die ersten hauswirtschaftlichen Berufsschulen darauf, sowohl ungelernte Fabrikarbeiterinnen aus der Textilindustrie auf den *natürlichen Beruf* der Hausfrau und Mutter als auch Bürgertöchter auf ihre Tätigkeit als Haushaltungsvorstand vorzubereiten. Mit dem im Anschluss von Kerschensteiner auf der normativen Basis entwickelten Leitbild der *Erziehung zum Weibe* (Kerschensteiner 1902, S. 12) wird nicht nur ein *Sonder*-Berufsschulsystem für Mädchen begründet und damit eine Trennung der dualen Ausbildung für gewerblich-technische und der vollzeitschulischen Ausbildung für personenbezogene Berufe vorgenommen. Es wird auch eine geschlechtlich geprägte Übergangsfunktion zwischen Schule und *Familienberuf* konstituiert, die bemerkenswerte Parallelen zur Funktion des heutigen Übergangssystems als *Puffer* zwischen Bildung und Beschäftigung aufweist. Zugleich entstehen – nicht zuletzt unterstützt durch die Frauenbewegung des 19. Jahrhunderts – geschlechtsspezifisch segmentierte Fächer- und Berufsstrukturen, die das Berufswahl- und Ausbildungsverhalten Jugendlicher und ihre Lebenswelten bis heute signifikant prägen.

5.1.2 Entwicklungen der Arbeitslehre seit der Bildungsreform der 1960er Jahre und Rezeption der Geschlechterforschung

Vor dem Hintergrund der „realistischen Wende" (Roth 1963) in der Erziehungswissenschaft und der „Bildungskatastrophe" des deutschen Volkes (Picht 1964), die sich angesichts der veränderten Qualifikationsanforderungen insbesondere auch als Fachkräftemangel ausdrückt, steht in den 1960er Jahren im Zuge der Bildungsreform in Deutschland auch die Revision des Volksschulwesens zur Disposition. Während die DDR mit der Einführung koedukativer Schulen und dem Konzept der polytechnischen Bildung an das Konzept der Arbeitsschule in der Verbindung von Arbeit und Lernen anknüpft (Faulstich-Wieland 2010, S. 326), entstehen in der BRD mit der Orientierung des Unterrichts an technische, ökonomische und soziale Entwicklungen Vorschläge zur Einrichtung des Faches Arbeitslehre als Unterrichtsfach an Hauptschulen, die in die „Empfehlungen für das Erziehungs- und Bildungswesen zum Aufbau der Hauptschule" des Deutschen Ausschusses für das Erziehungs- und Bildungswesen (1964), in die von der Kultusministerkonferenz (1969) beschlossenen „Empfehlungen für die Hauptschule" und in den „Strukturplan für das Bildungswesen des Deutschen Bildungsrates" (1970) einfließen.

Das Unterrichtsfach Arbeitslehre wird ab der siebten Jahrgangsstufe in Hauptschulen mit Bezug zu den Domänen Wirtschaft, Arbeit, Technik sowie Hauswirtschaft eingerichtet und Berufswahl wird als didaktisches Zentrum des Arbeitslehreunterrichts konzipiert (Kahsnitz/Ropohl/Schmid 1997, S. 7). Vor dem Hintergrund von Analysen zur Chancenungleichheit des Bildungswesens, die im Konstrukt des „katholischen Arbeitermädchens vom Lande" prägnant auf den Punkt gebracht werden (Metz-Göckel 1996, S. 372 ff.), wird der koedukative Unterricht flächendeckend in allen Schulformen und Jahrgangsstufen eingeführt. Angeregt durch kritische Reflexionen der beginnenden Frauenforschung der 1970er Jahre zum sozialisatorischen Nutzen der Koedukation für Mädchen werden in der Folgezeit verschiedene Ansätze der Geschlechtertrennung in Erziehung und Unterricht sowie für bestimmte Fächer oder Gegenstände implementiert. In diesem Kontext werden koedukative Ansätze für die Didaktik der Arbeitslehre insbesondere zu Fragen des Technikverständnisses sowie der Berufswahl reflektiert (Faulstich-Wieland 1996, S. 149 ff.).

Der soziale, ökologische und arbeitstechnologische Wandel löst seit Ende der 1980er Jahre einen Wandel des Bildungs- und Berufsbegriffs zum Leitbild Kompetenz aus verbunden mit neuen didaktischen Leitlinien, die Handlungsorientierung, Subjektbezug und Interdisziplinarität als Prämissen unterrichtlichen Handelns fokussieren. Fließt diese fächerübergreifende Perspektive in die Vorschläge der Kultusministerkonferenz (1988) zur Strukturierung der Arbeitslehre als Lernfeld ein (Dauenhauer 1984, S. 130), bleiben die Er-

5 Didaktik der Arbeitslehre und Geschlechterforschung

kenntnisse der Geschlechterforschung jedoch weitgehend unberücksichtigt (Lemmermöhle 2001, S. 176 ff.). Kritisiert werden die Vernachlässigung von Befunden zur geschlechtsspezifischen Sozialisation, curriculare Ansätze des einseitig auf die Produktionssphäre reduzierten Arbeitsbegriffs, die Verwendung von weiblichen Defizitansätzen sowie die fehlende kritische Reflexion des geschlechtsspezifischen Berufswahlverhaltens in den Konzeptionen der Arbeitslehre. Auch die in den 1980er Jahren initiierten Aktivitäten zur Integration von *Mädchen in Männerberufen* finden in der Didaktik der Arbeitslehre zunächst nur zögerliche Resonanz wie auch fachwissenschaftliche Befunde aus geschlechtskritischer Sicht zur feministischen Ökonomie und Technik. Demgegenüber fließen Befunde der Haushaltswissenschaften als fachlicher Bezugspunkt in Arbeitslehrekonzeptionen ein. Die traditionell mit den Sphären Haushalt und Familien verbundenen Abwertungen weiblicher Tätigkeit, ihr Bezug zum Privaten und ihr geringes Prestige im Kontext von Erwerbsarbeit behindern jedoch die Einführung kritischer Deutungsmuster in der Arbeitslehre (Friese 2010b, S. 50 ff.).

Gleichwohl entstehen seit Anfang der 1990er Jahre mit der konzeptionellen und didaktisch-curricularen Einleitung der Kompetenzwende sowie Hinwendung zur Alltags- und Lebenswelt in der Arbeitslehre neue Konzepte mit Bezügen zur Geschlechterforschung. Wichtige Impulse zur Integrationen eines um *private Hausarbeit* erweiterten Arbeitsbegriffs in Konzepte der Arbeitslehre gehen von der durch Befunde der Geschlechterforschung angeregten Gesellschaft für Arbeit, Wirtschaft und Technik im Unterricht (GATWU) aus (Tornieporth/Bigga 1994). Die erweiterten Konzepte von Arbeit, Beruf und Lebenswelt fließen Anfang des 21. Jahrhunderts in eine größere curriculare Vereinheitlichung der Arbeitslehre in den einzelnen Bundesländern sowie in konzeptionelle Eckpunkte eines Kerncurriculums Arbeitslehre ein (Oberliesen/Zöllner 2003). In der Folge entstehen im Zuge der Debatte um Standardisierung und Kompetenzorientierung neue curriculare Konzepte, die eine Entwicklung von Lehrplänen zu Bildungsstandards (Klieme et al. 2003) befördern und Ansätze der Geschlechterforschung des beginnenden 21. Jahrhunderts zu Arbeit, Beruf und Lebenswelt in unterschiedlicher Weise integrieren.

Im historischen und systematischen Rückblick sind mit den neueren Entwicklungen neue Möglichkeiten eröffnet, die für eine curriculare Integration von Arbeitslehredidaktik und Geschlechterforschung verwendet werden können. So besteht die Option, thematische Weiterungen zu kulturellen und lebensweltlichen Bezügen sowie Bedingungsgefüge zwischen den Sphären Wirtschaft und Unternehmen, Lebenswelt und Familie sowie Gemeinwesen und Staat auszuarbeiten. Die damit verbundene Erweiterung des Arbeitsbegriffs eröffnet die Chance, tradierte Trennungen der Sphären Produktion und Reproduktion zu überwinden und neue Zuschnitte von Ausbildungs- und Berufsprofilen an Schnittstellen zwischen den Bereichen Versorgung, Produktion und Technik in Curricula der Arbeitslehre aufzunehmen. Mit dieser Entwicklung sind neue Anforderungen an Kompetenzentwicklung zur Bewältigung des Alltags und der Lebenswelt sowie der Berufs- und Arbeitswelt entstanden. Des Weiteren können didaktische Prämissen einer geschlechtersensiblen Didaktik zum Erfahrungslernen, Biografie- und Subjekt- sowie Identitätsorientierung (Glumpler 2001) mit didaktischen Bezugskategorien der Arbeitslehre und Handlungsorientierung verbunden werden.

5.2 Neue Konzepte einer geschlechtersensiblen Arbeitslehre

5.2.1 Berufswahlkonzepte für veränderte Lebens- und Bildungsentwürfe

Die konzeptionelle Weiterentwicklung der Arbeitslehredidaktik unter Berücksichtigung der Konstruktion und Dekonstruktion von Geschlecht kann nicht ohne Bezug zu empirischen Analysen des gesellschaftlichen Wandels von Arbeit, Beruf und Lebenswelt junger Menschen erfolgen. Für curriculare Weiterungen sind sowohl veränderte Lebenswelten Jugendlicher und neue Kompetenzanforderungen an die selbstbestimmte Gestaltung lebensweltlicher und beruflicher Handlungsbezüge als auch Zuwächse und sozio-strukturelle Veränderungen des Übergangssystems und damit verbundene Bedarfe an pädagogisch-didaktischen Förderansätzen der Arbeitslehre und Berufsorientierung zu identifizieren. Bedeutsam für Konzepte zur Förderung von Berufswahl, Berufswege- und Lebenslaufplanung sowie Identitätsbildung und Lebensweltkompetenz sind die entstehenden neuen Anforderungen an Ausbildung und Qualifizierung, die durch den Wandel der Wissens- und Dienstleistungsgesellschaft sowohl im Bereich der technisch-naturwissenschaftlichen als auch im Bereich der personenbezogenen Dienstleistungsberufe entstehen.

Empirische Studien der Jugendforschung zeigen, dass die Lebensentwürfe der jungen Generation bei aller Vielschichtigkeit der Einstellungen und Lebensentwürfe von Jugendlichen durch den Wunsch nach identitätsbildender und subjektbezogener Ausbildung sowie auch sinnstiftenden und materiell gesicherten Berufsbiografien gekennzeichnet ist (Shell Deutschland Holding 2010, S. 41 ff.). Diese zunächst für beide Geschlechter gültige Wertorientierung ist jedoch durch unterschiedliche soziostrukturelle sowie geschlechtsspezifische Sozialisationsmuster und Leitbilder geprägt. So hat sich bei jungen Frauen seit den 1990er Jahren aufgrund der schwierigen Vereinbarkeit von Familie und Beruf das zuvor entwickelte Leitbild des *doppelten Lebensentwurfs* zugunsten der Priorität von Bildung, Ausbildung und Karriereoption abgelöst. Bei aller Heterogenität der Lebensmuster von jungen Frauen, die auch das Konstrukt junge Mutterschaft einschließt, haben sich doch Konzepte der späten Mutterschaft, die nach Ausbildung und Karrierebildung sowie sozioökonomischer Stabilisierung angestrebt wird, oder auch der Verzicht auf Mutterschaft als wirksame Leitbilder einer weiblichen Wahlbiografie etabliert.

Analog zu den veränderten Lebensentwürfen hat sich auch im Bildungsverhalten der Geschlechter ein Wandel zugunsten der jungen Frauen vollzogen, der sich in besseren und höherwertigen Schulabschlüssen im allgemeinbildenden Sektor sowie einer höheren Beteiligung an weiterführenden Schulen und Studium ausdrückt (Shell Deutschland Holding 2010, S. 74 ff.). Diese formal besseren Startbedingungen für Ausbildung und berufliche Karrieren setzen sich keineswegs in einer geschlechtergerechten Einmündung in Ausbildungs- und Erwerbsstrukturen fort. Das Berufswahl- und Ausbildungsverhalten von jungen Frauen und Männern ist auch in der Gegenwart noch durch die historisch tradierten geschlechtlich segmentierten Fächer- und Ausbildungsbereiche gekennzeichnet: Während junge Männer mit ca. 60 % Beteiligung vornehmlich im gewerblich-technischen Bereich des gesellschaftlich hoch bewerteten dualen Systems ausgebildet werden, wählen junge Frauen in Deutschland zu über 70 % Berufe im geringer angesehenen Schulberufssystem (Friese 2011b, S. 4 f.).

Dieses geschlechtliche Fächer- und Berufswahlverhalten erklärt sich durch beharrliche Sozialisationsmuster. Die Befunde der Geschlechterforschung und internationalen Schulleistungsforschung belegen, dass sich der gender gap in der Allgemeinbildung trotz des differentiellen Schulerfolgs von Mädchen zum einen fächerbezogen zu Ungunsten mathematischer und naturwissenschaftlicher Fächer und zum anderen im Kontext von Entwicklungsphasen und Identitätsbildung im Jugendalter deutlich mit dem Wechsel von der Primarstufe in die Sekundarstufe umsetzt (Hoppe/Kampshoff/Nyssen 2001, S. 12 ff.; Francis/Skelton 2011, S. 371 ff.). Vor diesem Hintergrund relativiert sich zum einen die Sorge um die *Feminisierung* der Bildung und den *Misserfolg* der Jungen. Zum anderen kristallisieren sich für die Didaktik der Arbeitslehre deutliche Handlungsbedarfe zur Entwicklung geschlechtssensibler Berufswahlkonzepte heraus, die an den Doppelbezug der Berufswahl hinsichtlich Arbeitsmarkt- und Subjektperspektive sowie an Biografie- und Lebensplanung (Rosowski 2009; Forßbohm 2010) auf der Basis empirischer Forschungen zu orientieren sind.

5.2.2 Kompetenzförderung für neue Ausbildungs- und Berufsstrukturen

Aus der Perspektive des Wandels von Ausbildungs- und Berufsstrukturen deuten sich gegenwärtig mit Blick auf die geschlechtsbezogene Fächerwahl sowohl Risiken als auch Chancen an. Risiken für weibliche Berufsbiografien bestehen hinsichtlich der Einmündung in Berufsfelder, die im Lebensverlauf geringere Karriereoptionen, Prestige und Einkommen ermöglichen. Chancen bestehen aufgrund des Wachstums personenbezogener Dienstleistungsberufe und den damit verbundenen Fachkräfte- und Qualifikationsbedarfen, die lebensweltliche, personale und subjektbezogene sowie soziale, interaktive und kommunikative Kompetenzen in neuer Weise in curricular-didaktische Konzepte und Professionalisierung einbeziehen (Friese 2010b, S. 324 ff.). Von dieser Entwicklung profitieren junge Männer in doppelter Weise: hinsichtlich eines erweiterten Berufswahlspektrums in sozialen und personenbezogenen Bereichen sowie bezüglich der Verbindung von Berufswahl und privater Lebensplanung, die zunehmend auch für junge Männer bedeutsam wird (Oechsle 2009, S. 16). Vor diesem Hintergrund erhält das Konzept *Bildung im Lebenslauf* eine erhöhte curriculare Bedeutung im Arbeitslehreunterricht.

Eine neue Perspektive zur Veränderung des Berufswahlspektrums besteht mit den seit Anfang 2000 neu eingeleiteten bildungspolitischen Bemühungen, Mädchen und junge Frauen für Berufe im Bereich der MINT-Fächer (Mathematik-, Ingenieur-, Natur-, Technikwissenschaften) zu gewinnen (Kröll 2010). Diese Ansätze bieten zukunftsfähige Innovationen für die Überwindung des geschlechtsspezifisch tradierten Berufs- und Studienwahlverhaltens und zugleich Optionen für die Integration von Frauen in zukunftsträchtige

Berufsfelder. Eine Integration dieser Ansätze in die Curricula der Arbeitslehre ist dringend geboten.

Weitere Perspektiven für die curriculare Neugestaltung der Arbeitslehredidaktik zeichnen sich durch die gegenwärtig intensiver geführte Debatte um das Konzept der Nachhaltigkeit ab. Die integrative Betrachtung von ökologischen, sozialen, technischen und ökonomischen Fragestellungen im Leitbild der Nachhaltigkeit und ihre Verankerung in Curricula der Lehramtsausbildung sowie Lehrpläne und Bildungsstandards für das Fach Arbeitslehre (Schrader/Schulz 2011, S. 1) bieten in doppelter Hinsicht Reformoptionen: zum einen für die interdisziplinäre Zusammenführung des für die Arbeitslehre charakteristischen Fächerverbundes Wirtschaft, Arbeit, Technik sowie Haushaltswissenschaften; zum anderen für die Integration geschlechtssensibler Ansätze der Fachdiskurse in die Didaktik der Arbeitslehre. So kann beispielsweise der Rückgriff auf feministische Konzepte des vorsorgenden Wirtschaftens (Forschungsverbund 2007, S. 12 ff.) mit geschlechtssensiblen Konzepten der ökonomischen Bildung und Wirtschaftsdidaktik verbunden werden (vgl. Claudia Wiepcke in diesem Band und Wiepcke 2010). Hier entstehen auch neue Ansätze, die bislang verdeckten Ressourcen familien- und personenbezogener Arbeit in Curricula der Arbeitslehredidaktik aufzunehmen und Sozialkompetenz als geschlechtsbezogene Kategorie zu präzisieren (Friese 2010a, S. 324 ff.). Weiterungen der Arbeitslehre und Geschlechterforschung leiten sich nicht zuletzt aus den in jüngerer Zeit neu entstandenen Diskursen um soziale Ungleichheit und Diversity ab. Hier sind Konzepte für heterogene Zielgruppenbedarfe wie auch für die produktive Nutzung von sozialen und kulturellen Differenzen im Unterrichtsgeschehen zu entwickeln.

5.2.3 Förderansätze für heterogene Zielgruppen

Für die genauere Bestimmung der Zielgruppen und daran orientierten Konzepten der Arbeitslehre sind neben Geschlechterdifferenzen weitere soziostrukturelle Merkmale, unterschiedliche Bildungsvoraussetzungen und Bedarfe hinsichtlich der Entwicklung zielgruppenspezifischer Methoden zu berücksichtigen. Die große Heterogenität der Schülerschaft beruht einerseits auf der Vielfalt der Fächerstrukturen sowie Anbindung der Arbeitslehre in den unterschiedlichen Schulstufen (Hauptschule, Realschule, Gesamtschule, Förderschule, selten Gymnasium). Andererseits bildet sich gegenwärtig aufgrund komplexer werdender Berufsstrukturen eine neue Polarisierung der Zielgruppen in signifikant leistungsstärkere und leistungsschwächere Gruppen heraus.

Empirisch streben immer mehr Abiturientinnen und Abiturienten in duale oder weiterführende Ausbildungsstrukturen, so dass sich die enge Kopplung von Abitur und Studium aufgelöst hat (Oechsle 2009, S. 13 ff.). Vor dem Hintergrund der bislang weitgehend fehlenden Verankerung der Arbeitslehre und Berufsorientierung in der gymnasialen Oberstufe existieren erhebliche Beratungsbedarfe hinsichtlich der breit gefächerten biografischen Optionen und Orientierungen in den komplexen neuen Berufsstrukturen,

5 Didaktik der Arbeitslehre und Geschlechterforschung

wobei der zunehmend hohe Anteil von jungen Frauen mit gymnasialem Abschluss sowohl neue Perspektiven für die Einmündung in hoch angesehene Ausbildungsbereiche als auch in neu eingerichtete Studiengänge im Zuge des Bologna-Prozesses eröffnet. Die Arbeitslehredidaktik steht hier vor anspruchsvollen neuen Aufgaben, die nicht ohne empirisch fundierte Forschungen zu neuen Berufsfeldern und zu neuen Kooperationen zwischen Allgemeinbildung, Berufsbildung, Hochschulbildung und Wirtschaft sowie Fort- und Weiterbildung des pädagogischen Personals zu bewältigen sind.

Gegenüber diesen leistungsstarken Jugendlichen ist die Arbeitslehre zunehmend mit der Gruppe der leistungsschwächeren Schüler und Schülerinnen befasst, die statt in Bildungsgänge der beruflichen Ausbildung oder der weiterführenden Bildung in das Übergangssystem münden. Trotz demografisch bedingter leicht rückgängiger Neuzugänge des Übergangssystems im Jahre 2010 sind die gravierenden qualitativen und strukturellen Probleme des Übergangssystems nicht überwunden (Bertelsmann Stiftung 2011, S. 9 ff.). Diese liegen zum einen in soziostrukturellen Aspekten und den damit verbundenen sozialen Selektionsprozessen nach schulischer Vorbildung, Geschlecht, Staatsangehörigkeit sowie regionalen Zugehörigkeiten. Noch immer mündet die Hälfte der Jugendlichen mit Hauptschulabschluss und mehr als drei Viertel der Jugendlichen ohne Hauptschulabschluss in das Übergangssystem ein, wobei der Anteil der jungen Männer mit 56 % und der Anteil der Jugendlichen mit Migrationshintergrund signifikant hoch ist. (Autorengruppe Bildungsberichterstattung 2010, S. 99). Von Belang ist zum anderen die zeitliche Verdichtung institutioneller Bildungs- und Lernzeiten, die Jugendliche mit höheren Schulabschlüssen im Sekundarbereich II sowie im Tertiärbereich privilegiert, während für einen Großteil der Jugendlichen ohne Schulabschluss die Einmündung in eine berufliche Vollqualifizierung und damit ihre Integration in die Gesellschaft durch Erwerbsarbeit gefährdet ist (Sektion Berufs- und Wirtschaftspädagogik 2009, S. 11 ff.).

Im Bedingungsgefüge dieser gesellschaftlichen und soziostrukturellen Entwicklungen steht die Arbeitslehredidaktik vor vielfältigen neuen Anforderungen sowohl hinsichtlich der Erarbeitung neuer zielgruppenspezifischer Förderkonzepte für leistungsschwache Jugendliche als auch bezüglich der Aus- und Fortbildung des pädagogischen Personals und der Stiftung von neuen Kooperationen an Schnittstellen der allgemeinen und beruflichen sowie akademischen Bildung. Wenn eine gelingende Berufswahl nicht nur daran gemessen werden kann, ob lediglich die von der Wirtschaft geforderte *Passfähigkeit* der Jugendlichen hergestellt wird (Eckert 2011, S. 5), ist denjenigen Absichten vorzubeugen, die Bildung und Schule darauf reduzieren, lediglich sozialtechnologische und antizipatorische Strategien zu verfolgen. In diesem Kontext ist auch die mit den Bildungsstandards eingeführte Output-Strategie zu überprüfen. Diese kann zu Ungunsten jugendlicher Lern- und Bildungswege verlaufen, wenn sie nicht zugleich prozessuale Suchbewegungen als Entwicklungsaufgabe befördert. Der Erziehungs- und Bildungsauftrag von Schule zielt darauf, Persönlichkeitsentwicklung, Gestaltungsfähigkeit sowie kritisch reflektierende Wertorientierung von Schülern und Schülerinnen zu fördern.

5.3 Universitäre Lehramtsausbildung: Profile und Entwicklungsperspektiven einer geschlechterreflektierten Arbeitslehre

Das Fach Arbeitslehre wurde ebenfalls in den 1970er Jahren als Studienfach an Universitäten in Deutschland eingeführt, wobei die Ausbildung an den einzelnen Universitäten ein ähnlich heterogenes Bild aufweist wie die Lehrplansituation in den einzelnen Bundesländern (Friese 2011a, S. 10). Nicht zuletzt aufgrund der fehlenden einheitlichen Standards, fehlender vergleichbarer Curricula sowie fehlender Ausstattung war das Fach Arbeitslehre in den letzten Jahren einerseits stark von Abbau und Schließungen bedroht. Andererseits wird das Fach Arbeitslehre gegenwärtig im Zuge der Lehrerbildungsreform und Umsetzung der Bologna-Vorgaben an verschiedenen universitären Standorten organisatorisch und curricular neu aufgebaut. Nach einer aktuellen Erhebung der Standorte und Profile des Faches und des Fächerverbundes Arbeitslehre an 35 universitären Standorten in Deutschland zeigt sich hinsichtlich Fächerbezug, Curricula sowie Studiengangformen ein äußerst heterogenes Bild der Arbeitslehre (Friese 2011a, S. 11 ff.). Forschungs- und Handlungsbedarfe bestehen darin, die skizzierten vielfältigen Bedingungsgefüge des Arbeitslehreunterrichts hinsichtlich der Bedarfe der Zielgruppen und des Wandels von Lebenswelt, Arbeit und Beruf unter Berücksichtigung der Geschlechterforschung empirisch zu fundieren und in universitären Curricula zu verankern.

Sollen tradierte Geschlechterdifferenzen zugunsten der De-Konstruktion von Geschlecht überwunden werden, ist eine Doppelstrategie hinsichtlich der curricularen Verankerung von Genderkompetenz in der Didaktik der Arbeitslehre zu verfolgen. Diese zielt darauf, einerseits spezifische Fragen des Geschlechterverhältnisses in curriculare Konzepte der Arbeitslehredidaktik zu integrieren und andererseits die Ausbildung von Genderkompetenz als systematischen Bezugspunkt der Arbeitslehredidaktik zu entwickeln. Die Umsetzung von Professionalisierung und Entwicklung von Genderkompetenz (Horstkemper 2010, S. 40 ff.) bezieht sich dabei auf drei Ebenen. So müssen Lehrkräfte erstens auf der Wissensebene über geschlechtsspezifische Sozialisationsmuster, sozio-kulturelle Verhaltensweisen und Berufswahlprozesse von Mädchen und Jungen sowie Berufsstrukturen informiert sein und diese kritisch reflektieren können. Lehrkräfte müssen dieses Fachwissen zweitens durch die Gestaltung von Interaktion und Kommunikation sowie pädagogische Intervention zugunsten der Überwindung von Geschlechterkonstruktionen im Unterricht kritisch anwenden und drittens auf der Ebene von Schulorganisation in Strategien des Gender Mainstreaming umsetzen können.

In dieser Perspektive einer geschlechtersensiblen Arbeitslehredidaktik sind die vielfältigen Kompetenz- und Professionsanforderungen der Gesellschaft auch in den Curricula der universitären Lehramtsausbildung zu verankern. Dabei ist der methodisch-didaktische Paradigmenwechsel hin zur Bearbeitung individueller und gesellschaftlich bedingter Polarisierungen der Zielgruppen des Arbeitslehreunterrichts unter Berücksichtigung der komplexen Geschlechterstrukturen in der universitären Ausbildung des pädagogischen Personals nachzuvollziehen. Des Weiteren sind profunde fachliche Kenntnisse zum kom-

5   Didaktik der Arbeitslehre und Geschlechterforschung

plexen Wandel von Arbeits- und Berufsstrukturen sowie von jugendlichen Lebenswelten zu erwerben. Um angemessen auf den schulischen und beruflichen Alltag vorbereiten zu können, müssen Studierende umfassend mit bildungswissenschaftlich-diagnostischen, curricular-gestaltenden und methodisch-didaktischen Kompetenzen ausgestattet sein (Biermann/Buchmann/Friese 2009, S. 39 ff.). Grundlegend für die Arbeitslehredidaktik ist die Orientierung an Kompetenzen hinsichtlich der Gestaltung einer ganzheitlichen Förderung, die an gesellschaftlichen, individuellen und biografischen Problemlagen sowie an den vielschichtigen beruflichen und lebensweltlichen Handlungsfeldern der Jugendlichen ausgerichtet sind. Studierende der Arbeitslehre benötigen ein vielfältiges methodisches Handlungsrepertoire, das der Heterogenität der Zielgruppen im Arbeitslehreunterricht angemessen ist. Hierzu gehören ebenso Kenntnisse der Fallarbeit im Umgang mit risikobehafteten biografischen Statuspassagen und spezifische Methoden der Gestaltung von schwierigen Lehr-Lern-Situationen für leistungsschwächere Schüler und Schülerinnen wie auch spezifische Lehr-Lern-Arrangements zur Förderung leistungsstarker Jugendlicher.

Zur spezifischen Förderung von Jugendlichen am Übergang von der Schule in den Beruf sind Kenntnisse zu Früherkennung und Diagnostik systematisch zusammen zu führen und mit Kenntnissen zum gesellschaftlichen Wandel, zu biografischen Dispositionen Jugendlicher sowie zu Fördermöglichkeiten und rechtlichen Rahmenbedingungen zu verbinden. Curricular zu verankern sind Kooperations- und Kommunikationskompetenzen, die den Aufbau von Netzwerken in der interdisziplinären Zusammenarbeit der Bildungspraxis stärken. Professionalität des pädagogischen Personals zeichnet sich somit in entscheidender Weise dadurch aus, dass Lehrkräfte befähigt sind, gesellschaftliche Transformationsbedingungen in ihrer Relevanz für curriculare Fragen zu erfassen und bildungswissenschaftlich zu reflektieren, die damit veränderten psychosozial-motivationalen Lagen und Sozialisationserfahrungen der nachwachsenden Generation zu erkennen und darauf bezogen angemessene bildungswissenschaftlich legitimierte pädagogische Interventionen zu realisieren (ebd.). Auf diese Perspektive zielt ein Pilotprojekt zur Förderung von Kompetenzen für geschlechtersensible Berufsorientierung, das gegenwärtig unter dem Titel „Tobias in die Kita und Lena in die Werkstatt?!" (ToLe) im Zuge der Durchführung von Schulpraktika in der Didaktik der Arbeitslehre sowie der beruflichen und betrieblichen Bildung an der Justus-Liebig-Universität Gießen durchgeführt wird (Friese/Küster 2011).

Mit diesen Perspektiven sind relevante Anschlüsse für eine neue Qualität der Curriculumentwicklung in der Verbindung von handlungstheoretischen Ansätzen (Aebli 1980) und geschlechtersensibler Pädagogik und Didaktik (Glumpler 2001) hergestellt. Schnittstellen begründen sich in der Verbindung zentraler Prämissen, die komplexe Gegenstände, ganzheitliche Reflexion, Erfahrungslernen sowie problemlösende Kompetenzentwicklung in den Mittelpunkt stellen. Ansätze wie situatives und biografisches Lernen, vernetztes Lernen in Lernfeldern bei gleichzeitiger Wissenschaftsorientierung sowie die Berücksichtigung subjektiver und lebensweltlicher Dimensionen bieten die Möglichkeit, auch das komplexe Geschlechterverhältnis und seine Differenzierungen auf allen gesellschaftlichen und individuellen Ebenen in Lerngegenstände und Wissensformen einzubeziehen, kritisch zu reflektieren und mit problemlösenden Zielorientierungen in pädagogische Handlungsfelder zu transferieren.

5.4 Schlussbetrachtung

Die skizzierten zweifellos hohen Anforderungen an fachdidaktische Neuerungen, Kompetenzentwicklung und pädagogische Professionalität stellen wichtige Erträge für die Weiterentwicklung der Didaktik der Arbeitslehre sowie Professionalisierung des pädagogischen Personals in Schule und Lehramtsausbildung dar. Zugleich sind aussichtsreiche Ansätze dargestellt, historisch tradierte Geschlechterdifferenzen zugunsten der Ausarbeitung von Geschlecht als reflexiver Kategorie in zukunftsfähige Konzepte der Arbeitslehredidaktik zu implementieren. In dieser Perspektive besteht auch die Chance, den Weg von weiblich konnotierten Defizitansätzen zu einem wissensbasierten und kritisch reflektierten Konzept von Genderkompetenz zu beschreiten. Eine nachhaltige Implementierung in die Praxis von Schule und Unterricht sowie in die Lehramtsausbildung bedarf weiterer Forschungen und neuer curricularer Konzepte sowie bildungspolitischer Reformen.

Literatur

Abel, Heinrich (1966): Berufsvorbereitung als Aufgabe der Pflichtschule. In: Pädagogische Rundschau 20, Frankfurt a. M.: S. 617–632.

Aebli, Hans (1980): Denken: das Ordnen des Tuns. Band I. Kognitive Aspekte der Handlungstheorie, Stuttgart: Klett-Cotta.

Autorengruppe Bildungsberichterstattung (2010): Bildung in Deutschland 2010. Ein indikatorengestützter Bericht mit einer Analyse zu Perspektiven des Bildungswesens im demografischen Wandel. Bielefeld: W. Bertelsmann Verlag.

Bertelsmann Stiftung (Hrsg.) (2011): Übergänge mit System. Rahmenkonzept für eine Neuordnung des Übergangs von der Schule in den Beruf. Gütersloh: Verlag Bertelsmann Stiftung.

Biermann, Horst/Buchmann, Ulrike/Friese, Marianne (2009): Professionspolitische Handlungsbedarfe. In: Sektion Berufs- und Wirtschaftspädagogik in der deutschen Gesellschaft für Erziehungswissenschaft (DGfE) (Hrsg.): Memorandum zur Professionalisierung des pädagogischen Personals in der Integrationsförderung aus berufsbildungswissenschaftlicher Sicht. Bonn: Pahl-Rugenstein Verlag, S. 36–46.

Comenius, Johann Amos (1966): Große Didaktik. Übers. u. herausgegeben von Andreas Flitner. Düsseldorf/München: Küpper.

Dauenhauer, Erich (1984): Arbeitslehre. Vom Ende einer Bildungs- und Wissenschaftsidee. Landau: Münchweiler Verlag.

Deutscher Ausschuss für das Erziehungs- und Bildungswesen (Hrsg.) (1964): Empfehlungen für das Erziehungs- und Bildungswesen zum Aufbau der Hauptschule. Stuttgart.

Deutscher Bildungsrat (Hrsg.) (1970): Strukturplan für das Bildungswesen. Stuttgart.

Eckert, Manfred (2011): Übergänge in der beruflichen Bildung. In: Berufsbildung. Zeitschrift für Praxis und Theorie in Betrieb und Schule. 65. Jg., H. 129, S. 4–6.

5 Didaktik der Arbeitslehre und Geschlechterforschung

Eichner, Renate (2002): Praxisbezogenheit und Handlungsorientierung in der bayerischen Arbeitslehre-Konzeption. Möglichkeiten und Grenzen der Verwirklichung im Rahmen eines kooperativen Ansatzes im Lernfeld Arbeitslehre. Frankfurt a. M.: Lang Verlag.

Faulstich-Wieland, Hannelore (2010): Sozialisatorische Perspektive: Koedukation. In: Bohl, Thorsten/Helsper, Werner/Holtappels, Heinz Günter/Schelle, Carla (Hrsg.): Handbuch Schulentwicklung. Bad Heilbrunn: Julius Klinkhardt Verlag, S. 326–329.

Faulstich-Wieland, Hannelore (1996): Koedukation im arbeitsorientierten Unterricht. In: Dedering, Heinz (Hrsg.): Handbuch zur arbeitsorientierten Bildung. München und Wien: Oldenbourg Verlag, S. 149–166.

Forschungsverbund „Blockierter Wandel" (Hrsg.) (2007): Blockierter Wandel. Denk- und Handlungsräume für eine nachhaltige Regionalentwicklung. München: oekom Verlag.

Forßbohm, Doreen (2010): Berufswahl als Entscheidung. Eine Auseinandersetzung mit ausgewählten Konzepten zur Berufswahl und geschlechtsspezifischer Perspektive. Hamburg: Verlag Dr. Kovac.

Francis, Becky/Skelton, Christine (2011): Geschlecht und Bildungserfolg – Eine Analyse aus der Perspektive der Feminist Theory. In: Hadjar, Andreas (Hrsg.): Geschlechtsspezifische Ungleichheiten. Wiesbaden: VS Verlag für Sozialwissenschaften, S. 367–392.

Friese, Marianne (2010): Didaktisch-curriculare Aspekte für Fachrichtungen und Fachrichtungsbereiche personenbezogener Dienstleistungsberufe. In: Pahl, Jörg-Peter/Herkner, Volker (Hrsg.): Handbuch Berufliche Fachrichtungen. Bielefeld: wbv, S. 311–327.

Friese, Marianne (2010b): Die „Arbeit am Menschen". Bedarfe und Ansätze der Professionalisierung von Care Work. In: Moser, Vera/Pinhard, Inga (Hrsg.): Care. Wer sorgt für wen?, Jahrbuch Frauen- und Geschlechterforschung in der Erziehungswissenschaft, Bd. 6. Opladen: Verlag Barbara Budrich, S. 47–68.

Friese, Marianne (2011a): Reformprojekt Arbeitslehre. Entwicklungen, Konzepte und Handlungsbedarfe. In: Friese, Marianne/Benner, Ilka (Hrsg): Fachtagung Arbeitslehre. bwp@ Spezial 5 – Hochschultage Berufliche Bildung 2011 (hrsg. von Thomas Bals & Heike Hinrichs). Online: http://www.bwpat.de/ht2011/ft02/friese_ft02-ht2011.pdf, 26.09.2011.

Friese, Marianne (2011b): Das Schulberufssystem: Restkategorie oder Innovationsfaktor der beruflichen Bildung. In: Berufsbildung. Zeitschrift für Praxis und Theorie in Betrieb und Schule. 65. Jg., H. 131, S. 2–6.

Friese, Marianne/Küster Christine (2011): Tobias in die Kita und Lena an die Werkbank?! (ToLe), Projektskizze. Online: http.www.erziehung.uni-giessen.de/BP, 26.09.2011.

Glumpler, Edith (2001): Didaktische Prinzipien der Frauenbildungsarbeit. In: Gieseke, Wiltrud (Hrsg.): Handbuch zur Frauenbildung. Opladen: Leske + Budrich, S. 215–224.

Hoppe, Heidrun/Kampshoff, Marita/Nyssen, Elke (2001): Geschlechterperspektiven in Schule und Fachdidaktik. Eine Einführung. In: dies. (Hrsg.): Geschlechterperspektiven in der Fachdidaktik. Weinheim und Basel: Beltz Verlag, S. 9–19.

Horstkemper, Marianne (2010): Schulentwicklung und Differenz. Gender. In: Bohl, Thorsten/Helsper, Werner/Holtappels, Heinz Günter/Schelle, Carla (Hrsg.): Handbuch Schulentwicklung, Bad Heilbrunn: Julius Klinkhardt Verlag, S. 37–42.

Humboldt, v., Wilhelm (1982) (1792): Der Königsberger und Litauische Schulplan (IX 1809), Werk IV. herausgegeben von Andreas Flitner und Klaus Giel. Werke in fünf Bänden, Darmstadt: Wissenschaftliche Buchgesellschaft.

Kahsnitz, Dieter/Ropohl, Günter/Schmid, Alfons (1997): Arbeit und Arbeitslehre. In: dies. (Hrsg.): Handbuch zur Arbeitslehre. München: Oldenbourg Verlag, S. 3–25.

Kerschensteiner, Georg (1902): Eine Grundfrage der Mädchenerziehung. Leipzig und Berlin: B. G. Teubner Verlag.

Klieme, Eckhardt et al. (2003): Zur Entwicklung nationaler Bildungsstandards. Expertise. Bonn und Berlin: BMBF.

Kröll, Dorothea (Hrsg.) (2010): „Gender und MINT" Schlussfolgerungen für Unterricht, Beruf und Studium. Tagungsband zum Fachtag am 15.02.2010. Kassel: Universitätspresse.

Kultusministerkonferenz (KMK) (Hrsg.) (1988): Das Lernfeld Arbeitslehre in den Stundentafeln der Länder. Berlin.

Kultusministerkonferenz (KMK) (Hrsg.) (1969): Empfehlungen zur Hauptschule. Berlin.

Lemmermöhle, Doris (2001): Der Blick aufs Ganze fehlt: Geschlecht und Geschlechterverhältnisse in der Arbeitslehre und der berufsorientierten Bildung. In: Hoppe, Heidrun/Kampshoff, Marita/Nyssen, Elke (Hrsg.): Geschlechterperspektiven in der Fachdidaktik. Weinheim und Basel: Beltz Verlag, S. 173–196.

Metz-Göckel, Sigrid (1996): Die „deutsche Bildungskatastrophe" und Frauen als Bildungsreserve. In: Kleinau, Elke/Opitz, Claudia (Hrsg.): Geschichte der Mädchen und Frauenbildung. Bd. 2: Vom Vormärz bis zur Gegenwart. Frankfurt a. M. und New York: Campus Verlag, S. 372–385.

Oberliesen, Rolf/Zöllner, Hermann (2003): Kerncurriculum im Lernfeld Arbeitslehre. In: Unterricht: Arbeit + Technik 17, S. 17–53.

Oechsle, Mechthild (2009): Abitur und was dann? Problemskizze und Forschungsfragen. In: Oechsle, Mechthild et al. (Hrsg.): Abitur und was dann? Berufsorientierung und Lebensplanung junger Frauen und Männer und der Einfluss von Schule und Eltern. Wiesbaden: VS Verlag für Sozialwissenschaften, S. 13–23.

Picht, Georg (1964): Die deutsche Bildungskatastrophe. Analyse und Dokumentation. Olten und Freiburg: Walter Verlag.

Rosowski, Elke (2009): Berufsorientierung im Kontext von Lebensplanung. Welche Rolle spielt das Geschlecht? In: Oechsle, Mechthild et al. (Hrsg.): Abitur und was dann? Berufsorientierung und Lebensplanung junger Frauen und Männer und der Einfluss von Schule und Eltern. Wiesbaden: VS Verlag für Sozialwissenschaften, S. 129–180.

Roth, Heinrich (1963): Die realistische Wendung in der pädagogischen Forschung. In: Die deutsche Schule 55, S. 3.

Sektion Berufs- und Wirtschaftspädagogik in der deutschen Gesellschaft für Erziehungswissenschaft (DGfE) (Hrsg.) (2009): Memorandum zur Professionalisierung des pädagogischen Personals in der Integrationsförderung aus berufsbildungswissenschaftlicher Sicht. Bonn: Pahl-Rugenstein Verlag.

Shell Deutschland Holding (2010) (Hrsg.): Jugend 2010. Eine pragmatische Generation behauptet sich. Frankfurt a. M.: Fischer Verlag.

Schrader, Ulf/Schulz, Ralf Kirian (2011): Nachhaltigkeit als Gegenstand der Berliner Arbeitslehre. In: Friese, Marianne/Benner, Ilka (Hrsg): Fachtagung Arbeitslehre. bwp@ Spezial 5 – Hochschultage Berufliche Bildung 2011 (hrsg. von Thomas Bals & Heike Hinrichs). Online: http://www.bwpat.de/ht2011/ft02/schrader_schulz_ft02-ht2011.pdf, 26.09.2011.

Stratmann, Karlwilhelm (1968): Hauptschule und Arbeitslehre. Analyse der Diskussion um ein schulpädagogisches Projekt. Gutachten im Auftrag der VW-Stiftung. Düsseldorf: Henn Verlag.

Tornieporth, Gerda/Bigga, Regine (1994): Erwerbsarbeit – Hausarbeit. Strukturwandel der Arbeit als Herausforderung an das Lernfeld Arbeitslehre. Baltmannsweiler: Schneider Verlag.

Wiepcke, Claudia (2010): Gender-Didaktik und Berufsorientierung – Förderung von Chancengleichheit auf dem Arbeitsmarkt. In: Journal Netzwerk Frauenforschung Nr. 26/ 2010, S. 48–57.

Grundlagen und Visionen einer genderreflexiven Biologiedidaktik

6

Kerstin Palm

6.1 Einleitung

Im Gegensatz zu anderen naturwissenschaftlichen Fächern wie Physik oder Chemie scheint das Fach Biologie auf den ersten Blick keine genderinformierte Fachdidaktik zu benötigen. Biologie ist bei Jungen und Mädchen gleichermaßen beliebt (vgl. Läzer 2008, S. 95) und auch die schon seit vielen Jahren geschlechterparitätisch ausgeglichenen Studierendenzahlen im Studienfach Biologie deuten darauf hin, dass der Biologieunterricht offenbar geschlechterneutral alle interessierten Lernenden gleichermaßen fördern und motivieren kann.

Dieser erste erfreuliche Eindruck mag *ein* Grund dafür sein, dass die einschlägigen Publikationen und Lehrbücher zur Biologiedidaktik nahezu keine gendertheoretischen Bezüge enthalten. Abgesehen vom Curriculum des Sexualkundeunterrichts, das häufig interdisziplinär gestaltet ist und im allgemeinen sowohl biologische als auch soziale und kulturelle Aspekte zu Geschlechterdifferenzen und sexueller Orientierung als Unterrichtsinhalte umfasst, fehlen für alle anderen inhaltlichen Bereiche der Biologie bzw. ihre Vermittlungsweisen Thematisierungen und curriculare Einarbeitungen von Genderaspekten. Daher kann im Folgenden keine Übersicht über schon vorhandene Ansätze einer genderinformierten Biologiedidaktik gegeben werden.

Auf der Grundlage einer inzwischen vierzigjährigen Geschlechterforschung in und zu Biologie soll aber gezeigt werden, dass sowohl für die gesamten biologischen Inhalte als auch die Gestaltung der Lehrmaterialien und des Unterrichts Genderaspekte sehr wohl relevant sind und eine bloße Orientierung am Personalbestand des Faches zu kurz greift. Dies betrifft auch schon die auffällig androzentrische mediale Repräsentation der Lehren-

---

K. Palm (✉)
Universität Basel, Steinengraben 5, 4051 Basel, Schweiz
E-Mail: kerstin.palm@unibas.ch

M. Kampshoff, C. Wiepcke (Hrsg.), *Handbuch Geschlechterforschung und Fachdidaktik,*
DOI 10.1007/978-3-531-18984-0_6,
© VS Verlag für Sozialwissenschaften | Springer Fachmedien Wiesbaden 2012

den und Lernenden in der Sprache und den Abbildungen der meisten einschlägigen aktuellen Biologiedidaktiken, in denen nicht nur von ‚dem Lehrer' und ‚dem Schüler' die Rede ist (z. B. Spörhase-Eichmann/Ruppert 2004; Staeck 2009; Berck/Graf 2010; Gropengießer et al. 2010) oder diese gar als ‚Männchen'-Abbildung den Text illustrieren (Pütz 2007), sondern humanbiologische Darstellungen auch häufig weiterhin nur den männlichen Körper betreffen (z. B. Lepel 2002). Nur wenige biologiedidaktische Werke bemühen sich bisher um eine geschlechtergerechte Sprache (z. B. Ministerium für Bildung, Jugend und Sport des Landes Brandenburg 2008; Killermann et al. 2008; Zumbach/Maresch 2010).

Im Anschluss an eine kurze Übersicht zentraler Ergebnisse bisheriger kritischer Geschlechterforschung in und zu Biologie werden daher erste Vorschläge für nichtsexistische Repräsentationsweisen, ein inhaltlich verändertes Fachcurriculum bzw. neue Vermittlungsmethoden im Unterricht entwickelt, an die künftige Biologiedidaktiken in enger Zusammenarbeit mit der Genderforschung anknüpfen könnten. Eine gendertheoretisch informierte Biologiedidaktik ist allerdings mit profunden epistemologischen Herausforderungen konfrontiert, die bei der Umgestaltung des Biologieunterrichts bedacht werden müssten und daher in einer kurzen Skizze erläutert und den Vorschlägen vorangestellt werden.

6.2 Die kritische Geschlechterforschung in und zu Biologie

6.2.1 Kritische Geschlechterforschung *in* der Biologie

Schon die ersten Publikationen einer kritischen Geschlechterforschung in der Biologie in den 1970er Jahren eröffneten mit ihren sexismus- bzw. androzentrismuskritischen Perspektiven auf die biologischen Fachinhalte reflexive Dimensionen jenseits einer bloßen Kritik an einer mangelnden Geschlechteregalität in den fachspezifischen Personalbeständen (vgl. Hubbard et al. 1979; Hubbart et al. 1982), die in den folgenden Jahrzehnten umfangreich ausgebaut und differenziert wurden.

Dieser zentrale Strang der Geschlechterforschung *innerhalb der Biologie* war und ist darauf gerichtet, über eine fundierte Methodenkritik und -verbesserung eine größere Seriosität und Validität biologischer Forschungsergebnisse und Theorien zu erreichen. Viele bisherige biologische Theorien zeigten nämlich eine auffällige Tendenz zu geschlechterstereotypen Lesarten geschlechtsspezifischer biologischer Eigenschaften und Differenzen und lieferten damit keine fundierten Einsichten in die Biologie der Geschlechter, sondern verwiesen eher auf den vorherrschenden gesellschaftlichen Geschlechterbias, der unbemerkt auch und gerade in den empirischen Forschungsvorgang eines naturwissenschaftlichen Faches einflösse (vgl. z. B. Bleier 1986; Tuana 1989; Hubbard 1990; Birke 1999; Fausto-Sterling 2000; Rosser 2008; Fisher 2011 u. v. a. m.).

Diese und viele weitere Studien haben akribische Untersuchungen darüber angestellt, in welcher Weise und auf welchen Ebenen des naturwissenschaftlichen Forschungsprozesses Geschlechterideologien in naturwissenschaftliche Theorien eingearbeitet worden sind. Dies geschehe beispielsweise schon durch eine inadäquate Gegenstandswahl bzw.

6 Grundlagen und Visionen einer genderreflexiven Biologiedidaktik

fehlerhafte Stichprobenauswahl oder auch eine einseitige Formulierung des Erkenntnisinteresses, des Weiteren durch eine mangelhafte Datenerhebung und -aufbereitung und schließlich vor allem durch unangemessene bzw. unbegründete Schlussfolgerungen und Hypothesenbildungen bzw. falsche Universalisierungen und voreilige Ableitungen.

Beispielsweise zeigen Rebecca Jordan-Young oder auch Cordelia Fine in ihren jeweiligen umfangreichen Metastudien ausführlich, welche widersprüchlichen Ergebnisse große Teile der Gehirnforschung zur Geschlechterdifferenz und zur sexuellen Orientierung hervorbringen und welche tiefgreifenden methodischen Fehler bei der Ursachenanalyse und Erklärung festgestellter Geschlechterdifferenzen auftreten (Jordan-Young 2010; Fine 2010). Dies beträfe insbesondere auch, so beispielsweise Jordan-Young, die Behauptung, dass pränatale Hormondifferenzen bei männlichen und weiblichen Embryos zu geschlechterdifferenten Gehirnen führten, für die sie bisher nur korrelationsgestützte Vermutungen, aber keine kausalen Belege in den über 400 von ihr ausgewerteten Studien fände.

Allein die Bezeichnung *Sexualhormone* und deren Aufspaltung in weibliche und männliche Hormone (Östrogene und Androgene) sei schon, so ergänzend Bonnie Spanier, problematisch, da sie verdecken würde, dass beide Hormongruppen in beiden Geschlechtern aufgefunden worden seien, ineinander umwandelbar seien und viele weitere Funktionen jenseits von Sexualität und Reproduktion ausübten (Spanier 1995). Durch die inkorrekte Terminologie entstehe der falsche Eindruck einer scharf geschiedenen molekularbiologisch fundierten Geschlechterdifferenz (vgl. auch schon Bleier 1984, Fausto-Sterling 1985).

Andere Studien, die sich mit dem räumlichen Vorstellungsvermögen beschäftigen, das durch populärwissenschaftliche Berichte über die evolutiven Wurzeln eines geschlechtsspezifischen Einpark- und Orientierungsvermögens ins Interesse der Öffentlichkeit gerückt ist, analysieren den Einfluss der Testbedingungen auf diesbezügliche Forschungsergebnisse. Sie können dabei herausstellen, dass die Ergebnisse von Tests zu räumlichem Vorstellungsvermögen in Abhängigkeit vom Testfaktor, vom Testdesign, vom Erfahrungshintergrund der Testpersonen und vom kulturellen und sozialen Kontext stehen und daher nicht einheitlich sind. Beispielsweise ergibt ein Test zum gedanklichen Rotieren vorgegebener Objekte völlig unterschiedliche Ergebnisse (starke, schwache oder gar keine Geschlechterdifferenzen), je nachdem, ob er mit oder ohne Zeitdruck bzw. mit Schwarz-Weiß-Figuren oder farblichen Figuren durchgeführt wird, ob er als allgemeiner Intelligenztest oder als Test für räumliches Denken angekündigt wird, mit trainierten oder untrainierten Testpersonen abläuft und schließlich in welchem Land und unter welchen kulturellen und sozialen Bedingungen er ausgeführt wird (vgl. Palm 2011). Werde der Einfluss der Testbedingungen oder auch der Kontext der Versuchspersonen nicht sorgfältig in der Interpretation der Ergebnisse von Verhaltens- und Befähigungstests berücksichtigt, komme es zu biologistisch verkürzten und wissenschaftlich zweifelhaften Schlussfolgerungen, wie nicht nur verschiedene Bestseller aus dem pop-biologischen Bereich (z. B. Miller 2001; Baron-Cohen 2004; Pease/Pease 2005; Grammer 2005; Brizendine 2007), sondern auch einschlägige Lehrbücher der Biologie (z. B. Buss 2004) zeigten.

Eine Fülle von Studien bezieht sich des Weiteren auf Projektionen von Aktiv-Passiv- und Superioritäts-Inferioritäts- bzw. Positiv-Negativschemata auf geschlechterbezogene

Beschreibungen verschiedener biologischer Prozesse. Die Primatologin Linda Fedigan bemerkt beispielsweise, dass die sexuelle physische Differenzierung oftmals als ein passiver Prozess bei der Entwicklung eines weiblichen Organismus beschrieben werde, der quasi automatisch ablaufe, aber als ein aktiver Prozess bei der Entwicklung eines männlichen Organismus aufgrund des zusätzlich nötigen Einflusses von androgenen Hormonen, "giving the unwary reader the impression that 'passive' and 'active' are empirical categories instead of metaphors of personal and social stereotype" (Fedigan 1992, S. 24). Die Entwicklungsbiologinnen Eva Eicher und Linda Washburn können zusätzlich durch eigene Arbeiten die Vorstellung von einer automatisch ablaufenden weiblichen Entwicklung in Frage stellen, indem sie zeigen, dass auch diese aktiv gestaltender Faktoren bedürfe und nicht ,einfach so' stattfinde (vgl. Eicher/Washburn 1986). Geschlechtsspezifische Aktiv-Passiv-Zuschreibungen fänden sich aber vor allem auch, so Fedigan weiter, in den Beschreibungen von Verhaltensweisen, bei denen die Männchen beispielsweise als 'responsive to something', die Weibchen jedoch als 'dependent of something' dargestellt würden. Die Molekularbiologin Bonnie Spanier stellt in ihrer Metastudie zu Geschlechterideologien im mikro-, zell- und molekularbiologischen Bereich dar, dass sich diese Projektionen auch auf vergeschlechtlichende Beschreibungen von Zellen, Makromolekülen und genetischen Prozessen erstrecken (Spanier 1995).

Solche Naturalisierungen von gesellschaftlichen Ordnungen haben aufgrund der historisch entstandenen großen Wissensautorität und Glaubwürdigkeit der Naturwissenschaften besonders tief greifende beschränkende Auswirkungen auf die Geschlechteridentitäten und damit verbundene soziale Strukturierungen und gesellschaftliche Partizipationen. Diese Konsequenzen stehen einer offenen Entwicklung und Ermöglichung vielfältiger Geschlechteridentitäten ebenso entgegen wie einer geschlechteregalitären demokratischen Partizipation an verschiedenen gesellschaftlichen Gestaltungsbereichen.

Wie ein neuer wissenschaftlich fundierter und nicht sexistischer Wissensbestand einer Biologie der Geschlechter entwickelt werden könnte, haben inzwischen ebenfalls zahlreiche Forschungsprojekte gezeigt. Beispielsweise ist die evolutionstheoretische Kognitionstheorie, die besagt, dass durch unterschiedliche Tätigkeitsfelder der Urfrauen und -männer als Sammlerinnen und Jäger geschlechtsspezifische Fähigkeiten selektiv begünstigt wurden, die bis heute im genetischen Programm der Geschlechter verankert seien, umfassend überarbeitet worden. Die Archäologin Linda Owen wie auch verschiedene andere Studien haben ausführlich dargelegt, dass es keinesfalls geklärt sei, ob und welche geschlechtsspezifischen Arbeitsteilungen es im Pleistozän gegeben habe (Strum/Fedigan 2002; Owen 2005). Die seit den 1960er Jahren geläufige Man-the-Hunter-Theorie (vgl. Lee/DeVore 1968), derzufolge die Männer auf die Jagd gingen und die Frauen ,zu Hause' blieben und sich um die Kinder und das Beerensammeln in Höhlennähe kümmerten, sei wohl eher eine Projektion des männlichen Ernährermodells auf urzeitliche Bedingungen und entbehre wissenschaftlicher Beweise. Die bisherigen archäologischen Fundstücke legten eher nahe, dass Frauen und Männer gemeinsam auf die Jagd gingen, sowohl Frauen als auch Männer die Kinder versorgten und das von allen betriebene Sammeln von pflanzlicher Nahrung bzw. das Erlegen von Kleintieren die Hauptgrundlage der Ernährung darstellte.

6 Grundlagen und Visionen einer genderreflexiven Biologiedidaktik

Außerdem sei völlig unklar, ob überhaupt und welche kognitiven Fähigkeiten vererbt werden und wieso solche Fähigkeiten dann Geschlechter gebunden und nicht vielmehr Geschlechter übergreifend weitergegeben werden sollten. Als plausibler, da besser kausal belegbar als die These von der Vererbung kognitiver Geschlechterrollen wird inzwischen die Hirnplastizitätstheorie gewertet. Diese besagt, dass das menschliche Gehirn bei der Geburt nicht schon festgelegt ist, sondern sich vielmehr durch Erfahrung erst funktional und auch anatomisch entwickelt. Jede Messung der anatomischen und funktionalen Unterschiede von Gehirnen stelle somit eine bloße Momentaufnahme dar, dokumentiere also das temporäre Ergebnis bisheriger biologischer und erfahrungsabhängiger Entwicklungen und sei keine Beschreibung eines dauerhaften Status (vgl. Jäncke 2009; Hausmann 2009). Ob kognitive Fähigkeiten aufgrund von gesellschaftlichen Möglichkeiten oder Beschränkungen gefördert wurden oder eher verkümmerten, stellen in diesem Zusammenhang wichtige Faktoren dar um gemeinsam mit physiologischen und anatomischen Dispositionen die Gehirnentwicklung angemessen zu erklären.

Nicht nur für die Gehirnentwicklung, sondern auch für andere Entwicklungsbereiche liegen inzwischen solche multidisziplinären Betrachtungsweisen geschlechtlicher Körper vor, in denen soziale und biologische Prozesse wechselseitig aufeinander bezogen sind. Insbesondere die amerikanische Biologin Anne Fausto-Sterling hat in umfangreichen Metastudien komplexe geschlechterbezogene Beschreibungen verschiedener körperlicher Entwicklungsvorgänge geliefert, aus denen deutlich wird, in welcher Weise ein biologischer Körper durch sozial zugewiesene Körperpraktiken seine Eigenschaften gewinnt und damit soziale Strukturen gewissermaßen physiologisch und anatomisch verkörpert (Embodimentansatz, Fausto-Sterling 2000). In neueren Studien betrachtet sie die Entwicklung menschlicher Knochen, deren sehr unterschiedliche Konstitutionen sie auf individuelle und gruppenspezifische Lebensläufe bezieht, so dass sie ein komplexes Gender-, Race- und Class-strukturiertes Muster verkörperter Sozialitäten in Bezug auf biographische und historische Entstehungskontexte rekonstruieren kann (Fausto-Sterling 2005, 2008).

Die Bearbeitung solcher komplexer Entwicklungsvorgänge ist letztlich nur über eine interdisziplinäre Kooperation zwischen biologischer und gesellschaftswissenschaftlicher Kausalforschung möglich, bei der die genetischen Dispositionen und die physiologische Plastizität des Körpers in ihren komplexen Wechselwirkungen mit gesellschaftlichen Trainings-, Lern- und Konditionierungsprozessen betrachtet werden müssen.

6.2.2 Genderforschung *zu* Biologie

Während die dargestellte kritische Geschlechterforschung *in* der Biologie auf eine angemessene Beschreibung von Geschlechtskörpern zielt und dabei ihre theoretischen und methodischen Interventionen auf der Ebene der naturwissenschaftlichen Kausalanalyse platziert, operiert die sozial- bzw. kulturwissenschaftliche Genderforschung *zu* Biologie als Teil der interdisziplinären Wissenschaftsforschung auf der metatheoretischen Reflexionsebene. Sie unterzieht die biologische Theoriebildung und Praxis einer epistemologischen und historischen Analyse, um die bedeutungzuweisenden Prozesse bei der Entstehung von Körpertheorien in ihrem Zusammenhang mit gesellschaftlichen Machtverhältnissen kenntlich zu machen (vgl. Palm 2010).

Verschiedene historische Studien beschreiben beispielsweise die zentrale Rolle der frühen Biologie bei der Herausbildung einer neuen bürgerlichen Ordnung der Geschlechter, die darin bestand, Ende des 18. Jahrhunderts im Lichte der neuen biologischen Organismustheorie eine rigorose psycho-physiologische Differenz zwischen den Geschlechtern direkt an den Körpern abzulesen und als Naturbasis für die geschlechtsspezifische Arbeitsteilung bereitzustellen (Honegger 1996; Schiebinger 1993; Laqueur 1996; Jordanova 1999). Für das ausgehende 19. Jahrhundert steht dann die von Charles Darwin mit den Geschlechterrollen des viktorianischen England ausgestattete Evolutionstheorie im Zentrum vieler genderhistorischer Betrachtungen (z. B. Hubbard 1989; Jordanova 1989; Russet 1991) ebenso wie die daran anknüpfenden bis heute aktuellen soziobiologischen Projektionen der Geschlechterordnung der industrialisierten westlichen Welt in die Struktur der menschlichen Urhorde (z. B. Haraway 1989).

Durch die umfassende Kontextualisierung und Historisierung der Biologie durch diese und sehr viele andere Studien wird auch die naturwissenschaftliche Forschung als eine soziale Aktivität und Kulturleistung beschrieben, deren Naturinterpretationen auf historischen Deutungsperspektiven und Experimentalpraktiken und nicht zuletzt gesellschaftlichen Interessen und Machtverhältnissen beruhen. Die Theorien der Biologie erscheinen auf diese Weise nicht einfach als ehernes Abbild von Realität, sondern als gleichermaßen kreative wie machtabhängige Produkte menschlicher Selbst- und Weltversicherung im historischen Wandel, die zudem in umfangreiche politische und ökonomische Verwertungslogiken eingebunden sind.

In diesem Verständnis verkündet auch die Biologie der Geschlechter keine festliegenden Körperschicksale, sondern stellt einen verhandelbaren immer vorläufigen Wissensbestand über Geschlechterkörper zur Verfügung, der in einem verantwortungsvollen, reflexiven und partizipativen Forschungsprozess stets von neuem überprüft und verändert werden kann und muss.

6.3 Epistemologische Herausforderungen einer gendertheoretisch informierten Fachdidaktik

Wurde zu Beginn die Vermutung ausgesprochen, die ausgeglichene Geschlechterparität im Personalbestand der Biologielernenden in Schule und Studium könnte *ein* Grund für die mangelnden Bemühungen um eine gendertheoretisch informierte Fachdidaktik sein, soll im Anschluss an die Darstellung der kritischen Geschlechterforschung in und zu Biologie hypothetisch eine weitere und wesentlich tief greifendere Ursache erwogen werden. Sie betrifft das weit verbreitete epistemologische Selbstverständnis der Biologie als einer objektiven Naturwissenschaft, die seit ihrer Entstehung im 18. Jahrhundert als eigenständiger Wissenschaft vom Leben immer exakteres empirisches Tatsachenwissen über geschlechtliche Körper und sexuelle Vorgänge bereitgestellt habe. Der beständige wissenschaftliche Fortschritt hänge dabei allein von den methodischen Fortschritten sowie der Überwindung irrationaler Naturverständnisse ab und erreiche mit dem heutigen Stand ein Höchstmaß an Wertfreiheit und Objektivität.

Eine Biologiedidaktik auf der Grundlage dieses Selbstbildes richtet sich folgerichtig daran aus, den aktuellen nicht gendertheoretisch reflektierten Wissensbestand der Biologie als Lehrende unhinterfragt zu übernehmen und effektiv als gefestigtes Tatsachenwissen an die Lernenden weiterzugeben. Die in diesem Rahmen formulierten biologischen Geschlechtertheorien können dabei als besonders plausibel erscheinen, da sie gut zu den alltagsweltlichen Erwartungen und Erfahrungen passen. In diesem Sinne stellt beispielsweise die Biologiedidaktikerin Karla Etschenberg fest: „Im Bereich der wissenschaftlichen Beschäftigung mit dem Menschen bzw. mit der Geschlechterfrage hat sich in der Biologie ein aktueller Erkenntnisstand ergeben, der sich mit den genannten Werten [Gleichberechtigung, Gewaltfreiheit, Selbstbestimmung, Toleranz, K. P.] widerspruchslos verbinden lässt. Es sind die derzeit geltenden Erkenntnisse aus der Embryologie und Genetik und die zum Teil zwar umstrittenen, aber doch sehr plausiblen Interpretationsansätze bezüglich des Geschlechterverhältnisses bzw. der Geschlechterrollen aus der Evolutions- und Soziobiologie. Auf jeden Fall liefert das Wissen aus der Biologie ein rational begründetes Gegengewicht zu der Sichtweise vom Geschlechtsunterschied und dem Geschlechterverhältnis, die seit Jahrhunderten in unserer Kultur gültig und als prägendes Element bei der gesellschaftlichen Ausformung der Geschlechterbeziehungen wirksam ist [sie meint die christliche Geschlechterlehre, K. P.]". (Etschenberg 1998, S. 119; vgl. für eine unkritische Empfehlung von Referenzen mit sexistischen Theorien auch Staeck 2009).

Im Rahmen dieses Selbstverständnisses gibt es keine Veranlassung, sich auf die Suche nach inhalts- und methodenkritischen Ansätzen zu machen, wie sie die kritische Geschlechterforschung in und zu Biologie und andere naturwissenschaftsreflektierende Forschungsbereiche zur Verfügung stellen. Die auffällige Abwesenheit gendertheoretischer Impulse in der Biologiedidaktik könnte also, so meine These, vor allem auch bedingt sein durch ein positivistisches Wissenschaftsverständnis und ein damit verbundenes naives Vertrauen in die naturwissenschaftliche Methode bzw. die Annahme einer völligen Kontextfreiheit naturwissenschaftlichen Wissens, so dass kritische Ansätze zu einem androzentrischen Bias der Biologie oder zu kontextspezifischen Einflüssen auf die biologische Theoriebildung gar nicht erst in den Blick geraten.

Der Physikdidaktiker Dietmar Höttecke beschreibt treffend die Folgen eines solchen Wissenschaftsverständnisses: „Das Ergebnis sind Mythen über Naturwissenschaft: Wissen erscheint als unveränderlich und wahr, anstatt als von Menschen in einem historischen Prozess hergestellt und kontingent." (Höttecke 2001, S. 7). Damit werde eine unmündige und dogmatisierende Wissenschaftsgläubigkeit befördert und letztlich demokratische Prozesse eines partizipativen Wissensbildungsprozesses verhindert. Diese Auffassung von Naturwissenschaft schlage sich nicht nur in den naturwissenschaftlichen Lehrbüchern nieder, sondern, so Höttecke weiter, auch in der Praxis der im Unterricht durchgeführten Experimente. Diese seien so angelegt, dass sie quasi zwingend von einer Forschungsfrage zu *einer* richtigen Antwort führen sollen. Es entstehe dadurch der Eindruck, als sei naturwissenschaftliche Praxis ein bloßes Ablesen von eindeutigen Naturgesetzen aus der Natur ohne jegliche kreativen Interpretationsprozesse (Höttecke 2001, S. 53 f.).

Um dieses mythische Wissenschaftsverständnis und die wissenschaftliche Unmündigkeit der Lernenden zu überwinden, müsse eine Reflexionsebene in den naturwissenschaftlichen Unterricht eingezogen, d. h. sowohl historische, soziale, gesellschaftspolitische, ökonomische und kulturelle Entstehungsbedingungen und Verwertungszusammenhänge von Naturwissenschaften als auch die durch interne und externe Faktoren bedingte Prozesshaftigkeit naturwissenschaftlichen Wissensgewinns thematisiert werden. Naturwissenschaftliche Wissensbildung sei letztlich als ein komplexer Prozess zu vermitteln, der nicht nur durch Logik und Rationalität, sondern vor allem auch Phantasie, Intuition, handwerkliche Fähigkeiten, Kreativität, Mut, Neugier und kommunikatives Geschick angetrieben würde, der aber zugleich auch begrenzt und gelenkt ist durch ökonomische und soziale Zwänge sowie industrielle Interessen und nicht zuletzt Weltbilder und kollektive Überzeugungen (Höttecke 2001, S. 67 ff.).

Diese auf Physik bezogenen Einschätzungen zur positivistischen Naturwissenschaftsauffassung und die daraus entwickelten Konsequenzen lassen sich meines Erachtens gut auf die Biologie und ihre Didaktik übertragen. Anders als für das Fach Physik, das mit ihrer gendertheoretisch informierten Fachdidaktik auf die asymmetrische geschlechtsspezifische Interessenlage der Lernenden reagiert und das Image von Physik als ‚Jungsfach' durch neue Vermittlungsweisen und neue positivismuskritische Fachverständnisse überwinden will, müsste es einer gendertheoretisch informierten Biologiedidaktik auf der Grundlage dieses aufgeklärten, reflexiven Wissenschaftsbegriffs vor allem um veränderte nichtsexistische und nichtrassistische Fachinhalte gehen.

6.4   Vorschläge für eine genderinformierte Fachdidaktik der Biologie

Vor dem Hintergrund des dargestellten Forschungsstandes der Genderforschung der Naturwissenschaften und der epistemologischen Herausforderungen an ein neues reflexives Biologieverständnis können verschiedene Konsequenzen für eine gendertheoretisch informierte Biologiedidaktik formuliert werden, die gut an die in vielen Biologiedidaktiken angegebenen Ziele des Biologieunterrichtes wie Problembewusstsein, Werteverbundenheit, Toleranz, gesellschaftliches Verantwortungsbewusstsein, Demokratiefähigkeit und schließlich Befähigung zu interdisziplinärem Denken anschließen. Es ist dabei hervorzuheben, dass die Entwicklung eines kritischen Bewusstseins über Forschungsziele, -heuristiken und -prozesse und den epistemologischen Status der Forschungsergebnisse sowie die historische und soziale Kontingenz auch naturwissenschaftlichen Wissens in keinem Widerspruch zum effektiven Lehren und Lernen aktueller naturwissenschaftlicher Begriffe und Konzepte steht. Wie inzwischen die Evaluation verschiedener Modellprojekte (in Physik und Chemie) gezeigt haben, entwickeln die Lernenden durch die Einsicht in die Entstehungsprozesse und gesellschaftlichen Bedingtheiten naturwissenschaftlichen Wissens einen intensiveren Bezug zu diesem Wissen, d. h. ein nachhaltigeres und reflektierteres Verständnis von den naturwissenschaftlichen Theorien und Konzepten sowie eine stärkere Eigenverantwortung als Wissensträgerinnen und -träger (vgl. viele Evaluationsstudien z. B. in den Zeitschriften *Journal of Research in Science Teaching* sowie *Science & Education*).

Für die Biologiedidaktik sollen abschließend folgende erste Maßnahmen für eine gendertheoretisch informierte Reformierung vorgeschlagen werden:

1. Die Inhalte in den Lehrbüchern für den Biologieunterricht und auch der Biologiedidaktik sind auf Geschlechterideologien hin zu überprüfen und gemäß dem Forschungsstand der Gender Studies umfassend zu überarbeiten. Da für diese Revision der Lehrmaterialien Wissensbestände der Biologie, der Gender Studies und der Biologiedidaktik vonnöten sind, kann dieses Vorhaben nur durch eine interdisziplinäre Zusammenarbeit von Fachrepräsentantinnen und -repräsentanten dieser drei Bereiche gelingen (beispielsweise in Form umfassender Revisionsprojekte). Ein erstes Beispiel für eine umfassende gendertheoretisch geleitete Revision von Biologielehrbüchern in Bezug auf die Darstellung von Hormonen liefern Nelm und Young 2008, erste Hinweise auf kritische Veränderungen von entwicklungsbiologischen Inhalten bietet Small 1998, eine egalitäre Repräsentation von sexueller Orientierung in Lehrbüchern entwickeln Snyder und Broadway 2004 und Möglichkeiten für die Unterrichtung des Embodimentkonzeptes schlagen Forissier und Clément 2003 vor.

2. Die neuen Darstellungen biologischer Inhalte sind in einer gendergerechten Sprache und Abbildungsgestaltung zu verfassen, bei der beide Geschlechter gleichermaßen häufig und in nicht stereotyper Weise, d. h. also mit großer physiognomischer Varianz und vielfältigen Kompetenzen versehen repräsentiert werden. Diese Darstellungsweise ist nicht nur auf Lernende und Lehrende zu beziehen, sondern auch auf humanbiologische Repräsentationen des menschlichen Körpers.

3. Die geschlechtergerechte Repräsentation betrifft auch die angemessene Erwähnung weiblicher Forscherinnen, die in der Biologiegeschichte und im aktuellen Forschungskontext bedeutende Beiträge zur biologischen Theoriendynamik beigetragen haben und oft verschwiegen wurden (beispielsweise der Beitrag Rosalind Franklins zur Formulierung des DNS-Doppelhelix-Modells u. v. a. m.). Im Sinne der kritischen Biographieforschung kann es dabei nicht um neue Hagiographien mit eindrucksvollen Heldinnenverklärungen gehen. Vielmehr sind auf der Grundlage der umfangreichen Ergebnisse der gendertheoretisch informierten Biographieforschung Biologinnen und Biologen mit ihren Beiträgen in ihren gesellschaftlichen Kontexten darzustellen, so dass die geschlechtsspezifisch wirkenden strukturellen Möglichkeiten und Grenzen wissenschaftlicher Laufbahnen ebenso sichtbar werden wie kulturelle und soziale Einflüsse auf die Theoriebildung. Damit können nicht nur Vorbilder für alle geschaffen und ein realistisches Bild von den naturwissenschaftlichen Arbeitsbedingungen vermittelt, sondern auch die idealisierte Vorstellung von einem übermenschlichen (männlichen) Forscher bzw. der Figur des weltfremden 'mad scientist' überwunden werden.

4. Insgesamt sollte eine gendertheoretisch informierte Biologiedidaktik profitieren von den Diskussionen und Vorschlägen der im anglophonen Raum schon etablierten Curriculumsreformbewegung STS sowie den dort entwickelten und teilweise schon erprobten NOS- und HPS-Programmen.

Ziel des seit den 1960er Jahren diskutierten STS-Curriculums (STS = Science Technology Society, nicht zu verwechseln mit dem akademischen Forschungsbereich STS = Science & Technology Studies, dessen Ergebnisse die Reformbewegung allerdings nutzt) ist eine 'scientific literacy', also eine naturwissenschaftliche Allgemeinbildung, die alle Lernenden befähigen soll, in gesellschaftlicher Verantwortung mit naturwissenschaftlichem Wissen umzugehen. Dazu sind im Unterricht nicht nur naturwissenschaftliches Wissen zu vermitteln, sondern ebenso kritische Urteilsfähigkeit gegenüber den Wertsetzungen naturwissenschaftlicher Forschung, wissenschaftstheoretische und -soziologische Kompetenz sowie Anwendungs- und Partizipationskompetenz in gesellschaftlichen Prozessen einzuüben (vgl. Yager 1990; Solomon/Aikenhead 1994 u. v. a. m.). Dieser Ansatz dient inzwischen auch dazu, rassismus- bzw. kolonialismuskritische Elemente in den naturwissenschaftlichen Unterricht einzufügen (vgl. Carter 2004; Matthews 2009; Baptista/El-Hani 2009; Arteaga/El-Hani 2011).

Das STS-Curriculum wird ergänzt bzw. überschneidet sich stark mit Vorschlägen zu einer NOS-Reform des naturwissenschaftlichen Unterrichts (NOS = Nature of Science, Geartetheit von Naturwissenschaft), d. h. der Vermittlung der konkreten und komplexen Vorgänge beim naturwissenschaftlichen Wissenserwerb, die in der konventionellen Naturwissenschaftsdarstellung durch idealisierende 'Black-Boxing'-Prozesse (Latour & Woolgar 1986, S. 242) verdeckt werden (vgl. Übersichten und Bibliographien von Abd-El-Khalick/Lederman 2000; Bell et al. 2001; Abell/Lederman 2008; Hofheinz 2008 sowie eine anschauliche Sammlung historischer Fallstudien für den naturwissenschaftlichen Unterricht in Allchin 2011).

Ebenso betrifft dies die umfassenden Empfehlungen der 1987 gegründeten International History, Philosophy and Science (HPS) Teaching Group, die den Anspruch hat, eine durch Geschichte, Philosophie und Wissenschaftssoziologie informierte naturwissenschaftliche Forschung sowie Naturwissenschaftsdidaktik zu unterstützen (vgl. dazu ihre Homepage mit umfangreichem Informationsmaterial: http://ihpst.net/).

Sowohl die STS- als auch die NOS- und die HPS-Programme bieten zahlreiche Anknüpfungspunkte für eine Einarbeitung der oben dargestellten geschlechtertheoretischen Erkenntnisse, die bisher auch hier noch nahezu unberücksichtigt geblieben sind. Es wird die Aufgabe weiterer Revisionsprojekte sein, nicht nur die zukünftigen Biologiedidaktiken im Sinne eines reflexiven Biologieverständnisses ganz neu zu gestalten, sondern letztlich die gesamte Ausbildung der Biologielehrenden auf eine reflexive, nicht-mystifizierende Umgangsweise mit ihrem Unterrichtsfach hin auszurichten.

5. Es gibt inzwischen viele Vorschläge auch für eine neue Experimentalpraxis im naturwissenschaftlichen Unterricht, die den Reflexionsansprüchen eines NOS- und damit potenziell auch genderinformierten Curriculums entsprechen. Die wiederum bisher

fast ausschließlich auf Physik und Chemie bezogenen heterogenen Ansätze zielen in verschiedener Weise darauf ab, ein Experiment nicht mehr als Eine-Frage – Eine-Antwort – Ritual mit vorgegebenem Ablauf und Ergebnis, sondern vielmehr als problembezogene Praxis mit (mehr oder weniger) offenem Ausgang durchführen zu lassen. Viele Ansätze enthalten außerdem den Vorschlag, die Schülerinnen und Schüler individuelle Deutungsperspektiven formulieren und dann in einem Verhandlungsprozess einen Konsens aushandeln zu lassen. Der letzte Schritt enthielte dann die gemeinsame wissenschaftstheoretisch angeleitete Reflexion aller methodischen Schritte, von der Festlegung einer konkreten Forschungsfrage über die Auswahl der Forschungsobjekte und die Gestaltung des Forschungsdesigns bis schließlich zur Messung/Beobachtung, Auswertung, Interpretation und Konsensfindung. Die Lernenden sollen dabei darauf aufmerksam gemacht werden, dass es eine von ihren eigenen Vorverständnissen und affektiven Neigungen abhängige Pluralität des experimentellen Verlaufs und der Deutungsperspektiven geben könnte und das Aushandeln und die Rechtfertigung eines Deutungskonsenses unter Umständen zu mehreren nebeneinander bestehenden alternativen Theorievorschlägen führen kann (vgl. kommentierte Ansätze in Höttecke 2001 bzw. die Literaturhinweise zum NOS-Ansatz). Dieses Verfahren kann durch eine Beschäftigung mit historischen und aktuellen Deutungskontroversen innerhalb der Naturwissenschaften unterstützt und veranschaulicht werden.

Literatur

Abd-El-Khalick, Fouad/Lederman, Norman G. (2000): Improving Science Teachers' Conceptions of the Nature of Science: A critical Review of the Literature. In: International Journal of Science Education 22, S. 665–701.

Abell, Sandra K./Lederman, Norman G. (Hrsg.) (2008): Handbook of Research in Science Education. New York: Routledge.

Allchin, Douglas (2011): The Minnesota Case Study Collection: New Historical Inquiry Case Studies for Nature of Science Education. In: Science & Education, DOI 10.1007/s11191-011-9368-x.

Arteaga, Juan M. S./El-Hani, Charbel N. (2011): Othering Processes and STS Curricula: From Nineteenth Century Scientific Discourse on Interracial Competition and Racial Extinction to Othering in Biomedical Technosciences. In: Science & Education, DOI 10.1007/s11191-011-9384-x.

Baptista, Geilsa C. S./El-Hani, Charbel N. (2009): The Contribution of Ethnobiology to the Construction of a Dialogue Between Ways of Knowing: A Case Study in a Brazilian Public High School. In: Science & Education, DOI 10.1007/s11191-008-9173-3.

Baron-Cohen, Simon (2004): Vom ersten Tag an anders. Das weibliche und das männliche Gehirn. Düsseldorf, Zürich: Walter.

Bell, Randy/Abd-El-Khalick, Fouad/Lederman, Norman G./McComas, William F./Matthews, Michael R. (2001): The Nature of Science and Science Education: A Bibliography. In: Science & Education 10, S. 187–204.

Berck, Karl-Heinz/Graf, Dittmar (2010): Biologiedidaktik. Grundlagen und Methoden. 4. Auflage. Wiebelsheim: Quelle & Meyer.

Birke, Lynda (1999): Feminism and the biological Body. Edinburgh: Edinburgh University Press.

Bleier, Ruth (1984): Science and Gender. A Critique of Biology and its Theories on Women. New York: Pergamon Press.

Bleier, Ruth (Hrsg.) (1986): Feminist Approaches to Science. New York: Pergamon Press.

Brizendine, Louann (2007): Das weibliche Gehirn. Warum Frauen anders sind als Männer. Hamburg: Hoffman und Campe.

Buss, David (2004): Evolutionäre Psychologie. 2. Auflage. München: Pearson.

Carter, Lyn (2004): Thinking differently about cultural diversity: Using postcolonial theory to (re) read science education. In: Science Education 88 (6), S. 819–836.

Eicher, Eva/Washburn, Linda L. (1986): Genetic Control of primary Sex Determination in Mice. In: Annual Review of Genetics 20, S. 327–360.

Etschenberg, Karla (1998): Der „kleine" Unterschied – und was bei seiner Thematisierung im Unterricht zu bedenken ist. In: Bayrhuber, Horst et al. (Hrsg.): Biologie und Bildung. Kiel: Institut für die Pädagogik der Naturwissenschaften, S. 117–121.

Fausto-Sterling, Anne (1985): Gefangene des Geschlechts? Was biologische Theorien über Mann und Frau sagen. München, Zürich: Piper.

Fausto-Sterling, Anne (2000): Sexing the Body. Gender Politics and the Construction of Sexuality. New York: Basic Books.

Fausto-Sterling, Anne (2005): The bare bones of sex: Part 1 – Sex and Gender. In: Signs – Journal of Women in Culture and Society 30 (2), S. 1491–1527.

Fausto-Sterling, Anne (2008): The bare bones of race. In: Social Studies of Science 38(5), S. 657–694.

Fedigan, Linda (1992): Primate Paradigms – Sex Roles and Social Bonds. 2. Auflage. Chicago, London: University of Chicago Press.

Fine, Cornelia (2010): Delusions of gender. How our Minds, Society and Neurosexism create Difference. New York: Norton & Company.

Fisher, Jill (Hrsg.) (2011): Gender and the Science of Difference: Cultural Politics of Contemporary Science and Medicine. New Jersey: Rutgers University Press.

Forissier, Thomas/Clément, Pierre (2003): Teaching 'Biological Identity' as Genome/Environment Interactions. In: Journal of Biological Education 37 (2), S. 85–90.

Grammer, Karl (2005): Signale der Liebe. Die biologischen Gesetze der Partnerschaft. München: DTV.

Gropengießer, Harald/Kattmann, Ulrich/Krüger, Dirk (2010): Biologiedidaktik in Übersichten. Köln: Aulis.

Haraway, Donna (1989): Primate Visions. Gender, Race and Nature in the World of Modern Science. New York, London: Routledge.

Hausmann, Markus (2009): Kognitive Geschlechtsunterschiede. In: Lautenbacher, Stefan/Güntürkün, Onur/ders. (Hrsg): Gehirn und Geschlecht. Neurowissenschaft des kleinen Unterschieds zwischen Mann und Frau. Berlin: Springer, S. 106–123.

Hofheinz, Volker (2008): Erwerb von Wissen über „Nature of Science". Eine Fallstudie zum Potential impliziter Aneignungsprozesse in geöffneten Lehr-Lern-Arrangements am Beispiel von Chemieunterricht. Dissertation Universität Siegen, Online http://deposit.d-nb.de/cgi-bin/dokserv?idn=989849716, 24.1.2012.

Honegger, Claudia (1996): Die Ordnung der Geschlechter. Die Wissenschaften vom Menschen und das Weib 1750–1850. München: Deutscher Taschenbuch Verlag.

Höttecke, Dietmar (2001): Die Natur der Naturwissenschaften historisch verstehen. Fachdidaktische und wissenschaftshistorische Untersuchungen. Berlin: Logos.

Hubbard, Ruth (1989): Hat die Evolution die Frauen übersehen? In: List, Elisabeth/Studer, Herlinde (Hrsg.): Denkverhältnisse. Feminismus und Kritik. Frankfurt a. M.: Suhrkamp.

Hubbard, Ruth (1990): The Politics of Women's Biology. New Brunswick, London: Rutgers University Press.

Hubbard, Ruth/Henifin, Mary S./Fried, Barbara (Hrsg.) (1979): Women look at Biology looking at Women. A Collection of feminist Critiques. Cambridge/Massachusetts: Schenkman Publishing Co.

6 Grundlagen und Visionen einer genderreflexiven Biologiedidaktik

Hubbard, Ruth/Henifin, Mary Sue/Fried, Barbara (Hrsg.) (1982): Biological Woman – The convenient Myth. A Collection of feminist Essays and a comprehensive Bibliography. Cambridge/Massachusetts: Schenkman Publishing Co.

Jäncke, Lutz (2009): The plastic human brain. In: Restorative Neurology and Neuroscience 27(5), S. 521–538.

Jordan-Young, Rebecca (2010): Brain Storm: The flaws of the science of sex. Cambridge: Harvard University Press.

Jordanova, Ludmilla (1989): Sexual visions. Images of gender in science and medicine between the eighteenth and twentieth centuries. Madison, Wisconsin: University of Wisconsin Press.

Jordanova, Ludmilla (1999): Nature displayed. Gender, science and medicine 1760–1820. London/New York: Longman.

Killermann, Wilhelm/Hiering, Peter/Starosta, Bernhard (2008): Biologieunterricht heute. Eine moderne Fachdidaktik. 12. Auflage. Donauwörth: Auer.

Laqueur, Thomas (1996): Auf den Leib geschrieben. Die Inszenierung der Geschlechter von der Antike bis Freud. München: Deutscher Taschenbuch Verlag.

Latour, Bruno/Woolgar, Steeve (1986): Laboratory Life: The construction of scientific facts. Princeton: Princeton University Press.

Läzer, Kathrin L. (2008): Does Gender matter? Ergebnisse der SchülerInnenumfrage zum naturwissenschaftlichen Unterricht. In: Faulstich-Wieland, Hannelore/Willems, Katharina/Feltz, Nina/Freese, Urte/Läzer, Kathrin L. (Hrsg.): Genus – geschlechtergerechter naturwissenschaftlicher Unterricht in der Sekundarstufe I. Bad Heilbrunn: Julius Klinkhardt, S. 93–119.

Lee, Richard B./DeVore, Irven (1968): Man the hunter. Chicago: Aldine.

Lepel, Wulf-Dieter (200): Übersichten zur Biologiedidaktik, Studienmaterial für Lehramtsstudierende, Referendare und Berufseinsteiger. Schwerin: Landesinstitut für Schule und Ausbildung.

Matthews, Michael R. (2009): Science, Worldviews and Education: An Introduction. In: Science & Education, DOI 10.1007/s11191-008-9170-6.

Miller, Geoffrey (2001): Die sexuelle Evolution, Partnerwahl und die Entstehung des Geistes. Heidelberg/Berlin: Spektrum Akademischer Verlag.

Ministerium für Bildung, Jugend und Sport des Landes Brandenburg (Hrsg.) (2008): Rahmenlehrplan Biologie, Sekundarstufe I. Berlin: LISUM.

Nelm, Ross H./Young, Rebecca (2008): "Sex Hormones" in Secondary School Biology Textbooks. In: Science & Education, DOI 10.1007/s11191-008-9137-7.

Owen, Linda (2005): Distorting the Past. Gender and the Division of Labor in the European Upper Paleolithic. Tübingen: Kerns.

Palm, Kerstin (2010): Biologie: Geschlechterforschung zwischen Reflektion und Intervention. In: Becker, Ruth/Kortendiek, Beate (Hrsg.): Handbuch Frauen- und Geschlechterforschung. Theorie, Methoden, Empirie. 2. erweiterte Auflage. Wiesbaden: VS Verlag für Sozialwissenschaften, S. 843–851.

Palm, Kerstin (2011): Räumliches Vorstellungsvermögen – von Natur aus Männersache? Kritische Anmerkungen zu biologischen Forschungen über geschlechtsspezifische Kompetenzen. In: Wentzel, Wenka/Mellies, Sabine/Schwarze, Barbara (Hrsg.): Generation Girls' Day. Opladen: Verlag Barbara Budrich, S. 211–234.

Pease, Barbara/Pease, Allan (2005): Warum Männer nicht zuhören und Frauen schlecht einparken. Berlin: Ullstein.

Pütz, Norbert (Hrgs.) (2007): Studienhilfe Biologiedidaktik. Vechta: Hochschule Vechta.

Rosser, Sue V. (Hrsg.) (2008): Women, Science, and Myth. Gender Beliefs from Antiquity to the Present. Santa Barbara: ABC-CLIO.

Russet, Cynthia E. (1991): Sexual science. The victorian construction of womanhood. Cambridge: Harvard University Press.

Schiebinger, Londa (1993): Schöne Geister. Frauen in den Anfängen der modernen Wissenschaft. Stuttgart: Klett-Cotta.

Small, Chanley M. (1998): Reinventing Sex: The Construction of Realistic Definitions of Sex & Gender. In: The american biology teacher 60 (8), S. 590–593.

Snyder, Vicky L./Broadway, Francis S. (2004): Queering High School Biology Textbooks. In: Journal of Research in Science Teaching 41(6), S. 617–636.

Solomon, Joan/Aikenhead, Glen (1994): STS education: International Perspectives on Reform. New York: Teacher's College.

Spanier, Bonnie B. (1995): Im/partial Science. Gender Ideology in Molecular Biology. Bloomington, Indianapolis: Indiana University Press.

Spörhase-Eichmann, Ulrike/Ruppert, Wolfgang (Hrsg.) (2004): Biologie-Didaktik. Praxishandbuch für die Sekundarstrufe I und II. Berlin: Cornelsen Verlag Scriptor.

Staeck, Lothar (2009): Zeitgemäßer Biologieunterricht. Eine Didaktik für die neue Schulbiologie. 7. Auflage. Baltmannsweiler: Schneider Verlag Hohengehren.

Strum, Shirley C./Fedigan, Linda (2002): Primate Encounters: Models of Science, Gender, and Society. Chicago, London: The University of Chigaco Press.

Tuana, Nancy (Hrsg.) (1989): Feminism and Science. Bloomington/Indianapolis: Indiana University Press.

Yager, Robert E. (1990): The Science/Technology/Society Movement in the United States: Its Origin, Evolution and Rationale. In: Social Education 54 (4), S. 198–200.

Zumbach, Jörg/Maresch, Günter (Hrsg.) (2010): Aktuelle Entwicklungen in der Didaktik der Naturwissenschaften. Ansätze aus Biologie und Informatik. Innsbruck: Studienverlag.

Genderforschung in der Chemie- und Physikdidaktik

7

Anja Lembens und Ilse Bartosch

> In order to understand learning in science, we need to know much more than whether students have acquired particular scientific understandings. We need to know how students engage in science and how this is related to who they are and who they want to be (Brickhouse 2001, S. 286)

7.1 Stand der Geschlechterforschung in der Fachdidaktik

Bildung als Menschenrecht schließt nach Sjøberg (2009, S. 8) auch naturwissenschaftliche Bildung ein. Den deutschsprachigen Bildungssystemen (neben einer Reihe anderer) scheint es allerdings wenig zu gelingen, allen Menschen einen gleichberechtigten Zugang zu physik- und chemiebezogener Bildung zu ermöglichen (vgl. OECD 2007).

7.1.1 Bedeutung der Entwicklung der Geschlechterforschung für die Chemie- und Physikdidaktik

Bereits in den 1920er Jahren wurde von vielen Reformpädagogen und Reformpädagoginnen die Ansicht vertreten, dass Mädchen und Jungen für mathematisch-naturwissenschaftlich-technische Fächer gleichermaßen begabt und interessiert sind, wenn man ihnen

---

A. Lembens (✉)
Österreichisches Kompetenzzentrum für Didaktik der Chemie, Universität Wien,
Porzellangasse 4, 1090 Wien, Österreich
E-Mail: anja.lembens@univie.ac.at

I. Bartosch (✉)
Universität Wien, Didaktik der Physik und e-Learning
Währinger Straße 17,
1090 Wien, Österreich
E-Mail: ilse.bartosch@univie.ac.at

M. Kampshoff, C. Wiepcke (Hrsg.), *Handbuch Geschlechterforschung und Fachdidaktik,*
DOI 10.1007/978-3-531-18984-0_7,
© VS Verlag für Sozialwissenschaften | Springer Fachmedien Wiesbaden 2012

geeignete Zugänge ermöglicht (vgl. Brickhouse 2001; Tobies 2008). Holzschnittartig lassen sich je nach zugrunde gelegtem Geschlechterdiskurs drei wesentliche Entwicklungsansätze in der Fachdidaktik identifizieren:

- Empirische Arbeiten, die dem *Gleichheitsdiskurs* verpflichtet sind, fokussieren darauf, Unterschiede von Mädchen und Jungen zu identifizieren, die zur Benachteiligung der Mädchen führen. Den daraus abgeleiteten Interventionsansätzen liegt die Annahme zugrunde, dass gleiche Aufmerksamkeitszuwendung der Lehrperson, gleiche Fragen und Aufgaben sowie gleiches Feedback Geschlechterasymmetrien weitgehend nivellieren.
- Studien, die auf dem *Differenzdiskurs* basieren, gehen davon aus, dass Mädchen und Jungen aufgrund unterschiedlicher Sozialisationsvoraussetzungen in ihren Vorerfahrungen und ihrem Vorwissen differieren, aber auch in ihren Interessen, Motivationslagen und fachbezogenen Selbstattribuierungen (Häußler/Hoffmann 1998). Die Forschungsarbeiten machen deutlich, dass Jungen und Mädchen unterschiedliche Vorlieben für Inhalte, Kommunikationsstile und Unterrichtsmethoden haben. Die darauf basierenden Interventionsansätze beschäftigten sich mit der Ausgestaltung von Lernumgebungen, die diesen Differenzen konstruktiv Rechnung tragen (z. B. Herzog et al. 1997).
- *Sozialkonstruktivistische Ansätze* im Anschluss an die Gender & Science Studies setzen sich zum einen damit auseinander, wie Geschlecht in den sozialen Interaktionen im Unterricht produziert wird (,doing gender') und fragen zum anderen danach, wie Geschlecht als Strukturkategorie in die naturwissenschaftlichen Fachkulturen eingeschrieben ist und im Unterricht wirksam wird. Fachdidaktische Studien untersuchen, wie Chemie- und Physikunterricht als männliche Domäne konstruiert wird, welche Zusammenhänge zwischen Identitätsentwicklung und Lernprozessen im Naturwissenschaftsunterricht bestehen. Entsprechende Interventionsansätze entwerfen Lernumgebungen, in denen die ,Fachgeschichten' so erzählt werden, dass die Passung mit unterschiedlichen soziokulturellen Hintergründen besser gelingt.

Während die ersten beiden Ansätze *die* Mädchen und *die* Jungen, wenn auch mit Einschränkungen und Ausnahmen, als Kollektiv betrachten, geht der sozialkonstruktivistische Ansatz davon aus, dass individuelle Eigenschaften und Vorlieben quer zu den typischen liegen und darüber hinaus mit anderen Aspekten wie soziökonomischem Hintergrund, Ethnie oder religiöser Zugehörigkeit interferieren.

7.1.2 Ansatzpunkte der Geschlechterforschung in der Physik- und Chemiedidaktik

PISA und TIMSS machen deutlich, dass Mädchen nicht ,natürlicherweise' in naturwissenschaftlichen Fächern schlechtere Leistungen erbringen. Mädchen und Jungen entwickeln zwar oft unterschiedliche Kompetenzen, aber die Geschlechterdifferenzen sind in den einzelnen Ländern unterschiedlich groß und betreffen weder alle naturwissenschaftlichen

7 Genderforschung in der Chemie- und Physikdidaktik

Domänen noch alle Fragestellungen gleichermaßen. Es ist daher davon auszugehen, dass Geschlechterasymmetrien weder unvermeidlich noch zwangsläufig sind.

Aus der einschlägigen Literatur lassen sich folgende zentralen Fragenkomplexe identifizieren, deren Klärung erhellen könnte, wie Mädchen und Jungen, Frauen und Männern gleiche Zugangsmöglichkeiten zu naturwissenschaftlichem und technischem Wissen und entsprechenden Berufen eröffnet werden kann (Lemke 2001; Solga/Pfahl 2009):

1. Welche Faktoren bewegen junge Menschen dazu, ein naturwissenschaftlich-technisches Studium zu wählen? Warum wenden sich so viele Jugendliche gerade dann von Physik und Chemie ab, wenn sich ihre erwachsene Identität konsolidiert? Welche Faktoren auf den unterschiedlichen Ebenen des Unterrichts tragen dazu bei? Welche außerschulischen Faktoren sind maßgeblich?
2. Wodurch ist das Selbstverständnis von Physik- und Chemieunterricht geprägt? Welches Bild von Physik und Chemie wollen schulische Curricula vermitteln? Welchen (berufs-) politisch/gesellschaftlich begründeten Einschränkungen unterliegen Lehrende der Physik und Chemie bzw. Angehörige der entsprechenden Fachdidaktiken? Welche Werte dürfen sie vertreten, welche Werteentwicklung sollen sie fördern? Wie sehr werden sie dabei von ihren Kollegen und Kolleginnen unterstützt oder behindert?)
3. Wie hat die Über- bzw. Unterrepräsentation von Personen unterschiedlicher soziokultureller Herkunft (Geschlecht, ethnische Zugehörigkeit, Alter, sozioökonomischer Hintergrund) im Laufe der Geschichte die (schulische) Fachkultur von Physik und Chemie beeinflusst – ihre Überzeugungen im Hinblick auf die Legitimität von relevanten Untersuchungsgegenständen, Fragestellungen und Methoden?
4. In welcher Weise gleichen die zur Chemie bzw. Physik gehörigen Fach- bzw. Unterrichtssprachen denen anderer (Schul-)Fächer im Hinblick auf die spezifische Form des Diskurses und die je besondere Beschreibung von Vorgängen und Phänomenen? Inwiefern unterscheiden sie sich? Welche Begründungszusammenhänge lassen sich finden? Welche Konsequenzen hat das im Hinblick auf Selbstkonzept, Interesse und Leistung sowie im Hinblick auf Bildungs- und Berufsentscheidungen?
5. Gibt es einen Zusammenhang zwischen den Identitätsentwürfen von potenziellen Aspiranten bzw. Aspirantinnen und der den Fächern Physik und Chemie inhärenten Kultur als institutionalisiertes wissenschaftliches Fach/Schulfach? Wenn ja, welche? Welche Maßnahmen lassen sich daraus ableiten, um die Fachwahl im Hinblick auf Geschlecht, soziale Schicht, Ethnie und Kultur kompatibel mit einem breiteren Spektrum von Identitätsentwürfen zu machen?

Diese Fragen sind komplex, einfache Antworten sind nicht zu erwarten. Sie weisen jedoch darauf hin, dass substanzielle Interventionen den Blick nicht so sehr auf Mädchen richten sollten, sondern eher auf eine grundsätzliche Diskussion über die vermeintlichen Selbstverständlichkeiten, die charakteristisch für Chemie- und Physikunterricht zu sein scheinen, aber auch für jene Ausbildungsgänge, die für naturwissenschaftlich technische Berufe insbesondere aber auch für den Lehrberuf qualifizieren.

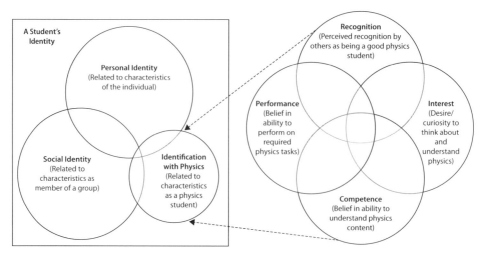

Abb. 7.1 Framework for students' identification with physics (Hazari et al. 2009, S. 5)

7.2 Aspekte der Geschlechterkonstruktion in der Physik- und Chemiedidaktik und Ansatzpunkte zu ihrer Dekonstruktion

Eine vertiefte Analyse der Daten der ROSE-Studie (Schreiner/Sjøberg 2007) sowie eine Reihe US-amerikanischer Studien (Brickhouse et al. 2000; Carlone/Johnson 2007; Hazari et al. 2009) machen deutlich, dass Berufsentscheidungen auf mehr als auf Familientradition und der Aussicht auf ein sicheres Einkommen gründen. Vielmehr spielen die Identitätskonstruktionen der Jugendlichen eine entscheidende Rolle. Ob Jugendliche eine physik- oder chemiebezogene Identität ausbilden, hängt nicht nur von ihrem *Interesse* und ihren schulischen *Fachleistungen* ab, sondern wesentlich vom Gefühl, kompetent zu sein *(fachbezogenes Selbstkonzept)* und von der *Anerkennung* ihrer Kompetenz *durch die bedeutsamen Anderen*, den Eltern, den Lehrpersonen und den Peers.

Aus der ROSE-Studie geht weiters hervor, dass 14- bis 16-jährige Schülerinnen und Schüler in aller Welt, Naturwissenschaften für wichtig für die Gesellschaft halten, den naturwissenschaftlichen Unterricht schätzen sie jedoch als nicht besonders interessant ein (Schreiner/Sjøberg 2007). Während Forschungsergebnisse zu geschlechtsspezifischen Unterschieden im Hinblick auf Wissen und Erfahrungen im Vorfeld des schulischen Unterrichts differieren, ist empirisch gut belegt, dass sich mit Beginn des Fachunterrichts Asymmetrien zugunsten der Jungen entwickeln, die sich im Laufe der nächsten Schuljahre fortschreitend vergrößern. „Zwischen der 7. und 9. Klasse, d. h. zu Beginn des Physik- und/ oder Chemieunterrichts, wenden sich Schüler allgemein, insbesondere aber Mädchen, von den naturwissenschaftlichen Fächern ab. […] Für Chemie und Physik sinken innerhalb eines Jahres die Lernerfolge deutlich" (Solga/Pfahl 2009, S. 7).

Begibt man sich auf die Suche nach Erklärungen für dieses Phänomen und fragt Schülerinnen und Schüler nach dem Image von Physik und Chemie, so werden diese Fächer als maskulin eingestuft (Herzog et al. 1997; Kessels/Hannover 2006). Mädchen glauben deutlich seltener als Jungen, dass Chemie ein Jungenfach ist. Überzeugungen, Chemie sei ein Jungenfach gemeinsam mit Wissen und Vorerfahrungen wurden von Albert Ziegler et al. (2000, S. 71 ff.) als zuverlässige Prädiktoren für die Vorhersage des Fähigkeitsselbstkonzepts von Mädchen identifiziert. Für Jungen können solche Wirkungsmechanismen, wenn überhaupt, nur sehr eingeschränkt identifiziert werden.

Correll (2004) konnte in einer detaillierte Untersuchung die Bedeutung von ‚cultural beliefs' für die Leistungsmotivation sichtbar machen. Das in unserer Kultur weit verbreitete Stereotyp, dass Jungen als geeigneter für naturwissenschaftliche und technische Aktivitäten gelten, führt dazu, dass sich Jungen auch selbst als ‚von Natur aus' begabt für Physik und Technik einschätzen. Laut Hannover entwickeln „Kinder und Jugendliche Interesse oder Leistungsbereitschaft nur in solchen Unterrichtsfächern, die sie als relevant für die Definition der Person erachten, die sie gerne sein wollen und nach außen kommunizieren wollen" (Hannover 2002, S. 343).

7.2.1 Geschlechterkonstruktionen in der Chemie und Physikdidaktik

Zieht man die umfassendste Dokumentation der Leistungen, Interessens- und Motivationslagen in den Naturwissenschaften von PISA 2006 heran, so wird deutlich, dass in Deutschland, in der Schweiz und in Österreich, aber auch in einer Reihe anderer Staaten, die Leistungen der Jungen in der Domäne Physik und Chemie signifikant besser sind als die der Mädchen (OECD 2007, S. 114–115).

Fragt man nach dem Beitrag des Chemie- und Physikunterrichts am Zustandekommen der Geschlechterasymmetrien, so ist zunächst wesentlich, zu berücksichtigen, dass es einige Gelenkstellen gibt, an denen schulische Sozialisation zur Verstetigung von Ungleichheiten oder zu deren Ausbalancierung im Physik- bzw. Chemieunterricht beitragen kann:

- das Ausmaß an Unterricht in Physik und Chemie,
- der Zeitpunkt, wann die Fächer zum ersten Mal curricular vorgesehen sind,
- die Möglichkeit und der Zeitpunkt, wann Physik und/oder Chemie abgewählt werden können,
- die Schwerpunkte und Sequenzierung der Curricula und nationalen Bildungsstandards sowie
- die Bedeutung nationaler Tests für Qualifikationen (Scantlebury/Baker 2007).

Wegen der Vielschichtigkeit und Komplexität der Genderthematik ist bei Interventionen, die zu einem geschlechtergerechten Chemie- und Physikunterricht führen sollen, zu bedenken, dass alle unterrichtlich relevanten Ebenen eingeschlossen sein müssen:

- die Ziele von Unterricht,
- die Auswahl der Inhalte und Methoden,
- die soziale Organisation des Unterrichts, genauso wie
- die Gestaltung der Interaktionen und
- die Art und Weise, wie geprüft wird.

7.2.1.1 Ziele von Chemie- und Physikunterricht

Der Schlüssel für einen integrativen und geschlechtergerechten Fachunterricht, der einem umfassenden Bildungsanspruch gerecht wird und auf verantwortungsvolle Partizipation in einer technisierten Welt angelegt ist, scheint im Ausbalancieren des Spannungsverhältnisses zwischen der Vorbereitung künftiger Experten und Expertinnen und ‚Science for all‘ zu liegen. Ein „szientistischer“ Unterricht (Wagner 1979; Zeyer 2005), in dem den Schülern und Schülerinnen der „Eindruck einer den kulturellen Eliten vorbehaltenen Welt“ vermittelt wird, bestärkt hingegen das Bild der ‚hard western male science‘, in der der „isolierte männliche Wissenschaftler im Labor […] mit Hilfe von stringenten Experimenten und rationalem Denken seinen diffusen Wissensdrang befriedigt“ (Zeyer 2005, S. 196).

In Fachdidaktikkreisen wird zum Teil versucht, dem entgegenzuwirken, indem ein Unterricht propagiert wird, der neben dem zentralen Wissens- und Methodenstand der Disziplin auch erkenntnis- und wissenschaftstheoretische Aspekte *(Nature of Science)* berücksichtigt sowie wissenschaftshistorische, wissenschafts- und technikethische, gesellschaftliche und politische Zusammenhänge im Umfeld von Physik und Chemie aktiv in den Unterricht integriert und diskutiert (siehe u. a. Duschl 2000; Höttecke 2001).

7.2.1.2 Inhalte von Chemie- und Physikunterricht

Da Jungen eher dazu tendieren, in Technik oder Naturwissenschaft einen Wert an sich zu sehen (vgl. etwa Lembens 2005), kommt der im Physik- und Chemieunterricht traditionell ins Zentrum gestellte Technikbezug vor allem den Interessen der Schüler entgegen. In einer Reihe umfassender didaktischer Forschungsprogramme (z. B. Häußler/Hoffmann 1998; Hazari et al. 2009) wurden Kontexte identifiziert, die sowohl für Mädchen als auch für Jungen relevant sind und eine Reihe von Materialien entwickelt, die Fachinhalte in für Jugendliche vertrauten Alltagskontexten rekonstruieren (z. B. PIKO: Physik im Kontext, ChiK: Chemie im Kontext). Diese Kontexte sollen aber eher als Hinweis verstanden werden, denn als Rezept für chancengerechten Unterricht, da der soziokulturelle Hintergrund der einzelnen Lernenden und Schulklassen und die damit verbundenen lebensweltlich relevanten Kontexte sehr unterschiedlich sein können.

Während Jungen vielfach mit dem Wissen um Konzepte und den korrekten Umgang mit entsprechenden mathematischen Kalkülen zufrieden sind, weisen eine Reihe von Untersuchungen darauf hin, dass der Anspruch der Mädchen, aber auch eines Teils der Jungen an das Verstehen umfassender ist (Benke/Stadler 2003; Zohar/Sela 2003): „They yearn for understanding the meaning of whatever it is they are studying and for opportunities to engage in thinking and inquiry (Zohar/Sela 2003, S. 259). […] [The girls] seem to suffer academically more than boys do in a classroom culture that does not value it“ (ebd.,

S. 261). Mädchen wollen darüber hinaus die Relation des ‚Systems‘ Technik oder Naturwissenschaft zur Welt als ganze verstehen – das ‚System‘ lässt sich dann seinerseits über die Zusammenhänge in der Welt begreifen und bewerten (Lembens 2005, S. 189).

Sowohl für den Physik- als auch für den Chemieunterricht haben eine Reihe von Autoren und Autorinnen eindrucksvoll gezeigt, wie durch Analogien, Darstellungen in Schulbüchern und die tägliche Unterrichtspraxis ‚Bilder‘ von Weiblichkeit und Männlichkeit transportiert werden. Markus Prechtl und Christiane Reiners (2007) empfehlen daher, auf Darstellungen, Konnotationen und Kommentare zu verzichten, die Dichotomien wie männlich/weiblich, stark/schwach, aktiv/passiv, positiv/negativ etc. hervorheben. Gleiches gilt für Anthropomorphismen, die oft eingesetzt werden, um z. B. die chemische Bindung oder die Triebkraft chemischer Reaktionen zu verdeutlichen. Durch sie wird aktiv an der Konstruktion von Geschlecht ‚gearbeitet‘. Alternativ wird vorgeschlagen, solche Analogien bewusst zu nutzen, um „die Modellhaftigkeit, Grenzen und Abwegigkeiten […] zum Thema des Unterrichts zu machen und zu reflektieren“ (Prechtl/Reiners 2007, S. 28).

Thematisiert man im Unterricht die Charakteristika von Naturwissenschaft und Technik als Beruf, so ist die Gefahr groß, dass die maskuline Konnotation dieser Berufsfelder wegen fehlender Frauen reifiziert wird. Um dieser Gefahr zu entgehen, wird Folgendes empfohlen: Zunächst wäre es wichtig, sich mit dem Stereotyp ‚Technik, Physik und Chemie sind Männersache‘ explizit auseinanderzusetzen und einen eigenen Standpunkt zu beziehen (Schenk 2004; Winheller 2005) sowie die Mechanismen zu verstehen, die Frauen den Weg in Naturwissenschaft und Technik verstellen. Zum anderen ist es bedeutsam, die Gruppe der ‚cutting-edge scientists who pushes the boundaries of knowledge‘ (Hazari et al. 2009, S. 994), die ihre Motivation aus der Hingabe an das Fach ziehen, nicht als Norm hinzustellen. Das versperrt den Weg nicht nur für viele, die ein Studium wegen sozioökonomischen Überlegungen wählen (‚the conquerers‘, vgl. Krogh/Thomsen 2005, S. 286), sondern auch für jene Aspirantinnen und Aspiranten – zu einem hohen Prozentsatz Frauen –, die ein Studium suchen, das sie befähigt, das Leben Anderer zu verbessern (‚the saviours‘, ebd.).

7.2.1.3 Methodische Gestaltung von Chemie- und Physikunterricht

Bezugnehmend auf das Berliner Modell von Heimann, Otto und Schulz (z. B. 1965) stellt Prechtl (2005) heraus, dass Entscheidungen über Methoden immer im Gesamtzusammenhang des Unterrichts getroffen werden müssen. „Sie sind also auf die soziokulturellen und anthropologisch-psychologischen Schüler- und Lehrervoraussetzungen zu beziehen, auf die Intention der Lehrperson, die Inhalte und Medien des Unterrichts und u. a. auch auf den Schulort, auf Zeiteinflüsse und Ressourcen“ (ebd., S. 60).

Die noch immer als Standardmethode weit verbreitete Engführung der Kommunikation im lehrerzentrierten fragend-entwickelnden Unterricht wird kritisch gesehen. Sie schließt vor allem jene Schülerinnen und Schüler aus, die wenig einschlägiges Vorwissen mitbringen. In den „in der Regel konvergent auf die möglichst systematische Erarbeitung eines Konzepts“ (Sgoff 2002, S. 408) ausgerichteten Interaktionen, werden ‚fehlerhafte‘ Antworten von Lernenden als eine Unterbrechung der Zielgerichtetheit von Unterricht wahrgenommen. Um Irrwege durch ‚falsche' Antworten zu vermeiden und Zeit zu sparen, werden diese Gespräche meist mit Jungen geführt. Darüber hinaus begnügen sich die Lehrenden häufig mit telegrammstilartigen Antworten, die wiederum den Jungen entgegenkommen (Stadler et al. 2001, S. 283). Nicht selten führt diese Unterrichtsform zu einer kompetitiven Lernatmosphäre, auf die eine große Zahl von Mädchen mit Rückzug antwortet. Darüber hinaus werden dadurch Wissenserarbeitungsphasen automatisch zu Leistungssituationen, was sich hemmend auf viele Lernende, besonders Mädchen auswirkt.

Forschend-entwickelnde Unterrichtsdesigns kommen in den offenen Gesprächsphasen zu Beginn des Problemlöseprozesses den meist sprachlich kompetenteren Mädchen entgegen. Allerdings spielen in dieser Phase wiederum Vorerfahrungen eine wichtige Rolle. Lernende, vor allem Schülerinnen, die wenig Vorwissen haben, sind daher zunächst damit beschäftigt, sich das Wissen anzueignen und können dadurch weniger zum Problemlöseprozess beitragen (Sgoff 2002, S. 407).

Obwohl die Diskussion rund um ‚Hands-on'-Aktivitäten und ihre Wirkung auf Interesse und Leistungen in der Literatur kontrovers geführt wird, schätzen sie sowohl weite Kreise in der Fachdidaktik als auch viele Lehrkräfte wegen ihrer affektiven Komponente als motivierend ein (Herzog et al. 1997; Häußler/Hoffmann 1998). Auch Zahra Hazari beschreibt „labs that question the students' view oft he world" (Hazari et al. 2009, S. 993) als bedeutsam für die Entwicklung einer fachbezogenen Identität der Lernenden. Voraussetzung ist allerdings, dass Experimente Anlass zum Argumentieren geben und in den Unterricht eingebettet sind (Tesch/Duit 2004). Kochbuchexperimente, in denen es darum geht, eng geführte Versuchsanleitungen abzuarbeiten, genügen dem Anspruch der Lernenden an Kreativität kaum (Bartosch 2008).

Von kooperativen Lernformen wird ebenfalls angenommen, dass sie sich günstig auf die Beteiligung von Mädchen und Jungen auswirken, da sie ein Lernklima schaffen, das individuelle Erfahrungen und Kompetenzen der Lernenden willkommen heißt.

7.2.1.4 Monoedukativer Unterricht

Die phasenweise Trennung von Mädchen und Jungen wurde vor allem im Zuge von Projekten zur Mädchenförderung als Ideal für geschlechtergerechten Unterricht gesehen. Faulstich-Wieland (2008) und Kessels (2002) stellen zwar deutlich heraus, dass der koedukative Unterricht ein Motor für die Ausprägungen von geschlechtsstereotypen Haltungen und Einstellungen zu (Schul-)Fächern ist. Allerdings schützt monoedukativer Unterricht nicht vor geschlechtsbezogenen Stereotypisierungen und führt auch nicht automatisch zu Interessenssteigerungen bei Mädchen im Physik- oder Chemieunterricht. Eine neuseeländische Studie von Harker (2000) dokumentiert, dass unter Berücksichtigung sozialer und ethnischer Faktoren sowie der individuellen Begabung der Schülerinnen und Schüler die postulierten Vorteile geschlechterhomogenen Unterrichts für die Mädchen sogar verschwinden.

Betrachtet man die äußerst heterogene Erkenntnislage zum monoedukativen Unterricht, so ist zu konstatieren, dass eine flächendeckende Einführung nicht zu empfehlen ist. Vielmehr sollte daran gearbeitet werden, die männliche Konnotation der naturwissen-

7.2.1.5 Leistungsbewertung im Chemie- und Physikunterricht

Prüfungen sind im naturwissenschaftlichen Unterricht meist darauf ausgerichtet, Merkwissen abzufragen und bilden daher kaum individuelle Fortschritte im Prozess der Entwicklung von kognitiven, motorischen und sozialen Fähigkeiten ab (vgl. Stern 2010). Außerdem wird höchst selten die Anwendung von Wissen und Kompetenzen in Prüfungsaufgaben erwartet. Diese Prüfungskultur führt zu kurzfristigem Auswendiglernen und schnellem Vergessen und ist wenig geeignet, die Förderung von Kompetenzen zu unterstützen.

7.2.2 Ansatzpunkte zur Geschlechterdekonstruktionen und Öffnung für Geschlechterdifferenzierungen

In den aktuellen sozialkonstruktivistischen Geschlechtertheorien geht man davon aus, dass es nicht die fachlichen Anforderungen sind, an denen qualifizierte Frauen scheitern, sondern die ‚männlichen‘ Praktiken und Gepflogenheiten. In der Schule gilt es darüber hinaus abzuwägen, welcher Stellenwert Gender im Verhältnis zu anderen Diversitätsdimensionen im spezifischen Kontext zugeschrieben werden muss, um „Ausgrenzungen und Diskriminierungen gegenzusteuern, die Qualifikationen und Potenziale der vielfältigen Menschen zu maximieren und ihre Zusammenarbeit und ihr Zusammenleben reibungsloser zu gestalten“ (Krell et al. 2007, S. 14).

7.2.3 Facetten geschlechtergerechter Fachdidaktik

Für einen Unterricht, der nicht nur gendergerecht ist, sondern den vielfältigen ‚Diversitäten‘ in Schulklassen Rechnung trägt, ist weniger die Auswahl bestimmter Inhalte von Bedeutung, sondern vielmehr, dass Schüler und Schülerinnen in ihrem Bestreben nach individueller Sinnkonstruktion ernst genommen werden und gemeinsam verstehend und reflektierend gelernt werden kann (Lembens 2005; Zohar/Sela 2003). Die Kommunikation physikalischer und chemischer Inhalte bewegt sich nicht allein auf der formalsprachlichen Ebene der Theoriebildung. Im schulischen Fachunterricht sind sowohl die Kommunikation über die ‚Fachgeschichten‘ als auch die eingesetzten Aufgaben eingebettet in die Alltagssprache mit ihrer Fülle von Metaphern und Symbolen. Ihre Dekonstruktion bietet nicht nur die Gelegenheit, sichtbar zu machen, wie ‚Männlichkeit‘ in die Theoriebildung von Physik und Chemie eingeschrieben ist, sondern eröffnet auch das Tor zu den Alltagsphantasien der Lernenden, die das Lernen begleiten und im hohen Maße beeinflussen (Combe/Gebhard 2007; Bartosch 2012).

Facetten von ‚Nature of Science' eignen sich hervorragend, um Chancen, Nutzen, Risiken und Grenzen von Naturwissenschaften zu diskutieren sowie die Marginalisierung von Frauen im historischen Kontext sichtbar zu machen. Ebenso müssen die Prozesse zur Generierung, Anerkennung und Gültigkeit naturwissenschaftlichen Wissens Thema im Unterricht sein. Physik und Chemie werden so als menschliches Handlungsfeld erfahrbar, das auch den Jugendlichen zur potenziellen Mitgestaltung offen steht. Ein solcher Unterricht fokussiert nicht nur auf verantwortungsvolle Partizipation an gesellschaftlichen Entscheidungsprozessen mit naturwissenschaftlichen Dimensionen (vgl. Lembens/Rehm 2010; Lembens 2010), sondern eröffnet den Raum für die Diskussion von Problemen, für die es keine eindeutigen Lösungen gibt. Er fördert die Ambiguitätstoleranz und leitet die Lernenden zum kritischen Betrachten naturwissenschaftlicher Entwicklungen an.

7.3 Ergebnisse der aktuellen Bildungsforschung

Studien zur Fach- und Berufswahl zeigen, dass Mädchen früh den naturwissenschaftlichen Bereich abwählen (Scantlebury/Baker 2007; Stadler 2005) und dass jene Frauen, die eine physikalisch-chemisch-technische Ausbildung gewählt haben, oft wenig Chancen für sich sehen, im Fach zu arbeiten bzw. eine wissenschaftliche Karriere zu verfolgen (European Commission 2009). Diese sogenannte ‚leaking pipeline' diskriminiert Frauen nicht nur in einem nachgefragten und gut bezahlten Berufssektor, sondern beeinträchtigt letztendlich das ganze System Naturwissenschaften, da ihm wesentliche Perspektiven fehlen, die durch Frauen, aber auch andere in Naturwissenschaft und Technik unterrepräsentierte Gruppen eingebracht würden (vgl. Wissenschaftsrat 2007). Selbst im Lehrberuf, in dem die Anzahl der Frauen überwiegt, wählen im Durchschnitt mehr Männer als Frauen die ‚harten' naturwissenschaftlichen Fächer. In den berufsbildenden technischen Schulen sind weibliche Lehrkräfte in den technischen Fächern die Ausnahme.

7.3.1 Ergebnisse der Schul- und Unterrichtsforschung

Fragt man Lehrpersonen nach ihren Wahrnehmungen im Hinblick auf einen Zusammenhang zwischen Lernerfolg, Interesse und Motivation auf der einen Seite und dem Geschlecht, der ethnischen oder sozialen Zugehörigkeit auf der anderen Seite, so sagen viele reflexartig, dass das in ihrem Unterricht kein Problem sein könne, weil sie alle Schüler und Schülerinnen gleich behandeln, dass Unterschiede vielmehr natürlich seien und sie dagegen machtlos sind. Die Literatur spricht in diesem Zusammenhang von „gender blindness" (Brotman/Moore 2008, S. 979). Eine kleinere Gruppe von Lehrpersonen ist sich der Problematik zwar bewusst, kennt zum Teil auch Forschungsergebnisse, ist aber eher ratlos, wie sie mehr Geschlechtergerechtigkeit erreichen könnte (Zohar/Brohnstein 2005). Eine dritte Gruppe schließlich meint, mit Interventionen, wie Veränderung von Kontexten, Methoden und monoedukativen Unterrichtsphasen den Stein der Weisen gefunden zu haben.

7 Genderforschung in der Chemie- und Physikdidaktik

Wie bereits in den vorhergehenden Abschnitten dargelegt, führen diese Maßnahmen nicht automatisch zu Chancengerechtigkeit. Es ist vielmehr davon auszugehen, dass die im Studium zur Gewohnheit gewordenen, häufig nicht reflektierten Selbstverständlichkeiten der Disziplinen Physik und Chemie nachhaltigen Einfluss auf die Gestaltung des schulischen Unterrichts haben. Aufgrund tief verwurzelter Überzeugungen werden in den unterrichtlichen Interaktionen dann trotzdem Stereotype reproduziert und so egalisierende Maßnahmen konterkariert.

Im Hinblick auf erkenntnistheoretische Implikationen lässt sich Physik- und Chemieunterricht durch „a lack of reflection about the nature of science and a feeling of insecurity tinged with traces of elitism" charakterisieren (Lakin/Wellington 1994, S. 186). Ergebnisse der Gender Studies weisen darauf hin, dass Geschlecht sowohl in den Epistemen als auch in den Praktiken in vielfacher Weise eingelassen ist (Götschel 2008; Willems 2007). Der in der universitären Sozialisation angeeignete Fachhabitus beeinflusst im Unterricht weitgehend unbewusst Interaktionen und Sprechweisen, Vorlieben für die Formen der Bearbeitung und die Auswahl von Gegenständen, die als Anschauungsmaterial verwendet werden und mit denen experimentiert wird (Willems 2007).

7.3.2 Forschungsperspektiven und Transfer in die Schule

Versteht man Bildung als Auftrag, jungen Menschen Dimensionen zu eröffnen, die eigene Identität neu zu verhandeln, so leitet sich daraus für naturwissenschaftliche Bildung die Aufgabe ab, Orientierung in einer von Wissenschaft und Technik geprägten Welt zu ermöglichen, um die Fähigkeit zur Partizipation in einer demokratischen Gesellschaft zu erweitern.

Für die Realisierung eines inklusiven Physik- und Chemieunterrichts (nicht nur im Hinblick auf Geschlecht) ergeben sich folgende Aspekte:

- Die *fachlichen Inhalte* ergeben sich aus der Rekonstruktion zentraler wissenschaftlicher Inhalte und Strukturen vor dem Hintergrund der Interessen, Vorerfahrungen und Lebensumständen der Lernenden.
- Die *Methoden* werden so gewählt, dass sie Schülerinnen *und* Schüler zur Teilhabe am Unterricht berechtigen und befähigen. Das schließt Gelegenheiten ein, Erfahrungen im Unterricht zu machen, statt sie vorauszusetzen sowie Wahlmöglichkeiten für die Lernenden anzubieten, sich theoretisch und/oder praktisch problemlösend mit Aufgabenstellungen zu beschäftigen.
- Bei der Gestaltung der *Interaktionen* gilt es, die symbolische Bedeutung unserer verbalen und nonverbalen Verhaltensweisen und sprachlichen Metaphern zu entdecken, sie *in der Handlung zu reflektieren* und in der Folge zu dekonstruieren und zu *neutralisieren*
- Ob junge Frauen und Männer sich im Physik- bzw. Chemieunterricht engagieren, hängt nicht zuletzt davon ab, ob sie sich davon versprechen, Ziele realisieren zu können, die für sie jetzt und in Zukunft relevant sind. Das bedeutet, dass sie sich als aktiv Teilneh-

mende wahrnehmen können und erfahren, dass Wissenschaft ein menschliches Handlungsfeld ist, das auch ihnen potenziell zur Mitgestaltung offen steht. Entscheidend ist jedoch, dass ihre Beiträge von anderen gesehen und als bedeutsam anerkannt werden. Das inkludiert auch und vor allem die *Anerkennung durch die Peers*.

- Die systematische Integration physikalischer und chemischer Inhalte und Erfahrungmöglichkeiten in den Sachunterricht der Elementar- und Grundstufe könnte positive Auswirkungen auf die bislang stark ‚männlich‘ konnotierten Fächer zeitigen (d. h. sie könnten zu ‚neutraleren‘ Fächern werden, wie Mathematik) (Solga/Pfahl 2009, S. 31).

Für weiterführende Forschungsarbeiten lassen sich zwei zentrale Bereiche identifizieren:

- Es gibt mittlerweile eine Reihe von Empfehlungen, um der Produktion und Perpetuierung von Ungleichheit entgegenzuwirken. Was in der Forschung zum Großteil noch aussteht, ist die empirische Fassung von deren Wirkmächtigkeit. Hier gibt es im deutschsprachigen Raum in den letzten Jahren eine Reihe vielversprechender Ansätze vor allem im Bereich der ethnographischen Studien (z. B. Bartosch 2012). Diese sind besonders deswegen wichtig, weil dadurch die Wirkmechanismen plastischer und für Lehrkräfte sowie die Lehramtsausbildung leichter fassbar werden. Aktionsforschungsansätze könnten ergänzend Auskunft über die Wirksamkeit der Implementierung von egalisierenden Maßnahmen geben.
- Es gibt eine Fülle von Hinweisen, dass Berufe im Feld Physik, Chemie und Technik wenig kompatibel mit den Identitätsentwürfen vieler Jugendlicher sind. Das Ausleuchten der Wechselwirkung des Fachunterrichts mit anderen Faktoren könnte dessen Beitrag zur Genese von Berufsentscheidungen im biographischen Verlauf erhellen.

Literatur

Bartosch, Ilse (2008): Undoing Gender im MNI-Unterricht. Analyseprojekt. Online: http://imst.uni-klu.ac.at/imst-wiki/images/7/71/Langfassung_Bartosch2008.pdf, 15.3.2009.

Bartosch, Ilse (2012): Entwicklung weiblicher Geschlechtsidentität und Lernen von Physik – ein Widerspruch? Physik Lernen als Entwicklung einer physikbezogenen Identität. Münster: Waxmann.

Benke, Gertraud/Stadler, Helga (2003): Student's positions in physics education. A gendered perspective. In: Psillos, Dimitris (Hrsg.): Science Education in a Knowledge Based Society. Dordrecht: Kluwer, S. 81–87.

Brickhouse, Nancy (2001): Embodying Science: A Feminist Perspective on Learning. Journal of Research in Science Teaching, 38(3), S. 282–195.

Brickhouse, Nancy/Lowery, Patrica/Schultz, Katherine (2000): What Kind of Girl Does Science? The Construction of School Science Identities. Journal of Research in Science Teaching, 37(5), S. 441–458.

Brotman, Jennie/Moore, Felicia (2008): Girls and Science: A Review of Four Themes in the Science Education Literature. Journal of Research in Science Teaching, 45(9), S. 971–1002.

Carlone, Heidi/Johnson, Angela (2007): Understanding the Science Experiences of Successful Women of Color: Science Identity as an Analytic Lens. Journal of Research in Science Teaching, 44(8), S. 1187–1218.

7 Genderforschung in der Chemie- und Physikdidaktik

Combe, Arno/Gebhard, Ulrich (2007): Sinn und Erfahrung. Zum Verständnis fachlicher Lernprozesse in der Schule. Opladen & Farmington Hills: Verlag Barbara Budrich.

Correll, Shelley (2004): Constraints into Preferences: Gender, Status, and Emerging Career Aspirations. In: American Sociological Review 69 No. 1, S. 93–113.

Duschl, Richard (2000): Making the nature of science explicit. In: Millar, J. L. Robin/ Osborne, Jonathan (Hrsg..): Improving science education. Philadelphia: Open Universitiy Press.

European Commission (2009): She Figures 2009. Statistics and Indicators on Gender Equality in Science. Online: http://www.femtech.at/fileadmin/downloads/News/she_figures_2009_en.pdf, 01.11.2011.

Faulstich-Wieland, Hanelore (2008): Genus – geschlechtergerechter naturwissenschaftlicher Unterricht in der Sekundarstufe I. Bad Heilbrunn: Klinkhardt.

Götschel, Helene (2008): Physik: Gender goes Physical   Geschlechterverhältnisse, Geschlechtervorstellungen und die Erscheinungen der unbelebten Kultur. In: Becker, Ruth/Kortendiek, Beate (Hrsg.): Handbuch Frauen- und Geschlechterforschung. Theorie, Methoden, Empirie. Wiesbaden: Verlag für Sozialwissenschaften, S. 834–842.

Hannover, Bettina (2002): Challenge the stereotype! Der Einfluss von Technikfreizeitkursen auf das Naturwissenschaften-Stereotyp von Schülerinnen und Schülern. In: Zeitschrift für Pädagogik 45, S. 341–358.

Harker, Richard (2000): Achievement, Gender and the Single-Sex/Coed Debate. In: British Journal of Sociology of Education 21, H. 2, S. 203–218.

Häußler, Peter/Hoffmann, Lore (1998): Chancengleichheit für Mädchen im Physikunterricht Ergebnisse eines erweiterten BLK-Modellversuchs. Zeitschrift für Didaktik der Naturwissenschaften, Jg. 4, Heft 1, S. 51–67.

Hazari, Zahra/Sonnert, Gerhard/Sadler, Philip/Shanahan, Marie-Claire (2009): Connecting High School Physics Experiences, Outcome Expectations, Physics Identity, and Physics Career Choice: A Gender Study. Journal of Physics Education, 47, S. 978–1003.

Heimann, Paul/Schulz, Wolfgang/Otto, Gunther (1965): Unterricht – Analyse und Planung. Hannover: Schroedel.

Herzog, Walter/Labudde, Peter/Neuenschwander, Markus/Violi, Enrico/Gerber, Charlotte (1997): Koedukation im Physikunterricht. Schlussbericht des Schweizerischen Nationalfonds zur Förderung der wissenschaftlichen Forschung. Bern: Unpublished manuscript.

Höttecke, Dietmar (2001): Die Natur der Naturwissenschaften historisch verstehen. Berlin: Logos.

Kessels, Ursula (2002): Undoing Gender in der Schule. Eine empirische Studie über Koedukation und Geschlechtsidentität im Physikunterricht. Weinheim: Juventa.

Kessels, Ursula/Hannover, Bettina (2006): Zum Einfluss des Images von mathematisch-naturwissenschaftlichen Schulfächern auf die schulische Interessensentwicklung. In: Prenzel, Manfred/ Allolio-Näcke, Lars (Hrsg.): Untersuchungen zur Bildugnsqualität von Schule. Abschlussbericht des DFG-Forschungsprojekts. Münster, New York, München, Berlin: Waxman, S. 350–369.

Krell, Gertraude/Riedmüller, Barbara/Sieben, Barbara/Vinz, Dagmar (2007): Einleitung – Diversity Studies als integrierende Forschungsrichtung. In: Krell, Gertraude/Riedmüller, Barbara/Sieben, Barbara/Vinz, Dagmar (Hrsg.): Diversity Studies. Grundlagen und disziplinäre Ansätze. Frankfurt a. M., New York: Campus, S. 7–16.

Krogh, Lars/Thomsen, Poul (2005): Studying students attitudes towards science from a cultural perspective but wih a quantitative methodology: border crossing into the physics classroom. In: International Journal of Science Education, 27(3), S. 281–302.

Lakin, Susanne/Wellington, Jerry (1994): Who will teach the 'Nature of science'?: teachers' views of science and their implications for science education. In: International Journal of Science education, 2, S. 175–190.

Lembens, Anja (2005): Genderfragen und naturwissenschaftlicher Unterricht. In: Wellensiek, Anneliese/Welzel, Manuela/Nohl, Tobias (Hrsg.): Didaktik der Naturwissenschaften – Quo Vadis? Berlin: Logos Verlag, S. 183–194.

Lembens, Anja (2010): Science goes Public – Einen Dialog zwischen Wissenschaft und Gesellschaft eröffnen. In: Stäudel, Lutz/Rehm, Markus (Hrsg.): Nature of Science. Naturwissenschaften im Unterricht-Chemie. 21, Nr. 118/119. Seelze: Friedrich Verlag, S. 80–84.

Lembens, Anja/Rehm, Markus (2010): Chemie und Demokratielernen – zwei unvereinbare Welten? In: Heinrich Ammerer/Reinhard Krammer/Ulrike Tanzer (Hrsg.): Politisches Lernen: Der Beitrag der Unterrichtsfächer zur politischen Bildung. Band 4, Österreichische Beiträge zur Geschichtsdidaktik. Innsbruck: Studienverlag, S. 281–302.

Lemke, Jay (2001): Articulating Communities: Sociocultural Perspectives on Science Education. In: Journal of Research in Science Teaching, 38(3), S. 296–316.

OECD (2007): PISA 2006. Science Competencies for Tomorrow's World. Volume 1 – Analysis: OECD.

Prechtl, Markus (2005): ‚Doing Gender' im Chemieunterricht. Zum Problem der Konstruktion von Geschlechterdifferenz – Analyse, Reflexion und mögliche Konsequenzen für die Lehre von Chemie. Dissertation, Universität Köln: Online: http://kups.ub.uni-koeln.de/volltexte/2006/1825/index.html, 30.08.2011

Prechtl, Markus/Reiners, Christiane (2007): Wie der Chemieunterricht Geschlechterdifferenzen inszeniert. In: ChemKon 14 (1), S. 21–29.

Scantlebury, Kathryn/Baker, Dale (2007): Gender Issues in Science Education Research: Remembering Where the Difference Lies. In: Abell, Sandra/Lederman, Norman (Hrsg.): Handbook of Science Education. Mahwah: Routledge, S. 257–281.

Schenk, Barbara (2004): Bildung im Medium der Naturwissenschaften. In: Trautmann, Matthias (Hrsg.): Entwicklungsaufgaben im Bildungsgang. Wiesbaden: Verlag für Sozialwissenschaften, S. 223–240.

Schreiner, Camilla/Sjøberg, Svein (2007): Science education and youth's identity construction – two incompatible projects? In: Corrigan, Deborah/Dillon, Justin/Gunstone, Richard (Hrsg.): The reemergence of Values in the Science Curriculum. Rotterdam: Sense Publishers, S. 231–248.

Sjøberg, Svein (2009): Foreword. In: Tajmel, Tanja/Starl, Klaus (Hrsg.): Science Education Unlimited. Approaches to Equal Opportunities in Learning Science. Münster u. a.: Waxmann, S. 7–9.

Sgoff, Marianne (2002): Mädchen im Chemieunterricht. In: Pfeifer, Peter/Lutz, Bernd/Bader, Hans Joachim (Hrsg.): Konkrete Fachdidaktik Chemie. München: Oldenburg, S. 405–409.

Solga, Heike/Pfahl, Lisa (2009): Doing Gender im technisch-naturwissenschaftlichen Bereich. In: Milberg, Joachim (Hrsg.): Förderung des Nachwuchses in Technik und Naturwissenschaft. Berlin: Springer, S. 155–219.

Stadler, Helga (2005): Physikunterricht unter dem Genderaspekt. Universität Wien, Wien. Online: http://lise.univie.ac.at/artikel/Diss_stadler.pdf, 04.01.2011.

Stadler, Helga/Benke, Gertraud/Duit, Reinders (2001): How do boys and girls use language in physics classes? In: Duit, Reinders (Hrsg.): Research in Science Education in Europe. Dordrecht: Kluwer Publishers, S. 283–288.

Stern, Thomas (2010): Förderliche Leistungsbewertung. Österreichisches Zentrum für Persönlichkeitsbildung und soziales Lernen an der Pädagogischen Hochschule Salzburg.

Tesch, Maike/Duit, Reinders (2004): Experimentieren im Physikunterricht – Ergebnisse einer Videostudie. In: Zeitschrift für die Didaktik der Naturwissenschaften, Jg. 10, S. 51–69.

Tobies, Renate (2008): Mädchen und Jungen in Mathematik und Naturwissenschaften. Diskussion aktueller Forschungsergebnisse. In: Buchmayr, Maria (Hrsg.): Geschlecht lernen. Gendersensible Didaktik und Pädagogik. Innsbruck, Wien, Bozen: StudienVerlag, S. 137–147.

Wagner, Ina (1979): Gelehrte Erfahrung. Zur Theorie der Curriculuminnovation. Frankfurt a. M., New York: Campus.

Willems, Katharina (2007): Schulische Fachkulturen und Geschlecht, Physik und Deutsch-natürliche Gegenpole? Bielefeld: Transcript.

Winheller, Sandra (2005): Deutung und Bearbeitung von Entwicklungsaufgaben aus der Perspektive des kulturellen Systems der Zweigeschlechtlichkeit. In: Schenk, Barbara (Hrsg.): Bausteine einer Bildungsgangtheorie Wiesbaden: Verlag für Sozialwissenschaften, S. 290–303.

Wissenschaftsrat (2007): Empfehlungen zur Chancengleichheit von Wissenschaftlerinnen und Wissenschaftlern. Online: http://www.wissenschaftsrat.de/download/archiv/8036–07.pdf, 30.08.2011.

Zeyer, Albert (2005): Szientismus im Naturwissenschaftlichen Unterricht? Konsequenzen aus der politischen Philosophie von John Rawls. In: Zeitschrift für Didaktik der Naturwissenschaften, 11, S. 193–206.

Ziegler, Albert/Dresel, Markus/Schober, Barbara (2000): Prädiktoren des Selbstvertrauens von Mädchen und Jungen vor dem erstmaligen Chemieunterricht am Gymnasium. In: Psychologie in Erziehung und Unterricht (47), S. 66–75.

Zohar, Anat/Bronshtein, Boaz (2005): Physics teachers' knowledge and beliefs regarding girls' low participation rates in the advanced physics classes. In: International Journal of Science Education, 27, S. 61–77.

Zohar, Anat/Sela, David (2003): Her physics, his physics: gender issues in Israeli advanced placement physics classes. In: International Journal of Science Education, 25(2), S. 245–268.

Didaktik des Deutschunterrichts: Literaturdidaktik und Geschlechterforschung

8

Toni Tholen und Kerstin Stachowiak

8.1 Zum aktuellen Stand der Geschlechterforschung in der Literaturdidaktik

Die in der letzten Dekade im Zuge von Leistungsmessungen verstärkt erfolgte Fokussierung von Geschlecht in der Literaturdidaktik, vor allem im Kompetenzbereich Lesen, basiert auf einer längeren, in verschiedenen Phasen verlaufenden fachwissenschaftlichen wie fachdidaktischen Entwicklung. Diese beginnt in den 1960er Jahren: Im Zuge der Koedukationskritik sowie der ,Neuen Frauenbewegung' wurde die Kategorie Geschlecht verstärkt auch in der Literaturwissenschaft und -didaktik berücksichtigt. Die fortwährend ausbleibende Gleichbehandlung der Geschlechter in schulischen Bildungsprozessen sowie die defizitäre Thematisierung weiblich konnotierter Lebensmuster bzw. lebensweltlicher Problemlagen auf der Ebene der Unterrichtskommunikation sowie auf der Ebene der Textauswahl führte im Rahmen der sich etablierenden feministischen Literaturwissenschaft und -didaktik zu einer verstärkten Artikulation ,weiblicher Differenz' bei der Modellierung von Literaturunterricht (Kliewer 2004, S. 85). Im Fokus stand vor allem die kritische Analyse von literarischen Geschlechtsmustern und Schulbüchern. Die dadurch jedoch entstandene Verengung des Blickwinkels auf Gegenstandsanalysen wurde seit den 1980er Jahren in Frage gestellt. Angeregt wurde, Geschlechterspezifika auch auf der Ebene der Handlungs-, der kommunikativen und der Schreibkompetenz in den Blick zu nehmen (Heuser 1982; Baurmann/Spinner 1985). Problematisiert wurde zunehmend auch die alleinige Fokussierung eines feministisch orientierten Literaturunterrichts auf die Mädchen. Demgegenüber

---

T. Tholen (✉)
Universität Hildesheim, Institut für deutsche Sprache und Literatur
Marienburger Platz 22, 31141 Hildesheim, Deutschland
E-Mail: tholen@uni-hildesheim.de

K. Stachowiak (✉)
Universität Hildesheim, Institut für deutsche Sprache und Literatur
Marienburger Platz 22, 31141 Hildesheim, Deutschland
E-Mail: stacho@uni-hildesheim.de

M. Kampshoff, C. Wiepcke (Hrsg.), *Handbuch Geschlechterforschung und Fachdidaktik*,
DOI 10.1007/978-3-531-18984-0_8,
© VS Verlag für Sozialwissenschaften | Springer Fachmedien Wiesbaden 2012

erweiterte die Literaturdidaktik seit Mitte der 1990er Jahre mit der Forderung „nach kritischer Sensibilisierung gegenüber Geschlechterrollenfixierungen" (Barth 1997, S. 18) in Bezug auf literarische Identitätsmodellierungen den Blick auf Mädchen wie auf Jungen. Gegenwärtig prägen unterschiedliche Tendenzen die literaturwissenschaftliche/-didaktische Thematisierung von Geschlecht. Zum einen werden – allerdings recht selten – Konzepte genderorientierter, poststrukturalistischer Literaturwissenschaft in die Literaturdidaktik mit dem Ziel implementiert, den Konstruktionscharakter jeder literarisch modellierten geschlechtlichen Identität bzw. jedes Frauen- oder Männerbildes aufzuweisen und damit zugleich den Umgang mit literarischen Figuren und Konfigurationen als eine Arbeit der Dekonstruktion von Geschlecht zu erweisen (Krammer/Moser-Pacher 2007). Zum anderen bilden Ergebnisse der empirischen Leseforschung in Bezug auf die quantitativen und qualitativen Differenzen im Leseverhalten von Mädchen und Jungen die Grundlage für Konzepte der (literaturbezogenen) Leseförderung, die oft einen geschlechterdifferenzierenden Ansatz perpetuieren (Garbe 2007). Die Intensivierung der empirischen Lesesozialisations- und Lesekompetenzforschung unter Einbeziehung von Geschlechtsspezifika ist nicht zuletzt Resultat der Ergebnisse der ersten PISA-Studie, welche den Jungen im Vergleich zu den Mädchen signifikant schlechtere Werte bei der Lesekompetenz attestierte (OECD 2001, S. 146 f.).

Leistungsmessungen wie die PISA-Studie, eine sich seit Ende der 1990er Jahre etablierende interdisziplinäre Männlichkeitsforschung (Erhart 2005; Tholen 2008) sowie der öffentlich-medial geführte Geschlechterdiskurs bildeten um das Jahr 2000 eine Konstellation, welche zum sogenannten ‚Boy turn' in den Bildungswissenschaften, in den Fachdidaktiken und insbesondere auch in der Lesedidaktik führte. Hintergrund der veränderten Fokussierung war und ist die fächerübergreifend, aber auch populärwissenschaftlich (vgl. Müller-Walde 2010) artikulierte Diagnose einer ‚Krise der Jungen', konkret bezogen auf das Fach Deutsch: eine Krise vor allem in Bezug auf die Lesemotivation und Leseleistung. Die im Vergleich zu den Mädchen abfallende Lesekompetenz und -motivation der Jungen wird bis heute oft innerhalb eines dichotomisierenden, Geschlechterdifferenzen markierenden Erklärungs- und Handlungsrahmens erörtert. So werden biologische und hirnphysiologische Ansätze, welche wieder verstärkt auf die in der „Natur" von Mann und Frau liegenden Differenzen verweisen, genauso diskutiert wie soziologische und psychologische Ansätze, welche zum einen darauf verweisen, dass das Lesen im Laufe der soziokulturellen Entwicklung westlicher Gesellschaften feminisiert worden sei, zum anderen psychologische Erklärungen anbieten, warum Jungen innerhalb einer immer noch weiblich geprägten Lesekultur, deren Ursituation das Vorlesen durch die Mutter in der frühkindlichen literarischen Sozialisation ist, in Schwierigkeiten und Konflikte geraten beim Einrücken in die männliche Geschlechtsrolle und sich deshalb im Laufe ihrer schulischen und außerschulischen Sozialisation vom Lesen als einer mütterlich-weiblich konnotierten kulturellen Praxis abwenden (Garbe 2007, S. 68–76). Aus solchen Differenzen festschreibenden Erklärungsmustern resultieren Vorschläge für eine geschlechterdifferenzierende Leseförderung, welche sich vor allem an die Jungen richten, um sie quantitativ und qualitativ trotz der als ungünstig erscheinenden biologischen und kulturellen Voraussetzungen auf den Weg zum Lesen zu bringen (vgl. dazu 8.2). Die fachdidaktischen Überlegungen gehen dabei in unterschiedlicher Weise auch von der Einbeziehung der Neuen Medien in den Literaturunterricht aus. Wird etwa auf der einen Seite der Einsatz von elektronischen Medien für eine geschlechterdifferenzierende Leseförderung dringend empfohlen, weil sich die Lesemotivation von Jungen auf diesem Wege steigern lasse (Marci-Boehncke 2006), wird auf der anderen Seite zu bedenken gegeben, dass „gerade die neuen Medien, Privatfernsehen und Computerspiele zu einer Revitalisierung überkommener Geschlechterstereotypen beitragen" (Barth 1997, S. 18).

Über den lesedidaktischen Binnenblick hinaus sind noch weitere Wahrnehmungs- und Erklärungsmuster im Fokus aktueller Forschung, welche den Deutsch- und Literaturunterricht im Lichte eines Geflechts dichotomisierender, stereotypisierender und homogenisierender Praxen des *doing gender* erscheinen lassen, deren Bewusstmachung und Reflexion erst am Anfang steht. So arbeitet Willems (2007) in einer Fächer vergleichenden Studie (Deutsch/Physik) heraus, dass das Fach Deutsch einer durchgehenden geschlechtsspezifischen Zuschreibung unterliegt, wonach es als ‚weich‘ und ‚weiblich‘ gilt, während die Naturwissenschaften „bis heute als ‚harte‘, männliche Domänen konstruiert" (Willems 2007, S. 61) werden. Dabei verdoppelt und reproduziert die schulische Fächerstruktur die allgemeine bildungspolitische Tendenz zur Dichotomisierung der Geschlechter, vor allem nach dem ‚PISA-Schock‘. Willems zufolge lässt sich auf der Ebene der geschlechtlichen Zuschreibungen für Schulfächer ein Zusammenhang von doing gender und doing discipline konstatieren. Ferner wird darauf hingewiesen, dass im Fach Deutsch Prozesse der fachlichen Inklusion von Mädchen und der Exklusion von Jungen stattfinden (Willems 2007, S. 180). Dies führe zu einem Fachverständnis, „welches die Lernenden vorrangig als Angehörige einer Geschlechtergruppe begreift und den Unterricht entsprechend – und im Widerspruch zu dem Anspruch des Faches, individuelle und subjektive Zugänge zu ermöglichen – auf kollektive Verbände ausrichtet." (ebd.; S. 181) Der Hinweis einer geschlechtsspezifischen Kollektivierung und Homogenisierung trifft den Kern der Kritik an all denjenigen Theorien und Konzeptionen, die zum einen die Jungen dramatisierend „als entmachtete Opfer der Feminisierungsprozesse und als große Verlierer und Benachteiligte unseres Bildungssystems (Stamm 2008, S. 117) hinstellen und zum anderen für die Modellierung von Unterricht auf stereotype Vorstellungen von Geschlechterdifferenz zurückgreifen, welche in der Unterrichtspraxis zur Kollektivierung und Homogenisierung, nicht selten zur Stigmatisierung oder auch Nichtbeachtung der individuellen Begabungen und Leistungen führt. Der durch die Geschlechterperspektive gelenkte Blick auf *die* Mädchen oder *die* Jungen kann nicht nur dazu führen, Leistungsdifferenzen *innerhalb* der Mädchen- und der Jungengruppe auszublenden (Stamm 2008, S. 111), sondern er führt auch dazu, dass andere Faktoren wie die soziale Schicht, die ethnische Herkunft oder der sozialisatorische und kulturelle Kontext bei der Beurteilung und Behebung von Leistungs- und Motivationsdifferenzen zu wenig beachtet werden. Schließlich führt die Dauerrede von der ‚Bildungskrise der Jungen‘ zur Infragestellung der geschlechtlichen Zusammensetzung des Lehrkörpers, der besonders an Grundschulen überwiegend weiblich ist. In Fächern wie Deutsch/Literatur, die von vornherein als ‚weiblich‘ bzw. als feminisiert gelten, schlägt die Diskussion um die geschlechtliche Zusammensetzung des Lehrkörpers umso mehr zu Buche, als der Feminisierungsthese zufolge es dem gestiegenen Anteil von Lehrerinnen in den verschiedenen Schulformen geschuldet sei, dass Jungen ins Hintertreffen geraten (Helbig 2010, S. 3). Helbig weist dagegen darauf hin, dass bisher jeder empirische Beleg dafür fehle, dass das Geschlecht des Lehrers tatsächlich den Bildungserfolg von Jungen und Mädchen in der Schule beeinflusst, und umgekehrt kann er zeigen, „dass sich das Geschlecht des Lehrers nicht auf die Kompetenzen und Noten auswirkt, und zwar weder bei Mädchen noch bei Jungen" (Helbig 2010, S. 4). Mit der Forderung nach mehr Männern in den als ‚weiblich' geltenden Fächern sowie besonders im Elementar- und Primarbereich, welche aus der Feminisierungsthese resultiert, werden erneut stereotype Geschlechtervorstellungen in Umlauf gebracht. So lässt die Forderung nach mehr männlichen Lehrkräften in weiblich konnotierten schulischen Ausbildungsfeldern den Verdacht der Restrukturierung eines hegemonial-männlichen schulischen Bildungssystems aufkommen: „Der fehlende männliche Grundschullehrer wird stilisiert zum potenziellen Anwalt der Jungen und darüber hinaus zum Retter eines Bildungssystems, das dem internationalen Vergleich nicht standhalten kann." (Baar 2012, S. 2) Nach Baar wird dabei eine Idealvorstellung von Männlichkeit reproduziert, „die den nach wie vor virulenten hegemonialen gesellschaftlichen Anspruch von Männern repräsentiert". (ebd.)

Wenn man die Literaturdidaktik im dichten und komplexen Feld aktueller genderbezogener fachwissenschaftlicher und fachdidaktischer, aber auch bildungs- und kulturwissenschaftlicher Forschung betrachtet, lässt sich resümieren, dass die institutionellen Rahmenbedingungen des Faches Deutsch genauso wie die fachliche Konzeptbildung, besonders im Bereich Lesen/Literarische und mediale Bildung, gegenwärtig den sehr unterschiedlichen Ansätzen der empirischen Bildungs- und Leseforschung einerseits, der sozial-, literatur- und kulturwissenschaftlichen Gender-Forschung andererseits ausgesetzt sind; Ansätze, die im methodischen Vorgehen und in ihrer jeweiligen Bestimmung von Geschlecht/gender sowie in ihren Erkenntniszielen und Interventionsvorschlägen so erheblich divergieren, dass sich daraus etwa speziell im Bereich der Leseforschung und Lesedidaktik bisher nicht gelöste Dilemmata und Leerstellen ergeben. Hurrelmann/Groeben sprechen bezüglich der Modellierung von Geschlecht als Faktor der empirischen Erforschung von Lese- und Mediennutzungsprozessen von einem „paradoxale[n] Dilemma zwischen empirischer Beschreibung und theoretischer Erklärung" (Hurrelmann/Groeben 2004, S. 176). Während der Zusammenhang zwischen Mediennutzung und biologischem Geschlecht (sex) empirisch valide nachgewiesen sei, lasse er sich theoretisch nicht befriedigend erklären. Was theoretisch befriedigen würde, der Zusammenhang von Mediennutzung und sozialem Geschlecht (gender), lasse sich bislang empirisch nicht befriedigend sichern (vgl. auch Pieper 2010, S. 117). Das Dilemma einer theoretisch befriedigenden Erfassung derartiger Zusammenhänge vergrößert sich noch, wenn man bedenkt, dass die dekonstruktive Genderforschung mit Butler (1991) die Unterscheidung zwischen Sex und Gender mit dem Hinweis, dass auch das biologische Geschlecht Resultat einer sozialen (Gender-) Konstruktion ist, ablehnt. Eine genuine Leerstelle literaturdidaktischer Reflexion im engeren Sinne resultiert im Bereich der geschlechterorientierten literarischen Leseförderung und insgesamt hinsichtlich der Modellierung von Literaturunterricht auf den verschiedenen Niveau- und Kompetenzebenen aus der mangelnden Auseinandersetzung mit der

8 Didaktik des Deutschunterrichts: Literaturdidaktik und Geschlechterforschung 103

aktuellen fachwissenschaftlichen Genderforschung, vor allem auch im Bereich der mittlerweile etablierten Männlichkeitsforschung (Budde 2012; Tholen 2012).

8.2 Lesen

Im Forschungs- und Praxisfeld der Lese-/literarischen Sozialisation, der Lesepraxen und der Leseförderung ist die Geschlechtsspezifität seit längerem schon eine gewichtige Komponente. Die Ergebnisse der Reflexion und Erforschung der Kategorie Geschlecht in der Domäne Lesen beeinflussen in Teilen auch die konkrete Modellierung von Literaturunterricht, etwa im Hinblick auf die Text- und Medienauswahl, die Lesemodi und ferner die Kommunikations- und Interaktionsformen im Literaturunterricht. In Bezug auf die Geschlechtsspezifika im Prozess der Lese- und literarischen Sozialisation sind zunächst verschiedene Stadien zu unterscheiden (vgl. Pieper 2010, S. 107 f.; Garbe 2010, S. 26 f.). Schon vor Schuleintritt nimmt die prä- und paraliterarische Sozialisation, die in die familiäre Interaktion eingebunden ist, eine zentrale Stellung ein. Oft wird für diese Phase die Bedeutung der vorlesenden Mutter hervorgehoben. Der Umgang mit Literatur wird nach Garbe (2007, S. 74 f.) dadurch von Beginn an ‚weiblich' konnotiert. Fraglich ist allerdings, ob dies erstens schichtenübergreifend gilt und zweitens ob die Annahme der zumeist mütterlichen Bezugsperson beim Vorlesen und in der Anschlusskommunikation gegenwärtig noch uneingeschränkte Gültigkeit hat. Ein Desiderat ist die Einbeziehung von Studien zum Wandel von Männlichkeit und vor allem von Vaterschaft (‚Neue Väter') in der Gegenwart (Kassner 2008; Tholen 2011, S. 301–308) in die Forschung zur frühen literarischen Sozialisation. Der Schuleintritt markiert die nicht unproblematische zweite Phase. Die Kinder verfügen oft bereits über ausgeprägte literarische Rezeptionskompetenzen, die jedoch in Spannung mit den eigenen Lesefertigkeiten stehen. Diese Spannung stellt für Mädchen wie für Jungen, aber auch für Lehrkräfte eine Herausforderung dar, insofern der erfolgreiche Übergang in die Phase des eigenständigen Lesens pragmatischer wie literarischer Texte für alle weiteren schulischen wie außerschulischen Sozialisationsschritte unabdingbar ist. Die Forschung sieht bereits an diesem Übergang ein Risiko insbesondere für die Jungen, falls sie den Schritt in die erwartete Viellesephase, wie er gegenwärtig vor allem bei Mädchen zu beobachten sei, nicht vollziehen, sondern eher elektronische Formen der lustorientierten Medienrezeption wählten (Garbe 2010, S. 29). In der anschließenden Phase der ‚literarischen Pubertät' (Kinder im Alter zwischen 12 und 14/15 Jahren) geraten Jungen wie Mädchen in eine Buch- bzw. literarische Krise, in deren Verlauf sich der kindliche Lesemodus transformiert oder die Leseaktivität drastisch abnimmt, wenn nicht sogar ganz zum Stillstand kommt. ‚Wenig- oder Nichtleser' finden sich am häufigsten unter Jugendlichen männlichen Geschlechts aus den unteren sozialen Schichten (Philipp/Garbe 2007, S. 24). Darüber hinaus lassen sich geschlechtsspezifische Unterschiede bei der Präferenz von Lesemodi – Graf (2004) unterscheidet sieben Lesemodi – ab dem 16. Lebensjahr (Sek II) erkennen. Während Mädchen häufiger den Modus des intimen Lesens (Graf 2007, S. 142; Garbe 2010, S. 27) wählen, neigen Jungen stärker zum partizipatorischen und interessenorientierten Lesen. Auch neigen sie weniger als Mädchen zur Lektüre von fiktionaler Literatur, sondern präferieren Sach- und Fachtexte. Schließlich tendieren Jungen zu einer extensiven Nutzung von Bildschirm-Medien, während diese durch Mädchen eher ergänzend zur Lektüre von Printmedien genutzt werden (Garbe 2010, S. 29). Generell gilt, dass Familie und peers (Rosebrock 2004; Philipp 2008) als wesentliche Sozialisationsinstanzen schon früh großen Einfluss auf die Lesegewohnheiten und Lektüreauswahl haben, während der Einfluss von Deutschlehrkräften auf die Lesehaltungen und -gewohnheiten zwischenzeitlich nachlässt und erst wieder in der Sek II an Bedeutung gewinnt (Graf 2007, S. 155). Nicht erst für diese späte schulische Phase wird in Folge der in der Leseforschung dokumentierten Geschlechterspezifik eine geschlechterdifferenzierende Leseförderung empfohlen, „die besonders die Jungen als Problemgruppe im Auge hat" (Garbe 2010, S. 29).

Im Gefolge der Erweiterung des Lesekompetenzkonzepts (‚reading literacy') der PISA-Studie durch Vertreter/innen der Literaturdidaktik (Hurrelmann 2002, Rosebrock/Nix 2008) identifizieren Philipp und Garbe (2007) fünf Dimensionen des Lesens, in denen sich die Geschlechterunterschiede beim Lesen auf breiter Ebene zeigen. 1) Lesequantität/-Frequenz: Mädchen lesen häufiger und mehr als Jungen (vgl. auch KIM 2010, S. 23 und JIM 2010, S. 24). 2) Lesestoffe/Lektürepräferenzen: Mädchen präferieren Lektüre mit ‚innerer' Handlung (fiktionale Texte, Biographien, Stoffe mit Lebensbezug), Jungen favorisieren Lektüren mit ‚äußerer' Handlung (Fantasy, Sachbücher, Zeitungen, Zeitschriften, Heldengeschichten) (Pieper 2010, S. 116). 3) Lesemodus: Bei Mädchen steht eher die Identifikation, die Emotionalität und die Empathie im Vordergrund. Jungen legen Wert auf eine selbstbestimmte Lektüre, die Phantasie anregend ist. Sie suchen darüber hinaus außensichtbetonte Spannung und Aktionsreichtum (Garbe/Philipp 2007, S. 17). 4) Lesefreude: Die Mädchen dominieren die Gruppe der habituellen Buchleser, während die Jungen in der Gruppe der Wenig-/Nichtleser überproportional vertreten sind (KIM 2010, S. 23). 5) Lesekompetenz: Besonders in der PISA-Studie, nicht so sehr hingegen in der IGLU-Studie, lassen sich deutliche geschlechtsspezifische Kompetenzunterschiede feststellen. Auffällig werden sie im höherstufigen Anforderungsbereich, vor allem im Bereich des Reflektierens und Beurteilens von Texten, aber auch in Bezug auf die Textsorte. Mädchen erweisen sich kompetenter beim Lesen ‚kontinuierlicher Texte', und sie lesen darüber hinaus auch schneller als Jungen (Garbe/Philipp 2007, S. 21). Bei aller scheinbaren Signifikanz solcher Ergebnisse können Meta-Analysen aber auch zeigen, „dass das Ausmaß der Unterschiede zwischen den Geschlechtern kleiner ist als das Ausmaß interindividueller Unterschiede innerhalb der Geschlechter" (Hurrelmann/Groeben 2004, S. 179). Dies bestätigt auch Philipp (2011), frühere Erkenntnisse unter Einbezug verschiedener Meta-Analysen differenzierend und relativierend. In Bezug auf die Lesemotivation konstatiert er, dass Mädchen stärker intrinsisch habituell zum Lesen bereit sind und ihre Motivation schon im Grundschulalter über der der Jungen liege. Die Lesemotivation nehme aber für beide Geschlechter mit der Zeit gleich stark ab (Philipp 2011, S. 16). In Bezug auf die Lesefrequenz zeigen sich Unterschiede vor allem bei fiktionalen Texten und Büchern sowie bei Zeitschriften, welche generell eher Mädchen-Domänen sind. Für andere Texte/audio-

8 Didaktik des Deutschunterrichts: Literaturdidaktik und Geschlechterforschung

visuelle Medien gibt es aber bisher keine Studien mit belastbaren Ergebnissen (Philipp 2011, S. 16). Hinsichtlich thematischer Präferenzen ergibt sich nach Philipp eine gemischte Befundlage. Während das Thema ,human touch' und soziale Beziehungen eher das Interesse von Mädchen, andererseits Technik und Sport eine männliche Domäne seien, gebe es gleichwohl immer auch eine Schnittmenge zwischen den Geschlechtern. Hinsichtlich der Lesemodalitäten weist Philipp bei festzustellenden Unterschieden auch auf die den Geschlechtern gemeinsamen Lesemodi hin. Bedenkenswert mit Blick auf die konstante Forderung nach einem geschlechterdifferenzierenden Lese- und Literaturunterricht ist die Feststellung, „dass Rezeptionsweisen nicht simplifizierend Geschlechtern oder Textsorten zuzuordnen sind, sondern die Zusammenhänge komplexer sind, als es die Dichotomie von biologischen Geschlechtern oder die Opposition von fiktionalen und nicht-fiktionalen Texten suggerieren" (Philipp 2011, S. 16). Philipp tritt wie andere Forscher/innen (Stamm 2008; Weaver-Hightower 2003) dafür ein, bei der Suche nach Unterschieden beim Lesen sowie bei deren Behebung nicht nur eine isolierte Betrachtung nach dem Geschlecht von Leserinnen und Lesern anzustellen. Denn ob etwa beim Leseverstehen das männliche Geschlecht allein schon ein ,Risikofaktor' ist, lässt sich im Lichte von Meta-Analysen nicht sagen. Es gibt aber Hinweise darauf, dass „erst die Kombination von Geschlecht und sozialer Herkunft Leistungsscheren öffnet" (Philipp 2011, S. 17). Damit ergeben sich auch fachliche Argumente gegen den derzeitigen öffentlichen Diskurs, wonach Jungen bzw. junge Männer pauschal als ,Bildungsverlierer' eingestuft werden.

Der Notwendigkeit einer differenzierten Betrachtung unterliegen denn auch die einzelnen Vorschläge der Literaturdidaktik zur Leseförderung. Basierend auf den festgestellten Differenzen von Mädchen und Jungen beim Lesen wird für den Deutschunterricht seit den ersten PISA-Ergebnissen eine geschlechterdifferenzierende Leseförderung gefordert, die etwa bei der Text- bzw. Medienauswahl bewusst die Reproduktion von Geschlechterstereotypen in Kauf nimmt, um gerade Jungen als lustvolle Leser zu gewinnen. Dabei wird an die ermittelten Medienpräferenzen von Jungen, vor allem an deren Vorliebe für Bildschirmspiele – Action-, Strategie-, Simulations- und Fantasy-Spiele – angeknüpft. Da es in solchen Spielen um traditionell männliche Interessenslagen wie Macht, Kontrolle und Herrschaft gehe, seien die Jungen auf der inhaltlich-thematischen Ebene unmittelbar zu animieren. Aber auch hinsichtlich formaler Aspekte könne die Leseförderung in Bezug auf die Jungen von den Bildschirmspielen lernen, denn in diesen könnten sie das Level eines Spiels selbst wählen und „die Herausforderungen so dosieren, dass sie anspornend sind, aber nicht durch Überforderung frustrierend werden" (Garbe 2008, S. 307). Auch wenn sich durch Schülerbefragungen ermitteln lässt, dass weniger als einem Drittel der Jungen am Ende der Grundschulzeit der Deutschunterricht Spaß mache (Richter/Plath 2005), muss darum nicht in Kauf genommen werden, dass sich durch eine niedrigstufig angesetzte Förderung der Lese- und literarischen Kompetenz von Jungen erstens die Differenzen zu den Lesegewohnheiten und -leistungen der Mädchen nicht nur zementieren, sondern tendenziell auch noch vergrößern und zweitens ein fachdidaktisch sanktioniertes ,roll back' in Bezug auf die Reflexion von Geschlechterbildern und -verhältnissen statthat, das nicht nur quer steht zu den Erkenntnisfortschritten in den Gender Studies, sondern auch den immanent literaturdidaktischen Bildungsauftrag dementiert, demgemäß der Literaturunterricht zu einer zeitgemäßen Form der Identitäts- bzw. Persönlichkeitsentwicklung (Frederking 2010) beitragen soll. Dazu jedoch gehört in der Tat die Fähigkeit zur Reflexion der eigenen geschlechtlichen Identität als eine, die sozial und kulturell in hohem Maße konstruiert, normiert und damit auch stereotypisiert ist. Und eine solche Reflexion impliziert einen in jeder Epoche möglichen Wandel von Frauen- und Männerbildern, der im Literaturunterricht immerhin auch eine Perspektive literarischer Interpretationen, (Re-)Inszenierungen und Unterrichtsgespräche sein sollte, und dies nicht erst in der Sekundarstufe II.

Eine zur Persönlichkeitsbildung beitragende Verknüpfung von Genderkompetenz und Lese-/literarischer Kompetenz wird allerdings in den geltenden Bildungsstandards, Kerncurricula sowie in den Standards für die Lehrerbildung entweder gar nicht oder nur unzureichend festgeschrieben. Weder im Rahmen der ländergemeinsamen Inhalte und Anforderungen für die Fachwissenschaften und -didaktiken in der Lehrerbildung (KMK 2010) finden sich im Kompetenzprofil des Faches Deutsch einschlägige Formulierungen noch in den länderspezifischen Verordnungen für das Lehramtsstudium des Faches Deutsch (vgl. z. B. Nds. MasterVO-Lehr. 2007). Die Umstellung auf die Kompetenzorientierung im Lehramtsfach Deutsch trägt im Ganzen gesehen eher zu einer Marginalisierung der Genderthematik in der literaturdidaktischen Ausbildung und im Literaturunterricht bei (Bauer/Lundt/Tholen 2012).

8.3   Gegenstände und Methoden des Literaturunterrichts

Im Fokus geschlechtsspezifischer Aspekte hat der Literaturunterricht vor allem zwei Aufgaben bzw. Zielsetzungen: Zum einen zielt er darauf, die Differenzen in Bezug auf Lese- und literarische Kompetenz zwischen Mädchen und Jungen möglichst zu verringern. Im gleichen Zuge leistet der Literaturunterricht einen Beitrag dazu, dass Mädchen wie Jungen eine stabile und dauerhafte Lesemotivation erlangen, die sie in die Lage versetzt, eigenständig am gesellschaftlichen und kulturellen Leben zu partizipieren (Hurrelmann 2002, S. 14). Zum anderen bindet der schulische Umgang mit Literatur die inhaltlich-thematische Auseinandersetzung mit geschlechtlicher Identität und Inszenierung auf den verschiedenen Ebenen des Systems Literatur mit ein. Für beide Zielsetzungen ist die Auswahl der Gegenstände bzw. der Medien entscheidend. Aufgrund der wiederholt erfassten Differenzen in der Lesekompetenz und -motivation von Jungen und Mädchen sowie aufgrund des ,boy turns' in der Lesedidaktik wird für eine weitere Öffnung des Kanons plädiert (Schilcher/Hallitzky 2004, S. 131). Beabsichtigt wird damit ein geschlechterdifferenzierender, stärker an den Interessen der Schülerinnen und Schüler orientierter Literaturunterricht, der vor allem aber die Jungen durch die Einbeziehung alternativer Genres (Comics, Phantasy, Krimis etc.) und audiovisueller Medien (Filme) sowie von PC und Internet beim Erwerb literarisch-medialer Rezeptionskompetenzen unterstützen soll (Marci-Boehncke 2006, S. 107). Die Vorschläge, die dazu in der Forschung gemacht werden, stehen allesamt vor der Schwierigkeit, einerseits geschlechterspezifische Zugänge und Identifikationsmöglichkeiten im Sinne literarisch-ästhetischer Lern- und Bildungsprozesse auf breiter Ebene zu ermöglichen, andererseits genau damit hegemoniale Geschlechterkonstellationen, Stereotypen und Prozesse geschlechterbezogener Inklusion bzw. Exklusion in der Unterrichtspraxis zu reproduzieren. Als besonders affin dafür erscheint etwa das Lesen im Medienverbund, ein Konzept, das im Kontext geschlechterdifferenzierender Leseförderung an Attraktivität gewonnen hat (Garbe 2007, S. 81). Medienverbünde, die zudem in besonderer Weise kommerziellen Interessen unterworfen sind, neigen zur Reproduktion und Naturalisierung von Geschlechterstereotypen. Der unterrichtliche Einsatz etwa von Reihenromanen wie „Die wilden Kerle" oder „Die wilden Hühner" im Medienverbund befördert mit hoher Wahrscheinlichkeit die Reproduktion dichotomer Geschlechterbilder und traditioneller Geschlechterrollen (Stachowiak 2012). Eine andere Problemlage ergibt sich, wenn auf die Bedeutung des verstärkten Einsatzes von zeitgenössischer Kinder- und Jugendliteratur zu Zwecken der Leseförderung von Jungen hingewiesen wird. Schilcher (2001, S. 56 ff.) zeigt auf, dass die Rollenbilder in einem Großteil der aktuellen Kinder- und Jugendliteratur dem traditionellen Rollenstereotyp diametral entgegenstehen. Damit hätten vor allem Jungen ein Problem, da insbesondere sie in den Lesestoffen Identifikationsangebote suchten, die ihren eigenen männlichen Selbstentwürfen, die immer noch dem traditionellen Bild des ‚harten Kerls' verpflichtet seien, nicht widersprechen (Schilcher 2010, S. 365 f.). Schilcher sieht die delikate Aufgabe der Literaturlehrkräfte darin, Schullektüre so auszuwählen, dass „Identifikationsmöglichkeiten geboten werden, die gesellschaftlich sinnvoll erscheinen, die Jungen aber nicht in unauflösbare Ambivalenzen stürzen" (Schilcher 2010, S. 368). Empfohlen werden durchaus Lektüren mit männlichen ‚Helden', die kämpferisch, wild, mutig und ‚cool' sind, da Jungen „nach Identifikation mit einer handlungsmächtigen Identifikationsfigur, die sich in einer spannungs- und actionreichen Abenteuerwelt bewährt" (Weißenburger 2009, S. 185), suchen. Die aktuelle Gegenwartsliteratur biete Abenteuerromane, historische Jugendromane und Adoleszenzromane mit heldenhaften Identifikationsfiguren, die allerdings auch „Tiefgang" (Schilcher 2010, S. 368) haben. Entscheidendes narratologisches Kriterium sei dafür die Innensicht auf die Figuren, auf ihre Gefühls- und Phantasiewelt, die das emphatische und affektbezogene Lesen unterstütze. Die auch unter Lehrkräften verbreitete Auffassung, dass sich die Mädchen, weil diese sich in größerem Maße als die Jungen fremden und neuen Imaginations- und Identifikationsangeboten öffneten, den eigens für die Jungen ausgewählten Lektüren und Medien bereitwillig anpassen (Willems 2007, S. 176), kann den Eindruck verstärken, dass Mädchen mit ihren spezifischen Interessen und Identifikationswünschen zunehmend in den Schatten der Literaturdidaktik und der Unterrichtsplanung rücken. Um einer schleichenden Marginalisierung der Mädchen im Literaturunterricht zuvorzukommen, werden literarische Texte, in denen wie in Bandenromanen etwa gemischtgeschlechtliche Banden Identifikationsbedürfnisse von Jungen und Mädchen befriedigt werden, derzeit besonders empfohlen (Weißenburger 2009, S. 59; Schilcher 2010, S. 368). Gleichwohl bleibt generell die Gefahr einer neuerlichen Asymmetrie in der fachlichen Wahrnehmung der Interessen und Problemlagen von Mädchen und Jungen bestehen, zumal dann, wenn geschlechterdifferenzierende Leseförderung dahin tendiert, primär Leseförderung für Jungen zu sein, und andererseits davon ausgegangen wird, dass Mädchen gleichsam von Natur aus das lesende Geschlecht sind und deshalb auch nicht eigens einer differenzierten Leseerziehung bedürfen.

Schließlich gehört zu einem gendersensiblen Literaturunterricht auch die Rücksichtnahme auf die Bedürfnisse und Probleme des Einzelnen jenseits der Zugehörigkeit zur Mädchen- oder Jungengruppe. Die Leseleistungen können zwischen Mädchen und zwischen Jungen mehr divergieren als zwischen den beiden Geschlechtern (Philipp 2011, S. 20). Deshalb ist der Forderung nach einer möglichst individualisierenden Betrachtung in Bezug auf Lesekompetenz und literarische Bildung nur zuzustimmen. Genauso gilt in diesem Zusammenhang auch, dass durch „die Verallgemeinerung, welche die Lernenden in erster Linie als Angehörige einer Geschlechtergruppe fasst, [...] in der konkreten Unterrichtssituation die Möglichkeit eines von der Geschlechterzuschreibung absehenden Zugangs fast unmöglich gemacht [wird]" (Willems 2007, S. 177).

Eine andere Zielsetzung des Literaturunterrichts betrifft die inhaltliche Auseinandersetzung der Schülerinnen und Schüler mit Geschlechterbildern, -rollen, -identitäten und deren spezifischer Inszenierung in literarischen Texten und in anderen ästhetischen Medien. Der Literaturunterricht leistet einen wichtigen Beitrag dazu, dass Mädchen und Jungen an das Lesen herangeführt werden und ihnen gleichzeitig eine Auseinandersetzung mit eigenen oder gesellschaftlich vermittelten Männlichkeits- bzw. Weiblichkeitsidealen ermöglicht wird. Methodisch ist dies generell durch möglichst offene Zugangsweisen zu gewährleisten, die „sich bewusst im Spannungsfeld zwischen verschiedenen tradierten und neuen Rollenbildern bewegen und vielfältige Möglichkeiten kreativer Auseinandersetzung" (Schilcher/Hallitzky 2004, S. 126) vor allem mit Hilfe von Konzepten des handlungs- und produktionsorientierten Literaturunterrichts (Spinner 2010) eröffnen. Darüber hinaus aber ist es notwendig, dass Schülerinnen und Schüler über literarisch vermittelte Geschlechterbilder und -verhältnisse mit zunehmender Komplexität ins Gespräch kommen und Einblicke erhalten in historisch und kulturell variierende geschlechtlich gebundene Wissensbestände und Handlungsmuster. Dabei sind nicht nur ältere Perspektiven wie patriarchale Strukturen oder traditionelle Rollenverteilungen zwischen Männern und Frauen zu fokussieren, sondern im Blickfeld steht gemäß der neueren Genderforschung die Vielfalt des literarischen und kulturellen doing gender (v. Braun/Stephan 2006). Literarische Medien sind dichte Texturen eines solchen doing gender und diese gilt es „im Rahmen eines Literaturunterrichts, der Gender als kritisches Instrument der kulturellen Reflexion und als Analysekategorie begreift, zu nutzen" (Krammer 2007, S. 92), um Schülerinnen und Schüler zu befähigen, selber an den kulturellen Diskursen über Geschlecht und Identität teilnehmen zu können. Nimmt die Literaturdidaktik bisher nur sporadisch Kenntnis von den Konzepten der neueren literaturwissenschaftlichen Genderforschung, so ist davon auszugehen, dass sie in der konkreten Unterrichtspraxis noch weniger die Analyse und Interpretation literarischer Texte anregen. Gänzlich unbeachtet sind bisher die Erkenntnisse der literatur- und kulturwissenschaftlichen Männlichkeitsforschung (Horlacher 2010). In Zeiten verstärkter Aufmerksamkeit für Jungen hält diese jedoch hilf-

8 Didaktik des Deutschunterrichts: Literaturdidaktik und Geschlechterforschung

reiche methodische und inhaltliche Anregungen für die Modellierung eines geschlechterorientierten Literaturunterrichts bereit, in dem auf elaboriertem Niveau Texte auf ihre Geschlechterkonstruktionen hin gelesen werden. So ermöglicht etwa das Konzept der ‚hegemonialen Männlichkeit' (Connell 2006, S. 97–102), zwischen Männlichkeiten und Weiblichkeiten, aber auch zwischen unterschiedlichen Männlichkeiten zu unterscheiden. Das Konzept geht von der Relationalität von Geschlecht aus. Dies erweitert die Möglichkeiten literarischer Analyse, insofern über Männer- und Frauenbilder bzw. Stereotype hinaus Geschlecht (Männlichkeit/Weiblichkeit) als komplexe Konfiguration (Tholen 2005) sichtbar wird, welche nichts anderes ist als ein Knotenpunkt der im Text zueinander in Beziehung tretenden männlichen und weiblichen Figuren und Figurationen. Dabei sind die sichtbar werdenden Beziehungen der Figuren zu anderen sowie deren Selbstbeziehungen zumeist ambivalent und ambig. So erweisen sich im Medium der Literatur scheinbar fertige, kulturell vorgeprägte Geschlechtermuster und -identitäten als offen, brüchig, widersprüchlich und auch veränderbar; nicht zuletzt deshalb, weil sie immer auch im literarischen Modus der Narration inszeniert sind (Erhart 2005, S. 222).

Statt bei der Aufdeckung und Reproduktion traditioneller, dichotomisierender Rollen- und Identitätszuschreibungen stehen zu bleiben, ist es notwendig, dass literaturdidaktische Ansätze und literaturunterrichtliche Modellierungen die ganze Bandbreite der Genderforschung berücksichtigen, um auch auf der Ebene der inhaltlich-thematischen Auseinandersetzung mit Geschlecht entlang der literarischen Tradition und zumal der Gegenwartsliteratur (einschließlich der Kinder- und Jugendliteratur) einen zeitgemäßen interpretativen Umgang mit Texten und Medien zu initiieren. Voraussetzung dafür ist allerdings in erster Linie die Befähigung der weiblichen wie der männlichen Lehrkräfte, im Sinne eines gendersensiblen Literaturunterrichts (selbst)reflexiv zu planen und zu handeln (Budde/Scholand/Faulstich-Wieland 2008).

Literatur

Baar, Robert (2012): „Ich möchte nicht so eine typische Grundschultante sein." Männlichkeitskonstruktionen von Grundschullehrern und deren Auswirkungen auf die professionelle Handlungspraxis. In: Bauer, Dieter/Lundt, Bea/Tholen, Toni (Hrsg.): Geschlecht – (k)ein Thema in der Lehramtsausbildung. Stuttgart: Franz Steiner (in Vorb.).

Barth, Susanne (1997): Differenzen: weiblich-männlich. In: Praxis Deutsch 143, S. 17–23.

Bauer, Dieter/Lundt, Bea/Tholen, Toni (Hrsg.) (2012): Geschlecht – (k)ein Thema in der Lehramtsausbildung. Stuttgart: Franz Steiner (in Vorb.).

Baurmann, Jürgen/Spinner, Kaspar H. (1985): „Mädchen – Junge" als Problem und Thema des Deutschunterrichts. In: Praxis Deutsch (73), S. 12–15.

Bos, Wilfried u. a. (Hrsg.) (2005): IGLU – Vertiefende Analysen zu Leseverständnis, Rahmenbedingungen und Zusatzstudien. Münster: Waxmann.

Braun, Christina von/Stephan, Inge (Hrsg.) (2006): Gender-Studien: eine Einführung. 2., aktual. Auflage. Stuttgart: Metzler.

Budde, Jürgen (2012): Männlichkeitsforschung im Deutschunterricht: Positionen – Differenzen – Perspektive. In: Bauer, Dieter/Lundt, Bea/Tholen, Toni (Hrsg.): Geschlecht – (k)ein Thema in der Lehramtsausbildung. Stuttgart: Franz Steiner (in Vorb.).

Budde, Jürgen/Scholand, Barbara/Faulstich-Wieland, Hannelore (2008): Geschlechtergerechtigkeit in der Schule. Eine Studie zu Chancen, Blockaden und Perspektiven einer gendersensiblen Schulkultur. Weinheim: Juventa Verlag.

Butler, Judith (1991): Das Unbehagen der Geschlechter. Frankfurt a. M.: Suhrkamp.

Connell, Robert W. (2006): Der gemachte Mann: Konstruktion und Krise von Männlichkeiten. Opladen: VS Verlag für Sozialwissenschaften.

Erhart, Walter (2005): Das zweite Geschlecht „Männlichkeit", interdisziplinär. Ein Forschungsbericht. In: Internationales Archiv für Sozialgeschichte der deutschen Literatur 30 (2), S. 156–232.

Frederking, Volker (2010): Identitätsorientierter Literaturunterricht. In: Frederking, Volker u. a. (Hrsg.): Taschenbuch des Deutschunterrichts. Bd. 2. Literatur- und Mediendidaktik. Baltmannsweiler: Schneider-Verlag Hohengehren, S. 414–451.

Garbe, Christine (2007): Lesen – Sozialisation – Geschlecht. Geschlechterdifferenzierende Leseforschung und -förderung. In: Bertschi-Kaufmann, Andrea (Hrsg.): Lesekompetenz, Leseleistung, Leseförderung. Seelze: Klett/Kallmeyer, S. 66–82.

Garbe, Christine (2008): „Echte Kerle lesen nicht?" Was eine erfolgreiche Leseförderung für Jungen beachten muss. In: Matzner, Michael/Tischner Wolfgang (Hrsg.): Handbuch Jungen-Pädagogik. Weinheim, Basel: Beltz, S. 301–315.

Garbe, Christine (2010): Literarische Sozialisation – Mediensozialisation. In: Frederking, Volker u. a. (Hrsg.): Taschenbuch des Deutschunterrichts. Bd. 2. Literatur- und Mediendidaktik. Baltmannsweiler: Schneider-Verlag Hohengehren, S. 21–40.

Graf, Werner (2004): Der Sinn des Lesens. Modi der literarischen Rezeptionskompetenz. Münster: LIT Verlag.

Graf, Werner (2007): Lesegenese in Kindheit und Jugend. Einführung in die literarische Sozialisation. Baltmannsweiler: Schneider-Verlag Hohengehren.

Helbig, Marcel (2010): Lehrerinnen trifft keine Schuld an der Schulkrise der Jungen. In: WZBrief Bildung 11.

Heuser, Magdalene (Hrsg.) (1982): Frauen – Sprache – Literatur. Fachwissenschaftliche Forschungsansätze, didaktische Modelle und Erfahrungsberichte für den Deutschunterricht. Paderborn, München: Schöningh.

Horlacher, Stefan (2010): „Wann ist die Frau eine Frau?" – „Wann ist der Mann ein Mann?": Konstruktionen von Geschlechtlichkeit von der Antike bis ins 21. Jahrhundert. Würzburg: Königshausen&Neumann.

Hurrelmann, Bettina (2002): Leseleistung – Lesekompetenz. In: Praxis Deutsch 176 , 6–18.

Hurrelmann, Bettina/Groeben, Norbert (2004): Geschlecht und Medien: Immer noch mehr Fragen als Antworten. In: SPIEL 23 (1), S. 175–186.

JIM-Studie (2010): Jugend, Information, (Multi-)Media. Basisuntersuchung zum Medienumgang 12- bis 19-Jähriger. Hrsg. vom Medienpädagogischen Forschungsverbund Südwest. Stuttgart.

Kassner, Karsten (2008): Männlichkeitskonstruktionen von „neuen Vätern". In: Baur, Nina/Luedtke, Jens (Hrsg.): Die soziale Konstruktion von Männlichkeit. Hegemoniale und marginalisierte Männlichkeiten in Deutschland. Opladen, Farmington Hills: Verlag Barbara Budrich, S. 141–163.

KIM-Studie (2010): Kinder +Medien. Computer +Internet. Basisuntersuchung zum Medienumgang 6- bis 13-Jähriger in Deutschland. Hrsg. vom Medienpädagogischen Forschungsverbund Südwest. Stuttgart.

Kliewer, Annette (2004): Von der feministischen zur geschlechterdifferenzierenden Literaturdidaktik. In: Kliewer, Annette/Schilcher, Anita (Hrsg.): Neue Leser braucht das Land. Baltmannsweiler: Schneider-Verlag Hohengehren, S. 84–97.

8 Didaktik des Deutschunterrichts: Literaturdidaktik und Geschlechterforschung 111

KMK (2010): Ländergemeinsame inhaltliche Anforderungen für die Fachwissenschaften und Fachdidaktiken in der Lehrerbildung. Online http://www.kmk.org/fileadmin/veroeffentlichungen_beschluesse/2008/2008_10_16-Fachprofile-Lehrerbildung.pdf 16.09.2011.

Krammer, Stefan (2007): Spielarten des Männlichen. Anregungen (nicht nur) für den Literaturunterricht. In: ide 31 (3), S. 92–99.

Krammer, Stefan/Moser-Pacher, Andrea (Hrsg.) (2007): Gender. Themenheft ide. Informationen zur Deutschdidaktik. 31 (3).

Marci-Boehncke, Gudrun (2006): Jungen lesen Filme: Medienerziehung als Gender Mainstreaming in der Grundschule. In: Josting, Petra/Hoppe, Heidrun (Hrsg.): Mädchen, Jungen und ihre Medienkompetenzen: aktuelle Diskurse und Praxisbeispiele für den (Deutsch-)Unterricht. München: Kopaed, S. 106–129.

Meuser, Michael (1998): Geschlecht und Männlichkeit: soziologische Theorie und kulturelle Deutungsmuster. Opladen: Leske + Budrich.

Müller-Walde, Katrin (2010): Warum Jungen nicht mehr lesen: und wie wir das ändern können. Überarb. u. akt. Frankfurt a. M.: Campus.

Verordnung über Masterabschlüsse für Lehrämter in Niedersachsen (Nds. Master-VO Lehr.) (2007). In: Niedersächsisches Gesetzes- und Verordnungsblatt 61 (33), S. 488–495.

OECD (Hrsg.) (2001): Lernen für das Leben. Erste Ergebnisse der Internationalen Schulleistungsstudie PISA 2000. Paris.

Philipp, Maik (2008): Lesen, wenn anderes und andere wichtig werden. Empirische Erkundungen zur Leseorientierung in der peer group bei Kindern aus fünften Klassen. Münster: LIT Verlag.

Philipp, Maik (2011): Lesen und Geschlecht 2.0. Fünf empirische Achsen der Differenz erneut betrachtet. Online http://leseforum.ch/myUploadData/files/2011_1_Philipp.pdf 08.06.2011.

Philipp, Maik/Garbe, Christine (2007): Lesen und Geschlecht – empirisch beobachtbare Achsen der Differenz. In: Bertschi-Kaufmann, Andrea (Hrsg.): Lesekompetenz, Leseleistung, Leseförderung. Seelze: Klett/Kallmeyer (Ergänzender Beitrag auf CD-ROM).

Pieper, Irene (2010): Lese- und literarische Sozialisation. In: Kämper-van den Boogart, Michael/Spinner, Kaspar H. (Hrsg.): Lese- und Literaturunterricht. Teil 1: Geschichte und Entwicklung; Konzeptionelle und empirische Grundlagen. Baltmannsweiler: Schneider-Verl. Hohengehren (= Deutschunterricht in Theorie und Praxis, 11/1), S. 87–147.

Richter, Karin/Plath, Monika (2005): Lesemotivation in der Grundschule: empirische Befunde und Modelle für den Unterricht. Weinheim, München: Juventa.

Rosebrock, Cornelia (2004): Informelle Lesesozialisationsinstanz Peer-Group. In: Groeben, Norbert/Hurrelmann, Bettina (Hrsg.): Lesesozialisation in der Mediengesellschaft. Ein Forschungsüberblick. München, Weinheim: Juventa-Verlag, S. 250–280.

Rosebrock, Cornelia/Nix, Daniel (2008): Grundlagen der Lesedidaktik und der systematischen schulischen Leseförderung. Baltmannsweiler: Schneider-Verlag Hohengehren.

Schilcher, Anita (2001): Geschlechtsrollen, Familie, Freundschaft und Liebe in der Kinderliteratur der 90er Jahre: Studien zum Verhältnis von Normatitivität und Normalität im Kinderbuch und zur Methodik der Werteerziehung. Frankfurt a. M. u. a.: Lang.

Schilcher, Anita (2004): Einer für alle, alle für einen! Der Bandenroman als geschlechterübergreifende Lektüre. In: Kliewer, Annette/Schilcher, Anita (Hrsg.): Neue Leser braucht das Land. Baltmannsweiler: Schneider-Verlag Hohengehren, S. 156–171.

Schilcher, Anita (2010): Geschlechterdifferenzierung im Literaturunterricht. In: Frederking, Volker u.a. (Hrsg.): Taschenbuch des Deutschunterrichts. Bd. 2. Literatur- und Mediendidaktik. Baltmannsweiler: Schneider-Verlag Hohengehren, S. 357–373.

Schilcher, Anita/Hallitzky, Maria (2004): Was wollen die Mädchen, was wollen die Jungs – und was wollen wir? – Zu Inhalt und Methodik eines geschlechterdifferenzierenden Literaturunterrichts. In: Kliewer, Annette/Schilcher, Anita (Hrsg.): Neue Leser braucht das Land. Baltmannsweiler: Schneider-Verlag Hohengehren, S. 113–136.

Schubert-Felmy, Barbara (2006): Zur Mitarbeit der Jungen im Literaturunterricht – Wie kann man sie erreichen? In: Josting, Petra/Hoppe, Heidrun (Hrsg.): Mädchen, Jungen und ihre Medienkompetenzen: aktuelle Diskurse und Praxisbeispiele für den (Deutsch-)Unterricht. München: Kopaed, S. 151–167.

Spinner, Kaspar H. (2010): Handlungs- und produktionsorientierter Literaturunterricht. In: Frederking, Volker u. a. (Hrsg.): Taschenbuch des Deutschunterrichts. Bd. 2. Literatur- und Mediendidaktik. Baltmannsweiler: Schneider-Verlag Hohengehren, S. 311–325.

Stachowiak, Kerstin (2012): Literarisches Lesen im Medienverbund. Zur Problematik polarisierender Genderkonstruktionen in der Kinder- und Jugendliteratur und ihrer Festschreibung im Literaturunterricht. In: Bauer, Dieter/Lundt, Bea/Tholen, Toni (Hrsg.): Geschlecht – (k)ein Thema in der Lehramtsausbildung. Stuttgart: Franz Steiner (in Vorb.).

Stamm, Margrit (2008): Underachievement von Jungen: Perspektiven eines internationalen Diskurses. In: Zeitschrift für Erziehungswissenschaft 11 (1), S. 106–204.

Tholen, Toni (2005): Verlust der Nähe. Reflexion von Männlichkeit in der Literatur. Heidelberg: Winter.

Tholen, Toni (2008): Männlichkeit(en) literatur- und kulturwissenschaftlich erforschen. Diskussion. In: Scholz, Sylka/Willms, Weertje (Hrsg.): Postsozialistische Männlichkeiten in einer globalisierten Welt. Münster: LIT Verlag, S. 217–230.

Tholen, Toni (2011): Männerbilder im Wandel? Beobachtungen zur Literatur des beginnenden 21. Jahrhunderts. In: Hindinger, Barbara/Langner, Martin M. (Hrsg.): „Ich bin ein Mann, wer ist es mehr?" Männlichkeitskonzepte in der deutschen Literatur vom Mittelalter bis zur Gegenwart. München: Iudicium, S. 282–310.

Tholen, Toni (2012): Männlichkeit als Kategorie der Literaturinterpretation. In: Bauer, Dieter/Lundt, Bea/Tholen, Toni (Hrsg.): Geschlecht – (k)ein Thema in der Lehramtsausbildung. Stuttgart: Franz Steiner (in Vorb.).

Weaver-Hightower, Marcus (2003): The ‚Boy Turn' in Research on Gender an Education. In: Review of Educational Research 73, S. 471–498.

Weißenburger, Christian (2009): Helden lesen! Die Chancen des Heldenmotivs bei der Leseförderung von Jungen. Baltmannsweiler: Schneider-Verlag Hohengehren.

Willems, Katharina (2007): Schulische Fachkulturen und Geschlecht. Physik und Deutsch – natürliche Gegenpole? Bielefeld: transcript.

Didaktik des Deutschunterrichts: Geschlechterforschung und Schriftsprachdidaktik

9

Sigrun Richter

9.1 Stand der Geschlechterforschung in der Schriftsprachdidaktik

„Jungen können Mathe, sind aber schlechter in sprachlichen Leistungen", heißt ein altes Stereotyp. Der zweite Satzteil führte aber erst nach dem PISA-Schock dazu, dass auch in der Öffentlichkeit Handlungsbedarf eingefordert wurde. Ziel dieses Aufsatzes ist, anhand von Untersuchungsergebnissen zu analysieren, in welchem Umfang die tradierte Auffassung von Geschlechterdifferenzen in schriftsprachlichen Kompetenzen tatsächlich belegbar ist und wo auf diesem Hintergrund Ansätze für einen geschlechtergerechten Unterricht liegen können. Da ‚Schriftsprachdidaktik' nicht zur klassischen Einteilung der Deutschdidaktik gehört, soll vorab eine Begriffsbestimmung gegeben werden.

9.1.1 Begriffsbestimmung von Schriftsprachdidaktik

Unter Schriftsprachdidaktik wird der Teil der Deutschdidaktik verstanden, der sich jahrgangs- und schulformübergreifend mit der Entwicklung von Lese- und (Recht-)Schreibkompetenzen beschäftigt. Der Terminus ‚Schriftsprache' hat im vergangenen Jahrhundert die Terminologie ‚Lesen und Schreiben lernen' abgelöst. Damit wurde ein Paradigmenwechsel sichtbar, der die Betrachtung von Lesen und Schreiben als technischer Fertigkeiten (‚Kulturtechniken') ersetzt durch die umfassendere Bestimmung als Erwerb von Literalität, die kulturelle Teilhabe gewährleisten soll (Dehn 1988). „Schriftspracherwerb bedeutet Denkentwicklung, die auf den Erwerb umfassender Handlungskompetenz zielt" (Schründer-Lenzen 2004, S. 14). Damit verbunden ist die Einbeziehung des Konstrukts der Entwicklungsstufen (vgl. u. a. Frith 1985), das in der Tradition Piagets qualitativ unter-

---

S. Richter (✉)
Raiffeisenstraße 39, 93059 Regensburg, Deutschland
E-Mail: sigrun.richter@t-online.de

M. Kampshoff, C. Wiepcke (Hrsg.), *Handbuch Geschlechterforschung und Fachdidaktik*, 113
DOI 10.1007/978-3-531-18984-0_9,
© VS Verlag für Sozialwissenschaften | Springer Fachmedien Wiesbaden 2012

scheidbare Stufen bei der individuellen Aneignung annimmt. Das Fortschreiten kann durch Unterricht nicht erzwungen, sondern nur unterstützt werden. Die Lernenden müssen diesen Prozess eigenaktiv bewältigen, was zwangsläufig den Blick auch auf die Bedingungen des je individuellen Erwerbs richtet, z. B. aktueller Kompetenzstand, Motivation, Interesse und auch Geschlechtszugehörigkeit.

9.1.2 Berücksichtigung der Geschlechterforschung in der Schriftsprachdidaktik

Wie für den gesamten Fachbereich Deutsch wurden auch für den Schriftspracherwerb bessere Leistungen der Mädchen angenommen und in einzelnen Untersuchungen seit den 1960er Jahren auch bestätigt (Ferdinand 1965; Kern 1973). Sie ergaben für Mädchen höhere Durchschnittsleistungen, eine Überrepräsentanz in der Spitzengruppe und eine Unterrepräsentanz im unteren Leistungsbereich.

Während aber in den Bereichen Mathematik und Naturwissenschaften, in denen eine männliche Überlegenheit festgestellt oder auch nur angenommen wurde, die Frage der ‚Mädchenförderung' seit Beginn der 1980er Jahre breites gesellschaftliches Interesse fand, gelangen die schlechteren Leistungen der Jungen im Schriftsprachbereich erst in letzter Zeit in den Fokus der Didaktik. So lange die gesellschaftlichen Machtverhältnisse eindeutig zu Gunsten des männlichen Geschlechts gestaltet waren, wurde offenbar wenig Notwendigkeit gesehen, sich mit Minderleistungen von Jungen zu beschäftigen. Höchstens im Bereich der ‚Krankheit Legasthenie' wurde eine größere Betroffenheit der Jungen eingeräumt (Vellutino 1979). Schon 1990 vermuteten Shaywitz und Shaywitz et al. dass diese Ergebnisse auf einem ‚sex bias' beruhen könnten, vor allem, wenn die Förderbedürftigkeit von Lehrpersonen eingeschätzt wurde. Von den Jungen werden demnach eher schlechte Leistungen erwartet und so im Prozess des ‚doing gender' (re-)produziert.

Während die feministische Schulforschung Ursachen für Minderleistungen von Mädchen im naturwissenschaftlichen und mathematischen Bereich schon früh in der Art des Unterrichts vermutete, wurde dieser Zusammenhang für den Schriftsprachbereich lange nicht hergestellt, was sicher auch in der Annahme einer ‚krankheitsbedingten' Verursachung begründet war (siehe oben). Erst seit die Jungen als die ‚Verlierer im Bildungssystem' ausgemacht wurden, erwachte die Gesellschaft aus dem Traum des „Überlegenheitsimperativs des männlichen Geschlechts" (Möller 2009, S. 6). Auch in der Geschlechterforschung fand ein Perspektivwechsel statt (‚boy turn'). „Gegenwärtig geht es um die Jungen", schrieb Flaake (2006, S. 27) zu ihrer Gegenstandsbestimmung.

Auch in der Deutschdidaktik wird zunehmend das ‚Ideal einer Geschlechtergerechtigkeit durch gleichen Unterricht für alle' in Frage gestellt und die Forderung nach größerer Berücksichtigung männlicher Interessen gestellt, hauptsächlich allerdings nur im Bereich der Literaturdidaktik (u. a. Schilcher 2010). Im Bereich des Lesen- und Rechtschreiblernens jedoch, in dem die schlechteren Leistungen der Jungen besonders gravierend zu sein scheinen, ist ein solcher Bezug noch immer die Ausnahme, obwohl Befunde über interessenbezogene Leistungsunterschiede vorliegen (siehe Abschnitt 9.2). Unterrichtsmethoden

9 Didaktik des Deutschunterrichts: Geschlechterforschung und Schriftsprachdidaktik

und Unterrichtsmaterialien wurden in Bezug auf diesen Aspekt bisher kaum näher analysiert.

In der öffentlichen Debatte geht es auch nicht so sehr um eine Änderung des Unterrichts. Hier wurde schnell eine ‚Hauptursache' ausgemacht, die Feminisierung der Lehrämter: Die Dominanz weiblicher Lehrpersonen vor allem in den Grundschulen benachteilige die Jungen, was nicht nur für deren schlechtere Leistungen im Primarbereich verantwortlich gemacht wurde, sondern auch für die geringere Anzahl männlicher Abiturienten (u. a. Diefenbach/Klein 2002). Gefordert wurden drastische Maßnahmen zur Erhöhung des Anteils männlicher Lehrpersonen, bis hin zur Forderung nach einer ‚Männerquote' von 30 % bei den Studienanfängern, die schon deshalb nicht umgesetzt werden kann, weil gegenwärtig gar nicht genug Lehramtsstudenten vorhanden sind: Unter den Studienanfängerinnen und -anfängern für das Grundschullehramt beträgt der Männeranteil seit Jahren weniger als 10 % (Aktionsrat Bildung 2009). Schwerer als die Frage, wie mehr Männer für das Lehramt gewonnen werden können, wiegt jedoch, dass die These von einer Benachteiligung der Jungen durch weibliche Lehrpersonen wissenschaftlich nicht belegt werden kann, weder für die Leistungsentwicklung noch in Bezug auf die Übergangsquoten in die Schulformen der Sekundarstufe (Helbig 2010; Bacher et al. 2008; Kuhn 2008; Schultheis 2008).

Wenn nun das Geschlecht der Lehrperson nicht als Ursache ausgemacht werden kann und wenn es stattdessen eher Hinweise auf mangelnde Berücksichtigung männlicher Belange im Unterricht gibt, dann müssen Lehrpersonen im Studium dafür sensibilisiert werden. Tatsächlich fehlen jedoch – von wenigen Ausnahmen abgesehen – entsprechende Veranstaltungen (Stachowiak 2010).

Zusammenfassend ist festzustellen:

1. Eine zumindest tendenzielle Unterlegenheit von Jungen bei Schriftsprachleistungen ist lange bekannt, ohne dass Ursachen in der Unterrichtsgestaltung abgeklärt wurden.
2. Eine Benachteiligung der Jungen durch weibliche Lehrpersonen ist nicht belegbar.
3. Lehramtsstudierende werden in ihrer Ausbildung nicht hinreichend für die Dimension ‚Gender' sensibilisiert.

Bevor mögliche Konkretisierungen für einen geschlechtersensiblen Schriftsprachunterricht betrachtet werden, sollen neuere Forschungsergebnisse und die herkömmlich für die Interpretation verwendeten Erklärungsmuster auf ihre Tragfähigkeit untersucht werden.

9.2 Geschlechterdifferenzen in Schriftsprachleistungen: Empirische Befunde und Erklärungsmodelle

9.2.1 Untersuchungsergebnisse über Geschlechterdifferenzen in schriftsprachlichen Kompetenzen

Die für eine geschlechterbezogene Betrachtung relevanten Ergebnisse aus Studien seit den 1990er Jahren können in *elf Kernbefunden* zusammengefasst werden:

1. Am *Schulanfang* sind die Mädchen nur im Leistungsbereich ‚Aufschreiben ganzer Wörter' überlegen (Richter 1992; Schneider 1994). Hinsichtlich der Einsichten in den Aufbau der Schrift unterscheiden sich die Geschlechter nicht (Richter 1992; Schneider 1994; Mannhaupt 1994; Vellutino 1992; Weinert/Helmke 1997). Am Schulanfang können bereits mehr Mädchen als Jungen lesen (Schneider 1994; Neuhaus-Siemon 1994). Innerhalb dieser Gruppe lagen die Durchschnittsleistungen der Jungen über denen der Mädchen, was in der Studie in Einzeltests gemessen wurde, den Lehrpersonen aber nicht aufgefallen war.

2. Der *Einstieg in den schulischen Schriftspracherwerb* gelingt den Jungen und Mädchen gleich gut. Aber ab einem Zeitpunkt zwischen dem 2. und dem 4. Schulhalbjahr zeigen Mädchen im Durchschnitt bessere Leistungen (Richter 1992; Vellutino 1992; May 1994; Mannhaupt 1994; Schneider 1994; Weinert/Helmke 1997). Bei komplexerer Aufgabenstellung zeigen sich die Leistungsschwächen von Jungen früher, bei eher eindimensionalem Material fallen sie erst später auf.

3. Jungen zeigen insbesondere schlechtere *Rechtschreibleistungen* (Richter 1992; Vellutino 1992; May 1994; Mannhaupt 1994; Schneider 1994; Weinert/Helmke 1997; Granzer et al. 2009). Die Unterschiede bleiben bis zum Ende der Sekundarstufe I bestehen (DESI-Konsortium 2008; Hartig/Jude 2008).

4. Die Unterschiede im *Rechtschreiben* zeigen sich *nicht einheitlich über das gesamte Wortmaterial* hinweg: Wörter mit spezifisch männlichem Interessenbezug schreiben Jungen häufiger richtig (May 1994; Brügelmann/Richter 1994; Bos et al. 2003), z. B. im Bereich ‚Technik' (Computer, ölig, informieren, sinkt, drehen, Benzintank), ‚Abenteuer' (Muskeln, Strapazen, spuken) und ‚Sport' (Fußball, Torwart).

5. In der *Lesekompetenz* sind Geschlechterdifferenzen *in der Grundschulzeit* zwar tendenziell vorhanden (Elley 1992), aber nicht über alle Textsorten hinweg (Lehmann 1994) und am Ende der Grundschule in Deutschland nicht in besonders großem Ausmaß (Bos et al. 2010), am deutlichsten noch bei narrativen (Lehmann 1994) und literarischen Texten (Bos et al. 2010).

6. Eine Regressionsanalyse der Ergebnisse von IGLU 2006 ergab als *Risikofaktoren für das Lesenlernen* „Bildungsniveau der Familie", „Migrationsstatus" und „Sozialindex" (Bos et al. 2010). Der Risikofaktor ‚Junge sein' verfehlte (knapp) die Signifikanzgrenze. Besonders risikobelastet ist also ein Kind mit Migrationshintergrund aus einer Familie mit geringem Bildungsniveau und Sozialindex, was für Jungen stärker ausgeprägt gilt als für Mädchen.

7. In *der Sekundarstufe I* verschlechtert sich die *Lesekompetenz* der Jungen (PISA-Erhebung 2009; Klieme et al. 2010), was sich vor allem im unteren Leistungsbereich zeigt. In der mittleren Kompetenzstufe III war der Anteil von Jungen und Mädchen dagegen ungefähr gleich.

8. Bei Befragungen über *Lesemotivation, Einstellung zum Lesen* und zur *bevorzugten Lektüre* fanden Valtin et al. (2008) am Ende der Grundschule bei den Mädchen signifikant höhere Werte für Lesemotivation, nicht aber in Bezug auf das Leseselbstkonzept. Bei den bevorzugten Textsorten zeigten Mädchen eine Präferenz für Geschichten, Romane, Bücher, die etwas erklären, und Zeitschriften. Jungen lasen lieber Comics, Anleitungen und Gebrauchsanweisungen (Valtin/Sasse 2011).

9. Jungen und Mädchen, die das das gleiche Niveau an *Lesemotivation* aufweisen, unterscheiden sich nicht wesentlich in ihrer *Lesekompetenz* (Artelt/Naumann/Schneider 2010, S. 108), wobei eine Wechselwirkung zwischen den Faktoren angenommen werden kann: Wer nicht gut lesen kann, liest auch nicht gern, während seltenes Lesen in der Freizeit wiederum für die Ausbildung der Lesekompetenz hinderlich ist (Hurrelmann 1993).

10. Die Erforschung der Kompetenzen bei der *Textproduktion* steht noch am Anfang (Neumann 2007), was auf die Schwierigkeiten bei der Operationalisierung von Bewertungsmaßstäben zurückzuführen ist. In der 2003/2004 durchgeführten DESI-Studie wurde für den 9. Jahrgang ein Versuch dazu unternommen. Das Ergebnis zeigt eine hoch bedeutsame Überlegenheit der Mädchen (Hartig/Jude 2008). Für Verallgemeinerungen reicht die Datenbasis nicht aus.

11. Für alle Bereiche gilt, dass sich die *Leistungsverteilungen* stark *überlappen*. Es gibt auch gute Leistungen bei den Jungen und schlechte bei den Mädchen, wenn auch in der oberen Leistungsgruppe die Mädchen und in der unteren die Jungen überrepräsentiert sind (vgl. Naumann et al. 2010, S. 25).

Die Kernbefunde zeigen, dass hinterfragt werden muss, ob es überhaupt gerechtfertigt ist, von Geschlechter*differenzen* beim Schriftspracherwerb zu sprechen. Nach Bamberg und Mohr (1992, S. 237) liegen psychologische Geschlechtsunterschiede dann vor, „wenn psychische Merkmale bei Personengruppen des einen Geschlechts qualitativ oder quantitativ anders ausgeprägt sind als bei Personengruppen des anderen Geschlechts". Diese sehr vage Definition weist auf Probleme für Forschung und Ergebnisinterpretation hin: Unklar ist, welche definierten Kriterien erfüllt sein müssen, damit hinreichend belegt von ‚Unterschieden' gesprochen werden kann. Wie in Kernbefund 11 dargestellt, überlappen sich die Befunde bei allen Untersuchungen stark. Die Unterschiede innerhalb einer Gruppe sind stets größer als die Unterschiede zwischen den beiden Gruppen (Gage/Berliner 1986, S. 207). Kimura (1992, S. 204) fordert deshalb, als statistisches Maß für die Beurteilung *nicht Mittelwertsdifferenzen* zu verwenden, *sondern die Effektstärken, in deren Berechnung auch die Streuung innerhalb der Verteilungen eingeht* (Cohen 1988). Nur Effekte von $d > .5$ sollten als bedeutsam angesehen werden. Dieses Maß wird aber durchaus nicht in allen Untersuchungsberichten angegeben, sodass in den meisten Fällen nur *Tendenzen* (Mittelwertsdifferenzen und unterschiedliche Präsenz in den Extremgruppen) angenommen werden können. Weiterhin sind große regionale Unterschiede festzustellen, zwischen den OECD-Staaten, aber auch zwischen den Bundesländern innerhalb Deutschlands (PISA, IGLU), was ebenfalls gegen eine Generalisierung der Differenzen-These spricht.

Das Konstrukt von *den* schriftsprachschwachen Jungen muss also relativiert werden. Die Tatsache, dass trotzdem die vorgefundenen Mittelwertsunterschiede so große Beachtung finden, kann mit zwei Tatbeständen erklärt werden. Zum einen ist es eine „Eigentümlichkeit gesellschaftlicher Wirklichkeitsinterpretation" (Bischof 1980, S. 41), überlappende Verteilungen zu uneindeutig zu finden: „Anstelle des gleitenden Mehr-oder-weniger sucht sie ein rigoroses Entweder-Oder zu setzen" (ebd.). Zum anderen sind auch weltanschauliche Gründe heranzuziehen. In kaum einem Bereich der Humanwissenschaften liegen

Ideologie und Wissenschaft so nahe beieinander wie bei der Erforschung von Geschlechterdifferenzen (Rudinger/Bierhoff-Alfermann 1979, S. 211), vor allem bei der Interpretation der Ergebnisse: Wenn eine rigide Vorstellung von Zweigeschlechtigkeit das Denken bestimmt, werden wissenschaftliche Ergebnisse auch unter dieser Perspektive rezipiert.

Mit einer Entdramatisierung der schlechteren Schriftsprachleistungen ist allerdings aus didaktischer Sicht nicht verbunden, Maßnahmen zur Verbesserung der Lernsituation der Jungen für überflüssig zu erachten. Im Gegenteil müssen die oben beschriebenen Tendenzen erkannt und analysiert werden, um sie im Sinne einer geschlechtersensiblen Unterrichtsgestaltung aufzufangen. Wie Bischof (1979) verdeutlicht, ist es gerade für eine geschlechtergerechte Erziehung notwendig, sich mit den Befunden über die Entstehung von Unterschieden zu beschäftigen: Wenn es sich um genetische Präformationen handelt, müssten Mädchen und Jungen unterschiedlich behandelt werden. Wenn das aber nicht zutrifft, „müsste die Strategie darin bestehen, beide Geschlechter von vornherein möglichst *gleichen* Umwelteinflüssen auszusetzen" (Bischof 1979, S. 58).

9.2.2 Bisher übliche Erklärungsmodelle für Geschlechterdifferenzen im schriftsprachlichen Bereich

Im Folgenden werden anlage- bzw. umweltorientierte Erklärungsmuster daraufhin untersucht, ob sie im Hinblick auf die vorliegenden Fakten plausibel sind.

9.2.2.1 Anlageorientierte Erklärungsansätze

Um eine typisch menschliche Ausdrucksweise als angeboren zu betrachten, muss sie universal sein (in allen Gesellschaften vorfindbar) und eine physiologische Basis haben (Schenk 1979, S. 22). Für die *Universalität* ist die Ergebnislage nicht ganz eindeutig. Die großen internationalen Vergleichsstudien (PISA, IGLU) zeigen aber eine Tendenz in diese Richtung. Die *physiologische Basis* wird vielfach in geschlechterdifferenter Anatomie des Gehirns gesehen, wofür es aber offenbar trotz der die Neurophysiologie revolutionierenden ‚bildgebenden Verfahren‘ keine hinreichend verlässlichen Befunde gibt. Bear et al. (2009, S. 613) schließen aus der Forschungslage, dass „die vielleicht verlässlichste Folgerung, die man über Geschlechtsdimorphismen der Gehirnstruktur beim Menschen ziehen kann, lautet, dass nur wenige existieren". Die Autoren führen kognitive Unterschiede eher auf individuelle Unterschiede zurück und verweisen zur Erklärung von differenten Durchschnittsleistungen auf die neuronale Plastizität: Da auf Männer und Frauen unterschiedliche Umwelteinflüsse einwirken, können sich – im Durchschnitt – etwas abweichende Fähigkeiten entwickeln, was sich wiederum auf die neuronalen Verschaltungen auswirken könnte (Bear et al. 2000, S. 614).

Neben den starken Überlappungen der Geschlechterverteilungen in den Ergebnissen wird auch die Forschungsmethodik kritisiert. So hält Fine (2010) die mit bildgebenden Verfahren ermittelten physiologischen Befunde für teilweise höchst angreifbar, z. B. wegen zu geringer Probandenzahlen (Verfahren sind teuer!), die eine Ausbalancierung von

9 Didaktik des Deutschunterrichts: Geschlechterforschung und Schriftsprachdidaktik 119

Störvariablen nicht gestatten. Schmitz (2004) weist darauf hin, dass Befunde über Gruppen eine ganze Reihe von methodischen Verfahrensschritten erfordern, bei denen Entscheidungen darüber gefällt werden müssen, welche Parameter einbezogen werden. Kaiser et al. (2004) konnten z. B. zeigen, dass das Vorhandensein von Geschlechterdifferenzen bei der Asymmetrie der Sprachareale von der bei der Berechnung angesetzten statistischen Schwelle abhängt.

Eine kritische Ergebnissichtung führt also zu dem Fazit, dass physiologische Befunde zur Erklärung von Geschlechterdifferenzen bei Schriftsprachleistungen nicht ausreichen, um lineare Beziehungen zwischen Gehirnstruktur und Verhalten zu belegen. Im Folgenden soll überprüft werden, welchen Beitrag sozialisationstheoretische Modelle zur Aufklärung leisten können.

9.2.2.2 Sozialisationstheoretische Erklärungsmodelle

Innerhalb sozialisationstheoretischer Modelle zur Erklärung von Geschlechterdifferenzen kommt dem Konstrukt der Geschlechtsrollenstereotype große Bedeutung zu, deren Fortwirken in der heutigen Zeit oft angezweifelt wird. In mehreren Untersuchungen wurde ihr Fortleben aber tatsächlich bestätigt (u. a. Valtin 2010), bei Jungen noch stärker als bei Mädchen (Spreng 2005). Eine Erklärung liefert der sozialkonstruktivistisch Ansatz des ‚Doing Gender' (West/Zimmermann 1987), wonach die Konstruktion des sozialen Geschlechts ein allgegenwärtiger Prozess des Handelns nach vorgegebenen Regeln ist, in dem abweichendes Tun sanktioniert wird. So trägt die gesamte Gesellschaft zur Verstärkung von Rollenklischees bei. Die große Wirksamkeit ihrer Dynamik mag auch die Neigung erklären, vehement an der Vorstellung von hirnorganischen Geschlechterdifferenzen festzuhalten, selbst wenn die Forschungslage anders aussieht (siehe Kapitel 9.2.2.1).

Bezogen auf den Schriftspracherwerb geht es zunächst um die Frage, ob ihre Verwendung in unserer Gesellschaft eher als weibliche Domäne betrachtet wird, ob es also ein Geschlechtsrollenstereotyp gibt, wonach Lesen und Schreiben ‚Frauensache' sind und damit möglicherweise für die Jungen von minderer Wichtigkeit, sodass diese für das Erlernen weniger Anstrengung aufbringen (Downing/Thomson 1977). Wenn dies der Fall sein sollte, wären behavioristische Lernmechanismen als Erklärung denkbar: Das kleine Mädchen wird schon in der Vorschulzeit verstärkt, wenn es sich mit Büchern beschäftigt und sich für Schrift interessiert, während diese Verstärkung bei den kleinen Jungen ausbleibt. Diese Tendenz setzt sich offenbar in der Schule fort, wie das Ergebnis von Neuhaus-Siemon (1994) zeigt, wonach für Lehrpersonen die guten Leistungen männlicher Frühleser aus dem Wahrnehmungsraster (vgl. Faulstich-Wieland et al. 2009) fallen, weil sie nicht erwartet werden. Dass dadurch Motivation nicht gesteigert wird, ist plausibel.

Eine unterschiedliche Förderung im Elternhaus ist aber offenbar nicht nachzuweisen, wie Hurrelmann (2004) in einem Forschungsüberblick feststellte. „Entscheidend scheint zu sein, dass die Lesesozialisation von den meisten Kindern als weiblich geprägt *erlebt* wird" (ebd., S. 183; Herv. S. R.). Kritisch muss dazu angemerkt werden, dass solche Ergebnisse in der Regel durch Befragung von Eltern ermittelt werden und dass diese eine unterschiedliche Behandlung von Jungen und Mädchen nicht einräumen, weil die Forderung nach gleicher Förderung für Mädchen und Jungen dem entgegensteht. Doing gender und Verbalisierung von Verhaltensregeln können sich durchaus widersprechen.

Groeben und Schröder (2004) kommen bei einer synoptischen Betrachtung verschiedener Einflussfaktoren auf Leseleistung und Lesemotivation zu dem Schluss, dass der Einfluss von ‚Gender‘ am ehesten erklärbar ist mit der Sozialisation durch die Gruppe der Gleichaltrigen, zusammen allerdings mit dem Einflussfaktor ‚Schicht‘: besonders negativ in der männlichen (Unterschicht-)Gruppe und besonders positiv in der weiblichen (Mittelschicht-)Gruppe.

Aus der Sicht des Modell-Lernens wird eine weibliche Überlegenheit bzw. ein größeres weibliches Interesse bei schriftsprachlichen Tätigkeiten damit begründet, dass Lese- und Schreibmodelle im Alltag fast immer Frauen sind. Wie in Kapitel 9.1 ausgeführt, ist aber eine negative Beeinflussung der Jungen durch weibliche Lehrpersonen wissenschaftlich nicht belegbar. Dies unterstreicht, dass sozialisationstheoretische Erklärungen subtiler ansetzen müssen, als es ein einfacher Rückgriff auf weibliche ‚Schriftsprachmodelle‘ leisten kann.

9.2.3 Unbeantwortete Fragen und Widersprüche

Wie in Kapitel 9.2.2 gezeigt wurde, führen bisherige Erklärungsansätze die größere Leistungsfähigkeit weiblicher Individuen im Schriftsprachbereich entweder auf die Hirnanatomie oder auf Sozialisation im Sinne einer Rollenzuweisung zurück. Aber hinreichend belegt sind diese Annahmen nicht. Von methodischen Unzulänglichkeiten der Untersuchungen abgesehen, bleibt vor allem die große Überschneidung der Leistungsverteilungen unerklärt (Kernbefund 11). Sowohl bei unterschiedlicher Hirnanatomie als auch bei der Annahme von generell unterschiedlichen Erwartungen an die schriftsprachlichen Leistungen von Jungen und Mädchen wären deutlichere Separierungen der Leistungsverteilungen zu erwarten (Brügelmann 2005). Eine Erklärung der Unterschiede scheint eher möglich zu sein, wenn auf einen erweiterten Sprachbegriff zurückgegriffen wird, wie ihn die Psycholinguistik nach der ‚kognitiven Wende‘ entwickelt hat, mit einer Schwerpunktverlagerung von der Syntax auf Semantik und Pragmatik (vgl. Brack 1992), also auf Aspekte der Sprachbedeutung und der konkreten Bedingungen des Sprachgebrauchs. Dies legen die Ergebnisse über unterschiedliche Leistungen der Geschlechter bei unterschiedlichem Sprachmaterial nahe (Kernbefund 4). Warum kann z. B. ein Junge ‚Schiedsrichter‘ und ‚Computer‘ richtig schreiben, versagt aber bei ‚Geburtstag‘ und ‚Eichhörnchen‘ (Richter/ Brügelmann 1994)? Dies ist weder mit hirnorganischen Befunden noch mit dem Hinweis auf weibliche Sprachmodelle zu beantworten. Es lässt sich vielmehr vermuten, dass hierbei die subjektive Bedeutsamkeit des Wortinhalts das Lernen fördert oder hemmt bzw. die Anstrengungsbereitschaft beim Verschriften beeinflusst. Dass erfolgreiches Lernen eine subjektive Bedeutsamkeit des Lerngegenstandes voraussetzt, ist in der neueren Lernforschung unbestritten (siehe im Überblick; Roth 2011). Bezogen auf das Schriftsprachlernen heißt das: Das Lese- und Schreib-‚material‘ muss sich inhaltlich an den Interessen der Kinder orientieren. Diese sind zwar – den Stereotypen folgend – in der Tendenz geschlechterdif-

9 Didaktik des Deutschunterrichts: Geschlechterforschung und Schriftsprachdidaktik

ferent, jedoch ebenfalls mit breiten Überschneidungsbereichen, was bei einem Transfer in den Unterricht berücksichtigt werden muss.

9.3 Transfer in die Schule und Forschungsperspektiven

Die häufig geforderten Vorschläge für speziell auf die Jungen abgestimmte Unterrichtskonzepte und -materialien sind wegen der starken Überschneidung der Leistungsverteilungen nicht die Lösung des Problems. Dasselbe gilt für den Interessenbezug: z. B. interessieren sich *mehr* Jungen für Fußball und Technik und *mehr* Mädchen für Pferde und Mode. Aber es gibt auch Mädchen mit Technikinteressen und Jungen, deren ganzes Herz den Tieren gehört. Auf die Rechtschreibung bezogen heißt das: Nicht alle Jungen schreiben ‚Schiedsrichter‘ richtig und ‚Eichhörnchen‘ falsch, bei manchen war es wahrscheinlich auch umgekehrt. Eine Ausrichtung an geschlechterstereotypen Interessen würde das Problem nur verschieben und außerdem zur Verfestigung von Geschlechterstereotypen beitragen. Halpern et al. (2011, S. 1706) sprechen gar von „pseudoscience of single sex schooling“. Ein geschlechtersensibler interessenbezogener Unterricht muss deshalb ein koedukativer aber individualisierter sein, d. h., jedes einzelne Kind muss die im Unterricht größtmögliche Wahl zwischen Materialien mit ganz verschiedenen pragmatischen und semantischen Inhalten haben, auch unter Einbeziehung stereotyper Inhalte. Für einen solchen an den individuellen Leistungsvoraussetzungen und Interessen ausgerichteten Unterricht müssen Lehrpersonen für subjektive Interessen ihrer Schülerinnen und Schüler aufgeschlossen sein. Insofern es sich dabei um geschlechterstereotype Inhalte handelt, bietet der Unterricht auch Gelegenheit zur Relativierung von Klischees durch Offenlegung in der Diskussion. Als Konzepte zur Implementierung von Lernchancengerechtigkeit zwischen und innerhalb der Geschlechtergruppen sind u. a. zu nennen:

1. *Lesen*: Schaffung von Alternativen zur verordneten ‚Pflichtlektüre‘, z. B. indem innerhalb eines Rahmenthemas verschiedene Bücher (unterschiedliche Textsorten) angeboten werden, aus denen die Kinder wählen und nach dem selbstständigen Lesen eine Präsentation für die Klasse erarbeiten können (Schilcher 2010; Bertschi-Kaufmann 2002). Um die Motivation vor allem der Jungen zu steigern, sollten auch neue Medien einbezogen werden (Richter/Plath 2002).
2. *Textproduktion*: Der klassische Aufsatzunterricht ist schon lange in Verruf geraten (Sennlaub 1980), weil er die Kreativität und die Schreibfreude hemmt. Die Alternative ist Freigabe der Textsorte und/oder der Themenwahl beim Schreiben eigener Texte (Altenburg 1996). Die Vorgabe eines Rahmenthemas und das Vorlesen in der Klasse hilft, den gemeinsamen Rahmen beim Lernen beizubehalten (Altenburg et al. 2010). Geschlechterstereotype können sichtbar gemacht und relativiert werden.
3. *Rechtschreibung*: Die Interessenaspekte bei unterschiedlichen Wörtern legen nahe, dass das Arbeiten mit individuell bedeutsamen Wörtern in Rechtschreibkarteien zu besseren Ergebnissen beitragen kann (Richter 1998; Leßmann 2007). Im sprachstatistischen

Sinn wirklich häufig sind nur etwa 100 Wörter (meist Funktionswörter). Danach sinkt der Textabdeckungsgrad rapide ab (degressive Struktur des Wortgebrauchs). Es gibt also auch aus linguistischer Sicht keinen Grund, an vorgegebenen Grundwortschätzen festzuhalten.

Bei der systematischen wissenschaftlichen Evaluierung solcher Maßnahmen besteht Forschungsbedarf. Repräsentativstudien können nur „Trends und Tendenzen aufzeigen und statistisch absichern, die dann in Detailuntersuchungen näher zu analysieren sind", um den Ursachen auf die Spur zu kommen (Lehmann 1994, S. 108). Brügelmann (2011) stellt an die Bildungsforschung anschaulich die Forderung: „Miss Marple neben PISA & Co". PISA zur Abschätzung von Trends liegt vor und wird fortgeschrieben; an „Miss Marple" – aufklärenden Detailuntersuchungen – mangelt es jedoch. Erforderlich sind Längsschnittuntersuchungen zur Überprüfung der längerfristigen Wirksamkeit von individualisierenden Maßnahmen, die möglichst genau mehrdimensional erfasst werden müssen, wobei die zur Effektmessung eingesetzten Instrumente ebenfalls geschlechtersensibel sein müssen, bei der Wahl der Texte, bei der Wortauswahl und bei den Themen, über die geschrieben werden soll. Zusammenfassend lässt sich sagen: Das eingangs angeführte Stereotyp von *den* sprachschwachen Jungen kann entdramatisiert werden, aber Gefahren für die Kompetenzentwicklung sind vorhanden, vor allem im unteren Leistungsbereich. Diesen Gefahren muss begegnet werden mit einem individualisierten Unterricht, der auch auf nach wie vor bestehende Rollenklischees sensibel reagiert.

Literatur

Aktionsrat Bildung (2009): Geschlechterdifferenzen im Bildungssystem. Jahresgutachten 2009. Wiesbaden: VS Verlag für Sozialwissenschaften.
Altenburg, Erika (1996): Offene Schreibanlässe – Jedes Kind findet sein Thema. Donauwörth: Auer.
Altenburg, Erika/Bremermann, Gudrun/Friske, Sigrid/Molkenthin, Maren/Vach, Karin (2010): Kinder verfassen Texte. München: Oldenbourg.
Artelt, Cordula/Naumann, Johannes/Schneider, Wolfgang (2010): Lesemotivation und Lernstrategien. In: Klieme, Eckhard et al. (Hrsg.): PISA 2009 – Bilanz nach einem Jahrzehnt. Münster, New York, München, Berlin: Waxmann, S. 73–112.
Bacher, Johann/Beham, Martina/Lachmayr, Norbert (2008): Geschlechterunterschiede in der Bildungswahl. Wiesbaden: VS Verlag für Sozialwissenschaften.
Bamberg, Eva/Mohr, Gisela (1992): Geschlechtsunterschiede. In: Asanger, Roland/ Wenninger, Gerd (Hrsg.): Handwörterbuch Psychologie. Weinheim: Psychologie Verlags Union, S. 237–242.
Bear, Mark F./Conners, Barry W./Paradiso, Michael A. (2009): Neurowissenschaften. 3. Aufl. Heidelberg: Spektrum.
Bertschi-Kaufmann, Andrea (2002): Lesen und Schreiben in einer Medienumgebung In: Kammler, Clemens/Krapp, Werner (Hrsg.): Empirische Unterrichtsforschung und Deutschdidaktik. Baltmannsweiler: Schneider, S. 141–155.
Bischof, Norbert (1980): Biologie als Schicksal? In: Bischof, Norbert/Preuschoft, Holger (Hrsg.) Geschlechtsunterschiede. Entstehung und Entwicklung. München: Beck, S. 25–42.

9 Didaktik des Deutschunterrichts: Geschlechterforschung und Schriftsprachdidaktik

Bos, Wilfried/Hornberg, Sabine/Arnold, Karl-Heinz/Faust, Gabriele/Fried, Lilian/Lankes, Eva-Maria/Schwippert, Kurt/Valtin, Renate (Hrsg.) (2007): IGLU 2006. Lesekompetenzen von Grundschulkindern in Deutschland im internationalen Vergleich. Münster: Waxmann.

Bos, Wilfried/Hornberg, Sabine/Arnold, Karl-Heinz/Faust, Gabriele/Fried, Lilian/Lankes, Eva-Maria/Schwippert, Knut/Valtin, Renate (Hrsg.) (2008): IGLU-E 2006. Münster, New York, München, Berlin: Waxmann.

Bos, Wilfried/Hornberg, Sabine/Arnold, Karl-Heinz/Faust, Gabriele/Fried, Lilian/Lankes, Eva-Maria/Schwippert, Knut/Tarelli, Irmela/Valtin, Renate (Hrsg.) (2010): IGLU 2006 – die Grundschule auf dem Prüfstand. Münster, New York, München, Berlin: Waxmann.

Brack, Udo B. (1992): Sprache. In: Asanger, Roland/Wenniger, Gerd (Hrsg.): Handwörterbuch Psychologie. Weinheim: Psychologie Verlags Union, S. 733–738.

Brügelmann, Hans (1994): Wo genau liegen geschlechtsspezifische Unterschiede beim Schriftspracherwerb? Eine kritische Übersicht über den Forschungsstand. In: Richter, Sigrun/Brügelmann, Hans (Hrsg.): S. 14–24.

Brügelmann, Hans (2011): Miss Marple neben PISA & Co – Plädoyer für eine Bildungsforschung, die der Praxis nützt. In: Moser, Heinz (Hrsg.): Aus der Empirie lernen? Professionswissen für Lehrerinnen und Lehrer. Bd. 10. Baltmannsweiler: Schneider, S. 221–234.

Brügelmann, Hans/Richter, Sigrun (1994): Zur Bedeutung der Bedeutung. In: Richter, Sigrun/Brügelmann, Hans (Hrsg.), S. 121–131.

Budde, Jürgen (2008): Bildungs(miss)erfolge von Jungen und Berufswahlverhalten bei Jungen/männlichen Jugendlichen. Bildungsforschung Band 23. Berlin und Bonn: Bundesministerium für Bildung und Wissenschaft.

Cohen, J. (1988): Statistical power analysis for the behavioral siences. 2. Auflage. Hillsdale, NJ: Lawrence Earlbaum Associates.

Dehn, Mechthild (1988): Zeit für die Schrift. Lesenlernen und Schreibenkönnen. Bochum: Kamp.

DESI-Konsortium (Hrsg.) (2008): Unterricht und Kompetenzerwerb in Deutsch und Englisch. Ergebnisse der DESI-Studie. Weinheim: Beltz.

Deutsches PISA-Konsortium (Hrsg.) (2001): PISA 2000. Basiskompetenzen von Schülerinnen und Schülern im internationalen Vergleich. Opladen: Leske + Budrich.

Diefenbach, Heike/Klein, Michael (2002): „Bringing Boys Back In". Soziale Ungleichheit zwischen den Geschlechtern im Bildungssystem zuungunsten von Jungen am Beispiel der Sekundarschulabschlüsse. In: Zeitschrift für Pädagogik, 48 (6), S. 938–958.

Downing, John/Thomson, Douglas (1977): Sex-role stereotypes in learning to read. In: Research of the Teaching of English, 11, S. 149–155.

Ehrenberg, Ronald G. et al. (1995): Do teachers' race, gender, and ethnicity matter? Evidence from the National Education Longitudinal Study of 1988. In: Industrial and Labor Relations Review (48), S. 547–561.

Elley, W. B. (1992): How in the world do students read? s'Cravenhage: IEA.

Faulstich-Wieland, Hannelore/Weber, Martina/Willems, Katharina (2009): Doing Gender im heutigen Schulalltag. 2. Auflage. Weinheim, München: Juventa.

Ferdinand, Willi (1965): Über die Fehlerarten des rechtschreibschwachen Kindes. In: Der Schulpsychologe, 12, S. 8–14.

Fine, Cordelia (2010): Delusions of gender. The real sience behind sex differences. New York: Norton & Company.

Flaake, Karin (2006): Geschlechterverhältnisse – Adoleszenz – Schule. In: Jösting, Sabine/Seemann, Malwine (Hrsg): Gender und Schule. Oldenburg: BIS Verlag der Carl von Ossietzky Universität, S. 27–44.

Frith, Uta (1985): Beneath the surface of developmental dyslexia. Are comparisons between developmental and acquired disorders meaningful? In: Patterson, Karalyn/Marshall, John C./Coltheart, Max (Hrsg.): Surface Dyslexia. London: Erlbaum, S. 301–330.

Gage, Nathaniel L./Berliner, David C. (1986): Pädagogische Psychologie. Weinheim: Beltz.

Granzer, Dietlinde/Köller, Olaf/Bremerich-Vos, Albert/van den Heuvel-Panhuizen, Marja/Reiss, Kristina/Walther, Gerd (Hrsg.) (2009): Bildungsstandards Deutsch und Mathematik. Leistungsmessung in der Grundschule. Weinheim, Basel: Beltz.

Groeben, Norbert/Schroeder, Sascha (2004): Versuch einer Synopse: Sozialisationsinstanzen – Ko-Konstruktion. In: Groeben, Norbert/Hurrelmann, Bettina (Hrsg.) (2004): Lesesozialisation in der Mediengesellschaft. Weinheim, München: Juventa, S. 306–350.

Halpern, Diana F./Eliot, Lise/Bigler, Rebecca S./Fabes, Richard A./Hanish, Laura D./Hyde, Janet/Liben, Lynn S./Martin, Carol L. (2011): The Pseudoscience of Single Sex Schooling. In: Science, 333, S. 1706–1707.

Hartig, Johannes/Jude, Nina (2008): Sprachkompetenz von Mädchen und Jungen. In: Klieme, Eckhard (Hrsg.): Unterricht und Kompetenzerwerb in Deutsch und Englisch: Ergebnisse der DESI-Studie. Weinheim: Beltz, S. 202–207.

Helbig, Marcel (2010): Sind Lehrerinnen für den geringeren Schulerfolg von Jungen verantwortlich? In: Kölner Zeitschrift für Soziologie und Sozialpsychologie, 62, S. 93–111.

Hurrelmann, Bettina (1993): Lesenlernen als Grundlage einer umfassenden Medienkompetenz. In: Becher, Hans-Rudolf/Bennack, Jürgen (Hrsg.): Taschenbuch Grundschule. Baltmannweiler: Schneider, S. 246–260.

Hurrelmann, Bettina (2004): Informelle Sozialisationsinstanz Familie. In: Groeben, Norbert/Hurrelmann, Bettina (Hrsg.) (2004): Lesesozialisation in der Mediengesellschaft. Weinheim, München: Juventa, S. 169–201.

Kern, Alfred (1973): Rechtschreiben als Funktion des Sprachunterrichts. Freiburg: Herder.

Kimura, Doreen (1992): Weibliches und männliches Gehirn. In: Spektrum der Wissenschaft, 11, S. 104–113.

Klieme, Eckhard/Artelt, Cordula/Hartig, Johannes/Jude, Nina/Köller, Olaf/Prenzel, Manfred/Schneider, Wolfgang/Stanat, Petra (Hrsg.) (2010): PISA 2009 – Bilanz nach einem Jahrzehnt. Münster, New York, München, Berlin: Waxmann.

Kuhn, Hans Peter (2008): Geschlechterverhältnisse in der Schule: Sind die Jungen jetzt benachteiligt? Eine Sichtung empirischer Studien. In: Prengel, Annedore/Rendtorff, Barbara (Hrsg.). Kinder und ihr Geschlecht. 4. Jahrbuch Frauen- und Geschlechterforschung in der Erziehungswissenschaft. Opladen: Verlag Barbara Budrich, S. 49–71.

Lehmann, Rainer (1994): Lesen Mädchen wirklich besser? Ergebnisse aus der internationalen IEA-Lesestudie. In: Richter, Sigrun/Brügelmann, Hans (Hrsg.), S. 99–109.

Leßmann, Beate (2007): Individuelle Lernwege im Schreiben und Rechtschreiben. Heinsberg: Dieck.

Mannhaupt, Gerd (1994): Risikokind Junge – Vorteile der Mädchen in Vorläufer- und Teilfertigkeiten für den Schriftspracherwerb. In: Richter, Sigrun/Brügelmann, Hans (Hrsg.), S. 36–50.

May, Peter (1994): Jungen und Mädchen schreiben ‚ihre‘ Wörter. Zur Rolle der persönlichen Bedeutung beim Lernen. In: Richter, Sigrun/Brügelmann, Hans (Hrsg.), S. 110–120.

Möller, Martina (2009): Männer in die Grundschule? Augsburg: Brigg Pädagogik.

Naumann, Johannes/Artelt, Cordula/Schneider, Wolfgang/Stanat, Petra (2010): Lesekompetenzen von PISA 2000 bis PISA 2009. In: Klieme, Eckhard et al. (Hrsg.), S. 23–71.

Neuhaus-Siemon, Elisabeth (1994): Mädchen und Jungen kommen als Leser zur Schule. Gemeinsamkeiten und geschlechtsspezifische Unterschiede. In: Richter, Sigrun/Brügelmann, Hans (Hrsg.), S. 66–70.

Neumann, Astrid (2007): Briefe schreiben in Klasse 9 und 11. Beurteilungskriterien, Messungen, Textstrukturen und Schülerleistungen. Münster, New York, München, Berlin: Waxmann.

Richter, Karin/Plath, Monika (2002): Die Bedeutung der Entwicklung von Lesemotivation in der Grundschule. In: Franz, Kurt/Payrhuber, Franz-Josef (Hrsg.): Lesen heute. Baltmannsweiler: Schneider, S. 41–58.

9 Didaktik des Deutschunterrichts: Geschlechterforschung und Schriftsprachdidaktik

Richter, Sigrun (1992): Die Rechtschreibentwicklung im Anfangsunterricht und Möglichkeiten der Vorhersage ihrer Störungen. Hamburg: Kovac.

Richter, Sigrun (1996): Unterschiede in den Schulleistungen von Mädchen und Jungen. Regensburg: Roderer.

Richter, Sigrun (1998): Interessenbezogenes Rechtschreiblernen. Braunschweig: Westermann.

Richter, Sigrun/Brügelmann, Hans (Hrsg.) (1994): Mädchen lernen anders – anders lernen Jungen. Lengwil: Libelle.

Rohrmann, Tim (2008): Zwei Welten? Geschlechtertrennung in der Kindheit. Forschung und Praxis im Dialog. Opladen: Leske + Budrich.

Roth, Gerhard (2011): Bildung braucht Persönlichkeit. Wie Lernen gelingt. Stuttgart: Klett-Cotta.

Rudinger, Georg/Bierhoff-Alfermann, Dorothea (1979): Methodische Probleme bei der Untersuchung von Geschlechtsunterschieden. In: Keller, Heidi (Hrsg.): Geschlechtsunterschiede. Weinheim: Beltz, S. 211–239.

Schenk, Herrad (1979): Geschlechtsrollenwandel und Sexismus. Weinheim: Beltz.

Schilcher, Anita (2010): Geschlechterdifferenzierung im Literaturunterricht. In: Frederking, Volker/Huneke, Hans-Werner/Krommer, Axel/Meier, Christel (Hrsg.): Taschenbuch des Deutschunterrichts. Band 2. Baltmannsweiler: Schneider Verlag, S. 357–373.

Schmitz, Sigrid (2004): Über den Geschlechterdeterminismus in der Hirnforschung und Ansätze zu seiner Dekonstruktion. In: Forum Wissenschaft, Heft 4.

Schneider, Wolfgang (1994): Geschlechtsunterschiede beim Schriftspracherwerb: Befunde aus den Münchner Längsschnittsstudien LOGIC und SCHOLASTIK. In: Richter, Sigrun/Brügelmann, Hans (Hrsg.), S. 71–82.

Schründer-Lenzen, Agi (2004): Schriftspracherwerb im Unterricht. Opladen: Leske + Budrich.

Schultheis, Klaudia (2008): Jungenforschung. Aktuelle Ergebnisse, Desiderate, Probleme. In: Matzner, Michael/Tischner, Wolfgang (Hrsg.): Handbuch Jungenpädagogik. Weinheim: Beltz, S. 366–380.

Sennlaub, Gerhard (1980): Spaß am Schreiben oder Aufsatz-Unterricht? Stuttgart: Kohlhammer.

Shaywitz, Sally E./Shaywitz, Bennett A. et al. (1990): Prevalence of reading disability in boys and girls. In: Journal of the American Medical Association, 264, S. 998–1002.

Sokal, Laura et al. (2005): Male reading teachers: Effects on Inner-city Boys. Winnipeg: University.

Spreng, Maria (2005): Geschlechtsrollenstereotype von Grundschulkindern. Hamburg: Kovac.

Springer, Sally P./Deutsch, Georg (1993): Left brain, right brain. New York: Freeman.

Stachowiak, Kerstin (2010): Geschlecht: (k)ein Thema in der Lehramtsausbildung? Perspektiven im Dialog zwischen Genderforschung und Fachdidaktik Deutsch und Geschichte. In: H-Soz-u-Kult (July 2010).

Valtin, Renate (2010): Geschlechterstereotypen: „… weil ich im Stehen pinkeln kann". In: Tagesspiegel vom 02.11.2010.

Valtin, Renate/Bos, Wilfried/Buddeberg, Irmela/Goy, Martin/Potthoff, Britta (2008): Lesekompetenzen von Schülerinnen und Schülern am Ende der vierten Jahrgangsstufe im nationalen und internationalen Vergleich. In: Bos, Wilfried et al. (Hrsg.), S. 51–101.

Valtin, Renate/Sasse, Ada (2011): Mädchen und Jungen in der Schule. In: Deutsch Differenziert, 6., Heft 1, S. 4–6.

Vellutino, Frank R. (1979): Dyslexia: Theory and research. Cambridge, MA: MIT Press.

Vellutino, Frank R. et al. (1992): Gender differences in early reading, language, and arithmetic abilities in kindergarten children. Unpublished paper presented at AERA Annual Meeting San Francisco.

Weinert, Franz/Helmke, Andreas (Hrsg.) (1997): Entwicklung im Grundschulalter. Weinheim: Beltz.

West, Candace/Zimmermann, Don H. (1987): Doing Gender. In: Gender & Society, 2, S. 125–151.

Zur Situation der Geschlechterforschung in der Fachdidaktik Ethik

10

Für Marianne Soff und Annette Treibel-Illian

Eva Marsal und Takara Dobashi

10.1 Stand der Geschlechterforschung in der Fachdidaktik Ethik

10.1.1 Die historische und soziokulturelle Entwicklung der Geschlechterforschung und ihrer Bedeutung für die Fachdidaktik Ethik

Die Diskussion und Reflexion einer Geschlechterforschung in der Fachdidaktik Ethik kann zum gegenwärtigen Zeitpunkt als Desiderat bezeichnet werden. Als einzige empirische Untersuchungen liegen lediglich die experimentellen Studien von Marsal und Dobashi (2007–2011) zu geschlechterbezogenen Gemeinsamkeiten und Differenzen im Ethikunterricht vor, bei denen im *cross-cultural* Design deutsche und japanische Grundschulkinder in Bezug auf ihre Werturteile, anthropologischen Maximen und Einstellungen verglichen werden.

Dieses Desiderat der Forschung hängt zum einen damit zusammen, dass der Ethikunterricht historisch ein neu gebildetes Schulfach ist, so dass zunächst einmal alle Anstrengungen auf die Entwicklung einer Fachdidaktik gerichtet werden mussten. Zum anderen ist der defizitäre Forschungsstand zur Geschlechterforschung durch den untergeordneten Status des Ethikunterrichts erklärbar. Dieser absorbierte zusätzlich die Energie, da man sich um einen höheren Status bemühen musste, z. B. durch eine ordentliche Lehramtsausbildung. Die Regeleinführung des Ethikunterrichts in Baden-Württemberg (1983) erfolgte nämlich, wie in vielen anderen Bundesländern als *Ersatzfach* für Schülerinnen und

---

E. Marsal (✉)
Pädagogische Hochschule Karlsruhe, Institut für Philosophie,
Postfach 11 10 62, 76060 Karlsruhe, Deutschland
E-Mail: marsal@ph-karlsruhe.de

T. Dobashi (✉)
Hiroshima University, Japan
E-Mail: takarad@mx6.nns.ne.jp

M. Kampshoff, C. Wiepcke (Hrsg.), *Handbuch Geschlechterforschung und Fachdidaktik,* 127
DOI 10.1007/978-3-531-18984-0_10,
© VS Verlag für Sozialwissenschaften | Springer Fachmedien Wiesbaden 2012

Schüler, die nicht am Religionsunterricht teilnehmen, weil sie keine religiöse Erziehung wünschen oder ihre Religionsgemeinschaft keinen Unterricht anbietet. Ein höherer Status liegt in den Bundesländern vor, in denen der Ethikunterricht ein *Wahlpflichtfach* ist, wie in Hamburg, Mecklenburg-Vorpommern, Nordrhein-Westfalen, Sachsen, Sachsen-Anhalt und Thüringen. Bei dieser Regelung müssen die Schülerinnen und Schüler zwischen Religion und Ethik wählen. Lediglich in Berlin ist *Religion* das Ersatzfach für *Ethik*.

Ein weiteres Handicap betrifft die Varianz des Bedeutungsgehalts. So differieren die Auffassungen von dem, was das ‚Unterrichtsfach Ethik‘, darstellen soll, in den einzelnen Bundesländern erheblich. Das zeigt sich bereits in der Namensgebung wie *Allgemeine Ethik*, *Lebensgestaltung-Ethik-Religionskunde (LER)*, *Philosophie*, *Philosophieren mit Kindern/Philosophie*, *Praktische Philosophie und Werte und Normen*. Die unterschiedlichen Vorstellungen spiegeln sich auch in den unterschiedlichen Lehrstoffen wider (Brüning 2007, S. 304). Das Einstiegsalter liegt entweder bei 6, 10 oder 13 Jahren. Das Fach wird nur dann angeboten, wenn sich die vorgeschriebene Anzahl von Schülerinnen und Schüler anmelden. Nachteilhaft für die Unterrichtsforschung ist auch die Zusammensetzung der Ethikklassen, die gegebenenfalls aus jahrgangsübergreifenden Gruppen gebildet sind, so dass nicht alle Versuchspersonen für die Dauer eines längerfristigen Forschungsprojekts zur Verfügung stehen.

Obwohl also im Rahmen der Ethikdidaktik u. a. aufgrund der aufgeführten Argumente keine Genderforschung vorliegt, wurden die Theorien zur Geschlechtersozialisation bzw. Konstruktion ‚Doing Gender‘ und zur geschlechtsorientierten moralischen Entwicklung in der Fachdidaktik wahrgenommen. Vor allem, da diese Theorien das Proprium und die generelle Zielsetzung des Ethikunterrichts betreffen, die in der Förderung und Stärkung der argumentativen moralischen Urteilskraft und der personalen Identitätsbildung liegt. So wurde die Kontroverse um die ‚weibliche Moral‘ von Runtenberg (1998) in ihrer Dissertation ‚Didaktische Ansätze einer Ethik der Gentechnik‘ aufgegriffen. Auch Volker Pfeifer widmete sich dem Gender-Thema. In seiner „Didaktik des Ethikunterrichts: Bausteine einer integrativen Wertevermittlung" (2009) stellt er dem Streitgespräch unter dem Titel „Die Gilligan-Kontroverse" ein ganzes Kapitel zur Verfügung. Vor allem aber ist das gesamte Forschungskonglomerat zum Stichwort ‚Doing Gender‘ in der Fachzeitschrift „Ethik und Unterricht" (EU) in einem gleichnamigen Themenheft (2009/4) theoretisch (siehe hier vor allem Götsch 2009, S. 9–11) und fachdidaktisch mit Unterrichtsentwürfen aufgearbeitet worden.

Der Diskurs zur ‚männlichen bzw. weiblichen Moral‘ wurde 1982 von Carol Gilligan mit der Erscheinung ihres Buchs „In a Different Voice: Psychological Theory and Women's Development" ausgelöst, in dem sie Lawrence Kohlbergs Theorie der Moralentwicklung kritisiert. Kohlberg beruft sich bei seiner *Kognitiven Entwicklungstheorie des moralischen Urteils* vor allem auf John Rawls Gerechtigkeitstheorie, auf Jean Piagets Theorie der Moralentwicklung und auf Dewey's Pädagogik (Kohlberg 1981, S. 49 ff.) „Wir finden bei Kohlberg einen in sechs Stufen verlaufenden Entwicklungsprozess, auf welchem immer höhere kognitive Stufen erreicht werden, bis das Individuum schließlich in der Lage ist, auftretende moralische Konflikte, die in kleinen Dilemma-Geschichten präsentiert werden, bewusst nach allgemeinen Prinzipien zu beurteilen." (Werner 2002, S. 117). Vorran-

10 Zur Situation der Geschlechterforschung in der Fachdidaktik Ethik

gig relevant sind die ersten 4 Stufen, da die beiden letzten, sowie die später hinzugefügte Stufe 7 empirisch zu vernachlässigen sind, weil sie nämlich kaum bzw. nie erreicht werden (Juranek/Döbert 2002, S. 28).

Rezipiert wurden in der Regel die knappen (kursiv gedruckten) Kurzfassungen, die Kohlberg (1977, S. 233) aufführte: Stufe 1: *Strafe-Gehorsam-Orientierung*, d. h. die Regeln, deren Übertretung mit Strafe bedroht sind, werden eingehalten. Stufe 2: *instrumenteller Hedonismus und konkrete Reziprozität*, d. h. die menschlichen Beziehungen werden als Austauschbeziehung nach den Orientierungsmustern ‚Wie du mir so ich dir‘/ ‚ich gebe, damit du gibst‘ gesteuert. Stufe 3: *Orientierung an interpersonellen Beziehungen und Gegenseitigkeit*, d. h. man möchte den Rollenerwartungen oder den Erwartungen naher Personen entsprechen, weshalb auch von einer „Good-boy/nice-girl"-Orientierung gesprochen wird. „Gut sein" als wichtiger Wert bedeutet hier gute Absichten zu haben, wechselseitige vertrauensvolle, loyale Beziehungen aufrechtzuerhalten und für andere zu sorgen. Stufe 4: *Aufrechterhalten der sozialen Ordnung, unveränderbare Regeln und Autorität*, d. h. diese Stufe betrifft das soziale System und das Gewissen im Sinne der Pflichtübernahme: Übernommene Pflichten und Gesetze sind zu erfüllen, sofern sie nicht anderen festgelegten sozialen Verpflichtungen widersprechen; das Recht steht im Dienste der Gesellschaft, Gruppe oder Institution.

Carol Gilligan, die 2002 als Professorin an die *New York University* berufen wurde, war als junge Wissenschaftlerin über viele Jahre hinweg Kohlbergs Mitarbeiterin. Deshalb konnte sie dessen Konstruktion des 6-Stufen-Modells der Moralentwicklung genau mitverfolgen, z. B. seine Beschränkung auf ein rein männliches Sample bei der Entwicklung der Moralskala, die damit an dem männlichen Denken und Fühlen orientiert war. Dieser androzentrische Bias wurde von ihr heftig kritisiert, da er dazu führte, dass Frauen auf Kohlbergs Stufenskala der Moralentwicklung im Durchschnitt niedrigere Werte aufwiesen als die Männer, wie Gilligan bei der Auswertung der empirischen Daten herausfand: „unter denjenigen, die gemessen an Kohlbergs Skala in ihrer moralischen Entwicklung defizitär zu sein scheinen, stechen vor allem Frauen heraus, deren Urteile dem dritten Stadium des sechsstufigen Schemas zu entsprechen scheinen" (Gilligan 1982, S. 2). Kohlberg zieht aufgrund der Datenanalyse den Schluss, dass „die Stufe 3 bei Frauen eine stabile Erwachsenenstufe zu sein" scheint (Kohlberg 1995, S. 63) und die Frauen damit in ihrer moralischen Urteilskraft den Männern unterlegen sind. Die Urteile der Männer häuften sich nämlich bei der Stufe 4. Die Jungen überwinden also im Laufe ihrer Entwicklung die Stufe 3 und gelangen zu der Stufe 4, während die Mädchen auf der Stufe 3 stehenbleiben.

Diese Diskrepanz der moralischen Urteile ist vielseitig interpretierbar, vor allem, da das Geschlecht mit der Variable ‚Bildung‘ konfundiert ist. Die Frauen hatten nämlich in der Regel eine niedrigere Bildung als die Männer, so dass sich nicht nur das Geschlecht maßgeblich auf die moralische Urteilsbildung auswirkte, sondern auch der Bildungsstand. Obwohl Gilligan hier teilweise auch lediglich von zwei Orientierungen spricht, die keinen geschlechtsspezifischen Bezug haben (Gilligan 1982, S. 10), nimmt sie diese Beobachtung aber als Anlass, die These von der „anderen Stimme" zu deklarieren. „Dabei stellte sie Kohlbergs an Rechten und Gerechtigkeit orientierte Moral eine Fürsorgemoral gegenüber [...].

Demnach haben Frauen eine andere Moral als Männer, statt einer justice- bevorzugen sie eine care-Orientierung. Das bedeutet, sie orientieren sich an Fürsorge und Verantwortung für andere und nicht an Rechten und Prinzipien, sie wollen Schäden vermeiden, für jemanden da sein und Beziehungen aufrecht erhalten. Ihre Denkweise ist kontextbezogen und narrativ, die justice-Orientierung dagegen formal und abstrakt." (Juranek/Döbert 2002, S. 29).

Gilligans These von einer weiblichen Fürsorgemoral wurde vielseitig aufgegriffen, da sie in einer leicht nachvollziehbaren Kontrastierung formuliert wurde. Außerdem lässt sich die Popularität der ‚anderen Stimme', auch damit erklären, dass sie an alte philosophische Kontroversen anknüpft. Die inhaltlichen Bestimmungsstücke der Fürsorge- und Gerechtigkeitsmoral „wie absolute Gültigkeit moralischer Prinzipien versus Flexibilität oder Minimalmoral versus Verpflichtung, Gutes zu tun" (Juranek/Döbert 2002, S. 5) werden nämlich schon seit der Antike diskutiert. Auch die Idee einer andersgearteten weiblichen Sittlichkeit hat eine lange Tradition. Die erfolgreiche Rezeption Gilligans These hängt also damit zusammen, dass sie auf vertraute Muster zurückgreift, ohne sich deren negative Konnotation zu Eigen zu machen und damit, wie Nunner-Winkler deren große Beliebtheit erklärt, zur Stärkung der Gruppenidentität im Geschlechterkampf beizutragen. Auf der wissenschaftlichen Ebene allerdings kritisierte nicht nur Nunner-Winkler, die in empirischen Untersuchungen an 200 Kindern zu einer gegenteiligen These gelangte, die unzureichende Operationalisierung und Standardisierung. Gilligan trat dieser Kritik im *reading guide* mit den Worten entgegen: „Man müsse lernen, die Stimmen von care und justice zu unterscheiden, so wie die Stimmen von Oboe und Klarinette in ‚Peter und der Wolf'" (Juranek/Döbert 2002, S. 30).

Gilligan vertritt die Auffassung, dass sich die Moral der Frauen besser verstehen lässt, wenn man keine standardisierten Instrumente verwendet. Da sie Kohlbergs hypothetische moralische Dilemmata verwarf, weil diese sich an einer abstrakten justice-Argumentation orientieren, forderte Gilligan die Frauen auf, eigene Lebenskonflikte zu erzählen, sogenannte Real-life-Dilemmata. Juranek und Döbert (2002, S. 30) bezweifeln, ob mit den dabei gewonnenen Ergebnissen die Variable ‚Moral' gemessen wird, da diese ‚weiche' Methode aufgrund der Realitätsnähe zu viele Störfaktoren wie ‚Betroffenheit', ‚Abwehrmechanismen' etc. zulässt.

Inzwischen erfuhren allerdings auch Kohlbergs Operationalisierungen, sowie die gesamte auf Piagets Stufentheorie beruhende Moraltheorie, bei aller grundsätzlichen Hochachtung, ebenfalls vielseitig begründete wissenschaftliche Kritik (Zimbardo 1995, S. 77–80; Textor 2005, S. 2).

Außerdem ist es im Rahmen der Gender-Dekonstruktion auch nicht relevant zu fragen, welche Moral nun die ‚weibliche' bzw. die ‚männliche' ist, entscheidend ist es vielmehr, beide Orientierungen als gleichwerte Handlungsmöglichkeiten für beide Geschlechter offenzuhalten. Vor allem da sich beide Orientierungen in vielen Punkten überschneiden, d. h. gar nicht so trennscharf sind, wie es die einseitige Polarisierung nahe legte. Einen geeigneten theoretischen Rahmen zur Integration und wechselseitigen Ergänzung der beiden moralphilosophischen Perspektiven liefert Benhabib (1995) mit ihrem Entwurf der

10 Zur Situation der Geschlechterforschung in der Fachdidaktik Ethik 131

‚kommunikativen Ethik'. Folgerichtig mündet dieser in einem integrativen Modell ethischer Urteilsfähigkeit, von dem die Jungen und Mädchen gleichermaßen profitieren und das als eine gelungene Dekonstruktion der Geschlechtermoral gelten kann.

Nach Pfeifer stimulierte die Gilligan-Kontroverse die Fachdidaktik und zwar vor allem durch Gilligans Herausarbeitung des Zusammenhangs von Moral und Gefühl. Während nämlich die Gerechtigkeitsethik ‚Empathie', ‚Solidarität' und ‚Anteilnahme' marginalisiert, erhalten diese Variablen „in der Fürsorglichkeitsethik ihren adäquaten Platz in einer allgemeinen auf Autonomie und Individuierung fokussierten Welt" (Pfeifer 2009, S. 257). Gerade die Jungen profitieren davon, wenn Werte wie ‚Einfühlsamkeit', ‚Sensibilität' und ‚Mitgefühl' einen hohen gesellschaftlichen Rang erringen und die Einseitigkeit der rationalitätsbezogenen (neo)kantischen Ethiken ergänzen. Damit wird David Humes Anliegen von der Untrennbarkeit von „Vernunft und Gefühl" (1751/2002, S. 88) in der ethischen Entscheidung wieder in den Vordergrund gerückt.

Die Reflexion der eigenen Urteilskriterien führt unweigerlich zu dem zweiten großen Anliegen des Ethikunterrichts, der Bildung und Selbstbildung des ICH's: Wer bin ich, wer will ich sein? Hierbei kann der Mensch nicht von seiner – wie auch immer gearteten – Geschlechtsausprägung (Butler 2009, S. 17) absehen, da sie bei der Begegnung mit anderen Personen zu den Attributen gehört, die wahrgenommen oder vermutet, zu den ersten und nachhaltigsten Klassifizierungen führen. Deshalb ist bei der Frage: ‚Wer bin ich, wer ist das Gegenüber?' als ein relevantes Erziehungsziel darauf hinzuarbeiten, dass diese Klassifizierungen im Sinne der Menschenrechte, ein möglichst weites, handlungsoffenes Entfaltungspotenzial ermöglichen.

Seit Beginn der Selbstkonzeptforschung wird das dynamische Wechselspiel von Fremdbild – Selbstbild, Kultur – Individuum, Innenwelt – Außenwelt etc. diskutiert, das sich auch in den Theorien zur Geschlechterbildung wiederfinden lässt. Sei es in Helga Bildens Theorieansatz der *sozialen Praktiken*, die vorschlägt, die Identitätsbildung bei der geschlechtsspezifischen Sozialisation als einen lebenslangen sozial-interaktiven Prozess der Aneignung zu begreifen, bei der die Individuen sich durch die Teilhabe an der gesellschaftlichen Geschlechterpraxis und der modifizierten Übernahme gesellschaftlicher Muster konstituieren (vgl. Bilden 2002, S. 279). Aus diesem Grund plädiert sie „für einen Konzeptwechsel zu individueller (oder subjektiver) Lebensgestaltung und Entwicklung einerseits, gesellschaftlichen Konstruktions- und Produktionsprozessen unserer Wirklichkeit andererseits" (Bilden 2002, S. 300 f.). Auch die „soziale Produktion von Weiblichkeiten und Männlichkeiten in der Dynamik der Geschlechterverhältnisse" (Bilden 2002, S. 301) ist nach Bilden diesem Kontext zuzuordnen. Oder sei es in dem Ansatz von Butler (1991, 2009), die, inspiriert von den Theorien und Forschungsansätzen von Sigmund Freud, Michel Foucault, Jacques Derrida, Jacques Lacan und Louis Althusser ein performatives Modell von Geschlecht entfaltet, bei dem durch den ständigen Diskurs über die körperliche und soziale Geschlechtsbestimmung eine *Genderperformanz* reproduziert wird. Das heißt, die Kategorien *männlich* und *weiblich* werden nicht als naturgegebene Dimensionen betrachtet, sondern als Produkt und Ergebnis einer Wiederholung von Handlungen. Butler geht hierbei davon aus, dass sich das Subjekt und die von außen wirkende Macht im

Körper verschränken, so dass der Körper nicht unabhängig von der jeweiligen Kultur verstanden werden kann: „Wenn Gender performativ ist, dann folgt daraus, dass die Realität der Geschlechter selbst als ein Effekt der Darstellung produziert wird. Obwohl es Normen gibt, die bestimmen, was real zu sein hat und was nicht, was intelligibel zu sein hat und was nicht, werden diese Normen in dem Moment in Frage gestellt und wiederholt, in dem die Performativtät mit ihrer Zitierpraxis beginnt. Man zitiert natürlich Normen, die bereits existieren, aber diese Normen können durch das Zitieren erheblich an Selbstverständlichkeit verlieren. Sie können außerdem als nicht natürlich und nicht notwendig entlarvt werden, sobald sie in einem Zusammenhang und in einer Verkörperungsform auftreten, die den normativen Erwartungen widerspricht. Und das bedeutet, dass wir durch die Praxis der Genderdarstellung nicht nur erkennen, wie die Normen, die unsere Realität beherrschen, zitiert werden, sondern dass wir einen der Mechanismen begreifen, mit denen die Realität reproduziert *und* im Zuge der Reproduktion geändert wird" (Butler 2009, S. 346).

Auf Butler Bezug nehmend zeigt Tervooren (2006) wie 10- bis 13-Jährige ihre Geschlechtlichkeit in Rückgriff auf das gesellschaftlich Vorfindliche inszenieren, stilisieren und demonstrieren. Auch Bourdieu (2005) deklariert den (geschlechtlichen) Körper als kulturelles Produkt, in dem sich die symbolische Geschlechterordnung durch Riten, Rituale und Alltagspraxen einschreibt. Die Veränderung der Geschlechterpraxis wirkt sich nach diesen Theorien auch auf die Formung der Körper aus. Diese Wechselwirkungen wurden ebenfalls in anderen Forschungsparadigmen nachgewiesen (Meyer-Drawe 2006).

Götsch (2009, S. 10) zeigt auf, dass die Sozialisationstheorien, die eigentlich schon als widerlegtes Paradigma galten, durch die offenen Fragen des Konstruktivismus wieder aktualisiert werden, z. B. von Maihofer (2002). Die bisherigen Ergebnisse des *doing gender* können nämlich das Resultat der geschlechtlichen Sozialisation nicht erklären, „wonach sich Frauen recht konstant als Frauen und Männer recht konstant als Männer erleben und sich mit ihrem Geschlecht identifizieren" (Götsch 2009, S. 10). Nach Maihofer oszillieren die Personen zwischen den gesellschaftlichen Geschlechtsnormen, die sie als mannigfache Lebensrealität erfahren und den individuellen „Interpretationen und Modifikationen des hegemonialen Geschlechterdiskurses". Wie schon Butler weist auch Maihofer auf den Zwang hin, dass „alle Individuen in sich ständig eine Vereinheitlichung zu einer einheitlichen, möglichst widerspruchsfreien Identität als ,Frau' oder ,Mann' vornehmen müssen" (Maihofer 2002, S. 24).

Für die Fachdidaktik sind vor allen zwei Erkenntnisse relevant:

1. Das Geschlecht ist eine der zentralsten Personenvariablen, zu der sich das Individuum im Gegensatz zu anderen Variablen wie z. B. ,Sportlichkeit' in ein Selbstverhältnis setzen *muss,* da die Welt dem Individuum nur als jemand gegenübertritt, dem sie das Geschlecht a bzw. b zuschreibt, oder in einer sehr toleranten Zukunftsgesellschaft möglicherweise auch c, d oder e (vgl. Butler 2009, S. 55).
2. Dieser Prozess des ,Sich-in-Beziehung-Setzens' zum eigenen Geschlecht findet in einer dynamischen Wechselwirkung mit der sozialen Nahwelt und der gesellschaftlichen Kulturwelt statt.

For den Ethikunterricht bedeutet diese Forschungslage, dass den Schülerinnen und Schülern die Dynamik der Bildung von ‚Geschlechtsidentität' bewusst werden sollte, damit sie ihre eigenen Haltungen, Einstellungen oder Attributionen verstehen und erweitern können. Hierzu finden sich in der Fachzeitschrift „Ethik und Unterricht": *Doing Gender* (2009, Heft 4, S. 22–54) zahlreiche Unterrichtsanregungen.

Als Voraussetzung dafür, dass solch ein Unterricht gelingen kann, ist es nach Faulstich-Wieland (2009, S. 21) unabdingbar, dass sich die Lehrerinnen und Lehrer zunächst ihre eigenen Positionen vergegenwärtigen und ihre Gender-Stereotypen im Klassenzimmer wahrnehmen. Deshalb zeigt Faulstich-Wieland an zwei Fallbeispielen samt begleitenden Interviews mit der Lehrkraft, welche Bedeutsamkeit der gendersensible Blick für die Lehrenden-Lernenden-Interaktion besitzt. Sensibilisierungsfragen zur Selbstprüfung vervollständigen diesen lehrkraftsbezogenen Beitrag. Des Weiteren ist es für die Sensibilisierung hilfreich, sich über die gängigen Frauen-Männerbilder zu informieren, wie z. B. durch den kurzen Text von Haubner (2009) „Wann ist ein Mann ein Mann?".

10.1.2 Möglicher Ansatzpunkt der Geschlechterforschung in der Fachdidaktik Ethik

Als möglicher Ansatzpunkt der Geschlechterforschung in der Fachdidaktik Ethik bietet sich eine Fragestellung an, die im Bereich der Überprüfung der Nachhaltigkeit des Ethikunterrichts anzusiedeln ist. Sie betrifft die Differenziertheit der argumentativen Urteilskraft: Verfügen die Schülerinnen und Schüler als Lernergebnis über ein ‚Integratives Modell ethischer Urteilsfähigkeit', das es den Mädchen und Jungen gleichermaßen kontextsensibel ermöglicht, in angemessener Weise die Justice- bzw. die Care-Orientierung anzuwenden?

10.2 Eine geschlechtergerechte Fachdidaktik für den Ethikunterricht unter besonderer Berücksichtigung des Aspekts der Geschlechterkonstruktion und -dekonstruktion sowie der Geschlechtergerechtigkeit

Im Ethikunterricht treffen unterschiedliche kulturelle und subkulturelle Wertvorstellungen aufeinander, in denen neben anderen Normen auch die Geschlechterbilder differieren. So bevorzugen ‚Wert konservative' Jugendliche, wie z. B. rechtsradikal ausgerichtete Schülerinnen und Schüler traditionelle Geschlechterbilder. Zur Förderung des autonomen Denkens und des gegenseitigen Verständnisses empfiehlt sich hier die Methode ‚Philosophieren mit Kindern'. Diese Methode wurde im Rahmen der empirischen Unterrichtsforschung (Marsal/Dobashi 2009, S. 105–134) daraufhin untersucht, ob Jungen in gleicher Weise von ihr profitieren, wie Mädchen. Dazu wurde 2007 einer 4. Klasse der Peter Hebel-Grundschule Karlsruhe nach einem zweimonatigen Ethik-Kursus ein Feedbackbogen mit den drei folgenden Items vorgelegt, die dem *Primary Grades Philosophy Self-Assessment* (IAPC) entlehnt sind:

Ich habe mein Bestes gegeben: ja □ nein □ %
Ich habe die anderen respektvoll behandelt: ja □ nein □ %
Ich bin auf die Argumente der anderen eingegangen: ja □ nein □ %

Die Kinder konnten dabei die präzise Prozentzahl angeben, die ihrer subjektiven Empfindung entsprach, aber für die Auswertung wurden die Prozentangaben in 3 Kategorien eingeteilt, 1–49 % gelten dabei als niedriger Wert, 50–79 % als mittlerer Wert und 80–100 % als hoher Wert. Dieses Drei-Werte-Schema wurden den Kindern aber nicht mitgeteilt, damit sie für sich selbst nach einer differenzierten Aussage suchen. Keines der Kinder gab einen Prozentwert unter 50 % an. Es zeigte sich, dass die Jungen, entgegen der Forschungshypothese H1 häufiger am Diskurs teilnahmen als die Mädchen. Die Forschungshypothese H1 besagte, dass vermutet wird, dass die Jungen sich weniger am philosophischen Dialog beteiligen, da die dialogische Kommunikation eher als eine Qualifikation von Mädchen gilt. Diese Forschungshypothese wurde aber nicht bestätigt, die Jungen beteiligten sich fast doppelt so häufig wie die Mädchen.

Bei der Datenerhebung sollten die Schüler und Schülerinnen zunächst grundsätzlich ihre Bereitschaft einschätzen, mit der sie sich auf den Prozess eingelassen hatten und auf die anderen eingegangen sind. Anschließend sollten sie versuchen, dieses Engagement in Prozentwerten auszudrücken. Diese Aussagen wurden in Beziehung zu der Fremdbeobachtung gesetzt, den Beteiligungs-Strichlisten der Lehrerin, die zur Beobachtung eingesetzt war. Alle Kinder kreuzten an, ihr Bestes gegeben zu haben. Trotzdem differierten die Selbsteinschätzungen erheblich, vor allem unter dem Genderaspekt. Während die Mädchen sich bei den höchsten Prozentwerten ansiedelten, begnügten sich die Jungen mit dem mittleren Bereich, zeigen also eine stärkere Rollendistanz. Diese Selbsteinschätzung ist allerdings umgekehrt proportional zum Erscheinungsbild, das sich durch die reale Beteiligung zeigt. Im Gegensatz zu ihrer Selbsteinschätzung weisen die Jungen mit 66 % nämlich wesentlich höhere Werte bei der Unterrichtsbeteiligung auf als die Mädchen mit 34 %.

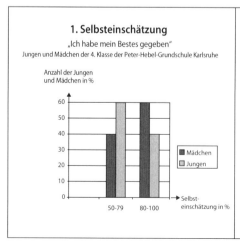

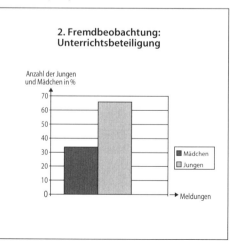

Dieses Ergebnis bestätigt die geringere Identifikation der Jungen mit der Rolle des Schülers als der Mädchen mit der Rolle der Schülerin, die sowohl in der SCHOLASTIK-Studie festgestellt wird, (Weinert/Helmke 1997, S. 459–474) als auch im Jahresgutachten des Aktionsrats Bildung: *Geschlechterdifferenzen im Bildungssystem* (2009, S. 89, S. 95 ff.).

Auch die beiden anderen Antworttendenzen, nach denen die Mädchen vor allem bei den Werten zum *caring-thinking* (Ich habe die anderen respektvoll behandelt/Ich bin auf die Argumente der anderen eingegangen) jeweils mit 80 % die höchsten Werte erzielen, während hier die Jungen eine Normalverteilung aufweisen, entsprechen tendenziell den Werten des Jahresgutachten des Aktionsrats Bildung (2009, S. 87 ff.)

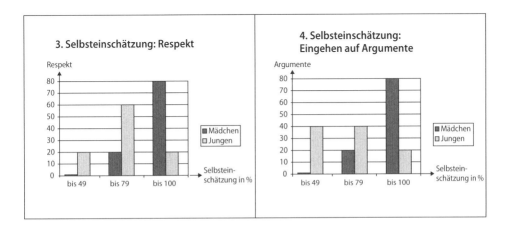

Die Jungen zeigen ihr Interesse am Philosophieren also durch ihre Handlungen und die Mädchen durch die innere Zustimmung und Identifikation, die sich in ihrer hohen Selbsteinschätzung zeigt. Unterstützt wird dieser Vorgang durch das *Fünf-Finger-Modell* von Ekkehard Martens (2003, S. 11, S. 50), das durch seine philosophische Breite eine Fragestellung von allen Seiten beleuchtet und den einzelnen Kindern viele interessante Ansatzpunkte bietet. Die folgende Zusammenfassung bezieht sich weitgehend auf Martens (2003, S. 65–95).

1. Phänomenologische Methode Etwas genau und differenziert beobachten und beschreiben. Zum Beispiel: Worum ging es in der Geschichte/dem Bild/Rollenspiel etc.? Was ist dir besonders aufgefallen? Was hat X, Y, Z getan, gesagt, gefühlt? Was hast du dabei gedacht, gefühlt etc.?

Das griechische Wort *Phänomen* heißt wörtlich übersetzt „was sich von sich aus zeigt" oder „was in Erscheinung tritt". Der Ausgangspunkt der sokratisch-aristotelischen Methoden war die konkrete Erfahrung, dass etwas, das eigentlich immer selbstverständlich gewesen war, auf einmal problematisch wurde. Diese problematisch gewordenen Phänomene sollen nun genau betrachten werden. Durch den Phänomenbezug bleibt das philosophische Nachdenken nicht im Abstrakten stecken, sondern hat immer einen Bezug zu konkreten Erfahrungen. Den Vorrang bei dieser Methode hat das Wirkliche gegenüber dem bloß ‚Eingebildeten'.

2. Hermeneutische Methode Jemanden verstehen, wie man selber oder ein anderer etwas versteht oder ansieht. Warum hat X, Y, Z das gesagt? Wie hat sich X, Y, Z gefühlt? Warum hat X, Y, Z das getan etc.?

Wörtlich übersetzt heißt das griechische Wort (gr. Hermeneutike techne) „die Kunst des Hermes", d. h. die „Dolmetscherkunst" und vermittelt zwischen göttlichem und menschlichem Wort, zwischen den Schreibenden und den Lesenden eines Textes. Die Anwendung der hermeneutischen Methode besteht darin, Texte zu lesen, die Botschaft eines Textes aus den Sinnzusammenhängen zu verstehen und zu interpretieren. Das ursprüngliche Ziel der Hermeneutik ist also das Verstehen der Inhalte, die schwer zu entschlüsseln sind. Alles kann als Text gelten, der zu entziffern ist: unsere eigenen Empfindungen und der Gesichtsausdruck des Gegenübers. Bei der Hermeneutik geht es um die Vergewisserung eigener und fremder Deutungen als glaubhafte Meinungen (Aristoteles).

3. Analytische Methode Begrifflich und argumentativ prüfen, was jemand zu verstehen gibt. Was meint X, Y, Z mit …? Warum glaubt X, Y, Z, dass …?

Wörtlich übersetzt heißt das griechische Wort (gr. analysein) „auflösen", „befreien". Dabei geht es um das *Auflösen* von begrifflichen und argumentativen Schwierigkeiten und Unklarheiten. Das Ziel ist die primäre Tätigkeit der Philosophie: das *Klären von Sätzen* im Unterschied zum *Behaupten von Sätzen*. So schreibt Wittgenstein im Tractatus logico-philosophicus (1921, § 4.112), dass die Philosophie keine Lehre ist, sondern eine Tätigkeit. Die Philosophie soll die Gedanken klarmachen und scharf abgrenzen.

4. Dialektische Methode Hin-und-Her-Reden, einander widersprechen und miteinander über Behauptungen streiten. Stimmst du X, Y, Z zu oder nicht, warum?

Die „Dialektik" (gr. dialektike techne), die Kunst des „Unterredens" d. h. das „Durchgehen" der „logoi" führt letztendlich durch das endlose Hin-und-Her-Reden zur Einsicht. Für Heraklit ist das *Sein selbst* dialektisch strukturiert und zwar im Sinne interner Widersprüche und Spannungen. Das verdeutlicht Heraklid (zitiert nach Martens 2003, S. 86) durch das Bild: „Wir steigen in denselben Fluss und doch nicht in denselben; wir sind es und wir sind es nicht" (Fragment 49a) oder „das Kalte wird warm, Warmes wird kalt, Feuchtes trocken, Trockenes feucht" (Fragment 126) oder: „das Widerstrebende vereinigt sich, und aus den entgegen gesetzten Tönen entsteht die schönste Harmonie, und alles Geschehen erfolgt auf dem Weg des Streits" (Fragment 8). Das Ziel der *Dialektik als Dialogprozess* besteht in der Klärung der kontroversen Begriffe und Argumentationen in einem realen Prozess mit verschiedenen Personen. Dabei sollen die eigenen und gemeinsamen Vorstellungen geprüft und korrigiert werden. Das meinte Sokrates mit der Forderung: „Gebe stets dir selbst und den anderen Rechenschaft" (logon didonai), (zitiert nach Martens 2003, S. 86). Das heißt, man soll nicht bei beliebigen Vorstellungen stehen bleiben (Was ist gutes Leben?), sondern gute Begründungen aus der Vorstellung der Sache (ihres Seins) selbst finden.

10 Zur Situation der Geschlechterforschung in der Fachdidaktik Ethik

5. Spekulative Methode Phantasieren und sinnieren, wie man etwas ganz anders verstehen könnte. Was könnte X, Y, Z sonst noch sein? Wie würdest du in Zukunft X, Y, Z machen? Welchen Wunsch hast du mit X, Y, Z?

„Spekulation" kommt aus dem Lateinischen (lat. Speculari) und heißt von einer Warte aus umherspähen/auskundschaften, d. h. im positiven Sinne: „Über den Dingen stehen". Hier kommt die Erkenntnis als ‚ein plötzliches Licht'. So ist die spekulative Erkenntnis im weiteren Sinne ‚Intuition', ‚kühne Hypothesenbildung', Phantasie und Kreativität, d. h. der unhintergehbare Anfang oder Endpunkt der philosophischen Erkenntnis. Das spekulative Element in der Philosophie sind die ‚Schlüsselerlebnisse', die ‚Sternstunden', die kreativen Einfälle aller großen Philosophinnen und Philosophen wie, René Descartes, Immanuel Kant, Mary Wollstonecraft, Friedrich Nietzsche, Hannah Arendt und Elizabeth Anscombe. Sie sind nicht verfügbar, aber man kann sich offen dafür halten.

Die fünf elementaren Methoden des Philosophierens – die nicht mit den ausgearbeiteten Methoden der entsprechenden philosophischen Richtungen verwechselt werden dürfen – bilden als „Fünf-Finger-Modell von Ekkehard Martens" (2003, S. 11) zusammen eine Hand. Im prinzipiell unabschließbaren Prozess des Weiterdenkens lassen sich die Methoden in kein streng lineares Schema mit einem festen Anfang und Ende pressen und sind nicht voneinander zu isolieren. Vielmehr sind sie lediglich Akzente oder einzelne Finger der ganzen Methoden-Hand. Gemeinsam lassen sich mit dieser Lehr- und Lernstrategie die geschlechtersensiblen Inhalte prüfen: Auf der *phänomenologischen* Ebene können die Beobachtungen und Erlebnisse zusammentragen werden, auf der *hermeneutischen* Ebene können sie kulturell gedeutet werden, auf der *analytischen* Ebene argumentativ überprüft werden, auf der *dialektischen* Ebene können die Pro- und Kontra-Argumente herausgearbeitet werden, so dass die Bedenken und Widerstände aufgegriffen oder gegebenenfalls ausgeräumt werden und auf der *spekulativen* Ebene können neue Konzepte entwickelt werden. Als Impulse zum Philosophieren können alle herkömmlichen Methoden eingesetzt werden wie Rollenspiele, Gedankenexperimente etc.

Das IAPC, ein amerikanisches Institut zur Förderung des *Philosophieren mit Kindern*, das mit der Universität Montclair/New Jersey assoziiert ist, hat für alle Klassenstufen und Zielvorstellungen Instrumente zur Fremd- und Selbstbewertung entwickelt, Manuals, die sich als Tests zur Leistungserhebung eignen. In unserem Zusammenhang ist vor allem das Selbstbewertungsinstrument für die Sekundarstufe, das „Middle & High School Philosophy Asessment" aus dem „P4 C Introductory Workshop Handbook" interessant und zwar für den Bereich der sozialen Perspektive.

Das gemeinsame Philosophieren, bei dem jeder Beitrag ge- und beachtet wird, fördert die von den Ministerien, Hochschulen, Fachschaften und Lehrkörpern angezielten Kompetenzen (Rösch 2011, S. 73 ff.) wie „Wahrnehmen und Verstehen", „Analysieren und Reflektieren", „Argumentieren und Urteilen", Interagieren und Sich-Mitteilen" sowie „Sich-Orientieren und Handeln". Alle diese Kompetenzen werden auch in hohem Maße benötigt, um Erfolge bei der Entwicklung und Selbstanwendung von geschlechtergerechten Konzepten zu erzielen. In Bezug auf die Genderaufgabe lassen sich diese Kompetenzen vorrangig den Kategorien Selbst- und Sozialkompetenz zuordnen. Beispielhaft seien hier Baden-Württembergs Bildungsstandards für Ethik aufgeführt die sich nicht nur am Anforderungsniveau der wissenschaftlichen und argumentativen Auseinandersetzung mit den Fragen der Moral orientieren, sondern auch an den „Problemfeldern, in denen Fragen der Wertklärung und Wertbeurteilung, Normenbegründung und -durchsetzung überhaupt erst entstehen". Als Prämisse gilt dabei die „Einsicht in den Wert freier individueller Lebensgestaltung; die Bestimmung und Begründung von universell verbindlichen Grund- und Menschenrechten, auf denen unsere Demokratie aufbaut, sowie die Untersuchung ihrer Gefährdungen und Ausgestaltungsmöglichkeiten" (Bildungsplan Gymnasium, S. 2).

Diesen *Bildungsstandards Ethik* liegt eine Konzeption des Ethikunterrichts zugrunde, nach der die praktische Philosophie die Basiswissenschaft ist. Das heißt, die ethische Reflexion des menschlichen Handelns beruht auf einer klärenden Untersuchung moralisch-ethischer Grundsätze der Lebensführung. Damit ergeben sich u. a. folgende didaktische Leitlinien:

- Vermittlung von ethisch relevantem Sachwissen,
- verstehende Erschließung tradierter Wertvorstellungen,
- die Einübung folgerichtigen, widerspruchsfreien und begründeten Argumentierens,
- die Ausbildung der Fähigkeit zu selbstständigem Denken und der Fähigkeit, dieses im Gespräch zu überprüfen und überprüfen zu lassen,
- und insgesamt: die Erziehung zur Nachdenklichkeit, Förderung der moralisch-ethischen Kompetenz.

Mit diesen Standards wurde beabsichtigt, dass die allgemeinen menschlichen Lebensbedingungen und die Erfahrungswelt der Lernenden als Hintergrund und Ziel der prinzipiellen Auseinandersetzung mit dem Begriff, der Aufgabe und der Geltung von Moral zu sehen ist. Vor allem sollen dabei die Auseinandersetzung mit gesellschaftlich relevanten und für die Entwicklung von Jugendlichen folgenreichen Herausforderungen berücksichtigt werden. Die lebensweltlichen Bezüge des Ethikunterrichts fordern also geradezu dazu auf, die Genderfrage aufzugreifen, und zwar nicht nur in den Unterrichtseinheiten, die sich mit dem Unterschied zwischen den Geschlechtern befassen, wie die Einheit „Partnerschaft – Liebe – Familie", sondern in allen Bereichen, in denen die Genderfrage zwischen den Zeilen zu spüren ist.

Danksagung Wir danken der Gleichstellungsbeauftragten der Pädagogischen Hochschule Karlsruhe Frau Akademische Oberrätin Dr. Marianne Soff und Frau Professorin Dr. Annette Treibel-Illian für ihre freundschaftliche Begleitung sowie allen weiteren Mitgliedern der Gleichstellungskommission für ihren wissenschaftlichen Dialog und die jahrelange großartige finanzielle Unterstützung durch Bereitstellung der Übersetzungsgelder für die Genderforschung.

Literatur

Benhabib, Seyla (1995): Selbst im Kontext: Kommunikative Ethik im Spannungsfeld von Feminismus, Kommunitarismus und Postmoderne. Frankfurt a. M.: Suhrkamp.

Bilden, Helga (2002): Geschlechtspezifische Sozialisation. In: Hurrelmann, Klaus/Ulrich, Dieter (Hrsg.): Neues Handbuch der Sozialisationsforschung. Weinheim, Basel: Beltz, S. 279–301.

Bildungsplan Gymnasium: Bildungsstandards für Ethik. Online: http://www.lehrer.uni-karlsruhe.de/~za720/Ethik/Gym_Eth_bs.pdf, 02.09.2011.

Bourdieu, Pierre (2005): Die männliche Herrschaft. Frankfurt a. M.: Suhrkamp.

Brüning, Barbara (2003): Philosophieren in der Sekundarstufe: Methoden und Medien. Weinheim, Basel, Berlin: Beltz.

Brüning, Barbara (2007): Philosophieren mit Kindern im Ethikunterricht der Grundschule. In: Marsal, Eva et al. (Hrsg.): Ethische Reflexionskompetenz im Grundschulalter. Konzepte des Philosophierens mit Kindern. Frankfurt a. M., Bern: Peter-Lang, S. 297–304.

Butler Judith (1991): Das Unbehagen der Geschlechter. Frankfurt a.M.: Suhrkamp.

Butler Judith (2009): Die Macht der Geschlechternormen und die Grenzen des Menschlichen. Frankfurt a. M.: Suhrkamp.

Faulstich-Wieland, Hannelore (2009): Doing Gender im Schulalltag – Gendersensibilität entwickeln. Doing Gender. In: Ethik und Unterricht (Doing Gender) 4/2009, S. 18–21.

Gilligan, Carol (1982): Die andere Stimme. Lebenskonflikte und Moral der Frau. (Original: In a Different Voice: Psychological Theory and Women's Development). München: dtv.

Götsch, Monika (2009): Geschlecht und Sozialisation. Eine Annäherung aus der Perspektive der Geschlechterforschung. In: Ethik und Unterricht (Doing Gender) 4/2009, S. 9–11.

Haubner, Michael (2009): Wann ist ein Mann ein Mann? In: Ethik und Unterricht (Doing Gender) 4/2009, S. 22–24.

Hume, David (2002): Eine Untersuchung über die Prinzipien der Moral. Original: An enquiry concerning the principles of morals (1751). Stuttgart: Reclam.

Juranek, Natalie/Döbert, Rainer (2002): Eine andere Stimme? Universalien oder geschlechtsspezifische Differenzen in der Moral. Heidelberg: Asanger.

Kohlberg, Lawrence (1977): Eine Neuintegration der Zusammenhänge zwischen der Moralentwicklung in der Kindheit und im Erwachsenenalter. In: Döbert, Rainer/Nunner-Winkler, Gertrud (Hrsg.) Entwicklung des Ichs. Köln: Kiepenheur und Witsch, S. 225–253.

Kohlberg, Lawrence (1981): Essays on Moral Development, Bd.1: The Philosophy of Moral Development: Morals Stages and the Idea of Justice. New York: Joanna Cotler Books.

Kohlberg, Lawrence (1995): Die Psychologie der Moralentwicklung. Herausgegeben von Wolfgang Althof unter Mitarbeit von Gil Noam und Fritz Oser. Frankfurt a. M.: Suhrkamp.

Maihofer, Andrea (2002): Geschlecht und Sozialisation. In: Erwägen Wissen Ethik, Jg. 13/2002, Heft 1, S. 13–26.

Marsal, Eva (2003): Der Personbegriff von Mädchen: Eine empirische Studie. In: Karlsruher pädagogische Beiträge (kpb) 54, S. 7–32.

Martens, Ekkehard (2003): Methodik des Ethik- und Philosophieunterrichts: Philosophieren als elementare Kulturtechnik. Hannover: Siebert.

Marsal, Eva (2008): Didactic Implementation of Ekkehard Martens' Five Finger Model. Example: The Unit 'Who am I?/ Dealing with Capabilities'. In: Thinking: The Journal of Philosophy for Children, Volume 18, Number 4, S. 19–22.

Marsal, Eva/Dobashi, Takara (2007): I and my family – Comparing the reflective competence of Japanese and German primary school children as related to the 'Ethics of Care'. In: childhood & philosophy, the electronic journal of ICPIC (international council for philosophical inquiry with children). Volume 3, Number 6, Artikel 7, S. 267–287. Online: www.filoeduc.org/childphilo, 02.09.2011.

Marsal, Eva/Dobashi, Takara (2008): Wem würde ich in lebensbedrohlichen Situationen helfen? Eine Skizze zum Kulturvergleich zwischen japanischen und deutschen Grundschulkindern. In: Zeitschrift für Didaktik der Philosophie und Ethik, Heft 1, S. 48–55.

Marsal, Eva/Dobashi, Takara (2009): Empirische Überprüfung des Philosophieunterrichts. Modelle, Methoden, Beispiele. In: Robeck, Johannes/Thurnherr, Urs/Steenblock, Volker (Hrsg.): Empirische Unterrichtsforschung und Philosophiedidaktik. Jahrbuch der Didaktik für den Philosophie- und Ethikunterricht 9, S. 105–134.

Marsal, Eva/Dobashi, Takara/Weber Barbara (Hrsg.) (2009): Ethische Reflexionskompetenz im Grundschulalter. Konzepte des Philosophierens mit Kindern. Frankfurt a. M., Bern: Peter-Lang.

Marsal, Eva/Dobashi, Takara/ Weber Barbara/ Lund, Felix G. (Hrsg.) (2007): Ethische Reflexionskompetenz im Grundschulalter. Konzepte des Philosophierens mit Kindern. Frankfurt a. M., Bern: Peter-Lang Verlag.

Marsal, Eva (1998): Eine (weibliche) Person sein. Bildung der Personalität durch die Auseinandersetzung mit den eigenen ethischen Orientierungen – ein Trainingsprogramm. In: Ethik und Unterricht 2/98, S. 38–42.

Meyer-Drawe, Käte (2006): Bildung und Leiblichkeit. In: Robeck, Johannes/Thurnherr, Urs/Steenblock, Volker (Hrsg.): Empirische Unterrichtsforschung und Philosophiedidaktik. Jahrbuch der Didaktik für den Philosophie- und Ethikunterricht 9, S. 75–91.

Nunner-Winkler, Gertrud (1991) (Hrsg.): Weibliche Moral: Die Kontroverse um eine geschlechtsspezifische Ethik. Frankfurt a. M.: Campus.

Pfeifer, Volker (2009): Didaktik des Ethikunterrichts: Bausteine einer integrativen Wertevermittlung. Stuttgart: Kohlhammer.

Rösch, Anita (2009): Kompetenzorientierung im Philosophie- und Ethikunterricht: Entwicklung eines Kompetenzmodells für die Fächergruppe Philosophie, Praktische Philosophie, Ethik, Werte und Normen. Münster: LIT Verlag.

Rohbeck, Johannes/Thurnherr, Urs/Steenblock, Volker (2008) (Hrsg.): Empirische Unterrichtsforschung und Philosophiedidaktik. Jahrbuch für Didaktik der Philosophie und Ethik. Dresden: Thelem.

Runtenberg, Christa (1998): Didaktische Ansätze einer Ethik der Gentechnik. Freiburg, München: Karl Alber.

Tervooren, Anja (2006): Im Spielraum von Geschlecht und Begehren. Ethnographie der ausgehenden Kindheit. Weinheim, München: Juventa.

Textor, Martin R. (2005): Piagets Theorie der kognitiven Entwicklung. In: Textor, Martin R. (Hrsg.): Kindergartenpädagogik – Online-Handbuch – Würzburg. Online: http://www.kindergartenpaedagogik.de/1226.html, 18.10.2011.

Vbw-Vereinigung der Bayrischen Wirtschaft e.v. (Hrsg.) (2009): Aktionsrat Bildung. Geschlechterdifferenzen im Bildungssystem Jahresgutachten Hans-Peter Blossfeld, Wilfried Bos, Bettina Hannover, Dieter Lenzen, Detlef Müller-Böling, Manfred Prenzel, Ludger Wößmann, Wiesbaden: VS Verlag für Sozialwissenschaften. Online: www.aktionsrat-bildung.de/fileadmin/Dokumente/Geschlechterdifferenzen_im_Bildungssystem__Jahresgutachten_2009.pdf, 16.10.2011.

Weinert, Franz E./Andreas Helmke (Hrsg.): Entwicklung im Grundschulalter. Weinheim 1997.

Werner, Hans Joachim (2002); Moral und Erziehung in der pluralistischen Gesellschaft. Darmstadt: Wissenschaftliche Buchgesellschaft.

Zimbardo, Philip G. (1995): Psychologie. 6., neu bearb. Auflage. Berlin, Heidelberg u. a.: Springer.

Geschlechterforschung und Englisch-Literaturdidaktik

11

Renate Haas

11.1 Stand der Geschlechterforschung in der Englisch-Literaturdidaktik

11.1.1 Historische und soziokulturelle Entwicklung der Geschlechterforschung und ihrer Bedeutung für die Englisch-Literaturdidaktik

Die anglistisch-amerikanistischen Women's und Gender Studies wurden sowohl von den allgemeinen gesellschaftlichen Entwicklungen als auch von denen in Nachbar- und Bezugsdisziplinen beeinflusst und wirkten ihrerseits zurück. In organisatorisch-institutioneller Sicht lassen sich folgende Phasen ausmachen:

a. ‚1968‘, Zweite Frauenbewegung, Aufbruchsphase: 1968–1982
b. Durchsetzungsphase: 1982–1988
c. Professionalisierungsphase: 1989–1996
d. ‚Normalisierungsphase‘: 1997-
    (im Anschluss an Daniela Heitzmanns Weiterentwicklung der Phasenmodelle von Carol Hagemann-White, Ulla Bock und Sigrid Metz-Göckel; Heitzmann 2008, S. 42 f.)

Mit den Phasen c–d erfolgte zumeist ein Übergang von der Frauen- zur Geschlechterforschung. Außerdem haben sich folgende drei Faktoren – alle eng mit der Rolle des Englischen verknüpft – generell als sehr einflussreich erwiesen: führende Rolle der USA, Globalisierung und europäischer Einigungsprozess. Damit stellt sich auch die Frage, inwieweit die deutsche Anglistik/Amerikanistik eine besondere Mittlerrolle gespielt hat.

R. Haas (✉)
Christian-Albrechts-Universität zu Kiel, Institute of English Studies,
Leibnizstraße 10, 2. OG, 24118 Kiel, Deutschland
E-Mail: haas@anglistik.uni-kiel.de

M. Kampshoff, C. Wiepcke (Hrsg.), *Handbuch Geschlechterforschung und Fachdidaktik*,
DOI 10.1007/978-3-531-18984-0_11,
© VS Verlag für Sozialwissenschaften | Springer Fachmedien Wiesbaden 2012

Die USA gaben in der Tat einen bedeutenden Anstoß zum Aufbruch um 1968 (was Antiamerikanismus nicht ausschloss). Außer- und innerhalb der Universitäten engagierten sich Frauen bereits vielfältig, nicht zuletzt Deutschamerikanerinnen oder Deutsche, die in den USA studiert hatten. Beispielsweise war es eine Studentin, die 1969 den protestierenden akademischen Nachwuchs beim Sprengen des Kölner Anglistentags anführte, einer „clubartigen Versammlung der Professoren" nach Thomas Finkenstaedts aufschlussreicher Formulierung (1983, S. 178). Gerade die fehlende Anerkennung des Beitrags und der Interessen der Frauen durch die 1968er Männer gab dann den Anlass für eine eigenständige Frauenbewegung.

Insgesamt boten sich der deutschen Frauenbewegung viel weniger Möglichkeiten als der amerikanischen und sie war in den Hochschulen weniger konfrontativ. In den amerikanischen Universitäten wirkte sich förderlich aus, dass traditionell der Einfluss der Gesellschaft auf sie größer ist, auch in Form von Studierendenerwartungen und dass es überdies Frauencolleges gab. Im Gegensatz zu anderen Innovationen der Anglophonie haben die führenden deutschen Anglisten und Amerikanisten Women's und Gender Studies lange nicht zur Kenntnis genommen und die Gender-Blindheit einheimischer hermeneutischer Traditionen korrigiert. Feministische Forschung blieb deshalb lange karriereschädlich. Vertreterinnen ernteten nicht selten Spott und Beschimpfung. So empfahl es sich lange, Dissertation und Habilitationsschrift in traditionellen Bereichen zu verfassen und den feministischen Interessen als Kür und in der Lehre zu frönen. Außerdem musste diese Generation sehr viel Zeit auf Gremien zur Frauenförderung aufwenden. Immerhin boten sich ihr in den USA und später – mit der umfangreichen EU-Forschungsförderung – in diversen Ländern westlich des Eisernen Vorhangs angesehene Vortrags- und Publikationsmöglichkeiten.

Erst 1996, d. h. lediglich am Ende der allgemeinen Professionalisierungsphase (siehe oben) wurde in der deutschen Anglistik/Amerikanistik eine erste Professur mit geschlechterwissenschaftlicher Teildenomination etabliert: Neuere englische Literatur mit Schwerpunkt Gender Studies an der Universität Tübingen. In der Germanistik war (wie in der Politikwissenschaft) schon 1984 wenigstens eine befristete Teilzeitprofessur für Frauenforschung an der Freien Universität Berlin eingerichtet worden. Bis heute ist in dem Massenfach Anglistik/Amerikanistik mit seinen Hunderten von Professuren nach Heitzmanns Erhebungen nur *eine* weitere mit geschlechterwissenschaftlicher Teildenomination dazugekommen (Cultural Studies, FU) – eine Quantité négligeable. Mit 28 bzw. 16 Gender-Professuren stehen Soziologie/Sozialwissenschaften und Erziehungswissenschaften immerhin um einiges besser da (Heitzmann 2008, S. 46, 135).

Die ungünstigen Bedingungen hatten für die deutsche Frauen- und Geschlechterforschung quantitative wie qualitative Folgen. So konnten die literaturwissenschaftlichen Women's Studies der hiesigen Anglistik/Amerikanistik bei weitem nicht die Vorreiterrolle unter den Disziplinen spielen wie ihr amerikanisches Vorbild. Immerhin war das erste DFG-geförderte Graduiertenkolleg ein interdisziplinär-literaturwissenschaftliches: Geschlechterdifferenz und Literatur an der Universität München 1992–2001, getragen von Anglistik, Germanistik und Romanistik (Heitzmann 2008, S. 134). Die Rücksichtnahmen auf männliche Autoritäten führten lange zu dem ‚schielenden Blick‘ eines ‚muted feminism‘, auf Dauer aber auch zu einer etwas stärkeren Zusammenarbeit zwischen Frauen und Männern und einer engeren Verbindung zwischen Women's und Men's Studies, was sich sowohl als ‚unfeminist weakness‘ als auch als ‚humanist strength‘ auswirken kann (Schabert 2004, S. 74).

Bei internationaler Zusammenarbeit dürften sich durch Englisch gewisse Vorteile gegenüber anderen Disziplinen ergeben haben. Inzwischen, nachdem die kritische Masse erreicht ist, sollte sich noch intensiver geltend machen können, dass anglistisch-amerikanistische Women's and Gender Studies es mit der führenden Weltsprache zu tun haben, in der besonders viele bahnbrechende Vorstellungen in Theorie und Schöner Literatur entwickelt werden. Folgende Ausführungen des aus Sri Lanka stammenden, kosmopolitischen Englischdidaktikers A. Suresh Canagarajah mögen schlaglichtartig die engen sprachlichen, speziell englischsprachigen Konnexe zentraler heutiger Denkmuster wie ‚linguistic turn‘ oder Identitätsfluidität verdeutlichen: „People are no longer prepared to think of their identities in essentialist terms (as belonging exclusively to one language and culture), their languages and cultures as pure (separated from everything foreign), or their communities as homogenous (closed to contact with others).“ (zitiert nach Nelson 2009, S. 216) Poststrukturalistische und postkoloniale Ansätze erfassen solche Zusammenhänge durch die Zusammenschau von Sprache, Kultur und Identität in einer Weise, die anglistisch-amerikanistischen Gender Studies und auch der Englisch-Literaturdidaktik besondere Möglichkeiten eröffnet (und die Bedeutung des Englischen zeigt sich u. a. wieder darin, dass französische Theorien Deutschland oft auf dem Umweg über die USA oder sonstige Anglophonie erreichen).

11.1.2 Mögliche Ansatzpunkte der Geschlechterforschung in der Englisch-Literaturdidaktik

Verglichen mit den anderen Sektionen der Anglistik/Amerikanistik ist die Fachdidaktik nur kärglich etabliert, und noch viel schlechter steht es um die Literaturdidaktik. Es dominiert die Sprachdidaktik, und Universitätsprofessuren für Literaturdidaktik lassen sich wohl an einer Hand abzählen. Literaturdidaktik wird daher oft nur nebenher betrieben, sei es zusammen mit Literaturwissenschaft oder mit Sprachdidaktik. Solange Pädagogische Hochschulen (PHs) mit zwei oder mehr Professuren für Englisch noch in größerer Zahl bestanden, war die Lage für die Literaturdidaktik günstiger. Im Hinblick auf weibliche Akzente wirkte überdies mit, dass sich Frauen an PHs eher Aufstiegschancen boten als an den Universitäten: Erste Ordinaria der Anglistik/Amerikanistik wurde 1947 Dorothea Heitmüller an der PH Hannover. Auf sie folgten in der Literaturwissenschaft erst 11 Jahre später eine ostdeutsche und ab 1965 ein paar westdeutsche Lehrstuhlinhaberinnen.

Der starke Praxisbezug der PHs und das bloße Mitbetreiben hatten und haben zur Folge, dass Literaturdidaktisches zumeist nur als Anhang oder in Form von Aufsätzen, äußerst selten als Monographie publiziert wird. Viele feministische Didaktikarbeiten sind so schnell in

Vergessenheit geraten, auch wenn sie mit großem Engagement und politischer Förderung unternommen wurden. Denn das Massenfach Anglistik/Amerikanistik hat einen überwältigenden Ausstoß: Bereits Anfang der 1980er Jahre betrug der westdeutsche Output allein auf professoraler Ebene ca. 60 Bücher und 600 Artikel pro Jahr (Haas 2008, S. 86).

Schon lange vertritt die Literaturdidaktik einen weiten Literaturbegriff und die Nutzung einfachster literarischer Formen von den aller ersten Englischstunden an. Bis zu einem gewissen Grad versteht sie sich als Text-, Medien-, Cultural-Studies- und Bilingual-Didaktik. Wichtige Bereiche sind für sie Leseerziehung und die Befähigung zu vielseitigem, analytischem und kreativem Umgang mit Texten unterschiedlichster Art, einschließlich eigener Produktion. Diverse Gebiete werden sowohl von der Literatur- als auch von der Sprachdidaktik bearbeitet. Wünschenswert wären gute Abstimmung und Kooperation.

Einen Eindruck vom heutigen Stand mögen die Zahlenverhältnisse bei den Qualifikationsarbeiten der Jahre 2006–2010 geben: Unter den 5 Habilitationen in der Englischdidaktik findet sich keine mit einer dezidiert literaturdidaktischen Ausrichtung, unter den 49 Dissertationen gerade einmal 5. Einen text- oder mediendidaktischen Ansatz haben weitere 10 Dissertationen. 4 der 5 Habilitationsschriften und ca. 3/4 der Dissertationen stammen von Frauen. Einen Gender-Akzent zeigt allerdings keine der Habilitationsschriften und nur 2 der 49 Dissertationen, eine davon allgemeiner (Özkul 2010/2011), eine literaturdidaktischer Art (Nowoczien 2009/2012). Gegenüber früheren Listen hat immerhin die Sensibilität für gendergerechte Titelformulierung zugenommen (vgl. Klippel 2011). Andererseits mag Folgendes die praktische Bedeutung der Literaturdidaktik schlaglichtartig erhellen: Der aktuelle Katalog von Englisch-Schullektüren eines einzigen deutschen Verlags (Klett) umfasst 474 verschiedene Titel.

In Literaturdidaktik mit Women's-and-Gender-Studies-Ausrichtung trifft also doppelte Marginalisierung zusammen. In Anbetracht dessen ist das Geleistete umso beachtlicher. Eine jüngere Zusammenschau bietet der von Helene Decke-Cornill und Laurenz Volkmann 2007 herausgegebene Band.

11.2 Geschlechtergerechte Englisch-Literaturdidaktik unter besonderer Berücksichtigung des Aspekts der Geschlechterkonstruktion und -dekonstruktion

11.2.1 Geschlechterkonstruktionen

Sprache(n) und Literatur gelten gemeinhin und schon lange als weibliche Domäne. Das schließt auch Englisch ein. In der Englisch-Literaturdidaktik schwingen solche Annahmen vielfach unreflektiert mit. Gelegentlich werden sie explizit geäußert, nicht zuletzt mit Bezug auf Mädchen- oder Jungenförderung. Im ersten Fall geht es gewöhnlich um Kontrastierung mit Mathematik und Naturwissenschaften, im zweiten um Kompensationsbemühungen nach dem PISA-Schock angesichts ‚der' Leseergebnisse ‚der' Jungen. Die gängige Einteilung in Sprachen einerseits und mathematisch-naturwissenschaftliche Fä-

11 Geschlechterforschung und Englisch-Literaturdidaktik

cher andererseits begünstigt das Fortbestehen solcher Klischees. Doch ‚weibliche Domäne‘ kann recht Unterschiedliches bedeuten: Ebene der Lehrkräfte oder der Schülerinnen und Schüler; zahlenmäßige Verteilung, besonderes Interesse/Lernmotivation/Engagement, spezielle Begabung/bessere Leistungen. Die Annahmen gehen stark auf Zeiten mit einem breiteren Mädchenschulwesen zurück, die inzwischen ein halbes Jahrhundert und weiter zurückliegen. Im 19. Jahrhundert waren Französisch und später auch Englisch das distinktive Merkmal, mit dem sich die höhere Mädchenbildung von der niederen wie auch der altsprachlichen Gymnasialbildung der Jungen abhob, und diese Traditionen setzten sich ins 20. Jahrhundert fort. Die heutige Lage ist dagegen viel komplizierter.

11.2.1.1 Lehrkräfte

Auf der Lehrkraftebene erscheint Englisch auch heute noch besonders nachdrücklich als ein Frauenfach – ein Grund, damit zu beginnen. Ein weiterer Grund liegt darin, dass in diesen ‚postmethod‘-Zeiten über Disziplingrenzen hinweg ein geschärftes Bewusstsein für die große Bedeutung der Lehrkräfte für guten Unterricht besteht.

Zwar schlüsseln die Reihen des Statistischen Bundesamts die Fachlehrkräfte zu wenig auf, doch ist seit Jahrzehnten der Frauenanteil bei den Lehramtsstudierenden und 2. Staatsexamina im Fach Englisch überwältigend. Im Schuljahr 2009/10 waren von den Absolventinnen und Absolventen des Referendariats für Englisch rund 80 % weiblich (3.886 von 4.891). Bei der Teilgruppe Primarstufe betrug der Frauenanteil sogar fast 92 % (!; 717 von 781), bei der Teilgruppe Gymnasium bzw. Sekundarstufe II an allgemeinbildenden Schulen auch noch 75,5 % (1.845 von 2.443, vgl. Statistisches Bundesamt 2011, S. 405). Ähnlich waren unter den Lehramtsstudierenden mit Englisch als Erstfach im Wintersemester 2009/10 rund 70 % Frauen (18.195 von 26.053; vgl. Statistisches Bundesamt 2010, S. 188). Diese hohen Frauenanteile in Studium und Referendariat bedeuten freilich nicht einen gleich hohen Anteil an tatsächlich gehaltenen Schulstunden oder gleich hohen Einfluss.

Aufschlussreich wären genauere Kenntnisse über die Ansichten der Englischlehrkräfte zu ihrem Unterricht und insbesondere den Geschlechterkomponenten. Dazu gibt es nur wenige, vor allem ältere Fallstudien. Eine breite Population künftiger Englischlehrkräfte und ihre Berufswahlmotive erfasste 2008 Senem Özkul für ihre Dissertation. Leider hinterfragt sie ihre Dichotomisierungen männlich – weiblich kaum und baut zu wenig Kontrollfragen ein, so dass ihre Ergebnisse bezüglich Geschlechterunterschieden mit großer Vorsicht zu behandeln und nach Möglichkeit weiter zu differenzieren sind. Trotzdem beobachtet sie im Vergleich mit früheren Untersuchungen eine gewisse Annäherung zwischen den Geschlechtern. Beide trafen ihre Berufsentscheidung primär aus dem Wunsch heraus, künftig als Lehrkraft zu arbeiten; die Fächerwahl kam erst danach. Auffällig ist die hohe Zuwendungsorientierung (Özkul 2011, S. 225–29). Die Vereinbarkeit von Familie und Beruf rangierte bei den Studentinnen an 5., bei den Studenten erst an 11. Stelle (ebd., S. 110, 181).

48,4 % der Probandinnen und 43,1 der Probanden bejahten die Vorgabe „Ich hatte kein Interesse an naturwissenschaftlichen Fächern" (ebd., S. 197). Die Gründe für die Wahl von Englisch zeigen ebenfalls große Übereinstimmung. Reihung der Studentinnen:

a. Ich habe Interesse an englischsprachigen Ländern und Kulturen 94,34 %,
b. ich kann während des Studiums meine eigenen Sprachkenntnisse verbessern 91,94 %,
c. ich begeistere mich für Fremdsprachen 90,00 %,
d. ich hatte schon vor dem Studium gute Englischkenntnisse 87,48 %,
e. ich bin sprachbegabt 82,50 %,
f. ich habe Interesse an englischsprachiger Literatur 79,04 %.

Bei den Studenten waren die Plätze a, b und e gleich sowie c–d umgekehrt und die Prozentzahlen durchgängig einiges niedriger. Das Interesse an englischsprachiger Literatur folgte bei ihnen erst mit Rang 8 und 64,76 % (ebd., S. 117). Özkul bewertet letzteren Geschlechterunterschied als statistisch hochsignifikant und er geht auch mit früheren Untersuchungsergebnissen und den verbreiteten Ansichten konform (ebd., S. 195). Almut Küppers beispielsweise stellte in ihren Fallstudien bei den Englischlehrerinnen ein besonderes Bemühen fest, die eigene Lesebegeisterung weiterzugeben und den Schülerinnen und Schülern ebenfalls Flow-Erlebnisse zu ermöglichen (1999, S. 369). Allerdings sollten solche Unterschiede nicht überdramatisiert werden, wie auch weitere geringe Differenzen, die auf ein emotionaleres Verhältnis von Studentinnen zu Sprache(n) hindeuten. Nicht übersehen werden sollte die Interessenbalance zwischen Inhalt und Form bei den ersten fünf Motiven.

11.2.1.2 Schülerinnen und Schüler

Auf der Ebene der Schülerinnen und Schüler lässt sich Englisch kaum mehr als Mädchenfach bezeichnen – schon deshalb, weil die Verhältnisse zu unübersichtlich sind. Es gibt heute wohl kaum ein Fach, das breiter vertreten ist: vom Kindergarten bis zu Seniorenkursen, von der Sonderschule bis zum konzerneigenen Einzeltraining und innerhalb der unterschiedlichsten Sachfächer in ‚bilingualem‘ Unterricht. Im allgemeinbildenden Schulwesen ist ein Großteil des Englischunterrichts Pflicht, und auch in der gymnasialen Oberstufe wurden die Abwahlmöglichkeiten immer stärker eingeschränkt angesichts der weiter rapid anwachsenden Bedeutung des Englischen für das Studium (Fachliteratur, internationale Studiengänge, Auslandssemester). Bereits für 1996 ergab eine Untersuchung, dass Englisch bei beiden Geschlechtern das am zweithäufigsten im Abitur gewählte Leistungskursfach war (Stürzer 2003, S. 139).

In den letzten Jahrzehnten wurden wiederholt geschlechterdichotomisierende Untersuchungen angestellt, um die gängige Annahme der weiblichen Überlegenheit zu überprüfen. Besonders breit gestützt geschah das im Rahmen des DESI-Projekts (Deutsch Englisch Schülerleistungen International). Autor und Autorin des kurzen Überblickskapitels zu Geschlechterdifferenzen scheinen vom sprachlichen Vorsprung der Mädchen so beeindruckt zu sein, dass sie darauf hinweisen, dass er schon lange vor der Schule, nämlich bei den aller ersten Sprachversuchen beginnt (DESI 2008, S. 202). Für die Literaturdidaktik ist DESI allerdings nur von sehr begrenztem Interesse, weil ein unreflektierter Literaturbegriff zugrunde liegt und deshalb bloß recht Elementares erfasst ist. Beispielsweise wird bei dem Versuch, die am häufigsten eingesetzten Textsorten zu ermitteln, schematisch zwischen Lehrbuch/Arbeitsblatt und 49 weiteren Möglichkeiten unterschieden, ohne zu beachten, dass die anderen Textsorten auch im Lehrbuch genutzt werden können (vgl. DESI 2008, S. 376–77). Immerhin wird am Deutschunterricht kritisiert, dass phantasievolle, kreative Formen des Umgangs mit Texten (wie sie gerade von der Literaturdidaktik entwickelt wurden) kaum Anwendung finden (DESI 2008, S. 328–29).

Im Zusammenhang mit dem Lesen in deutscher Sprache warf bereits die erste PISA-Studie literaturdidaktisch brisantere Fragen auf, etwa bezüglich mangelnder Lesemotivation von Jungen oder durch das Ergebnis, dass beim Lesen die Kompetenzdifferenzen zugunsten der Mädchen in fast allen Ländern deutlicher größer waren als die Differenzen bei den Mathematikkompetenzen, in Deutschland sogar doppelt so groß (Stürzer 2003, S. 108 f.). Gerade bei Aufgaben, die für Literaturunterricht wie für Unterricht überhaupt zentral sind, erzielten die Mädchen im Durchschnitt besonders viel bessere Ergebnisse: im Verständnis und der Bearbeitung von kontinuierlichen Texten (d. h. Prosatexten wie Erzählungen, Kommentaren und Argumentationen), beim Reflektieren und Bewerten sowie beim textbezogenen Interpretieren. Stärker differenzierende Untersuchungen folgten, etwa hinsichtlich Lesestilen und Präferenzen bezüglich Medienkombination, Gattungen und Themen, insbesondere aber auch mit Aufmerksamkeit für die Unterschiede innerhalb der Geschlechter und für geschlechterübergreifende Gemeinsamkeiten. Beispielsweise versuchte Gemma Moss (2010, S. 324) für die Englischlektüre in England zu zeigen, dass die Ansicht, Jungen zögen Sachtexte vor, so global nicht zu halten ist.

Für all diese Ergebnisse stellt sich jedoch die Frage, ob und wie weit sie auf das englischsprachige Lesen in Deutschland und den deutschen Englischunterricht übertragbar sind. Unsere englischsprachige Lesesozialisation erfolgte zumindest bislang entscheidend durch die Schule und litt nur zu oft unter radikaler Verzweckung, weil gewöhnlich alles Lesen auf den Spracherwerb ausgerichtet war. Sehr eingehende Fallstudien bieten die Dissertationen von Küppers (1999) und Gabriele Kugler-Euerle (1998). Küppers akzentuiert u. a. den Entwicklungsvorsprung der Mädchen bei der Pubertät. Kugler-Euerle analysiert anhand von Doris Lessings geschlechtsrollenkritischem Roman The Fifth Child gerade auch die Reaktionen auf ein provokantes Beispiel.

11.2.1.3 Lernziele

Die Literaturdidaktik hat die Leistungsfähigkeit von Literatur intensiv reflektiert, nicht zuletzt auf rezeptionsästhetischer Basis und mit Fokus auf Fremdverstehen, wobei Genderaspekte trotzdem nur zu oft zu kurz kamen. Die Lernzielkonkretisierungen aber werden zumeist den Kommissionen für Lehrpläne, Prüfungsbestimmungen usw. (denen nur selten Hochschuldidaktiker und -didaktikerinnen angehören) überlassen. Bezüglich der Ausdifferenzierung geschlechterpädagogischer Lernziele bieten aber auch sie im Allgemeinen wenig, was nicht nur mit der nötigen Kürze zusammenhängt. Als Erfolg der Frauenbewegung wurde zwar das Ziel der Gleichstellung von Männern und Frauen in die Lehrpläne grundlegend und global aufgenommen, und in den neueren wird Gleichberechtigung zum Teil auch intersektionell verstanden. Doch wie sich das im Einzelnen mit fachspezifischen Lernzielen oder Kompetenzen verbindet, wird kaum detailliert. Als besonders folgenreich hat sich dieses Versäumnis bei Prüfungsbestimmungen der Kultusministerkonferenz erwiesen, z. B. den Einheitlichen Prüfungsanforderungen in der Abiturprüfung (EPA) und den Bildungsstandards für die erste Fremdsprache (Englisch/Französisch) für den Mittleren Schulabschluss. Hier werden auf 68 bzw. 49 Seiten Gleichstellungs- oder geschlechterpädagogische Ziele an keiner Stelle erwähnt, obwohl sonst breit aufgefächert wird. Die genannten Bildungsstandards führen ‚Geschlechterbeziehungen' gerade einmal parenthetisch bei den für interkulturelle Kompetenzen relevanten Bereichen auf (KMK 2003, S. 17). Gleichzeitig sind aber die Aufgabenbeispiele noch sehr einseitig traditionell-männlich geprägt, insbesondere in den seit 1989 immer wieder überarbeiteten EPA (KMK 2002, z. B. S. 31–44).

Vor solchem Hintergrund ist es sehr wohl noch berechtigt, auf Kugler-Euerles Liste genderbezogener Lernziele von 1998 hinzuweisen, obwohl sie nur locker an den Literatur-unterricht angebunden sind (S. 161). Kugler-Euerle fokussiert stark auf Geschlechterrollen mit dem Ziel ihrer Modifikation und der Auflösung von Klischees. Das hat den Vorteil, für Schülerinnen und Schüler gut greifbar zu sein, ist allerdings oft wenig motivierend. Gra-vierender ist, dass die Rollenkonzepte der tiefgreifenden Wirkmächtigkeit und Dynamik von Gender nicht gerecht werden und die Widersprüchlichkeiten und vor allem auch die individuellen und kollektiven Selbsttätigkeiten bei der Subjektkonstitution nicht zu erklä-ren vermögen (vgl. Decke-Cornill 2004, S. 192).

11.2.1.4 Lerninhalte

Lehrbuchkritik, speziell das Aufzeigen von Diskriminierung von Mädchen und Frauen durch den Sprachgebrauch und die Inszenierung von Eigenschaften, Verhaltensweisen und Leistungen der Lehrbuchfiguren bildete einen wichtigen Arbeitsbereich der feminis-tischen Anfangsjahre. (Siehe auch den Beitrag zur Sprachdidaktik in diesem Handbuch.) Beträchtliche Verbesserungen wurden erzielt, doch bleibt noch genügend zu wünschen übrig, wie etwa die Studie Tina Eggelings von 2009 zeigt.

Im Gegensatz zum traditionellen Bezugsland USA mit seinen ‚canon wars' entfachten die deutsche Anglistik/Amerikanistik und speziell die Literaturdidaktik keine ausgedehnte grundsätzliche Kanondiskussion. Die Literaturdidaktik ging schnell pragmatisch zu Er-gänzungsvorschlägen über: Literatur von Frauen, dann auch bewusste Ausweitung auf Frauen anderer Ethnizität und Hautfarbe, in geringerem Umfang auf innovative Darstel-lungen von ‚masculinities'. Die Kritik am sogenannten heimlichen Kanon, der sich in der Schulpraxis weiterhin auf Werke der DWEMs (dead white European males) und ihrer US Kollegen beschränke, taucht auch in gegenwärtigen Diskussionen immer wieder auf und ist sicher in gewissen Bereichen noch berechtigt, etwa hinsichtlich der Einheitlichen Abi-turanforderungen. Bereits in den frühen 1990er Jahren ergaben aber beispielsweise die Er-hebungen von Küppers eine größere Variationsbreite, die auch Autorinnen wie Gordimer und Atwood einschloss. Bei Befragungen mit gegenteiligen Ergebnissen wäre deshalb die Methodik zu überprüfen, etwa bezüglich der Aussagekraft der Erinnerungen von Anglis-tikstudierenden an ihren Schulunterricht.

Die Frage, ob Jungen mit einer anderen Literaturauswahl entgegengekommen werden muss, wurde in der Englischdidaktik wenig diskutiert. Derlei geschieht eher in der Mutter-

bzw. Nationalsprachdidaktik, in USA zum Teil in Richtung einer bedenklichen Männlichkeitserziehung. Beim Abheben auf Mädchen- oder Jungenförderung fokussiert die hochschulische Literaturdidaktik vornehmlich auf Gattungen oder einzelne Werke. (Zu Ersterem vgl. etwa eine Betonung des jüngeren weiblichen Entwicklungsromans angesichts der ‚Allgegenwart' männlicher Initiationsgeschichten im Englischunterricht.) Die Auflistung von Themenbereichen hingegen bleibt gewöhnlich den Lehrplankommissionen u. Ä. überlassen, die aber Geschlechteraspekte unterschiedlich klar und meist zu wenig pointieren.

11.2.1.5 Medien, Methoden und Leistungsbewertung

Trotz aufgeregter öffentlicher Auseinandersetzungen über die PISA-Ergebnisse zum Lesen wurde in der Englisch-Literaturdidaktik sehr wenig diskutiert, inwieweit unterschiedliche Vorgehensweisen und phasenweise Trennung zur Jungenförderung nötig sein könnten. Im Bezug auf Mädchenförderung wären allenfalls Überlegungen zur Internetnutzung zu nennen. Ähnlich werden auch bei der Leistungsbewertung Geschlechterunterschiede im Allgemeinen nicht fokussiert. Angesichts der massiven Bevorzugung von Protagonisten und traditionell-männlichen Sichtweisen in den Beispielaufgaben der Einheitlichen Abituranforderungen sowie der o. g. Bildungsstandards ließe sich selbst heute noch fragen, ob damit die Mädchen benachteiligt werden.

11.2.2 Geschlechterdekonstruktionen

Eine fundamentale Kritik an der Fremdsprachenforschung und ihrem Beitrag zur Perpetuierung von Geschlechterklischees lieferte Schmenk (2002), indem sie analysierte, wie Forschungsprojekte unreflektiert von dualistischen Alltagsvorstellungen von Weiblichkeit und Männlichkeit ausgehen, ihre Befunde dann darauf zurückführen und so die binäre Geschlechterordnung reifizieren.

Der Begriff Dekonstruktion wird heute viel gebraucht mit entsprechend schillernder Bedeutung, in mehr oder weniger enger Anlehnung an Jacques Derrida, als mehr oder weniger radikale Kritik. Das kommt immerhin den unterschiedlichen Anforderungen der diversen Ebenen der Englisch-Literaturdidaktik entgegen, etwa ob es sich um Theorie oder Anwendung auf die Praxis handelt. Im Hinblick auf Unterrichtsgestaltung empfiehlt sich außerdem, zwischen explizit und implizit zu unterscheiden (wobei Ersteres ‚Dramatisierung' einschließen kann, aber nicht muss).

Im Anschluss an Judith Butler plädieren der Sexual- und Sozialpädagoge Uwe Sielert und sein Team für eine ‚Entnaturalisierung' des Denkens in zweigeschlechtlichen Kategorien und das Eröffnen eines Vorstellungsraums von verschiedensten Konstellationen von Körperlichkeit, Begehren und Identität mittels eines Verständnisses von Geschlecht als Inszenierung. Die diversen Elemente der Geschlechter sollen nicht abgeschafft werden (kein völliges Verschwinden der Kategorien Mann und Frau), sondern die Möglichkeit geschaffen, sie neu zusammenzusetzen, so dass die volle Bandbreite geschlechtsbezogener Praktiken verfügbar wird. Damit „geht es um eine immer wieder auszulotende Balance zwischen einer punktuell notwendigen begrifflichen und praktischen Identifikation männlicher und weiblicher Identitäten, um auf Machtverhältnisse hinzuweisen und der Vermeidung von Geschlechterkategorien, um konkrete Menschen nicht zu definieren" (Sielert 2009, S. 216).

Sielert und sein Team verbinden Annedore Prengels Pädagogik der Vielfalt mit Konzepten von Diversity Education, wobei Geschlecht in größere Zusammenhänge gesetzt wird. Prengels Verdienst Anfang der 1990er Jahre war überdies, die Pädagogiken dreier wichtiger Diskriminierungsbereiche – interkulturelle, feministische und ‚Behinderten'pädagogik – in *einem* Konzept so zusammenzuführen, dass die Defizitorientierung überwunden wurde. Konkretisierend lassen sich mit Stefan Timmermanns und Elisabeth Tuider (Sexualpädagogik) folgende Ziele formulieren:

- Sensibilisieren für vielfältige Machtverhältnisse und deren Bewusstmachen,
- Empowerment (Ermächtigen von Benachteiligten),
- VerUneindeutigung,
- ‚Verwirrung',
- Umbewertung einer nachteilig zugewiesenen Position (2008, S. 40).

In der Englisch-Literaturdidaktik haben sich vor allem Decke-Cornill und jüngst Jessica Nowoczien um eine Verankerung in einer Pädagogik der Anerkennung und ein komplexes Angehen von Dekonstruktion verdient gemacht. Decke-Cornill verbindet sozialwissenschaftliche und psychologisch-pädagogische Theorien einerseits (vgl. Anerkennung von Vielfalt, Hybridität und Nicht-Klassifizierbarkeit als Voraussetzung für Gleichberechtigung in der heutigen Demokratie und für ein Zusammenleben im globalen Dorf; postmoderne Ablösung der ‚grands récits' durch Aushandeln; Schematheorie) mit literaturwissenschaftlichen und literaturdidaktischen Theorien andererseits. Anspruch der beiden Letzteren ist es gerade, dass Literatur ein besonderes Potenzial hat, auch die aktuell formulierten geschlechterpädagogischen Ziele zu befördern. Dieses Potenzial lokalisiert die neuere Literaturwissenschaft und -didaktik zumeist im Beharren auf Komplexität und Kontingenz, in Verweigerung und Widerspruch gegen Eindeutigkeiten sowie im Spielerischen. Literatur kann die Möglichkeit der Vervielfältigung von Welt- und Selbsterfahrung unter alltagsabgehobenen Bedingungen bieten, und die Chance des Unterrichts besteht nicht zuletzt darin, Literatur auf einer über die erste Ebene der individuellen Rezeption hinausgehenden zweiten Ebene als Medium der Selbst- und Fremdverständigung erfahren zu lassen (Decke-Cornill 2007, S. 240 f.; Nowoczien 2012, S. 63 f.).

Bezüglich der Auswahl plädiert Decke-Cornill im Anschluss u. a. an Bachtin für verfremdende, innovative, aus dem Regelverstoß hervorgehende Formen und selbstreflexive Literatur, für Parodie, Satire, Inszenierungen des fremden oder naiven Blicks auf die Welt und ex- oder implizite Thematisierungen von Missverstehen. Ganz besonders aber erinnert sie daran, auch den leisen, leicht überhörten oder zum Schweigen gebrachten Stimmen an den Rändern hegemonialer Diskursformationen Raum zu geben unter Beteiligung der Schülerinnen und Schüler bei der Auswahl. Das heißt, gerade auch vor dem Hintergrund von Intertextualitäts- und Intermedialitätstheorien sollen Sequenzen reflektiert nach dem Prinzip von Rede und Gegenrede und unter dem Gesichtspunkt der Diskursvielfalt, der Perspektivenkontroverse sowie der Differenz der Wahrnehmungsangebote zusammengestellt werden. So können sie Aushandlungsbedarf und Streitgespräche generieren.

Für Rezeption und Anschlusskommunikation soll den Schülerinnen und Schülern Raum für viele Lese- und Herangehensweisen gegeben werden: sowohl ich- als auch textnah, analytisch und kreativ. Das Andere soll nicht einfach angeeignet werden, sondern der fremden Selbstwahrnehmung ist die gebührende Aufmerksamkeit zuzuwenden, und im Unterrichtsgespräch ist die Bedeutung mit offenem, allerdings nicht beliebigem Ausgang auszuhandeln. Die Absicht ist, damit eine offene, fragende und inklusive Haltung einzuüben (Decke-Cornill 2007, S. 251 f.).

Eine Fülle von Anregungen zur weiteren Konkretisierung gibt Volkmann (2007). So schlägt er Kataloge von Fragen vor, die sich im Unterricht an Texte stellen lassen. Ziel ist nicht zuletzt, begreifbar zu machen, wie Geschlechterverhältnisse in und durch Sprache hergestellt, vermittelt und erfahren werden. Schwierigkeiten dürfte so manchen ein konsequentes Hinausdenken über die sogenannte ,heterosexual matrix' bereiten. Doch gerade englischsprachige Literatur, Popkultur und Medien bieten vielfältiges, hilfreiches Material, zum Teil sogar schon in Form von Schulausgaben. Das beginnt bereits bei zahlreichen kanonischen Werken – allen voran *dem* Klassiker des Englischunterrichts, Shakespeare. Ihre ,queer' Dimensionen dürfen nicht weiter ignoriert werden. Ein schönes Beispiel, wie sich die Auseinandersetzung mit Heterosexualität anhand eines Science-Fiction-Romans zwanglos und höchst anspruchsvoll entwickeln lässt, präsentiert Elizabeth Shipley. Ursula Le Guins Left Hand of Darkness stellt die Konfrontation mit ,other-genderedness' als interkulturelle Erfahrung dar, was Shipley zu vielseitigen Experimenten nutzt (2007). Die besonderen Möglichkeiten der Verbindung von interkultureller und Gendersensibilisierung bei Dramenarbeit in der Sekundarstufe I demonstriert Nowoczien gerade auch durch subtile Analyse der Äußerungen der Schülerinnen und Schüler in ihren Lerntagebüchern (2012, S. 267 f.).

11.2.3 Geschlechtergerechtigkeit in der Englisch-Literaturdidaktik

Es liegen also diverse Konzepte und Elemente für geschlechtergerechten Englisch-Literaturunterricht bereit, manche schon ziemlich lange. Zum Einstieg in die weiteren Erörterungen ein konkretes Beispiel aus dem Jahr 2011. Zwei Studentinnen haben sich in einer Übung als Ausgangstext für ihre Stundenentwürfe für die 5. Klasse aus einem gängigen neuen Schulbuch ein illustriertes modernes Märchen gewählt: The paper bag princess (Green Line 1, 2006, S. 82 f.). Das Märchen kehrt die herkömmlichen Geschlechterrollen um: Die Prinzessin rettet den Prinzen. Doch ein beträchtlicher Teil der Planung der Studentinnen besteht in der Arbeit an ihrer Alternativversion mit aufdringlicher Reklischeeisierung, bar jeglichen Witzes und jeglichen Gefühls für Rhythmus. Niemand, auch nicht die ca. vierzigjährige Kursleiterin, geht in der Besprechung auf Genderaspekte ein. Ein niederschmetterndes Ergebnis angesichts jahrzehntelanger Bemühungen um Geschlechtergerechtigkeit? Das Beispiel ist noch genauer zu betrachten. Ein offensichtlicher Grund für die Versäumnisse liegt darin, dass sowohl bei den Unterrichtsentwürfen als auch bei ihrer Besprechung die Sachanalyse sträflich vernachlässigt wird. (Niemand kümmert sich um Gestaltungsmomente und niemand ist bewusst, dass das Schulbuch eine vereinfachte Version des überaus beliebten Märchens von Robert Munsch mit Originalillustrationen Michael Martchenkos und damit auch einen Klassiker von feministischer und Gender-Pädagogik präsentiert.) Diese Vernachlässigung der Sachanalyse ist m. E. breiter symptomatisch. Sie hängt stark mit der zu engen Kompetenzorientierung zusammen, die weite Bereiche des Bildungswesens prägt, und mit Schemata, die sich dadurch und aufgrund von Zeitmangel usw. für die Referendariatsausbildung etabliert haben. Es ist eindeutig zu wenig, wenn etwa zur Beurteilung von Lehrproben 66 Kriterien auf einer Skala zu bewerten sind und nur fünf davon auf die Rubrik ‚Lerninhalte' entfallen, zumal wenn letztere Kriterien wieder als allgemeine, auf jedes Fach anwendbare Kompetenzen gefasst sind (‚Sachkompetenz', ‚Fähigkeit, sich in neue Gebiete einzuarbeiten') und andererseits ‚Fleiß', ‚Einfallsreichtum' usw. erfasst werden (aber auch nichts in Richtung Geschlechtergerechtigkeit). Dringend nötig ist eine bessere horizontale und vertikale Vernetzung aller an der Ausbildung von Lehrkräften Beteiligten in Schule, Hochschule und Referendariat unter expliziter Einbeziehung von Genderaspekten, ohne simples Vertrauen auf Gender-Mainstreaming. In den Ländergemeinsamen inhaltlichen Anforderungen für die Fachwissenschaften und Fachdidaktiken in der Lehrerbildung, einer wichtigen Basis auch zur Ausarbeitung phasenübergreifender Kerncurricula, fehlen Genderrücksichten leider völlig (KMK 2008, S. 2–4).

Für das Lehramtsstudium Englisch sind im Hinblick auf Geschlechtergerechtigkeit folgende drei Vernetzungen m. E. besonders wichtig. (Ohne Genderpointierung gibt es für sie in den Ländergemeinsamen inhaltlichen Anforderungen wie in früheren ministeriellen Dokumenten aus guten Gründen durchaus Ansätze.):

a. Als Wahlmodul des erziehungswissenschaftlichen Grundstudiums ein psychologisch solid abgestütztes Kompetenztraining ‚Pädagogik der Vielfalt', wie das Uwe Sielerts und seines Teams (2009). Dieses kann Diverses direkt erfahrbar machen und mit theoretischen Grundlagen verbinden.
b. Grundreflexion zur Disziplin Anglistik/Amerikanistik und zum Englischunterricht in historischer Perspektive unter differenziertem Einbezug von Gender: Wissenschaftsgeschichte, Geschichte des Lehrerberufs (einschließlich beispielsweise seiner Bedeutung für die Frauenemanzipation), Geschichte des Lesens und der Kanonbildung (einschließlich z. B. der Kompensationsmöglichkeiten für Frauen, solange sie von den offiziellen Bildungsinstitutionen ausgeschlossen waren), Funktionen von Fremdsprachen in Vergangenheit und Gegenwart, speziell des Englischen (etwa Informations-, Entwicklungs- und Berufschancen für marginalisierte Gruppen) und Geschichte des Englischunterrichts (einschließlich Kritik an den ideologischen Implikationen herkömmlich-zentraler Konzepte wie Mutter- versus Fremdsprache, Native Speaker).

11 Geschlechterforschung und Englisch-Literaturdidaktik

c. Vermittlung eines breiten ,landeskundlichen' Basiswissens, das Gender gezielt einbezieht. Das Problem, die Lehramtsstudierenden mit grundlegendem Wissen, Methodenbewusstsein und Fertigkeiten zu versehen, die über die Paradigmen der Anglistik/Amerikanistik hinausgehen, begleitet das Fach seit seiner wissenschaftlichen Institutionalisierung als strenge Philologie. Es lässt sich am ehesten interdisziplinär und mit Kompromissen lösen, da von anderen Fächern Zulieferdienste nötig sind. Um heute einen fundierten Englisch(literatur)unterricht gestalten zu können, wäre vor allem Folgendes nötig: grundlegende Einführung in die Geographie, Geschichte und Soziologie der traditionellen Kernländer Großbritannien und USA, weiterer früherer Siedlungskolonien, früherer Eroberungskolonien und Mischtypen; europäische Geschichte und Globalisierung.

11.3 Ausblick

Englisch nimmt unter den schulischen Fremdsprachen eine privilegierte Stellung ein, und es fragt sich, ob die Bezeichnung ,Fremdsprache' noch angemessen ist. In Finnland betrachten nicht wenige Englisch neben Finnisch und Schwedisch sogar schon als dritte Landessprache (Pahta 2008, S. 18). Global bedienen sich des Englischen viel mehr Menschen, für die es nicht Muttersprache ist, als Muttersprachlerinnen und Muttersprachler. Schätzungsweise lernen es eine Milliarde Schülerinnen und Schüler, ein Siebtel der Weltbevölkerung. Die Anglistik/Amerikanistik hat angefangen, die neuen Formen der Kommunikation und die daraus zu ziehenden didaktischen Folgerungen eindringender und kritischer zu reflektieren. Es empfiehlt sich, danach zu fragen – z. B. hinsichtlich interkultureller Kommunikationsfähigkeit –, was Englisch besonders gut und inwiefern besser als andere Fächer leisten kann, was weniger gut, und wie es sich in das Konzert der Fächer einfügen soll. Die Bedeutung von Geschlechterfragen wird dabei aller Voraussicht nach weiter zunehmen.

Literatur

Decke-Cornill, Helene (2004): ,Identities that cannot exist': Gender Studies und Literaturdidaktik. In: Bredella, Lothar/Delanoy, Werner/Surkamp, Carola (Hrsg.): Literaturdidaktik im Dialog. Tübingen: Gunter Narr Verlag, S. 181–206.

Decke-Cornill, Helene (2007): Literaturdidaktik in einer ,Pädagogik der Anerkennung'. In: Hallet, Wolfgang/Nünning, Ansgar (Hrsg.): Neue Ansätze und Konzepte der Literatur- und Kulturdidaktik. Trier: WVT, S. 239–58.

Decke-Cornill, Helene/Volkmann, Laurenz (Hrsg.) (2007): Gender Studies and Foreign Language Teaching. Tübingen: Gunter Narr Verlag.

DESI-Konsortium (Hrsg.) (2008): Unterricht und Kompetenzerwerb in Deutsch und Englisch. Ergebnisse der DESI-Studie. Weinheim: Beltz Verlag.

Eggeling, Tina (2009): Gendergerechtigkeit in Englischlehrbüchern der Sekundarstufe I. Unveröff. Examensarbeit Universität Kiel (Anglistik).

Finkenstaedt, Thomas (1983): Kleine Geschichte der Anglistik in Deutschland. Darmstadt: Wiss. Buchgesellschaft.

Haas, Renate (2008): Germany. In: Haas/Engler (Hrsg.): S. 67–92.

Haas, Renate (2007): Language Teaching as a ‚Woman's Job': Historical and Current Perspectives. In: Decke-Cornill/Volkmann (Hrsg.), S. 31–46.

Haas, Renate/Engler, Balz (Hrsg.) (2008): European English Studies. Leicester: English Association.

Heitzmann, Daniela (2008): ‚Dabei und doch nicht mittendrin'. Zur Etablierung der Genderprofessuren an den deutschen Universitäten. Unveröff. Diplomarbeit TU Dresden (Soziologie).

Klippel, Friederike (2011): Chronologie der Dissertationen und Habilitationen in den fremdsprachendidaktischen Disziplinen. Online: http://www.dgff.de/fileadmin/user_upload/dokumente/Veroeffentlichungen/Chronologie_der_Diss._u._Habil._bis_2010_01.pdf, 11.07.2011.

Küppers, Almut (1999): Schulische Lesesozialisation im Fremdsprachenunterricht. Tübingen: Gunter Narr Verlag.

Kugler-Euerle, Gabriele (1998): Geschlechtsspezifik und Englischunterricht. Trier: WVT.

Kultusministerkonferenz (2003): Bildungsstandards für die erste Fremdsprache (Englisch/Französisch) für den Mittleren Schulabschluss. Online http://www.kmk.org/fileadmin/veroeffentlichungen_beschluesse/2003/2003_12_04-BS-erste-Fremdsprache.pdf, 11.07.2011.

Kultusministerkonferenz (2002): Einheitliche Prüfungsanforderungen in der Abiturprüfung Englisch. Online: http://www.kmk.org/fileadmin/veroeffentlichungen_beschluesse/1989/1989_12_01-EPA-Englisch.pdf, 11.07.2011.

Kultusministerkonferenz (2008): Ländergemeinsame inhaltliche Anforderungen für die Fachwissenschaften und Fachdidaktiken in der Lehrerbildung. Online: http://www.kmk.org/fileadmin/veroeffentlichungen_beschluesse/2008/2008_10_16-Fachprofile-Lehrerbildung.pdf, 11.07.2011.

Moss, Gemma (2010): Gender and the teaching of English. In: Wyse, Dominic/Andrews, Richard/Hoffman, James (Hrsg.): The Routledge International Handbook of English, Language and Literacy Teaching. London: Routledge, S. 317–27.

Nelson, Cynthia (2009): Sexual identities in English language education. New York: Routledge.

Nowoczien, Jessica (2012): Drama in the Classroom. Dramenarbeit im Englischunterricht der Sekundarstufe I im Hinblick auf Gendersensibilisierung und interkulturelle Kommunikation. Frankfurt a. M.: Peter Lang.

Özkul, Senem (2011): Berufsziel Englischlehrer/in. Berlin: Langenscheidt.

Pahta, Päivi (2008): Finland. In: Haas/Engler (Hrsg.), S. 15–41.

Schabert, Ina (2004): No Room of One's Own: Women's Studies in English Departments in Germany. In: PMLA 119,1, S. 69–79.

Schmenk, Barbara (2002): Geschlechtsspezifisches Fremdsprachenlernen? Tübingen: Gunter Narr Verlag.

Shipley, Elizabeth (2007): Science Fiction of Other-Genderedness in the EFL Classroom. In: Decke-Cornill/Volkmann (Hrsg.), S. 227–42.

Sielert, Uwe/Jaeneke, Katrin et al. (2009): Kompetenztraining ‚Pädagogik der Vielfalt'. Weinheim: Juventa.

Statistisches Bundesamt (2011): Fachserie 11.1. Allgemeinbildende Schulen. Wiesbaden.

Statistisches Bundesamt (2010): Fachserie 11.4.1. Studierende an Hochschulen. Wiesbaden.

Stürzer, Monika/Roisch, Henrike et al. (2003): Geschlechterverhältnisse in der Schule. Opladen: Leske + Budrich.

Timmermanns, Stefan/Tuider, Elisabeth (2008): Sexualpädagogik der Vielfalt. Weinheim: Juventa.

Volkmann, Laurenz (2007): Gender Studies and Literature Didactics. In: Decke-Cornill/Volkmann (Hrsg.), S. 161–84.

Weisshaar, Harald (Hrsg.) (2006): Green Line 1 für Klasse 5 an Gymnasien. Stuttgart: Klett.

Geschlechterforschung und Fachdidaktik: Sprachdidaktik Englisch

12

Gabriele Linke

12.1 Stand der Geschlechterforschung in der Didaktik der englischen Sprache

12.1.1 Historische Entwicklung der Geschlechterforschung und ihrer Bedeutung

Bis in die Gegenwart haben Englischdidaktikerinnen und -didaktiker immer wieder beanstandet, dass fachdidaktische Forschung und Publikationen wie auch der institutionelle Fremdsprachenunterricht die soziale Kategorie ‚Geschlecht' ignoriert oder vernachlässigt haben – so weist z. B. das *Handbuch Fremdsprachenunterricht* (2003, 2007) keinen Beitrag zu Gender auf. Auch werden ‚men' und ‚women' meist unhinterfragt in essentialistischer binärer Opposition verwendet (Decke-Cornill/Volkmann 2007, S. 7). Nichtsdestotrotz setzte in den 1970er Jahren in der Didaktik der englischen Sprache die Beschäftigung mit Ergebnissen der Geschlechterforschung ein. Studien und Publikationen zu diesem Thema erschienen zwar eher spärlich und verstreut, aber es gibt sie, und in den 2000er Jahren ist eine verstärkte Aufmerksamkeit für das Thema zu vermerken, die sich in Publikationen (z. B. Decke-Cornill/Volkmann 2007), Unterrichtsmaterialien (z. B. Schrick 2007), Themenheften in Fachzeitschriften (z. B. PRAXIS Fremdsprachenunterricht Bd. 6; 2009) und der Berücksichtigung in einem neuen Handbuch (Schmenk 2010) manifestiert.

Vor allem unter dem Einfluss von öffentlichen Diskursen zur Gleichstellung der Geschlechter, von ‚women's studies' und einer feministischen Sprachwissenschaft, die sich seit den 1970er Jahren in den USA, Großbritannien und Deutschland entwickelten, ent-

---

G. Linke (✉)
Universität Rostock, Institut für Anglistik/Amerikanistik, Philosophische Fakultät
August-Bebel-Str. 28, 18051 Rostock, Deutschland
E-Mail: gabriele.linke@uni-rostock.de

M. Kampshoff, C. Wiepcke (Hrsg.), *Handbuch Geschlechterforschung und Fachdidaktik,*
DOI 10.1007/978-3-531-18984-0_12,
© VS Verlag für Sozialwissenschaften | Springer Fachmedien Wiesbaden 2012

standen hier erste Studien, die sich vor allem der Lehrwerkkritik und dabei so offensichtlichen Problemfeldern wie Rollenstereotypen in Lehrbüchern und sexistischer Sprache sowie der Ungleichbehandlung der Geschlechter in Lehrbuchtexten, Bildern und Übungen widmeten (Rampillon 1986; Meyer-Zerbst 1989). Zur gleichen Zeit wurden in einer Modellstudie für die UNESCO eine praktikable Methode zur Analyse von Lehrbüchern sowie eine vereinfachte Checkliste zur Beurteilung von sexistischen Stereotypen in Lehrbüchern vorgestellt, die bis heute anwendbar sind (Michel 1986). Noch in den 1990er Jahren konstatiert Jane Sunderland (1994c, S. 55 f.) sechs Dimensionen von Sexismus in Lehrbüchern: Unsichtbarkeit/Unterrepräsentation von weiblichen Figuren, berufliche Stereotype, Beziehungsstereotype, stereotype Persönlichkeitseigenschaften, untergeordnete, weniger selbstbewusste weibliche Gesprächsrollen sowie offene Frauenfeindlichkeit (vgl. auch Lesikin 2011). Da Englischlehrbücher generell bezüglich Geschlechterrollen und geschlechtergerechter Sprache verbessert wurden, hat die systematische Lehrwerkkritik unter diesem Aspekt in den letzten Jahren wenig Beachtung gefunden.

In den 1970er Jahren entwickelten sich im britischen und amerikanischen Publikationsraum verstärkt eine feministische Sprachwissenschaft (vgl. Ehrlich 2008) sowie eine Sprachwissenschaft, die sich mit Gender und Sprache aus nicht-feministischer Sicht beschäftigt; beide Ansätze wurden in Deutschland rezipiert und weitergeführt. Einen ersten wichtigen Bestandteil der sprachwissenschaftlichen Debatte machen die Beschreibung und Kritik von sexistischen Sprachformen und -verwendungen aus sowie die Auseinandersetzung mit der Frage, ob es eine weibliche Sprache gibt.

Ein Beispiel für die Betrachtung der englischen Sprache aus feministischer Perspektive in Deutschland ist Marlis Hellingers kontrastive Beschreibung von Mechanismen sprachlicher Diskriminierung im Englischen und Deutschen (1990), die zudem als fachwissenschaftliche Basis für den Englischunterricht relevant ist. Erste fachdidaktische Reaktionen auf die Sexismus-in-der-Sprache-Debatte finden sich schon in den 1970er Jahren (z. B. Roth 1976). Gillian Fidler und Jens-Peter Greens Beitrag zur unterrichtlichen Vermittlung von englischen Bezeichnungen für „men in the domestic role" (1983) stellt ein gutes Beispiel dar, wie Bewusstsein für sich verändernde Rollen und Sprache geweckt werden kann. Die Sexismus-Diskussion wurde von Lehrbuchautoren und -autorinnen (Florent/Walter 1989, S. 182–184; Florent et al. 1994) sowie den Verlagen (Haines 1994) aufgenommen. Die Sexismus-Diskussion hat besonders die Lehrbuchgestaltung in (West-)Deutschland nachhaltig beeinflusst, aber ist nicht kontinuierlich im englischdidaktischen Fachdiskurs fortgesetzt worden.

In den Englischmethodiken der DDR der 1980er Jahre (Pohl 1982; Buchbinder/Strauß 1986) liegt der Schwerpunkt auf der Entwicklung kommunikativer Fähigkeiten, so dass ein relativ spezifisches Sprachphänomen wie sexistischer Sprachgebrauch keine Rolle spielt. Die Diskriminierung der Frau in Großbritannien und den USA wird zwar in der DDR-Zeitschrift *Fremdsprachenunterricht* (Lutter 1986; Schorcht 1986) und in den einheitlichen Lehrbüchern *English for you* der 1970er und 1980er Jahre gelegentlich angesprochen, aber gerade bei Berufen werden überwiegend Rollenklischees bestätigt.

Der zweite wesentliche Ansatz einer geschlechterbezogenen Linguistik besteht darin, dass (unterschiedliches) Diskursverhalten von Frauen und Männern im Rahmen eines

12 Geschlechterforschung und Fachdidaktik: Sprachdidaktik Englisch

mehr oder weniger essentialisierenden Paradigmas des generellen Geschlechterunterschieds beschrieben wird (z. B. Tannen 1990). Das Differenzparadigma wurde in den 1990er Jahren teilweise weitergeführt, z. B. von Jennifer Coates, die 1995 in ihrem Resümee des damaligen Forschungsstandes schrieb, dass es weitgehend akzeptiert sei, dass Frauen und Männer die verfügbaren sprachlichen Ressourcen unterschiedlich nutzten, da sie unterschiedlich sozialisiert seien (Jungen zum Wettbewerb, Mädchen zur Kooperation), was sich auch sprachlich ausdrücke (1995, S. 13), und dazu aufrief, die Vorzüge des weiblichen Kommunikationsstils im öffentlichen Raum, auch in der Schule, stärker zu nutzen, was eine Dramatisierung von Geschlechterunterschieden bedeutet. Andere Studien wie die von Joan Swann und David Graddol nehmen diese Auffassung von männlichen und weiblichen Kommunikationsstilen nur zum Ausgangspunkt, von dem aus sie jedoch allgemeine Regeln ‚guten‘ Zuhörens und Sprechens im Unterricht aufstellen (1995, S. 137–139) und nach den möglichen Auswirkungen von stärker kollaborativer Unterrichtskommunikation fragen, was einer Entdramatisierung von Geschlechterunterschieden entspricht. Sunderland (1995) erkennt die Rolle des Fremdsprachenunterrichts bei der Herausbildung von Geschlechteridentitäten an, hält sich aber mit Interpretationen von Schülerinnen- und Schülerverhalten zurück. Diese Beispiele zeigen, dass sich seit den 1990er Jahren eine differenziertere Sicht auf Geschlechterunterschiede im Kommunikationsverhalten abzeichnet und das essentialisierende Differenzparadigma zwar fortwirkt, aber nicht mehr dominant ist.

12.1.2 Gegenwärtiger Stand und mögliche Ansatzpunkte der Geschlechterforschung

Sowohl in der Linguistik als auch in der Englischdidaktik sowie in historischen Studien setzt sich die Erforschung der Rolle von Geschlecht in der Gegenwart fort. In Darstellungen zur Geschichte des Englischlernens und -lehrens findet, abgesehen von Ausnahmen wie Konrad Schröders Bibliographie früher Lehrwerke für Mädchen und Frauen (1975, S. XXII), erst im letzten Jahrzehnt eine verstärkte Beschäftigung mit dem Zusammenhang von Geschlecht und Fremdsprachenvermittlung statt. In den historisch orientierten Arbeiten von Haas (2007) und Doff (2002, 2005, 2007; mit Klippel 2009) wird die Rolle von Frauen bei der Sprachvermittlung beschrieben, wobei besonders die Arbeit der Gouvernante Beachtung findet, gefolgt von Beobachtungen zur Professionalisierung des Lehrberufs. Auf einer zweiten historischen Schiene werden Lehrmaterialien und Lektüren untersucht, insbesondere das Aufkommen spezieller Lehrwerke für Jungen und Mädchen im ausgehenden 19. Jahrhundert. Dies führt u. a. zu der etwas überraschenden Einsicht, dass einige Lehrwerke für Mädchen aus heutiger Sicht recht modern waren und weniger philologisch überfrachtet als ihre Entsprechungen für Jungen (Doff/Klippel 2007, S. 53 ff.). Doffs Studie von 2009 folgt einem Muster des Schreibens von Frauengeschichte, das diese nicht allein als Geschichte von Unterdrückung, sondern als komplexen, widersprüchlichen Prozess betrachtet, in dem Kontinuitäten mit Veränderungen, Errungenschaften mit Benachteiligungen einhergehen. Daneben gibt Doff Anregungen, wie historische Materialien die Beschäftigung mit aktuellen Fragen im Unterricht stimulieren können. Dabei wird eine große Offenheit im Umgang mit historischem Material erkennbar. Die Beachtung komplexer Bedingungsgefüge, Vermeidung vereinfachender Aburteilungen und Offenheit für überraschende oder widersprüchliche Einsichten sollten auch weiterhin historische Studien zum Englischlernen und -lehren leiten; zugleich warten aber noch viele, vor allem neuere Bereiche der Geschichte des Englischunterrichts auf ihre Erkundung auch aus der Perspektive der Geschlechterforschung.

In der englischen Linguistik erschienen in den letzten Jahren mehrere Überblickswerke zum Verhältnis von Gender und Sprache (Eckert/McConnell-Ginet 2003; Sunderland 2004; Ehrlich 2008; Coates/Pichler 2011). Es setzte sich die Erkenntnis durch, dass Geschlechteridentität mit anderen Identitätsaspekten verwoben ist und Sprachverwendung von vielen Faktoren beeinflusst wird, so dass eine sehr viel größere Vielfalt an Stilen entsteht als ‚männlich' und ‚weiblich' (Cameron 2010, S. 217). Diese linguistischen Erkenntnisse sind insofern für die Englischdidaktik von Bedeutung, als hier die Schwierigkeit sichtbar wird, einfache, lehrbare Regeln für nicht-sexistischen, fairen, demokratischen Gebrauch des Englischen zu finden, und auch die Eignung einzelner Texte für deren Vermittlung wird umstritten bleiben.

Da in der Unterrichtskommunikation neben einer großen Vielfalt von Diskursstilen auch weiterhin solche Unterschiede im Sprachverhalten von Lehrenden und Lernenden beobachtet werden, die Chancengleichheit und Lernerfolg verringern können, bleibt deren diskurslinguistische Beschreibung und kritische Diskussion als Aufgabe bestehen. Studien hierzu gibt es vor allem in englischsprachigen Ländern (z. B. Davies (2011 [2003]). Untersuchungen zur Sprache von Lehrenden im Fremdsprachenunterricht zeigten zwar Unterschiede in der Behandlung von Mädchen und Jungen, erlaubten aber keine eindeutigen Interpretationen und Bewertungen (Sunderland 1994a, S. 153). Nichtsdestotrotz sehen Davies und Sunderland, wie viele andere auch, das Ziel von „equity in schools" (Davies 2011 [2003], S. 124), d. h. Chancengleichheit, als noch nicht erreicht. Bei Untersuchungen zur Unterrichtskommunikation im Fremdsprachenunterricht müsste die besondere Rolle der Fremdsprache, die nicht in gleicher Weise durch Sozialisation erworben wurde wie die Muttersprache, beachtet werden. Der Fremdsprachenunterricht bietet die Möglichkeit, von vornherein nicht-sexistischen Sprachgebrauch und auf Fairness ausgerichtete Kommunikationsformen zu vermitteln, kann allerdings das ‚normale' Sozialverhalten der Lernenden nicht außer Kraft setzen.

Zur Erforschung des Unterrichts liegen jedoch in der empirischen Forschung zur Englischdidaktik, wie bereits eingangs bemerkt, kaum Studien vor, die Bezug auf Gender nehmen. Eine Ausnahme bildet der von Rosa María Jiménez Catalán herausgegebene Sammelband zu Vokabular und Geschlecht beim Fremdsprachenlernen, der verschiedene empirische Studien zum Wortschatzerwerb im Fremd- bzw. Zweitsprachenunterricht unter dem Aspekt von Geschlechterdifferenz vereint. Insgesamt sind die Befunde hier gemischt. Gelegentlich werden Unterschiede zwischen den Geschlechtern aufgezeigt (Jiménez Catalán 2010, S. 132–136), doch werden in den meisten Beiträgen kaum nennenswerte Unterschiede ausgemacht (z. B. Moreno Espinosa 2010; Brantmeier 2010) bzw. es wird eine geringe Verallgemeinerbarkeit der Studie eingeräumt (Jule 2010, S. 186). Insgesamt wird häufig die Intersektionalität mit anderen Faktoren, z. B. der Muttersprache und dem Grad der Sprachbeherrschung, in Betracht gezogen. Eine verstärkte Auseinandersetzung mit Unterrichtsdiskursen unter Einbeziehung der Geschlechterperspektive bleibt dennoch sinnvoll, weil allein schon das Bewusstsein der Problematik zu einer Nutzung des Potenzials führen könnte, das der Englischunterricht bietet. Wichtig sind vor allem allgemeine Forderungen, die sich aus den Diskursanalysen ergeben, wie z. B. keinen Redestil favorisieren, auf gerechte Chancenverteilung achten, eine Vielzahl von Materialien und Kommunikationsformen zum Ausprobieren anbieten, Bewusstsein für Stereotype und Sexismus in der Sprache wecken sowie diese vermeiden (vgl. Swann 1992, S. 228 f.).

Ein letzter Punkt, der Beachtung verdient, ist die Beteiligung der Englischdidaktik an aktuellen Debatten wie der um die Benachteiligung von Jungen, den sogenannten ‚boy turn'. Dieses Thema wurde schon in den 1990er Jahren angesprochen. So beschreiben Alan Moys und Eric Hawkins einen Rückgang sowohl des Interesses am als auch der Ergebnisse beim Lernen von modernen Fremdsprachen bei Jungen in Großbritannien seit den 1960er Jahren (1996, S. 88–97). Die Ursachen sehen sie hauptsächlich in einem Entwicklungsrückstand von Jungen gegenüber Mädchen gerade in dem Alter, in dem die Weichen für das Fremdsprachenlernen gestellt werden (ebd., S. 90). Sie halten diese ‚Benachteiligung' von Jungen für institutionell ausgleichbar. Allyson Julé sieht die Diskussionen zu „boys' underachievement" in Kanada, Großbritannien und anderswo äußerst kritisch und bemerkt, dass Mädchen offensichtlich aus der angeblichen Benachteiligung von Jungen und aus ihren eigenen schulischen Erfolgen keinerlei Nutzen für ihre beruflichen Perspektiven ziehen (2003, S. 22). Aus ihrer Untersuchung von Unterrichtskommunikation leitet sie ab, dass Gender im Klassenzimmer konstruiert wird und dass der Sprachunterricht ein Ort von Auseinandersetzungen und Verhandlungen ist (ebd., 156), in dem Lehrende bewusst um Strategien der Förderung der einzelnen Lernenden, und keineswegs vorrangig der Jungen, ringen müssen. Ähnliche diskurskritische Studien zum Englischunterricht in Deutschland wurden nicht gefunden – Thaler (2009) und Reisener (2008) verwenden Schlagworte aus dem medialen Diskurs zur „Jungenkatastrophe" (Beuster zitiert in Thaler 2009, S. 6) nur als Diskussionsrahmen, innerhalb dessen sie Vorschläge für die Unterrichtspraxis unterbreiten, ohne die empirische Basis der Diskussion zu hinterfragen.

Eine kleine empirische Studie (etwa je 30 Schülerinnen und Schüler) zu Unterschieden im Lernerfolg und in den Interessen beim Englischlernen in der Grundschule (Marschall/Rinck/Siebold 2010) zeigt mehr oder weniger deutliche Unterschiede zwischen den Geschlechtern auf. Sie lässt jedoch aufgrund ihres geringen Umfangs keine Verallgemeinerungen zu und betont nur die Notwendigkeit für Lehrende, unterschiedliche Interessen zu erkunden und zu berücksichtigen, wenn für alle optimale Lernbedingungen geschaffen werden sollen. Von solchen einzelnen Beispielen abgesehen, gibt es zur Geschlechterproblematik in der deutschen Englischdidaktik kaum empirische Forschungsergebnisse und die Diskussion wird eher in den Massenmedien auf der Basis einiger Statistiken geführt.

12.2 Geschlechtergerechte Englischdidaktik

12.2.1 Geschlechterkonstruktion und -dekonstruktion, Dramatisierung und Entdramatisierung in der Sprachdidaktik Englisch

Während in manchen Publikationen (z. B. Reisener 2008), die Anregungen für die Praxis geben wollen, problematische Ergebnisse von Gendertheorie und feministischer Linguistik zugunsten einer Rahmenbildung durch Schlagworte aus den Massenmedien ignoriert werden, gibt es auch theoretisch fundierte Beiträge wie Helene Decke-Cornills Grundsatzartikel von 2009, der hier als Zusammenfassung des aktuellen Standes der fachdidaktischen Diskussion dienen soll. Sie schlägt einen Angriff auf das tief verankerte System der Zweigeschlechtigkeit vor, weist auf fortwirkende Muster „ungleichberechtigter Differenz" hin und auf die sich daraus ergebende Forderung nach Entdramatisierung von Geschlecht. Das besondere Potenzial sieht auch sie in der Fremdsprachlichkeit, die „Selbst und Normdistanzierung und eine Haltung der Öffnung für Fremdes [begünstigt]" (ebd., S. 14). Sie schlägt für Forschung und Unterricht einerseits Regeln vor, die den Konstruktcharakter von Geschlecht zum Ausgangspunkt nehmen, wie das Vermeiden einer „biologisierenden Gegenüberstellung von Frauen und Männern", den „Wechsel zwischen Betrachten und Ausblenden von Alltagswissen" sowie zwischen entgeschlechtlichender und auf das Geschlecht konzentrierter Auswertung von Beobachtungen. Für die Berücksichtigung des Identitätsaspektes schlägt sie vor, Geschlecht zu re- und dekonstruieren sowie zu hybridisieren, kritisch mit Heteronormativität umzugehen und eine Versachlichung der Untersuchung von Gender sicherzustellen, die persönliche Bezüge ermöglicht, aber nicht erzwingt (ebd., S. 15).

An dieser Stelle muss ein weiteres Konzept aus der englischdidaktischen Diskussion eingeführt werden, der Dritte Ort. Claire Kramsch prägte den Begriff der „third places" (1993, S. 233–259) mit Bezug auf das interkulturelle Lernen und den besonderen Wert des Fremdsprachenunterrichts als Ort der Begegnung von Kulturen, in dem Alltagsregeln ausgesetzt werden können und neue kulturelle Erfahrungen möglich sind. Thaler (2009, S. 11) führt das Konzept des Fremdsprachenunterrichts als eines Fünften Ortes ein, der nichts anderes als der Dritte Ort interkultureller Begegnung in Bezug auf Gender ist. Dabei sieht er im Fremdsprachenunterricht die Möglichkeit, die binäre Opposition von Männlichkeit und Weiblichkeit zu transzendieren und ohne Identitätsverlust neue Perspektiven auszuprobieren – eine Forderung, die generell für den Umgang mit Menschen anderer kultureller Prägung erhoben wird. Es ist jedoch mit Troemel-Ploetz (2011 [1991], S. 518–519) davor zu warnen, ein Muster von zwei Kulturen und zwei Sprachen auf Geschlecht zu übertragen, da Jungen und Mädchen, Männer und Frauen sowohl im muttersprachlichen Alltag und dem der Zielsprachgemeinschaft als auch im Fremdsprachenunterricht Sprache, Raum und kulturelle Praxis teilen. Thaler sieht eine „Gender-Kompetenz" als Ziel des Fremdsprachenunterrichts, wobei nach der Bewusstmachung eine Entdramatisierung von Gender angestrebt wird. Weiterhin gehören Phasen der Vermittlung angemessener Sprach-

12.2.2 Lernziele

Die wichtigsten Lernziele im Englischunterricht sind die kommunikativen Kompetenzen, zusammen mit anderen wie interkultureller, Sach-, Sozial- und Selbstkompetenz. Bei den kommunikativen Kompetenzen, die im Allgemeinen mit Bezug auf den *Gemeinsamen europäischen Referenzrahmen* (2001) dargestellt werden, gibt es vernünftigerweise keine Bezüge zur Kategorie Geschlecht. Diese spielt, wenn sie in Rahmenplänen erscheint, bei den Grundsätzen sowie den Sach-, Sozial- und Selbstkompetenzen eine Rolle. In der nun folgenden Konkretisierung wird exemplarisch auf die Rahmenpläne Englisch des Landes Mecklenburg-Vorpommern Bezug genommen. Bei den allgemeinen Grundsätzen werden Verantwortung für die „Gleichberechtigung der Menschen ungeachtet des Geschlechts" sowie „Kooperation mit Menschen unterschiedlicher kultureller Prägung" genannt (Ministerium 2009, S. 5).

Bei den Sach-, Selbst- und Sozialkompetenzen gibt es stärkere Bezüge zu Geschlecht, die in den Kompetenzbeschreibungen für alle Jahrgangsstufen mehr oder weniger detailliert ausgeführt werden. So gehört z. B. zur Selbstkompetenz, dass Lernende „Verständnis für das andere Geschlecht, Jüngere und Ältere und Menschen aus anderen Kulturkreisen zeigen sowie deren Schwächen tolerieren und deren Welt zu verstehen suchen" (Ministerium 2009, S. 22). Hier wie in anderen Rahmenplänen wird Geschlecht in eine Reihe mit anderen Kategorien der Differenz gestellt, und im Umgang mit allen werden Empathie, Toleranz und die Fähigkeit zum Perspektivenwechsel angestrebt. Mit Bezug auf Geschlecht sollen vor allem die Übernahme von Rollen bewusst gemacht, kritische Haltung zu Rollenerwartungen geweckt, geschlechtsspezifische Aspekte berücksichtigt sowie Verständnis und Akzeptanz für das andere Geschlecht geweckt werden (Ministerium 2002, 2006, 2009). Bei einigen Inhalten wie „different professions" oder „girl-friends/boy-friends" ist die Geschlechterfrage immanent, bei anderen wie „being different (punks, homosexual)" und „women's and men's roles today" (Ministerium 2002, S. 61) sowie der Untersuchung des „Einfluss[es] der Beziehungen der Geschlechter" (Ministerium 2006, S. 14) wird sie explizit angesprochen. Unter den methodischen Anregungen werden immer wieder Rollenspiele und Rollentausch (von Mädchen und Jungen) genannt, daneben werden Fotoserien über Frauen und Männer, Themenhefte zu Männer- und Frauenberufen (Ministerium 2009, S. 23) sowie Diskussionen zu Comics, das Durchführen von Umfragen und Kultur vergleichendes Arbeiten vorgeschlagen (Ministerium 2002, S. 61). Insgesamt wird erkennbar, dass Geschlecht und sexuelle Orientierung in den Rahmenvorgaben sowohl bei den Themen als auch bei den Kompetenzzielen beachtet werden. Nicht-sexistischer Sprachgebrauch wird auf der Ebene der Rahmenpläne nicht thematisiert.

12.2.3 Lerninhalte, Methoden und Medien

Decke-Cornills treffendes englischsprachiges ,Rätsel', das sowohl unsere Geschlechterannahmen als auch Unterschiede zwischen Englisch und Deutsch offen legt, geht wie folgt (2009, S. 15): Vater und Sohn haben einen Unfall; der Vater stirbt, der Sohn kommt ins Krankenhaus, wo der „surgeon" (Chirurg) sagt, er könne das Kind nicht operieren, da es sein Sohn sei – so die trügerische Schnellübersetzung. Wie kann das sein? Des Rätsels Lösung liegt in der Unmarkiertheit des Geschlechts von „surgeon" und der möglichen Übersetzung mit ,Chirurgin', die dann die Mutter ist. Dieses Rätsel führt die Wichtigkeit geschlechtersensibler Sprache in Unterrichtspraxis, Lehrbüchern, Vokabellisten und Wörterbüchern vor Augen.

Für die anhaltende Notwendigkeit, im Englischunterricht außerhalb der USA und Großbritanniens inklusiven Sprachgebrauch zu thematisieren und einzuüben, spricht Julia Sudos (2007, 12) Studie mit Studierenden aus Osteuropa. Sie argumentiert, dass besonders dann, wenn fortgeschrittene Lernende ohne Bewusstheit von inklusiver Sprache zu Studium oder Arbeit in die USA (oder andere Länder) reisen und dort ihr (traditioneller, d. h. sexistischer) Sprachgebrauch beleidigend oder uninformiert wirkt, der Kulturschock verstärkt werden kann.

Wie bereits weiter oben bemerkt, gibt es zwar keine Richtlinien für Lehrbuchverlage, aber einige englischsprachige Anleitungen zum Vermeiden sexistischer und Verwenden neutraler Sprache (z. B. Miller und Swift 1980; Doyle 1995). Auch im Internet finden sich – vor allem amerikanische – Webseiten (z. B. The Writing Center 2002 [1998]) mit Regeln zum nicht-sexistischen Sprachgebrauch; hinzu kommt Marlis Hellingers vergleichende Arbeit Deutsch-Englisch (1990), so dass es nicht an Anregungen fehlt. Als kritische Themen kristallierten sich dabei heraus die Verwendung von männlichen Formen wie ,he' in generischer Bedeutung und generell das Pronomenproblem, Titel und Anrede, Reihenfolge, parallele oder neutrale Berufsbezeichnungen und vieles andere mehr (Miller/Swift 1980; vgl. auch Hutz 2009).

Konkret heißt dies, dass Vokabellisten in Lehrbüchern bei im Englischen nicht-gendermarkierten Berufsbezeichnungen unbedingt Stereotypisierungen vermeiden und z. B. ,secretary' mit ,Sekretär, Sekretärin', ,doctor' mit ,Ärztin, Arzt' oder ,hero' mit ,Held, Heldin' übersetzen sollten. Des Weiteren sollten, wo angemessen, im Vokabular geschlechtsspezifische durch geschlechtsneutrale Bezeichnungen ersetzt werden, z. B. statt ,policeman' besser ,police officer', und bei Beispielsätzen in grammatischen Übungen sollte auf flexible und auch unübliche Geschlechterrollenverteilung Wert gelegt werden wie in ,My mum is an engineer/a teacher'. Ein nächster wichtiger Punkt sind die Anredeformen wie Ms. statt Mrs. und Miss ,chair' statt ,chairman' usw. Zu beachten ist daneben auch die Rolle von Mädchen und Jungen als aktiv oder passiv, d. h. die Zuordnung von Verben (z. B. des Tuns, Sagens oder Hörens, Empfangens usw.) und Adjektiven zu den Geschlechtern (vgl. Lesikin 2011, S. 277–280), damit hier nicht Stereotype verstärkt werden.

Beobachtungen an aktuellen Englischlehrbüchern zeigen, dass genderbewusster Umgang mit Sprache teils recht konsequent, teils nur ansatzweise verwirklicht wird (Lin-

12 Geschlechterforschung und Fachdidaktik: Sprachdidaktik Englisch

ke 2007, S. 146 f.). Auf jeden Fall finden sich in neueren Lehrwerken gute Beispiele für Rollenflexibilität und Ausgewogenheit sowie nicht-sexistische Sprache. Wichtig ist aber nicht so sehr, ob ein Text oder Sprachmaterial sexistische Formen enthält, sondern wie im Unterricht das Potenzial zur Problematisierung, Bewusstmachung und Korrektur genutzt wird. Daneben ist eine nicht-sexistische Sprache der Lehrenden Voraussetzung für die Entwicklung von Gewohnheiten und eine gewisse Automatisierung im Sprachgebrauch. Bei Feedback und Bewertung von mündlichen und schriftlichen Schülerinnen- und Schülerleistungen sind die Aspekte, die bezüglich der Lehrbücher genannt wurden, ebenfalls zu berücksichtigen.

Eine zusätzliche Erschwernis für die Vermittlung nicht-sexistischen Sprachgebrauchs liegt im ständigen Sprachwandel und den schier endlosen Variationen der Angemessenheit von Äußerungen je nach dem regionalen, sozialen oder situativen Kontext. Es wird nie möglich sein, Lernende auf alle Kommunikationssituationen vorzubereiten, aber neben einigen grundlegenden Regeln bezüglich Pronomen, Anrede usw. ist vor allem Sensibilität für die Vielfalt und Problematik nicht-diskriminierender Sprachformen zu wecken, so dass kritische Situationen, Missverständnisse und ihre Ursachen erkannt sowie verhandelt und repariert werden können.

Neben der immanenten Pflege nicht-sexistischer Sprache in Lehrbüchern und der Sprache der Lernenden und Lehrenden werden auch gezielte Aufgaben und Übungen zur Bewusstmachung, Vermittlung von Wissen über angemessene Formen und Verwendungsweisen und deren Einübung diskutiert. Matthias Hutz schlägt z. B. Übungen zur Bewertung von lexikalischen Einheiten und „gendertypischen" Äußerungen vor, ergänzt durch eine forschende Übung zur Ermittlung der Häufigkeit bestimmter (gendertypischer oder -stereotypisierender) Kollokationen durch eine Googlesuche (2009, S. 28), um so besonders häufige Verwendungen und die ihnen zugrunde liegenden Stereotypisierungen aufzuspüren. Dieses Ziel kann auch durch das Aufsuchen von Konkordanzen (Wörtern in Kontext) in Lehrbuch-, Zeitungs- und anderen Texten sowie in elektronisch verfügbaren Korpora erreicht werden (Carroll/Kowitz 1994, S. 77–82). Decke-Cornill (2009, S. 18) regt ebenfalls zur Arbeit mit dem Internet an, speziell mit den „UNESCO Guidelines on gender-neutral language" (1999), die vor allem für fortgeschrittenere Lernende angemessen sind. Eine Vielzahl von Webseiten zum geschlechterneutralen Sprachgebrauch bietet sich für forschendes Lernen an, vielleicht in der Form von ‚Web Quests' (z. B. mit Media Task Force 1998; Jerz 2011). Die Tatsache, dass viele Publikationen aus den 1990er Jahren stammen, ist ein Indiz, dass sich hier Normen verfestigt haben, kodifiziert wurden und sich der Sprachwandel bezüglich der Eliminierung sexistischer Formen verlangsamt hat.

(Schul-)Wörterbücher und Grammatiken vermeiden heutzutage meist stereotypisierende Beispielsätze und sexistische Formen zugunsten von Rollenflexibilität (Hennessy 1994; Sunderland 1994b). Unter ‚Usage' werden häufig Hinweise zum sich verändernden Sprachgebrauch gegeben, die sich auch im Unterricht zur Kompetenzentwicklung bei der Arbeit mit dem Wörterbuch nutzen lassen. Wichtig ist hier, dass Lehrende auf den Sprachwandel aufmerksam machen, so dass Lernende, wenn sie mit älterem Material konfrontiert werden, dieses adäquat interpretieren können.

Neben der Beschäftigung mit diesen Aspekten des Sprachsystems sind auch Lerneinheiten notwendig, in denen anhand von Materialien Stereotype dekonstruiert, Einstellungen reflektiert sowie Bewusstheit und kritisches Denken entwickelt werden. Für Menschen mit der Muttersprache Englisch legte Angela Goddard schon (1989a, b) ein viel zitiertes Standardlehrmaterial vor, das mit Fotos, Karikaturen, Medientexten, Namen, Buchauszügen und vielen anderen Materialien sowie einer Vielzahl von Aufgabenstellungen, Sozialformen und Lernstrategien das Verständnis für Zusammenhänge von Sprache, in all ihren Formen, und Geschlechterordnung wecken soll. Zwar werden neben weniger bekannten (Gesten, Eigennamen, Buchtitel, 1989b) auch geläufige Themen (z. B. Berufsbezeichnungen, generisches ‚he' 1989b) angesprochen, aber nie wird bei der Beschreibung von Stereotypen stehen geblieben, sondern es gibt immer Teilaufgaben, die auf individuelle oder funktionale Vielfalt hinweisen und eine Bekräftigung der Geschlechterdichotomie verhindern. Auch Perspektiven- und Rollenwechsel gehören zum Repertoire. In dieser Hinsicht und bezüglich der Vielfalt der Lernaktivitäten und Materialien könnten sich noch heute Lehrbuchautorinnen und -autoren hier Anregungen holen. In Deutschland legte Schrick (2007) eine spezielle Text- und Aufgabensammlung zum Thema ‚Gender' vor. In anderen Zusatzmaterialien zum Englischunterricht ist die Geschlechterproblematik in interkulturelles Lernen eingebettet (z. B. Banerjee/Stadler 2008).

Neben den genannten Medien und Textsorten werden auch Vorschläge für die Arbeit mit Gemälden und Photos (Decke-Cornill 1998), populären Songtexten (Bednarek 2007) oder Webseiten zur „media awareness" (Schmenk 2009, S. 7) unterbreitet. Bei jedem Material stellt sich die Aufgabe, nicht beim Finden und Bewusstmachen von Stereotypen (und möglicherweise deren Verfestigung) stehen zu bleiben, sondern kommunikative und produktive Aufgabenstellungen zu entwickeln, die zur Entdramatisierung führen, z. B. durch Rollenwechsel, die Modifikation von gegebenen Texten und Produktion eigener, sowie das Öffnen für die Vielfalt kultureller Formen durch investigative Übungen wie Interviews, Umfragen, Photoserien usw. Die Erfahrungen und Rollenvorstellungen von Lernenden anderer ethno-natio-kultureller Herkunft können jederzeit einbezogen werden, allerdings gibt es dafür meines Wissens keine eigenen fremdsprachendidaktischen Modelle.

12.3 Umsetzung der Vorgaben und Ausblick

In der Ausbildung von Englischlehrerinnen und -lehrern in Deutschland müssen nicht nur durch die Fachdidaktik, sondern auch in Linguistik und Kulturstudien Grundlagen dafür geschaffen werden, dass später die Lehrenden einen kritischen Umgang mit Geschlechterrollen und -stereotypen sowie sexistischer Sprache vermitteln können – Publikationen dazu gibt es genug (z. B. Sunderland 2006). Die ständige Aktualisierung sowohl der sprachlichen als auch sachlichen Inhalte ist dabei Aufgabe von Autoren und Autorinnen von Lehr- und Lernmaterialien, von Lehrenden und allen am Lehramtsstudium Beteiligten. Die genauere (empirische) Untersuchung des Fortwirkens von Geschlechterstereotypen im Englischunterricht könnte Denkanstöße für einen demokratischeren Unterricht bringen. Empirische Forschung zu einzelnen Aspekten des Fremdsprachenunterrichts sollte gegebenenfalls zumindest am Rande auf mögliche diskriminierende Ungleichbehandlung der Geschlechter hinweisen, ansonsten aber auf die Verbesserung der Lehr- und Lernbedingungen für jeden einzelnen und nicht getrennt nach Geschlecht hinarbeiten.

Literatur

Banerjee, Mita/Stadler, Susanne (Hrsg.) (2008): India. Model democracy or many-headed giant? Viewfinder Topics. Berlin: Langenscheidt.

Bausch, Karl-Richard et al. (Hrsg.) (2003): Handbuch Fremdsprachenunterricht. Tübingen: Francke.

Bednarek, Monika (2007): Feministische Themen im Unterricht. Am Beispiel von Liedtexten von Alanis Morissette. In: PRAXIS Fremdsprachenunterricht 3/2007, S. 33–37.

Brantmeier, Cindy (2010): More than words: Inferential and incorrect units recalled. In: Jiménez Catalán/Rosa María (Hrsg.), S. 23–43.

Cameron, Deborah (2010): Language, Gender and sexuality. In: Maybin, Janet/Swann, Joan (Hrsg.), S. 208–217.

Carroll, David/Kowitz, Johanna (1994): Using concordancing techniques to study gender stereotyping in ELT textbooks. In: Sunderland, Jane (Hrsg.), S. 73–82.

Coates, Jennifer (1995): Language, gender and career. In: Mills, Sara (Hrsg.), S. 13–30.

Coates, Jennifer/Pichler, Pia (Hrsg.) (2011): Language and gender: A reader. 2nd ed. Oxford: Wiley-Blackwell.

Decke-Cornill, Helene (1998): Gender (dis)play. In: Der fremdsprachliche Unterricht Englisch 4/1998, S. 26–41.

Decke-Cornill, Helene/Volkmann, Laurenz (Hrsg.) (2007): Gender studies and foreign language teaching. Tübingen: Narr.

Decke-Cornill, Helene/Volkmann, Laurenz (2007): Introduction. In: Decke-Cornill, Helene/Volkmann, Laurenz (Hrsg.), S. 7–14.

Davies, Julia 2011 (2003): Expressions of gender: An analysis of pupils' gendered discourse styles in small group classroom discussions. In: Coates, Jennifer/Pichler, Pia (Hrsg.), S. 112–125.

Doff, Sabine (2002): Englischlernen zwischen Tradition und Innovation. Fremdsprachenunterricht für Mädchen im 19. Jahrhundert. München: Langenscheidt-Longman.

Doff, Sabine (2005): ,Das Mädchen liebt auch in der Sprache nicht den Begriff …': Zur Bedeutung der neueren Fremdsprachen für die höhere Mädchenbildung im letzten Drittel des 19. Jahrhunderts. In: Zeitschrift für Fremdsprachenforschung 16.2, S. 235–260.

Doff, Sabine/Klippel, Friederike (2007): Mädchen lernen fremde Sprachen – Lehrbücher und Lektüre im 18. und 19. Jahrhundert. In: Decke-Cornill, Helene/Volkmann, Laurenz (Hrsg.), S. 47–61.

Doff, Sabine (2009): Von der alten Jungfer zur Feminisierung im Lehrberuf. Der Wandel im Berufsbild – (k)eine Erfolgsgeschichte? In: PRAXIS Fremdsprachenunterricht Englisch 6/2009, S. 35–39.

Doyle, Margaret (1995): The A-Z of non-sexist language. London: The Women's Press.

Eckert, Penelope/McConnell-Ginet, Sally (Hrsg.) (2003): Language and Gender. Cambridge: Cambridge University Press.

Ehrlich, Susan (Hrsg.) (2008): Language and Gender. London: Routledge.

Fidler, Gillian/Green, Jens-Peter (1983): Swapping roles. New trends at home and at work. In: PRAXIS des neusprachlichen Unterrichts 30.3, S. 296–300.

Florent, Jill/Walter, Catherine (1989): A better role for women in TEFL. In: ELT Journal, 43.3, S. 180–184.

Florent, Jill, et al. (1994): Case Study 1: On balance: Guidelines for the representation of women and men in English language teaching materials. In: Sunderland, Jane (Hrsg.), S. 112–120.

Goddard, Angela (1989a): The language awareness project, years 4 and 5: Language and gender, pack 1. Lancaster: Framework Press.

Goddard, Angela (1989b): The language awareness project, years 4 and 5: Language and gender, pack 2. Lancaster: Framework Press.

Haas, Renate (2007): Language teaching as a ‚woman's job': Historical and current perspectives. In: Decke-Cornill, Helene/Volkmann, Laurenz (Hrsg.), S. 31–46.

Haines, David (1994): Comment: An international EFL publisher's perspective. In: Sunderland, Jane (Hrsg.), S. 129–133.

Hawkins, Eric (1996): Languages for all in Scotland. In: Hawkins, Eric (Hrsg.): 30 years of language teaching. London: CILT, S. 94–98.

Hellinger, Marlis (1990): Kontrastive feministische Linguistik. Mechanismen sprachlicher Diskriminierung im Englischen und Deutschen. Ismaning: Hueber.

Hennessy, Margaret (1994): Propagating half a species: Gender in learners' dictionaries. In: Sunderland, Jane (Hrsg.), S. 104–111.

Jerz, Dennis G. (2011): Gender-neutral language tips: How to avoid biased writing – without sounding awkward. Jerz's Literacy Weblog. Online: jerz.setonhill.edu/writing/grammar-and-syntax/gender-neutral-language, 09.09.2011.

Jiménez Catalán, Rosa María (Hrsg.) (2010): Gender perspectives on vocabulary in foreign and second languages. Basingstoke: Palgrave Macmillan.

Jiménez Catalán/Rosa María (2010): Gender tendencies in EFL across vocabulary tests. In: Jiménez Catalán/Rosa María (Hrsg.), S. 117–138.

Julé, Allyson (2004): Gender, participation and silence in the language classrooms. Sh-shushing the girls. Basingstoke: Palgrave Macmillan.

Jule, Allyson (2010): A case study of Mrs Smith's words and her quiet girls. In: Jiménez Catalán/Rosa María (Hrsg.), S. 167–187.

Kramsch, Claire (1993): Context and culture in language teaching. Oxford: Oxford University Press.

Lesikin, Joan (2011): Determining social prominence: A methodology for uncovering gender bias in ESL textbooks. In: Hall, David R./Hewings, Ann (Hrsg.): Innovation in English language teaching. A reader. London: Routledge, S. 275–283.

Linke, Gabriele (2007): Linguistic aspects of gender in the foreign language classroom. In: Decke-Cornill, Helene/Volkmann, Laurenz (Hrsg.), S. 137–159.

Lutter, Christine (1986): The educational system in Great Britain as a system of discrimination against women. In: Fremdsprachenunterricht 30.1, S. 41–43.

Marschall, Michaela/Rinck, Margit/Siebold, Jörg (2010): Der kleine Unterschied – Mädchen und Jungen beginnen Englisch zu lernen. PRAXIS Fremdsprachenunterricht Englisch, 7:5. Online: www.oldenbourg-klick.de/zeitschriften/praxis-fremdsprachenunterricht, 08.09.2011.

Maybin, Janet/Swann, Joan (Hrsg.) (2010): The Routledge companion to English language studies. Abingdon: Routledge.

Media Task Force (1998): Do's and don'ts of inclusive language. Online: ww2.honolulu.hawaii.edu, 09.09.2011.

Meyer-Zerbst, Irene (1989): Moderne Zeiten? Zur Darstellung von Frauen- und Männerrollen in neueren Englischlehrwerken. In: PRAXIS des neusprachlichen Unterrichts 36.2, S. 227–237.

Michel, Andrée (1986): Down with Stereotypes: Eliminating sexism from children's literature and school textbooks. Paris: Unesco.

Miller, Casey/Swift, Kate (1980): The handbook of non-sexist writing for writers, editors and speakers. Revised British edition. London: Women's Press.

Mills, Sara (Hrsg.) (1995): Language and gender: Interdisciplinary perspectives. London: Longman.

Ministerium für Bildung, Wissenschaft und Kultur des Landes Mecklenburg-Vorpommern (Hrsg.) (2002): Rahmenplan Englisch Regionale Schule […]. Jahrgangsstufen 7–10. Erprobungsfassung. Online: www.bildungsserver-mv.de, 30.09.2011.

12 Geschlechterforschung und Fachdidaktik: Sprachdidaktik Englisch

Ministerium für Bildung […] (Hrsg.) (2006): Kerncurriculum für die Qualifizierungsphase der gymnasialen Oberstufe Englisch. Online: www.bildungsserver-mv.de, 30.09.2011.

Ministerium für Bildung […] (Hrsg.) (2009): Rahmenplan Englisch für die Jahrgangsstufen 5 und 6 an der Regionalen Schule sowie an der Integrierten Gesamtschule. Erprobungsfassung. Online: www.bildungsserver-mv.de, 08.09.2011.

Moreno Espinosa, Soraya (2010): Boys' and girls' L2 word associations. In: Jiménez Catalán/Rosa María (Hrsg.), S. 139–163.

Moys, Alan (1996): The challenge of secondary education. In: Hawkins, Eric (Hrsg.): 30 years of language teaching. London: CILT, S. 83–93.

Rampillon, Ute (1986): Gleichberechtigung im Englischunterricht: Zur Darstellung von Frauen- und Männerrollen in Englischbüchern der Sek. I. In: PRAXIS des neusprachlichen Unterrichts 33.2, S. 184–91.

Reisener, Helmut (2008): About boys. In: PRAXIS Fremdsprachenunterricht, 6, S. 18–22.

Roth, Rolf W. (1976): Sexism in the English language. How to find it. How to get rid of it. How to make students aware of it. In: PRAXIS des neusprachlichen Unterrichts 23.1, S. 87–90.

Schmenk, Barbara (2009): Vorsicht Stereotype! Gender und Fremdsprachenlehrende. In: PRAXIS Fremdsprachenunterricht, 6/2009, S. 4–7.

Schmenk, Barbara (2010): Genderspezifisches Lernen und Lehren. In: Wolfgang Hallet/Frank G. Königs (Hrsg.): Handbuch Fremdsprachendidaktik. Seelze-Velber: Kallmeyer/Klett, S. 269–273.

Schorcht, Heidrun (1986): Women's contribution to the US peace movement. In: Fremdsprachenunterricht 30.8/9, S. 450–454.

Schrick, Annegret (Hrsg.) (2007): Gender roles: Equal but different? Viewfinder Topics. Berlin: Langenscheidt.

Schröder, Konrad (1975): Lehrwerke für den Englischunterricht im deutschsprachigen Raum 1665–1900. München: Iudicium.

Sunderland, Jane (Hrsg.) (1994): Exploring gender: Questions and implications for English language education. New York et al.: Prentice Hall.

Sunderland, Jane (1994a): Differential treatment-by-gender in the EFL classroom: Using ex-participants' perspectives. In: Sunderland, Jane (Hrsg.), S. 148–154.

Sunderland, Jane (1994b): Pedagogical and other filters: The representation of non-sexist language change in British pedagogical grammars. In: Sunderland, Jane (Hrsg.), S. 92–103.

Sunderland, Jane (1994c): Introduction. In: Sunderland, Jane (Hrsg.), S. 55–66.

Sunderland, Jane (1995): ,We're boys, miss!' Finding gendered identities and looking for gendering of identities in the foreign language classroom. In: Mills, Sara (Hrsg.), S. 160–178.

Sunderland, Jane (2004): Gendered discourses. Basingstoke: Palgrave Macmillan.

Sunderland, Jane (Hrsg.) (2006): Language and gender: An advanced resource book. London: Routledge.

Swann, Joan (1992): Girls, boys, and language. Oxford: Blackwell.

Swann, Joan/Graddol, David (1995): Feminizing classroom talk? In: Mills, Sara (Hrsg.), S. 135–148.

Tannen, Deborah (1990): You just don't understand: Women and men in conversation. London: Virago.

Thaler, Engelbert (2009): Frau oder/und/versus/ist Mann. Gender im Fremdsprachenunterricht. In: Praxis Fremdsprachenunterricht, 6, S. 8–13.

The Writing Center (2002 [1998]): Using gender-sensitive language. University of North Carolina at Chapel Hill. Online: www.unc.edu/depts./wcweb/handouts/gender, 09.09.2011.

Troemel-Ploetz, Senta (2011 [1991]): Selling the apolitical. In: Coates, Jennifer/Pichler, Pia (Hrsg.), S. 518–528.

Trim, John (2001): Gemeinsamer europäischer Referenzrahmen für Sprachen: lernen, lehren, beurteilen. Übers. von Jürgen Quetz. Berlin et al.: Langenscheidt.

UNESCO (1999): Guidelines on gender-neutral language. Online: www.unesdoc.unesco.org, 09.09.2011.

Geschlechterforschung und Fachdidaktik Französisch (mit Hinweisen auf Fachdidaktik Spanisch)

13

Matthias Grein

Französisch ist nach Englisch die am häufigsten gelernte Fremdsprache in deutschen Schulen, trotzdem gilt es mitunter als Fach in der Krise. Spanisch dagegen ist weder so traditionsreich noch so stark in den Schulen vertreten, „boomt" (Grünewald et al. 2009, S. 7) aber zurzeit. Es soll hier keine überflüssige Konkurrenz beschworen werden (vgl. Caspari/ Rössler 2008, S. 61 ff.), aber es ergeben sich daraus unterschiedliche Perspektiven für Spanisch und Französisch, zumal insbesondere die Situation der Jungen im Französischunterricht als „Krise in der […] Krise" (Bonin 2009, S. 15) beschrieben wird.

Im ersten Kapitel wird die fachdidaktische Forschung in Bezug auf die Frage der Geschlechtergerechtigkeit beschrieben. Da in Deutschland zu den Fächern Französisch und Spanisch unter diesem Blickwinkel kaum Studien vorhanden sind, bzw. die Geschlechtlichkeit der Schülerinnen und Schüler selbst oft ausgeblendet wird, werden auch internationale Ergebnisse, vor allem aus angelsächsischen Ländern, dargestellt. Das zweite Kapitel beginnt mit der Konstruktion, Dramatisierung oder Betonung des Geschlechts und der Unterschiede zwischen Mädchen und Jungen; letztere sind insbesondere im Französischunterricht deutlich in der Minderheit und weniger motiviert, was in Unterricht und Forschung aber keine Beachtung findet. Darauf folgt der Schritt der Dekonstruktion oder Entdramatisierung des Geschlechts. Durch Verweis auf gleichzeitig wirkende und sich überschneidende Faktoren im Fremdsprachenunterricht wird die Bedeutung der Kategorie *Geschlecht* als ein soziales, dynamisches Merkmal unter anderen kontextualisiert. Stattdessen wird Individualisierung als Antwort auf die Heterogenität der Schülerinnen und Schüler vorgeschlagen. Das dritte Kapitel zeigt, dass die Lehrenden zwar überwiegend weiblich sind, geschlechtsspezifisches Verhalten aber nicht nachweisbar ist. Abschließend

---

M. Grein (✉)
Universität Hamburg,
Fachbereich Erziehungswissenschaft
Bogenallee 11, 20144 Hamburg, Deutschland
E-Mail: matthias.grein@uni-hamburg.de

M. Kampshoff, C. Wiepcke (Hrsg.), *Handbuch Geschlechterforschung und Fachdidaktik,*
DOI 10.1007/978-3-531-18984-0_13,
© VS Verlag für Sozialwissenschaften | Springer Fachmedien Wiesbaden 2012

wird gefordert, Geschlecht im Französisch- und Spanischunterricht nicht nur verstärkt zu untersuchen, sondern vor allem nicht isoliert zu betrachten. Auch die Mitberücksichtigung der Kategorie Geschlecht bei Studien mit einem anderen Fokus, z. B. interkulturellen Kompetenzen, liegt nah.

13.1 Stand der Geschlechterforschung in der Fachdidaktik

13.1.1 Entwicklung der Geschlechterforschung und ihrer Bedeutung für die Französisch- und Spanischdidaktik

Obwohl z. B. mit Simone de Beauvoir eine wichtige Wegbereiterin der *gender studies* und des Feminismus aus Frankreich kommt, hat die Geschlechterforschung lange Zeit nur wenig Einfluss auf die Fachdidaktik Französisch genommen. So scheint Geschlechterforschung in der Romanistik allgemein eher in Bezug auf die reine Literaturwissenschaft rezipiert und angewendet worden zu sein, während die Fremdsprachenforschung – ein Überbegriff für Fremdsprachenlehr- und Lernforschung und Fremdsprachendidaktik, sie hat sich zum Teil parallel zu den Fachwissenschaften entwickelt – sich sowohl für Französisch als auch sprachübergreifend nur nebensächlich und rein auf Geschlechterdifferenzen bezogen dem Thema gewidmet hat (vgl. Schmenk 2002; vgl. Volkmann 2007, S. 161 f., der für das Englische zu einem vergleichbaren Statement gelangt). Eine Metastudie von Schmenk (2002) untersucht aber den Mythos des Geschlechterunterschiedes beim Fremdsprachenlernen sprachübergreifend und stellt damit das wohl erste Zusammentreffen der *gender studies* und der deutschen Fremdsprachenforschung dar, da bis dahin relativ unreflektiert Männer und Frauen bzw. Mädchen und Jungen als unterschiedliche, aber in sich homogene Gruppen gesehen wurden – eine Betrachtungsweise, die zu *self-fulfilling prophecies* führte (vgl. ebd., S. 116 ff.).

13.1.2 Mögliche Ansatzpunkte der Geschlechterforschung in der Fachdidaktik Französisch und Spanisch

Nach wie vor ist Geschlechtergerechtigkeit kein bestimmendes Thema in der Französischdidaktik, in der eher Kompetenzorientierung, Bildungsstandards, Interkulturalität oder Mehrsprachigkeitsdidaktik diskutiert werden (vgl. Caspari 2010, S. 17; Hu 2011, S. 121 f.). Dementsprechend ist auch die Diskussion um Ziele und Ideale des Französischunterrichts stärker von Themen wie dem Wert von Literatur und Kultur in den Bildungsstandards beeinflusst (vgl. Vorstand und Beirat der DGFF 2008). Es gibt aber eine theoretische Öffnung durch den Einfluss der Kulturwissenschaften und daher bietet möglicherweise die Abkehr von der ‚Muttersprache' als idealisierter, aber unproduktiver Norm für Fremdsprachenlerner und -lernerinnen (vgl. z. B. Hu 2011, S. 126) und von dichotomisierenden Kulturkonzepten (vgl. Fäcke 2010, S. 177 f.) auch Chancen für „offene, fragende, inklusive Haltungen gegenüber Geschlechterverhältnissen" (Decke-Cornill 2010, S. 85) als Ziel der

13 Geschlechterforschung und Fachdidaktik Französisch

Fremdsprachendidaktik. In diversen neueren Französischdidaktiken (Fäcke 2010; Krechel 2007; Nieweler 2006) finden sich allerdings fast keine Verweise auf Geschlechterthemen. Ausnahmen stellen zwei Sätze in Leupold (2007, S. 15) dar, die auf das Problem der femininen Konnotiertheit der französischen Sprache hinweisen (siehe unten) und Hinweise zu den historischen Geschlechterverhältnissen im Fremdsprachenunterricht in Decke-Cornill und Küster (2010, S. 64). Die ‚Fachdidaktik Spanisch‘ von Grünewald et al. (2009) nennt *gender studies* als eine von vielen Bezugswissenschaften der Fremdsprachendidaktik (ebd., S. 43) und im gleichnamigen Buch von Fäcke (2011) wird auf „feministische [...] Positionen" (ebd., S. 10) in der Literaturwissenschaft hingewiesen. Insgesamt kann man nur eine Reihe von kurzen Anmerkungen feststellen, dass Jungen zahlenmäßig weniger vertreten und weniger motiviert seien (z. B. Bittner 2003; Schröder-Sura et al. 2009; vgl. allerdings Schmenk 2007, S. 125 zur dichotomen Konstruktion der Motivation) und dass Französisch als ein „Mädchenfach" und eine „Schwulensprache" verschrien sei (Leupold 2007, S. 15). Erst seit 2009 gibt es konkrete Ansätze, Geschlecht im Französischunterricht zu erforschen:

Bonin (2009) arbeitet den wie erwähnt ‚dünnen‘ Forschungsstand (vgl. ebd., S. 17) auf und thematisiert besonders die Möglichkeit von Jungenförderung im Französischunterricht. Somit scheint in der deutschen Französischdidaktik zwar ein Bewusstsein für eine Problemlage vorhanden zu sein, aber die Forschung beginnt gerade erst, sich damit zu beschäftigen. Ohne die Frage nach Gleichberechtigung von Mädchen und Frauen abwerten zu wollen, scheint in der Französischdidaktik insbesondere der *boy turn* überfällig (vgl. Budde 2011; vgl. auch Kapitel 13.2).

13.1.2.1 Internationale Forschung

Motivationsmangel und Fremdsprachenabwahl bei Jungen ist in mehreren angelsächsischen Ländern ein bekanntes und insbesondere in Großbritannien bereits seit einiger Zeit intensiv diskutiertes Problem (z. B. McCall 2011; Pritchard 1987; Williams et al. 2002). Während in Ländern mit Englisch als Erstsprache allgemein die Zahl der Fremdsprachenlernenden eher gering ist, gilt Französisch als besonders problematisch, so z. B. bei Williams et al. (2002) als „language of love and stuff". In Kanada hat Kissau (2008) grundlegende Unterschiede in der Motivation zum Französischlernen von Jungen und Mädchen konstatiert, in den USA Geschlechterunterschiede bei Spanischlernenden (vgl. Kissau et al. 2009). Demgegenüber haben Carr und Pauwels (2006) in einer großen Studie in Australien versucht, weniger Geschlechterunterschiede als vielmehr den Einfluss gesellschaftlicher Bilder von Männlichkeit und vom Fremdsprachenlernen zu erkunden – in diesem Sinne konstatieren sie: „French appears to have the monopoly on femininity" (ebd., S. 129). Andere Autorinnen aus Australien, Kanada und den USA betonen eher Machtverhältnisse und Zugänge zu sprachlichen und schulischen Ressourcen im Kontext von Zwei- und Mehrsprachigkeit und Geschlecht, z. B. Migration, Partnerschaft und prekäre Arbeitsverhältnisse (z. B. Piller/Pavlenko 2007; Norton/Pavlenko 2004). So gibt es zwar in anglophonen Ländern deutlich mehr empirische Studien als in Deutschland, die sich mit dem Zusammenhang der Didaktik der französischen Sprache und der Kategorie Geschlecht befassen, allerdings lassen sich die Ergebnisse nicht ungeprüft auf den deutschen

Kontext übertragen – zumal ein Teil dieser Studien von natürlichen Geschlechterdifferenzen auszugehen scheint.

Ein französisches Themenheft von *Études de linguistique appliquée* (ELA) zu Geschlecht im Fremdsprachenunterricht befasst sich weder mit Französisch als Fremdsprache noch mit Spanisch, sondern legt den Schwerpunkt auf die Frage nach der Gleichberechtigung der Frau (vgl. Baurens 2006), was aber wohl derzeit im deutschen Französischunterricht nicht das dringlichste Thema ist.

Die Gründe für die ‚Jungenkrise‘ im Französischunterricht sind nicht klar, z. B. ist diesbezüglich die Rolle des deutschen Frankreichbildes wenig problematisiert worden: Während anglophone Studien auf ein historisch eindeutig feminin konnotiertes Bild Frankreichs, der Franzosen (Rosenthal 1999) und der französischen Sprache (Cohen 2010) hinweisen, bleibt in deutschen Veröffentlichungen der Fokus auf den Themen Küche, Krieg, Sport und Urlaub (vgl. Krauskopf 1997, 2008; Kühn 2000; Schumann 2008; Weis 2009). So werden beispielsweise in der Analyse des „Frankreichbild[es] bayerischer Schüler" (Weis 2009, S. VI) Aussagen der befragten Schülerinnen und Schüler, die Französisch wiederholt „schwul" nennen, erstaunlicherweise mit „schwer" gleichgesetzt oder übergangen (vgl. ebd., S. 132, S. 155, S. 160) – obwohl „Liebe, Sex, Romantik" (ebd., S. 127) als eine Analysekategorie gewählt wurde. In Anlehnung an Gogolins Konzept der in der Schule lange ignorierten „lebensweltlichen Zweisprachigkeit" (Gogolin 1988, S. 9 f., zitiert nach Hu 2003, S. 39), könnte man daher überspitzt sagen, dass die lebensweltliche Geschlechtlichkeit der Schülerinnen und Schüler im Französischunterricht der deutschen Französischdidaktik bisher noch etwas unheimlich zu sein scheint. Für die spanische Sprache und Geschlechtsstereotype in Deutschland kann man vermuten, dass ebenso wie für Nordamerika gilt: „Spanish is not victim to the same irrational linguistic stereotyping as was the French language" (Kissau et al. 2010, S. 714).

13.2 Geschlechtergerechte Französisch- und Spanischdidaktik unter besonderer Berücksichtigung des Aspekts der Geschlechterkonstruktion und -dekonstruktion

13.2.1 Geschlechterkonstruktionen in Hinblick auf die Zielgruppe, Rahmenbedingungen, Inhalte, Methoden und Medien

Piller und Pavlenko (2007) berichten von der Erfahrung aus den 1970er Jahren, dass den Jungen zur Wahl von Latein und den Mädchen zu Französisch als zweiter Fremdsprache geraten worden sei – mit der Konsequenz, dass die Jungen zwar keine Fremdsprachen außer Englisch gesprochen, dafür aber mit dem Latinum eine Bedingung für den Zugang zu vielen Studienfächern besessen hätten. Auf diesem Wege wurde die ‚Weiblichkeit‘ des Französischen untermauert und vor allen Dingen Mädchen der Zugang zu diesen Studienfächern verstellt.

13 Geschlechterforschung und Fachdidaktik Französisch

Tab. 13.1 Framzösischschüler/innen

	Bayern		Hamburg		NRW		Thüringen	
Schuljahr	Total	% W	Total	% W	Total	% W	Total	% W
02/03 SI	-	-	-	-	-	-	39.734	61
02/03 SII	-	-	-	-	31.494	71	3.168	81
05/06 SI	162.892	59	18.611	57	-	-	36.941	57
05/06 SII	-	-	9.055	59	51.245	70	3.141	79
07/08 SI	173.663	61	21.428	57	-	-	30.202	55
07/08 SII	-	-	9.758	60	51.002	71	2.828	79
08/09 SI	173.681	61	20.957	57	-	-	30.699	55
08/09 SII	-	-	10.084	60	49.941	71	2.190	76
09/10 SI	165.035	61	20.720	57	-	-	33.113	54
09/10 SII	-	-	9.238	61	50.982	71	2.820	66
10/11 SI	172.698	61	-	-	-	-	35.999	55
10/11 SII	-	-	-	-	67.141	71	3.568	62

(Eigene Berechnungen nach: Sonderauswertungen des Bayerischen Landesamts für Statistik und Daten-verarbeitung 2005/06–2010/11; Sonderauswertung der Behörde für Schule und Berufsbildung Hamburg 2007/08–2010/11; Ministerium für Schule und Weiterbildung des Landes Nordrhein-Westfalen: 2002/03–2010/11; http://www.schulstatistik-thueringen.de/ „Schüler im Fremdsprachenunterricht nach aktueller Klassenstufe sowie Schulart und Geschlecht" zuletzt besucht am 24.09.2011)

Obwohl sich die Bedingungen für den Studienzugang verändert haben und Jungen mitunter als Bildungsverlierer gelten (vgl. Budde 2011), besteht auch heute noch eine Schieflage im Geschlechterverhältnis des Französischunterrichts, die Mädchen und Jungen schadet. Daher soll der Blick aus der Perspektive der Geschlechterforschung einerseits auf Lernendenzahlen und andererseits auf Lernbedingungen gerichtet werden, wobei verschiedene Ebenen wie Bildungsstandards, Lehrwerke, Unterrichtsvorschläge und Unterrichtsthemen angesprochen werden.

13.2.1.1 Die Schülerinnen und Schüler

Der Überblick im ersten Kapitel hat bereits vermuten lassen, dass auch heute noch die Schülerschaft im Französischunterricht weiblich geprägt ist, möglicherweise auch im Spanischunterricht. Die Zahlen einiger ausgewählter Bundesländer bestätigen dies aber nur eingeschränkt (Tab. 13.1 und 13.2).

Wie man sehen kann, liegen Schuldaten sehr unterschiedlicher Art vor. Jedoch liegen diese Daten nicht aus allen Bundesländern vor. Die hier gewählten Länder sollen exemplarisch stehen, letztlich ist kein Bundesland repräsentativ für ein anderes, dafür sorgt neben anderen Faktoren bereits der Bildungsföderalismus. Aktuelle Schulreformen wie das Abitur nach 12 Jahren sorgen für zusätzliche Probleme der Vergleichbarkeit. Die Geschlechterverhältnisse unterscheiden sich offensichtlich je nach Bundesland:

Während sich der Geschlechterunterschied in der Belegung des Französischen in Thüringen verringert, bleiben die Unterschiede in den anderen drei Bundesländern eher konstant. Dies entspricht nicht der Vermutung eines Exodus der Jungen aus dem Französisch-

Tab. 13.2 Spanischschüler/innen

Schul Jahr	Bayern Total	% W	Hamburg Total	% W	NRW Total	% W	Thüringen Total	% W
02/03 SI	–		–	–	–	–	634	64
02/03 SII			–	–	23.423	66	419	83
05/06 SI	19.774	64	6.420	56	–	–	752	60
05/06 SII			3923	62	64.006	63	570	83
07/08 SI	27.538	66	11.846	55	–	–	1.015	57
07/08 SII			6.007	62	74.318	63	623	79
08/09 SI	32.056	65	13.132	55	–	–	1.184	58
08/09 SII			7.081	59	78.578	63	564	77
09/10 SI	31.891	66	13.915	55	–	–	1.518	57
09/10 SII			7.461	60	83.384	63	814	62
10/11 SI	34.030	66	–	–	–	–	1.963	56
10/11 SII			–	–	99.052	63	985	57

(Eigene Berechnungen nach: Sonderauswertungen des Bayerischen Landesamts für Statistik und Datenverarbeitung 2005/06–2010/11; Sonderauswertung der Behörde für Schule und Berufsbildung Hamburg 2007/08–2010/11; Ministerium für Schule und Weiterbildung des Landes Nordrhein-Westfalen: 2002/03–2010/11; http://www.schulstatistik-thueringen.de/ „Schüler im Fremdsprachenunterricht nach aktueller Klassenstufe sowie Schulart und Geschlecht" zuletzt besucht am 24.09.2011)

unterricht nach der Sekundarstufe I (vgl. Carr/Pauwels 2006, S. 20; Schröder-Sura et al. 2009, S. 12). Allerdings ist festzustellen, dass die Daten nur mit Vorsicht zu interpretieren sind, da die Qualität der Datensätze aus den einzelnen Bundesländern sehr unterschiedlich ist: Aus NRW z. B. liegen nur Angaben über die Sekundarstufe II, aus Bayern nur über Sekundarstufe I und II vermischt vor.

Der Blick auf die ebenfalls relativ freiwillige Leistungskurswahl entspricht allerdings wieder mehr den Erwartungen von Geschlechterdifferenzen – und zwar nicht nur als bloßes Phänomen des vergangenen Jahrzehnts, so der für Studierende repräsentative Studierendensurvey (Tab. 13.3).

Es ist nicht völlig klar, ob es sich bei de Spalte „kein LK" um Grundkurse oder allgemein Französischkurse auch in der Sekundarstufe I handelt. Die Zahlen sind nur für Studierende repräsentativ (vgl. Simeaner et al. 2010, S. VII). Für Spanisch liegen keine Daten vor, es werden nur allgemein andere Fremdsprachen als Französisch oder Englisch gezählt, deren Fallzahlen bei den Frauen zwischen 20 und 96, bei den Männern zwischen 10 und 36 liegen. Während die Männer bzw. Jungen – allein auf Grund ihrer größeren Anzahl unter den Studierenden – zumindest in den 1980er Jahren noch die Mehrzahl der Französischlernenden gestellt haben, so waren auch damals schon im Leistungskurs (LK) mehr Mädchen bzw. Frauen vertreten. Der Prozentsatz der Schülerinnen ist seitdem zumindest bis 2003/2004 kontinuierlich gewachsen – allerdings sind leider keine Daten zum Verhältnis der 1990er Jahre vorhanden.

13 Geschlechterforschung und Fachdidaktik Französisch

Tab. 13.3 Französisch (absolute Zahlen der Stichprobe, in %)

	Männer		Frauen		Frauen	
	Kein LK	LK	Kein LK	LK	Kein LK	LK
1984/85	6.346	231	2.878	481	31	68
1986/87	4.147	266	2.021	530	33	67
1989/90	3.858	215	2.178	524	36	71
2000/01	3.352	136	3.587	437	52	76
2003/04	3.876	146	4.670	603	55	81
2006/07	3.204	95	3.967	382	55	80
2009/10	2.887	86	3.613	356	56	81

(Eigene Berechnungen nach: Forschungsprojekt Studiensituation, Erhebungen 1984/85, 1986/87, 1989/90, 2000/01, 2003/04, 2006/07, 2009/10)

13.2.1.2 Rahmenbedingungen

Für die Unterrichtsgestaltung und mögliche Geschlechtersensibilisierung spielen die Bildungsstandards eine große Rolle. Bisher gibt es diese Standards nur für die erste Fremdsprache, für Englisch und Französisch, die aber wohl auch auf den Unterricht der zweiten Fremdsprache und Sprachen wie Spanisch Einfluss haben. Weder Meißner und Tesch (2008) noch Hu und Leupold (2008) gehen in ihren Diskussionen der Bildungsstandards Französisch und der damit verbundenen Kompetenzorientierung auf Geschlecht ein, allerdings bietet die Diskussion um interkulturelle Kompetenzen mit der „Betonung der Konstruiertheit, aber auch der Hybridität von Kulturen und Identitäten" (ebd., S. 67) Anknüpfungsmöglichkeiten für die Geschlechterforschung.

13.2.1.3 Lehrbücher und Inhalte

Das Lehrbuch spielt nach wie vor eine wichtige Rolle bei der Unterrichtsgestaltung: Lehrwerksanalysen für Französischbücher der 1990er Jahre unter Gesichtspunkten der Geschlechterforschung liegen von Stary (2000) und Fäcke (2000) vor: Allerdings scheint in Starys Studie das Fach Französisch austauschbar, es wird nur das Vorliegen von Stereotypen auf Französisch untersucht (vgl. Stary 2000, S. 266), die Dimension der Kultur wird ausgeblendet und Geschlecht isoliert betrachtet. Fäcke (2000) analysiert mehrere Französischlehrwerke fundiert unter herrschaftskritischer Perspektive und unter Berücksichtigung von „Geschlecht, sozialer und ethnischer Herkunft" (ebd., S. 22) sowie deren Zusammenspiel und beschreibt die darin vertretenen Perspektiven von Normierung, Egalität und Dekonstruktion. Die Perspektive verharrt allerdings auf den Lehrwerken und geht nicht auf Geschlechtlichkeit oder sozialen Hintergrund der Lernenden ein, die die Rezeption der Schulbücher mit beeinflussen. Auch der Blick auf drei Generationen eines Lehrbuches für die Oberstufe, ‚Horizons' (1989, 1995, 2002), zeigt, dass das Thema Gleichberechtigung der Frau über die Jahre als relevant angesehen wird. Ob aber darüber hinaus möglicherweise die Zahl der männlichen Jugendlichen im Klassenraum nur sehr gering ist, wird nicht beachtet. Im Lehrbuch ‚A plus' (Bächle/Gregor 2004) fällt auf, dass das *grammatische* männliche Genus blau, das weibliche rosa markiert ist, was zur Verstärkung von Stereotypen führt.

Nieweler (2011) präsentiert ein Unterrichtsbeispiel zum 24-Stunden-Rennen von Le Mans mit dem Untertitel: „Eine Lernaufgabe (nicht nur) für Jungen" (ebd., S. 38). Allerdings gibt es bis auf einen Verweis auf geschlechterspezifisches Vorwissen, Mode und Autos, keine weiteren Angaben zu Geschlecht im Unterricht. Darauf, dass Gleichberechtigung im gesamtgesellschaftlichen Kontext nach wie vor seine Berechtigung hat, weist Vences (2007) in der Einleitung eines Sammelbandes mit „Materialien zur Gender-Orientierung im Spanischunterricht" (vgl. ebd., S. 7 ff.) nachdrücklich hin. Dementsprechend liegt auch der Schwerpunkt des Buches auf Unterrichtseinheiten zu Themen wie häusliche Gewalt, historische Darstellungen der Stellung der Frau, Diskriminierung von Migrantinnen und *women of colour*. Wie auch mehrere Anregungen aus dem Sammelband von Lüning und Vences (2007) zeigen, gehen konkrete Vorschläge zur Beschäftigung mit Geschlecht auch oft über das Lehrbuch hinaus; vor allem das Medium Film scheint gut einsetzbar zu sein (vgl. auch Leitzke-Ungerer 2008).

In einem Themenheft *Geschlecht* von PRAXIS Fremdsprachenunterricht (2009/6, S. 6) gibt es im allgemeinsprachlichen und englischen Teil z. B. Hinweise zum Umgang mit Stereotypen, *doing* und *undoing gender* sowie verschiedene Anregungen, wie man im Fremdsprachenunterricht mit Geschlechterklischees umgehen kann. Die beiden Artikel zum Französischunterricht behandeln Transsexualität im Film und verschiedene Analysevorschläge für eine Kurzgeschichte, die u. a. gesellschaftliche Geschlechterrollen kritisch betrachten. Während einerseits argumentiert wird, dass man Jungen besonders fördern muss, wird andererseits gefordert, dass Mädchen nicht vergessen werden dürfen – dabei entsprechen einige der Beispiele für Jungenförderung, wie mehr Lernerautonomie, relevantere Themen oder herausforderndere Aufgaben eher allgemeinen Kriterien für guten Unterricht (vgl. Bonin 2009, S. 21; Carr/Pauwels 2006, S. 202 f.). Dazu wird kritisch angemerkt, dass der Französischunterricht lange zu wenig kommunikativ und fehler- statt kompetenzorientiert (vgl. Schröder-Sura et al. 2009, S. 13) gewesen sei.

13.2.2 Mögliche Geschlechterdekonstruktionen in der Französischdidaktik und ihre Auswirkungen auf das Fach

Die bisher vorgestellten Ansätze wirken zum Teil noch wenig theoriegeleitet im Sinne der Geschlechterforschung; der Schritt der Entdramatisierung von Geschlecht wird nicht vollzogen. Eine Stärke stellt allerdings die Vielfalt der Themen dar, die Interaktionen zwischen Geschlecht, Sexualität, sozialen und ethnischen Hintergründen berücksichtigen.

An einem Extrembeispiel aus Großbritannien, wo die oben genannte Abwahl des Französischen durch viele Jungen nicht nur die Aufmerksamkeit der Theoretiker und Theoretikerinnen erregt, sondern auch unterrichtspraktische Konsequenzen nach sich zieht, soll das Problem der Dramatisierung von Geschlecht skizziert werden:

13 Geschlechterforschung und Fachdidaktik Französisch

Um Jungen, insbesondere aus der *working class*, für die französische Sprache zu gewinnen, wurde das Projekt *Score in French* gestartet, bei dem sich der Französischunterricht vor allem dem Thema Fußball gewidmet hat (vgl. McCall 2011). Es wurden positive Veränderungen in Freude, Einsatz, Motivation und Einstellungen bei Jungen und Mädchen verzeichnet (ebd., S. 11 ff.). Problematisch ist allerdings die Verstärkung der Geschlechterstereotype, die ihren Ausdruck besonders deutlich in der folgenden Aufgabenbeschreibung findet, anzutreffen unter der Überschrift „Inclusiveness": „Those students with little interest in football, both boys and girls, may find compensation in a resource based on the lives and glamorous outfits worn by three famous footballers' wives (WAGs)" (McCall 2011, S. 10). Die Kritik soll nicht der Beschäftigung mit einem Thema gelten, das im Alltag der Lernenden von Bedeutung ist, sondern der Einseitigkeit, die offenbar hinter dem Ansatz steht: Das Ziel des dargestellten Projekts ist nicht, das problematische Frankreichbild oder die Konzeptionen von Männlichkeit kritisch zu hinterfragen, sondern die bloße Zahl von Jungen im Französischunterricht und deren Motivation zu heben.

Dem gegenüber hat Schmenk bereits 2002 das Fremdsprachenlernen als besonders weibliches Gebiet dekonstruiert und in Ansätzen 2009 auch für Französisch demonstriert, dass die geringe Jungenzahl im Unterricht sich nur dann über die spezifisch männlichen Interessen und Talente selbst erklärt, wenn man sich auf die Idee fundamentaler Geschlechterunterschiede eingelassen hat (vgl. ebd., S. 6 f.).

Auch das Frankreichbild der Menschen in Deutschland bietet sicher Möglichkeiten für Dekonstruktion:

Wann und bei wem gilt Französisch als „Mädchenfach", bei wem als „Schwulensprache" (vgl. Leupold 2007, S. 15)? Spielt die Aussprache eine Rolle bei dieser Wahrnehmung? Welche Laute werden als ‚männlich' oder ‚weiblich' beschrieben und warum? Haben Schülerinnen und Schüler mit Migrationshintergrund zum Teil möglicherweise völlig andere Frankreichbilder, an die man positiv im Unterricht anknüpfen kann und/oder die selbst wiederum dekonstruiert werden müssen?

Die Französisch- und Spanischdidaktik haben sich seit einiger Zeit der Heterogenität im Klassenzimmer geöffnet (vgl. Hu 2011; Fäcke 2010, S. 182 f.); die Kategorie Geschlecht kann nur unter Berücksichtigung dieser Gesichtspunkte sinnvoll einbezogen werden, da es eine kontextgebundene Kategorie darstellt (vgl. Pavlenko 2008). Piller und Pavlenko (2007) weisen darüber hinaus auf die besonderen Probleme hin, die Verschränkungen von mangelnden Sprachkenntnissen und prekären sozialen und legalen Situationen hervorrufen, die selbst wiederum die Zugänge zu sprachlichen Ressourcen beschränken. Dies betrifft wohl weniger den Französischunterricht in Deutschland direkt als vielmehr das sprachlich-soziale Umfeld mancher Schülerinnen und Schüler. Im Unterricht selbst dagegen machen sich Lese-Rechtschreib-Schwächen (siehe dazu Sambanis 2002) oder ADHS bemerkbar, das bei Jungen häufiger auftritt als bei Mädchen. Somit müssen weitere Faktoren berücksichtigt werden – hier gilt es allerdings aufzupassen, dass über diese binäre Darstellung nicht doch das Geschlecht in den Vordergrund gestellt wird. Fäcke (2000) weist zudem darauf hin, dass die Kategorie Behinderung in Französischlehrwerken fast keine Rolle spielt und somit „Diskriminierung […] in härtester Form vollzogen" (ebd., S. 312) wird.

Die Frage nach Monoedukation wird von Kissau et al. (2009) und Bonin (2009) trotz nicht eindeutiger Ergebnisse relativ positiv beantwortet und von Carr und Pauwels (2006, S. 106) zumindest nicht verworfen. Popp (2011) verweist stattdessen auf das Konzept der reflexiven Koedukation und darauf, dass vielmehr Individualisierung das Ziel ist (vgl. ebd., S. 91). Individualisierung und Binnendifferenzierung als Möglichkeit zum Umgang mit Heterogenität spielen in der Französischdidaktik bereits eine Rolle, ohne dass das Geschlecht explizit mitgedacht würde. Offener, lernerorientierter Unterricht (vgl. Nieweler 2006, S. 62 ff.) oder Portfolioarbeit (vgl. Inglin 2010) stellen Lernende und Lehrende zwar vor Herausforderungen, bieten aber auch Chancen, die individuellen Interessen zu berücksichtigen, ohne die Individuen kategorisieren zu müssen.

13.2.3 Geschlechtergerechtigkeit in der Französischdidaktik – Fachdidaktische Konsequenzen aus dem Zusammenspiel von Konstruktion und Dekonstruktion

Ein möglicher Ansatz für den Umgang mit den Spezifika der französischen Sprache wäre die offene Diskussion der Stereotype, sowohl in Bezug auf die Sprache als auch auf die Vorstellungen von Weiblichkeit und Männlichkeit (vgl. Schmenk 2002, S. 8 f.). Diese Stereotype gelten selbstverständlich auch für die Berücksichtigung der interkulturellen Dimension. Decke-Cornill (2009) schlägt außerdem vor, die Fremdsprache als „Schutzraum" zu nutzen, ermöglicht durch für das Fremdsprachenlernen typische „Selbst- und Normendistanzierung und eine Haltung der Öffnung für Fremdes" (ebd., S. 14). In diesem Rahmen könnten Geschlechterdifferenz und vielleicht sogar Heteronormativität kritisch thematisiert werden (vgl. ebd.). Dazu gehört auch die schwierige Aufgabe der Lehrkräfte, Offenheit für lebensweltliche Geschlechtlichkeit in ihrer Breite zu ermöglichen. Insgesamt ist aber deutlich mehr Forschung unter Berücksichtigung der Kategorie Geschlecht nötig, sowohl zu den Lernbedingungen als auch zur Gestaltung des Französisch- und Spanischunterrichts, insbesondere da darin die geschlechtlichen Realitäten des Klassenraums nicht reflektiert werden.

13.3 Ergebnisse der aktuellen Bildungsforschung

13.3.1 Geschlechterverhältnisse bei Lehrpersonen

Auch bei den Lehrenden soll zunächst das Geschlechterverhältnis aufgezeigt werden, um einen historischen Überblick zu bieten und da die Zahlen der Schülerinnen- und Schülerverhältnisse nicht so weit zurückreichen (Tab. 13.4).

Wie man sehen kann, schwankt der Prozentsatz der Frauen und Männer, die das zweite Staatsexamen in den betrachteten Fächern abgeschlossen haben, deutlich. Da nur einige Jahre betrachtet wurden, sind Ausreißer möglich, die Tendenz ist aber klar: Die Lehrenden im Fach Französisch sind seit längerem mehrheitlich weiblich und werden es auch

13 Geschlechterforschung und Fachdidaktik Französisch 179

Tab. 13.4 2. Staatsexamen

Abgelegt im Jahr	Französisch total	% weiblich	Spanisch total	% weiblich
1976	1.154	64	38	50
1980	(1.183) 674	80	(73) 34	59
1984	(841) 697	79	(39) 25	60
1988	(623) 453	80	(59) 23	78
1994	379	80	59	75
1995/96	260	81	32	94
2002/03	826	88	111	73
2006/07	1.159	69	237	71
2008/09	1.171	74	358	63
2009/10	1.284	88	475	84

(Eigene Berechnungen nach Statistisches Bundesamt 1976, 1980, 1984, 1988, 1994, 1995/96 2002/03, 2006/07, 2008/09, 2009/10. Es handelt sich um unvollständige Daten: Hessen fehlt, NRW, das 1976 mehr als ein Drittel der Lehrer ausgebildet hat, fehlt seit 1980. 1976 war der Prozentsatz an Frauen, die das zweite Staatsexamen in Französisch abgeschlossen haben, in NRW mit 62 % aber unter dem Bundesdurchschnitt. Ebenso wurde die Erhebung in Rheinland-Pfalz, Hamburg und Bremen ab 1984 eingestellt. Es ist nicht klar, ob ab 1995/96 diese Bundesländer wieder enthalten sind. Die Berechnungen beziehen sich auf die Zahl, die nicht in Klammern steht.)

noch eine Zeit lang bleiben. Dies gilt ebenso für Spanisch, wenn auch in einem etwas geringeren Maße. Das Verhältnis von Schultyp und Geschlecht ist dabei aber noch nicht berücksichtigt, ebenso wenig wie die Verteilung in den oberen Karrierestufen in Schule, Schulbehörde und Universität. Auch historisch gesehen sind die neuen ‚lebendigen' Fremdsprachen ein Fach für Mädchen, die von Frauen unterrichtet werden, während Latein und Altgriechisch an den (Jungen-)Gymnasien unterrichtet wurden (vgl. Decke-Cornill/Küster 2010, S. 64).

Für die Hochschulen beschreibt Haas (2001) die doppelte Problematik, der die Fachdidaktik Englisch unter einer Geschlechterperspektive lange ausgesetzt war: Das Fach als Fremdsprache ist seinerseits weiblich konnotiert, die Fachdidaktik ist innerhalb des Faches noch stärker als Frauendomäne gesehen und muss sich zudem gegen die Fachwissenschaften, Literatur und Linguistik, etablieren. Möglicherweise gilt dies auch für die Romanistik.

Caspari (2003) stellt in Bezug auf Aspekte des beruflichen Selbstverständnisses von Fremdsprachenlehrenden keine eindeutigen Geschlechterunterschiede fest (vgl. ebd. 2003, S. 178 f.). Analog dazu berichtet Faulstich-Wieland (2010), dass geschlechtsspezifisches Verhalten bei Grundschullehrenden nicht nachweisbar war (vgl. ebd., S. 501). Sie argumentiert, dass männliche Lehrer in der Grundschule – und wohl auch im Französischunterricht – wichtig sind, um angesichts „der Heterogenität der Kinder eine Heterogenität der Lehrkräfte" (ebd., S. 502) vorzuhalten – die sich aber nicht nur auf Geschlecht bezieht.

13.3.2 Forschungsperspektiven und Transfer in die Schule

Die bisherige Darstellung hat gezeigt, dass es wesentlich mehr Forschungslücken und offene Fragen als Gewissheiten und Antworten gibt, sowohl in Bezug auf die Lernforschung als auch auf die Unterrichtsgestaltung. Es folgen daher einige ausgewählte Ansatzpunkte, die für Fragen des geschlechtergerechten Unterrichts wichtig scheinen:

Oben wurde bereits auf das Potenzial von Literatur und Film verwiesen; Volkmann (2007) will den männlich geprägten Literaturkanon des Englischen herausfordern, ändern oder Geschlechterpositionen kritisch hinterfragen. Auch andere Autoren und Autorinnen im Sammelband von Decke-Cornill und Volkmann (2007) betonen die Möglichkeiten von Literatur und Film, um Geschlechterverhältnisse zu thematisieren. Für den Französisch- und Spanischunterricht gibt es meines Wissens noch keine systematische Überlegungen zum Einsatz dieser Medien und dem Thema Geschlecht. Seit einigen Jahren gibt es Französisch als erste Fremdsprache auch bereits in der Grundschule und die Wahl der zweiten Fremdsprache setzt durch die verkürzte Schulzeit früher ein – möglicherweise besteht die Chance, mit jüngeren Schülerinnen und Schülern auf das geforderte offene Verhältnis zu Geschlechterverhältnissen hinzuarbeiten. Auch wie sich die traditionell einseitigen Geschlechterverhältnisse in den Fremdsprachen mit der neueren allgemeinen ‚Jungenkrise‘ ergänzen, ist offen. Weder die Perspektiven der Schülerinnen und Schüler noch die der Lehrenden auf Geschlecht im Französisch- und Spanischunterricht sind bekannt. Fachkulturen oder Fachtraditionen in Methoden und Themen, die Kompetenzorientierung und die Positionen in den Curricula (nebeneinander und neben Englisch, Latein und anderen Schulfremdsprachen) stellen Faktoren dar, deren Interaktion in ihrer Bedeutung für Geschlechtergerechtigkeit unklar ist. Fragen nach interkulturellen Kompetenzen und damit verwandte Themen erfahren sehr viel Aufmerksamkeit in der Fremdsprachenforschung, könnten möglicherweise aber angemessener bearbeitet werden, wenn Geschlecht (und andere relevante Kategorien) mitberücksichtigt würden (vgl. insbesondere Pavlenko 2008).

Schließlich bleibt zu wiederholen, dass Geschlecht im deutschen Französisch- und Spanischunterricht zu wenig erforscht ist und dass möglicherweise der Einfluss dieses Faktors auf andere, populärere Themen unterschätzt wird.

Literatur

Ader, Wolfgang (Hrsg.) (1995): Etudes françaises – Nouveaux horizons: Lesebuch zur Einführung in die Oberstufenarbeit. Stuttgart: Klett.

Bayerisches Landesamt für Statistik und Datenverarbeitung (2006–2011): Sonderauswertungen zur Schulstatistik 2005/06–2010/11.

Bächle, Hans/Gregor, Gertraud (2004): A Plus. Französisch für Gymnasien. Berlin: Cornelsen.

Bär, Hansjörg (Hrsg.) (1988): Etudes françaises – Horizons: Lesebuch zur Einführung in die Textarbeit auf der Oberstufe. Stuttgart: Klett.

Bär, Hansjörg (Hrsg.) (2003): Etudes Françaises – Nouveaux horizons. Stuttgart: Klett.

Behörde für Schule und Berufsbildung Hamburg (2007–2011): Sonderauswertung zur Schulstatistik 2007/08–2010/11.

13 Geschlechterforschung und Fachdidaktik Französisch 181

Bittner, Christoph (2003): Der Teilnehmerschwund im Französischunterricht – Eine unabwendbare Entwicklung? Eine empirische Studie am Beispiel der gymnasialen Oberstufe. In: Französisch heute 34, 4, S. 338–353.

Bonin, Jan (2009): Jungenförderung im Französischunterricht? In: Französisch heute 40, 1, S. 15–24.

Budde, Jürgen (2011): Geschlechtersensible Schule. In: Faulstich-Wieland, Hannelore (Hrsg.): Umgang mit Heterogenität und Differenz. Baltmannsweiler: Schneider Hohengehren, S. 99–119.

Carr, Jo/Pauwels, Anne (2006): Boys and Foreign Language Learning. Real Boys Don't Do Languages. Basingstoke: Palgrave Macmillan.

Caspari, Daniela/Rössler, Andrea (2008): Französisch gegen Spanisch? Überlegungen aus Sicht der romanischen Mehrsprachigkeitsdidaktik. In: Zeitschrift für Fremdsprachenforschung 19, 1, S. 61–82.

Caspari, Daniela (2010): Französischunterricht in Deutschland – aktuelle Situation und Zukunftsperspektiven. In: Porsch, Raphaela/Tesch, Bernd/Köller, Olaf (Hrsg.): Standardbasierte Testentwicklung und Leistungsmessung. Französisch in der Sekundarstufe I. Münster: Waxmann, S. 11–24.

Cohen, Michèle (2010): Sexualising and Gendering the French Tongue in Eighteenth-Century England. In: French Studies Bulletin 117, 4, S. 73–76.

Decke-Cornill, Helene/Volkmann, Laurenz (Hrsg.) (2007): Gender Studies and Foreign Language Teaching. Tübingen: Narr.

Decke-Cornill, Helene (2009): Doing and Undoing Gender im Klassenzimmer. Methodische Grundsätze und einige Anregungen. In: Praxis Fremdsprachenunterricht 6, S. 14–19.

Decke-Cornill, Helene (2010): Genderorientierte Ansätze. In: Surkamp, Carola (Hrsg.): Metzler Lexikon Fremdsprachendidaktik, Stuttgart: Metzler, S. 83–85.

Decke-Cornill, Helene/Küster, Lutz (2010): Fremdsprachendidaktik. Eine Einführung. Tübingen: Narr.

Fäcke, Christiane (2000): Egalität – Differenz – Dekonstruktion. Eine inhaltskritische Analyse deutscher Französisch-Lehrwerke. Hamburg: Dr. Kovač.

Fäcke, Christiane (2010): Fachdidaktik Französisch. Tübingen: Narr.

Fäcke, Christiane (2011): Fachdidaktik Spanisch. Tübingen: Narr.

Faulstich-Wieland, Hannelore (2010): Mehr Männer in die Grundschule: welche Männer? In: Erziehung und Unterricht 160, 5–6, S. 497–504.

Forschungsprojekt Studiensituation (2011) Erhebungen 1984/85, 1986/87, 1989/90, 2000/01, 2003/04, 2006/07, 2009/10.Arbeitsgruppe Hochschulforschung, Universität Konstanz, Konstanz.

Grünewald, Andreas/Küster, Lutz (Hrsg.) (2009): Fachdidaktik Spanisch. Tradition, Innovation, Praxis. Stuttgart: Klett.

Haas, Renate (2001): We hold these truths to be self-evident: that all men and women are created equal. Geschlechterforschung und Englischdidaktik. In: Hoppe, Heidrun/Kampshoff, Marita/Nyssen, Elke (Hrsg.): Geschlechterperspektiven in der Fachdidaktik. Weinheim und Basel: Beltz, S. 101–121.

Hoppe, Heidrun/Kampshoff, Marita/Nyssen, Elke (Hrsg.) (2001): Geschlechterperspektiven in der Fachdidaktik. Weinheim, Basel: Beltz.

http://www.schulstatistik-thueringen.de/ „Schüler im Fremdsprachenunterricht nach aktueller Klassenstufe sowie Schulart und Geschlecht", 24.09.2011.

Hu, Adelheid (2003): Schulischer Fremdsprachenunterricht und migrationsbedingte Mehrsprachigkeit. Tübingen: Narr.

Hu, Adelheid (2011): Migrationsbedingte Mehrsprachigkeit und schulischer Fremdsprachenunterricht. Forschung, Sprachenpolitik, Lehrerbildung. In: Faulstich-Wieland, Hannelore (Hrsg.): Umgang mit Heterogenität und Differenz. Baltmannsweiler: Schneider Hohengehren, S. 121–138.

Hu, Adelheid/Leupold, Eynar (2008): Kompetenzorientierung im Französischunterricht. In: Tesch, Bernd/Leupold, Eynar/Köller, Olaf (Hrsg.): Bildungsstandards für Französisch als erste Fremdsprache. Berlin: IQB & Cornelsen Skriptor, S. 51–84.

Kissau, Scott (2008): "Crêpes on Friday": Examining Gender Differences in Extrinsic Motivation in the French as a Second Language Classroom. In: Issues in Applied Linguistics 16, 1, S. 31–47.

Kissau, Scott/Quach, Lan/Wang, Chuang (2009): Impact of Single-Sex Instruction on Student Motivation to Learn Spanish. In: Canadian Journal of Applied Linguistics/Revue canadienne de linguistique appliquee 12, 2, S. 54–78.

Kissau, Scott/Kolano, Lan Quach/Wang, Chuang (2010): Perceptions of Gender Differences in High School Students' Motivation to Learn Spanish. In: Foreign Language Annals 43, 4, S. 703–721.

Krauskopf, Jürgen (1997): Frankreich im Französischbuch. Aus deutschen Lehrwerken der neunziger Jahre. In: Dokumente 53, 2, S. 128–133.

Krauskopf, Jürgen (2008): Ein flaches Frankreichbild. Die wichtigsten deutschen Französischbücher seit 2000. In: Dokumente 64, 4, S. 29–34.

Krechel, Hans-Ludwig (Hrsg.) (2007): Französisch Methodik. Handbuch für die Sekundarstufe I und II. Berlin: Cornelsen Scriptor.

Kühn, Olaf (2000): Frankreichbild – Deutschlandbild. Wie sehen wir Frankreich? Wie sehen Franzosen Deutschland? In: Geographie heute 177, S. 20–21.

Leitzke-Ungerer, Eva (2008): „A mi vida le falta ese mismo trozo ..." – Pedro Almodóvars Spielfilm „Todo sobre mi madre" im Spanischunterricht der Sekundarstufe II. In: Vences, Ursula (Hrsg.): Sprache – Literatur – Kultur. Vernetzung im Spanischunterricht. Berlin: Walter Frey, S. 118–141.

Leupold, Eynar (2007): Französischunterricht als Lernort für Sprache und Kultur. Prinzipien und Praxisbeispiele. Seelze-Velber: Kallmayer/Klett/Friedrich.

Lüning, Marita/Vences, Ursula (Hrsg.) (2007): Mujeres de clase en clase. Materialien zur Gender-Orientierung im Spanischunterricht. Berlin: Walter Frey.

McCall, Ian (2011): "Score in French": Motivating Boys with Football in Key Stage 3. In: Language Learning Journal 39, 1, S. 5–18.

Meißner, Franz-Joseph/Tesch, Bernd (2008): Bildungsstandards für Französisch als erste Fremdsprache. In: Tesch, Bernd/Leupold, Eynar/Köller, Olaf (Hrsg.): Bildungsstandards für Französisch als erste Fremdsprache. Berlin: IQB & Cornelsen Skriptor, S. 44–50.

Ministerium für Schule und Weiterbildung des Landes Nordrhein-Westfalen (2003–2011): Amtliche Schuldaten zum Schuljahr 2002/03–2010/11. Düsseldorf. Online: http://www.schulministerium.nrw.de/BP/Schulsystem/Statistik/,15.11.2011.

Nieweler, Andreas (Hrsg.) (2006): Fachdidaktik Französisch. Tradition, Innovation, Praxis. Stuttgart: Klett.

Nieweler, Andreas (2011): Les 24 heures du Mans. Eine Lernaufgabe (nicht nur) für Jungen. In: Der fremdsprachliche Unterricht Französisch 112, S. 38–43.

Norton, Bonnie/Pavlenko, Aneta (2004): Addressing gender in the ESL/EFL classroom. In: TESOL Quarterly 38, 3, S. 504–514.

Pavlenko, Aneta (2008): Research methods in the study of gender in second/foreign language education. In: King, Kendall (Hrsg.): Encyclopedia of Language and Education. Vol. 10, Berlin: Springer, S. 165–174.

Piller, Ingrid/Pavlenko, Aneta (2007): Globalization, gender, and multilingualism. In: Decke-Cornill, Helene/Volkmann, Laurenz (Hrsg.): Gender Studies and Foreign Language Teaching. Tübingen: Narr, S. 15–30.

Popp, Ulrike (2011): Bildung der Geschlechter – Geschlechterdifferente Bildung? In: Faulstich-Wieland, Hannelore (Hrsg.): Umgang mit Heterogenität und Differenz. Baltmannsweiler: Schneider Hohengehren, S. 73–96.

Pritchard, Rosalind M. O. (1987): Boys' and girls' attitudes towards French and German. In: Educational Research 29, 1, S. 65–72.

Rosenthal, Alan S. (1999): The Gender-Coded Stereotype: An American perception of France and the French. In: The French Review 72, 5, S. 897–908.

Sambanis, Michaela (2002): Fremdsprachenfrühbeginn bei LRS-Kindern. In: Schulte-Körne, Gerd (Hrsg.): Legasthenie: Zum aktuellen Stand der Ursachenforschung, der diagnostischen Methoden und der Förderkonzepte. Bochum: Dr. Winkler.

Schmenk, Barbara (2002): Geschlechtsspezifisches Fremdsprachenlernen? Zur Konstruktion geschlechtstypischer Lerner- und Lernbilder in der Fremdsprachenforschung. Tübingen: Stauffenburg.

Schmenk, Barbara (2007): Foreign language research and the feminization of language learning. In: Decke-Cornill, Helene/Volkmann, Laurenz (Hrsg.): Gender Studies and Foreign Language Teaching. Tübingen: Narr, S. 121–135.

Schmenk, Barbara (2009): Vorsicht Stereotype! Gender und Fremdsprachenlernende. In: Praxis Fremdsprachenunterricht 6, S. 4–7.

Simeaner, Hans/Ramm, Michael/Kolbert-Ramm, Christa Beate (2010): Datenalmanach. Studiensituation und Studierende. Studierendensurvey 1993–2010. Konstanz: Arbeitsgruppe Hochschulforschung, Universität Konstanz.

Schröder-Sura, Anna/Meißner Franz-Joseph/Morkötter, Steffi (2009): Fünft- und Neuntklässler zum Französischunterricht in einer quantitativen Studie (MES). In: Französisch heute 40, 1, S. 8–15.

Schumann, Adelheid (Hrsg.) (2008): Dossier. Frankreichbild im Wandel. In: lendemains 33, 130/131, S. 39–127.

Stary, Edith (2000): Hoffnung Jugend. Chancen auf eine androgyne Gesellschaft. Frankfurt a. M.: Peter Lang.

Statistisches Bundesamt (Hrsg.) (1977–1985): Allgemeines Schulwesen 1976, 1980, 1984. Fachserie 11, Reihe 1. Stuttgart, Mainz: Kohlhammer.

Statistisches Bundesamt (Hrsg.) (1990–1997): Allgemeinbildende Schulen 1988, 1992, 1994, 1995/1996. Fachserie 11, Reihe 1. Stuttgart: Metzler-Poeschel.

Statistisches Bundesamt (Hrsg.) (2003–2011): Bildung und Kultur. Allgemeinbildende Schulen 2002/2003, 2006/2007, 2008/2009, 2009/2010. Fachserie 11, Reihe 1. Wiesbaden.

Vences, Ursula (2007): Vorwort. In: Lüning, Marita/Vences, Ursula (Hrsg.): Mujeres de clase en clase. Materialien zur Gender-Orientierung im Spanischunterricht. Berlin: Walter Frey, S. 7–17.

Volkmann, Laurenz (2007): Gender Studies and Literature Didactics: Research and Teaching – Worlds Apart? In: Decke-Cornill, Helene/Volkmann, Laurenz (Hrsg.): Gender Studies and Foreign Language Teaching. Tübingen: Narr, S. 161–184.

Vorstand und Beirat der DGFF (2008): Kompetenzorientierung, Bildungsstandards und fremdsprachliches Lernen – Herausforderungen an die Fremdsprachenforschung. Positionspapier von Vorstand und Beirat der DGFF. In: Zeitschrift für Fremdsprachenforschung 19, 2, S. 163–186.

Weis, Martina (2009): Stereotyp, et alors? Das Frankreichbild bayerischer Schüler im Kontext von Lehrplan, Schulbuch und individueller Frankreicherfahrung. Tönning: Der Andere Verlag.

Williams, Marion/Burden, Robert/Lanvers, Ursula (2002): 'French Is the Language of Love and Stuff': Student Perceptions of Issues Related to Motivation in Learning a Foreign Language. In: British Educational Research Journal 28, 4, S. 503–528.

Didaktik der Geschichte – Geschlechterkonstruktionen historisch erzählen

14

Martin Lücke

14.1 Klagen – Zur Position von Gender in der Geschichtsdidaktik

Es ist fast schon Tradition, alles Reden und Schreiben über Gender in der Geschichtsdidaktik als Lamento vorzutragen. Brigitte Dehne, die sich im Jahr 2007 (Dehne 2007) als Erste mit einer Monografie zu *Gender im Geschichtsunterricht* an die Öffentlichkeit traute, konstatierte bereits 2004, dass „Gender […] ein Fremdwort in der Geschichtsdidaktik" sei und bezeichnete den „Stand der Disziplin in der Genderfrage als unbefriedigend" (Dehne 2004, S. 9). Auch Christoph Kühberger, der 2007 den Versuch unternahm, Gender als eine graduierungsfähige Kategorie für die empirische Analyse von Geschichtsbewusstsein zu entwerfen, schloss sich den Klagen von Dehne ausdrücklich an, um dann umso plausibler seine eigenen Gedanken als pionierhafte „erste […] Gehversuche" (Kühberger 2007, S. 640) zu bezeichnen. Hartmann Wunderer, der 2005 mit dem Band *Geschlechtergeschichte – Historische Probleme und moderne Konzepte* ein Arbeitsheft zum Thema Geschlechtergeschichte für die Sekundarstufe II vorlegte, schöpfte die Legitimation seines Vorhabens aus der Beobachtung, dass „die sozialen Kategorien Stand, Klasse oder Schicht in historischen Analysen eine zentrale Rolle spielen" (Wunderer 2005, S. 5) – Gender ihm zufolge hingegen nicht.

Bei diesem Beitrag handelt es sich um eine überarbeitete Fassung von: Lücke, Martin (2011): Halbe Kraft voraus. Überlegungen während einer Suche nach dem Ort von Gender in der Geschichtsdidaktik. In: Barricelli, Michele/Becker, Axel/Heuer, Christian (Hrsg.): Jede Gegenwart hat ihre Gründe. Geschichtsbewusstsein, historische Lebenswelt und Zukunftserwartung im frühen 21. Jahrhundert (Festschrift für Hans-Jürgen Pandel zum 70. Geburtstag). Schwalbach am Taunus: Wochenschau Verlag, S. 214–226.

M. Lücke (✉)
FU Berlin
Friedrich-Meinecke-Institut (FMI), Didaktik der Geschichte
Koserstraße 20 – 14195 Berlin, Deutschland
E-Mail: martin.luecke@fu-berlin.de

M. Kampshoff, C. Wiepcke (Hrsg.), *Handbuch Geschlechterforschung und Fachdidaktik,*
DOI 10.1007/978-3-531-18984-0_14,
© VS Verlag für Sozialwissenschaften | Springer Fachmedien Wiesbaden 2012

Das Klagelied täuscht. Gender hat es erstaunlich schnell vom geschichtsdidaktischen Fremdwort zu einem eigenen Eintrag in das *Wörterbuch Geschichtsdidaktik* geschafft (Dehne 2009, S. 77–78) – während man Begriffe wie Race, Class, Ethnie, ‚Behinderung‘, Generation, sexuelle Orientierung oder Religion, also all jene anderen möglichen „Achsen der Ungleichheit" (Klinger et al. 2007, S. 7–18), mit denen der soziale Raum als eine durch Ungleichheiten strukturierte mehrdimensionale Lebenswelt beschrieben werden kann, in diesem Begriffskompendium vergeblich sucht. Auch die *Zeitschrift für Geschichtsdidaktik* bot dem Genderbegriff breiten Raum und bündelte in einem eigenen Themenheft bereits 2004 die Ergebnisse der bis dato erfolgten geschichtsdidaktischen Theoriebildung. Keine andere soziale Differenzkategorie konnte seitdem einen derart prominenten Platz in dieser Fachzeitschrift erobern, dominieren bei der Konzeption ihrer Jahresbände doch ohnehin Themenzuschnitte, die sich eng am genuin eigenen Fachvokabular der Geschichtsdidaktik orientieren. Zudem wird schon seit geraumer Zeit diskutiert, ob ein eigenes Gender- oder Geschlechterbewusstsein die maßgeblich von Hans-Jürgen Pandel entwickelte Dimensionierung von Geschichtsbewusstsein ergänzen soll. In den Debatten unseres Faches ist noch immer der bereits 1987 von Hans-Jürgen Pandel vorgestellte Entwurf einer Dimensionierung von Geschichtsbewusstsein prägend, in dem die Dimensionen Zeitbewusstsein, Wirklichkeitsbewusstsein, Historizitätsbewusstsein, Identitätsbewusstsein, politisches Bewusstsein, ökonomisch-soziales Bewusstsein sowie moralisches Bewusstsein vorgeschlagen werden (Pandel 1987, S. 132–139). Klaus Bergmann und Susanne Thurn haben jedoch bereits 1998 vorgeschlagen, neben die sieben Pandelschen Dimensionen eine achte des *Geschlechter*bewusstseins zu stellen, die um die Historizität der Relation von männlich-weiblich kreisen solle (Bergmann/Thurn 1998), Brigitte Dehne plädierte 2004 für ein eigenes *Gender*bewusstsein (Dehne 2004, S. 23–24), und auch Michael Sauer, der zuletzt aus geschlechtergeschichtlicher Sicht vor allem dadurch aufgefallen war, dass er eine Liste von kanonfähigem „funktionalem historischem Orientierungswissen" (Sauer 2008, S. 612) vorschlug, in der keine einzige Frau als historische Akteurin erwähnt wird, hält ein eigenes „Geschlechtsbewusstsein, das die Differenz ‚männlich – weiblich‘ als wirkungsmächtiges Element von Geschichte begreift" zumindest für „denkbar" (Sauer 2004, S. 17).

Kein Grund zum Klagen also? Keinesfalls zu beanstanden ist auf jeden Fall der rein quantitative Umgang mit dem Signalwort Gender in der Geschichtsdidaktik. Bedauernswert hingegen ist die mangelhafte Rückbindung von Gender an die gegenwärtigen Diskussionen der *Gender Studies*. Während es der ‚klassischen‘ additiven Frauengeschichte der 1970er und 1980er Jahre mit durchaus beachtlichen Erfolgen gelang – die zwischen 1979 und 1986 federführend von Annette Kuhn herausgegebene Reihe *Frauen in der Geschichte* ist hier der beste Beweis – einen sichtbaren Platz in der Didaktik der Geschichte zu beanspruchen, hat es die gegenwärtige historische Geschlechterforschung durchaus schwerer, in der Geschichtsdidaktik wahrgenommen und produktiv rezipiert zu werden.

Projekte wie etwa jenes von Bea Lundt und Bärbel Völkel zu einer konsequenten Genderisierung der Geschichtsdidaktik (und gleichzeitig zu einer Didaktisierung der *Gender Studies*) bleiben die Ausnahme (vgl. Lundt/Völkel 2007). Der Dialog zwischen Geschichtsdidaktik und aktueller Geschlechtergeschichte scheint fast vollends verstummt, besten-

14 Didaktik der Geschichte – Geschlechterkonstruktionen historisch erzählen

falls kann hier auf Ausnahmen wie die im Mai 2010 in Stuttgart durchgeführte Tagung „Geschlecht": (k)ein Thema in der Lehramtsausbildung?" verwiesen werden, in der die Didaktiken der Fächer Deutsch und Geschichte gemeinsam ausgelotet haben, welchen Stellenwert die gegenwärtige Gender-Forschung ebendort auf theoretischer, empirischer und pragmatischer Ebene spielt und in Zukunft spielen sollte.

Auf einem langen Marsch durch disziplinäre Kulturen – von der sozial- und kulturwissenschaftlichen Geschlechterforschung über die Geschlechtergeschichte bis hin zur Geschichtsdidaktik – hat Gender als „Useful Category of Historical Analysis" (Scott 1986) also offenbar viel von seinem kritischen Potenzial eingebüßt.

Zudem fehlen Überlegungen zum systematischen Ort von Gender in der Didaktik der Geschichte. Hans-Jürgen Pandel lehnt ein eigenes Gender- oder Geschlechterbewusstsein als Dimension von Geschichtsbewusstsein ab, weil er den Faktor des Geschlechts im Identitätsbewusstsein als hinreichend vertreten ansieht. Die bisherigen Vorschläge zu Geschlechterbewusstsein als Teil von Geschichtsbewusstsein treffend in ihrem lediglich additiven Anspruch charakterisierend, merkt er an: „Kategorien sollten möglichst sparsam verwendet werden, sonst verlieren sie ihren kategorialen Charakter und werden zu langen Listen, die nicht mehr strukturieren können" (Pandel 2005, S. 21).

Gender ist also nur mit bestenfalls halber Kraft in der Geschichtsdidaktik angekommen. In diesem Beitrag soll die Kategorie Gender zunächst definitorisch geschärft und auf diese Weise als grundlegende soziale Differenzkategorie für weiteres geschichtsdidaktisches Nachdenken nutzbar gemacht werden. Im Anschluss wird betrachtet, was die Geschichtswissenschaft (genauer: die fachhistorische Forschung) und die *Diversity*- und *Intersectionality Studies* mittlerweile mit der Kategorie Gender anfangen. Versteht sich „Geschichtsdidaktik als Teildisziplin der Geschichtswissenschaft", so muss sie zur Kenntnis nehmen, „auf welchen Gebieten die Geschichtsforschung forscht, welche Methoden sie anwendet und welche Resultate sie dabei erzielt" (Schönemann 2007, S. 22) – und aus einem solchen Wissen Orientierungen für das eigene geschichtsdidaktische Tun ableiten. Versteht sich Geschichtsdidaktik als innovative Sozialwissenschaft, so sollte sie nicht darauf verzichten, eigene Theoriebildung gerade auch durch einen Blick auf die *Diversity*- und *Intersectionality Studies* zu betreiben.

Systematisiert werden sollen die Überlegungen, indem abschließend versucht wird, dem Geschlechtsaspekt einen präzisen Ort innerhalb der Struktur von Geschichtsbewusstsein zuzuweisen. Der Beitrag schließt mit einem Ausblick auf Forschungsperspektiven, denen sich die Geschichtsdidaktik auf empirischer und pragmatischer Ebene noch zu stellen hat.

14.2 Geschlechterdekonstruktionen in der Didaktik der Geschichte: Definitionen und Defizite

Nicht nur im – hier indessen nur vorübergehenden – Anstimmen eines Klageliedes reiht sich dieser Text in den geschichtsdidaktischen Mainstream des Schreibens über Gender ein, sondern auch in einem weiteren Punkt: Nur selten wird der Begriff Gender in geschichtsdidaktischen Texten präzise definiert. Vielmehr scheint man darauf zu vertrauen, dass ohnehin jede und jeder eine Vorstellung davon hat, was unter Gender zu verstehen ist: Irgendetwas, das mit Männern und Frauen und mit deren Geschlecht zu tun hat. Nachdem auch in diesem Text bereits 18 Mal das Wort Geschlecht und 27 Mal das Wort Gender in unterschiedlichen Zusammenhängen verwendet wurde, soll – eigentlich viel zu spät – eine Definition von Gender vorgestellt werden, die für historisches Lernen zu Geschlecht nutzbar gemacht werden kann. Die australische Soziologin und Erziehungswissenschaftlerin Raewyn Connell, den meisten Leserinnen und Lesern vermutlich noch unter dem Namen Robert. W. Connell und seinerzeit als Entwickler des Konzeptes der „Hegemonialen Männlichkeit" bekannt (Connell 1987, 1995, 2000), hat eine Definition vorgeschlagen, die es vor allem erlaubt, Gender als Kategorie jenseits ausschließlich *gegenwärtiger* Ausprägungen von Geschlechtlichkeit zu verstehen – ein Vorhaben, das bei Historikerinnen und Historikern eigentlich auf große Gegenliebe stoßen müsste. Die Gender-Theoretikerin führt aus:

> Gender is the structure of social relations that centres on the reproductive arena, and the set of practices (governed by this structure) that bring reproductive distinctions between bodies into social processes. To put it informally, gender concerns the way human society deals with human bodies, and the many consequences of that ‚dealing' in our personal lives and our collective fate. (Connell 2002, S. 10)

Gender wird hier also als eine Struktur sozialer Beziehungen angesehen, durch die menschliche Körper als unterschiedlich markiert werden. Durch ein Bündel sozialer Praktiken werden solche Unterscheidungen individuell und gesellschaftlich wirksam. Sie kreisen dabei nicht um Merkmale wie Hautfarbe, Körpergröße oder etwa ‚Behinderung', sondern orientieren sich am Maßstab der Fortpflanzung, also an der Art und Weise, wie eine Gesellschaft dem Phänomen der biologischen Reproduktion sozialen und kulturellen Sinn verleiht. Tragfähig für historische Analysen erscheint diese Begriffsbildung gerade deshalb, weil Connell hier weder von einer Dichotomie männlich-weiblich noch von einer Trichotomie Männlichkeit-Weiblichkeit-Neutrum ausgeht (und im Prinzip unterscheidet sich eine solche Trichotomie vom dichotomen Schema männlich-weiblich nur dadurch, dass man all diejenigen Phänomen, die sich nicht eindeutig genug in den gegenwärtig kulturell etablierten dichotomen Konstruktionsmodus von Geschlecht einfügen lassen, aus einer Mischung von Ratlosigkeit und geschlechterdichotomem Trotz in einer begrifflich unscharfen Grauzone belässt.) Vielmehr begreift die Gender-Theoretikerin Geschlecht als sozialen Prozess, der Ungleichheit generierende Differenzierungen wie männlich-weiblich überhaupt erst entstehen lässt – anstatt sie a priori vorauszusetzen. Die Definition von Connell ist also gerade deshalb tragfähig, weil sie die historischen Begriffe *männlich* und *weiblich* gar nicht benötigt, um aufzuzeigen, auf welche Weise Gender Gesellschaften strukturiert und in die Selbstbilder von Individuen hineinregiert. Wohl aber ist die Kategorie Gender nach Connell in der Lage aufzuzeigen, wie Begriffe wie männlich und weiblich überhaupt erst entstehen konnten und auf welche Weise solche Begriffe

14 Didaktik der Geschichte – Geschlechterkonstruktionen historisch erzählen

ihre Wirkung in der Geschichte entfaltet haben. Connells Definition ist gerade deshalb zielführend, „weil sie geeignet ist, im globalen Diskurs alles das aufzunehmen, was in verschiedenen Weltteilen als essentiell empfunden wird, ohne selbst essentialistisch zu werden" (Hagemann-White 2011, S. 31). In letzter Konsequenz, so betont Connell, „gender may have an end" (Connell 2002, S. 11), ein Gedanke, der für die Konzeption von historischem Lernen, das realistische und empirisch gesättigte Zukunftserwartungen aus einer Analyse von Vergangenheit gewinnt, eine gewiss reizvolle Utopie darstellen könnte (vgl. Rüsen 2008a, S. 60–80).

Die Didaktik der Geschichte hat zwar erkannt, dass Gender „die Ordnung aller historischen Gesellschaften stets grundlegend [...] strukturiert" (Dehne 2009, S. 77). Die Wirkungsmächtigkeit von Gender in der Geschichte wird in geschichtsdidaktischen Texten aber fast immer einzig und allein mit dem Agieren von Männern und Frauen erklärt, oder die Existenz von Männern und Frauen wird selbstredend hingenommen, obwohl – legt man die Definition von Raewyn Connell zu Grunde – die Blickrichtung eine genau entgegengesetzte sein müsste: Eben jene Kategorie Gender war es ja überhaupt erst, die dichotome Einteilungen wie Männlichkeit und Weiblichkeit hervorgebracht hat.

So definiert Brigitte Dehne im *Wörterbuch Geschichtsdidaktik* Gender als „das jeweilige Verhältnis der Geschlechter und die Bedeutung der Geschlechterdifferenzen [...] in unterschiedlichen Auffassungen und Ausprägungen von Männlichkeiten und Weiblichkeiten" (Dehne ²2009, S. 77). Überaus begrüßenswert sind bei dieser Formulierung die verwendeten Pluralformen. Der dichotome Konstruktionsmodus von Geschlecht jedoch erscheint bei Dehne als ahistorischer Kern von Gender. Christoph Kühberger fasst unter Gender „eine soziokulturell konstruierte und relationale Kategorie im Prozess des ,doing' zwischen Männern und Frauen im historischen Prozess" (Kühberger 2007, S. 641). Dass der Konstruktcharakter von Geschlecht und das Prinzip von *doing gender* hier Erwähnung finden, ist ein ebenso erfreuliches Detailergebnis seiner „ersten Gehversuche" (Kühberger 2007, S. 640), aber auch in seinem Entwurf wird der Dichotomie von männlich/weiblich eine ahistorische Konstanz zugewiesen, die der Unerbittlichkeit der Historizität offenbar immun gegenübersteht. Hartmann Wunderer definiert in seinem Arbeitsheft für die Sekundarstufe II Gender als ein „soziokulturelles ,Daseinskonstrukt'. [...] Männer und Frauen werden demzufolge nicht als solche ,geboren', ihre gesellschaftlichen Selbst- und Fremdzuschreibungen werden durch die gesellschaftlichen Rahmenbedingungen geprägt, sie werden ,diskursiv' erzeugt und sind somit auch historisch wandelbar" (Wunderer 2005, S. 8). Dass hier Schülerinnen und Schülern in die Semantik eines diskurstheoretisch inspirierten Konstruktivismus eingeführt werden, ist gewiss eine verlockende Perspektive für historisches Lernen in der Schule, doch auch hier sind es wieder nur Männer und Frauen, die als geschlechtliche Akteure in Erscheinung treten. Mit der Vorstellung, dass Gender auch ganz andere geschlechtliche Subjektivitäten erzeugen könnte, konfrontiert Wunderer seine schulischen Leser also nicht.

Nur selten finden sich in geschichtsdidaktischen Texten Ansätze, die jenen dichotomen Konstruktionsmodus von Geschlecht als solchen zum Gegenstand einer historisierenden

Reflexion machen. Immerhin fordert Michele Barricelli „ein Bewusstsein von (Zwei-)Geschlechtlichkeit als einer kulturellen Konstruktion" (Barricelli 2004, S. 120). Unter anderem kann auch anhand des Themas Transgender gezeigt werden, dass sich historisches Lernen in der Praxis sehr wohl dem Ziel verschreiben kann, „dass es nicht nur zwei, sondern so viele Geschlechter wie Individuen gibt" (Lücke 2008, S. 234). In die mächtigen Wissensarchive der Wörterbücher, Kompetenztraktate, Fachzeitschriften oder in schulische Lehrwerke haben es Ansätze jenseits von Zweigeschlechtlichkeit freilich nicht geschafft. Wenn die Kategorie Gender ohnehin nur mit halber Kraft in der Geschichtsdidaktik angekommen ist, so wurde bisher der Großteil dieser Kraftanstrengung darauf verwendet, die dichotome Ordnung von Zweigeschlechtlichkeit zu stabilisieren – und damit den Faktor Gender eines Großteils seiner Historizität und Alterität zu berauben.

Ähnliche Stabilisierungstendenzen findet man freilich mittlerweile auch in der fachhistorischen Forschung zu Geschlecht. So stellte Joan Scott, die im Jahr 1986 durch ihre Proklamation von Gender als einer „Useful Category of Historical Analysis" (Scott 1986) zu einer wichtigen programmatischen Impulsgeberin der historischen Geschlechterforschung wurde, in ihren so genannten *Millennial Fantasies* (einem Vortrag zur Zukunft von Gender anlässlich der letzten Jahrtausendwende) fest, dass die Kategorie Gender ihr kritisches Potenzial für das Schreiben von Geschichte mittlerweile verloren habe. Stattdessen sei auch in der fachhistorischen Forschung zu beobachten, dass Gender zumeist als Synonym für eben jenes Konstrukt von Zweigeschlechtlichkeit verwendet werde, zu dessen Historisierung es ja eigentlich beitragen solle. Stattdessen bezeichne Gender zunehmend lediglich eine feste Differenz von Mann und Frau (Scott 2001). Scott schlug deshalb vor, den Begriff Gender vorübergehend durch den Begriff der geschlechtlichen Differenz (englisch: *sexual difference*) zu ersetzen, um bereits auf begrifflicher Ebene zu verdeutlichen, dass es das grundlegende Ziel einer an Gender orientierten Forschung sei, das komplexe und historisch dynamische Regelwerk zu erschließen, das solche geschlechtlichen Differenzen überhaupt erst erzeugt (Scott 2001, S. 42–46).

Eine historische Analyse von geschlechtlichen Differenzen sollte dabei weit mehr als das Ziel verfolgen, lediglich aufzuzeigen, dass Gender in der Lage war, geschlechtliche Subjektivitäten wie Transvestiten, Frauen, Hermaphroditen, Zwitter, Eunuchen, Männer, Hetero-, Homo- und Bisexuelle zu konstruieren. Bei einer solchen bloß deskriptiven Betrachtung bleibt die Geschlechtergeschichte nicht stehen. Martina Kessel präzisiert:

> Allgemein formuliert, wird mit der Kategorie Geschlecht auf unterschiedliche Weise Differenz hergestellt oder abgebildet, wobei es die Aufgabe der jeweiligen Analyse ist, herauszufinden, ob, und wenn ja, in welcher Weise mit dieser Differenz Hierarchien organisiert und so unterschiedliche Phänomene wie Handlungsräume, sozialer Status, Denkhorizonte und Gefühle zugewiesen werden. (Kessel 2004, S. 376)

Gender als umfassende historisch-gesellschaftliche Differenzlinie ernst zu nehmen heißt also, stets im Blick zu behalten, wie Gender Strukturen von Macht und Ohnmacht hergestellt hat und welche Lebensbereiche dabei durchdrungen wurden.

14.3 Der systematische Ort einer historischen Genderkompetenz im System von Geschichtsbewusstsein

Welchen Platz kann ein auf diese Weise geprägter Genderbegriff in der Didaktik der Geschichte einnehmen? Wenn Gender strukturell und nicht mehr bloß additiv in die geschichtsdidaktische Leitkategorie von Geschichtsbewusstsein eingebunden werden soll, so muss zunächst überlegt werden, auf welche Weise „die Komplexität von Gesellschaft" *gegenwärtig* beschrieben werden kann. Es ist – so Hans-Jürgen Pandel bereits 1987– eine systematische Vorstellung davon notwendig, „was sich in einer Gesellschaft strukturell verändert und was nicht". Nur dann kann „Geschichtsbewusstsein […] ein strukturiertes Wissen über Veränderung von jeweils konkret und spezifisch organisierten Gesellschaften in der Zeit" (Pandel 1987, S. 132–133) umfassen. Im Augenblick bietet vor allem der Ansatz einer intersektionellen Ungleichheitsanalyse hierzu zielführende Antworten an.

Unter dem Stichwort der Intersektionalität wird in den Sozial- und Geisteswissenschaften ausgelotet, *welche sozialen Kategorien* eine Gesellschaft durchziehen und *auf welchen Ebenen* ebendiese ihren machtvollen Gestaltungsspielraum entfalten können (vgl. Winker/ Degele 2009, S. 11–14).

Die *Intersectionality Studies* beschreiben in diesem Zusammenhang drei Herrschaftsebenen (Winker/Degele 2009, S. 18–24). Zunächst wird die *Ebene der strukturellen Herrschaftsverhältnisse* genannt. Damit sind gesellschaftliche Makrostrukturen gemeint, es geraten Institutionen wie Familie, Arbeitsmarkt oder der Staat in den Blick, auch Subsysteme des Staates wie Rechtssysteme können betrachtet werden (vgl. Winker/Degele 2009, S. 28–53). Zweitens wird die *Ebene der symbolischen Repräsentation* betrachtet. Gesellschaften sind durch gemeinsame Werte, kulturelle Ordnungen und Überzeugungen sinnhaft integriert. Es gibt in einer Gesellschaft „Bilder, Ideen, Gedanken, Vorstellungen oder Wissenselemente, welche Mitglieder einer Gruppe, Gemeinschaft oder Gesellschaft kollektiv teilen" (Winker/Degele 2009, S. 21). Drittens schließlich wird die *Ebene der Identitätskonstruktionen* analysiert. Hier richtet sich das Augenmerk darauf, wie sich Menschen über Differenzlinien wir *Race*, *Class* und Gender selbst entwerfen, es gerät in den Blick, wie Individuen durch Interaktion ihre Identitäten im Spannungsfeld von etabliertem Wissen zu Race, Class und Gender herstellen. Dabei wird auch betrachtet, welchen Handlungsspielraum, welche *agency* den Individuen dabei zugestanden werden kann: Sind sie die viel zitierten Diskursmarionetten? Können sie sich Wissen eigen-sinnig aneignen oder übernehmen sie lediglich unreflektiert die kulturell etablierten Formen eines solchen Wissens (Winker/Degele 2009, S. 59–62)?

Diese drei Ebenen, also die Herrschafts- *Orte*, an denen Faktoren wie Gender, aber auch Race oder Class wirken, dort also Ungleichheiten herstellen und damit Lebenschancen verteilen, sind – so die Prämisse der *Intersectionality Studies* – miteinander verzahnt und wirken interdependent aufeinander ein.

Neben den Ebenen betrachten die *Intersectionality Studies* zudem, mittels welcher Faktoren soziale Ungleichheiten erzeugt werden können und wie auf diese Weise Herrschaft entstehen, stabilisiert und verworfen werden kann. Eine Diskussion darüber zu führen, ob andere Differenzkategorien als die drei bereits genannten Race, Class und Gender denkbar sind (und wenn ja, welche) sprengt freilich den Rahmen dieses Beitrags, geht es hier doch nur um den ersten Vorschlag einer Systematisierung. Auch diese sozialen Konstrukte sind – genau wie die Ebenen – relational miteinander verflochten. So wirkt Geschlecht in historischen und gegenwärtigen sozialen Prozessen niemals allein. Seine Wirkungsmächtigkeit kann nur verstanden werden, wenn es als „mehrfach relationale Kategorie" (Martschukat/Stieglitz 2001, S. 6; 2005, S. 70, S. 72–75) aufgefasst und in Beziehung zu anderen Differenzkonzepten des gegenwärtigen und historischen Lebens gesetzt wird.

Gesteht man der Ordnung von Wissen, wie es die *Intersectionality Studies* anbieten, das Potenzial zu, anregend an einer Diskussion um die Struktur von Geschichtsbewusstsein mitzuwirken, so müssen die Erstreckungen des Zeit- bzw. Temporalbewusstseins, des Wirklichkeitsbewusstseins und des Historizitätsbewusstseins natürlich nach wie vor als die grundlegenden Dimensionen von Geschichtsbewusstsein aufgefasst werden, ohne die sich die Domänenspezifik des Historischen gar nicht erst begründen ließe und ohne die das Konstrukt eines Geschichtsbewusstseins über kein eigenes fachliches Profil verfügte (Pandel 1987, S. 132–135; 2005, S. 15–20).

Die *sozialen* Dimensionen von Geschichtsbewusstsein (bisher: Identitätsbewusstsein, politisches Bewusstsein, ökonomisch-soziales Bewusstsein und moralisches Bewusstsein (vgl. Pandel 1987, S. 123, S. 135–139; 2005, S. 15–20) können jedoch mit Hilfe der *Intersectionality Studies* neu geordnet werden. Auf diese Weise kann nicht nur der Kategorie Gender ein systematischer Platz in der Geschichtsdidaktik zugewiesen werden. Ein solches Unternehmen kann eine Anschlussfähigkeit an die gegenwärtige sozial- und kulturwissenschaftliche Theoriebildung gewährleisten – und gegenwärtige Orientierungsbedürfnisse in einer durch Heterogenität gekennzeichneten Gesellschaft durch eine Vermittlungsleistung der Sozial- und Kulturwissenschaften befriedigen.

Die bisherigen vier gesellschaftlich-sozialen Dimensionen können durch zwei kategoriale Bereiche ersetzt werden, in denen die bisherigen vier gesellschaftlich-sozialen Dimensionen aufgehen können:

- Ein *Ebenenbewusstsein* verfolgt die didaktische Aufgabe einer Förderung der Fähigkeit zu erkennen, an welchen gesellschaftlichen Orten von Herrschaft soziale Ungleichheiten in der Geschichte hergestellt wurden. Diese Ebenen sind die *strukturellen Herrschaftsverhältnisse*, die *symbolischen Repräsentationen* und die *Identitätskonstruktionen*.
- Ein *Kategorienbewusstsein* verfolgt die didaktische Aufgabe einer Förderung der Fähigkeit zu erkennen, mittels welcher Differenzkonzepte soziale Ungleichheiten hergestellt wurden. Die in Rede stehenden Kategorien sind mindestens *Race*, *Class* und *Gender*.

Dass sowohl Ebenen als auch Kategorien als miteinander verzahnt zu denken sind, ist im Strukturmodell des Geschichtsbewusstseins bereits grundgelegt, da Geschichtsbewusstsein immer aus „vielfach kombinierbaren Dimensionen" (Pandel 2005, S. 9) besteht, also per se ein nur intersektionell zu denkendes Konstrukt darstellt. Zur konkreten Füllung eines solchen Modells sind freilich weitere definitorische Überlegungen notwendig, vor

14.4 Perspektiven für Pragmatik und empirische Forschung

Einem historischen Konstrukt wie Gender kann mit Hilfe der hier vorgeschlagenen Systematisierung von Geschichtsbewusstsein ein eigener und zugleich divers verflochtener Ort innerhalb der Struktur von Geschichtsbewusstsein zugewiesen werden. Als *historische Genderkompetenz* kann dementsprechend die Fähigkeit, Fertigkeit und Bereitschaft definiert werden, die Frage zum Gegenstand von historischem Denken zu machen, auf welchen Ebenen und in Wechselwirkung mit welchen anderen sozialen Kategorien Gender in der Geschichte gewirkt hat. Über historische Genderkompetenz zu verfügen hieße dann insbesondere, die Fähigkeit, Fertigkeit und vor allem die Bereitschaft aufzubringen, Geschlechterdifferenzen in viel umfassenderer Weise zu analysieren als in den meisten bisherigen Angeboten der Geschichtsdidaktik, indem vor allem die für Gender konstitutive Historizität in den Blick gerät. Eine so verstandene historische Genderkompetenz fordert die Lernenden dazu auf, über die Historizität und Alterität der scheinbar natürlichen und unverrückbaren Grundlagen von Geschlecht zu reflektieren und auf diese Weise vergangene und gegenwärtige Erzählungen über Geschlecht historisch fundiert dekonstruieren zu können (Lücke 2008, S. 234).

Vor dem Hintergrund dieser theoretischen Überlegungen stellen sich freilich weitere Fragen:

Formal gesehen ist Geschichtsbewusstsein eine narrative Kompetenz (Pandel 1987, S. 132), historisches Lernen vollzieht sich demnach als „Sinnbildung durch Zeiterfahrung im Modus historischen Erzählens" (Rüsen 2008b, S. 75). Dieser Punkt ist ein entscheidender: Es geht bei historischem Lernen nicht darum, (geschlechterbezogene) Herrschaftsstrukturen der Vergangenheit, für die hier vorschlagen wird, sie mit den Werkzeugen der *Diversity-* und *Intersectionality Studies* zu beschreiben, lediglich zu analysieren. Ein solcher Vorgang wäre vermutlich nur (aber immerhin) politisches Lernen, das recht beliebig anhand von Themen aus der Vergangenheit stattfindet, und würde keinesfalls der Domänenspezifik historischen Lernens gerecht werden. Es geht bei diesem nämlich nicht um eine reine Analyse vergangener sozialer Differenzierungen und sozialer Ungleichheiten, sondern darum, Geschichten zu erzählen, die den Regeln historischen Erzählens genügen (zum Paradigma der Narrativität im historischen Lernen ausführlich Barricelli 2012, S. 255–280) und in denen sich das Erfahren der *Historizität* und *Alterität* von sozialen Differenzierungen und Ungleichheiten im narrativen Modus manifestiert (vgl. hierzu ausführlich Lücke 2012, S. 136–146).

Welche Geschichten sollen dann im Geschichtsunterricht von Schülerinnen und Schülern erzählt werden, damit sie durch ein solches Erzählen eine historische Genderkompetenz erwerben?

Bei einem Nachdenken über Themenfindung im Geschichtsunterricht (als Bestandteil geschichtsdidaktischer Pragmatik) bedeutet ein Gender-Begriff, der in die *Diversity-* und *Intersectionality Studies* integriert ist, dass eben jene oft genannten *intersections* in den Fokus einer „Geschichte ohne Zentrum" (Conrad/Kessel 1994, S. 9) geraten und ein Nachdenken über solche Schnittstellen, an denen sich soziale Kategorien und Herrschaftsebenen kreuzen, Themen für historisches Lernen in der Schule generiert. Ein solches Kreuzungsthema ist z. B. das der Nation. Das Thema ‚Nation' lässt sowohl als National*staat* (also als strukturelles Herrschaftsverhältnis) wie auch als Prozess von *nation building* (also auf der Ebene der symbolischen Repräsentation und der Identitätsbildung) analysieren. Es lässt sich also zeigen, wie das Konstrukt der Nation auf allen drei in Rede stehenden Herrschaftsebenen als machtvoller In- und Exklusionsmechanismus sowohl mit rassistischen, aber auch mit gender-bezogenen und sozioökonomischen Kategorisierungen hergestellt wurde. Von Seiten der fachhistorischen Forschung hat dies zuletzt Jürgen Osterhammel auf überzeugende Weise in seinem Opus Magnum zur Geschichte des 19. Jahrhunderts getan, indem er die Komplexität und Diversität von Nationalstaatsbildung an idealtypischen Beispielen aufgezeigt hat. Der vermeintliche „deutsche Sonderweg" ist bei ihm nur ein Beispiel von vielen bei der Analyse von Nationalstaatsbildung, völlig im Gegensatz etwa zur noch immer gängigen Praxis des Geschichtsunterrichts. Aus Sicht der *Diversity Studies* würde man sich in der Analyse von Osterhammel jedoch eine systematische Integration der Kategorie Gender wünschen (Osterhammel 2010, insbesondere S. 580–603). Die historischen *Queer Studies* etwa haben gezeigt, dass gerade zu jenen Augenblicken der Weltgeschichte, an denen sich Nationalstaaten (oder andere machtvolle Vergemeinschaftungen) konstituiert haben, sich immer auch Geschlechterverhältnisse im Umbruch befanden. So entstanden im Deutschen Kaiserreich von 1871 recht schnell geschlechtlich-sexuelle Identitätskonzepte wie etwa jene von weiblichen und männlichen Homosexuellen (Lücke 2007a, S. 55–111) oder von so genannten Transvestiten (Lücke 2008, S. 230–236). Anhand von deren Geschichten könnte erzählt werden, wie solche geschlechtliche Subjektivitäten zugleich den zeitgenössisch-dichotomen Konstruktionsmodus von Geschlecht gestützt und in Frage gestellt haben. (Lücke 2007b, S. 146–159; 2008, S. 229–236).

Hier müssen Geschichtslehrerinnen und -lehrer ihre professionelle Kompetenz als Historikerinnen und Historiker nutzbar machen, um eben jenen Druck, der die fachhistorische Forschung zunehmend von den nationalhistorischen *master narratives* wegführt, in die Praxis des Geschichtsunterrichts hineinzutragen – ein Vorhaben, das nicht selten in Opposition zu thematischen Vorschlägen von Rahmenlehrplänen stehen dürfte. Funktionales historisches Orientierungswissen wird in einem solchen Geschichtsunterricht dann nicht mehr durch ein Nacherzählen von *master narratives* geschaffen (Barricelli/Lücke 2011), sondern indem sich Lernende die jeweils für sie relevante Vergangenheit durch die Kulturpraxis des Erzählens als selbst erzählte Geschichte aneignen.

Die empirische geschichtsdidaktische Forschung, nimmt sie sowohl den Konstruktionsmodus von Geschlecht als auch von Geschichte ernst (und führt sie sich zudem vor Augen, dass sie keinesfalls nur den Umgang mit Geschichte *beschreibt*, sondern selbst an der Konstruktion von Geschichtsbildern beteiligt ist), kann dann nicht mehr bei der Frage

14 Didaktik der Geschichte – Geschlechterkonstruktionen historisch erzählen

stehenbleiben, wie weibliche Schülerinnen und männliche Schüler Geschichte (oder viel besser: ihre je eigenen Geschichten) erzählen. Hier müsste dann vielmehr in den Blick geraten, wie sich junge Menschen durch eine Beschäftigung mit Geschichte erst als Jungen und Mädchen zu begreifen lernen, wie also historisches Lernen aus jungen Menschen in unserer dichotomen gegenwärtigen Geschlechterordnung dazu beiträgt, Männlichkeiten und Weiblichkeiten als machtvolle, weil historisch gesättigte Geschlechterkonstrukte herzustellen.

Dann freilich könnte historisches Lernen zu Geschlecht (und dessen empirische Erforschung) zu einem Unternehmen werden, das sich an den Zielsetzungen einer dekonstruktivistischen Geschlechterforschung orientiert, einer Forschung, die sich der Utopie einer Gesellschaft ohne machtvolle Geschlechterregime verschreibt, oder präziser: „Wenn Geschlecht eine Konstruktion ist, heißt das, dass Geschlecht etwas Veränderliches ist, etwas Erfundenes und etwas, das eigentlich genauso gut auch nicht existieren könnte" (Mörth 2010, S. 61).

Literatur

Barricelli, Michele (2004): Mütter, Minnas, Bleisoldaten. Empirisch-hermeneutische Untersuchungen zur Frage des Geschlechteraspekts in historischen Schülererzählungen. In: Zeitschrift für Geschichtsdidaktik 3, Göttingen, S. 103–124.

Barricelli, Michele (2012): Narrativität. In: Barricelli, Michele/Lücke, Martin (Hrsg.): Handbuch Praxis des Geschichtsunterrichts, Band I: Bedingungen historischen Lernens und Unterrichtsvorbereitung. Schwalbach am Taunus: Wochenschau Verlag, S. 255–280.

Barricelli, Michele/Lücke, Martin (2011): Historisch-politische Bildung. In: Hafeneger, Benno (Hrsg.): Handbuch Außerschulische Jugendbildung. Grundlagen – Handlungsfelder – Akteure. Schwalbach am Taunus: Wochenschau Verlag, S. 325–343.

Bergmann, Klaus/Thurn, Susanne (1998): Beginn des Geschichtsunterrichts. In: Geschichte lernen 11 (2), S. 18–25.

Connell, Robert W. (1987): Gender and Power. Society, the Person and Sexual Politics. Cambridge : Polity Press.

Connell, Robert W. (1995): Masculinities. Cambridge: Polity Press.

Connell, Robert W. (2000): Der gemachte Mann. Konstruktion und Krise von Männlichkeiten (Geschlecht und Gesellschaft Bd. 8). Herausgegeben und mit einem Geleitwort versehen von Ursula Müller. 2. Auflage. Opladen: Leske + Budrich.

Connell, Raewyn W. (2002): Gender. Cambirdge: Polity Press.

Conrad, Christoph/Kessel, Martina (1994): Geschichte ohne Zentrum. In: Conrad, Christoph/Kessel, Martina (Hrsg.): Geschichte schreiben in der Postmoderne. Beiträge zur aktuellen Diskussion. Stuttgart: Reclam, S. 9–36.

Dehne, Brigitte (2004): Gender und Geschichtsunterricht – Genderforschung und Geschichtsdidaktik. In: Zeitschrift für Geschichtsdidaktik 3, S. 9–34.

Dehne, Brigitte (2007): Gender im Geschichtsunterricht. Das Ende des Zyklopen? Schwalbach am Taunus: Wochenschau Verlag.

Dehne, Brigitte (2009): Gender. In: Mayer, Ulrich/Pandel, Hans-Jürgen/Schneider, Gerhard/Schönemann, Bernd (Hrsg.): Wörterbuch Geschichtsdidaktik. 2. Auflage. Schwalbach am Taunus: Wochenschau Verlag, S. 77–78.

Hagemann-White, Carol (2011): Intersektionalität als theoretische Herausforderung für die Geschlechterforschung. In: Smykalla, Sandra/Vinz, Dagmar (Hrsg.): Intersektionalität zwischen Gender und Diversity. Theorien, Methoden und Politiken der Chancengleichheit. Münster: Verlag Westfälisches Dampfboot, S. 20–33.

Kessel, Martina (2004): Heterogene Männlichkeit. Skizzen zur gegenwärtigen Geschlechterforschung. In: Jaeger, Friedrich/ Liebsch, Burkhardt/Rüsen, Jörn/ Straub, Jürgen (Hrsg.): Handbuch der Kulturwissenschaften. Bd. 3: Themen und Tendenzen. Stuttgart: Metzler Verlag, S. 372–384.

Klinger, Cornelia/Knapp, Gudrun-Axeli/Sauer, Birgit (Hrsg.) (2007): Achsen der Ungleichheit. Zum Verhältnis von Klasse, Geschlecht und Ethnizität. Frankfurt a. M.: Campus Verlag.

Kühberger, Christoph (2007): „Gender – a useful category". Zur Graduierung einer historischen Kategorie vor dem Hintergrund eines reflektierten und (selbst-)reflexiven Geschichtsbewusstseins. In: Körber, Andreas/Schreiber, Waltraud/Schöner, Alexander (Hrsg.): Kompetenzen historischen Denkens. Ein Strukturmodell als Beitrag zur Kompetenzorientierung in der Geschichtsdidaktik. Neuried: Ars Una Verlag, S. 640–649.

Lücke, Martin (2007a): Männlichkeit in Unordnung. Homosexualität und männliche Prostitution in Kaiserreich und Weimarer Republik. Frankfurt a. M.: Campus.

Lücke, Martin (2007b): Unnatürliche Sünden – lasterhafte Lustknaben. Didaktische Aspekte einer Geschichte von Männlichkeiten und Sexualitäten am Beispiel von Homosexualität und männlicher Prostitution. In: Lundt, Bea/Völkel, Bärbel (Hrsg.): Outfit und Coming-Out. Geschlechterwelten zwischen Mode, Labor und Strich (Historische Geschlechterforschung und Didaktik – Ergebnisse und Quellen Bd. 1). Hamburg: LIT Verlag, S. 127–159.

Lücke, Martin (2008): Walk on the wild side. Genderkompetenz, Zeitgeschichte und Historisches Lernen. In: Barricelli, Michele/Hornig, Julia (Hrsg.): Aufklärung, Bildung, „Histotainment". Zeitgeschichte in Unterricht und Gesellschaft heute. Frankfurt a. M.: Lang Verlag, S. 223–236.

Lücke, Martin (2011): Halbe Kraft voraus. Überlegungen während einer Suche nach dem Ort von Gender in der Geschichtsdidaktik. In: Barricelli, Michele/Becker, Axel/Heuer, Christian (Hrsg.): Jede Gegenwart hat ihre Gründe. Geschichtsbewusstsein, historische Lebenswelt und Zukunftserwartung im frühen 21. Jahrhundert (Festschrift für Hans-Jürgen Pandel zum 70. Geburtstag). Schwalbach am Taunus: Wochenschau Verlag, S. 214–226.

Lücke, Martin (2012): Diversität und Intersektionalität als Kategorien der Geschichtsdidaktik. In: Barricelli, Michele/Lücke, Martin (Hrsg.): Handbuch Praxis des Geschichtsunterrichts, Band I: Bedingungen historischen Lernens und Unterrichtsvorbereitung. Schwalbach am Taunus: Wochenschau Verlag, S. 136–146.

Lundt, Bea/Völkel, Bärbel (Hrsg.) (2007): Outfit und Coming-Out. Geschlechterwelten zwischen Mode, Labor und Strich (Historische Geschlechterforschung und Didaktik – Ergebnisse und Quellen Bd. 1). Hamburg: LIT Verlag.

Martschukat, Jürgen A./Stieglitz, Olaf (2001): Mannigfaltigkeit: Perspektiven einer historischen Männlichkeitsforschung. In: WerkstattGeschichte 29, S. 4–7.

Martschukat, Jürgen A./Stieglitz, Olaf (2005): „Es ist ein Junge!" Einführung in die Geschichte der Männlichkeiten in der Neuzeit (Historische Einführungen Bd. 11). Tübingen: Edition Diskord.

Mörth, Anita P. (2010): Handlungsvorschläge für einen nicht-binären Umgang mit Geschlecht. In: Mörth, Anita P./Hey, Barbara (Hrsg.): Geschlecht und Didaktik. 2. Auflage. Graz: Leykam Verlag, S. 61–70.

Osterhammel, Jürgen (2010): Die Verwandlung der Welt. Eine Geschichte des 19. Jahrhunderts, 5. Auflage. München: Beck Verlag.

Pandel, Hans-Jürgen (1987): Dimensionen von Geschichtsbewusstsein. Ein Versuch, seine Struktur für Empirie und Pragmatik diskutierbar zu machen. In: Geschichtsdidaktik 12, S. 130–142.

Pandel, Hans-Jürgen (2005): Geschichtsunterricht nach PISA. Kompetenzen, Bildungsstandards und Kerncurricula (Forum Historisches Lernen). Schwalbach am Taunus: Wochenschau Verlag.

14 Didaktik der Geschichte – Geschlechterkonstruktionen historisch erzählen 197

Rüsen, Jörn (2008a): Historische Orientierung. Über die Arbeit des Geschichtsbewusstseins, sich in der Zeit zurechtzufinden. 2. Auflage. Schwalbach am Taunus: Wochenschau Verlag.

Rüsen, Jörn (2008b): Historisches Lernen. Grundlagen und Paradigmen. 2. Auflage. Schwalbach am Taunus: Wochenschau Verlag.

Sauer, Michael (2004): Geschichte unterrichten. Eine Einführung in die Didaktik und Methodik. 3. Auflage. Seelze-Velber: Kallmeyer Verlag.

Sauer, Michael (2008): Geschichtszahlen – was sollen Schülerinnen und Schüler verbindlich lernen? Ergebnisse einer Lehrerbefragung. In: Geschichte in Wissenschaft und Unterricht 59, S. 612–630.

Schönemann, Bernd (2007): Geschichtsdidaktik, Geschichtskultur, Geschichtswissenschaft. In: Günther-Arndt, Hilke (Hrsg.): Geschichtsdidaktik. Praxishandbuch für die Sekundarstufe I und II. 5. Auflage. Berlin: Cornelsen Scriptor, S. 11–22.

Scott, Joan W. (1986): Gender. A Useful Category of Historical Analysis. In: American Historical Review 91, H. 5, S. 1053–1075.

Scott, Joan W. (2001): Die Zukunft von gender. Fantasien zur Jahrtausendwende. In: Honegger, Claudia/Arni, Caroline (Hrsg.): Gender. Die Tücken einer Kategorie. Zürich: Chronos Verlag, S. 39–63.

Winker, Gabriele/Degele, Nina (2009): Intersektionalität. Zur Analyse sozialer Ungleichheiten. Bielefeld: transcript Verlag.

Wunderer, Hartmann (2005): Geschlechtergeschichte – Historische Probleme und moderne Konzepte. Braunschweig: Schroedel Verlag.

Haushaltslehre – Vom Emanzipations- zum Kompetenzdiskurs

Für Prof. Dr. Gerda Tornieporth

Silke Bartsch und Barbara Methfessel

15.1 Stand der Geschlechterforschung in der Disziplin

15.1.1 Entwicklung der Geschlechterforschung in der Haushaltslehre

Durch die sich wandelnden sozioökonomischen Strukturen in der beginnenden Industriegesellschaft entwickelte sich in der zweiten Hälfte des 19. Jahrhunderts eine Erziehung von (zunächst) Mädchen und Frauen zur Haushaltsführung nach bürgerlichen Werten. Dabei wurde zwischen *Höherer Töchterbildung* und *Armen- und Mädchenbildung* unterschieden. Beide basierten auf der (neuen) ideologischen Verknüpfung von Weiblichkeit und Hausarbeit, die in der Hausarbeit zum Ausdruck des weiblichen „Wesens" und damit zum „tertiären Geschlechtsmerkmal" wurde (Kettschau 1988, S. 100).

Der Kampf um die Anerkennung der *Haushaltslehre* als allgemeinbildendes Schulfach beinhaltet seit dem 19. Jahrhundert auch eine Auseinandersetzung mit den Geschlechterrollen sowie mit der Wertigkeit der im privaten Haushalt erbrachten Leistungen. Über die (konservative) Verteidigung der gesellschaftlichen Bedeutung der Hausarbeit wurde deren Zuordnung an Frauen legitimiert. Obwohl es schon Anfang des 20. Jahrhunderts kritische Stimmen gab, die die ‚natürliche Begabung' der Frauen zur Haushaltsführung und vor allem die Begrenzung weiblicher Aktivitäten auf den Haushalt in Frage stellten (Grünbaum-Sachs 1929), begann der explizit wissenschaftliche Diskurs um den Beitrag zur Ver-

---

S. Bartsch (✉)
Pädagogische Hochschule Karlsruhe, Institut für Technik, Alltagskultur und Gesundheit
Postfach 11 10 62, 76060 Karlsruhe, Deutschland
E-Mail: bartsch@ph-karlsruhe.de

B. Methfessel (✉)
Pädagogische Hochschule Heidelberg, Institut für Alltags- und Bewegungskultur,
Abt. Haushalts- und Ernährungswissenschaften
Postfach 10 42 40, 69032 Heidelberg, Deutschland
E-Mail: methfessel@ph-heidelberg.de

M. Kampshoff, C. Wiepcke (Hrsg.), *Handbuch Geschlechterforschung und Fachdidaktik,*
DOI 10.1007/978-3-531-18984-0_15,
© VS Verlag für Sozialwissenschaften | Springer Fachmedien Wiesbaden 2012

festigung der Geschlechterrollen erst mit der Frauenbewegung und -forschung Mitte der 1970er Jahre. In der Haushaltswissenschaft hatte Tornieporth als Erste mit ihren grundlegenden und richtungsweisenden „Studien zur Frauenbildung" (1977) einen Überblick über die Geschichte der *Haushaltslehre* gegeben. Die Arbeit von Tornieporth ermöglichte den Autorinnen und vielen anderen einen emanzipatorischen Zugang zum Fach zu finden. Gestützt auf den damaligen Diskurs der Frauenforschung analysierte sie die zentralen Fragen, die bis heute – wenn auch mit veränderten Gewichten und Inhalten – die haushaltsbezogene didaktische Diskussion leiten:

- Wie werden durch das Fach Geschlechterrollen verfestigt und transportiert?
- Wie ist die haushaltsbezogene Bildung als Teil der Allgemeinbildung zu gestalten, damit sie einen Beitrag zur Emanzipation und zur Selbstbestimmung von Mädchen und Jungen leisten kann?
- Wie müssen die unterschiedlichen Geschlechterrollen der Schülerinnen und Schüler beachtet werden, um Wege zu einer partnerschaftlichen Lebensgestaltung zu finden?
- Welche Kompetenzen müssen die Lehrkräfte haben, um diesen Prozess reflektiert und erfolgreich begleiten zu können?

Die nach folgende Geschlechterforschung in der Haushaltswissenschaft knüpfte weitgehend an den Arbeiten von Tornieporth an.

In den 1970er Jahren galt zunächst, dass eine streng an wissenschaftlich fundierten fachlichen Grundlagen orientierte Haushaltslehre nicht zur Verstärkung von Geschlechterrollen beitrüge. Die Öffnung des Faches für Jungen wurde als entscheidender und ausreichender Schritt zum Wandel der Geschlechterrollen erachtet. Die vorrangige Wahl des Faches durch Frauen (Studium) und Mädchen (Schule) wurde dagegen eher als Problem des Übergangs gesehen. In den 1980er Jahren ließen die Ergebnisse der Frauen- und Bildungsforschung solche Argumentationen nicht mehr zu. Die Tatsache, dass Kinder und Jugendliche durch lebensweltliche Erfahrungen – gerade bezogen auf die private Lebensführung – schon mit Vorstellungen davon, was für Mädchen und Jungen jeweils als passend erachtet wird, in die Schule kommen und entsprechend Unterrichtsinhalte auch unterschiedlich aufnehmen und verarbeiten, verlangte nun eine reflektierte Auseinandersetzung mit der Didaktik und Methodik des Faches.

Diese fand in unterschiedlichen Phasen statt. Mit der Debatte um gesellschaftliche Anerkennung der Hausarbeit veränderten sich die Zielsetzungen der Haushaltslehre: Mädchen und Jungen sollten nun zur partnerschaftlichen Lebensführung befähigt werden. Damit wurde eine Gegenposition zu feministischen Positionen formuliert, welche explizit die Abschaffung der Haushaltslehre forderten (u. a. Lisop 1984). Für eine zukünftige selbstbestimmte Entscheidung der Schülerinnen und Schüler wurde dagegen aus Sicht der Haushaltswissenschaft vorausgesetzt, dass der Unterricht aktiv zum Abbau von Geschlechterstereotypisierungen beitragen kann und sollte. Als zentrale Bedingungen galten:

15 Haushaltslehre – Vom Emanzipations- zum Kompetenzdiskurs

- Anerkennung der Hausarbeit als gesellschaftlich notwendige und wertzuschätzende Arbeit,
- Reflexion der Geschlechterrollen und ihrer Folgen für die Lebensgestaltung,
- Aufbau von gleichen Kompetenzen bei Jungen und Mädchen als gleichberechtigte Ausgangssituation für die Entscheidung über die Arbeitsteilung,
- Beachtung unterschiedlicher Voraussetzungen und Zugänge (vgl. z. B. Kettschau/ Methfessel 1989, 1991, 1992; Methfessel/Kettschau 1994).

Schlegel-Matthies (1995) erweiterte die Perspektive und analysierte den Zusammenhang von Fachverständnis, Fachdidaktik und Unterrichtsmethoden in der Geschichte der *Haushaltslehre* und thematisierte die Notwendigkeit, den gesellschaftlichen Wandel und die Vielfalt der sich entwickelnden Positionen didaktisch und methodisch zu berücksichtigen. Ähnliche Fragestellungen verfolgte Bender (2000) mit Bezug auf die Fachpraxis.

Eine systematische und empirische Lehr- und Lernforschung fand nicht statt; die empirische Forschung beschränkte sich auf kleine Studien, die nur begrenzt verallgemeinerbar waren. Zusammenfassend lässt sich feststellen, dass zunächst durch die *Dramatisierung* (nach Faulstich-Wieland et al. 2008) von Geschlecht die Bedeutung des Geschlechterverhältnisse akzentuiert und so die pädagogischen und didaktischen Grundlagen des Faches reflektiert und neu bestimmt wurden. Ziel war die Befähigung zur partnerschaftlichen Lebensführung von Mädchen *und* Jungen, was die Einsicht in die Notwendigkeit und die Bereitschaft zum Abbau tradierter Geschlechterrollen und damit auch die Möglichkeit zur Entwicklung einer veränderten Geschlechtsidentität beinhaltete. In der Folge wurden problematische Dramatisierungen und eine damit verbundene Verstärkung der Geschlechterstereotypen und -differenzen kritisch beleuchtet. Zugleich stand die Interaktion im Unterricht, d. h. der unterschiedliche Umgang mit Mädchen und Jungen im Fokus. Ab Ende der 1990er Jahre wurde verstärkt geschlechtsbezogenes Verhalten in einzelnen Inhaltsbereichen didaktisch reflektiert und methodisch so aufbereitet, dass eine gendersensible Reflexion mit Schülerinnen und Schülern möglich wurde.

15.1.2 Stand, Stillstand und Potenziale der Genderforschung in der haushaltsbezogenen Bildung

In der Scientific Community wird seit Ende der 1980er Jahre die Notwendigkeit, über die *Haushaltslehre* die Emanzipation von Mädchen *und* Jungen zu fördern, nicht mehr hinterfragt. Schon seit Mitte der 1990er Jahre (vgl. Kapitel 15.2) wurde dieses Ziel in die Bildungspläne übernommen. Wie dies umzusetzen ist, vor allem, wie die Lehrkräfte ihr eigenes Selbstbild als Frau oder Mann reflektieren und die damit verbundenen Folgerungen für den Unterricht ziehen sollten und wie den didaktisch-methodischen Herausforderungen zu begegnen ist, ist allerdings bis heute eine zu bearbeitende Frage (vgl. Kapitel 15.2 und 15.3). Die Auseinandersetzung darum, was an unterschiedlichem Verhalten der Geschlechter natur- und was kulturbedingt ist, wurde nicht intensiv verfolgt, denn sie ändert nichts an der grundsätzlichen Orientierung, dass zum einen daraus keine soziale Benachteiligung abgeleitet werden kann und zum anderen Jungen und Mädchen die Voraussetzung für eine individuell gewählte und selbstbestimmte Lebensgestaltung gegeben werden muss. Um Letzteres zu ermöglichen, ist es notwendig, deutlich und durchschaubar zu machen, wie in Gesellschaften Geschlechtsstereotype konstruiert werden und dazu anzuleiten, dies für die eigene Entwicklung zu reflektieren. In diesem Beitrag wird weitgehend der Position von Lorber (1999) gefolgt, nach der es müßig ist, die Frage nach Natur und Kultur der Geschlechteridentitäten klären zu wollen. Wenn Geschlechteridentitäten permanent re- und dekonstruiert werden, besteht die pädagogische Aufgabe in der Befähigung zur kritischen Reflexion dieses Prozesses.

Die Forschung zu den Geschlechterverhältnissen und zu den daraus erwachsenden Problemen wurde seit Mitte der 1990er Jahre durch andere Fragen zu Aufgaben und Zielen des Faches und zur notwendigen Neuorientierung der Fachdidaktik zunehmend in den Hintergrund gedrängt. In den letzten zehn Jahren erfolgten mit der Reform des Faches eine kritische Auseinandersetzung mit der bürgerlich-normativen Orientierung sowie eine Fokussierung auf die *Ernährungs- und Verbraucherbildung*. Mit Letzterem wurde eine Gegenposition zu der in Kapitel 15.2 vorgestellten Reduktion und/oder Marginalisierung der haushaltsbezogenen Inhalte in den Fächerverbünden bezogen. Mit der Namensänderung sollten zugleich auch durch den Begriff *Haushalt* hervorgerufene Vorbehalte und das mit dem Wahlverhalten verbundene ‚doing discipline‘ (Faulstich-Wieland et al. 2008, S. 12), d. h. die Zuordnung der haushaltsbezogenen Bildung zu Mädchen, umgangen werden. Im Projekt *Reform der Ernährungs- und Verbraucherbildung in allgemeinbildenden Schulen* (REVIS) (Heseker et al. 2005, Homepage: www.evb-online.de) wurde ein curricularer Rahmen für diese Neuorientierung geschaffen. Entwickelt wurde ein kompetenzorientiertes didaktisches Konzept, das vom handelnden Menschen ausgeht und auf die Befähigung zur selbstbestimmten und (eigen)verantwortlichen Lebensführung im privaten Haushalt zielt. Es basiert auf dem Literacy-Konzept mit dem Ziel, auf eine aktiv gestaltende Rolle in einer Bürgergesellschaft vorzubereiten. Genderaspekte sind implizit enthalten, ohne sie gesondert zu thematisieren. Der stark subjektorientierte didaktische Ansatz verlangt in allen Bereichen eine Auseinandersetzung mit den eigenen Konstruktionen und Präkonzepten. Damit soll auch die Voraussetzung für die oben als *Entdramatisierung* beschriebenen Prozesse der Differenzierung geschaffen werden. Aufgrund des gesellschaftlichen Wandels der Geschlechtsidentitäten bzw. Genderkonstruktionen und der in den Lerngruppen anzutreffenden Vielfalt von Lebensentwürfen wurde dies notwendig. Mit der Schwerpunktsetzung auf Ziele und Kompetenzen wird weniger auf das Zusammenleben, sondern auf einzelne Themenbereiche (wie Essbiographie, Körperbeziehung, Lebensstil und Konsum) fokussiert, die sowohl gesellschaftlich als auch individuell und subjektiv für beide Geschlechter relevant sind. Diese Entwicklung bietet neue Möglichkeiten für einen Unterricht, der Jugendlichen hilft, das eigene Handeln einschließlich einer damit verbundenen Geschlechtsrolle bzw. einer bewussten oder unbewussten Konstruktion von Geschlecht zu reflektieren. Damit bleiben die in den 1990er Jahren aufgeworfenen Fragen zum Geschlechterverhältnis virulent; die Aufgaben für die Forschung haben sich lediglich weiter differenziert (vgl. Kapitel 15.3).

15.2 Geschlechtergerechte Fachdidaktik unter besonderer Berücksichtigung des Aspekts der Geschlechterkonstruktion und -dekonstruktion

15.2.1 Haushaltslehre – noch immer ein Frauenfach

Die historische Ausrichtung der haushaltsbezogenen Bildung auf die Zielgruppen der Mädchen und der sozial Benachteiligten (sogenannte ‚Mädchen- und Armenbildung‘; vgl. Kapitel 15.1) durchzieht bis heute das Fach, *erstens* in seiner Verankerung im Fächerkanon, *zweitens* in seiner geschlechtsbezogenen Wahl in der Schule, *drittens* in seiner Wahl als Studienfach im Bereich der Lehramtsausbildung und *viertens* in seiner fehlenden Verankerung im Gymnasium.

15.2.1.1 Haushaltslehre im Fächerkanon

Die Durchsicht von Stundentafeln (vgl. Lehrplan-Datenbank) der verschiedenen Schularten in ausgewählten Bundesländern bestätigt die Fortsetzung der bereits in den 1990er Jahren beschriebenen Tendenz (Methfessel/Kettschau 1994): Inhalte der haushaltsbezogenen Bildung tauchen in den Plänen der Sekundarstufe I (mit Ausnahme der allgemeinbildenden Gymnasien) immer häufiger in Fächerverbünden oder Lernbereichen und seltener als Fach auf. In den (ehemaligen) Hauptschulen gehören haushaltsbezogene Inhalte meist zum Pflichtbereich, allerdings mit einem unterschiedlich hohen Stellenwert und meist in Fächerverbünden, aus denen sie durch die anderen Fächer (meist *Technik* und *Wirtschaft*) zum Teil auch verdrängt werden (Beispiel Hessen). In den Real- und Gesamtschulen ist die haushaltsbezogene Bildung überwiegend in den Wahlpflichtbereich abgedrängt. In den Fächerverbünden an Gesamtschulen (Beispiel Berlin) kann zudem eine Verschiebung der thematischen Schwerpunkte beobachtet werden. Sieht man von neueren Entwicklungen der Förderung der Ernährungs- und Verbraucherbildung ab (Beispiel Nordrhein-Westfahlen und Schleswig-Holstein), wird deutlich, dass die Akzeptanz haushaltsbezogener Bildung als ‚Functional Literacy‘ (Beer 2004) nicht gegeben ist und haushaltsbezogene Fachinhalte gering geschätzt werden.

Die für diesen Beitrag ausgewerteten Daten aus vier Bundesländern (Baden-Württemberg, Bayern, Berlin und Brandenburg, Daten von den statistischen Diensten der Bundesländer) zeigen, dass deutlich mehr Mädchen Wahlfächer mit haushaltsbezogenen Inhalten bevorzugen als Jungen. Gleichzeitig zeigt sich, dass Jungen das Fach umso häufiger wählen, je weniger das Fach mit haushaltsbezogenen Inhalten konnotiert wird.

Mit der geschlechtsbezogenen Wahl ist auch eine Wahl innerhalb der Fachhierarchien verbunden. So stehen Wahlpflichtfächer häufig in Konkurrenz mit der zweiten Fremdsprache, welche für den anschließenden Besuch einer gymnasialen Oberstufe bedeutsam ist. Entsprechend sind vermehrt Kinder aus einem bildungsfernen Elternhaus und/oder mit Migrationshintergrund in Wahlpflichtkursen mit haushaltsbezogenen Inhalten anzutreffen, da diese seltener einen Besuch der gymnasialen Oberstufe für sich in Betracht ziehen. Verstärkend kommt hinzu, dass (nach eigenen Erfahrungen und zahlreichen Berichten von Lehrkräften) von den Schulleitungen gerade Kindern, die eher als leistungsschwach gelten, eine handwerkliche Begabung unterstellt und entsprechend dieser Annahme eine Empfehlung für das ‚Praxisfach' ausgesprochen wird.

Diese Daten spiegeln in doppelter Hinsicht das Geschlechterverhältnis wider: Haushaltsführung wird als Frauenaufgabe gewertet, und privat geleistete Hausarbeit bleibt in der gesellschaftlichen Hierarchie gering bewertet. Der Konflikt zwischen Erlangung bzw. Vermittlung alltags- und berufsrelevanter Bildungsinhalte bei gleichzeitigem Ausschluss aus weiteren beruflich relevanten und vor allem gesellschaftlich anerkannteren Bildungsbereichen begleitet damit das Fach bis heute (vgl. auch Kettschau 2002).

15.2.1.2 Wahl des Studienfaches in der Lehramtsausbildung

Bezogen auf die Wahl des Studienfaches ist die haushaltsbezogene Bildung ebenfalls eine Frauendomäne: Zum einen vertreten an den Hochschulen vor allem Frauen das Fach. Zum anderen ist der Anteil von Studenten gering: Im Sommersemester 2011 lag er in Karlsruhe bei 1,8 %, in Heidelberg bei 2,5 %. Mit dem neuen Fachnamen „Alltagskultur und Gesundheit" hat sich der Männeranteil in Heidelberg auf 12 % erhöht. Wo angeregt durch das Projekt REVIS (vgl. Kapitel 15.1.2) Fachnamen und -orientierung wechselten, änderte sich auch das Verhältnis von Studentinnen und Studenten. So ist der Anteil der Männer an der Universität Paderborn durch die Neuorientierung auf *Ernährung, Konsum und Gesundheit* auf bis zu 15 % gestiegen, in Flensburg durch den Wechsel von *Hauswirtschaft* auf *Verbraucherbildung* von 2 % auf 20 %.

Die Wahl des Studienfaches und Befragungen in Seminaren weisen bei vielen Studentinnen auf pragmatische Vorstellungen im Umgang mit der Arbeitsteilung in ihren (zukünftigen) Haushalten hin, da ein Lehramt zugleich auch als Möglichkeit zur Vereinbarung des Wunsches nach Familie und Beruf gesehen wird. Die wenigen befragten Studenten begründen ihre Studienfachwahl meist durch ihr Interesse an Ernährungs- und Gesundheitsfragen. Sie berichten davon, dass sie sich gegenüber Studierenden anderer Fächer oft rechtfertigen müssen, warum sie ein ‚Kochfach' studieren. Die Motive bei der Berufswahl bleiben so geschlechtsdifferent: Frauen erleben ihre Berufswahl eher als Verstärkung ihrer Weiblichkeit, Männer erfahren ihre Fachzuständigkeit eher als Widerspruch zu ihrer Männlichkeit und müssen sich rechtfertigen (vgl. Methfessel/Kettschau 1994, S. 91 f., S. 102 ff.).

15.2.2 Aufgaben und Potenziale der Haushaltslehre zur Förderung von Geschlechtergerechtigkeit

Die Forderung nach einem lebensweltbezogenem Unterricht, der eine angemessene Vorbereitung beider Geschlechter auf die Aufgaben der alltäglichen Lebensführung ermöglicht, ist ebenso wie die geschlechtergerechte Berufsorientierung in den Curricula festgeschrieben (vgl. Kettschau und Methfessel 1997, S. 197 ff.). Curriculare Zielvorgaben orientieren sich am Leitbild eines ‚partnerschaftlichen Geschlechterrollenverständnisses'. Die

15 Haushaltslehre – Vom Emanzipations- zum Kompetenzdiskurs

meisten Bildungspläne fordern heute, beide Geschlechterperspektiven zu berücksichtigen und kritisch zu beleuchten. Im Allgemeinen zeichnen sich die Zielvorgaben durch eine ‚political correctness' aus, zuweilen mit der Tendenz, die gesellschaftliche Wirklichkeit, d. h. die fehlenden Bedingungen für die Gleichberechtigung von Frauen und Männern, zu idealisieren. Damit der Anspruch der Curricula umgesetzt werden kann, muss der Unterricht allerdings zur Dekonstruktion der Geschlechterrollen beitragen (vgl. Wiepcke 2010, S. 55 f.).

15.2.2.1 Reflexion und Dekonstruktion der Geschlechterstereotypen

Im haushaltsbezogenen Unterricht ist die Alltags- und Erfahrungswelt der Lernenden und Lehrenden Projektionsfläche – entweder durch (un)bewusstes Ausblenden der Alltagsbedingungen, durch idealisierende Darstellungen und Unterrichtssituationen oder durch Thematisierung von Alltagssituationen. Dadurch findet Unterricht stets im Spannungsfeld zwischen fachlichen Perspektiven und Anforderungen einerseits und den Erfahrungen und Handlungsmustern aus der Lebenswelt der Menschen andererseits statt. So leiten z. B. Werte und Normen über geschlechterdifferentes Essverhalten im Alltag (in)direkt methodisch-didaktische Entscheidungen und Unterrichtshandeln der Lehrkräfte ebenso wie die Lernprozesse der Kinder und Jugendlichen. Diese Zusammenhänge beinhalten eine große Herausforderung und bieten gleichzeitig – wie in kaum einem anderen Fach – zahlreiche Möglichkeiten, Geschlechterverhältnisse und -rollen zu thematisieren, zu hinterfragen und zu reflektieren.

Infragestellung der Geschlechterstereotype in einzelnen Bildungsfeldern

Lebensweltliche Zusammenhänge zu erkunden und zu analysieren ist in vielen Inhaltsbereichen möglich. Folgende Beispiele sollen dies skizzieren:

Körperbeziehung, Ernährung und Gesundheit: Schönheitsideale, Schlankheit als (un-)hinterfragtes) Ziel von Präventionsprogrammen, der Umgang mit (vermeintlichen) Unzulänglichkeiten bei sich und anderen sind z. B. gesellschaftlich relevante Themen, die Ausgangspunkt für fachliche Recherchen sein können und somit ein vertieftes Verständnis und einen reflektierten Umgang fördern (Bartsch 2008b, 2008c; Methfessel 1999).

Lebensstilentwicklung: Lebensstile und Konsum haben genderspezifische ästhetisch-expressive Muster, z. B. Kleidung, Unterhaltungselektronik, Sport etc. Statt ‚emanzipiertes' Verhalten zu idealisieren, können geschlechtertypische Konsummuster von den Lernenden analysiert und reflektiert werden (Schlegel-Matthies 2005b, 2006).

Berufsfindung und Lebensgestaltung: Mit dem in der Unterrichtspraxis häufig anzutreffenden einseitigen Blick auf die Berufswahl wird oft die Gestaltung des Privatlebens auf das Kriterium ‚familienfreundlich' reduziert. Damit wird geschlechtsbezogenes Berufswahlverhalten begünstigt, das den Blick auf berufliche und persönliche Entwicklungsmöglichkeiten einschränkt. Erschwerend kommt hinzu, dass sogenannte ‚Frauenberufe' in der Regel schlechter bezahlt und gesellschaftlich weniger anerkannt sind. Die Problematik hat sich seit den 1980er Jahren aufgrund der veränderten gesellschaftlichen und rechtlichen Bedingungen von Frauen verschärft. Anders als die getrennte Betrachtung der Lernfelder

Berufsfindung und *Lebensgestaltung* fordert das Zusammenführen beider Lernfelder Lösungsansätze, welche Wechselwirkungen und Widersprüche zwischen Berufs- und Privatleben einschließen (Methfessel 1993).

Hausarbeitsfelder und ihre ‚Gender-Markierungen': Unterrichtsbeobachtungen und -erfahrungen zeigen, dass Jungen häufig mit der Zuschreibung ‚Hausarbeit ist Frauensache' kokettieren und testen, wie weit sie unbeliebte Hausarbeiten vermeiden können. Mädchen haben dafür zunehmend weniger Verständnis und lehnen diese Zuschreibung für sich strikt ab. Thematisiert man, wie sich Jugendliche ihre Zukunft vorstellen, stellt sich meist schnell heraus, dass diese Vorstellungen von Mädchen und Jungen nicht zusammenpassen (Methfessel 1993, S. 91 ff.). Dies kann der Beginn einer ernsthaften Auseinandersetzung sein, bei der ein Wechsel von geschlechtshomogenen und -heterogenen Gruppen sinnvoll ist, um die eigenen Positionen und Verhaltensweisen zu reflektieren – und dies besonders auch in der Auseinandersetzung mit dem jeweils anderen Geschlecht (Methfessel und Kettschau 1994, zur Diskussion vgl. auch den Beitrag von Kampshoff in diesem Band).

Eine vertiefte Diskussion, warum Frauen oder Männer etwas ‚besser können', kann zur Analyse einzelner Haushaltsaufgaben genutzt werden. Bei genauer Betrachtung bleiben nur soziale Felder wie Erziehung und Fürsorge als weiblich konnotiert. Aber auch diese Tätigkeiten werden im beruflichen Bereich von Männern ausgeübt, ebenso wie technische und naturwissenschaftliche von Frauen. Auf diese Weise lassen sich Zuschreibungen von Tätigkeiten und Kompetenzen als ‚weiblich' und ‚männlich' in Frage stellen.

Historische und interkulturelle Vergleiche: Sowohl historische als auch interkulturelle Vergleiche können im Unterricht verdeutlichen, dass die Festlegungen, was als ‚weiblich' und was als ‚männlich' gilt, durchaus unterschiedlich und veränderbar sind. Die Thematisierung im Unterricht kann zur Differenzierung und Relativierung und einem vertieften Kulturverständnis beitragen (Schlegel-Matthies 2005a, S. 204; vgl. Bartsch 2008a, S. 680).

Die Beispiele zeigen, dass fachliche Grundlagen die ‚Entmystifizierung' von Arbeitsbereichen und den Abbau von Stereotypen fördern können. Voraussetzung für eine gelingende Auseinandersetzung ist, keine ‚Bauchdiskussion' begründet auf plakativen Vorstellungen zu führen, sondern eine Analyse von spannenden Informationen anzuleiten. Methodische Impulse bietet auch die *konstruktivistische Didaktik*, da Wege wie die *Perturbation* (als Störungen und Irritationen bisheriger Präkonzepte und Überzeugungen i. S. v. Maturana) eine wichtige Voraussetzung für eine Auseinandersetzung mit Stereotypen sind (Brandl 1999).

15.2.2.2 Reflexion der eigenen Bedingungen, Bedürfnisse und Ziele als Basis der Differenzierung

Heterogene Lernvoraussetzungen werden in einer zeitgemäßen Fachdidaktik als Potenzial wahrgenommen und begründen den Anspruch einer geschlechter- und kultursensiblen Didaktik. Ein wichtiger Ausgangspunkt für eine individuell bedeutsame Aneignung von Fachinhalten sind Erfahrungen und Bedürfnisse der Lernenden. Die individuelle Bedeutsamkeit sowie die Auseinandersetzung mit Vorwissen und Präkonzepten ist wiederum

15 Haushaltslehre – Vom Emanzipations- zum Kompetenzdiskurs

eine wichtige Voraussetzung für kompetenzorientiertes Lehren und Lernen (Haushalt und Bildung 2003; Bartsch 2008c). Der Perspektivwechsel von der Logik der Fachwissenschaft zur Auseinandersetzung mit der subjektiven Logik der Betroffenen motiviert zum eigenverantwortlichen Denken und Handeln, fördert ein individuelles Ressourcenmanagement und schließt sowohl das (gendersensible) Handeln im Haushalt als auch die spätere berufliche Tätigkeit ein.

Mit der Zuwendung zu einer an den Herausforderungen der Lebenswelt orientierten Didaktik wird die in den 1980er Jahren begonnene Umorientierung (d. h. weg vom ‚Frauenfach‘) systematisch weitergeführt. Ein emanzipatorischer Effekt ist dann zu erzielen, wenn die Didaktik das Erleben der Schülerinnen und Schüler mit einbezieht. Jungen und Mädchen erleben sich nicht als gleich. Sie nehmen den Unterricht unterschiedlich wahr: Mädchen eher als Vorbereitung auf die Haushaltsführung, Jungen eher als Vorbereitung auf die Freizeitgestaltung. Dies kann mit den Unterrichtsinhalten reflektiert werden.

15.2.2.3 Interaktion, Konstruktion und Dekonstruktion

In der Unterrichtspraxis orientieren sich didaktisch-methodische Entscheidungen vielfach an Lernzielformulierungen und curricularen Inhalten, die meist geschlechtsneutral formuliert sind. Die damit verbundene pädagogische Hoffnung, Lernen zur Haushaltsführung zur Selbstverständlichkeit werden zu lassen, erfüllt sich oft nicht, wenn die geschlechtsdifferenten Lernvoraussetzungen negiert werden und Lehrkräfte unreflektiert auf mädchen- und/oder jungentypisches Verhalten reagieren. Methfessel und Kettschau resümierten: „Sie [Mädchen] werden permanent mehr gefordert, ohne daß sie für ihren Leistungsvorsprung eine adäquate Gratifikation erhielten […]. Jungen dagegen erfahren eine aufmerksame Förderung. Ihre Mitarbeit wird interessiert verfolgt und positiv honoriert […]." (Methfessel/Kettschau 1994, S. 98) Obwohl sich das Verhalten von Mädchen und Jungen in den letzten Jahren stark differenziert hat und der Widerstand von Mädchen gegen einseitige Zuschreibungen zunimmt, sind aufseiten der Lehrkräfte noch Interaktion zu beobachten, die durch Geschlechtstypisierungen geleitet sind: Der lustbetonte und experimentierfreudige Umgang der Jungen mit Lebensmitteln wird z. B. von den Lehrenden meist toleriert und gelobt. Von Mädchen wird eher ein verantwortlicher und ernsthafter Umgang damit erwartet. Für diesen ernsthaften Umgang erfahren Mädchen aber wenig Anerkennung, obwohl sie in der Regel sehr viel stärker zum Gelingen des Unterrichts beitragen als Jungen (ebd., S. 99). So liegt immer noch der Schluss nahe, dass Mädchen in die Rolle als Versorgerinnen des Alltags ‚hineinwachsen‘ (sollen). Insgesamt wird hier ein hoher Aus- und Fortbildungsbedarf sichtbar.

15.2.3 Geschlechtergerechtigkeit in der Fachdidaktik

Geschlechtergerechtigkeit wurde zunächst vor allem darin gesehen, Mädchen (und Jungen) bei der Entwicklung einer Identität zu fördern, die nicht den Stereotypen entsprach und soziale und ökonomische Gleichberechtigung (vor allem für Mädchen) ermöglichte. In den Mitte der 1990er Jahre begonnenen Diskussionen wurde zunehmend hinterfragt, wie weit die Vorgabe neuer (‚Emanzipations'-)Normen nicht in der Tradition der Maßregelung der individuellen Lebensführung aufgrund von öffentlichen und wissenschaftlichen Interessen steht (vgl. u. a. Kettschau/Methfessel 1997; Heindl et al. 2011).

Ausgehend von der Vielzahl geschlechtlicher Identitäten und des Rechtes auf Selbstbestimmung wurde der Begriff ‚Geschlechtergerechtigkeit' u. a. darauf bezogen, den Einzelnen – auch in der Wahl der Leitbildern und Lebensentwürfen – gerecht zu werden, was eine geschlechtersensible Didaktik erforderte (vgl. Schambach 2005, S. 47). Die Tatsache, dass vor allem die reale Verteilung der Hausarbeit und die Organisation der Arbeitswelt immer noch zur sozialen und ökonomischen Benachteiligung der Frauen führen (Methfessel/Schmitt 2008), erfordert zugleich, die Folgen individueller Entscheidungen für die gesellschaftliche Platzierung der Betroffenen sowie für die damit verbundene Hierarchie in den Geschlechterbeziehungen kritisch zu reflektieren. Eine geschlechtergerechte Lehre i. S. v. Wahrnehmung der Lernenden als Individuen mit unterschiedlichen Interessen, (Vor-)Erfahrungen, Lebenssituationen oder Interessen kann und sollte als wichtiger Ausgangspunkt und Unterrichtsprinzip leitend für eine geschlechtersensible Didaktik sein. Damit darf allerdings nicht das *Ziel* des Unterrichtes, nämlich „Gerechtigkeit für die Geschlechter" (Faulstich Wieland et al. 2008, S. 11) aus den Augen verloren werden.

Hier ist eine wesentliche Herausforderung in sehr heterogenen Klassen zu sehen. Die Unterschiedlichkeit (Heterogenität) kann mit der damit verbundenen Vielfalt (Diversity) gute Ansatzpunkte für eine Reflexion bieten. Dies darf aber nicht dazu führen, dass geschlechtstypische Selbstkonzepte und Stereotypisierungen verfestigt und demokratische Grundprinzipien wie die Gleichwertigkeit und -berechtigung der Geschlechter beliebig werden (Schlegel-Matthies 2005a).

Unter Einbezug der veränderten Lernvoraussetzungen und gesellschaftlichen Ansprüche wurde im Projekt REVIS ein Bildungs- und Fachverständnis formuliert, welches einen konstruktiven Umgang mit Vielfalt in Unterrichtssituationen (einschließlich eines reflektierten Umgangs mit der Genderperspektive) einschließt und als durchgängiges Prinzip erfordert (vgl. dazu Schlegel-Matthies 2005a). „Bei der Vermittlung dieser Inhalte soll die Geschlechterperspektive aufgezeigt werden, und zwar sowohl als gesellschaftliche Strukturkategorie als auch als individuelle Deutungs- und Handlungsperspektive. Erst dadurch werden die Interessenlagen und handlungsleitenden Motive der Individuen sowie die Wechselbeziehungen zwischen individueller Lebensgestaltung und gesellschaftlich-struktureller Ebene nachvollziehbar, analysierbar und gestaltbar." (Kettschau 2007, S. 138). Ein solcher *‚integrativer Ansatz'* beinhaltet die Schwierigkeit, dass seine Umsetzung von der Professionalität der Lehrkräfte abhängt. Da von den Lehrkräften ein geschlechterbewusstes Unterrichten ebenso wie selbstreflexives Alltagsverhalten als Teil des Professionalisierungsprozesses erwartet wird, sollten Gendertheorien in der Ausbildung auch als *‚expliziter Ansatz'* vertreten sein.

15 Haushaltslehre – Vom Emanzipations- zum Kompetenzdiskurs

15.3 Herausforderungen der zukünftigen Geschlechterforschung in der haushaltsbezogenen Bildung

15.3.1 Grundorientierungen und Leitbilder – nicht überall, nicht differenziert, aber zunehmend selbstverständlich

Eine reflektierte und selbstbestimmte Lebensführung ist ein Leitziel des REVIS Rahmencurriculums. Dazu gehört, dass die (unterschiedlichen) Ausprägungen der Geschlechterverhältnisse, Geschlechterkonstruktionen und zugewiesene Geschlechterrollen sowie deren Zusammenhänge in den verschiedenen Lebens- und Handlungsbereichen analysiert und reflektiert werden. Angesichts der Heterogenität in den Schulklassen ist zu analysieren, in wie weit auch über einzelne Sachfragen ein individueller Zugang möglich wird und hilft, Barrieren abzubauen (vgl. Kapitel 15.2). Die Entwicklung einer eigenen Geschlechtsidentität und die damit verbundene Folgenabschätzung kann so unterstützt werden. Dabei sind die Wirkung und vor allem die Folgen der Geschlechterverhältnisse zu thematisieren, sowohl auf struktureller Ebene (Rechtslage, Arbeitsmarkt) wie auf sozialer und individueller Ebene (Gleichberechtigungsvorstellung unterschiedlicher Kulturen; Infragestellung von männlicher Superiorität, ,Wesensarten' und Handlungs- und Verhaltenszuschreibungen statt individueller Entscheidungen etc.). Das Verhältnis von *equality* („jedem/jeder das Gleiche") und *equity* („jedem/jeder gemäß seiner/ihrer Leistungen") kann u. E. nicht beantwortet, sondern nur thematisiert werden, um für den Konflikt zwischen den beiden Normvarianten zu sensibilisieren. Eine zentrale Aufgabe ist eine entsprechende Transferforschung und Entwicklung von subjektorientierten Unterrichtsmethoden (Bartsch 2008c), um einen konstruktiven, bewussten Umgang mit den subjektiven Vorstellungen zur Lebens- und Haushaltsführung bei Lehrenden und Lernenden zu fördern.

Trotz aller Offenheit, vor allem bei den Fachvertreterinnen an den Hochschulen, ist festzuhalten, dass die Forschung zur geschlechtergerechten Didaktik – der Vielfalt drängender Aufgaben bei zu knappen Ressourcen geschuldet – stagniert. Dem steht jedoch ein großes Desiderat an Genderforschung gegenüber.

15.3.2 Forschungsperspektiven und Transfer

Aufgrund seiner Lebensnähe bietet das Fach in besonderer Weise Möglichkeiten zur Dekonstruktion der Geschlechterstereotypen (vgl. Kapitel 15.2). Die in den 1990er Jahren entwickelten Konzepte basieren meist auf Erkenntnissen haushaltswissenschaftlicher Forschung und anderer Disziplinen (u. a. aus der Jugendforschung und der Forschung zur allgemeinen Didaktik). Eine systematische Forschung fehlt vor allem in den folgenden Bereichen:

Lernvoraussetzungen: Wenig bekannt ist, welche Erfahrungen, Wertungen etc. Lernende als Lernvoraussetzungen in den Unterricht mitbringen, in wie weit diese durch ihre Geschlechterstereotypen bestimmt sind und wie sie gendersensibel zu beachten sind.

Einfluss der Geschlechterstereotypen und -rollen auf die Beziehung der Akteurinnen und Akteure im Unterricht: Die Nähe zur Lebenswelt und die damit verbundene subjektive Betroffenheit aller Akteurinnen und Akteure bedingen immer auch einen genderbezogenen Zugang zum Fach und beeinflussen den Umgang zwischen den Geschlechtern ebenso wie innerhalb der jeweiligen Geschlechtergruppe. Offen ist, wie stark der genderspezifische Zugang immer noch die Wahl des Faches und den Umgang damit beeinflusst, welche Möglichkeiten und Notwendigkeiten für einen gendersensiblen und welche Ansätze für einen reflexiven Umgang gegeben sind. Die zunehmende Heterogenität in Lerngruppen bedeutet dabei eine besondere Herausforderung. Aus der Diskussion kann u. a. abgeleitet werden, welche Möglichkeiten das Fach für die Stabilisierung oder Veränderung der Geschlechterverhältnisse hat und wie dies die jeweilige Beziehung zum Fach und die Erwartungen daran verändert hat.

Didaktische Konzepte: Eine weitergehende empirische Lehr- und Lernforschung zu didaktischen Konzepten eines geschlechtersensiblen und -reflexiven Unterrichtes im Fach ist eine Zukunftsaufgabe. Verlangt der Diskurs mit Jungen und Mädchen eine spezifische Interaktion und wie wäre diese zu gestalten? Wie ist die aufgeworfene Frage „Förderung von Jungen, Forderung an Mädchen – oder umgekehrt" zu bearbeiten?

Einfluss von Genderkonstruktionen der Lehrenden: Auch Lehrende sind durch ihre eigenen Genderkonstruktionen beeinflusst. Wie schon angesprochen, begnügen sich Lehrende oft mit Alltagstheorien und ignorieren damit pädagogische und fachdidaktische Professionalität (dieses Phänomen beklagte schon 1929 Grünbaum-Sachs). Dies beinhaltet einen unreflektierten bzw. verteidigenden Umgang mit den eigenen und fremden Genderrollen. Schon in der Ausbildung von Lehrerinnen und Lehrern ist daher die Dekonstruktion von Genderkonzepten eine notwendige Voraussetzung für einen späteren gendergerechten Unterricht. Die im nächsten Punkt angesprochene Transferproblematik kann hier ihre besondere Verstärkung erfahren.

Transfer von Wissen – Herausforderung und Voraussetzung für den Wandel: Die Etablierung von professionellem Handeln in der Schule ist in allen Fächern schwierig. Die Nähe zur Lebenswelt verschärft und die mit der *Haushaltslehre* verbundenen Konnotationen potenzieren diese Transferschwierigkeit. Die Transfer- und Implementationsforschung ist damit eine zentrale Aufgabe sowie die Voraussetzung für die Umsetzung in den vorher genannten Bereichen.

Zusammenfassend ist festzustellen, dass mit der Diskussion in den 1980er und 1990er Jahren sowie nach 2000 mit der fachdidaktischen Neuorientierung (angestoßen durch das Projekt REVIS) wichtige Voraussetzungen auch für gendergerechten Unterricht und für eine Abkehr von der Tradition der Mädchen- und Armenbildung (d. h. vom ‚doing disciplin') geschaffen wurden. Die Bearbeitung der genannten Aufgaben kann wesentliche Erkenntnisse für Fachverständnis und Unterricht beinhalten und auch wichtige Beiträge zur interdisziplinären Diskussion leisten.

Literatur

Bartsch, Silke (2008a): Essstile von Männern und Frauen. Der Genderaspekt in der Gesundheitsprävention und Gesundheitsberatung. In: Ernährungs-Umschau 11, S. 672–681.

Bartsch, Silke (2008b): Jugendesskultur: Bedeutungen des Essens für Jugendliche im Kontext Familie und Peergroup. In: Bundeszentrale für gesundheitliche Aufklärung (BZgA): Reihe Forschung und Praxis der Gesundheitsförderung, Band 30. Köln.

Bartsch, Silke (2008c): Subjektorientierung in der Ernährungs- und Gesundheitsbildung. In: Ernährung – Wissenschaft und Praxis Nr. 3, S. 100–106.

Beer, Sigrid (2004): Zum Grundlagenverständnis für die Standard- und Curriculumsentwicklung. Paderborner Schriften zur Ernährungs- und Verbraucherbildung, Band 2. Paderborn. Online: http://www.ernaehrung-und-verbraucherbildung.de/wissenschaft_didaktik.php, 01.11.2011.

Bender, Ute (2000): Haushaltslehre und Allgemeinbildung. Legitimationen und Perspektiven praktischen Lernens im Haushaltslehre-Unterricht. Frankfurt a. M.: Peter Lang.

Bender, Ute (2004): Doing home-economics, but undoing gender?! Diskursive Strategien von Studierenden der Haushaltslehre im Umgang mit der geschlechtlichen Abwertung ihres Faches. Online: http://nbn-resolving.de/urn:nbn:de:bsz:frei129-opus-157, 09.09.2011.

Brandl, Werner (1999): „Konstruktivistische" Wende auch in der hauswirtschaftlichen Bildung? Grundfragen – Grundlagen – Grundpositionen. In: Haushalt und Bildung. Heft 2, S. 104–111.

Faulstich-Wieland, Hannelore/Willems, Katharina/Feltz, Nina/Freese, Urte/Läzer, Katrin Luise (2008): Genus – geschlechtergerechter naturwissenschaftlicher Unterricht in der Sekundarstufe I. Bad Heilbrunn: Kinkhardt.

Faulstich-Wieland, Hannelore/Willems, Katharina/Feltz, Nina (2008): Einleitung: Das Projekt Genus. In Faulstich-Wieland, Hannelore/Willems, Katharina/Feltz, Nina/Freese, Urte/Läzer, Katrin Luise (Hrsg.): Genus – geschlechtergerechter naturwissenschaftlicher Unterricht in der Sekundarstufe I. Bad Heilbrunn: Kinkhardt, S. 9–15.

Grünbaum-Sachs, Hildegard (1929): Zur Krisis in der Hauswirtschaft, Band 4. Langensalza: Beltz.

Heindl, Ines/Methfessel, Barbara/Schlegel-Matthies, Kirsten (2011): Ernährungssozialisation und -bildung und die Entstehung einer kulinarischen Vernunft. In: Ploeger, Angelika/Hirschfelder, Gunther/Schönberger, Gesa (Hrsg.): Die Zukunft auf dem Tisch. Analysen, Trends und Perspektiven der Ernährung von morgen. Wiesbaden: VS Verlag für Sozialwissenschaften, S. 187–201.

Heseker, Helmut/Beer, Sigrid/Heindl, Ines/Methfessel, Barbara/Oepping, Anke/Schlegel-Matthies, Kirsten/Vohmann, Claudia (2005): Schlussbericht des Modellprojekts „Reform der Ernährungs- und Verbraucherbildung in Schulen" (REVIS). Paderborn. Online: http://www.evb-online.de/evb_revis_schlussbericht.php, 09.09.2011.

Kettschau, Irmhild/Methfessel, Barbara (1989): Frauenforschung in der Haushaltswissenschaft. In: Meyer-Harter, Renate (Hrsg.): Hausarbeit und Bildung. Frankfurt a. M.: Campus, S. 91–158.

Kettschau, Irmhild/Methfessel, Barbara (1992): Haushaltsbezogene Bildung – Förderung von Jungen, Forderung an Mädchen – oder umgekehrt? In: PÄDEXTRA, 20, S. 29–33.

Kettschau, Irmhild/Methfessel, Barbara (1993): Emanzipation durch haushaltsbezogene Bildung? Allgemeine und schulbezogene Überlegungen. In: Gräbe, Sylvia (Hrsg.): Der private Haushalt im wissenschaftlichen Diskurs. Frankfurt a. M.: Campus, S. 303–330.

Kettschau, Irmhild/Methfessel, Barbara (Hrsg.) (1991): Hausarbeit – gesellschaftlich oder privat? Entgrenzungen – Wandlungen – alte Verhältnisse. Baltmannsweiler: Schneider.

Kettschau, Irmhild/Methfessel, Barbara (1997): Werte – Normen – Ziele. Ein neuer Blick auf qualitative Standards für die Haushaltsführung. In: Meier, Uta (Hrsg.): Vom Oikos zum modernen Dienstleistungshaushalt. Der Strukturwandel privater Haushaltsführung. Frankfurt a. M.: Campus, S. 184–204.

Kettschau, Irmhild (1988): Zur Theorie und gesellschaftlichen Bedeutung der Hausarbeit. In: Tornieporth, Gerda (Hrsg.): Arbeitsplatz Haushalt. Zur Theorie und Ökologie der Hausarbeit. Berlin: Dietrich Reimer, S. 98–114.

Kettschau, Irmhild (2007): Haushaltswissenschaften/Oecotrophologie. In: Becker, Ruth/Jansen-Schulz, Bettina/Kortendiek Beate/Schäfer, Gudrun (Hrsg.): Gender-Aspekte bei der Einführung und Akkreditierung gestufter Studiengänge – eine Handreichung. cews.publik.no9. Bonn: Kompetenzzentrum Frauen in Wissenschaft und Forschung CEWS, S. 138–139.

Kettschau, Irmhild (2002): Berufswahl und Berufschancen von Frauen in Frauenberufen. In: Kampshoff, Marita/Lumer, Beatrix (Hrsg.): Chancengleichheit im Bildungswesen. Opladen: Leske + Budrich, S. 183–196.

Lehrplan-Datenbank: : Übersicht über Bildungspläne/Lehrpläne der Länder im Internet unter http://www.kmk.org/dokumentation/lehrplaene/uebersicht-lehrplaene.html.

Lisop, Ingrid (1984): Hauswirtschaftsunterricht und Hauswirtschaftsschulen unter den Bedingungen von Politik: Bildungschancen oder Bildungsbarrieren für Mädchen und Jungen. In: Fingerle, Karlheinz (Hrsg.): Beiträge zur Didaktik der Hauswirtschaft. Stuttgart: Holland/Josenhans, S. 37–51.

Lorber, Judith (1999): Gender-Paradoxien. 2. Auflage. Opladen: Leske + Budrich.

Methfessel, Barbara/Kettschau, Irmhild (1994): Koedukative Haushaltslehre – Partnerschaftliches Leben? In: Glumpler, Edith (Hrsg.): Koedukation: Entwicklungen und Perspektiven. Bad Heilbrunn: Klinkhardt, S. 86–106.

Methfessel, Barbara/Schmitt, Gerti (2008): Housework and the Role Cliché – Chances for a Change. Hauswirtschaft und Wissenschaft, Heft 1, S. 30–38.

Methfessel, Barbara (1993): Eine gemeinsame Zukunft? Zur Relevanz für Familie und Haushalt für die Lebensplanung von Jungen und Mädchen. In: Kettschau, Irmhild/Methfessel, Barbara/Schmidt-Waldherr, Hiltraud (Hrsg.): Jugend, Familie und Haushalt. Internationale Beiträge zu Entwicklung und Lebensgestaltung. Baltmannsweiler: Schneider, S. 85–102.

Methfessel, Barbara (1999): Körperbeziehungen und Ernährungsverhalten bei Mädchen und Jungen. Lehr- und Lernvoraussetzung in der Ernährungserziehung. In: Methfessel, Barbara (Hrsg.): Essen lehren – Essen lernen. Beiträge zur Diskussion und Praxis der Ernährungsbildung. Baltmannsweiler: Schneider, S. 31–76.

Schambach, Gabriele (2005): Grundsätze einer genderbewussten Organisationsentwicklung. In: Ministerium für Schule, Jugend und Kinder des Landes Nordrhein-Westfalen & Landesinstitut für Schule Soest (Hrsg.): Schule im Gender Mainstream. Denkanstöße – Erfahrungen – Perspektiven. Soest: Landesinstitut für Schule, S. 45–49. Online: http://www.learnline.de/angebote/gendermainstreaming, 25.08.2011.

Schlegel-Matthies, Kirsten (1995): „Im Haus und am Herd": Der Wandel des Hausfrauenbildes und der Hausarbeit 1880–1930. Stuttgart: Franz Steiner.

Schlegel-Matthies, Kirsten (1998): Zwischen Wissenschaft und Lebenswelt. Entwicklung, Stand und Zukunftsperspektiven haushaltsbezogener Bildung. Habilitation. Münster (unveröffentlichtes Manuskript).

Schlegel-Matthies, Kirsten (2005a): Fachdidaktische Perspektiven auf den Umgang mit Heterogenität im haushaltsbezogenen Unterricht. In: Bräu, Karin/Schwerdt, Ulrich (Hrsg.): Heterogenität als Chance. Vom produktiven Umgang mit Gleichheit und Differenz in der Schule. Münster: LIT Verlag, S. 197–217.

Schlegel-Matthies, Kirsten (2005b): Ernährung zwischen Natur und Kultur: Das Beispiel Fleisch In: Heseker, Helmut (Hrsg.): Neue Aspekte der Ernährungsbildung, Frankfurt a. M.: Umschau Zeitschriftenverlag, S. 36–43, S. 217–218.

Schlegel-Matthies, Kirsten (2006): Verschuldung – kein Problem für Mädchen? In: Betrifft Mädchen, Heft 1, S. 26–28.

Tornieporth, Gerda (1977): Studien zur Frauenbildung. Weinheim: Beltz.

Wiepcke, Claudia (2010): Gender-Didaktik und Berufsorientierung – Förderung von Chancengleichheit auf dem Arbeitsmarkt. In: Journal Netzwerk Frauenforschung 26, S. 48–57.

Gender im naturwissenschaftlichen Unterricht

16

Gertraud Benke

16.1 Einleitung

In anderen Beiträgen in diesem Band wird Gender in der Physikdidaktik, Gender in der Chemie- und Biologiedidaktik abgehandelt, in diesem Beitrag geht es übergreifend um Geschlecht und Naturwissenschaften in der Schule. Dies ist aus mehrfacher Perspektive von Interesse: Erstens unterscheiden sich, wie aus den entsprechenden Artikeln deutlich wird, die Fächer in ihren Herausforderungen. In den öffentlichen Debatten wird aber häufig von *den Naturwissenschaften* gesprochen, auch PISA (Programme for International Student Assessment) gruppiert Chemie und Physik unter den ,*Physical Sciences*' (OECD 2006, S. 32) und gibt die Ergebnisse für die Naturwissenschaften gebündelt für diese Fächer an (OECD 2007, S. 71 ff.). Dimensionen des Interesses werden ebenfalls häufig gemeinsam betrachtet (z. B. Wert der Naturwissenschaften für die Gesellschaft). Studien machen also einerseits Befunde über *die* Naturwissenschaften (z. B. Seidel et al. 2007), andererseits ist es gerade in diesem Diskurs erhellend, den Blick auf Unterschiede zwischen den Fächern zu werfen. Zum Zweiten wird in vielen Ländern bis zum Ende der Sekundarstufe I ein sogenanntes *Flächenfach Naturwissenschaften* unterrichtet, hier erfolgt also kein ausgewiesener chemischer, physikalischer, biologischer Unterricht, sondern ein Unterricht in *den* Naturwissenschaften. Die Naturwissenschaften haben bei allen Unterschieden auch eine gemeinsame methodische Basis in dem positivistischen Paradigma und operieren – im schulischen Unterricht – zumeist auf streng kausal gedachten Modellen. (Das positivistische Paradigma als Leitmodell gilt zumindest für die Vermittlung der elementaren Grundlagen, wie sie bis zum Ende der Sekundarstufe gelehrt werden.) Somit zeichnen sich die unterschiedlichen Naturwissenschaften durch eine gemeinsame methodische Herangehensweise und eine geteilte Haltung, wie der Welt bzw. den Fakten der Welt zu begegnen

---

G. Benke (✉)
Universität Klagenfurt, Institut für Unterrichts- und Schulentwicklung,
Sterneckstraße 15, 9010 Klagenfurt am Wörthersee, Österreich
E-Mail: gertraud.benke@uni-klu.ac.at

M. Kampshoff, C. Wiepcke (Hrsg.), *Handbuch Geschlechterforschung und Fachdidaktik,*
DOI 10.1007/978-3-531-18984-0_16,
© VS Verlag für Sozialwissenschaften | Springer Fachmedien Wiesbaden 2012

213

16.2 Stand der Geschlechterforschung in der Didaktik der Naturwissenschaften

In einer geschichtlichen Betrachtungsweise haben und hatten die Naturwissenschaften eine lange und wichtige Rolle im Diskurs um Geschlecht in der Schule. Mit der frühen feministischen Diskussion um den heimlichen Lehrplan, der die Schülerinnen und Schüler auf ihre jeweilige Position in der Gesellschaft – einer patriarchalischen Gesellschaft mit fixen Rollenbildern und Zuschreibungen – vorbereiten sollte, war praktisch auch immer die Rolle der Mädchen und Jungen hinsichtlich der Mathematik und der Naturwissenschaften mitgemeint. Die Rollen ergaben sich dabei aus angenommenen *natürlichen* Neigungen und/oder Fähigkeiten, die in Folge zu *natürlichen* Berufswünschen führten und damit eine partiell geschlechterselektive Arbeitswelt reproduzierten. Mädchen wurden Friseurinnen, Kindergartenpädagoginnen und Krankenschwestern, Jungen wurden Mechaniker, Elektrotechniker bzw. Installateure. Das Arbeitsfeld war hier stereotyp nach Frau = sozial, auf Menschen hin, orientiert und Mann = technisch, auf Maschinen hin, orientiert aufgeteilt. *Die Naturwissenschaften* wurden, ungeachtet aller Unterschiede zwischen den verschiedenen Arbeitsfeldern, dabei männlich besetzt.

Wie ging die Fachdidaktik mit dieser Situation um? Die Fachdidaktik Physik selbst gibt es erst seit den 1970er Jahren (Willer 2003, S. 215); damit verlief die Selbstbestimmung der Fachdidaktik in Physik zeitlich parallel zum Diskurs der Geschlechterforschung. 1973 wurde die Gesellschaft für Didaktik der Chemie und Physik (GDCP) gegründet; dennoch stellt die Arbeitsgruppe Chemiedidaktik der Universität Jena auf ihrer Website grundsätzlich fest: „Die Chemiedidaktik ist eine noch sehr junge Wissenschaft. Als solche sucht sie bis heute ihren Platz" und Scheuer (2002, S. 1) meint: „Verfolgt man die chemiedidaktische Literatur der letzten Jahre, so entsteht der Eindruck, der Chemieunterricht stecke in einer ständigen Krise." In der Biologie wurden fachdidaktische Seminare teilweise erst um die Jahrtausendwende in die Lehramtsausbildung integriert (etwa an der Leibnitz Universität Hamburg). Die deutschsprachige Zeitschrift für „Didaktik der Naturwissenschaften" gibt es seit 1995. Im Zuge des Ringens um das eigene Selbstverständnis und der Positionierung in der Aus- und Weiterbildung der Lehrenden nahm die Frage der Geschlechterzuschreibung der Fächer eine untergeordnete Rolle ein. Die längste Tradition der Auseinandersetzung mit Geschlecht findet sich in der Physikdidaktik mit den Arbeiten von Lore Hoffmann am IPN in Kiel (Institut für Pädagogik der Naturwissenschaften) zu Interessensunterschieden zwischen Mädchen und Jungen, die bereits 1984 in Angriff genommen wurden. Für die Chemiedidaktik stellt Prechtl (2005, S. 5) fest: „Bisher konnten sich die Fachdidaktik Chemie und die Geschlechterforschung noch nicht so recht anfreunden. Die wenigen chemiedidaktischen Publikationen, die sich der Problematik ‚Geschlecht' stellen, greifen vorwiegend auf ausgewählte Studien der Schulpädagogik oder Psychologie zurück. Überwiegend

16   Gender im naturwissenschaftlichen Unterricht   215

wird ‚Geschlecht‘ von der Fachdidaktik Chemie sozusagen ‚im Vorbeigehen‘ betrachtet.“ Ähnliches dürfte für die Biologiedidaktik gelten. In einem Lehrbuch zur Fachdidaktik der Biologie mit Beiträgen von zwölf Fachdidaktikern und Fachdidaktikerinnen (Vogt/Krüger 2007), werden sprachlich Frauen in der männlichen Form stets *mitgemeint*; Unterschiede in der Wahrnehmung des Faches werden nicht aus fachdidaktischer Perspektive bedacht, auch wenn festgestellt wird, dass Mädchen mehr Lernfreude am Fach zeigen (ebd., S. 25).

Die Rahmenbedingungen dieses Diskurses änderten sich nachhaltig ungefähr um die Jahrtausendwende. Hierfür waren zwei miteinander verschränkte Entwicklungen maßgeblich: Zum einen stieg der Bedarf der Wirtschaft an Absolventinnen und Absolventen der technisch-naturwissenschaftlichen Fächern, auf der anderen Seite hat sich die Zahl der qualifizierten Abschlüsse in diesen Fächern nicht entsprechend gesteigert, sodass eine Lücke zwischen dem Angebot an qualifizierten Facharbeiterinnen und -arbeitern und offenen Stellen vorliegt (für Deutschland siehe Klös 2009). Dies führt zu einem höheren gesellschaftlichen Interesse an den Fragen, wer warum technisch-naturwissenschaftliche Fächer studiert – oder auch nicht, und wie man diese Zahlen heben könnte. Dabei richtet sich nun auch der Blick darauf, warum Mädchen und Frauen diese Fächer zu einem geringeren Anteil wählen (OECD 2003, S. 70) und wie das zu ändern wäre. Zum anderen wurde seit 2000 im Abstand von je drei Jahren die internationale Vergleichsstudie PISA von der OECD durchgeführt. Einer der drei Untersuchungsschwerpunkte sind dabei jeweils *die Naturwissenschaften*. Dabei werden neben den Leistungen auch die Einstellungen von Mädchen und Jungen zum naturwissenschaftlichen Unterricht erhoben. Die Studien (z. B. OECD 2004, 2007, 2009) rücken damit – so vorhanden – u. a. die Differenzen zwischen Mädchen und Jungen in den Mittelpunkt und werfen die Frage auf, wie gerecht der jeweilige Unterricht Mädchen und Jungen wird. Angesichts der unterschiedlichsten Ergebnisse hinsichtlich der Leistungen und der Einstellungen von Mädchen und Jungen in den teilnehmenden Ländern – so waren etwa Mädchen in Island in Physik besser als die Jungen (siehe Stadler/Hackl/Krumphals 2011), werden die Ergebnisse als kulturelle Bildungsartefakte dargestellt; eine Naturalisierung (Mädchen sind einfach schlechter in den Naturwissenschaften) lässt damit nicht mehr aufrecht erhalten.

Das wirtschaftliche und damit öffentliche Interesse auf der einen Seite und die völlig neue Situation mit einer umfassenden empirischen Datenbasis zu Leistungen und Einstellungen auf der anderen Seite schaffen gemeinsam eine neue Ausgangslage für den Diskurs der Geschlechtergerechtigkeit des fachlichen Unterrichts und der damit befassten Fachdidaktiken. Die naturwissenschaftlichen Fachdidaktiken treffen dabei auf sehr unterschiedliche Ausgangslagen.

16.3   Ausgangslage und Fragestellungen für eine geschlechtergerechte Fachdidaktik

Die Herausforderung, vor der eine geschlechtergerechte Fachdidaktik der Naturwissenschaften steht, lässt sich kurz durch folgende Aspekte charakterisieren (im übernächsten Abschnitt werden einzelne Punkte zu den empirischen Befunden noch einmal aufgegriffen).

In den empirischen Studien finden sich immer wieder signifikante Unterschiede im Interesse an bestimmten naturwissenschaftlichen Themen zwischen Mädchen und Jungen (siehe die Ergebnisse der ROSE Studie im Beitrag von Lembens und Bartosch in diesem Band). Unterschiedlichste Erklärungsansätze versuchen dies zu begründen. Abgesehen von *biologistischen Erklärungen*, wie sie vor allem in populärwissenschaftlichen Büchern auftreten, die ihrerseits aber wieder nicht die Unterschiede in den Befunden zwischen verschiedenen Ländern und Kulturen erklären können, werden vor allem *soziologische* Erklärungsansätze (wie Paseka 2008) oder *kombinierte Erklärungsmodelle* (z. B. Ceci/Williams/ Barnett 2009) verwendet.

Dabei werden folgende Einflussmomente, die die Identitätsentwicklung der Jugendlichen als Naturwissenschaft Lernende mitbestimmen, genannt: Bedeutsam ist die (geschlechtliche) Kultur des Landes, die den Kindern und Jugendlichen ein Bild vom *richtigen* Frausein oder Mannsein vermittelt (ebd., S. 225). So zeichnet sich etwa Österreich in vielen Feldern wie der Rate von Frauen in Führungspositionen (Naderer/Sauer/Wieser 2011), Frauen im Arbeitsfeld, Unterschiede in der Bezahlung gleicher Arbeit von Männern und Frauen durch eine Schlechterstellung von Frauen (Naderer/Sauer/Wieser 2004, S. 5) aus. Wenn in diesem Feld bestimmte besser bezahlte Berufe als männlich konnotiert werden, scheuen sich Mädchen in diesem Feld tätig zu werden, da sie sonst nicht *richtig Frau* wären (Fetzer/Glöckner-Rist/Mischau 1999, S. 5). Verstärkt durch tatsächliche habituelle Sexismen wird ein gesamtes Themenfeld geschlechtlich besetzt.

Insbesondere kann „das Projekt Naturwissenschaften" historisch als männliches Projekt der Objektivierung der Welt begriffen werden, in der mittels Technisierung die Welt dienstbar gemacht werden soll (Keller 1985, Willems 2008). Implizit wird dabei wieder eine quasi biologisierte Differenz angenommen, in der Mädchen eher kooperativ operieren während Jungen die Welt beherrschen wollten.

Wichtig für die Entwicklung ist auch das konkrete familiäre und schulische Umfeld mit den dort vermittelten Genderstereotypen hinsichtlich der Naturwissenschaften. So zeigte sich bei einer Untersuchung, dass rund 40 % der befragten Eltern (in Deutschland) in Bezug auf die Naturwissenschaften stereotype Zuschreibungen vornahmen, und dies messbare positive und negative Effekte auf die Jungen und Mädchen hatte (Dresel/Schober/ Ziegler 2007, S. 77).

Diese Ergebnisse erklären aber nicht im Detail, wie Kinder bzw. Jugendliche spezifisches fachliches Interesse für oder gegen ein Themenfeld entwickeln. Die Entwicklung eines spezifischen, konkreten Interesses im Zusammenspiel mit einem mehr oder weniger mit Geschlechtsstereotypen aufgeladenen kulturellen Umfeld zu verstehen, ist eine wichtige Aufgabe einer geschlechtergerechten Fachdidaktik.

Das fachliche Interesse ist dabei nur als ein Aspekt des Motivationskomplexes zu begreifen, welcher Konsequenzen für die Leistung sowie die Berufsentscheidungen hat. Ein anderes wesentliches Moment ist auch die Selbstwirksamkeit.

Das komplexe Zusammenspiel von Motivation, Leistung, Selbstbild und Identität ist eine Frage für die Fachdidaktik im Allgemeinen. Von einer naturwissenschaftlichen Fachdidaktik ist zusätzlich Folgendes zu bedenken:

16 Gender im naturwissenschaftlichen Unterricht

a. Der Naturwissenschaftsunterricht orientiert sich methodologisch am positivistischen Paradigma bzw. zeigt Naturwissenschaftslehre oftmals einen szientistischen Zugang (Zeyer 2005, S. 195). Dies ist ein gemeinsames Element von Biologie, Physik und Chemie. In Biologie treten neben die Methodologie der *hard sciences* auch noch die Methoden der Verhaltensforschung, die den Sozialwissenschaften näher stehen. Dieser Unterschied ist für den Unterricht jedoch rein curricular weniger bedeutsam als die gemeinsame empirisch-methodologische Basis. Angesicht der geteilten Bedeutsamkeit des Experiments, der Arbeit mit Daten und deren Interpretation, stellt sich die Frage, wie genau die dennoch in unterschiedlichen Ländern zu findenden mittleren Unterschiede im Interesse und der Leistung zwischen Mädchen und Jungen zu erklären sind – und warum sie in anderen Ländern nicht zu finden sind. Was macht die Physik für eine Gruppe von Schülerinnen und Schülern attraktiv, was die Biologie, und was genau führt zu Desinteresse an diesen Fächern?

b. Die Naturwissenschaften sind Teil des kulturellen Erbes und unabhängig vom Bildungssystem auch im öffentlichen Diskurs sehr präsent (wiewohl sich das mutmaßlich auch zwischen den unterschiedlichen Länder unterscheidet). Im öffentlichen Diskurs sind die Naturwissenschaften keine *genderfreie Zone*, sondern (wie auch die Wissenschaften insgesamt) historisch männlich besetzt. Aus diesem Grund kommt eine geschlechtergerechte Fachdidaktik nicht umhin, sich mit Geschlecht und der Stereotypisierung der Wissenschaften auseinander zu setzen. Offen ist dabei die Frage, wie genau der gesamtgesellschaftliche Diskurs Eingang in die individuelle und kollektive Lernsituationen findet und wo daher die Ansatzpunkte der Bearbeitung potenzieller stereotyper Selbstverortungen der Schülerinnen und Schüler liegen.

c. In vielen europäischen Ländern beobachtet man seit Jahren eine Abwendung von den Naturwissenschaften insgesamt. Immer weniger Jugendliche zeigen Interesse, beruflich in diesem Feld tätig zu werden. Angesichts der dennoch in der Öffentlichkeit wahrgenommenen bzw. angenommenen Überlegenheit von Jungen in den Naturwissenschaften (in den deutschsprachigen Ländern), hat in den Naturwissenschaften kein *Boy turn*, also eine Problematisierung der Position der Jungen in Unterricht und Schule in Bezug auf dieses Fach, stattgefunden. (Dies etwa im Unterschied zur Mathematik, bei der Jungen nach den großen internationalen Untersuchungen entgegen den landläufigen Vorstellungen im Mittel schlechter als Mädchen abschnitten, was zur einem eingehenden Diskurs führte, wie es dazu komme, dass Jungen *Bildungsverlierer* würden, bzw. nach der feministischen Wende in der Pädagogik der 1970er Jahre (Prengel 1993) eine Neubesinnung auf die Position von Jungen im aktuellen Bildungssystem.) Wenn auch Mädchen im Schnitt weniger Interesse an entsprechenden Berufslaufbahnen zeigen, so wächst dennoch auch die Zahl der desinteressierten Jungen. Eine geschlechtergerechte Fachdidaktik ist hier gefordert, die spezifischen und geteilten Bedingungen für Desinteresse von Mädchen und Jungen zu klären und ihnen zu begegnen.

16.4 Geschlechtergerechte Fachdidaktik

Eine geschlechtergerechte Fachdidaktik setzt es sich zur Aufgabe, den oben genannten Herausforderungen zu begegnen. Dabei gilt es eine wesentliche Differenz im Auge zu behalten: Einerseits gilt es mit Schülerinnen und Schülern zu arbeiten, die bereits – als Gruppe – stereotype Verhaltensweisen und Einstellungen aufweisen. Hier ist von Seiten der Didaktik einer geschlechtlich geformten sozialen Wirklichkeit zu begegnen, und es sind neue Perspektiven für die einzelnen Schülerinnen und Schüler zu öffnen. Auf der anderen Seite gilt es eine Didaktik weiter auszubauen, die zwar die Verortung von Bildung in einer gesamtgesellschaftlichen Kultur der Geschlechtlichkeit Ernst nimmt, aber dennoch vor allem daran arbeitet, entsprechende Zuordnungen von Fach und Geschlecht sowie geschlechtermäßig besetzte Partizipationsmuster in Lernsituationen erst gar nicht aufkommen zu lassen. In dem Maße, in dem das erste Projekt erfolgreich ist, gilt es, sich von diesem zu verabschieden und sich dem zweiten Ziel zuzuwenden. Solange aber die Naturwissenschaften im öffentlichen Diskurs mit Geschlechterbildern und Rollen besetzt werden, ist eine spezifisch geschlechtergerechte Fachdidaktik notwendig, die nicht in einer allgemeinen (Fach-)Didaktik der Individualisierung aufgeht. Geschlecht ist in dieser Situation nicht eine Differenz wie eine andere (z. B. Migrationshintergrund), sondern eine durch den Kontext ausgezeichnete Differenz, die daher als solche spezifische Ausgangs lagen für die beiden Geschlechtergruppen mit sich bringt.

Angesicht des Mangels an qualifizierten Facharbeiterinnen und Facharbeitern in den technisch-naturwissenschaftlichen Fächern gab es im letzten Jahrzehnt zahlreiche Aufrufe zur Veränderung des entsprechenden Unterrichts, um mehr Jugendliche – und insbesondere auch Mädchen und Frauen – für diese Fächer zu gewinnen (High Level Group on Science Education 2007), sowie zusätzlich und in Antwort auf die TIMSS und PISA Studien zahlreiche nationale und internationale Projekte, wie Sinus in Deutschland, IMST in Österreich (Krainer 2007; Ostermeier 2004; Prenzel/Carstensen/Senkbeil/Ostermeier/Seidl 2005; Stadler/Ostermeier 2004), Fibonacci und Profiles auf EU-Ebene. All diese Projekte zielen darauf ab, den Unterricht für möglichst alle Schülerinnen und Schüler attraktiver zu machen und die Kompetenzen zu erhöhen. Die in diesen Studien verfolgten Strategien der Verbesserung der Unterrichtsqualität laufen damit in vielen Bereichen parallel zu den Forderungen nach einer geschlechtergerechten Fachdidaktik, ohne diese als solche auszuweisen. Gleichzeitig beinhalteten die Projekte SINUS und IMST auch dezidierte Module zu Bearbeitung von Geschlechterunterschieden im sozialen Lern- und Interaktionsfeld Unterricht.

Die Nähe des Ringens um eine geschlechtergerechte Fachdidaktik zu einer guten Fachdidaktik insgesamt wird auch aus folgendem Zitat deutlich: „Entscheidend dafür [mehr Jugendliche und speziell mehr Mädchen bzw. junge Frauen für den naturwissenschaftlichen Unterricht zu gewinnen; GB] ist offenbar ein „guter" naturwissenschaftlicher Unterricht, nämlich einer, der auf Verständnis zielt, Zeit und Raum bereit stellt und methodisch-didaktisch mit einer Vielzahl unterschiedlicher Formen den individuellen Kindern und Jugendlichen die Möglichkeit gibt, ihren jeweiligen Zugängen entsprechend sich die Inhalte anzueignen." (Faulstich-Wieland/Willems/Feltz 2008, S. 9)

16 Gender im naturwissenschaftlichen Unterricht

Eine geschlechtergerechte im Unterricht praktizierte Fachdidaktik ist damit zunächst einmal eine Fachdidaktik, die *geschlechtsblind* ist. Das alleine ist angesichts der habituierten geschlechtsdifferenten Interaktionsformen von Männern und Frauen in einer Kultur (Coates 1998; Greenwood 1996; Kohlbrecher 1990; Kohlheimer 1990; Kotthoff/Wodak 1997; Tannen 1990, 1994; Veiel/Johannes 1991; Wodak 1997) und mithin Lehrerinnen und Lehrern in einem Schulsystem eine Herausforderung (Faulstich-Wieland 2008). In den Projekten IMST und SINUS zeigte es sich als schwierig, Lehrende, die nicht bereits großes Interesse an Thema und damit eine Bewusstheit um die Problematik hatten, für eine Auseinandersetzung zu gewinnen.

Was sind Dimensionen, die eine *geschlechtergerechte* Fachdidaktik in Besonderen im Auge behalten muss? Diese lassen sich unter anderen in die folgenden Aspekte einteilen: a) Lernziele, b) Auswahl der Inhalte, c) Auswahl der Methoden, d) Überprüfung und Feedback (siehe dazu etwa die Kapiteleinteilung bei Lehner 2009).

16.4.1 Lernziele

Ziel einer neueren Naturwissenschaftsdidaktik ist der Erwerb der Scientific Literacy, wie er etwa bei Bybee (2002, S. 35) formuliert wird. Dieser Kompetenzbegriff beinhaltet mehrere Dimensionen, die auch in den PISA-Untersuchungen zur Naturwissenschaft aufgegriffen worden sind (OECD 2006, S. 22). Dabei erwiesen sich (siehe Abschnitt zu den empirischen Ergebnissen) in verschiedenen Ländern Mädchen und Jungen unterschiedlich kompetent in den verschiedenen Bereichen, in manchen Dimensionen waren Mädchen im Schnitt besser, in anderen Jungen. Dies zeigt einerseits, dass 2009 eine Situation besteht, in der Mädchen und Jungen als Gruppe unterschiedliche Kompetenzen in den Naturwissenschaften erwerben. Es zeigt andererseits auch auf, dass ein komplexes Lernziel (oder vielmehr ein Bündel von Zielen, wie es letztlich im Kompetenzbegriff angelegt ist) es ermöglicht, mit unterschiedlichen (Teil-)Kompetenzprofilen und unterschiedlichen Lernwegen *gut* zu sein. Es gilt daher, die unterschiedlichen Teilkompetenzen sichtbarer zu machen und im Kontext des Unterrichts neu zu gewichten. Nicht nur Fachwissen ist entsprechend bedeutsam, sondern auch das Erkennen von möglichen naturwissenschaftlichen Fragestellungen.

16.4.2 Auswahl der Inhalte und Methoden

Die Auswahl der Inhalte soll grundsätzlich das Interesse der Schülerinnen und Schüler erwecken. Hier ist in zahlreichen Interessensstudien (etwa der ROSE-Studie Holstermann/ Bögeholz 2007) festgestellt worden, welche Inhalte besonders Mädchen und welche Jungen ansprechen. Wie bereits oben festgestellt, erklärt die Zuordnung von Interesse und Geschlecht nicht, wie es zu dieser Verknüpfung kommt. Die Ergebnisse für die Unterrichtsentwicklung zu übernehmen, bedeutet einerseits gezielt mögliche Ansatzpunkte als Zugang zum Fach für verschiedene Gruppen von Lernenden zur Verfügung zu stellen, andererseits reifiziert die Verwendung von gruppenspezifischen Interessensfeldern auch wieder die Geschlechtergruppen. Wenn Mädchen oder Jungen mit mehr Interesse und vermutlich auch mehr Vorwissen in den Unterricht hineingehen, kommt es leicht zur Bestätigung und zum Ausbau dieses Status. Es gilt daher einerseits Inhalte zu finden, für die keine systematischen Unterschiede vorliegen und andererseits methodisch und didaktisch die Lernsituationen so zu arrangieren, dass zunächst mit geringen bis keinen Vorerfahrungen eingestiegen werden kann, Wissen und Kompetenzen aufgebaut wird, sodass Vorsprung in einem Teilbereich nicht mehr unmittelbar zu einer Überlegenheit führt.

Letztlich sollte aber im Auge behalten werden, dass Interesse auch immer ein Ergebnis von Lernsituationen ist. Deci und Ryan's Theorie der Selbstdetermination (Deci/Ryan 2002) stellt *Interesse* als Produkt von drei Komponenten vor. a) Soziale Einbindung: Die Lernenden erfahren sich in der Auseinandersetzung mit dem Thema als Teil einer Gruppe, der sie zugehören möchten. b) Autonomieerfahrung: Die Lernenden können in der Auseinandersetzung selbst Entscheidungen treffen, sie haben einen Aktionsspielraum, sind aktive Subjekte. c) Kompetenzerfahrung: Die Lernenden erfahren sich als fähig, entwickeln ein Gefühl ihrer Selbstwirksamkeit.

Entscheidend ist daher die jeweils eingesetzte Methode im Zusammenspiel mit dem Inhalt. Die Theorie der Selbstwirksamkeit aber auch die Lernforschung überhaupt (Boekaerts 2010) zeigen die hohe Bedeutung der Selbsttätigkeit und der Erfahrung der Kompetenz. Ansätze in der Naturwissenschaftsdidaktik wie forschendes Lernen (Barron/Darling-Hammond 2010, Benke 2011), das Konzept von produktiver disziplinärer Auseinandersetzung (Productive Disciplinary Engagement (Engle/Conant 2002) setzen diese Aspekte in konkrete Unterrichtsmethoden um. Zur Aktivierung von Schülerinnen und Schülern wird mithin Projektarbeit und experimentelle Arbeit in unterschiedlicher Form empfohlen (Ornstein 2006), wobei dies oft mit Gruppenarbeiten einhergeht. Aus Sicht einer geschlechtergerechten Didaktik ist dabei vor allem Augenmerk auf die konkrete interaktive Umsetzung zu legen. Vor allem in Gruppenarbeiten kommt es ohne weitere Intervention rasch zu einer stereotypen Rollenaufteilung – Protokolle werden von Mädchen geschrieben, die Durchführung des Experiments selbst von Jungen in Angriff genommen (Benke 2008, Freese 2008). Um dies zu vermeiden, werden auch teilweise geschlechtshomogene Gruppen gebildet (Häußler/Hoffmann 1998). Eine Aufhebung der Koedukation scheint aber nach den Metaanalysen von PISA nicht sinnvoll. Die in der Literatur manchmal angeführten besseren Leistungen sowie das höhere Interesse von Schülerinnen aus reinen Mädchenschulen wird dort auf die besondere Stichprobe zurückgeführt (OECD 2009). International verschwinden diese Vorteile, wenn die oft gegebenen kontextuellen Vorteile (Bildung im Elternhaus) mitberücksichtigt werden. (Vgl. auch den Beitrag von Kampshoff in diesem Band.)

16.4.3 Überprüfung und Feedback

Aus Sicht einer geschlechtergerechten Fachdidaktik gilt es hinsichtlich von Prüfung und Feedback vier Aspekte zu berücksichtigen:

a. Stereotype Wahrnehmungen der Beiträge und stereotype Zuschreibungen von Leistungen (beispielsweise jemand kennt sich aus oder hat etwas auswendig gelernt) durch die Beurteilenden, sowie unterschiedliche Leistungserwartungen.

b. Stereotype Selbstzuschreibungen durch die Lernenden, Stereotype Threat (Osborne 2007): Stereotype Threat beschreibt das Phänomen, dass bei einem Test Gruppen (z. B. Mädchen), die wissen, dass dieser Test im Schnitt von Gruppenmitgliedern schlechter beantwortet wird als von anderen (z. B. Jungen), auch schlechter abschneiden. Wenn ihnen im Vorfeld vermittelt wird, dass bei diesem konkreten Test die Leistung normalerweise gleich wäre, schneiden sie besser ab. In anderen Worten führt die Wahrnehmung aus einer *schlechteren Gruppe* zu sein, auch zu schlechteren eigenen Leistungserwartungen und Leistungen.

c. Unterschiede in der Präferenz in der Bearbeitung von verschiedenen Testformaten. Bei PISA wurden allerdings in Österreich für die Naturwissenschaften keine Unterschiede in der Präferenz für unterschiedliche Antwortformate gefunden. (Schreiner/Schwantner 2009)

d. Mädchen weisen im Schnitt geringere Selbstwirksamkeitsüberzeugungen als Jungen auf. Bei jenen Mädchen und Jungen, auf die das zutrifft, gilt es entsprechend bewusst Rückmeldungen so zu gestalten, dass das Selbstbild gestärkt wird.

Fazit: Eine geschlechtergerechte Fachdidaktik ist eine gute Fachdidaktik, die sich der unterschiedlichen Kontextbedingungen und Eingangsvoraussetzungen (in Wissen, Einstellungen und Erwartungen) von Mädchen und Jungen bewusst ist und daher an einzelnen Punkten gezielte Interventionen setzt, und darüber hinaus das eigene kulturell geformte Handeln kritisch reflektiert.

16.4.4 Empirische Ergebnisse zu Geschlechtsunterschieden in den Naturwissenschaften

Nachdem in den vorherigen Abschnitten die gendergerechte Fachdidaktik in den Blick genommen wurde, soll hier noch einmal der gegenwärtige Kontext, auf den sie zu reagieren hat, vorgestellt werden: Wie schaut die in empirischen Studien festgestellte mehr oder weniger aktuelle Situation mit Blick auf Schule und Naturwissenschaften aus? In den vorliegenden großen quantitativen Studien der letzten Jahre wie TIMSS (Trends in International Mathematics and Science Study) und PISA wird für Leistungs- und Einstellungsindikatoren in den Analyseberichten oft der Unterschied zwischen (allen) Mädchen und (allen) Jungen angegeben (für TIMSS siehe Mullis et al. 2000, S. 32, für PISA OECD 2004, S. 296; 2007, S. 163). So wird der Blick auf Unterschiede zwischen (allen) Mädchen und (allen) Jungen im Sinne eines Differenzmodells gerichtet, ohne eine weitere mögliche Verschränkung mit sozialem Hintergrund, Migrationshintergrund etc. in den Blick zu nehmen. Im Folgenden wird – aus Platzgründen – kurz auf empirische Untersuchungen zur Leistung, zur Motivation sowie zum Unterrichtsgeschehen eingegangen.

16.4.4.1 Leistungen in den Naturwissenschaften

Generell unterstützen die PISA Untersuchungen die Erkenntnisse der Geschlechterforschung: Die gefundenen Unterschiede zwischen Mädchen und Jungen sind gering und variieren beträchtlich zwischen und innerhalb der teilnehmenden Länder (OECD 2007, Tab. 2.1c; 2009). Am stabilsten scheint dabei noch der Vorsprung der Mädchen beim Lesen zu sein.

Das PISA-Framework unterscheidet unterschiedliche naturwissenschaftliche Kompetenzbereiche: Umgang mit den Naturwissenschaften a) Phänomene (natur)wissenschaftlich erklären, b) naturwissenschaftliche Fragestellungen erkennen (etwa im Unterschied zu Wertefragen oder ästhetischen Urteilen), und c) naturwissenschaftliche Daten (Beobachtungen) verwenden. Mädchen zeigten sich im Schnitt besser bei der Erkennung naturwissenschaftlicher Fragestellungen, Jungen bei den Erklärungen; bei der Verwendung von naturwissenschaftlichen Daten fanden sich – im Schnitt der teilnehmenden Länder – keine signifikanten Unterschiede.

Inhaltlich zeigten die Jungen bei physikalischen und chemischen Themen sowie „Erde und Weltall" bessere Ergebnisse; bei „Life Systems" also Biologie und Gesundheitsthemen traten im Schnitt keine Unterschiede auf (OECD 2009, S. 22).

Allgemein zeigte sich bei PISA ein höherer Unterschied in den Leistungen zwischen Mädchen und Jungen innerhalb einzelner Schulformen als innerhalb aller getesteten Schülerinnen und Schüler eines Landes (OECD 2007, Tab. 2.1c). Bezogen auf die Schulform wiesen Jungen für die Naturwissenschaften insgesamt betrachtet bessere Werte auf (um 8 Punkte gegenüber zwei für PISA insgesamt). Für Österreich, Deutschland und die Schweiz steigt dieser Unterschied noch einmal deutlich an (Österreich von 8 auf 16, Deutschland 7 auf 17, Schweiz 6 auf 15). Insgesamt zeichnet sich die Gruppe der Jungen in allen Ländern durch eine größere Unterschiedlichkeit der Leistungen aus, es gibt also eine größere Gruppe von sehr guten und sehr schlechten Jungen. Innerhalb der Schulen (und Klassen) weisen im Schnitt Jungen bessere Werte auf, und zeigen (in PISA) mehr Kompetenz als die Mädchen. Gleichzeitig besuchen Jungen im Schnitt weniger herausfordernde Schulen, sodass sie insgesamt dann wieder ungefähr gleich gute oder gleich schlechte Kenntnisse aufweisen wie die Mädchen. Unterschiede zwischen Mädchen und Jungen ergeben sich damit zu einem großen Teil durch die Schule bzw. die Schulwahl. Welcher Lehrplan mit welcher Komplexität und in welcher Gruppe von Mitschülerinnen und Mitschülern an der jeweiligen Schule unterrichtet wird, bestimmt die naturwissenschaftlichen Kenntnisse.

Dieses Ergebnis bedeutet auch, dass im tagtäglichen Erleben sich im Schnitt (naturwissenschaftliche bzw. auf die Physik und Chemie bezogene) Geschlechterstereotypen bestätigen bzw. auch im tagtäglichen Erleben in den Schulklassen immer wieder neu hergestellt werden: Im direkten Vergleich in den Schulklassen weisen die Jungen im Schnitt höhere Kenntnisse auf (die weniger fähigen Jungen befinden sich eher in anderen – weniger herausfordernden – Schulformen, in denen sie dann im Schnitt wieder besser sind, da die Mädchen bei gleichen Leistungen sich in herausfordernderen Schulformen befinden.)

Zwischen den Ländern bestehen deutliche Unterschiede: während Österreich leistungsmäßig deutlich unter dem OECD Schnitt liegt, zeichnen sich die deutschen Schüler und

16 Gender im naturwissenschaftlichen Unterricht

Schülerinnen durch überdurchschnittliche Leistungen aus. In Deutschland haben sich durch die Bemühungen der letzten Jahre die Ergebnisse deutlich verbessert, der Unterschied zwischen Mädchen und Jungen ist aber annähernd gleich geblieben (Klieme et al. 2010, S. 193). Während sich der Unterricht aus fachdidaktischer Sicht (und entsprechend der Rückmeldungen der Schülerinnen und Schüler) verbessert hat, ist er nicht gendergerechter geworden.

16.4.4.2 Einstellungen

PISA 2006 stellte für viele teilnehmende Länder keine wesentlichen Unterschiede zwischen Mädchen und Jungen in ihren Einstellungen gegenüber den Naturwissenschaften – ihrer Motivation, ihrer Selbstwirksamkeitsüberzeugungen, ihres Interesses und ihrer Freude an den Naturwissenschaften fest, unterstrich aber gleichzeitig die Bedeutung von Variablen wie die Selbstwirksamkeitsüberzeugungen für die Leistungen. So ergab eine Untersuchung in der Schweiz, dass die Geschlechtsunterschiede in den Leistungen gänzlich verschwanden, wenn die Selbstwirksamkeitsüberzeugungen, das Selbstkonzept und die Einstellungen gegenüber Umweltproblemen berücksichtigt wurden (Mariotta 2009).

In Österreich, Deutschland und der Schweiz kann ein deutlicher Unterschied hinsichtlich der instrumentellen Motivation, also der Motivation sich mit Naturwissenschaften auseinander zu setzen, weil man es für wichtig erachtet, um ein Ziel zu erreichen, festgemacht werden. In Deutschland weisen darüber hinaus die Jungen noch eine höhere zukunftsorientierte Motivation auf.

16.4.4.3 Unterrichtspraxis

Eurydice (2006) stellt fest, dass der naturwissenschaftliche Unterricht in Österreich und Deutschland teilweise aktuelle Bezüge vermissen lässt, und (beim Experimentieren) engen Vorgaben folgt. Es wird empfohlen, Schülerinnen und Schülern generell komplexere Aufgaben zu stellen, und mehr Freiräume zu geben, was – nach anderen Untersuchungen – den Unterricht sowohl für Mädchen als auch Jungen attraktiver machen könnte (z. B. Palmer 2009).

16.5 Forschungsperspektiven und Transfer in die Schule

Folgende Fragestellungen scheinen zentral für eine weitere Entwicklung:

1. Das Beispiel von Deutschland zeigt, dass eine *bessere Fachdidaktik* allein nicht automatisch zu einer gendergerechteren Fachdidaktik führt. Die bessere Fachdidaktik muss mit einem Blick für systematische und kulturell in die Schule mitgebrachte Differenzen einhergehen. Viele Antworten und gewünschte Handlungspraxen sind bekannt; offen ist aber, wie man Lehrende erreicht, sie in Fortbildungen zu einer fruchtbaren Auseinandersetzung anleiten kann. Dazu braucht es eine konsequentere Darstellung auch der Negativerfahrungen in der Literatur.

2. Mit der ROSE Studie (siehe den Beitrag von Lembens und Bartosch in diesem Band), aber auch den TIMSS und PISA Studien liegen zahlreiche empirische Befunde hinsichtlich von Unterschieden in Leistungen und Interessen vor. Hier braucht es tiefergehende Untersuchungen zur Entstehung von Interesse und Selbstwirksamkeitsüberzeugungen sowie wie Schule diese mitgestalten kann (z. B. Hoffmann 2002), wie bereits Osborn, Simon und Collins (2003) feststellten. Dabei sollte insbesondere die Grundschule verstärkt in den Blick genommen werden.

Literatur

Arbeitsgruppe Chemiedidaktik der Universität Jena (Hrsg.) (o. J.): Online: http://www.chemiedidaktik.uni-jena.de/Projekte/Chemie+in+der+DDR.html, 02.02.2012.

Barron, Brigid/Darling-Hammond, Linda (2010): Prospects and challenges for inquiry-based approaches to learning. In: Dumont, Hanna/Istance, David/Benavides, Francisco (Hrsg.): The Nature of Learning: OECD, S. 199–225.

Benke, Gertraud (2008): „… und dann haben sie auch wieder Spaß am Lernen." Laborunterricht aus der Sicht von Schülerinnen und Schülern. In: Rauch, Franz/Kreis, Isolde (Hrsg.): Lernen durch fachbezogene Schulentwicklung. Schulen gestalten Schwerpunkte in den Naturwissenschaften, Informatik und Mathematik. Innsbruck, Wien, München: Studienverlag, S. 193–209.

Benke, Gertraud (2011): Forschendes Lernen in Europa. Erziehung und Unterricht(3+4), S. 284–288.

Boekaerts, Monique (2010): The crucial role of motivation and emotion in classroom learning. In: Dumont, Hanna/Istance, David/Benavides, Francisco (Hrsg.): The Nature of Learning: OECD, S. 91–111.

Bybee, Rodger W. (2002): Scientific Literacy – Mythos oder Realität. In: Gräber, Wolfgang/Nentwig, Peter/Koballa, Thomas/Evans, Robert (Hrsg.): Scientific Literacy. Der Beitrag der Naturwissenschaften zur Allgemeinen Bildung. Opladen: Leske + Budrich, S. 21–43.

Ceci, Stephen J. /Williams, Wendy M./Barnett, Susan M. (2009): Women's Underrepresentation in Science: Sociocultural and Biological Considerations. Psychological Bulletin, 135(2), S. 218–261.

Coates, Jennifer (Ed.) (1998): Language and Gender. A Reader. Malden: MA: Blackwell.

Deci, E. L./Ryan, R. M. (2002): Overview of self-determination theory: An organismic dialectical perspective. In: Deci, Edward L./Ryan, Richard M. (Hrsg.): Handbook of self-determination research. Rochester: University of Rochester Press, S. 3–33.

Dresel, Markus/Schober, Barbara/Ziegler, Albert (2007): Golem und Pygmalion. Scheitert die Chancengleichheit von Mädchen im mathematisch-naturwissenschaftlich-technischen Bereich am geschlechtsstereotypen Denken der Eltern? In: Ludwig, Peter H./Ludwig, Heidrun (Hrsg.): Erwartungen in himmelblau und rosarot. Effekte, Determinanten und Konsequenzen von Geschlechterdifferenzen in der Schule. Weinheim, München: Juventa, S. 61–81.

Engle, Randi A./Conant, Faith R. (2002): Guiding Principles for Fostering Productive Disciplinary Engagement: Explaining an Emergent Argument in a Community of Learners Classroom. Cognition and Instruction, 20(4), S. 399–483.

Eurydice (2006): Science teaching in schools in Europe. Policies and research. Brussels: Eurydice.

Faulstich-Wieland, Hannelore (2008): Geschlechtergerechter naturwissenschaftlicher Unterricht – Unterrichtsszenen. In: Faulstich-Wieland, Hannelore/Willems, Katharina/Feltz, Nina/Freese, Urte/Läzer, Katrin Luise (Hrsg.): GENUS – geschlechtergerechter naturwissenschaftlicher Unterricht in der Sekundarstufe I. Bad Heilbrunn: Julius Klinkhardt, S. 29–60.

Faulstich-Wieland, Hannelore/Willems, Katharina/Feltz, Nina (2008): Einleitung: Das Projekt GE-NUS. In: Faulstich-Wieland, Hannelore/Willems, Katharina/Feltz, Nina/Freese, Urte/Läzer, Katrin Luise (Hrsg.): GENUS – Geschlechtergerechter naturwissenschaftlicher Unterricht in der Sekundarstufe I. Bad Heilbrunn: Julius Klinkhardt, S. 9–15.

Fetzer, Anita/Glöckner-Rist, Angelika/Mischau, Anina (1999): Soziale Indentitäten versus Geschlechtsidentitäten. Mannheim: ZUMA-Arbeitsbericht 99/5.

Freese, Urte (2008): Geschlechtergerechte Experimente im Chemieunterricht? In: Faulstich-Wieland, Hannelore/Willems, Katharina/Feltz, Nina/Freese, Urte/Läzer, Katrin Luise (Hrsg.): GENUS – geschlechtergerechter naturwissenschaftlicher Unterricht in der Sekundarstufe I. Bad Heilbrunn: Julius Klinkhardt, S. 61–70.

Greenwood, Alice (1996): Floor management and power strategies in adolescent conversation. In: Bergvall, Victoria L./Bing, Janet M./Freed, Alice F. (Hrsg.): Rethinking Language and Gender Research. Theory and Practice. London: Longman, S. 77–97.

Häußler, Peter/Hoffmann, Lore (1998): Chancengleichheit für Mädchen im Physikunterricht – Ergebnisse eines erweiterten BLK-Modellversuchs. Zeitschrift für Didaktik der Naturwissenschaften, 4(1), S. 51–67.

High Level Group on Science Education (2007): Science Education Now: A Renewed Pedagogy for the Future of Europe: European Commission. Directorate-General for Research. Science, Economy and Society.

Hoffmann, Lore (2002): Promoting girls' interest and achievement in physics classes for beginners. Learning and Instruction, 12, S. 447–465.

Holstermann, Nina/Bögeholz, Susanne (2007): Interesse von Jungen und Mädchen an naturwissenschaftlichen Themen am Ende der Sekundarstufe I. In: Zeitschrift für Didaktik der Naturwissenschaften, 13, S. 71–86.

Keller, Evelyn Fox (1985): Reflections on Gender and Science. New Haven: Yale UP.

Klieme, Eckhard/Artelt, Cordula/Hartig, Johannes/Jude, Nina/Köller, Olaf/Prenzel, Manfred et al. (Hrsg.) (2010): PISA 2009. Bilanz nach einem Jahrzehnt. Münster: Waxmann.

Klös, Hans-Peter (2009): „MINT-Lücke" und MINT-Indikatoren in Deutschland. Institut der deutschen Wirtschaft Köln. Online: www.iwkoeln.de/Portals/0/pdf/.../20_07_09_Statement_MINT.pdf, 25.2.2012.

Kohlbrecher, Ludwig (1990): Differenzen. Untersuchungen zum Sprachbau der Geschlechter. Frankfurt a. M.: Peter Lang.

Kohlheimer, Anita (1990): Geschlechtsspezifisches Sprachverhalten in gemischten Schulklassen. Unpublished Diplomarbeit, Universität Wien, Wien.

Kotthoff, Helga/Wodak, Ruth (Eds.) (1997): Communicating Gender in Context. Amsterdam: PA: Benjamins.

Krainer, Konrad (2007): Die Programme IMST und SINUS: Reflexionen über Ansatz, Wirkungen und Weiterentwicklungen. In: Höttecke, Dietmar (Hrsg.): Naturwissenschaftliche Bildung im internationalen Vergleich. Gesellschaft für Didaktik der Chemie und Physik. Tagungsband der Jahrestagung 2006 in Bern. Münster: LIT Verlag, S. 20–48.

Lehner, Martin (2009): Allgemeine Didaktik. Bern, Stuttgart, Wien: Haupt Verlag.

Mariotta, Myrta (2009): Analysen zu Geschlechterdifferenzen in den naturwissenschaftlichen Kompetenzen. In: Moser, Urs/Angelone, Domenico/Brühwiler, Christian/Kis-Fedi, Patrizia/Buccheri, Grazia/Mariotta, Myrta/Nidegger, Christian/Moreau, Jean/Gingins, François (Hrsg.): PISA 2006: Analysen zum Kompetenzbereich Naturwissenschaften. Neuchatel: Bundesamt für Statistik, S. 79–92.

Mullis, Ina V./Martin, Michael O./Fierros, Edward G./Goldberg, Amie L./Stemler, Steven E. (2000): Gender Differences in Achievement. IEA's Third International Mathematics and Science Study (TIMSS). Chestnut Hill: TIMSS International Study Center, Boston College.

Naderer, Ruth/Sauer, Petra/Wieser, Christina (2004): Gleicher Lohn für gleiche und gleichwertige Arbeit. Wien: Bundeskanzleramt – Bundesministerium für Frauen, Medien und öffentlichen Dienst.

Naderer, Ruth/Sauer, Petra/Wieser, Christina (2011): Frauen in Geschäftsführung und Aufsichtsrat. Eine Untersuchung in den TOP 200 Unternehmen. Wien: Arbeiterkammer Wien.

OECD (2003): Bildung auf einen Blick. OECD-Indikatoren 2003: OECD.

OECD (2004): Learning for Tomorrow's World. First Results from PISA 2003.

OECD (2006): Assessing Scientific, Reading and Mathematical Literacy. A Framework for PISA 2006: OECD.

OECD (2007): PISA 2006. Science Competencies for Tomorrow's World. Volume 1: Analysis: OECD.

OECD (2009): Equally Prepared for Life? How 15-year-old boys and girls perform in school. Paris: OECD.

Ornstein, Avi (2006): The Frequency of Hands-On Experimentation and Student Attitudes Toward Science: A Statistically Significant Relation. In: Journal of Science Education and Technology, 15(3), S. 285–297.

Osborne, Jason W. (2007): Linking Stereotype Threat and Anxiety. In: Educational Psychology, 27(1), S. 135–154.

Osborne, Jonathan/Simon, Shirley/Collins, Sue (2003): Attitudes towards science: a review of literature and its implications. In: International Journal of Science Education, 25(9), S. 1049–1079.

Ostermeier, Christian (2004): Kooperative Qualitätsentwicklung in Schulnetzwerken. Eine empirische Studie am Beispiel des BLK-Modellversuchsprogramms „Steigerung der Effizienz des mathematisch-naturwissenschaftlichen Unterrichts" (SINUS). Münster: Waxmann.

Palmer, David H. (2009): Student Interest Generated During an Inquiry Skills Lesson. In: Journal of Research in Science Teaching, 46(2), S. 147–165.

Paseka, Angelika (2008): Wie Kinder zu Mädchen und Buben werden. Einige Erkenntnisse aus der Sozialisations- und Geschlechterforschung. In: Buchmayr, Maria (Hrsg.): Geschlecht lernen. Innsbruck: Studienverlag, S. 15–31.

Prechtl, Markus (2005): "Doing Gender" im Chemieunterricht. Zum Problem der Konstruktion von Geschlechterdifferenz – Analyse, Reflexion und mögliche Konsequenzen für die Lehre von Chemie. Universität zu Köln, Köln.

Prengel, Annedore (1993): Pädagogik der Vielfalt. Verschiedenheit und Gleichberechtigung in Interkultureller, Feministischer und Integrativer Pädagogik. Wiesbaden: VS Verlag für Sozialwissenschaften.

Prenzel, Manfred/Carstensen, Claus H./Senkbeil, Martin/Ostermeier, Christian/Seidl, Tina (2005): Wie schneiden SINUS-Schulen bei PISA ab? Ergebnisse der Evaluation eines Modellversuchsprogramms. In: Zeitschrift für Erziehungswissenschaft(4), S. 540–561.

Scheuer, R. (2002): Konzeption und Erprobung einer Lehrerfortbildung zum Konzept der Alltagschemie am Beispiel des GDCh-Kurses „Textilien/Kleidung – sich richtig kleiden lernen". Universität Essen.

Schreiner, Claudia/Schwantner, Ursula (Eds.) (2009): PISA 2006. Österreichischer Expertenbericht zum Naturwissenschafts-Schwerpunkt. Graz: Leykam

Seidel, Tina/Prenzel, Manfred/Wittwer, Jörg/Schwindt, Katharina (2007): Unterricht in den Naturwissenschaften. In: Deutschland, PISA-Konsortium (Hrsg.): PISA 2006. Die Ergebnisse der dritten internationalen Vergleichsstudie. Münster: Waxmann, S. 147–179.

Stadler, Helga/Hackl, Beate/Krumphals, Ingrid (2011): Gender-Aspekte im Physik-Unterricht der Sekundarstufe I und II – eine vergleichende Studie zur Situation in Österreich und Irland. Wien.

Stadler, Matthias/Ostermeier, Christian (2004): BLK-Programm SINUS-Transfer „Steigerung der Effizienz des mathematisch- naturwissenschaftlichen Unterrichts". Zwischenbericht. Kiel: IPN.

Tannen, Deborah (1990): Du kannst mich einfach nicht verstehen. Hamburg: Kabel.

Tannen, Deborah (1994): Gender and Discourse. New York, Oxford: Oxford University Press.

Veiel, Hans O. F./Johannes, Herrle (1991): Geschlechtsspezifische Strukturen sozialer Unterstützungsnetzwerke. In: Zeitschrift für Soziologie, 20(3), S. 237–245.

Vogt, Helmut/Krüger, Dirk (2007): Theorien in der biologiedidaktischen Forschung: Ein Handbuch für Lehramtsstudenten und Doktoranten. Berlin, Heidelberg: Springer.

Willems, Katharina (2008): Ist Physik nur was für Jungs? Blicke auf Fachimages und Konstruktionsprozesse im Unterrichtsfach Physik. In: Faulstich-Wieland, Hannelore/Willems, Katharina/Feltz, Nina/Freese, Urte/Läzer, Katrin Luise (Hrsg.): GENUS – geschlechtergerechter naturwissenschaftlicher Unterricht in der Sekundarstufe I. Bad Heilbrunn: Julius Klinkhardt, S. 17–28.

Willer, Jörg (2003): Didaktik des Physikunterrichts. Frankfurt a. M.: Harri Deutsch Verlag.

Wodak, Ruth (1997): Introduction: Some important issues in the research of gender and discourse. In: Wodak, Ruth (Hrsg.): Gender and Discourse. London: Sage, S. 1–20.

Zeyer, Albert (2005): Szientismus im naturwissenschaftlichen Unterricht? Konsequenzen aus der politischen Philosophie von John Rawls. In: Zeitschrift für Didaktik der Naturwissenschaften, 11, S. 193–206.

Geschlechterforschung und Politikdidaktik

17

Christian Boeser

Seit der ersten Rede einer Frau, Marie Juchacz, in einem deutschen Parlament im Jahre 1919 hat sich hinsichtlich der politischen Repräsentanz von Frauen in der Politik viel getan: Der Frauenanteil im Deutschen Bundestag liegt nach der Bundestagswahl 2009 bei 32,8 %, mit Angela Merkel wurde im Jahr 2000 eine Frau zur Bundesvorsitzenden einer Volkspartei und im Jahr 2004 zur Bundeskanzlerin gewählt, in zwei Bundesländern konnten Frauen das Amt der Ministerpräsidentin erringen und Frauen sind mittlerweile als Ministerinnen auch in traditionell männliche Domänen, wie das Justiz- oder Arbeitsministerium, vorgedrungen. Oberflächlich betrachtet, könnte man meinen, die Frage nach einer gleichberechtigten Partizipation von Frauen in der Politik sei nicht mehr von Relevanz oder werde sich zumindest in den nächsten Jahren erübrigen. Ausgangspunkt dieses Beitrages ist, dass dies mitnichten der Fall ist. Vielmehr wird hier begründet, warum die Ermutigung von Frauen für die Politik Aufgabe der politischen Bildung sein sollte. Dazu wird zunächst der Status Quo zu Frauen und Politik zusammengestellt. Im zweiten Schritt wird gefragt, ob es heute noch geschlechtstypische Zumutungen für Frauen auf dem Weg in die Politik bzw. in der Politik gibt. Die Fragen, wie Frauen in die Politik gekommen sind und sich dort durchsetzen konnten, schließen sich an. Auf dieser Grundlage wird die fachdidaktische Problematik reflektiert, ob es Aufgabe der Politischen Bildung sein kann, insbesondere Schülerinnen zu politischem Engagement zu ermutigen. Der Forschungsstand zum Bestehen geschlechtstypischer Interessen, geschlechtstypischer Fachkulturen sowie geschlechtstypischer Lernbedürfnisse schafft schließlich die Basis für die Frage, wie Gender im Politikunterricht thematisiert werden kann.

C. Boeser (✉)
Universität Augsburg, Philosophisch-sozialwissenschaftliche Fakultät,
Universitätsstraße 10, 86159 Augsburg, Deutschland
E-Mail: christian.boeser@phil.uni-augsburg.de

M. Kampshoff, C. Wiepcke (Hrsg.), *Handbuch Geschlechterforschung und Fachdidaktik*, 229
DOI 10.1007/978-3-531-18984-0_17,
© VS Verlag für Sozialwissenschaften | Springer Fachmedien Wiesbaden 2012

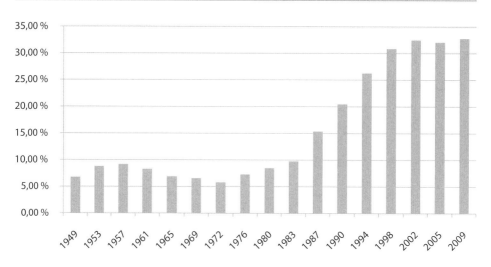

Abb. 17.1 Entwicklung des Frauenanteils im Deutschen Bundestag (Quelle: Boeser 2010, S. 51)

17.1 Frauen und Politik – Status Quo

„Geschlechterdemokratie ist dann erreicht, wenn Männer und Frauen dauerhaft gleichberechtigt an politischen Entscheidungen und an gesellschaftlichen Ressourcen teilhaben" (Hoppe 2004, S. 5). Betrachtet man hierzu zwei Indikatoren, die Repräsentanz von Frauen im deutschen Bundestag und den Anteil von Frauen in deutschen Parteien, wird deutlich, dass Geschlechterdemokratie bislang nicht verwirklicht wurde. Bezogen auf den Bundestag zeigt sich seit 1998 eine Stagnation des Frauenanteils zwischen 30–35 % (siehe Abb. 17.1).

Für Parteien lässt sich feststellen, dass der Frauenanteil in den meisten Parteien sogar geringer ist, als in der jeweiligen Bundestagsfraktion (siehe Tab. 17.1; die Angaben stammen aus Rechenschaftsberichten bzw. Mitteilungen der Geschäftsstellen aus dem Jahre 2009).

Beate Hoecker, die sich seit über 20 Jahren mit dem Thema Frauen in der Politik befasst, kommt zu dem Fazit: „Mit Beginn des 21. Jahrhunderts kam der Vormarsch von Frauen in der Politik [...] weitgehend zum Erliegen" (Hoecker 2008, S. 14). Diese Einschätzung lässt sich auch damit begründen, dass sich der Frauenanteil auf der kommunalen Ebene, die oftmals am Anfang einer landes- oder bundespolitischen Karriere steht, gerade bei 25 % liegt (Kletzing 2009, S. 22).

Die beschriebene Stagnation wird u. a. mit typischen Zumutungen für Frauen in der Politik erklärt.

17 Geschlechterforschung und Politikdidaktik

Tab. 17.1 Frauenanteil in Parteien und Bundestagsfraktionen. (Quelle: Boeser 2010, S. 51)

	Frauenanteil Gesamtpartei	Frauenanteil Fraktion Bundestag
CDU	25,2 %	22 %
CSU	18,9 %	13 %
SPD	31,18 %	34 %
Linke	37,70 %	53 %
FDP	22,66 %	25 %
GRÜNE	36–37 %	54 %

17.2 Als Frau in der Politik – typische Zumutungen

Die Sozialwissenschaftlerin Holtz-Bacha sieht bis heute zwei Herausforderungen für Frauen in der Politik, die im Folgenden behandelt werden: „Politikerinnen […] müssen, wenn sie in der Politik bestehen und Karriere machen wollen, an zwei Fronten kämpfen, gegenüber der Männerwelt der Politik und der des Journalismus" (Holtz-Bacha 2007, S. 14).

Die Annahme, dass Politik eine Männerdomäne war und bis heute ist, wird darauf zurück geführt, dass Frauen in der Phase, in der sich die demokratischen Institutionen herausbildeten, von diesen ausgeschlossen waren: Frauen bekamen erst Jahrzehnte nach den Männern die politischen Grundrechte. Bis zum Jahre 1908 verbot das preußische Vereinsgesetz von 1850 den Frauen die Mitgliedschaft in Parteien. Erst 1918 wurde den Frauen durch die Weimarer Reichsverfassung das aktive und passive Wahlrecht zugestanden. Durch die Ausgrenzung in der Phase, in der die politischen Institutionen, Strukturen und Rahmenbedingungen geschaffen wurden, haben sich, so die These, in der Politik männlich geprägte Verhaltensmuster und Wertvorstellungen entwickelt, die als „kulturelle Normen bis in unsere Tage wirksam sind" (Schaeffer-Hegel 1990, S. 162).

Die nach wie vor bestehende männliche Prägung institutionalisierter Politik zeigt sich in den typischen politischen Karrieremustern, die auch heute noch Konsequenzen für Frauen haben: So ist der Anteil allein stehender Politikerinnen im Bundestag weit überdurchschnittlich, der Anteil verheirateter Frauen mit Kindern dagegen unterdurchschnittlich (Hoecker 2008, S. 16). Frauen müssen sich bis heute mit den politischen Konsequenzen ihres Frauseins auseinandersetzen – den „political consequences of being a women" (Holtz-Bacha 2007, S. 13). Auch befinden sich Frauen in einer *double-bind*-Situation, die kaum aufzulösen ist: „Geben sich die Frauen kühl, kalkulierend und aggressiv, wie es das politische Geschäft verlangt, riskieren sie die Ablehnung als ‚Mannweiber'; empfehlen sie sich mit vermeintlich weiblichen Eigenschaften, gelten sie als ungeeignet für die schweren Herausforderungen der Politik (Holtz-Bacha 2009, S. 3).

Auch jüngste wissenschaftliche Untersuchungen sehen hier keine grundlegenden Änderungen: Isabelle Kürschner, die sich in ihrer Dissertation mit Frauen in der CSU beschäftigt hat, kommt zu dem Fazit: „Parteiübergreifend bedarf es eines besonders hohen Maßes an Anpassung von Seiten der Frauen, um sich im jahrhundertelang männlich geprägten Politikgeschäft zu behaupten" (Kürschner 2009, S. 21).

Wie sieht vor diesem Hintergrund die aktuelle Situation der Berichterstattung über Frauen in der Politik aus? Ist es zutreffend auch hier von einer Männerwelt zu sprechen?

Die öffentliche Wahrnehmung von Frauen in der Politik wird maßgeblich durch den politischen Journalismus geprägt. Gibt es hier eine geschlechtstypische Diskriminierung? Gnändiger schlägt für Journalisten, um dieser Problematik Rechnung zu tragen, Folgendes vor: „Der Autor sollte den Namen der betreffenden Politikerin durch den eines ähnlich positionierten Politikers ersetzen und den Text noch einmal lesen. Fallen irgendwelche Besonderheiten auf? Stolpert man plötzlich über ungewöhnliche Formulierungen?" (Gnändiger 2007, S. 138). Am Beispiel eines Textes über eine Politikerin kann demonstriert werden, wie befremdlich der gleiche Inhalt wäre, würde es um einen Mann gehen, so z. B. bei Meyer (2009): „Nachts, wenn der Generalsekretär weint". Meyer (2009) fragt in einer bis zur Gegenwart gehenden Analyse des politischen Journalismus, ob es eine „Entwicklung hin zu mehr Sachlichkeit und weniger geschlechterbezogener Berichterstattung" gegeben habe (ebd., S. 9), was sie bejaht. Allerdings formuliert sie zwei wichtige Einschränkungen. Zum einen betont sie: „Politikerinnen, die *keine* frauenpolitischen Forderungen erheben, werden durchweg positiver dargestellt als bekennende Feministinnen" (ebd., S. 14, Herv. i. O.). Zum anderen kommt sie zu einer eher pessimistischen Prognose: „In dem Maße, in dem die trivialsierte Mediennutzung steigt, können traditionelle Rollenzuschreibungen und Vorurteile gegenüber Politikerinnen möglicherweise wieder an Bedeutung gewinnen" (ebd., S. 15). Bemerkenswert ist hier auch die aktuelle Studie von Gnändiger (2007). Sie konstatiert, dass selbst in seriösen Tages- und Wochenblättern „Vorurteile und Trivialisierungen" (ebd., S. 135) stecken. Beispielsweise würden durch die häufig verwendete Anredeform ‚Frau' bei der Benennung einer Politikerin, Frauen „als von der Norm abweichend dargestellt, als Eindringlinge in einem Bereich, in dem ihr Geschlecht besonderer Kennzeichnung bedarf" (ebd., S. 136).

Als Zwischenfazit lässt sich festhalten: Politik ist für Frauen bis heute eine männlich konnotierte Domäne, wozu auch der politische Journalismus beiträgt. Vor diesem Hintergrund sind die Wege von Frauen in die Politik interessant.

17.3 Wege von Frauen in die Politik

Seit den 1990er Jahren gibt es einige empirische Studien, die den Weg von Frauen in die Politik nachzeichnen (siehe den Überblick bei Boeser 2002, S. 50 ff.). Biographisch bedeutsam ist, so ein wichtiges Ergebnis, insbesondere das Elternhaus. Dies gilt sowohl für das politische Interesse der Eltern als auch für die Rolle der Mütter, die durch ihre auch außerhäusliche Orientierung deutlich machen, dass Verantwortungsübernahme für Frauen außerhalb der Familie selbstverständlich ist. Des Weiteren ist vielen Politikerinnen gemeinsam, dass sie sich bereits früh engagiert haben, sei es innerhalb der Schule oder in Jugendverbänden.

Die Bedeutung frühen Engagements wird auch in der jüngsten umfassenden Studie bestätigt: Im Auftrag des Bundesministeriums für Familie, Senioren, Frauen und Jugend wurden 1.100 ehrenamtliche und hauptamtliche Kommunalpolitikerinnen aus über 500 repräsentativ ausgewählten Kommunen befragt (Kletzing/Lukoschat 2010). Ein Fazit der

17 Geschlechterforschung und Politikdidaktik

Studie: „Die zivilgesellschaftlich engagierten Frauen von heute sind die Kommunalpolitikerinnen von morgen" (Kletzing 2010, S. 23). Bedeutsam, so die Ergebnisse der Studie, ist ferner die Unterstützung durch den Lebenspartner (ebd., S. 23) sowie die gezielte Ansprache: 30 % der Kommunalpolitikerinnen betonen, sie seien „einfach so hineingerutscht" (ebd.). Die direkte Aufforderung zu kommunal- bzw. parteipolitischem Engagement und die Motivation zur Übernahme eines Mandates kommen dabei oftmals aus den Parteien selbst, was zunächst widersprüchlich erscheint, wenn man die Ausführungen zur Politik als männliche Domäne betrachtet. Erklären lässt sich dies mit der Frauenquote, die mittlerweile (mit Ausnahme der FDP) in allen Parteien verbindlich gilt. Zugespitzt kann man folgern: Eine verbindliche Quote zwingt die Parteien zu einer Kultur der Ermutigung, sei es, dass zivilgesellschaftlich engagierte Frauen für kommunalpolitisches Engagement geworben werden oder sei es, dass Frauen in den Parteien gezielt zur Übernahme von Ämtern und Mandaten motiviert werden. Quoten finden allerdings dort ihre Grenze, wo die Diskrepanz zwischen Mitgliederanteil und Repräsentation bei der parteiinternen Aufstellung von Kandidatinnen und Kandidaten zu groß wird: Wenn Frauen im Deutschen Bundestag im Verhältnis zu ihrem Anteil an Parteimitgliedern in Deutschland überrepräsentiert sind, folgt daraus, dass die theoretischen Chancen eines weiblichen Parteimitglieds, ein Bundestagsmandat zu erreichen, höher sind als bei männlichen Mitgliedern (was letztere auf Dauer kaum tolerieren werden). Die beschriebene Stagnation des Frauenanteils im Deutschen Bundestag wird sich deshalb nur dann überwinden lassen, wenn sich der Frauenanteil auch in den Parteien erhöht.

Bislang lässt sich aus den bestehenden Studien zu Frauen in der Politik keine Bedeutung von institutionalisierter Bildung allgemein oder politischer Bildung konkret für die Motivation zu politischem Engagement ableiten. Vielmehr gibt es Hinweise, dass es der politischen Bildung bislang nicht gelingt, die bei jungen Frauen durchaus vorhandene Partizipationsbereitschaft zu fördern. Innerhalb der Fachdidaktik wird sogar von verschiedenen Wissenschaftlerinnen und Wissenschaftlern die These formuliert, die gegenwärtige (politische) Sozialisation befähige und ermutige Mädchen und Frauen nur unzureichend dazu, politisch aktiv zu werden (Boeser 2010, S. 56). Zugespitzt wurde in diesem Zusammenhang die These formuliert, dass im Laufe der Sozialisation von Mädchen „eine geschlechtstypische Entpolitisierung" stattfinde, d. h. im Sozialisationsprozess werde „ein Verständnis des Politischen tradiert, erschlossen und konstituiert", welches sich bei Mädchen und Frauen negativ auf die Entwicklung politischen Interesses auswirke (Richter 1993, S. 42; ähnlich argumentieren auch Hoppe 1996, S. 166 f.; Reinhardt/Tillmann 2001, S. 4).

17.4 Ermutigung als Aufgabe politischer Bildung?

Die Frage, ob es explizit Aufgabe der politischen Bildung sein soll, Schülerinnen zu politischem Engagement zu ermutigen, ist für die Fachdidaktik keine einfache, da die Förderung der habituellen Kompetenz, also konkret der Bereitschaft zu politischem Engagement strittig ist. In einem Interviewbuch mit den bedeutendsten Vertreterinnen und Vertretern der Fachdidaktik heißt es in der Zusammenfassung: „Ob Handlungs*bereitschaft*Ziel Politischer Bildung sein kann und soll, wo genau die Grenze zur Mission überschritten wird und mit welchen Methoden ggf. Handlungsbereitschaft erreicht werden könnte, ist noch lange nicht ausdiskutiert" (Pohl 2007, S. 321, Herv. i. O.).

Worum geht es bei dieser Kontroverse? In der Politikdidaktik wird zwischen drei Leitbildern für Bürgerinnen und Bürger unterschieden, der urteilsfähigen Zuschauerin/dem urteilsfähigen Zuschauer, der interventionsfähigen Bürgerin/dem interventionsfähigen Bürger und der Aktivbürgerin/dem Aktivbürger (z. B. Detjen 2007, S. 215 ff.). Die urteilsfähige Zuschauerin und der urteilsfähige Zuschauer verfügen über die Kompetenz, sich eine begründete Meinung zu politischen Themen zu bilden und diese insbesondere bei Wahlen zum Ausdruck zu bringen. Ganz anders die Aktivbürgerin und der Aktivbürger: Diese engagieren sich auch jenseits von Wahlen beispielsweise in Parteien, Verbänden oder Initiativen für ihre Interessen. Die interventionsfähige Bürgerin und der interventionsfähige Bürger stehen dazwischen: Sie sind nicht fortwährend politisch aktiv, sondern können lange Zeit in ihrem Verhalten dem reflektiert Zuschauenden entsprechen. Allerdings verfügen sie über die Fähigkeiten, sich bei Bedarf (z. B. wenn ihnen ein politisches Anliegen sehr wichtig wird) politisch einzubringen, entsprächen dann in ihrem Verhalten zumindest zeitweise der Aktivbürgerin und dem Aktivbürger.

Der Konsens innerhalb der Politikdidaktik lässt sich aus dem 2004 veröffentlichten Entwurf für nationale Bildungsstandards für den Fachunterricht an Schulen der Gesellschaft für Politikdidaktik und politische Jugend- und Erwachsenenbildung (GPJE) ableiten. Neben methodischen Fähigkeiten, die das selbständige politische Lernen ermöglichen sollen, nennt der Entwurf zwei zentrale Kompetenzbereiche: die Politische Urteilsfähigkeit und die Politische Handlungsfähigkeit (Gesellschaft für Politikdidaktik und Politische Jugend- und Erwachsenenbildung (GPJE) 2004, S. 13–18). Bezogen auf die genannten Leitbilder entspricht die Förderung der Politischen Urteilsfähigkeit dem Ziel der urteilsfähigen Zuschauerin/des urteilsfähigen Zuschauers. Der Entwurf geht mit dem Kompetenzbereich Politische Handlungsfähigkeit allerdings darüber hinaus und orientiert sich damit am Leitbild der interventionsfähigen Bürgerin/des interventionsfähigen Bürgers. Die Förderung der Handlungsbereitschaft ist damit aber explizit nicht als zu fördernde Kompetenz benannt. Die Ermutigung von Frauen für die Politik wäre folglich nicht Aufgabe der politischen Bildung.

Wie lässt sich die Förderung der habituellen Kompetenz vor diesem Hintergrund legitimieren? Zentrales Ziel geschlechtergerechter politischer Bildung ist zur Verwirklichung einer Geschlechterdemokratie im oben beschriebenen Sinne beizutragen. In der Kontroverse um die angemessene politische Gleichstellungsstrategie konnte zwischen drei Diskursen differenziert werden (Hoppe 1996, S. 144):

1. Gleichheitsdiskurs: Frauen übernehmen die ‚männliche' Art der Politikgestaltung, passen sich also an die gegebenen Strukturen an.
2. Radikal-feministischer Diskurs: Frauen schaffen sich ihre eigenen politischen und autonomen Räume.
3. Diskurs der Offenheit: Frauen streben gemeinsam mit Männern eine Annäherung von ‚männlicher' und ‚weiblicher' Lebensführung und Politikgestaltung an.

Innerhalb der Fachdidaktik ist der Diskurs der Offenheit aktuell der bedeutendste, aus dem sich für die Didaktik der Ansatz versteckter Potenziale ableiten lässt: Hier wird davon ausgegangen, dass der Sozialisationsprozess im System der kulturell konstruierten Zweigeschlechtlichkeit die Potenziale beider Geschlechter selektiv abruft und fördert. Deutlich wird dies in folgender Definition: „Geschlechtergerechte Bildung will bei zielgleichem Unterricht die jeweiligen Bedingungen der geschlechterdifferenten Sozialisation berücksichtigen und methodisch oder phasenweise bestimmte Lernprozesse anregen, die auf die spezifischen Lernvoraussetzungen von Mädchen und Jungen Rücksicht nehmen bzw. an ihnen ansetzen" (Kaiser 2008, S. 140).

Betrachtet man vor diesem Hintergrund beispielhaft einige Fähigkeiten, die bei der GPJE dem Kompetenzbereich ‚Politische Handlungsfähigkeit' zugeordnet sind, finden sich sowohl ‚typisch' weibliche als auch ‚typisch' männliche Eigenschaften und damit für beide Geschlechter Herausforderungen (Gesellschaft für Politikdidaktik und Politische Jugend- und Erwachsenenbildung (GPJE) 2004, S. 17):

- in politischen Kontroversen konfliktfähig sein, aber auch Kompromisse schließen können,
- sich im Sinne von Perspektivenwechseln in die Situation, Interessen und Denkweisen anderer Menschen versetzen,
- sich in unterschiedlichen sozialen Situationen und in der Öffentlichkeit angemessen und wirkungsvoll verhalten.

Geschlechtergerechte Bildung will, wie schon ausgeführt, bei Schülerinnen und Schülern die gleichen Ziele (also z. B. die genannten Fähigkeiten) verwirklichen, dabei aber mögliche geschlechtstypische Sozialisationserfahrungen berücksichtigen. Außerordentlich bedeutsam ist es hier, um durchschnittliche Unterschiede zu wissen und gleichzeitig daraus keine Erwartungen an einzelne Individuen abzuleiten. Was bedeutet dies konkret? Politische Handlungsfähigkeit benötigt, je nach Kontext, ebenso die selbstbewusste Artikulation eigener Interessen wie emphatisches Eingehen auf die Interessenslage Anderer bei der Suche nach Lösungen. Geschlechtersensible Lehrkräfte sollten entsprechend gerade auch geschlechteruntypisches Verhalten (z. B. die konfrontative Positionierung einer Schülerin oder das emphatische Verhalten eines Schülers) bewusst wahrnehmen und dieses unter der Voraussetzung verstärken, dass das Verhalten situationsangemessen ist.

Will man den Anspruch ernst nehmen, zur Geschlechterdemokratie beizutragen, muss das Leitbild der interventionsfähigen Bürgerin/des interventionsfähigen Bürgers aufgrund geschlechtsbezogener Sozialisationsunterschiede und typischer Zumutungen für Frauen in der Politik Konsequenzen haben: Wenn Frauen und Männer gleichermaßen interventionsfähig sein sollen, müssen typische Barrieren, wie sie oben dargestellt werden, beachtet werden.

Für die Fachdidaktik relevant ist, dass die anzustrebende Norm der Gleichheit längst nicht verwirklicht und zum Teil auch nicht verinnerlicht ist. Unter der Oberfläche von Gleichheit bestehe nach wie vor, so Mechthild Oechsle und Karin Wetterau, eine hierarchische Strukturierung (Oechsle/Wetterau 2005, S. 2). Dagmar Richter hält es für einen

Irrweg, davon auszugehen, „dass sich die ‚Gleichberechtigung der Geschlechter' als Wert in der Gesellschaft durchgesetzt habe" (Richter 2004, S. 11). Heidrun Hoppe betont zudem, die Enthierarchisierung des Geschlechterverhältnisses stehe noch aus (Hoppe 2004, S. 5). Ein grundsätzliches Problem, das in diesem Zusammenhang von Fachdidaktikerinnen und Fachdidaktikern artikuliert wird, lässt sich in der Frage zusammenfassen: Wird das Feld der institutionalisierten Politik den Männern überlassen? Eng damit verbunden ist die Kontroverse um eine Ausweitung des Politikverständnisses.

17.5 Schülerinnen und Politik: Weniger oder anders interessiert?

Schülerinnen interessieren sich weniger für Politik als Schüler. Dieses Ergebnis findet sich bis heute in Jugendstudien (z. B. Shell Deutschland Holding 2010, S. 133) oder in fachdidaktischen Untersuchungen (z. B. Reinhardt/Tillmann 2001, S. 4). Kritisch wird angemerkt, dass die oftmals als Indikator verwendete Frage – „Interessierst Du Dich für Politik?" – der Komplexität des Gegenstandes möglicherweise nicht gerecht wird. Allerdings zeigt eine empirische Studie, die politisches Interesse in Anlehnung an die Interessenstheorie von Schiefele und Prenzel komplex erfasst, dass das Ergebnis das Gleiche bleibt: Das Interesse von Schülerinnen an Politik ist deutlich geringer als das der Schüler (Boeser 2002, S. 211–215). Indes zeigen sich auch Tendenzen, dass die Unterschiede geringer werden und dass sich die „Gender gap" schließe (Oechsle/Wetterau 2005, S. 3). Tatsächlich finden sich bei der Wahlbeteiligung der letzten Bundestagswahl (2009) keine relevanten Unterschiede mehr.

In der Diskussion um das geringere Interesse von Mädchen an Politik ist immer wieder eingewendet worden, diese würden sich lediglich für das weniger interessieren, was sie mit Politik verbinden. Die Assoziationen mit Politik seien auf Parlamente und Parteien, also institutionalisierte Politik beschränkt. Würde der Politikbegriff erweitert, also auch nicht-institutionalisierte Formen des Politischen erfassen, seien sowohl die Interessens- als auch die Partizipationsunterschiede zwischen den Geschlechtern vernachlässigbar. Exemplarisch wird dies in einer Interviewpassage mit einer Schülerin deutlich (Boeser 2002, S. 170):

Engagierst Du Dich irgendwo politisch?
Nein, eigentlich nicht. […] das interessiert mich irgendwie nicht so überwältigend. Weil ich denke mal, ich habe so in meiner Freizeit schon genügend zu tun, […] Dinge, die mich halt wesentlich mehr interessieren als Politik. […] dadurch dass ich eben weniger interessiert [bin], glaube ich nicht, dass ich jetzt irgendwie bestimmte Standpunkte da vertreten könnte. […] Es gibt auch andere Dinge jetzt, für die ich mich interessiere, wo ich auch glaube, dass die wichtig sind für die Gesellschaft. Aber das hat dann nichts mit Politik zu tun.

Was ist das zum Beispiel?
Ja, das ich zum Beispiel so was wie Greenpeace […], also ich bin dann mehr so Umweltschutz und Tierschutz … Ich denke, dass, darüber sollte man die Gesellschaft eben auch informieren. Und das ist für mich […] persönlich wichtiger, als jetzt, dass ich mich in der Politik engagiere.

Eine Erweiterung des Politikbegriffes, die nahe liegend erscheint, ändert aber nichts an den beschriebenen Unterschieden beim politischen Interesse und der Mitgliedschaft in Parteien. Bereits 1996 weist Richter mit Recht darauf hin, dass es problematisch sei, wenn Frauen lediglich Partizipationsarten wie zeitlich und räumlich begrenzte Initiativen wählen und der parlamentarischen Politik und den gesellschaftlichen Machtzentren fernbleiben, da sich dies für sie selbst negativ auswirke, „indem schlechte bestehende Geschlechterverhältnisse erhalten bleiben" (1996, S. 43).

Ebenso wie sich bis heute ein geschlechtstypisches Partizipationsverhalten feststellen lässt, finden sich Hinweise auf geschlechtstypische Fachkulturen.

17.6 Geschlechtstypische Fachkulturen

Die Annahme geschlechtstypischer Fachkulturen wird insbesondere von Sibylle Reinhardt seit mehreren Jahren pointiert formuliert: „Es gibt unterschiedliche Weltzugänge und Fachkulturen, die sicherlich nicht prinzipiell ans Geschlecht gebunden sind, die aber hier und heute stärker von Mädchen einerseits und von Jungen andererseits gewählt werden. Mädchen bevorzugen eher eine Sichtweise, die mit kommunikativen und interaktiven Prozessen und Problemen zu tun hat, die lebendige Erscheinungen und moralische Wertungen betont. Demgegenüber bevorzugen Jungen eher technische Gegenstände, analytische Verfahrensweisen und erfolgsorientierte Strategien des Handelns" (Reinhardt 2005, S. 219). Reinhardt stützt sich bei ihrer These u. a. auf die qualitative Studie von Weißeno (1989), der unterschiedliche Lernendentypen identifizieren konnte.

Betrachtet man einen aktuellen Forschungsüberblick zu Geschlechterdifferenzen im Bildungssystem, finden sich einige Indikatoren, die diese Annahme stützen (Vereinigung der bayerischen Wirtschaft e. V. 2009):

- Bei der Wahl von Leistungskursen an Gymnasien finden sich Schülerinnen stärker im sprachlich-literarischen Aufgabenfeld, Schüler deutlich stärker im mathematisch-naturwissenschaftlichen (der Unterschied in der Physik ist besonders groß) und etwas stärker im gesellschaftlich-geschichtlichen Aufgabenfeld (ebd., S. 129).
- Ingenieur- und naturwissenschaftliche Fächer werden an der Universität stärker von Männern gewählt, Germanistik und Anglistik stärker von Frauen (ebd., S. 127).

Bezogen auf die Wahl von Studienfächern zeigt sich jedoch auch: „Mit Ausnahme der Germanistik und Anglistik studieren die Frauen […] nicht in erster Linie typische ‚Frauenfächer', sondern vor allem Fächer, die bei Frauen und Männern gleichermaßen bevorzugt werden (ebd.).

Für die Fachdidaktik besonders relevant ist ein Blick auf die Zahlen im Bereich der Politik und Politikdidaktik: Im Wintersemester 2006/2007 haben ca. 1.600 Frauen und ca. 1.900 Männer das Studium der Politik aufgenommen (ebd., S. 128), immerhin 45 % der Studierenden sind also weiblich. An der Justus-Liebig-Universität Gießen waren nach einer Erhebung des Autors im Wintersemester 2009/2010 40 % der Lehramtstudierenden (erstes Semester) für das Fach Politik & Wirtschaft weiblich, bei der Gesamtzahl aller eingeschriebenen Studierenden waren 39 % weiblich.

Geschlechtstypische Fachkulturen bestehen also nach wie vor, die Unterschiede werden aber kleiner, insbesondere auch in der Politik und der Politischen Bildung. Dies ist für die Fachdidaktik auch insofern interessant, als sie lange Zeit einem Gruppenbild mit zwei Damen entsprach: In dem von Pohl (2003) herausgegebenen Interviewband mit führenden Fachdidaktikerinnen und Fachdidaktikern in Deutschland wurden 15 Wissenschaftler und zwei Wissenschaftlerinnen befragt. (In diesem Zusammenhang bemerkenswert, wenn sicherlich auch dem Zufall geschuldet: Bei dem 2010 veröffentlichten Band 9 der GPJE stammen alle sieben vorgestellten Promotionsprojekte von Nachwuchswissenschaftlerinnen.)

Vor diesem Hintergrund ist die Frage relevant, ob in der Politischen Bildung heute noch geschlechtstypische Lernbedürfnisse bestehen.

17.7 Geschlechtstypische Lernbedürfnisse

Geschlechtstypische Lernbedürfnisse lassen sich bezogen auf Inhalte und Methoden sowie hinsichtlich der Zufriedenheit mit dem Politikunterricht diskutieren.

Analog zur These von geschlechtstypischen Fachkulturen wird spätestens seit der schon erwähnten qualitativen Studie von Weißeno die These formuliert, Schülerinnen interessieren sich stärker für soziologische Inhalte des Politikunterrichts und Schüler stärker für explizit politische und wirtschaftliche Themen (z. B. bei Reinhardt 2005, S. 219 und bei Oechsle/Wetterau 2005).

Das größere Interesse von Schülerinnen an soziologischen Themen konnte bislang empirisch nicht bestätigt werden. Anders die Situation bei wirtschaftlichen Themen, hier gibt es eine Studie, die zeigt, dass das Interesse von Schülerinnen an ökonomischen Themen geringer als das der Schüler ist (Klein 2002, S. 16). Bei den eher politikwissenschaftlich geprägten Inhalten konnte eine quantitative Studie an Gymnasien in Bayern keine signifikanten Unterschiede zwischen Schülerinnen und Schülern feststellen (Boeser 2002, S. 233). Allerdings, und dies ist für eine geschlechtergerechte Unterrichtsplanung relevant, finden sich in dieser Studie signifikante geschlechtsbezogene Unterschiede bei verschiedenen Gebieten auf der Policy-Ebene: Schülerinnen interessieren sich stärker für Bildung sowie Tierschutz und Schüler interessieren sich stärker für Außenpolitik, Europapolitik, Parteipolitik, Finanzpolitik sowie Wirtschaftspolitik (Boeser 2002, S. 218). Auch das Wahlverhalten der 18- bis 25-Jährigen bei der Bundestagswahl 2009 deutet auf bestehende Unterschiede hin: Markant sind insbesondere die Differenzen bei der FDP (13,3 % bei den Frauen und 17,3 % bei den Männern), den Grünen (18,9 % bei den Frauen und 12,1 % bei den Männern) und der Piratenpartei (5 % bei den Frauen und 12 % bei den Männern).

17   Geschlechterforschung und Politikdidaktik   239

Hinsichtlich methodischer Bedürfnisse wurden längere Zeit geschlechtstypische Unterschiede postuliert. Bei Richter heißt es: „So lernen und arbeiten Mädchen und Frauen […] lieber in Gruppen. Sie haben ‚dialogische Lernformen' und ein größeres Absicherungsbedürfnis beim Lernen […] Jungen und Männer haben weniger Angst vor Kritik" (Richter 1993, S. 199). Hoppe fordert eine Lernkultur im Politikunterricht, „die auf der personenbezogenen Beziehungs- und Kommunikationsorientierung von Mädchen aufbaut" (Hoppe 1996, S. 173). Reinhardt regt an, durch die Verklammerung moralischer Dilemmata mit gesamtgesellschaftlichen Strukturen und politischen Entscheidungen geschlechtstypischen Zugängen gerecht zu werden: „ein eher kommunikativ-interaktiver Zugang mit starken Ich-Bezügen" solle ergänzt werden „durch einen analytisch-systematischen, distanzierten Zugriff – und umgekehrt" (Reinhardt 1996, S. 69).

Empirisch konnten geschlechtstypische Vorlieben der methodischen Unterrichtsgestaltung kaum nachgewiesen werden, jedoch ist es bemerkenswert, dass Schülerinnen die Methode des Vortrags signifikant stärker ablehnen als Schüler (Boeser 2002, S. 235). Auch konnte gezeigt werden, dass Schülerinnen insgesamt mit der Unterrichtsgestaltung unzufriedener sind als Schüler und sie ihre Aufmerksamkeit und Mitarbeit als vergleichsweise niedrig einschätzen (ebd., S. 256). Außerdem wird die Forderung nach einem anschaulichen Unterricht insbesondere von Schülerinnen vertreten (ebd., S. 255).

Diese Forderung kann man als Bedürfnis nach Kontexten verstehen, welche die Bedeutung eines Themas erkennen lassen. Eine solche Interpretation wird auch durch Ergebnisse aus der Physikdidaktik gestützt, da hier insbesondere die Kontexte von Themen als für Schülerinnen bedeutsam herausgestellt wurden. Lore Hoffmann vom Leibniz-Institut für Pädagogik der Naturwissenschaften (IPN) in Kiel äußert in einem Interview mit der Zeitschrift Polis (2/2004) hierzu: „Wir haben [für das Fach Physik; C. B.] belegen können, dass es entscheidend von der Aufbereitung der Unterrichtsinhalte abhängt, ob das Interesse der Mädchen geweckt wird. Es hat sich gezeigt, dass ein lebensweltlicher Kontext der Unterrichtsinhalte unterstützend wirkt (…) Der Alltagsbezug ist also herzustellen". Das größere Bedürfnis nach Anschaulichkeit und lebensweltlichen Kontexten ist dabei nicht grundsätzlich an ein Geschlecht gebunden sondern – so lässt sich vermuten – dann relevant, wenn die Fachkultur geschlechtsbezogen konnotiert ist.

Heikel wird es jedoch, wenn Lehrpersonen aus vermuteten oder tatsächlichen durchschnittlichen (sic!) Unterschieden hinsichtlich der Themen und Methoden Erwartungen an konkrete Schülerinnen und Schüler ableiten. Kroll (2001) konnte beispielsweise zeigen, dass eine Unterrichtsstunde mit Rollenspielen zum § 218 für Schülerinnen Schwierigkeiten mit sich bringt, wenn die Lehrerin oder der Lehrer unflexibel an seinem geplanten Unterrichtsablauf und seinen geschlechtsbezogenen Erwartungen festhält.

17.8   Gender thematisieren?

Die Thematisierung der Kategorie Gender ist im Unterricht heikel, wenn sie auf Fragen der Ungleichheit und Diskriminierung reduziert wird, da dies mit dem Selbstbild der Schülerinnen kollidiert, gleichgestellt zu sein (Oechsle/Wetterau 2005, S. 4). Es ist hier nötig zwischen der Mikro- und Makroebene zu differenzieren (ebd.): „Auf der individuellen Ebene ist für eine Anerkennung der Besonderheit von Personen, der Vielfalt und Differenzen innerhalb von Geschlechtergruppen […] zu werben. […] Auf gesellschaftsanalytischer Ebene bleiben jedoch Diskriminierungen qua Geschlecht unerkannt, wenn Geschlechtergruppen und Konstruktionsregeln von Geschlechtshierarchien nicht wahrgenommen werden" (Richter 2004, S. 10). Ohne die gesellschaftliche Perspektive kann die individuell empfundene Freiheit, sein Leben als Mann oder Frau unabhängig von Erwartungen qua Geschlecht gestalten zu können, nicht als Illusion entlarvt werden. Denn, es gibt „keine völlige ‚Freiheit' im Doing gender" (Richter 1993, S. 408). Richter nennt für den Unterricht verschiedene Möglichkeiten Geschlechterverhältnisse zu reflektieren (ebd., S. 411–413):

- Durch die *Thematisierung von theoretischen Grundpositionen*, also die Gleicheitsposition, die Differenzposition und die dekonstruktivistische Position, können bestehende Ungleichheiten analysiert und, unter Berücksichtigung des Kontroversitätsgebots, Gleichstellungsstrategien diskutiert werden.
- *Aktuelle gesellschaftliche Entwicklungen* können unter der Gender-Perspektive erörtert werden, beispielsweise der Einfluss des neuen Elterngeldes auf die Bereitschaft der Väter, Elternzeit wahrzunehmen.
- Die Auseinandersetzung mit *alltäglichen Problemstellungen* im Geschlechterverhältnis (z. B. Selbstbehauptung für Schülerinnen oder Erwerbsarbeitsfixierung bei Schülern) können dazu beitragen, dass Schülerinnen und Schüler bestehende Kompetenzen ausbauen oder neue hinzu gewinnen.
- Durch das Bewusstmachen „*vergessener*" weiblicher Anteile in Geschichte und Politik können sowohl geschlechtsrollenuntypische Vorbilder entstehen als auch Diskriminierungsstrategien erkannt werden.

Problemtisch ist aktuell, dass Gender in Lehrplänen oder Unterrichtsmaterialien bislang kaum als Querschnittsthema etabliert ist (Oechsle/Wetterau 2005, S. 8). Fraglich ist auch, ob eine Wahrnehmung gesellschaftlicher Verhältnisse ohne die explizite Thematisierung von Genderaspekten dem Beutelsbacher Konsens, dem Grundkonsens innerhalb der Politikdidaktik, Rechnung tragen kann. Dort heißt es im dritten Punkt:

> Der Schüler muss in die Lage versetzt werden, eine politische Situation und seine eigene Interessenlage zu analysieren, sowie nach Mitteln und Wegen zu suchen, die vorgefundene Lage im Sinne seiner Interessen zu beeinflussen (Wehling 1977, S. 179).

Konsens in der Fachdidaktik ist, dass der Politikunterricht koedukativ organisiert sein soll. Zwei Argumente sind hierfür zentral: Zum einen sind gemeinsame Lernprozesse Voraussetzung für eine reflektierte Beziehung zum anderen Geschlecht, was auch im Entwurf der GPJE für nationale Bildungsstandards als Bestandteil politischer Handlungsfähigkeit betrachtet wird (Gesellschaft für Politikdidaktik und Politische Jugend- und Erwachsenenbildung (GPJE) 2004, S. 17). Zum anderen können (mögliche) durch die geschlechtstypische Sozialisation entwickelte Einseitigkeiten durch einen geschlechtergemischten Unterricht

17 Geschlechterforschung und Politikdidaktik

überwunden werden (z. B. Reinhardt 1996, S. 69). Letzteres entspricht dem Ansatz „Differenzen und individuelle Unterschiede als Lernanreize" zu nutzen (Schelle 2005, S. 87) und liegt mit den allgemeinen Zielen einer geschlechtergerechten Bildung auf einer Linie.

17.9 Fazit

Bedeutsam für erfolgreiches politisches Handeln ist das wirkungsvolle Verhalten in der Öffentlichkeit. Dies gilt umso mehr, wenn politisches Engagement im engeren Sinne verwirklicht werden soll. Verschiedene Fachdidaktikerinnen und Fachdidaktiker sprechen hier ein zentrales Problem an, wenn die These formuliert wird, die gegenwärtige (politische) Sozialisation befähige und ermutige Mädchen und Frauen nur unzureichend dazu, politisch aktiv zu werden. Studien konnten zeigen, dass sich Schülerinnen selbst weniger politische Kompetenz zusprechen, als dies ihre männlichen Klassenkameraden tun (Boeser 2002, S. 219–225). Dies wirkt sich z. B. dahingehend aus, dass Mädchen und junge Frauen in kirchlichen Jugendgruppen, wo sie die Mehrheit der Mitglieder stellen, dennoch auf der Funktionärsebene im Vergleich zu männlichen Mitgliedern unterrepräsentiert sind (ebd., S. 67). Das Streben nach Gestaltungsmacht und nach einer exponierten Position, Voraussetzung für die Übernahme von Ämtern, ist auf Selbstbewusstsein, einen gewissen Selbstbehauptungswillen, oder wie es Monika Henn formuliert, auf Aufstiegskompetenz angewiesen (Henn 2009). Es geht nicht um die vermeintliche ‚Feigheit' der Frauen (Mika 2011) sondern um eine Thematisierung geschlechtstypischer Zumutungen, um dadurch die Gewordenheit des aktuellen Geschlechterverhältnisses und damit auch dessen Veränderbarkeit zu erkennen. Es geht darum, eine Kultur der Ermutigung (Macha 2005) für diejenigen zu verwirklichen, die aufgrund ihres Geschlechts in einem geschlechtsbezogen konnotierten Lebensbereich bislang benachteiligt sind.

Literatur

Boeser, Christian (2002): „Bei Sozialkunde denke ich nur an dieses Trockene …". Relevanz geschlechterspezifischer Aspekte in der politischen Bildung. Opladen: Leske + Budrich.

Boeser, Christian (2010): Bilanz der Gender-Debatte in der schulischen politischen Bildung. In: kursiv – Journal für Politische Bildung, H. 3, S. 50–57.

Detjen, Joachim (2007): Politische Bildung: Geschichte und Gegenwart in Deutschland. München: Oldenbourg.

Gesellschaft für Politikdidaktik und Politische Jugend- und Erwachsenenbildung (GPJE) (2004): Anforderungen an nationale Bildungsstandards für den Fachunterricht in der Politischen Bildung an Schulen. Ein Entwurf, 2. Auflage. Schwalbach am Taunus: Wochenschau Verlag.

Gnändiger, Charlotte (2007): Politikerinnen in deutschen Printmedien. Vorurteile und Klischees in der Berichterstattung. Saarbrücken: VDM Verlag Dr. Müller.

Henn, Monika (2009): Die Kunst des Aufstiegs: Was Frauen in Führungspositionen kennzeichnet. Frankfurt a. M.: Campus.

Hoecker, Beate (2008): 50 Jahre Frauen in der Politik. In: Aus Politik und Zeitgeschichte, H. 24–25, S. 10–18.

Holtz-Bacha, Christina (2007): Zur Einführung: Politikerinnen in den Medien. In: Holtz-Bacha, Christina/König-Reiling, Nina (Hrsg.): Warum nicht gleich. Wie die Medien mit Frauen in der Politik umgehen, 1. Auflage. Wiesbaden: VS Verlag für Sozialwissenschaften, S. 7–16.

Holtz-Bacha, Christina (2009): Politikerinnen-Bilder im internationalen Vergleich. In: Aus Politik und Zeitgeschichte, H. 50, S. 3–8.

Hoppe, Heidrun (1996): Subjektorientierte politische Bildung. Begründung einer biographiezentrierten Didaktik der Gesellschaftswissenschaften. Opladen: Leske + Budrich.

Hoppe, Heidrun (2004): Politische Bildung und die Vision(en) der Geschlechterdemokratie. POLIS 2/2004, S. 5–8.

Kaiser, Astrid (2008): Geschlechtergerechte Bildung. In: Hedtke, Reinhold/Weber, Birgit (Hrsg.): Wörterbuch Ökonomische Bildung, 2. Auflage. Schwalbach am Taunus: Wochenschau Verlag, S. 140–142.

Klein, Hans Joachim (2002): Solides Wirtschaftswissen bei Schülern – Fehlanzeige in Deutschland? Gesellschaft – Wirtschaft – Politik (GWP) 1/2002, S. 11–22.

Kletzing, Uta (2009): Wege und Erfahrungen von Kommunalpolitikerinnen. In: Aus Politik und Zeitgeschichte, H. 50, S. 22–28.

Kletzing, Uta/Lukoschat, Helga (2010): Engagiert vor Ort – Wege und Erfahrungen von Kommunalpolitkerinnen. Berlin: Bundesministerium für Familie, Senioren, Frauen und Jugend.

Kroll, Karin (2001): Die unsichtbare Schülerin. Eine qualitative Studie zur Wahrnehmung und Deutung der Kommunikations- und Interaktionsstrukturen von Mädchen und jungen Frauen im Politikunterricht. Schwalbach am Taunus: Wochenschau Verlag.

Kürschner, Isabelle (2009): Frauen in den Parteien. In: Aus Politik und Zeitgeschichte, H. 50, S. 16–21.

Macha, Hildegard (2005): Frauen und Elite. Spiegel Special 1/2005, S. 74–75.

Meyer, Birgit (2009): „Nachts, wenn der Generalsekretär weint". In: Aus Politik und Zeitgeschichte, H. 50, S. 9–15.

Mika, Bascha (2011): Die Feigheit der Frauen. Rollenfallen und Geiselmentalität; eine Streitschrift wider den Selbstbetrug, 2. Auflage. München: Bertelsmann.

Oechsle, Mechthild/Wetterau Karin (2005): Gender Issues and Social Science Education – An Interim Report. In: Journal of Social Science Education 2–2005, S. 1–11

Pohl, Kersin (Hrsg.) (2007): Positionen der politischen Bildung 1. Ein Interviewbuch zur Politikdidaktik. 2. Auflage. Schwalbach am Taunus: Wochenschau Verlag.

Reinhardt, Sibylle 1996: Männlicher oder weiblicher Politikunterricht? Fachdidaktische Konsequenzen einer sozialen Differenz. In: Politische Bildung, 29, 1, S. 59–75.

Reinhardt, Sibylle (2005): Politikdidaktik. Praxisbuch für die Sekundarstufe I und II. Berlin: Verlag.

Reinhardt, Sibylle/Tillmann, Frank (2001): Politische Orientierungen Jugendlicher. Ergebnisse und Interpretationen der Sachsen-Anhalt-Studie „Jugend und Demokratie". Aus Politik und Zeitgeschichte 45/2001, S. 3–13.

Richter, Dagmar (1993): Stand und Perspektiven Feministischer Politischer Bildung für Jungen und Mädchen. In: Sander, Wolfgang (Hrsg.): Konzepte der Politikdidaktik. Aktueller Stand, neue Ansätze und Perspektiven. Hannover: Metzler Schulbuchverlag, S. 153–167.

Richter, Dagmar (1996): Auf der Suche nach Feministischer politischer Bildung – Probleme und Perspektiven in schulischen Bildungsprozessen. Politologinnen-Rundbrief, 5, 9, S. 41–46

Richter, Dagmar (2004): Politisches Lernen im Labyrinth von Männlichkeits- und Weiblichkeitskonstruktionen. POLIS 2/2004, S. 9–12

Richter, Dagmar (2005): Geschlechtsspezifische Aspekte politischen Lernens. In: Sander, Wolfgang (Hrsg.): Handbuch politische Bildung. 3., völlig überarbeitete Auflage. Schwalbach am Taunus, S. 407–418

Schaeffer-Hegel, Barbara (1990): Eigentum, Vernunft und Liebe. In: Schaeffer-Hegel, Barbara (Hrsg.): Vater Staat und seine Frauen. Erster Band: Beiträge zur politischen Theorie. Pfaffenweiler: Centaurus, S. 149–165.

Schelle, Carla (2005): Adressatenorientierung. In: Sander, Wolfgang (Hrsg.): Handbuch politische Bildung. 3., völlig überarbeitete Auflage. Schwalbach am Taunus: Wochenschau Verlag, S. 79–92

Shell, Deutschland Holding (2010): Jugend 2010. Eine pragmatische Generation behauptet sich. Orig.-Ausg. Frankfurt a. M.: Fischer-Taschenbuch-Verl.

Vereinigung der bayerischen Wirtschaft (Hrsg.) (2009): Geschlechterdifferenzen im Bildungssystem. Jahresgutachten 2009. Wiesbaden: VS Verlag für Sozialwissenschaften.

Wehling, Hans-Georg (1977): Konsens à la Beutelsbach? In: Schiele, Siegfried/Schneider, Herbert (Hrsg.): Das Konsensproblem in der politischen Bildung. Sonderausg. Stuttgart: Klett (Anmerkungen und Argumente zur historischen und politischen Bildung, 17).

Weißeno, Georg (1989): Lernertypen und Lernerdidaktiken im Politikunterricht. Ergebnisse einer fachdidaktisch motivierten Unterrichtsforschung. Frankfurt a. M.: Haag + Herchen.

Perspektiven einer geschlechterbewussten Religionsdidaktik

18

Rita Burrichter

18.1 Zu aktuellen Ausgangspunkten der Geschlechterforschung in der christlichen (katholischen und evangelischen) Religionsdidaktik

Der Religionsunterricht in der öffentlichen Schule der Bundesrepublik Deutschland wird gemäß Art. 7 GG als konfessioneller, d. h. als inhaltlich auf die Überzeugungen und Überlieferungen der jeweiligen Religionsgemeinschaften bezogener Unterricht erteilt. Der folgende Beitrag bezieht sich auf den Stand der Geschlechterforschung und auf die Diskussionen um einen geschlechterbewussten Religionsunterricht innerhalb der christlichen Religionsdidaktik. Das bedeutet, dass die Positionen der christlichen Kirchen zum schulischen Religionsunterricht und deren Umgang mit der Geschlechterperspektive (dazu ausführlicher: Burrichter 2001, S. 26 f.) sowie die Lehrpläne und Unterrichtsmaterialien für den evangelischen und römisch-katholischen Religionsunterricht Grundlagen für alle weiteren Überlegungen sind. Vorab festzuhalten ist dabei, dass diese beiden christlichen Großkirchen und die evangelische und katholische Religionspädagogik übereinstimmend den Religionsunterricht als Beitrag zum Kompetenzerwerb im Bereich der „religiös-konstitutiven Rationalität" (Baumert 2001, S. 21) ansehen und hier vor allem als Beitrag zum Aufbau einer gesprächsfähigen, dialogorientierten religiösen Identität in einer weltanschaulich pluralen Gesellschaft (EKD 1994, S. 55; DBK 1996, S. 49; zum Ganzen: Burrichter 2005). Zu prüfen ist aber, ob im Religionsunterricht bzw. in der zugehörigen Fachdidaktik über religiöse und weltanschauliche Verschiedenheit hinaus auch noch weitere Erfahrungen von Differenz – und hier insbesondere die Kategorie von Geschlecht – produktiv aufgenommen und bearbeitet werden. Von Seiten einer genderbewussten Religionspädagogik der Gegenwart wird dies sehr nachdrücklich reklamiert und dementsprechend die Ein-

---

R. Burrichter (✉)
Universität Paderborn, Fakultät für Kulturwissenschaften, Institut für Katholische Theologie,
Warburger Straße 100, 33098 Paderborn, Deutschland
E-Mail: rita.burrichter@uni-paderborn.de

M. Kampshoff, C. Wiepcke (Hrsg.), *Handbuch Geschlechterforschung und Fachdidaktik,*
DOI 10.1007/978-3-531-18984-0_18,
© VS Verlag für Sozialwissenschaften | Springer Fachmedien Wiesbaden 2012

bindung der Geschlechterperspektive in die Entwicklung einer „Religionspädagogik der Vielfalt" (Pithan et al. 2009) vorangetrieben.

Wesentliche Impulse zur Berücksichtigung der Dimension von Geschlecht für die Entwicklung und Reflexion von Theorie und Praxis erhielt die Religionsdidaktik zunächst durch die Feministische Theologie und die theologische Frauenforschung vor allem seit Beginn der 1980er Jahre. Dabei gilt für diese Zeit der eigentümliche Befund, dass die intensive feministische Revision sich zuerst fast ausschließlich auf die biblischen, historischen und systematischen Disziplinen der Theologie bezieht. Ausgerechnet dem Fach im theologischen Fächerkanon mit der höchsten Frauenquote im Bereich der professionell, ehrenamtlich und familiär Handelnden, nämlich der Religionspädagogik und der in sie integrierten Fachdidaktik, wird auch im feministischen Diskurs wenig Aufmerksamkeit geschenkt (Jakobs 2009, S. 47). Das hat unterschiedliche innerfachliche Gründe (Burrichter 1999, S. 13 f.), ist allerdings insofern nachvollziehbar, als die Feministische Theologie sich als kritische Theologie und als Praxis- und Befreiungsbewegung von Frauen in den Kirchen versteht. Von daher untersucht sie zunächst Bibel und Tradition, Glaubenslehre und Ethik, Liturgie und Frömmigkeit, also den ‚Bestand' christlicher Religion grundlegend thematisch-inhaltlich und formal-strukturell hinsichtlich geschlechtsspezifischer Fragestellungen und der Berücksichtigung und Nichtberücksichtigung von Frauen. Die kritischen Infragestellungen und selbstbewussten Inanspruchnahmen christlich-kirchlicher Traditionen finden schon früh durch feministisch-theologisch engagierte Religionslehrerinnen Eingang in die fachdidaktische Praxis (vgl. z. B. Religionspädagogische Beiträge 1999, S. 233–237; Pithan et al. 2009, S. 388–439). Für Fragen einer geschlechterbewussten Religionsdidaktik ist diese Schnittstelle von Bedeutung, da hier das komplexe und nicht selten spannungsgeladene Verhältnis von Fachwissenschaft und Fachdidaktik aus der Perspektive der Geschlechterforschung in den Blick gerät (Lehner-Hartmann 2011, S. 82).

Die Frage nach der Überwindung von Benachteiligung und der Sichtbarmachung von Frauen im Kontext von Religion prägt zunächst auch die seit Ende der 1980er Jahre nunmehr stärker binnenfachlich orientierte und daher an die Forschungsfragen und -methoden der Erziehungs- und Sozialwissenschaften anknüpfende feministische Religionspädagogik und Fachdidaktik. Wichtige Forschungserträge zur Geschlechterperspektive liefern dabei zuerst die Schulbuchforschung und Schulbuchkritik. Verschiedene Untersuchungen zu Lehrwerken und Unterrichtsmaterialien zeigen Fehlstellen, Vereinseitigungen, unstatthafte Verallgemeinerungen, Trivialisierungen und Diskriminierungen im Blick auf Mädchen und Frauen auf (Andres 1988; Pithan 1993). Dabei zeigt sich bereits zu Beginn der 1990er Jahre, dass rein thematisch-inhaltlich konstatierende und vornehmlich quantifizierende Zugänge in diesem Feld nicht ausreichen, um Dimensionen von Geschlecht und Geschlechtergerechtigkeit im Horizont von Religion angemessen zu analysieren. Zu fragen ist z. B. immer auch, welche biblischen Frauengestalten überhaupt vorgestellt werden und wie diese männlichen Protagonisten zugeordnet sind, welche Sozialformen und Imaginationen des Weiblichen im Horizont der nicht gering zu schätzenden Autorität von Schrift und Tradition vermittelt werden. Die Analyse von Religionsbüchern zeigt außerdem, dass Bedingungen der religiösen Sozialisation und der psychosozialen Entwicklungsaufgaben

18 Perspektiven einer geschlechterbewussten Religionsdidaktik

von Mädchen und Frauen gerade auch in den für den Religionsunterricht wichtigen lebenskundlichen Anteilen durch die Darstellungen und Aufgabenstellungen nicht berücksichtigt werden. Daher kommt es nun im Zuge einer revidierten Kriteriologie ab Mitte der 1990er Jahre zu Untersuchungen von Geschlechterstereotypen und Geschlechterkonstruktionen in Religionsbüchern (Pithan 1995; Volkmann 2004; Baumann 2009). Aufgedeckt wird dadurch eine neuerliche Fixierung von Geschlechterstereotypen dort, wo – nicht zuletzt angestoßen durch die feministische Kritik selbst – ein Verweis auf geschlechterdifferente Zuordnungen im Bereich von Religion ausdrücklich erfolgt. Insbesondere mittels der methodisch gelenkten Einholung von Positionen der Mädchen und Positionen der Jungen und der damit verbundenen Gegenüberstellung von ‚weiblichen‘ und ‚männlichen‘ Haltungen und Meinungen vollzieht sich eine betonte Inszenierung von Geschlechterdifferenz und damit auch eine Festschreibung von Geschlechtervorstellungen. Dass eine hierarchisierende und dichotomisierende Zuordnung nicht nur Mädchen, sondern auch Jungen in der Entwicklung ihrer religiösen Identität durch Festlegung unstatthaft einengt, wird in der kritischen religionspädagogischen Jungen- und Männerforschung, die allerdings noch ein weitgehend brach liegendes Aufgabenfeld ist, gesehen (Knauth 2009). Die Diskussion zum reflektierten Umgang mit Dramatisierung und Entdramatisierung von Geschlecht gehört innerhalb der Religionsdidaktik zu den unmittelbar anstehenden Aufgaben. Der Schulbuchforschung und Schulbuchkritik sind hier wichtige Hinweise zu entnehmen (Pithan 2011, S. 68).

Als ein Desiderat der religionspädagogischen Geschlechterforschung wird seit Beginn der 1990er Jahre eine geschlechterbewusste religiöse Sozialisationsforschung beschrieben (Burrichter 2001, S. 34 f.; Hofmann 2003, S. 72). Hier haben zwischenzeitlich differenzierte empirisch-qualitativ angelegte Studien zur Bedeutung und Funktion von Religion in den Lebenserfahrungen und Lebenskontexten von Frauen aufgezeigt, dass die Berücksichtigung der Dimension von Geschlecht im Kontext von Religion und Kirche methodische Zugänge erfordert, denen es gelingt, vor allem auch ‚unausdrückliche‘ Formen von Religion und Spiritualität zu erfassen. Diese zeigen sich zum Teil weit abseits institutionalisierter christlich-kirchlicher Formen und Strukturen, haben aber gleichwohl konstitutive Bedeutung für die Beschreibung und die Entwicklung einer gegenwartsbezogenen Theologie. Denn sie geben Aufschluss über Zusammenhänge von lebensweltlichen und religiösen Deutungsmustern, sie beschreiben individualisierende Zugänge zu religiöser Praxis in Bereichen wie z. B. ‚Wohnen‘ und ‚Feiern‘, vor allem aber markieren sie auch lebensgeschichtliche Abbrüche und Veränderungen im Bereich religiöser Sinnstiftung und Kommunikation sowie ästhetische, normative und ethische Abgrenzungen und Distanznahmen gegenüber verfassten Formen von Religion (zuletzt: Augst 2000; Kaupp 2005; Reese 2006). Derartige Untersuchungen sind auch fachdidaktisch bedeutsam, da sie Bezugspunkte von Haltungen und Einstellungen, aber auch von lebensweltlich transformierten religiösen Praxen von Schülerinnen und Schülern kenntlich machen können. Zu fragen ist dabei, „ob Forschungsdesigns, die sich ausschließlich auf Frauen und Mädchen beziehen, sinnvoll sind und überhaupt etwas zur Geschlechterperspektive beitragen können" (Jakobs 2009, S. 59). Diese gewichtige kritische Anfrage wird bestätigt bei einer

Durchsicht repräsentativer Umfragen und quantitativ angelegter Studien, etwa zur Untersuchung des Zusammenhangs von Lebensstilen und Lebenszielen mit bestimmten Einstellungen gegenüber Kirche und Religion bei Jugendlichen (Ziebertz et al. 2003; Ziebertz/Riegel 2007; Wippermann 2007; Albert 2010). Diese erfassen die Geschlechtszugehörigkeit, kommen aber weitgehend übereinstimmend zu dem Ergebnis, dass – mit wenigen Ausnahmen (Wippermann 2007, S. 225) – innerhalb bestimmter Milieus, Gruppierungen und Typen keine signifikanten Unterschiede zwischen Mädchen und Jungen auszumachen sind (Ziebertz et al. 2003, S. 148 f.). Innerhalb der abgrenzbaren Typologien jugendlicher Religiosität zeigt sich, dass insgesamt eine stärkere religionspädagogische Sichtbarmachung von sozialen, ästhetischen, biographischen Faktoren erforderlich ist, um Wahrnehmung von Religion in den wechselnden und heterogenen Lebenslagen von Schülerinnen und Schülern zu ermöglichen. Die alte Frage nach dem vermeintlich größeren Interesse von Mädchen und Frauen an Religion (Schweitzer 1993, S. 413) bzw. nach der Bedeutung von geschlechtsspezifischen Zugängen zu religiösen Fragestellungen ist damit aber immer noch nicht beantwortet, zumal insbesondere die aktuelle qualitative Praxis- und Unterrichtsforschung auf die Komplexität der Analyse und Auslegung von Äußerungen von Schülerinnen und Schülern in religiösen Lernprozessen verweist (Freudenberger-Lötz 2007, S. 42). Die Zusammenführung der unterschiedlichen Forschungsstränge, z. B. aus der feministisch-theologischen Biographieforschung, den Erträgen der religionssoziologisch orientierten Forschung zu religiösen Überzeugungen und Einstellungen bei Jugendlichen und den Erträgen aus der die religiöse Entwicklung von Kindern und Jugendlichen untersuchenden religionspädagogischen Unterrichtsforschung steht nach wie vor aus. Die Bedeutung eines solchen multiperspektivischen, die Dimension von Geschlecht dezidiert einbeziehenden Zugangs für die Religionspädagogik insgesamt wird – allerdings nur vereinzelt (Volkmann 2003) – auch in religionspädagogischer Grundlagen- und Einführungsliteratur mittlerweile gesehen (Naurath 2005, Schweitzer 2006, S. 174; Schweitzer 2007, S. 196; Riegel/Ziebertz 2010, S. 393).

18.2 Erträge der Bildungsforschung

Die empirische Forschung zum Selbstverständnis, zur Situation und zur Befindlichkeit von Religionslehrerinnen und Religionslehrern im deutschsprachigen Raum ist nach einer längeren und methodisch eher disparat erscheinenden Anlaufphase seit Mitte der 1980er Jahre intensiv und kontinuierlich vorangetrieben worden. Dabei zeigt sich über Konfessionsgrenzen hinweg, quer durch Schulformen und Schulstufen, jenseits aller regionalen Unterschiede in den neuesten empirischen Studien verblüffend übereinstimmend, worum es Religionslehrerinnen und Religionslehrern *insgesamt* geht, nämlich um die Befähigung ihrer Schülerinnen und Schüler „zur christlich-religiösen Entfaltung ihrer personalen Existenz", um Begleitung und Unterstützung bei Prozessen der Identitätsbildung, um die Ermöglichung reflektierter religiöser Urteile (Feige/Tzscheetzsch 2005, S. 12). Auffällig ist, dass bezüglich der Haltungen und des Selbstverständnisses im Rahmen der quantitativen Studien keine signifikanten Unterschiede zwischen den Geschlechtern festgestellt werden können (Fischer 2004, S. 68). Dietlind Fischer ist dem nachgegangen mit Bezug auf eine großangelegte quantitativ wie qualitativ vorgehende Studie zu religionspädagogischen Zielvorstellungen und zum religiösen Selbstverständnis von Religionslehrerinnen und Religionslehrern (Feige et al. 2000). Sie hält zunächst fest, dass erstens der Frauenanteil an der Gesamtstudie mehr als 65 % beträgt und dass es eine ungleichgewichtige Verteilung von Frauen und Männern auf die befragten Schulformen gibt. Geschlecht spielt im Fach Religionslehre mindestens auf der Ebene von Berufswahl eine Rolle. Ihre These einer an einen „weiblichen' berufsbiographischen und lebensweltlichen Kontext" angebundenen Professionalität, die sich nicht zuletzt durch Studien zum intensiveren Kirchenkontakt von Frauen stützen lässt (Engelhardt et al. 1997) prüft sie mit Blick auf die Fallanalysen des qualitativen Studienteils. Sie hält fest, dass bei den Interviewten Männer eher an einer „lehrmäßigen Vermittlung von Religion", Frauen eher an einer „affektiv-gestalterischen Erschließung von Religion" interessiert sind (Fischer 2004, S. 76). Fischer selbst weist darauf hin, dass eine derartige nachträgliche Lektüre methodisch ungesichert ist, hält aber fest, dass Fragen zum Selbstkonzept von Religionslehrerinnen und zum konkreten Unterrichtshandeln dringend der weiteren Erforschung bedürfen (so auch: Lehmann 2011).

In den letzten Jahren ist auch die empirische Erforschung des Religionsunterrichts in Bezug auf seine Beliebtheit, Wirksamkeit etc. auf Seiten der Schülerinnen und Schüler vorangetrieben worden. Eine explizit thematisch-inhaltliche empirisch-religionspädagogische Untersuchung zu Genderperspektiven im Horizont von Religion und Religionsunterricht ist von Ulrich Riegel vorgelegt worden (Riegel 2004). Riegel stellt in seiner quantitativ angelegten Studie fest, dass in Bezug auf die Gottesvorstellungen von Jugendlichen keine signifikanten Unterschiede zwischen den Geschlechtern auszumachen sind. Die Gottesvorstellungen sind – altersgemäß – mit überwältigender Mehrheit abstrakt. Allerdings bestätigte sich eine These der Feministischen Theologie: „Wenn Gott mit einem Geschlecht in Verbindung gebracht wird, dann mit dem männlichen." (Riegel 2010, S. 183). Gefragt wurde aber auch – im Blick auf gender – nach ‚typisch' männlichen und weiblichen Eigenschaften Gottes. Hier zeigt sich – das auch mit Blick auf die Wirksamkeit einer feministisch-kritisch revidierten religiösen Erziehung bedeutsame – Ergebnis: „Sind geschlechtliche Bezüge möglich, erweist sich Gott in der Mehrzahl als androgyn, d. h. im Gottesbild kommen Eigenschaften aus beiden Stereotypen zum Tragen. Mehr noch: Dominiert eines der beiden Stereotype, so ist es häufiger das feminine als das maskuline." (ebd., S. 186). Dieser Befund ist einerseits mit den Befunden der Religionslehrerinnenforschung zu verknüpfen: „(Die Feminität Gottes) korrespondiert mit der tragenden Rolle von Frauen in der religiösen Erziehung in der Elementar- und Primarstufe sowie den verschiedenen Angeboten der Gemeindekatechese. Hier scheint sich der weibliche Blick in die Gottesvorstellungen der Jugendlichen fortzuschreiben. Die Geschlechterperspektive in der religiösen Erziehung zeigt damit erste Wirkungen" (ebd.). Zu fragen ist allerdings, ob dies als Erfolg zu werten ist oder ob nicht auch hier eine Dekonstruktion der Zuschreibungen an die ‚Frauensache Religion' vonnöten wäre. Darüber hinaus wäre es im Horizont einer stär-

18.3 Perspektiven einer geschlechterbewussten Religionsdidaktik

Innerhalb der Theologien und der in ihnen verankerten Religionspädagogik und Fachdidaktik ist der Diskurs zu Geschlechtergerechtigkeit und Genderbewusstsein wie in anderen Fachgebieten auch als gleichzeitig-ungleichzeitige Darlegung, Entwicklung und Revision von Perspektiven auf die Kategorie Geschlecht geführt worden. Gisela Matthiae markiert dies als unabgeschlossene Reisebewegung: „Von der Emanzipation über die Dekonstruktion zur Restauration und zurück" (Matthiae 2009, S. 30). Sie verweist damit nicht nur auf den ,historischen' Weg von der Feministischen Theologie zum theologischen Genderdiskurs, sondern sie stellt diese Bewegung gerade als unabgeschlossene, verharrende und gegenläufige Bewegung in den systematischen Kontext der Theo-Logie, der Rede von Gott. Das Nachdenken über Konstruktion und Dekonstruktion, über Aufhebung und Pluralisierung, über biologische Determination und Ontologisierung von Geschlecht betrifft die Theologie nicht einfach nur von außen, also im Blick auf den sozialen Umgang der Gläubigen miteinander, sondern im Letzten geht es dabei um die Rede von Gott selbst. Die Auseinandersetzung um Identität, um die Konstitution des Subjekts, wie sie im Horizont von Dekonstruktion geführt wird, führt mitten hinein in eschatologische Diskurse der Theologie, mitten hinein in die Frage, worum es für Frauen und Männer, Jungen und Mädchen im Letzten ,eigentlich' geht und wie diese ,Eigentlichkeit' angemessen zum Ausdruck gebracht wird. Diese Frage und mit ihr verbundene Antwortversuche sind prinzipiell unabgeschlossen. Das bedeutet nicht, dass sie unbeantwortbar sind, sondern dass es hier keine hegemonialen Ansprüche auf *Richtigkeit* geben kann, wohl aber den *gemeinsam geteilten* (und damit different sich artikulierenden) Anspruch auf *Wahrheit*. Die Aussage des Paulus in Gal 3,28: „Da ist nicht jüdisch noch griechisch, da ist nicht versklavt noch frei, da ist nicht männlich und weiblich: denn alle seid ihr einzig-einig im Messias Jesus." (in der Übersetzung der ,Bibel in gerechter Sprache' 2006) zielt nicht nur auf eine egalitäre Struktur der christlichen Gemeinden, sondern sie dekonstruiert nachgerade geläufige Rollenmuster, Hierarchisierungen und Dichotomien, indem sie sie in den Zusammenhang von *Erlösung* stellt. In Gal 3,28 kündigt sich „eine auch geschlechtlich zu verstehende Vielfalt in der Einheit in Christus (an). Als Antithese zum Schöpfungsbericht Gen 1,27 erscheint die dort beschriebene Zweigeschlechtlichkeit als eine vorläufige und zu überwindende." (Matthiae 2009, S. 40). Diese paulinische dekonstruktive Anthropologie führt im Übrigen nicht in ein unterschiedsloses Einheits- und Verschmelzungsdenken, sondern in ein erprobendes, suchendes und vorläufiges Denken von Einheit in Vielfalt. Sie entspricht darin der jüdisch-christlichen Gottesrede und dem biblischen Bilderverbot, das ja auf die Überprüfung der Angemessenheit von Vorstellungen und Ausdrucksformen Gottes zielt, nicht aber auf ein ästhetisches Verbot. Wer sich kein Bild machen soll, weil das Göttliche

18 Perspektiven einer geschlechterbewussten Religionsdidaktik 251

jede Festlegung überschreitet, muss sich viele Bilder machen, Metaphern finden und diese offen halten. Eine in dieser Weise genderbewusste Theologie vermag nicht nur kritisch alle Arten von ‚Restauration' – sei es in Gestalt der ungebrochenen aktuellen Tradierung dichotomer Geschlechtsrollenmuster (Kongregation für die Glaubenslehre 2004), sei es in Gestalt eines populären neurowissenschaftlichen Diskurses in den Blick zu nehmen, sondern erweist sich als kritisches Korrektiv auch für fachdidaktische Entwürfe (Hoff/ Horstkemper 2004, S. 348 f.; Pithan 2011, S. 71). Denn an diesen theologischen Anfragen wird deutlich, dass es mit Blick auf die Geschlechterperspektive nicht lediglich um den organisatorischen, thematisch-motivischen und sprachlichen Umgang mit Differenz geht, sondern dass hier die Alterität Gottes den Ausgangspunkt bildet und somit im Sinne der theologischen Rede von der *Ebenbildlichkeit* der Menschen deren Differenzerfahrungen theologische Dignität zukommt (Janowski/Heß 2004, S. 333).

Von hier aus ist dann auch zu verstehen, dass ‚Gerechtigkeit' und ‚Anerkennung' Leitmotive der Religionspädagogik im Übergang zum Genderdiskurs bleiben (Arzt et al. 2009, S. 12). Sie begegnen als dezidiert theologische Begriffe, die auch dazu dienen, Entscheidungen im Horizont von prinzipiell unbegrenzten Differenzierungskategorien zu treffen. Für die Fachdidaktik ist festzuhalten: „Sie betrachtet es als Aufgabe, in eine Hermeneutik einzuüben, die geschlechtsbezogene, religiöse und soziale Differenzen wahrnimmt und Stereotype aufzubrechen vermag. Hierzu ist es notwendig, eine religiöse Kompetenz zu fördern, bei der die eigenen Erfahrungen produktiv im Lichte der Perspektiven anderer reflektiert werden können […]. Da es um den Aspekt der Chancengleichheit in der Bildung und um Gerechtigkeit von Lebenschancen geht, treten solche Kategorien in den Blick, die sich als beeinträchtigend auswirken. Für unseren Ansatz sind diejenigen Dimensionen von Differenz wichtig, in denen Herrschafts- bzw. Macht-Effekte wirksam sind: Gemeint sind also Effekte, die Inklusion oder Exklusion bewirken, die auf einer essentialistischen Differenz und dualistischen Denkmustern gründen." (ebd., S. 12 f., S. 21) Das bedeutet, dass innerhalb einer genderbewussten Religionspädagogik mit der theologischen Betonung von ‚Gerechtigkeit' und ‚Anerkennung' sowohl Strategien der Dramatisierung und Entdramatisierung von Geschlecht als fachdidaktisches Prinzip zur Geltung kommen als auch eine Sensibilität für Fragen im Horizont von Intersektionalität ausgebildet wird (Jakobs 2003, S. 88).

Die Umsetzung dieser Prinzipien in unterrichtliche Praxis erfolgt unstetig. Die zahlreichen Praxismaterialien und Werkstattberichte zeigen, dass zum einen ein breites thematisches und methodisches Repertoire in der Religionsdidaktik vorhanden ist im Blick auf Dramatisierung und Entdramatisierung von Geschlecht – z. B. im Kontext einer Hermeneutik biblischer Erzählungen als Unterdrückungs- und Widerstandsgeschichten von Frauen in segregierten, patriarchalischen und androzentrischen Gesellschaften. So zielt gegenwärtige Bibeldidaktik vermittels diachroner und synchroner Lernwege, also durch historische und religionsgeschichtliche Annäherungen einerseits und identifikatorische und aktualisierende Annäherungen andererseits darauf, gleichermaßen ‚Sache' und ‚Person' gerecht zu werden. Kreative Anverwandlungen von Frauenfiguren des Neuen Testaments wie Maria aus Magdala oder die Frau am Jakobsbrunnen durch Methoden des szenischen Spiels oder des kreativen Schreibens lassen Eingrenzungen durch und Ausbrüche aus Rollenmustern erkennen. Historische Erkundungen zum antiken Frauenleben öffnen den Blick auf Unvermutetes, wie gelehrte Pharisäerinnen und auf Frauen als Apostelinnen und Amtskolleginnen des Paulus. Ähnliches gilt auch für kirchen- und theologiegeschichtliche Themenbereiche im Blick auf die Spannung von uneinholbarer ‚Fremdheit' der Vergangenheit und existenziellem ‚Vertrautwerden' mit Tradition aufgrund ihrer je aktuellen Vergegenwärtigung in religiöser Praxis und Gemeinschaft heute. So begegnet im Mittelalter die radikale Lebensentscheidung der Inklusen, der eingemauerten Nonnen, als weibliche alternative Lebensform im Horizont zeitgenössisch asketisch-eremitischer Spiritualität und zugleich als Anfrage an Entscheidungsmöglichkeiten und -zwänge heute und als Impuls für Lebensentwürfe und Lebensformen der Gegenwart. Damit ermöglichen diese Erschließungen, auch andere Formen von Verschiedenheit in den Blick zu bekommen und den Umgang damit im Horizont christlicher Tradition zu prüfen, zu kritisieren, zu gestalten. Die Parteilichkeit Gottes für die Fremden, Witwen und Waisen (Deuteronomium 27,19), die Zuwendung Jesu zu den Armen, Kranken, Ausgegrenzten, aber auch die christlich-kirchlichen Umsetzungen, Fehldeutungen und Verfehlungen des Gebots der Nächstenliebe (‚Gerechtigkeit', ‚Anerkennung') können so in den Blick geraten sowie, die ambivalenten und nicht selten konfliktreichen Haltungen im Umgang mit Andersdenkenden und Andersgläubigen. Diese Zusammenhänge werden im religionspädagogischen Kontext durchaus gesehen, systematische Zusammenführungen stehen noch aus, grundlegende Perspektiven sind aber gezeichnet (Wilhelm 2002).

Die christliche Religionsdidaktik, die sich insgesamt eher als Aneignungs- denn als Vermittlungsdidaktik versteht, hat in den vergangenen Jahren verstärkt konstruktivistische, ästhetische und performative didaktisch-methodische Ansätze entwickelt, die produktiv auch für die Thematisierung von Geschlechterperspektiven sind (Wischer 2009, S. 281; Dierk 2011, S. 65). Allerdings gilt aber nach wie vor, dass eine zusammenhängende Reflexion der Genderperspektiven und der ihnen adäquaten didaktisch-methodischen Konzepte und Formen sowohl für wichtige Teilbereiche, wie z. B. das ästhetische Lernen im Religionsunterricht (Gärtner 2011, S. 187), als auch für das Gesamtfeld des Religionsunterrichts noch aussteht. Bestenfalls können gendersensible Leitfragen für die Unterrichtspraxis formuliert werden, die zugleich anstehende Forschungsfragen sind (Wischer 2009, S. 278; Jakobs 2011, S. 128).

Eine weitere Perspektive innerhalb dieses offenen Theorie-Praxis-Feldes bezieht sich auf die Wahrnehmung und Kooperation einer genderbewussten Religionsdidaktik über die Grenzen der christlichen Religion hinaus. In besonderer Weise gilt dies – aufgrund der wachsenden Zahl muslimischer Schülerinnen und Schüler und der zunehmenden Etablierung eines konfessionellen islamischen Religionsunterrichts in der öffentlichen Schule vieler Bundesländer – für den Umgang mit dem Islam. Eine ‚Religionspädagogik der Vielfalt' ist dabei in doppelter Weise herausgefordert: Ihr muss es um ‚Anerkennung' und ‚Gerechtigkeit' im Blick auf die Eigenwertigkeit von Religion und Kultur ebenso gehen wie um ‚Anerkennung' von und ‚Gerechtigkeit' für Mädchen und Frauen. Dabei ist noch einmal zu unterscheiden der Blick auf Mädchen und Frauen innerhalb der Religionsgemeinschaft und der (vergleichende) fremde Blick von außen. Damit verbunden sind ganz unmittelbar unterrichtspraktische Fragen der thematisch-inhaltlichen Wahrnehmung des Islams im christlichen Religionsunterricht (Zonne/Klausing 2011), aber auch Fragen zu den Prämissen, Begründungen und nicht zuletzt den Hierarchisierungen der Frauen- und Geschlechterforschung (Gomani 2011). Annette Mehlhorn hat gezeigt, welche theoretischen Defizite und praxisrelevanten Probleme sich daraus ergeben, dass die sozial- und erziehungswissenschaftlichen Reflexionen zu Gender und Interkulturalität in der Regel Religion als solche ausblenden. Nach wie vor gibt es „noch immer keine bildungstheoretisch bedeutsame neue Debatte über das Verhältnis von Religion und Bildung" (Mehlhorn 2009, S. 117). Erforderlich ist eine wechselseitige reflektierte Wahrnehmung, damit auch die Geschlechterperspektiven einbezogen werden, wenn es in der islamischen Religionsdidaktik darum geht, „die Glaubens- und Lebenserfahrungen des Individuums ernst zu nehmen und sie in ein Verhältnis mit den Vorerfahrungen bzw. der Glaubensüberlieferung des islamischen Glaubens, also der islamischen Tradition zu bringen." (Işik-Yiğit 2011, S. 165).

18.4   Schlussbetrachtung

Andrea Lehner-Hartmann hat die verstreuten Hinweise aus den thematisch-inhaltlichen, den entwicklungs- und sozialisationsorientierten und bildungstheoretischen Überlegungen einer genderbewussten Religionspädagogik aufgenommen und zu „Perspektiven und Leitlinien für einen genderbewussten Religionsunterricht" gebündelt (Lehner-Hartmann 2011, S. 79 ff.). Sie zeigt, dass und wie Aufmerksamkeit für Fragen der Geschlechtergerechtigkeit sich nicht nur einfügt in den Zusammenhang eines Religionsunterrichts, der auf die Ausbildung der religiösen Wahrnehmungs-, Urteils- und Handlungskompetenz von Schülerinnen und Schüler ausgerichtet ist, sondern diesen recht verstanden erst ermöglicht. Ein genderbewusster Religionsunterricht macht aufmerksam für die Kontextualität gelebter Religion. Er befähigt Schülerinnen und Schüler zu differenzierten Zugängen zu religiösen Wissensbeständen und religiösen Weltsichten. Er ermöglicht kommunikatives Beziehungshandeln jenseits stereotyper Rollenzuschreibungen innerhalb der christlichen ‚Nachfolgegemeinschaft der Gleichgestellten' (Elisabeth Schüssler Fiorenza) und über sie hinaus. Lehner-Hartmann hält fest: „Genderbewusst Religion zu unterrichten ist zum gegenwärtigen Zeitpunkt vorrangig als experimentelles Lernen anzulegen und aufzufassen. Mit Missverständnissen, Brüchen, Fragmentaritäten bis hin zum Scheitern ist zu rechnen. Für ein Bildungsverständnis, das sich nicht in messbaren Erfolg und Überprüfbarkeit zwängen lässt, ist dies nicht weiter irritierend." (Lehner-Hartmann 2011, S. 89). Die Weiterentwicklung dieser Perspektiven und Leitlinien ist eine anstehende Aufgabe. Sie umfasst auch das zukünftige Forschungsspektrum einer genderbewussten Religionsdidaktik, das abgesteckt wird durch methodologische Fragen bezüglich der (empirischen) Erforschung von Lehr- und Lernprozessen sowie durch die weitere Erforschung von Lebensräumen, Lebensbezügen und Lebensgeschichten im Blick auf Religion im Horizont von Vielfalt.

Literatur

Albert, Mathias, Shell Deutschland (2010): Jugend 2010, Frankfurt a. M.: Fischer Taschenbuch-Verlag.

Andres, Dagmar (1988): Die vergessene Weiblichkeit. Sexistische Einflüsse in Unterrichtswerken für den katholischen Religionsunterricht der Sekundarstufe I. In: Katechetische Blätter 113, S. 904–910.

Arzt, Silvia/Jakobs, Monika/Knauth, Thorsten/Pithan, Annebelle (2009): Gender und Religionspädagogik der Vielfalt. Einleitung. In: dies. (Hrsg.): Gender – Religion – Bildung. Beiträge zu einer Religionspädagogik der Vielfalt, Gütersloh: Gütersloher Verlagshaus.

Augst, Kristina (2000): Religion in der Lebenswelt junger Frauen aus sozialen Unterschichten, Stuttgart: Kohlhammer.

Baumann, Ulrike (2009): Mich mögen, wie ich bin … Geschlechtsdifferenz im Religionsbuch. In: Pithan, Annebelle/Arzt, Silvia/Jakobs, Monika/Knauth, Thorsten (Hrsg.): Gender – Religion – Bildung. Beiträge zu einer Religionspädagogik der Vielfalt, Gütersloh: Gütersloher Verlagshaus, S. 327–340.

Baumert, Jürgen/Deutsches PISA-Konsortium (Hrsg.) (2001): PISA 2000 – Basiskompetenzen von Schülerinnen und Schülern im internationalen Vergleich, Opladen: Leske + Budrich.

Bail, Ulrike/Crüsemann, Frank/Crüsemann, Marlene/Domay, Erhard/Ebach, Jürgen/Janssen, Claudia/Köhler, Hanne/Kuhlmann, Helga/Leutzsch, Martin/Schottroff, Luise (Hrsg.) (2006): Bibel in gerechter Sprache, Gütersloh: Gütersloher Verlagshaus.

Büchel-Thalmaier, Sandra (2005): Dekonstruktive und rekonstruktive Perspektiven auf Identität und Geschlecht. Eine feministisch-religionspädagogische Analyse, Münster: LIT Verlag.

Burrichter, Rita (1999): Lebensgeschichtliche Perspektiven ernst nehmen: fachdidaktische Anfragen einer Feministischen Religionspädagogik. In: Religionspädagogische Beiträge. Zeitschrift der Arbeitsgemeinschaft Katholischer Katechetik-Dozenten AKK (heute: Arbeitsgemeinschaft Religionspädagogik und Katechetik AKRK), Themenheft „Religionspädagogik feministisch", 43/1999, S. 13–24.

Burrichter, Rita (2001): Feministische Theologie und theologische Frauenforschung im Kontext der Fachdidaktik katholische/evangelische Religionslehre. In: Hoppe, Heidrun/Kampshoff, Marita/Nyssen, Elke (Hrsg.): Geschlechterperspektiven in der Fachdidaktik, Weinheim/Basel: Beltz, S. 21–42.

Burrichter, Rita (2005): Religiöse Identität in der weltanschaulich pluralen Gesellschaft. Zum Umgang mit Heterogenität im Religionsunterricht der öffentlichen Schule. In: Bräu, Karin/Schwerdt, Ulrich (Hrsg.): Heterogenität als Chance. Vom produktiven Umgang mit Gleichheit und Differenz in der Schule, Münster: LIT Verlag, S. 179–196.

DBK (1996): Die bildende Kraft des Religionsunterrichts. Zur Konfessionalität des katholischen Religionsunterrichts, 17. September 1996, hrsg. vom Sekretariat der Deutschen Bischofskonferenz (Die deutschen Bischöfe 56), Bonn.

Dierk, Heidrun (2011): Konstruktivistischer Kirchengeschichtsunterricht am Beispiel reformatorischer Flugschriften. In: Büttner, Gerhard/Mendl, Hans/Reis, Oliver/Roose, Hanna (Hrsg.): Religion lernen. Jahrbuch für konstruktivistische Religionsdidaktik, Bd. 2: Kirchengeschichte, Hannover: Siebert, S. 53–67.

EKD (1994): Identität und Verständigung. Standort und Perspektiven des Religionsunterrichts in der Pluralität. Eine Denkschrift der Evangelischen Kirche in Deutschland, hrsg. vom Kirchenamt der EKD, Gütersloh: Gütersloher Verlagshaus.

Engelhardt, Klaus/von Loewenich, Hermann/Steinacker, Hermann Peter (Hrsg.) (1997): Fremde Heimat Kirche. Die dritte EKD-Erhebung über Kirchenmitgliedschaft, Gütersloh: Gütersloher Verlagshaus.

18 Perspektiven einer geschlechterbewussten Religionsdidaktik

Feige, Andreas/Tzscheetzsch, Werner (2005): Christlicher Religionsunterricht im religionsneutralen Staat? Unterrichtliche Zielvorstellungen und religiöses Selbstverständnis von ev. und kath. Religionslehrerinnen und -lehrern in Baden-Württemberg, Ostfildern: Schwabenverlag.

Feige, Andreas/Dressler, Bernhard/Lukatis, Wolfgang/Schöll, Albrecht (2000): ‚Religion' bei ReligionslehrerInnen. Religionspädagogische Zielvorstellungen und religiöses Selbstverständnis in empirisch-soziologischen Zugängen, Münster: LIT Verlag.

Fischer, Dietlind (2004): Doing gender – under cover? Genderaspekte in der Religionslehrerstudie. In: Dressler, Bernhard/Feige, Andreas/Schöll, Albrecht (Hrsg.): Religion – Leben, Lernen, Lehren. Ansichten zur „Religion' bei ReligionslehrerInnen", Münster: LIT Verlag, S. 67–81.

Freudenberger-Lötz, Petra (2007): Theologische Gespräche mit Kindern. Untersuchungen zur Professionalisierung Studierender und Anstöße zu forschendem Lernen im Religionsunterricht, Stuttgart: Kohlhammer.

Gärtner, Claudia (2011): Ästhetisches Lernen. Eine Religionsdidaktik zur Christologie in der gymnasialen Oberstufe, Freiburg: Herder.

Gomani, Corinna (2011): Religionssensibilität und Frauenforschung. Plädoyer gegen eine feministisch vor-entschiedene Perspektive auf Religion und Gender. In: Guttenberger, Gudrun/Schroeter-Wittke, Harald (Hrsg.): Religionssensible Schulkultur, Jena: edition Paideia, S. 151–162.

Hofmann, Renate (2003): Geschlechtergerecht denken und leben lernen. Religionspädagogische Impulse, Münster: LIT Verlag.

Hoff, Walburga/Horstkemper, Marianne (2004): Hundert Jahre Diskussion um die gemeinsame Erziehung von Mädchen und Jungen. Konsequenzen für eine geschlechterbewusste (religions)pädagogische Praxis. In: Zeitschrift für Pädagogik und Theologie 56, 2004, S. 348–360.

Işik-Yiğit, Tuba (2011): Wohin geht die Reise: Islamische Religionspädagogik. In: Katechetische Blätter 136, 2011, S. 163–169.

Jakobs, Monika (2003): Feminismus, Geschlechtergerechtigkeit und Gender in der Religionspädagogik. In: Theo-Web 2, Online: www.theo-web.de, S. 73–93.

Jakobs, Monika (2009): Religionspädagogische Entwicklungen zur Frauen- und Geschlechterforschung. In: Pithan, Annebelle/Arzt, Silvia/Jakobs, Monika/Knauth, Thorsten (Hrsg.): Gender – Religion – Bildung. Beiträge zu einer Religionspädagogik der Vielfalt, Gütersloh: Gütersloher Verlagshaus, S. 47–71.

Jakobs, Monika (2011): Genderspezifik als Desiderat der Ausbildung von Religionslehrer/innen. In: Theo-Web. Zeitschrift für Religionspädagogik 10, 2011, H.2, Online: www.theo-web.de, S. 123–130.

Janowski, J. Christine/Heß, Ruth (2004): Die Irritation der Irritation. Was aus der genderbewussten systematischen Theologie für die Religionspädagogik wichtig sein könnte. In: Zeitschrift für Pädagogik und Theologie 56, 2004, S. 319–333.

Kaupp, Angela (2005): Junge Frauen erzählen ihre Lebensgeschichte. Eine qualitativ-empirische Studie zur Rekonstruktion der narrativen religiösen Identität katholischer junger Frauen, Ostfildern: Schwabenverlag.

Knauth, Thorsten (2009): Jungen in der Religionspädagogik. Bestandsaufnahme und Perspektiven. In: Pithan, Annebelle/Arzt, Silvia/Jakobs, Monika/Knauth, Thorsten (Hrsg.): Gender – Religion – Bildung. Beiträge zu einer Religionspädagogik der Vielfalt, Gütersloh: Gütersloher Verlagshaus, S. 72–94.

Kongregation für die Glaubenslehre (2004): Schreiben an die Bischöfe der Katholischen Kirche über die Zusammenarbeit von Mann und Frau in der Kirche und in der Welt, hrsg. vom Sekretariat der Deutschen Bischofskonferenz (Verlautbarungen des Apostolischen Stuhls 166), Bonn.

Lehmann, Christine (2011): Bilder von der (Religions-)Lehrerin in Bewegung bringen. Anbahnung eines beruflichen Selbstkonzepts durch interdisziplinäre Arbeit in der Lernwerkstatt. In: Qualbrink, Andrea/Pithan, Annebelle/Wischer, Mariele (Hrsg.): Geschlechter bilden. Perspektiven für einen genderbewussten Religionsunterricht, Gütersloh: Gütersloher Verlagshaus, S. 288–297.

Lehner-Hartmann, Andrea (2011): Perspektiven und Leitlinien für einen genderbewussten Religionsunterricht, In: Qualbrink, Andrea/Pithan, Annebelle/Wischer, Mariele (Hrsg.): Geschlechter bilden. Perspektiven für einen genderbewussten Religionsunterricht, Gütersloh: Gütersloher Verlagshaus, S. 79–91.

Matthiae, Gisela (2009): Von der Emanzipation über die Dekonstruktion zur Restauration und zurück. Genderdiskurse und Geschlechterverhältnisse. In: Pithan, Annebelle/Arzt, Silvia/Jakobs, Monika/Knauth, Thorsten (Hrsg.): Gender – Religion – Bildung. Beiträge zu einer Religionspädagogik der Vielfalt, Gütersloh: Gütersloher Verlagshaus, S. 30–46.

Mehlhorn, Annette (2009): Unterschiede als Brücke für Begegnung. Interreligiöses Lernen im Genderhorizont. In: Pithan, Annebelle/Arzt, Silvia/Jakobs, Monika/Knauth, Thorsten (Hrsg.): Gender – Religion – Bildung. Beiträge zu einer Religionspädagogik der Vielfalt, Gütersloh, Gütersloher Verlagshaus, S. 113–129.

Naurath, Elisabeth (2005): Religionspädagogik und Gender-Perspektive. In: Lämmermann, Godwin/Naurath, Elisabeth/Pohl-Patalong, Uta: Arbeitsbuch Religionspädagogik. Ein Begleitbuch für Studium und Praxis, Gütersloh: Gütersloher Verlagshaus, S. 95–100.

Pithan, Annebelle (1993): Religionsbücher geschlechtsspezifisch betrachtet. Ein Beitrag zur Religionsbuchforschung. In: Der evangelische Erzieher (heute: Zeitschrift für Pädagogik und Theologie) 45, 1993, S. 421–435.

Pithan, Annebelle (1995): Die Stimmen von Mädchen hören und ihnen Gehör verschaffen. Geschlechtsspezifische Sozialisation im Religionsbuch. In: Becker, Sibylle/Nord, Ilona (Hrsg.): Religiöse Sozialisation von Mädchen und Frauen, Stuttgart: Kohlhammer, S. 35–53.

Pithan, Annebelle (2011): Wo steht die geschlechterbewusste Religionspädagogik? In: Qualbrink, Andrea/Pithan, Annebelle/Wischer, Mariele (Hrsg.): Geschlechter bilden. Perspektiven für einen genderbewussten Religionsunterricht, Gütersloh: Gütersloher Verlagshaus, S. 62–78.

Pithan, Annebelle, Arzt, Silvia, Jakobs, Monika, Knauth, Thorsten (Hrsg.) (2009): Gender – Religion – Bildung. Beiträge zu einer Religionspädagogik der Vielfalt, Gütersloh: Gütersloher Verlagshaus.

Reese, Annegret (2006): „Ich weiß nicht, wo da Religion anfängt und aufhört". Eine empirische Studie im Zusammenhang von Lebenswelt und Religiosität bei Singlefrauen, Gütersloh: Gütersloher Verlagshaus/Herder.

Religionspädagogische Beiträge (1999): Zeitschrift der Arbeitsgemeinschaft Katholischer Katechetik-Dozenten AKK (heute: Arbeitsgemeinschaft Religionspädagogik und Katechetik AKRK), Themenheft „Religionspädagogik feministisch", 43/1999, Bibliographie „feministische Religionspädagogik", S. 232–240.

Riegel, Ulrich (2004): Gott und Gender. Eine empirisch-religionspädagogische Untersuchung nach Geschlechtsvorstellungen in Gotteskonzepten, Münster: LIT Verlag.

Riegel, Ulrich (2010): Höhere Macht und barmherziger Vater. Welchen Mehrwert bietet die Geschlechterperspektive bei jugendlichen Gottesbildern? In: Qualbrink, Andrea/Pithan, Annebelle/Wischer, Mariele (Hrsg.): Geschlechter bilden. Perspektiven für einen genderbewussten Religionsunterricht, Gütersloh: Gütersloher Verlagshaus, S. 178–187.

Riegel, Ulrich/Ziebertz, Hans-Georg (2010): Geschlechtergerechtes Lernen im Religionsunterricht. In: Hilger, Georg/Leimgruber, Stephan/Ziebertz, Hans-Georg, Religionsdidaktik. Ein Leitfaden für Studium, Ausbildung und Beruf, München: Kösel, S. 387–399.

Schweitzer, Friedrich (1993): Religiöse Entwicklung und Sozialisation von Mädchen und Frauen. Auf der Suche nach empirischen Befunden und Erklärungsmodellen. In: Der evangelische Erzieher 45, 1993, S. 411–421.

Schweitzer, Friedrich (2006): Religionspädagogik. Lehrbuch Praktische Theologie Bd. 1, Gütersloh: Gütersloher Verlagshaus.

Schweitzer, Friedrich (2007): Lebensgeschichte und Religion. Religiöse Entwicklung und Erziehung im Kindes- und Jugendalter, Gütersloh: Gütersloher Verlagshaus, 6. Auflage.

18   Perspektiven einer geschlechterbewussten Religionsdidaktik

Volkmann, Angela (2003): „Mißtraut gelegentlich eueren Schulbüchern!" (Erich Kästner). Eine feministische Spurensuche in Fachliteratur mit religionspädagogischen Bezügen. In: Theo-Web 2, 2003, Heft 2, Online: www.theo-web.de, S. 5–38.

Volkmann, Angela (2004): „Eva, wo bist du?" Die Geschlechterperspektive im Religionsunterricht am Beispiel einer Religionsbuchanalyse zu biblischen Themen, Würzburg: Königshausen und Neumann.

Wilhelm, Dorothee (2002): Verflucht sei, wer das Recht des Fremden beugt. In: Pithan, Annebelle/ Adam, Gottfried/Kollmann, Roland (Hrsg.): Handbuch integrative Religionspädagogik, Gütersloh: Gütersloher Verlagshaus, S. 37–44.

Wippermann, Carsten, Bund der Deutschen Katholischen Jugend (2007): Wie ticken Jugendliche? Düsseldorf: Verlag Haus Altenberg.

Wischer, Mariele (2009): Lebens-Texte – genderreflektiert. Befreiende Bibeldidaktik für Kinder und Jugendliche. In: Pithan, Annebelle/Arzt, Silvia/Jakobs, Monika/Knauth, Thorsten (Hrsg.): Gender – Religion – Bildung. Beiträge zu einer Religionspädagogik der Vielfalt, Gütersloh: Gütersloher Verlagshaus, S. 273–286.

Ziebertz, Hans-Georg/Kalbheim, Boris/Riegel, Ulrich (2003): Religiöse Signaturen heute. Ein religionspädagogischer Beitrag zur empirischen Jugendforschung, Gütersloh/Freiburg: Gütersloher Verlagshaus/Herder.

Ziebertz, Hans-Georg/Riegel, Ulrich (2008): Letzte Sicherheiten. Eine empirische Studie zu Weltbildern Jugendlicher, Gütersloh/Freiburg: Gütersloher Verlagshaus/Herder.

Zonne, Erna/Klausing, Kathrin (2011): Islam, Gender, Unterricht. In: Qualbrink, Andrea/Pithan, Annebell/Wischer, Mariele (Hrsg.): Geschlechter bilden. Perspektiven für einen genderbewussten Religionsunterricht, Gütersloh: Gütersloher Verlagshaus, S. 256–272.

Genderforschung in der Sachunterrichtsdidaktik

19

Astrid Kaiser

19.1 Stand der Geschlechterforschung in der Sachunterrichtsdidaktik

19.1.1 Historische und soziokulturelle Entwicklung der Geschlechterforschung und ihre Bedeutung für die Didaktik des Sachunterrichts

Die Sachunterrichtsdidaktik ist eine sehr junge Disziplin, unter den Fachdidaktiken kann sie sehr wohl als die jüngste neben der Informatik in der Bildung bezeichnet werden. Die Didaktik des Sachunterrichts ist ein sehr breit gefächertes Gebiet, das sich aus Einzelfachdidaktiken mit Primarstufenbezug, Lernbereichsdidaktiken und übergreifenden allgemeinen Sachunterrichtstheorien konstituiert. In diesem Kontext, der von Wissenschaftlerinnen und Wissenschaftlern getragen wird, die sehr unterschiedliche fachliche Biografien einbringen, ist es kaum möglich, dass klare Diskurslinien herausgearbeitet werden. Die 1992 gegründete Fachgesellschaft GDSU (Gesellschaft für Didaktik des Sachunterrichts) bemüht sich, den Diskurs innerhalb der Disziplin fortzuentwickeln, veranstaltet Jahrestagungen und gibt jährliche Tagungsbände sowie in unregelmäßiger Reihenfolge Forschungsbände heraus. Keine Jahrestagung war der Genderfrage gewidmet und auch innerhalb der Tagungsbände sind selten Beiträge zur Genderfrage zu finden. Die 1993 gegründete Arbeitsgruppe zu Geschlechterfragen im „Sachunterricht und geschlechtsspezifische Sozialisation" hat einen kooperativen Artikel hervorgebracht (Kaiser et al. 1994) und wurde auf der Mitgliederversammlung 1998 wieder eingestellt. Bislang gibt es keinen systematischen Diskurszusammenhang zur Genderfrage in der Sachunterrichtsdidaktik. „Gender-Didaktik folgt dem Ziel, für Geschlecht als eine gesellschaftlich und soziokul-

---

A. Kaiser (✉)
Carl von Ossietzky Universität Oldenburg, Institut für Pädagogik,
Postfach 25 03, 26111 Oldenburg, Deutschland
E-Mail: astrid.kaiser@uni-oldenburg.de

M. Kampshoff, C. Wiepcke (Hrsg.), *Handbuch Geschlechterforschung und Fachdidaktik*,
DOI 10.1007/978-3-531-18984-0_19,
© VS Verlag für Sozialwissenschaften | Springer Fachmedien Wiesbaden 2012

turell hervorgebrachte und in (Geschlechter-)Verhältnissen wirksame wie veränderbare Kategorie zu sensibilisieren" (Hartmann 2010, S. 13). Diese anspruchsvolle Aufgabe ist für die Sachunterrichtsdidaktik nur ansatzweise eingelöst.

Die Marginalisierung der Genderfrage wird im Diskurs der Sachunterrichtsdidaktik auch bezogen auf Forschungsprojekte deutlich. Explizit zu Gender und Sachunterricht gibt es kaum nennenswerte Drittmittelprojekte. Das erste Forschungsprojekt mit Interpretationen zur Gender-und-Sachunterrichtsfrage wurde in Bielefeld 1983 unter der Leitung von Astrid Kaiser durchgeführt. Der damalige Titel des Projekts „Schülervoraussetzungen für sozio-ökonomischen Sachunterricht" zeigt, dass die Geschlechterfrage nicht zu untersuchen geplant war. Ein Ziel dieses Projektes war es, durch Beobachtung im Unterricht in so genannten diagnostischen Lernsituationen herauszufinden, wie die Lernvoraussetzungen von Grundschulkindern zu bestimmten Sachunterrichtsthemen strukturiert sind, auf welches Vorwissen, auf welche Einstellungen und Werthaltung und auf welche Denkstrukturen man sich im Grundschulunterricht zu orientieren habe. Tatsächlich zeigten die Ergebnisse aber, dass es viele Differenzen bei den Lernvoraussetzungen von Mädchen und Jungen gibt (vgl. Projektbericht Kaiser 1996). So entstanden ab 1984 weit über 20 Publikationen zu den Projektergebnissen, die erstmals aufzeigten, dass auch in der Sachunterrichtsdidaktik die Genderdimension von Bedeutung ist. Obgleich diese Ergebnisse vielfach publiziert wurden, fanden sie nicht viel Rezeption. Seit 1981 wurde in den meist jährlich stattfindenden Frauen-und-Schule-Fachtagungen die Genderdebatte in vielen verschiedenen schulischen und unterrichtlichen Aspekten weiterentwickelt. Grundsätzlich nahm auch die Koedukationsfrage auf der 1984 neu gegründeten AG Frauenforschung in der Deutschen Gesellschaft für Erziehungswissenschaft (DGfE) einen zentralen Stellenwert ein (vgl. Kaiser 2009). Immer wieder wird deutlich, dass diese sozialwissenschaftlichen Themen von Mädchen und Jungen vor dem Hintergrund geschlechtstypischer Wahrnehmungsmuster rezipiert werden. Mädchen betonen dabei die Menschen und soziale Bedingungen, während Jungen stärker das Gewicht auf technisch-funktionale Zusammenhänge legen.

Für den *sozialwissenschaftlichen Sachunterricht* gibt es vor allem Untersuchungen zum Bereich der Lernvoraussetzungen. In einer eigenen Studie zum sozialwissenschaftlichen Sachunterricht (Kaiser 1996) fanden sich stärker werbungskritische Aussagen bei Jungen, wenn es sich um haushaltsnahe Produktwerbung handelte. Mädchen dagegen zeigten sich bei der Planung eines Schulfrühstücks als kompetenter und mehrperspektivisch planend. Hinsichtlich der Zukunftsvorstellungen gibt es eine Vielzahl an Studien (Glumpler 1993; Hempel 1996; Kaiser 2003a), die allesamt zeigen, dass Mädchen und Jungen deutlich verschiedene Vorstellungen über ihre eigene berufliche Zukunft haben. Diese Vorstellungen sind stark stereotyp geprägt. Mädchen wünschen sich – auch im weltweiten Vergleich (vgl. Kaiser 2003a) – Berufe im sozial-pflegerischen Bereich mit Menschen und Tieren oder als schön präsentiert in der Öffentlichkeit als Künstlerin (Sängerin) oder Model aufzutreten. Jungen dagegen bevorzugen sportlichen Erfolg (Fußballer), Arbeit mit schnellen Fahrzeugen oder relevanten machtvollen Handlungen bei Feuerwehr, Polizei oder Militär (vgl. Kaiser 2003a).

Auch die Genderdiskussion und -forschung im naturwissenschaftlichen Sachunterricht ist sehr wenig entfaltet. Zum gegenwärtigen Stand der Sachunterrichtsdiskussion im naturwissenschaftlichen Bereich hat der Begriff der „scientific literacy" noch keinen Einzug in Genderfragen gehalten. Auch der von der GDSU vertretene Perspektivrahmen Sachunterricht (Gesellschaft für Didaktik des Sachunterrichts (GDSU) 2002) geht laut Marquardt-Mau innerhalb des naturwissenschaftlichen Kontextes nicht auf diese Konzeption ein. Die im Primarbereich vorliegenden Arbeiten zur „scientific literacy" beschränken sich auf die Gebiete Curriculumentwicklung und Lehramtsausbildung. Allerdings „bildet das Konzept der scientific literacy den theoretischen Rahmen für die IGLU-E Studie" (Marquardt-Mau 2004, S. 8).

Wenn in der Literaturdatenbank des deutschen Bildungsservers nach den Schlagworten Sachunterrichtsdidaktik und Gender gesucht wird, gibt es keine Angabe. Besonders eklatant ist der defizitäre Stand dieses Schnittpunktthemas bei der Betrachtung des 2011 erschienen Jahresbandes von der Oldenburger Tagung mit dem Schwerpunkt Inklusion (Giest/Kaiser/Schomaker 2011). Dort sind die verschiedenen Heterogenitätsdimensionen wie Interkulturalität, Alter, Begabung oder unterschiedliche subjektive Lernvoraussetzungen im Hinblick auf Inklusion untersucht worden, die Genderdimension fehlt jedoch.

Insgesamt betrachtet ist der Forschungsstand zur Sachunterrichtsdidaktik aus der Genderperspektive äußerst dürftig.

19.1.2 Ergebnisse der Geschlechterforschung in ihrer Bedeutung für die Didaktik des Sachunterrichts

Für den naturwissenschaftlichen Sachunterricht gibt es keine expliziten Untersuchungen zum Grundschulalter, aber durchaus Studien aus der Sekundarstufe mit Gender-Perspektive, die sich auf das Grundschulalter transferieren lassen. Da ist an erster Stelle die Kieler Delphi-Studie (vgl. Hoffmann 1989) und der darauf aufbauende Modellversuch im Land Schleswig-Holstein (vgl. Hoffmann 1993) zu nennen sowie der niedersächsische Schulversuch zum mädchengerechten Unterricht in Naturwissenschaften (vgl. Reineke/Seefeldt 1997). Die Beobachtungen im Rahmen der Begleitforschung der Reformschule Kassel (vgl. Thies/Röhner 2000) zeigten ebenfalls, dass Mädchen und Jungen mit unterschiedlichem Selbstvertrauen an den Technikunterricht herangingen, aber auch auf unterschiedliche Erwartungshaltungen ihrer Lehrpersonen stießen. Sie erfuhren eine nach Geschlecht differente Anerkennung naturwissenschaftlich-technischer Leistungen im Unterricht (vgl. ebd.). Aber auch für den Mathematikunterricht lassen sich unterschiedliche Erwartungshaltungen von Lehrkräften hinsichtlich der Leistungsfähigkeit von Mädchen und Jungen (vgl. Keller 1998) beobachten. In diesen dem männlichen Geschlecht zugeschriebenen Domänen wird deutlich, dass dem Mädchen weniger Kompetenz zugetraut wird. Die detaillierten Beobachtungsbeschreibungen (vgl. Thies/Röhner 2000) zeigen, wie viele Probleme Mädchen auch in Reformschulen haben, die sich die Gleichberechtigung als selbstverständliches Ziel stellen.

Besonders stark wird im Kieler Modellversuch die Bedeutung von Interessen für den naturwissenschaftlichen Unterricht betont: „Mädchen zeigen relativ hohes Interesse an Naturphänomenen sowie Phänomenen, die mit der sinnlichen Wahrnehmung zu tun haben. Der Bezug zum Menschen, soziale Implikationen, die praktische Anwendbarkeit sowie die Anbindung an alltägliche Erfahrungen haben für sie hohe Bedeutung" (Hoffmann 1997, S. 45).

Zusammenfassend können die Kriterien für mädchengerechten Physikunterricht nach Hoffmann (ebd., S. 44) folgendermaßen zusammengefasst werden:

- gesellschaftliche Bedeutung von Physik,
- Anbindung an bisherige eigene Erfahrungen,
- Physik, die das „Gemüt bewegt",
- nicht Vermittlung von Gesetzmäßigkeiten um ihrer selbst willen,
- physikalische Geräte in interessant eingestuften Arbeitsfeldern.

Die in der groß angelegten Studie des IPN über „Schülerinteressen" befragten Schülerinnen und Schüler der Sekundarstufe I – und insbesondere die Mädchen – fordern jedenfalls einen derartigen, auf konkrete gesellschaftliche Probleme bezogenen Unterricht (vgl. Hoffmann/Lehrke 1986).

Neben diesen allgemeinen didaktisch-methodischen Kriterien für mädchengerechten Physikunterricht fordern die Autorinnen und Autoren des Abschlussberichts zum Kieler Modellversuch auch weitere persönlichkeitsfördernde Maßnahmen: „Um das Interesse der Mädchen an naturwissenschaftlich-technischer Bildung und Berufsorientierung zu fördern, sind Maßnahmen, die unterschiedliche Ebenen betreffen, erforderlich:

- Berücksichtigung und Unterstützung der spezifischen Interessen und Fähigkeiten der Mädchen,
- Ausgleich der fehlenden vor- und außerschulischen Erfahrungen von Schülerinnen,
- Aufbau eines erweiterten Selbstbildes bei Mädchen,
- Aufbau eines erweiterten Selbstbildes bei Jungen,
- Abbau von Geschlechtsstereotypen bei Lehrern und Lehrerinnen,
- Förderung des Problembewusstseins bei Eltern" (Hoffmann 1997, S. 45).

Bislang sind Konsequenzen aus diesen Erkenntnissen weitgehend für den Bereich des Sekundarstufenunterrichts gezogen worden. Für den Sachunterricht finden wir kaum gendergerechte Konzepte und Materialien.

Andere Untersuchungen und Versuche betonen neben dieser didaktischen Komponente die identifikatorische Seite, d. h. dass Frauen als Naturwissenschaftlerinnen den Mädchen identische Vorbilder geben. Dieser Ansatz wurde erfolgreich in der Birmingham-Studie (vgl. Whyte 1985) erprobt. Blumberg, Hardy und Möller (2008) wiederum vermuten in klar strukturierter unterrichtlicher Unterstützung für Mädchen einen Weg zur Lösung des Problems: „So könnte sich ein Unterricht, der im Gegensatz zu sehr offenen Lernangebo-

19 Genderforschung in der Sachunterrichtsdidaktik   263

ten mit hohem Selbststeuerungsanteil einen größeren Anteil an Strukturierungselementen beinhaltet, positiv auf die kognitive und affektiv-motivationale Entwicklung der Mädchen auswirken, da dieser Unterricht eine größere Sicherheit und Orientierung im Lernprozess, häufigere inhaltliche Rückmeldungen sowie das Erreichen von Nahzielen ermöglicht" (Blumberg/Hardy/Möller 2008, S. 63). Allerdings konnte im experimentellen Vergleich nur ein allgemeiner Lerngewinn beider Geschlechter durch „unterrichtliche Interventionen in einem konstruktivistisch orientierten Unterricht" (ebd., S. 69) festgestellt werden. Die Ergebnisse zeigten, „dass ein größerer Lerneffekt für Mädchen als auch für Jungen im konstruktivistisch orientierten Unterricht mit stärkerer Strukturierung erreicht wurde" (ebd., S. 70). Allerdings konnten Mädchen durch beide Varianten der Intervention ihre naturwissenschaftliche Kompetenz steigern, die im Prätest deutlich niedriger lag (vgl. ebd., S. 70).

Mehr mit Fokus auf die Technik verweist der nordrhein-westfälische Modellversuch an Gesamtschulen (vgl. Kampshoff/Nyssen 1996; Nyssen 1996) darauf, dass beim Technikunterricht das Selbstvertrauen der Mädchen steigt, wenn sie in einer homogenen Gruppierung lernen. Die Frage der Erwartungshaltungen der Mädchen – und ihrer Lehrkräfte – scheint sich durchgängig als wesentlicher Faktor dafür zu bestätigen, dass allmählich auch eine Kompetenzdifferenz zwischen den Geschlechtern entsteht. Thies und Röhner stellen dementsprechend fest: „Die beobachteten Mädchen unterschätzen ihre technische Kompetenz zugunsten einer ‚Ich-kann-nicht-Haltung' […]. Dagegen finden die beobachteten Jungen in ihrer Arbeit Selbstbestätigung" (Thies/Röhner 2000, S. 139). Auch hier wirken wieder Mechanismen der Selbstsozialisation: „Mädchen definieren sich im Spiegel der männlichen Terrainbesetzung bereits vorab als nicht kompetent und werden in ihrer Einschätzung durch die Lehrerin bestätigt" (ebd., S. 176). Die Folge dieser untergründig wirkenden stereotypisierenden Mechanismen sind bezogen auf Naturwissenschaften und Technik eine Dequalifizierung der Mädchen. „Mädchen und Jungen […], die den Zuschreibungen nicht entsprechen […], werden in der Entwicklung geschlechtsunstereotyper Interessen, Begabungen und Fähigkeiten beeinträchtigt, da Erwartungen Leistungen und Verhalten mitbestimmen" (ebd., S. 147). Bisherige Untersuchungsergebnisse lassen vermuten, dass die differenten Interessen von Mädchen und Jungen und die geringer ausgeprägte Selbstwahrnehmung von Mädchen gegenüber naturwissenschaftlich-technischen Themen (vgl. Blumberg/Hardy/Möller 2008, S. 60) weniger eine Folge des Sachunterrichts sind, sondern eher außerschulisch entstehen: „Zunächst scheint es plausibel, dass Jungen und Mädchen durch verschiedenartige außerschulische Vorerfahrungen im naturwissenschaftlich-technischen Bereich unterschiedlich ausgeprägte kognitive wie motivationale Dispositionen in den naturwissenschaftlich-technischen Sachunterricht einbringen, welche eine individuelle Anschlussfähigkeit an die Themen des Sachunterrichts ermöglichen könnten" (ebd., S. 61).

Die meisten Studien der Genderforschung haben sich aber nicht auf unterrichtliche Bereiche bezogen – und noch seltener auf den Sachunterricht. Manche Ergebnisse können marginal auf den Sachunterricht transferiert werden, wie die zu den Interessen von Mädchen und Jungen beim Spielen. Denn die *Spielwelten* von Jungen und Mädchen unterscheiden sich nach den vorliegenden Untersuchungen drastisch (vgl. Nötzel 1987; Fuchs 2001). So bevorzugen Jungen Spiele mit Bauen, Konstruieren und Technik, während Mädchen

Rollenspiele, Regelspiele, Puppenspiele sowie Symbolspiele bevorzugen und Alltagshandlungen in der Familie spielerisch verarbeiten (vgl. Thies/Röhner 2000, S. 38).

Nicht die Fähigkeiten der Schülerinnen und Schüler, sondern eher die Herangehensweisen und Interessen sowie die Bewertungen durch Lehrpersonen scheinen stärker different ausgeprägt zu sein, können sich aber auf die Fähigkeitsentwicklung auswirken.

Die Ausführungen zeigen, dass in vielen für den Sachunterricht relevanten Inhaltsbereichen deutliche Differenzen zwischen den Geschlechtern vorliegen. Diese Differenzen sind mit Interessen, Zuschreibungen und Wahrnehmungsmustern, aber weniger mit primären Fähigkeiten verknüpft.

19.2 Barrieren einer geschlechtergerechten Sachunterrichtsdidaktik

Die Geschlechterdimension ist eine wesentliche gesellschaftliche Heterogenitätsdimension, die auch auf Schulen und das gesamte Bildungssystem Auswirkungen hat. Das spezifische Geschlechterverhältnis in Bildungsinstitutionen ist ein Ausdruck des gesellschaftlich dominanten Geschlechterverhältnisses mit männlicher hegemonialer Herrschaft in gesellschaftlichen Hierarchien und Zuweisung von sozialer und sprachlicher Kompetenz an das weibliche Geschlecht. „Geschlechterstereotypen und starre Rollenklischees benachteiligen nicht nur Mädchen und Jungen, sondern schränken auch die Persönlichkeitsentwicklung und die Entfaltungsmöglichkeiten von Jungen und Mädchen ein" (Michalik 2009, S. 20). Zur Erweiterung ihrer Lebenschancen ist eine Auflösung starrer stereotyper Grenzen wichtig.

Geschlechterdifferenzen, wie sie in der sachunterrichtsdidaktischen Forschung belegt werden, sind weitgehend eine Frage der Zuschreibung und der interaktiven Herstellung in der Peer-Kommunikation, wie auch im Verhältnis der Lehrpersonen zu den Kindern. „Kein Junge kommt daran vorbei, sich auf seine Weise zu dem in Kultur und sozialen Strukturen eingelassenen ‚Prinzip Männlichkeit‘ zu verhalten, und kein Mädchen kann das – auch unabhängig von der eigenen Person existierende ‚Prinzip Weiblichkeit‘ ignorieren" (Sielert 2009, S. 11).

Die Differenzen in der Geschlechterfrage werden nicht monolinear gesellschaftlich aufoktroyiert, sondern sind auch subjektiv von den Schülerinnen und Schülern hergestellte Konstrukte. Dies gilt sogar für die ‚harten‘ naturwissenschaftlichen Fächer. So belegt Kessels: „In den koedukativen Gruppen verhielten sich die Mädchen nach eigenen Angaben deutlich geschlechttypisierter, indem sie sich von dem ‚Jungenfach‘ Physik distanzierten, ihre Fähigkeiten für gering hielten und wenig motiviert waren. Auf das physikbezogene Selbstkonzept und die Motivation der Jungen hatte die Gruppenkonstellation dagegen keine Auswirkung" (Kessels 2002, S. 224). Es ist also nicht nur „institutioneller Genderismus" (vgl. Goffman 1994), sondern auch die Folge des Verhaltens der in Schule interagierenden Personen. Wenn gravierende Differenzen zwischen den Geschlechtern sichtbar sind, dann darf dies nicht als individuelle Zuschreibung gesehen werden. Denn „die Kategorie des Geschlechts dient der Kritik am Bestehenden, nicht aber der Beschreibung von Individuen oder gar der Entwicklung von Leitbildern künftiger Mädchen und Jungen" (Richter 1996, S. 156). Wichtig ist dabei die schon früh im Genderdiskurs betonte Tatsache, dass „die Variabilität innerhalb der Geschlechtergruppe […] weitaus höher als die Unterschiede zwischen Frauen und Männern" (Schmitz 2010, S. 476) ist.

Bislang wurden diese Zusammenhänge wenig reflektiert, so dass unter der Oberfläche einer Schule, in der beide Geschlechter gleich behandelt werden, sich deutliche Unterschiede herausgebildet haben. Denn es bedarf bewusster Reflexion, um diese ungleichen Voraussetzungen zu verändern. Dabei darf allerdings nicht der Unterschied in der pädagogischen Praxis betont, d. h. auch damit verstärkt werden, sondern es kommt darauf an, gerade an bestimmten positiven Kompetenzen der Mädchen und Jungen anzuknüpfen, die bereits einen Schritt weg von stereotypen Vereinseitigungen gegangen sind.

Wir wissen, dass Geschlechterdifferenzen in frühester Kindheit nicht nachweisbar sind (vgl. Hagemann-White 1984), allerdings nehmen sie im Laufe der Lebensjahre deutlich zu. Die Hypothese ist, dass diese Differenzierung mit dem Eintritt in neue Institutionen verschärft wird, also mit dem Eintritt in Kindergarten, Schule und ins Erwachsenenleben während der Pubertät.

Die Gruppe der Gleichaltrigen wirkt aber nicht unabhängig auf die Kinder ein, sie reflektiert und verstärkt nur die in der Gesellschaft ohnehin vorhandenen Geschlechterstereotypen, die nach wie vor deutlich sind (siehe Beiträge von Ilona Ebbers und Claudia Wiepcke in diesem Beitrag).

19.2.1 Bedingungen und Möglichkeiten geschlechtergerechten Sachunterrichts

Gleichberechtigung meint – wie das Wort schon sagt – dass beiden Geschlechtern gleiche Rechte und Chancen offenstehen. Das ist mitnichten gegenwärtig der Fall. Gleichberechtigung heißt aber nicht Gleichmacherei. Es kann nicht das Ziel einer geschlechterdemokratischen Pädagogik sein, dass die Mädchen so werden, wie bislang die Jungen. Aber gleichzeitig wäre es widersinnig, einen neuen Kunstmenschen, der halb Frau halb Mann – eben androgyn – ist, anzustreben. Das Ziel der Gleichberechtigungspädagogik ist lediglich, keinem Geschlecht irgendwelche Lernwege und Möglichkeiten von vornherein durch die bloße Geschlechtszugehörigkeit zu verbauen. Die Verschiedenheit der Personen wiederum ist sehr produktiv. Es geht also nicht darum, Mädchen und Jungen durch starre Bilder von männlich und weiblich einzuengen, sondern ihnen noch mehr Möglichkeiten zu eröffnen, damit kein Kind in der Grundschule wegen des Geschlechts Begrenzungen in den individuellen Qualifizierungsmöglichkeiten erfährt. Denn es wird mehrfach in der Literatur belegt, dass „Mädchen mit androgyner und männlicher Geschlechtsrollenidentität ein besseres Selbstvertrauen als jene mit weiblicher oder undifferenzierter Geschlechtsrollenidentität" (Keller 1998, S. 110; vgl. Hagemann-White 1984) haben.

Gerade die *stereotype Sozialisierung* und damit Polarisierung schränkt Mädchen und Jungen gleichermaßen dabei ein, die gesellschaftlich definierten Grenzen an Denk- und

Verhaltensweisen zu überschreiten. Bekannt ist, dass Mädchen, trotz in Ansätzen vorhandener Fähigkeiten und Interessen, sich nicht durch stereotype gesellschaftliche Definitionen technisch-naturwissenschaftlichen Inhalten annähern (vgl. Hannover 1992) und damit wesentliche berufliche Entwicklungsmöglichkeiten verbauen. Aber auch das männliche Geschlecht hat nachweislich Probleme bei der Lebensbewältigung, die sich aus einer Entwicklung, bei der die Auseinandersetzung mit Gefühlen der Schwäche und Empathie stark ausgegrenzt werden (vgl. Connell 1999; Meuser 1998), ergeben. Somit wäre zwar die Veränderungsnotwendigkeit begründet, aber nicht auch die Möglichkeit belegt.

Pädagogische Einflussnahme auf die Geschlechtermuster stößt an Machbarkeitsgrenzen, denn Schule steht nicht außerhalb der Gesellschaft, sondern ist ein Teil von ihr. Von daher wirken in der Schule die allgemeinen gesellschaftlichen Symbole der Geschlechterbilder durchgreifend. Bei Anerkennung dieser Rahmenbegrenzungen sollte aber erreicht werden, dass weder Jungen noch Mädchen in ihrer Entwicklung durch starre Geschlechterstereotypen eingeschränkt werden. Metz-Göckel (1988) drückt dies mit dem Begriff der „Geschlechtspotentiale" aus, mit dem sie folgert, dass die Menschen beider Geschlechter verschiedene Möglichkeiten haben, breitere Fähigkeiten zu entwickeln, als die engen Stereotypgrenzen vorschreiben. Es kommt also nur darauf an, die Möglichkeiten menschlicher Entwicklung für beide Geschlechter zu erweitern, ohne sie dabei in den jeweils defizitären Rollen festzuschreiben. Hier ist also ganz deutlich ein Kompetenzansatz gefragt, bei dem die Fähigkeiten von Kindern beider Geschlechter durch Unterrichtsimpulse entwickelt und nicht beschnitten werden, wie es in der gesellschaftlichen Alltagspraxis oft geschieht.

Für die Schule bedeutet aber die Vielfalt der Sozialisation, dass gegenwärtig sehr verschiedene Wege beschritten werden müssen, um einer einseitigen Entwicklung von Mädchen und Jungen entgegenzusteuern. Es reicht also nicht aus, allein durch Bereitstellen positiver männlicher Modelle in der Schule, durch Anbieten von ausgewogenen Vorbildern in den Schulbüchern oder durch kompensatorische Unterrichtsanregungen für Mädchen und Jungen, den Weg der schulischen Gleichberechtigung beschreiten zu wollen. Weder das Reflektieren der Geschlechterrollen noch das Vorbildverhalten der Lehrkräfte allein kann die sich offensichtlich auf vielfältigen Wegen vollziehende Geschlechtersozialisation wirksam beeinflussen. Vielmehr scheint ein breiter Weg, der verschiedene theoretische Möglichkeiten eröffnet, gegenwärtig sinnvoll zu sein.

Gleichzeitig muss deutlich werden, dass Pädagogik – insbesondere im Rahmen von festgelegten Institutionen wie der Schule – nicht unendliche Möglichkeiten hat, sondern auch durch den eigenen Rahmen an Grenzen stößt.

Die Reproduktion tradierter Modelle der zweigeschlechtlichen Definition wird implizit durch den ‚heimlichen Lehrplan', aber auch konkret über Lernmaterialien und Schulbücher für den Sachunterricht, in denen auch heute noch tradierte Konzepte männlicher und weiblicher Lebensplanung zu identifizieren sind, transportiert. Modelle partnerschaftlicher Arbeitsteilung beider Geschlechter, weiblicher beruflicher Karrierebiografien oder veränderter Muster von Männlichkeit sind in schulischen Medien für den Sachunterricht selten zu finden.

Im Umgang mit Kindern bedeutet es, Entwicklungsmöglichkeiten zu fördern und an den Kompetenzen der Kinder anzusetzen. Denn die reale Entwicklung der einzelnen Kinder ist vielfältig. Pädagogik kann nur gelingen, wenn an die Möglichkeiten der lernenden Personen angeknüpft wird und sie nicht von vornherein als defizitär begriffen werden. Dies gilt es in der Praxis zu sehen, zu identifizieren und im Sinne von Lernvoraussetzungen, die es festzustellen gilt, in den pädagogischen Alltag einzubinden. Das heißt konkret, dass bei Mädchen Ansätze von Durchsetzungsfähigkeit, Technikinteresse oder naturwissenschaftlichem Denken, bei Jungen Ansätze empathischen Verhaltens, Zulassen negativer Gefühle und Heraustreten aus hierarchischen Strukturen besonders in den Vordergrund gestellt werden und daran anknüpfend im Unterricht weiter entwickelt werden sollen. Auf konkretes Verhalten in der Grundschule übersetzt heißt dies, dass Jungen „achtsamer mit sich selbst und anderen umgingen, eigene Anteile an Konflikten eher sehen könnten, die Perspektiven anderer öfter einnähmen" (Schmidt-Hollstein 1999, S. 34). Für subjektive Veränderungen gelten biografische Ansätze als sehr produktiv (vgl. Schomaker/Stockmann 2007). Deshalb scheint es ein produktiver Ansatz zu sein, aus der Gender-Perspektive Konzepte biografischen Lernens für den Sachunterricht zu entwickeln und zu evaluieren.

Mädchen und Jungen sind reich in ihren Entwicklungsmöglichkeiten – auch in der Geschlechterfrage. Die vielfältigen Entwicklungen und Möglichkeiten zu erkennen und sie in die Gruppe der Lernenden einzubringen, ist die wesentliche Kunst nicht defizitorientierter Pädagogik.

19.2.2 Didaktisch-methodische Prinzipen geschlechtsbewussten Sachunterrichts

Pädagogische Veränderungen in der Geschlechterfrage stecken in einem Dilemma. Aus lerntheoretischen Gründen müssen wir didaktische Modelle finden, welche die zweigeschlechtliche Polarität in der Gesellschaft (vgl. Hagemann-White 1984) nicht verstärken, aber auch an den realen besonderen Lernvoraussetzungen von Mädchen und Jungen anknüpfen, um sie schrittweise aufzuheben. Denn so lange es Hierarchien zwischen den Geschlechtern in der Gesellschaft gibt, müssen Mädchen Abwertungen und beide Geschlechter Eingrenzungen ihrer Möglichkeiten erfahren. Dies ist mit umfassenden Bildungsansprüchen für alle unvereinbar.

Im internationalen Kontext gibt es bereits elaborierte Konzepte für einen gendergerechten Sachunterricht mit Fokus auf die Mädchen. Für den Transfer für eine inklusive Grundschule in Deutschland ist es wichtig, dass – neben partieller didaktischer Differenzierung bei der Gruppenarbeit – grundsätzlich koedukativ in der Grundschule unterrichtet wird. Wichtig für die weitere Interessensentwicklung von Mädchen ist auch, mit welchen Inhalten und Methoden ihnen Inhalte im Sachunterricht nahe gebracht werden.

Besonders entwickelt ist das von der Society for Canadian Women in Science and Technology (SCWIST) entwickelte Konzept „Science for Girls and other intelligent Beings"

(Wyatt 1993) für Mädchen ab 8 Jahren. Dabei sind folgende methodische Prinzipien konzeptionell eingegangen:

- Die Motivation für die Versuche entstammt dem Alltag: Fußspuren entschlüsseln, Tiere beobachten, Kochen, Zeit sparen beim Silberputzen, Zaubertricks vorführen etc.
- Die Versuche sind nicht mit teuren und für Mädchen abschreckenden Apparaturen durchzuführen, sondern mit einfachen Mitteln wie Witz, Bleistift, Papier, Backpulver, Alufolie, Steinen, Zitrone, einer Blechdose und anderen.
- Erstaunliche Probleme, die Lust zum Nachdenken machen, stehen im Mittelpunkt.
- Wissenschaft wird als lebensnah und nicht in Form abgehobener Formeln präsentiert.
- Die Versuche sind einfach und phantastisch, so dass sie zum Machen unmittelbar animieren.
- Die Sprache entstammt dem Alltag von Mädchen und spricht sie an.
- In Geschichten und Bildern werden echte weibliche Modelle vorgestellt, Wissenschaftlerinnen, die tatsächlich als Jaguarforscherinnen oder Sternentdeckerinnen Berühmtheit gewonnen haben und den Mädchen zeigen: Frauen können es in diesen Gebieten weit bringen.

Aus der Interessensstudie von Hartinger und Roßberger wird für den Sachunterricht eine biografisch orientierte Kontextualisierung der Inhalte gefolgert. (vgl. Roßberger/Hartinger 2000, S. 17). Für den chemischen Sachunterricht sind die Ergebnisse von Prechtl (2006) ein Indikator dafür, dass es bei Gendergerechtigkeit nicht nur auf die Inhalte, sondern auch auf die methodischen Arrangements im Unterricht ankommt. Prechtl hat Schülerinnen und Schüler im Anschluss an real durchgeführte chemische Experimente Bildgeschichten zum Thema Experimentieren in der Chemie zeichnen lassen und mit zusätzlichen Interviews herauszufinden versucht, wie Schülerinnen und Schüler im Chemieunterricht miteinander und mit der Sache interagieren.

Viele dieser Bildgeschichten zeigen, dass die Jungen als die Ausführenden bei chemischen Experimenten gesehen werden, während die Mädchen beobachtend dabeistehen und Sicherheitshinweise geben. Wir sehen an diesem Beispiel, dass die in den früheren Interaktionsstudien berichteten Differenzen der Interaktionsstile der Geschlechter sich weiter perpetuieren. Auch die in einer sehr kleinen Stichprobe von 12 Kindern durchgeführte Beobachtungsstudie (vgl. Herget/Spreckelsen/Wöhrmann 2004) zeigt, dass Mädchen und Jungen unterschiedliche Zugangsweisen zu chemischer Experimentalarbeit haben: „Deutlich geringer ist das Interesse der Mädchen beim Erklären der Versuche. […] Sie (die Jungen) haben mehr Interesse an der Auswertung der Experimente. Sie suchen verbal mehr nach Theorien als ihre weiblichen Versuchspartner. Die Mädchen beschäftigen sich stärker mit der Durchführung der Versuche" (ebd., S. 56). Auch eine weitere systematische Begleitforschung eines Unterrichtsmodells zum Thema Vulkane zeigte, dass die Modalität von Interessen, Orientierungen und Zugangsweisen bei Jungen und Mädchen differiert: „Bereits vor der Sequenz war das Interesse der Mädchen und Jungen am Thema ‚Vulkane‘ etwa gleich groß. Bei verschiedenen Teilaspekten hingegen zeigte sich, dass sich die Mäd-

19 Genderforschung in der Sachunterrichtsdidaktik

chen mehr für die sozial bedeutsamen Kontexte ‚Wie gefährlich sind Vulkane?‘ oder ‚Was passiert mit den Menschen bei einem Vulkanausbruch?‘ interessierten, Jungen hingegen eher für die Themen wie ‚Wie lange gibt es Vulkane schon?‘“ (Meidenbauer 2007, S. 19).

Derartige Einzelbeobachtungen bedürfen einer lerntheoretischen Erklärung, um Konsequenzen für den Sachunterricht aus den bisherigen Erkenntnissen über Lerntheorien zu ziehen. Oft werden nur sehr kurzschlüssig identifikationstheoretische Erklärungen für Geschlechterstereotypien angeführt: „Kinder beobachten und imitieren das Verhalten gleichgeschlechtlicher Personen […], sodass stereotypes Verhalten entsteht“ (Roßberger/ Hartinger 2000, S. 15). Dagegen scheinen die Prozesse viel komplexer zu sein und verschiedene Lerntheorien zur Erklärung der Geschlechterdifferenzen beizutragen (vgl. Kaiser u. a. 2003). Dazu wären zumindest die folgenden – in der Realität durchaus miteinander verschränkten – Grundformen zu unterscheiden (vgl. ebd.):

1. Modelltheoretische Ansätze
2. Lerntheoretische Ansätze
3. Identifikationstheoretische-psychoanalytische Ansätze
4. Attributionstheoretische Ansätze, Ansätze von Erwartungshaltungen
5. Soziologische Theorien der Geschlechterdifferenz aus der Segregation des Arbeitsmarktes
6. Rollentheoretische Ansätze
7. Konstruktivistische Ansätze der ‚Selbstsozialisation‘.

In der Realität scheint nicht ein theoretischer Ansatz, sondern ein Konstrukt aus verschiedenen Lernwegen wirksam zu sein. Dies heißt aber auch, dass die Strategien des De-Gendering komplexer und mehrdimensionaler sein müssten.

„Den Stärken Raum geben bedeutet für viele Jungen in der Grundschule z. B. Naturwissenschaft und Technik einzubeziehen, Projektunterricht, Körper- und Abenteuererfahrungen zu ermöglichen, aber auch zu geschlechtsuntypischen Angeboten zu animieren wie spielerischen Massageangeboten, Meditationen, Streitschlichterkursen, Kochkursen, Jungennachmittagen mit Vätern. Bei Mädchen bedeutet die Würdigung ihrer Stärken, sie weiterhin in den Schulfächern und sozialen Aktivitäten zu unterstützen, die ihrem Geschlechtshabitus entgegenkommen, sie andererseits aber zu eher untypischen Aktivitäten zu motivieren, so z. B. zu naturwissenschaftlichen Experimenten, Selbstbehauptungstrainings, Fußball und Computerumgang. Es geht nicht darum, jemanden umzupolen, sondern vorhandene Kompetenzen zu ergänzen“ (Sielert 2009, S. 12). Eine wichtige Strategie ist aber auch die Selbstreflexion von Mädchen und Jungen. Neben dem Ansatz einzelner Jungenstunden und Mädchenstunden (vgl. Kaiser 2001), eignet sich auch das breite Repertoire des Philosophierens mit Kindern in der Grundschule für eine Reflexion. Michalik schlägt beispielsweise das Gedankenexperiment vor, „Wie wäre es, wenn es nur ein Geschlecht gäbe“ (Michalik 2009, S. 22).

Es gibt also bereits viele theoretisch plausible und auch empirisch belegte Wege für einen geschlechtergerechten Sachunterricht, es kommt aber darauf an, diese in breitem Umfang als Aspekt einer differenzierten inklusiven Grundschule umzusetzen.

Ein mädchen- und jungengerechter Sachunterricht transzendiert die engen Lernbereichsgrenzen und führt zu einem konsequent beide Lernbereiche integrierenden Sachunterricht.

Literatur

Aissen-Crewett, Meike (1989): Geschlechtsspezifische inhaltliche Unterschiede in Zeichnungen von Schulkindern. In: BDK-Mitteilungen 1, S. 26–33.

Appel, Katrin (1990): Mädchen und Jungen als Städtebauer. In: Die Grundschulzeitschrift 4 (40), S. 19–21.

Blumberg, Eva/Hardy, Ilona/Möller, Kornelia (2008): Anspruchsvolles naturwissenschaftsbezogenes Lernen im Sachunterricht der Grundschule – auch für Mädchen? In: Zeitschrift für Grundschulforschung 1 (2), S. 59–72.

Butler, Judith (1991): Das Unbehagen der Geschlechter. Frankfurt a. M.: Suhrkamp.

Connell, Robert W. (1999): Der gemachte Mann. Konstruktion und Krise von Männlichkeiten. Opladen: Leske + Budrich.

Duit, Reinders (1993): Schülervorstellungen – von Lerndefiziten zu neuen Unterrichtsansätzen. In: Naturwissenschaften im Unterricht Physik 4 (16), S. 4–10.

Fuchs, Claudia (2001): Barbie trifft He-Man. Freiburg: Fillibach Verlag.

Gesellschaft für Didaktik des Sachunterrichts (GDSU) (2002): Perspektivrahmen Sachunterricht. Bad Heilbrunn: Klinkhardt.

Giest, Hartmut/Kaiser, Astrid/Schomaker, Claudia (Hrsg.) (2011): Sachunterricht – auf dem Weg zur Inklusion. Bad Heilbrunn: Klinkhardt.

Glumpler, Edith (1993): Kleine Mädchen wollen mehr als die Hälfte – Berufswünsche von Mädchen und Jungen. In: Pfister, Gertrud/Valtin, Renate (Hrsg.): Mädchenstärken. Probleme der Koedukation in der Grundschule. Frankfurt a. M.: Arbeitskreis Grundschule, S. 51–66.

Goffman, Erving (1994): Interaktion und Geschlecht. Frankfurt a. M.: Campus Verlag.

Hagemann-White, Carol (1984): Sozialisation weiblich – männlich? Opladen: Leske + Budrich.

Hannover, Bettina (1992): Spontanes Selbstkonzept und Pubertät. Zur Interessenentwicklung von Mädchen koedukativer und geschlechtshomogener Schulklassen. In: Bildung und Erziehung 45 (1), S. 31–46.

Hartmann, Jutta (2010): Differenz, Kritik, Dekonstruktion – Impulse für eine mehrperspektivische Gender Didaktik. In: Mörth, Anita P./Hey, Barbara/Koordinationsstelle für Geschlechterstudien, Frauenforschung und Frauenförderung der Karl-Franzens-Universität Graz (Hrsg.): Geschlecht und Didaktik. 2. überarbeitete und erweiterte Auflage. Graz: Leykam Buchverlagsgesellschaft, S. 13–21.

Hempel, Marlies (1996): Lebensentwürfe und Identität – Überlegungen zur Kindheitsforschung. In: Hempel, Marlies (Hrsg.): Grundschulreform und Koedukation. Weinheim: Juventa, S. 141–153.

Herget, Ina/Spreckelsen, Kay/Wöhrmann, Holger (2004): Chemie und Geschlecht. Wie erschließen Jungen und Mädchen einfache chemische Sachverhalte. In: Grundschulunterricht 51 (3), S. 55–57.

Hoffmann, Lore (1989): Die Interessen von Schülerinnen an Physik und Technik. Mögliche Ansatzpunkte für Unterricht auf der Sekundarstufe I. In: Die Realschule 97 (5), S. 201–205.

Hoffmann, Lore (1993): Mädchen und Naturwissenschaft/Technik – eine schwierige Beziehung. In: Pfister, Gertrud/Valtin, Renate: Mädchenstärken. Probleme der Koedukation in der Grundschule. Frankfurt a. M.: Arbeitskreis Grundschule, S. 114–123.

Hoffmann, Lore (1997): Mädchen im naturwissenschaftlichen Unterricht. Ansatzpunkte zur Verwirklichung der Chancengleichheit für Mädchen. In: Beispiele: in Niedersachsen Schule machen 15 (2), S. 42–47.

19 Genderforschung in der Sachunterrichtsdidaktik

Hoffmann, Lore/Lehrke, Manfred (1986): Eine Untersuchung über Schülerinteressen im Fach Physik. In: Zeitschrift für Pädagogik 32 (2), S. 189–204.

Kaiser, Astrid (1996): Lernvoraussetzungen von Mädchen und Jungen für sozialwissenschaftlichen Sachunterricht. Oldenburg: ZpB Verlag.

Kaiser, Astrid (1996a): Mädchen und Jungen in einer matrilinearen Kultur – Interaktionen und Wertvorstellungen bei Grundschulkindern im Hochland der Minangkabau auf Sumatra. Hamburg: Verlag Dr. Kovac.

Kaiser, Astrid (Hrsg.) (2001): Praxisbuch Mädchenstunde – Jungenstunde. Baltmannsweiler: Schneider Verlag.

Kaiser, Astrid. (2003): Projekt geschlechtergerechte Grundschule. Opladen: Leske + Budrich.

Kaiser, Astrid (2003a): Zukunftsbilder von Kindern der Welt. Baltmannsweiler: Schneider Verlag Hohengehren.

Kaiser, Astrid (2009): Erziehungswissenschaftliche Genderforschung in der Schulpädagogik und autonome Organisation, Frauen und Schule. In: Glaser, Edith et al. (Hrsg.): Disziplingeschichte der Erziehungswissenschaft als Geschlechtergeschichte. Jahrbuch der Frauen- und Geschlechterforschung in der Erziehungswissenschaft. Opladen u. a.: Verlag Barbara Budrich, S. 61–76.

Kaiser, Astrid/Raabe, Solveigh (2011): Typisch Mädchen – typisch Junge? Konfliktverhalten von Mädchen und Jungen. In: Grundschule 43 (9), S. 34–36.

Kampshoff, Marita/Nyssen, Elke (1996): Wie Technik zur Mädchensache wird. In: Kaiser, Astrid (Hrsg.): FrauenStärken – ändern Schule. 10. Bundeskongress Frauen und Schule. Bielefeld: Kleine, S. 195–200.

Keller, Carmen (1998): Geschlechterdifferenzen in der Mathematik: Prüfung von Erklärungsansätzen; eine mehrebenenanalytische Untersuchung im Rahmen der 'Third International Mathematics and Science Study'. Zürich: Dissertation Universität Zürich.

Kessels, Ursula (2002): Undoing Gender in der Schule: Eine empirische Studie über Koedukation und Geschlechtsidentität im Physikunterricht. Weinheim: Juventa.

Krappmann, Lothar/Oswald, Hans (1985): Schulisches Lernen in Interaktionen mit Gleichaltrigen. In: Zeitschrift für Pädagogik 31 (3), S. 321–337.

Kroll, Renate (Hrsg.) (2002): Metzler Lexikon Gender Studies. Geschlechterforschung. Stuttgart: Metzler.

Marquardt-Mau, Brunhilde (2004): Scientific literacy. In: Kaiser, Astrid/Pech, Detlef (Hrsg.): Neuere Konzeptionen und Zielsetzungen im Sachunterricht. Basiswissen Sachunterricht Band 2. Baltmannsweiler: Schneider Verlag Hohengehren, S. 67–83.

Meidenbauer, Katja (2007): Pedro und der Vulkan. Wann ist ´Vulkane` ein Thema für Mädchen und Jungen? In: Grundschule 39 (5), S. 18–20.

Metz-Göckel, Sigrid (1988): Geschlechterverhältnisse, Geschlechtersozialisation und Geschlechtsidentität. In: Zeitschrift für Sozialisationsforschung und Erziehungssoziologie 8 (2), S. 85–97.

Meuser, Michael (1998): Geschlecht und Männlichkeit. Soziologische Theorie und kulturelle Deutungsmuster. Opladen: Leske + Budrich.

Michalik, Kerstin (2009): Typisch Mädchen – typisch Junge? Kinder setzen sich mit Geschlechterstereotypen auseinander. In: Grundschule 41 (9), S. 20–22.

Nötzel, Renate (1987): Spiel und geschlechtsspezifische Arbeitsteilung. Pfaffenweiler: Centaurus.

Nyssen, Elke (1996): Mädchenförderung in der Schule. Ergebnisse und Erfahrungen aus einem Modellversuch. Weinheim u. a.: Juventa.

Prechtl, Markus (2006): Doing Gender im Chemieunterricht. Köln: Dissertation Universität Köln.

Reineke, Vera/Seefeldt, Dieter (1997): Naturwissenschaften für Mädchen und Jungen (Physik und Chemie). Der niedersächsische Schulversuch. In: Beispiele: in Niedersachsen Schule machen 15 (2), S. 40–41.

Richter, Dagmar (1996): Geschlechterdifferenzen im Sachunterricht. Politische Bildung für Mädchen und Jungen. In: Glumpler, Edith/Wittkowske, Steffen (Hrsg.): Sachunterricht heute. Zwischen interdisziplinärem Anspruch und traditionellem Fachbezug. Bad Heilbrunn: Klinkhardt, S. 148–157.

Röhner, Charlotte (1997): Kindertexte im reformorientierten Anfangsunterricht. Baltmannsweiler: Schneider Verlag Hohengehren.

Roßberger, Eva/Hartinger, Andreas (2000): Interesse an Technik. Geschlechtsunterschiede in der Grundschule. In: Grundschule 32 (6), S. 15–17.

Schmidt-Hollstein, Doris (1999): Konflikte klären – aber wie? In: Grundschule 31 (12), S. 33–34.

Schmitz, Sigrid (2010): Das Gehirn trägt kein Geschlechterkorsett! In: Erziehung und Unterricht 160 (5/6), S. 473–479.

Schomaker, Claudia/Stockmann, Ruth (2007): Der Sachunterricht und das eigene Leben. Festschrift für Egbert Daum. Bad Heilbrunn: Klinkhardt.

Schrenck, Marcus (2004): Ergebnisse einer Untersuchung zum Wissen und zur Einstellung von Schülern der Grundschule zu Eidechsen sowie zur Wirksamkeit von Unterricht zu dieser Tiergruppe. Ludwigsburg: Unveröff. Ms.

Schümer, Gundel (1985): Geschlechtsunterschiede im Schulerfolg – Auswertung statistischer Daten. In: Valtin, Renate/Warm, Ute (Hrsg.): Frauen machen Schule. Frankfurt a. M.: Arbeitskreis Grundschule, S. 95–100.

Sielert, Uwe (2009): Das Anderssein anerkennen. Was Jungen und Mädchen unterscheidet – was Jungen und Mädchen brauchen. In: Grundschule 41 (9), S. 10–12.

Staudte, Adelheid (1991): Für Koedukation und Geschlechterdifferenz in der ästhetischen Erziehung. In: Die Grundschulzeitschrift 5 (41), S. 32–40.

Thies, Wiltrud/Röhner, Charlotte (2000): Erziehungsziel Geschlechterdemokratie. Weinheim: Juventa.

Whyte, Judith (1985): Girl friendly science and the girl friendly school. In: Whyte, Judith/Deem, Rosemary/Kent, Lesley/Cruickshank, Maureen (Hrsg.): Girl friendly Schooling. London: Methuen, S. 77–92.

Wyatt, Valerie (1993): Science for Girls and other intelligent Beings. The Science Book for Girls. Toronto: Kids can press Ltd.

Geschlechterforschung und Sportdidaktik

20

Petra Gieß-Stüber

20.1 Die Bedeutung von Geschlecht in der Sportdidaktik

20.1.1 Historische Entwicklung der Geschlechterforschung in der Sportwissenschaft

Im 20. Jahrhundert hat sich der Sport weltweit zu einem gesellschaftlich und ökonomisch bedeutsamen Phänomen entwickelt. Die Sportwissenschaft differenziert sich immer mehr aus. Neben die traditionellen Teildisziplinen wie Bewegungs- und Trainingswissenschaft, Sportmedizin, Sportpädagogik etc. treten neue interdisziplinäre Forschungsgebiete wie ,sportwissenschaftliche Geschlechterforschung'. Damit verbunden ist allerdings das Problem, dass Geschlechterforschung nicht integraler Bestandteil der ,Mainstream'-Teildisziplinen ist.

Die Thematisierung von Geschlecht ist in der Sportdidaktik eng verbunden mit der Koedukationsdebatte (Gieß-Stüber 2001, 2009; Kugelmann/Röger/Weigelt 2006; Sobiech 2010). Erste Anstöße für einen geschlechtergemischten Sportunterricht finden sich Mitte der 1970er Jahre. Gertrud Pfister (1983) und Sabine Kröner (1985) diskutieren die Chance, Nachteile ,geschlechtsspezifischer Sozialisation' in einem koedukativen Sportunterricht zu überwinden. Zu Beginn der 1980er Jahre entwickelte sich sehr allmählich die sportwissenschaftliche Frauenforschung. Die Frage nach Ursachen und Überwindungsmöglichkeiten der relativ geringen Partizipation von Mädchen und Frauen in verschiedenen Feldern des Sports war zunächst ein wesentliches Thema. Explizit oder implizit liegt diesen Studien erstmalig die Annahme zugrunde, dass Geschlecht kulturell konstruiert ist. Die vornehmlich deskriptiven Befunde konnten Problemfelder identifizieren und waren an vielen Stellen Voraussetzung für Gleichstellungsforderungen und curriculare Entscheidungen. Mit einer

---

P. Gieß-Stüber (✉)
Albert-Ludwigs-Universität Freiburg, Institut fur Sport und Sportwissenschaft,
Schwarzwaldstraße 175, 79117 Freiburg, Deutschland
E-Mail: petra.giess-stueber@sport.uni-freiburg.de

M. Kampshoff, C. Wiepcke (Hrsg.), *Handbuch Geschlechterforschung und Fachdidaktik*,
DOI 10.1007/978-3-531-18984-0_20,
© VS Verlag für Sozialwissenschaften | Springer Fachmedien Wiesbaden 2012

Studie von Michael Klein (1977) beginnt eine Reihe kritischer Analysen der Situation von Mädchen und Frauen im Leistungssport. Anke Abraham (1986), Birgit Palzkill (1990), Lotte Rose (1991) und andere leisten auf der Grundlage unterschiedlicher theoretischer Ansätze umfassende qualitative Analysen der Situation, des Erlebens, der Lebenswelt junger Sportlerinnen. Die Befunde verweisen auf ‚andere' Deutungen und Erlebensweisen des Sports durch Mädchen und Frauen, sie geben den Blick frei auf ambivalente und widersprüchliche Erfahrungen in der jeweiligen Sportart und können so zu besserem Verständnis von – häufig identitätsrelevanten – Konfliktlagen beitragen. Es wird deutlich, dass der Wettkampfsport für Mädchen und Frauen neben Erfahrungen von Ehre, Selbstbewusstsein und Stolz auf Leistungen auch Gewalterfahrungen, Ausschluss von wichtigen Statuspositionen, Demütigungen und den Status als sexualisierte Objekte bereit hält (Helfferich 1996; Klein/Palzkill 1998). Die skizzierten Analysen münden in zunehmende Kritik an dem ‚System Sport' und in Forderungen nach autonomen Frauenräumen. In verschiedenen Publikationen wurden Überlegungen für eine mädchen- und frauenparteiliche Sportpraxis angestellt (z. B. Palzkill/Scheffel/Sobiech 1991; Henkel/Pfister 1997). In dieser Phase ist das Denken an Differenz-Ansätzen orientiert. Die Intention ist darauf gerichtet, Mädchen und Frauen in ihrer – wie auch immer entstandenen und begründbaren – Differenz zu Männern gerecht zu werden. Als geschlechtergerecht gilt die Gleichwertigkeit des Differierenden. In den 1990er Jahren werden Entwicklungsbedingungen von ‚Männlichkeit' und ‚Weiblichkeit' zunehmend in Relation zueinander gedacht. Das Erkenntnisinteresse gilt der Aufdeckung des ‚doing gender'. Damit geraten sozialkonstruktivistische Theorieansätze in den Fokus. Für die Wende hin zur Geschlechterforschung und für den Anspruch, sozialkonstruktivistische Theorieansätze in empirischen Studien auf sportwissenschaftliche Fragen zu beziehen, steht ein Forschungsverbund, dessen Ergebnisse in dem Buch „Soziale Konstruktion von Geschlecht im Sport" (Hartmann-Tews et al. 2003) vorgestellt und aufeinander bezogen werden. Sowohl die theoretische als auch die methodologische Diskussion hat sich in verschiedene Richtungen weiterentwickelt (vgl. Hartmann-Tews 2006; Gieß-Stüber 2009).

20.1.2 Ansatzpunkte der Geschlechterforschung in der Sportdidaktik

Die aktuelle Forschungslandschaft betrachtend kann festgestellt werden, dass Geschlechterforschung in der Sportdidaktik von einer sehr überschaubaren Zahl von Sportwissenschaftlern und Sportwissenschaftlerinnen getragen ist. An dem Beispiel des Handbuchs Schulsport (Fessler et al. 2010) kann die marginale Bedeutung expliziter Auseinandersetzung mit der Genderthematik veranschaulicht werden: Einer von 43 Beiträgen fokussiert Gender als Schlüsselqualifikation von (Sport-)Lehrkräften (Sobiech 2010). Über diesen Beitrag hinaus kommt nur einmal auf 576 Seiten Geschlecht als Schlüsselbegriff vor.

Ähnliches gilt für aktuelle Sammelbände zur Sportdidaktik. Ergebnisse der sportwissenschaftlichen Geschlechterforschung finden kaum Eingang in allgemeine didaktische Konzepte (vgl. Diketmüller 2009).

Gerade der Sportunterricht scheint Befürworterinnen und Befürworter eines koedukativen Sportunterrichts für fachübergreifende emanzipatorische Zielsetzungen besonders

20 Geschlechterforschung und Sportdidaktik

geeignet, da die Begegnung der Geschlechter umfassender als in Klassenräumen stattfindet und so wechselseitige Vorurteile überwunden werden können. Der gemeinsame Sportunterricht wurde seit den 1980er Jahren in fast allen Bundesländern zur mehr oder weniger selbstverständlichen Praxis. Sehr bald zeigten Ergebnisse der Unterrichtsforschung und Reflexionen von Unterrichtspraxis, dass ein gemeinsames Unterrichtsangebot für Jungen und Mädchen ohne eine bewusste Auseinandersetzung mit Zielen, Inhalten und Sozialisationsbedingungen für Mädchen zu benachteiligenden, selbstwertmindernden Erfahrungen führt (Alfermann 1995; Gieß-Stüber 1992; Kugelmann 1996; Scheffel 1996). Die Hoffnung, dass gerade der Sportunterricht besonders geeignet sei für emanzipatorische Zielsetzungen und soziales Lernen wurde enttäuscht. Sportunterricht, der sowohl bei Mädchen als auch bei Jungen die Hitliste der Lieblingsfächer anführt (SPRINT-Studie, Brettschneider 2006), wird bei Mädchen im Laufe der Schulzeit immer unbeliebter (Wydra 2001).

Claudia Kugelmann (1991, 1996) kritisiert prinzipiell einen Sport, der gekennzeichnet ist durch Rationalität, Spezialisierung, Selektion und Instrumentalisierung des Körpers. Sie verlässt mit ihren Arbeiten die sozialisations- und rollentheoretische Argumentationsfolie und führt hin zu identitätstheoretischen Reflektionen (sensu Keupp), die auch in späteren geschlechtsbezogenen Ansätzen mit unterschiedlichen Akzentuierungen mehrfach zugrunde gelegt werden (vgl. Gieß-Stüber 2006, 2000; Neuber 2009; Richartz 2000). Mit der Idee, Polarisierungen zwischen den Geschlechtern aufzuheben, wendet sich Kugelmann dem Konzept der Patchwork-Identität zu, das ihr für weibliche Biographien und damit verbunden eher diskontinuierlichen Lebensläufen zwischen Erwerbstätigkeit und Familienarbeit angemessen zu sein scheint. Sportunterricht soll demnach ein Ort sein, an dem Mädchen ihre weibliche Identität möglichst selbstbestimmt entwickeln können, an dem sie sich mit dem Zwang gesellschaftlicher Körpernormen und Rollenerwartungen auseinandersetzen, vielleicht sogar unabhängig davon machen. Traditionell im Sport dominierende Sinnorientierungen, die an einem männlichen Sozialcharakter orientiert sind, wie Zielstrebigkeit, Leistungswille, zähe Ausdauer werden grundsätzlich in Frage gestellt. Auf der Grundlage qualitativer Studien entwickelt Kugelmann (1991, S. 219 f.) „didaktische Prinzipien für die Entdeckung weiblicher Qualitäten", die auch bewegungstherapeutische Anregungen einbeziehen. Der Entwicklungsprozess von Mädchen auf der Suche nach einer Form, Weiblichkeit zu leben ohne durch Rollenzwänge begrenzt zu werden, soll unterstützt werden durch: Vielfalt der Sinndeutungen, das Erproben ungewohnter Rollenmuster, eine Umdeutung von Mängeln (Gewicht z. B. nicht als ungeliebte Körperdimension erleben, sondern als hilfreichen Impuls beim Felgaufschwung), Übungen, die die Identifikation mit dem ganzen Körper erleichtern oder durch Erfahrungen, dass der Körper Ausdruck der persönlichen Lebensgeschichte ist. Konkrete Anregungen zur Unterrichtsgestaltung beziehen sich auf Mädchenparteilichkeit, Problemorientierung, Variabilität, Erfahrungsoffenheit, Alltagsbezug und Koedukation. Trotz der Ambition, Rollenzwänge im und durch Sport überwinden zu wollen, verbleibt die feministisch motivierte Argumentation bei der selbstverständlichen Annahme zweier differenter Geschlechterkulturen.

Von den bestehenden Geschlechterverhältnissen – vor allem im Sport – scheinen Jungen vordergründig ausschließlich zu profitieren. Die Sportpädagogik hat erstmals bezugnehmend auf Schnack und Neutzling (1990) aufgegriffen, dass die Anforderung, erfolgreiche Männlichkeit demonstrieren zu müssen, die Gefahr ständiger Überforderung birgt. Klaus Hurrelmann (2010) bestätigt diese Tendenz auf der Grundlage großer Bildungs- und Sozialstudien und konstatiert eine sich ständig weiter verschlechternde Bilanz der Leistungsfähigkeit und der sozialen Kompetenzen von jungen Männern im Vergleich zu jungen Frauen. Er fasst die World Vision Kinderstudie von 2007 bezüglich des Freizeitverhaltens dahingehend zusammen, dass Mädchen sich aktiv, kreativ und vielseitig beschäftigen, während bei den Jungen die passive Freizeitbeschäftigung mit einer Dominanz von Fernsehen, Computer spielen und Gameboy spielen auffällt. Nach Hurrelmann deutet vieles daraufhin, dass sich die Mehrzahl der jungen Männer schwer damit tun, ihre soziale Rolle in der modernen Gesellschaft zu definieren und ein lebbares Verständnis von Männlichkeit aufzubauen. In der Sportwissenschaft sucht Uli Marienfeld (2011) einen differenzierten Blick auf Jungen. Er kann durch eine qualitative Studie unter Bezugnahme der Ansätze zur sozialen Konstruktion von Geschlecht und den Prinzipien hegemonialer Männlichkeit (Connell 2006) stereotype Vorstellungen über Verhaltensmuster von Jungen widerlegen. Die Jungen, die beim Klettern in einem Hochseilgarten befragt und beobachtet wurden, zeigten eine Vielfalt emotionaler Ausdrucksformen von Angst. Auch war die Bedeutung des Zeigens der Angst für die soziale Konstruktion ihrer Männlichkeit sehr unterschiedlich. Diese Ergebnisse sind mit den differenzierten Darstellungen des Heranwachsens von Jungen kompatibel, die Neuber (2009) in dem Buch ,Supermann kann Seilchenspringen' publiziert.

20.2 Geschlechtergerechte Sportdidaktik unter besonderer Berücksichtigung des Aspekts der Geschlechterkonstruktion und -dekonstruktion

20.2.1 Geschlechterkonstruktionen

Der Einfluss des außerschulischen Sports und die unterschiedliche Bewertung des Sports von Frauen und von Männern erschweren ein gleichberechtigtes Miteinander im Sportunterricht erheblich. Gendering-Prozesse im Schulsport werden befördert durch überdauerndes an biologistischen Annahmen orientiertes Alltagswissen, durch Aktualisierungen von Geschlecht durch Organisationsformen, durch curriculare Zielsetzungen und – nicht zuletzt – durch biographische und professionelle Charakteristika von Lehrkräften.

20.2.2 Alltagswissen über Sport und Geschlecht

Geschlechtsbezogene Körperideale, -haltungen und -bewegungen sind von den jeweiligen gesellschaftlichen Verhältnissen, kulturellen Deutungsmustern und der Ordnung der Geschlechter abhängig. Seit dem 18. Jahrhundert versuchten Ärzte und Anthropologen aus der ‚Natur' von Mann und Frau psychische Eigentümlichkeiten und Verhaltensvorgaben abzuleiten. Im Zuge neuer gesellschaftlicher Anforderungen entstanden am Ende des 18. Jahrhunderts neue Erziehungskonzepte wie die der Philanthropen, in denen der Körpererziehung ein hoher Wert zugesprochen wurde – für Jungen. Frühe pädagogische und didaktische Konzepte beziehen sich immer wieder auf Rousseau, der in seinem Erziehungsroman „Emile" schreibt: „Frauen sind zum Laufen nicht geschaffen; wenn sie fliehen, dann nur, um gefangen zu werden" (Pfister 2006, S. 28). Ein von Medizinern genährter Mythos des ‚schwachen Geschlechts' spielte in der Diskussion über das Turnen der Mädchen und Frauen im gesamten 19. Jahrhundert eine zentrale Rolle und stabilisierte die Ideologie der ‚natürlichen' Bestimmung der Frau (Pfister 2006, S. 27).

Eine andere wiederkehrende Ausschlusslegitimation für Mädchen und Frauen ergibt sich aus der Verknüpfung von körperlicher Ertüchtigung und Wehrfähigkeit. So entwickelte Friedrich Ludwig Jahn ein Programm der Volkserziehung (gegen französische Fremdherrschaft) (Dieckert 2008). Die Leibeserziehung fand in frauenfreien Räumen statt. Jahn gilt als Wegbereiter für das Preußische Schulturnen. Leibeserziehung für Mädchen wurde erst später als für die Jungen – ab 1894 – Bestandteil der Schulbildung. Nach dem Ersten Weltkrieg eröffnete ein politischer Strukturwandel und der Einzug des ‚Sports' aus England neue Möglichkeiten für Frauen. Die Partizipationsraten von Frauen im Sport stiegen kontinuierlich an. Die nationalsozialistische Ideologie vertiefte aber wieder traditionelle Männlichkeits- und Weiblichkeitsbilder. Fünf Wochenstunden Körperertüchtigung mit Schwerpunkt Kampfsport bei den Jungen und Mädeltanz bei den Mädchen sollen die Jungen zu harten, wehrtüchtigen Soldaten, die Mädchen zu gebärfreudigen, gesunden Müttern erziehen. Trotz eines kontinuierlichen Anstiegs der Partizipation von Mädchen und Frauen im Sport lässt eine Verabsolutierung männlicher Maximalleistungen den Frauensport auch heute noch defizitär erscheinen. Biologistischen Deutungsmustern wird im Sport mehr als in allen anderen gesellschaftlichen Feldern Vorschub geleistet (vgl. Connell 1990). In der Schule ist das Fach Sport bezogen auf Gendering-Prozesse in besonderer Weise relevant, da hier Interaktionen, Bewegung und damit auch der Körper zentral sind. Der Körper ist nicht nur Bezugspunkt für sportliche Fähigkeiten und Fertigkeiten, sondern auch für Konstruktionen von ‚Weiblichkeit' und ‚Männlichkeit' für Zuschreibungen und Geschlechtsdarstellung. Im (Schul-)Sport wird durch vielfältige geschlechtsbezogene Regularien, durch die Bedeutsamkeit körperlicher Merkmale für die Lösung gestellter Aufgaben (Kraft, Schnelligkeit, Geschicklichkeit etc.) und durch den direkten körperlichen Umgang miteinander die Kategorie Geschlecht immer wieder relevant gemacht.

20.2.3 Geschlechterziele und Schulsport

Geschlechterkonstruktionen in Lehrplänen variieren von Bundesland zu Bundesland. Um teilweise enthaltene Ambivalenzen zu illustrieren, beziehe ich mich auf den Bildungsplan von Baden-Württemberg (2004). Hier wird ein unterschwelliges Differenzdenken in vielen Passagen erkennbar. So heißt es in einer fächerübergreifenden Leitfrage: „Wie kann in der Schule erreicht werden, dass Mädchen und Jungen sich bei aller Verschiedenheit als gleichberechtigt und gleichwertig wahrnehmen, um zu einer geschlechtlichen Identität zu finden?" (Ministerium für Kultus, Jugend und Sport Baden-Württemberg 2004, S. 20) Im Sport führt diese implizite Differenzannahme dazu, dass der Unterricht in der Regel in geschlechtergetrennten Gruppen organisiert wird, damit „Mädchen und Jungen ihre Fähigkeiten ohne Benachteiligung entwickeln können" (ebd., S. 138). Geschlecht geht hier in schulpolitische Vorgaben ein im Sinne biologistisch geprägter Vorstellungen und das, obwohl Alfermann schon 1996 in einer Metaanalyse Forschungsergebnisse zu Geschlechterdifferenzen von zwei Jahrzehnten zusammengefasst hat und aufzeigt, dass bezüglich motorischer Fähigkeiten keine bis geringe Differenzen (Wurfmotorik) zwischen Mädchen und Jungen nachweisbar sind (ausführliche Übersicht bei Gieß-Stüber et al. 2008). Im Schulsport – so die erste Zielsetzung für jede Jahrgangsstufe – sollen bisher erworbene Fähigkeiten, Fertigkeiten und Kenntnisse gefestigt und optimiert werden. So werden sozialisationsbedingte Stärken ausgebaut, geschlechtsrollenübergreifende Alternativen nicht erprobt. Diese These wird unterstützt durch Ergebnisse einer empirischen Analyse zur Umsetzung von Gender Mainstreaming an Schulen und im Schulsport (Gieß-Stüber/Gramespacher 2006; 2007). Absichtserklärungen zu geschlechtsbezogenen Zielperspektiven von Sportlehrkräften (N = 310, Fachbereichsleiter und -leiterinnen an der jeweiligen Schule) wurden in einer landesweiten Fragebogenerhebung erfragt. Danach beabsichtigen die befragten Sportlehrkräfte, allen Schülerinnen und Schülern gleichermaßen Zugang zu Sport, Spiel und Bewegung zu ermöglichen, aber die spezifischen Chancen des Sportunterrichts für geschlechtsbezogene Erziehungsziele wollen nur 35,2 % als Ziel von Sportunterricht nutzen. Eine Befürwortung findet sich signifikant häufiger bei Frauen als bei Männern (p < .05). Intervenierende und auf Gleichstellung ausgerichtete Ambitionen benennen lediglich ca. 15 % der Befragten (14,1 % „Bewegungskompetenzen von Jungen erweitern", 17,6 % „Erweiterung der Bewegungskompetenzen von Mädchen") (Gramespacher 2006, S. 205). Die Befunde der Studie zeigen insgesamt, dass übergeordnete pädagogische Ziele kaum Eingang finden in den Unterrichtsalltag.

20.2.4 Gemeinsam oder getrennt? Geschlechterkonstruktion durch Organisationsformen

Gemeinsamer oder getrennter Sportunterricht wird immer wieder im Rahmen von Fachtagungen kontrovers diskutiert und in den Bundesländern schulpolitisch unterschiedlich beantwortet (Kugelmann/Zipprich 2002). Aufgrund der Besonderheiten des Faches ist es kompliziert, im koedukativen Sportunterricht Geschlecht nicht zu aktualisieren. Folgen Lehrkräfte einem formalen Gerechtigkeitsverständnis und folgen zudem einem in der Sportdidaktik verbreiteten Sportartenkonzept, setzen sie unreflektiert Schülerinnen oder Schüler in einen Vorteil, die schon früh an den Sport herangeführt wurden und/oder die aufgrund ihrer körperlichen Ausstattung Kraft, Schnelligkeit und Geschicklichkeit mitbringen. Dies sind nach wie vor häufiger Jungen. Werden Sonderregeln vereinbart für Jungen oder Mädchen (z. B. ‚nur Mädchen dürfen Tore schießen‘; differenzierende Leistungsbeurteilung), führt das zur Dramatisierung von Geschlecht und nicht selten auch zu Diskriminierung. Petra Wolters (2002) fasst Strategien zum Umgang mit Problemen im gemeinsamen Sportunterricht zusammen, wobei deutlich wird, dass die befragten 12 Lehrkräfte trotz politisch korrekter Bekenntnisse zur Gleichheit der Geschlechter auf vielfältige Weise unreflektiert hierarchische Geschlechterverhältnisse (re-)produzieren. Auch in der o. g. Studie von Gieß-Stüber und Gramespacher (2006) begründen drei Viertel der Fachbereichsleitungen Sport den koedukativen Unterricht rein pragmatisch und nicht in Verbindung mit emanzipatorischen Zielsetzungen.

Die Entscheidung, die Geschlechter im Sportunterricht zu trennen, kann begründet sein durch die Skepsis, ob ambitionierte geschlechtsbezogene Zielsetzungen vor dem Hintergrund schulischer und sportbezogener Geschlechterkulturen überhaupt erreichbar sein können oder durch die Überzeugung, dass ‚natürliche‘ Differenzen in einem gemeinsamen Unterricht der Verfolgung zentraler Unterrichtsziele abträglich ist. In geschlechtshomogenen Zusammenhängen werden Interaktionen vom Bezug auf das andere Geschlecht entlastet. Dies eröffnet durchaus besondere Perspektiven für geschlechtsbezogene Zielsetzungen. Ohne einen reflektierten geschlechterpädagogischen Standpunkt werden jedoch trotzdem Stereotype und Geschlechterhierarchien reifiziert.

20.2.5 Lehrkräfte

Ob und wie geschlechtsbezogene Aspekte in die Praxis von Schulsport Eingang finden, ist wesentlich abhängig von persönlichen Orientierungsmustern, (Bewegungs-)Präferenzen und Genderkompetenz von Sportlehrkräften. Woher beziehen sie diese Voraussetzungen? An den Studienorten für Sportlehrkräfte werden Ballsportarten zu 87 % von Männern unterrichtet, während Gymnastikkurse zu 97 % von Frauen angeboten werden (Marienfeld 2004, S. 11). In der Folge werden ästhetisch-expressive Sportarten auch an der Schule von Sportlehrern nicht vermittelt (Kleindienst-Cachay/Kastrup/Cachay 2008). Ungeachtet der Lehrplanvorgaben gelten ästhetisch-expressive Bewegungsformen nicht als ‚richtiger Sport‘, weshalb Kompetenzdefizite in diesem Bereich und das Ignorieren der Vorgaben nicht das professionelle Selbstbild derjenigen Sportlehrer beeinträchtigen, die diese Inhalte verweigern (Frohn 2009, S. 93). In einer Studie zu motorischen Basisqualifikationen (MOBAQ) von Fünftklässlerinnen und Fünftklässlern befassen sich Kurz und Fritz (2008) mit Fähigkeiten, die zur ‚kulturellen Teilhabe‘ im Sport erforderlich sind. Die Ergebnisse zur Förderbedürftigkeit im Sinne fehlender Basisqualifikationen zeigen teilweise deutliche

Geschlechtsunterschiede, die als Resultat genannter Zusammenhänge verstanden werden können. So werden im Bereich Ballspiele 36 % der Mädchen, aber nur 12 % der Jungen als förderbedürftig eingeschätzt. Im Bereich rhythmisches Bewegen sind es dagegen 24 % der Mädchen und 53 % der Jungen (ebd., S. 23). Eine andere Besonderheit, die sich aus der engen Assoziation von Sport und männlicher Überlegenheit ergibt, illustrieren Firley-Lorenz (2004) sowie Palzkill und Scheffel (1996). An alltäglichen Unterrichtssituationen beschreiben sie, wie Sportlehrerinnen in Macht- und Autoritätskonflikte geraten können, die sich daraus ergeben, dass Schüler sich bezüglich des Wissens darüber, was Sport ist und was nicht, überlegen fühlen. Die Infragestellung der Kompetenz durch die Schüler kann zu prekärer Kooperation mit den Jungen führen, häufig beschrieben als sexualisiertes Bündnis. Lehrerinnen spiegeln dabei Jungen ihre ‚Männlichkeit' und damit ihre gesellschaftliche Höherstellung, um eine konfliktfreie Unterrichtsatmosphäre herzustellen. Damit werden unbewusst Geschlechterhierarchien tradiert. Genderwissen und die Sensibilität gegenüber geschlechtsbezogenen Fragen, die hilfreich wären, solche und andere Geschlechterkonstruktionen zu erkennen, können theoretisch in der Aus- und Fortbildung systematisch angeeignet werden. Die empirische Analyse in Baden-Württemberg zur Umsetzung von Gender Mainstreaming an Schulen und im Schulsport (Gieß-Stüber/Gramespacher 2006, S. 153) macht jedoch deutlich, dass sich 47,8 % der befragten Sport-Fachbereichsleitungen im Studium, 31,4 % in Fortbildungen, 22,4 % im Referendariat und 27,9 % gar nicht mit geschlechtsbezogenen Aspekten im Schulsport beschäftigt haben (Mehrfachantworten waren möglich).

20.3 Möglichkeiten der Geschlechterdekonstruktion im Schulsport

20.3.1 Voraussetzungen geschlechtergerechten Unterrichtens

Dem Sport kommt für Schülerinnen und Schüler bei der Entwicklung der eigenen Geschlechtlichkeit im Fächerkanon der Schule besondere Bedeutung zu. Es wurde gezeigt, dass verbreitet im Sport verankerte Männlichkeits- und Weiblichkeitskonstruktionen unreflektiert wirksam werden. Auf der anderen Seite bietet der Sport und insbesondere der Schulsport die Chance genau diese Muster in Frage zu stellen und die damit verbundenen Geschlechterkonstruktionen zu hinterfragen. Dazu muss im Dienste einer an professionstheoretischen Standards orientierten Ausbildung von Sportlehrkräften die Erlangung von Genderkompetenz selbstverständlicher Bestandteil der ersten und zweiten Lehrer- und Lehrerinnenbildungsphase werden. Das bedeutet für Sportlehrkräfte, um Prozesse des doing gender zu wissen, geschlechtsbezogene Zuschreibungen in den Körper-, Bewegungs- und Sportpraxen sowohl bei sich als auch bei den Schülerinnen und Schülern zu erkennen, zu reflektieren und zu hinterfragen und beiden Geschlechtern vielfältige sportbezogene Entwicklungsmöglichkeiten und Gestaltungsfreiräume zu eröffnen (vgl. Sobiech 2010, S. 564). Die strukturellen Voraussetzungen für geschlechtsbezogene Qualitätsentwicklung für Schulsport können über Schulsportprogramme geschaffen werden (vgl. Schmerbitz/

20 Geschlechterforschung und Sportdidaktik

Seidensticker 1998; Gramespacher 2008). Dies setzt intensive Kooperation in Kollegien voraus, die bisher wohl eher als Ausnahme gelten kann (vgl. Brückel/Gieß-Stüber 2006). Die Verknüpfung von koedukativem und geschlechtergetrenntem Unterricht (z. B. in zwei von drei Unterrichtsstunden getrennt unterrichten) verspricht pädagogisch wünschenswerte Effekte. Mädchen und Jungen haben jeweils vorteilhafte Bedingungen für individuelle Leistungsentwicklung, Selbstbestätigung und Erweiterung des Interessenspektrums in homogenen Gruppen, in einer geschlechtergemischten Einheit bleibt aber auch Gelegenheit für soziale Lernprozesse zwischen den Geschlechtern (Unterrichtsversuch vgl. Gieß-Stüber 1993; Voss 2002).

Der Leitgedanke zum Kompetenzerwerb im Fach Sport lautet in Baden Württemberg – ähnlich wie in anderen Lehrplänen – „Der Sportunterricht macht den Schülerinnen und Schülern Bewegung als Lebensprinzip bewusst und motiviert sie zu lebenslangem Sporttreiben (Erziehung zum Sport). Dazu vermittelt er grundlegende Fähigkeiten und motorische Fertigkeiten, Kenntnisse und Einstellungen" (Ministerium für Kultus, Jugend und Sport Baden-Württemberg 2004, S. 138). Um dieses Ziel für möglichst alle Schülerinnen und Schüler erreichen zu können, beziehen aktuelle fachdidaktische Konzepte unterschiedliche Sinngebungen für körperliche Aktivität in die Sportunterrichtsplanung ein wie Leistung, Ausdruck, Eindruck, Miteinander, Spannung, Gesundheit (Kuhlmann 2003). Bei tatsächlich multiperspektivischer Gestaltung können Konzepte des ‚erziehenden Sportunterrichts' durch Vielseitigkeit zu Geschlechtergerechtigkeit beitragen. ‚Geschlechtsbezogene Sportpädagogik' im engeren Sinne bedeutet jedoch eine bewusste Berücksichtigung bestehender Geschlechterverhältnisse (die dadurch geprägt sind, dass prinzipiell gleiche Potenziale bei Jungen und Mädchen im Laufe ihrer Entwicklung unterschiedlich angesprochen, gefördert oder gehemmt werden) in Verbindung mit der pädagogischen Perspektive individueller Förderung, Chancengerechtigkeit und Überwindung geschlechtsbezogener Zuschreibungen und Beschränkungen (Gieß-Stüber 2000, S. 268 ff.).

20.3.2 Standortbestimmung zu gendergerechtem Unterrichten im Sportunterricht

Im Sinne einer ‚reflexiven' Koedukation ist die Gestaltung von Unterricht an pädagogischen Zielen orientiert und sieht eine flexible Wahl der Unterrichtsorganisation und didaktischer Konzepte vor. Mädchen- wie auch jungenparteiliche Konzepte bereichern die Vielfalt und die Phasen des gemeinsamen oder getrennten Unterrichts. Nach Faulstich-Wieland (2000) geht es um die Balance zwischen Dramatisierung und Entdramatisierung von Geschlecht.

Auf der Inhaltsebene können gezielt typisierte Sportarten wie z. B. Fußball und Gymnastik/Tanz als Anlass zu sozialem Lernen ausgewählt werden (der schwierigste Weg) oder Unterrichtsinhalte, bei denen weder Jungen noch Mädchen Sozialisationsvorteile haben (z. B. Inline-Skaten, Badminton, kleine Spiele etc.). Geeignet für den gemeinsamen Sportunterricht erscheinen vor allem Bewegungsthemen, die nicht vorrangig die Komponenten Kraft, Schnelligkeit, Konkurrenz betonen.

Mit der Dissertation von Heidi Scheffel (1996) beginnt die Etablierung mädchenparteilicher Prinzipien im Schulsport. Ziel ist es, Mädchen hinsichtlich sportbezogener Fertigkeiten und Fähigkeiten zu stärken. Dazu werden Themen wie der Umgang mit dem Körper, Selbstvertrauen, Durchsetzungsvermögen, Stolz auf eigene Fähigkeiten im Sport, Raum einnehmen, Kraft wahrnehmen etc. fokussiert. Parteiliche Mädchenarbeit kann als eine Haltung beschrieben werden, aus der heraus Rahmenbedingungen geschaffen werden, die ein von Geschlechterstereotypen losgelöstes selbstbestimmtes Sporttreiben ermöglichen (Combrink/Marienfeld 2006, S. 278). Dazu gehört auch die Bereitstellung von Räumen, in denen die Wahrnehmung der eigenen Leistung in den Vordergrund tritt und Schülerinnen entlastet davon sind, ihr Verhalten von Fragen nach der Wirkung auf und Attraktivität für Jungen auszurichten (Palzkill/Scheffel 2008, S. 168).

Die Überwindung von geschlechtsbezogenen Begrenzungen findet in der pädagogischen Arbeit mit Jungen nicht dieselbe ungeteilte Zustimmung und beginnt zeitlich einige Jahre später. Ansätze für Jungenarbeit waren zunächst orientiert an Problemen, die Jungen ‚machen‘: Sportlehrerinnen herabsetzen, Schwächere nicht mitspielen lassen, rücksichtslos mit anderen und dem eigenen Körper umgehen (Richartz 2000). Entsprechend setzten erste didaktische Empfehlungen daran an, den ‚Überlegenheitsimperativ‘ und ‚Männlichkeitszwang‘ zu überwinden durch die Aneignung vernachlässigter Verhaltenskompetenzen wie Spüren des eigenen Körpers, Empfindsamkeit für andere etc. Die Ziele bestehen in einer ersten Phase darin, Sensibilität und Nachdenklichkeit zu stärken und ein verändertes – weniger instrumentelles – Verständnis vom eigenen Körper zu entwickeln (Schmerbitz/Seidensticker 1997). Richartz (2000) kritisiert die normative Orientierung der ersten Konzepte an einem ‚anderen‘ Mannsein. Die intendierte Praxis greift tief in die Persönlichkeit ein und kann Jungen stark verunsichern. Solange Ideen alternativer Männlichkeiten (noch) wenig gesellschaftliche Anerkennung erfahren und ‚richtiger‘ Sport unmittelbar anschlussfähig ist an traditionelle Männlichkeitskonstruktionen, wird jungenparteiliche Arbeit in diesem Sinne einen schweren Stand haben. Nils Neuber (2009, S. 27 ff.) macht darauf aufmerksam, dass sozialpädagogische Ansätze der Jungenarbeit (patriarchatskritische Jungenarbeit, emanzipatorische Jungenarbeit) darauf abzielen, Defizite ‚der‘ Jungen abzubauen. Moralisierende Appelle an eine neue Männlichkeit motivieren weder Pädagogen noch Schüler. Neuber (ebd.) beschreibt die Bedingungen des Aufwachsens von Jungen aus einer jungenparteilichen Perspektive. Er greift ebenso wie Richartz (2000) auf identitätstheoretische Konzepte zurück. Auf dieser Grundlage wird ein sogenanntes ‚Variablenmodell‘ vorgestellt, das sowohl aktive, leistungsbezogene, als auch passive, reflexive Aspekte in die Entwicklungsförderung von Jungen durch Bewegung, Spiel und Sport integriert. Zahlreiche Praxisbeispiele orientieren sich an acht Handlungsfeldern bewegungsbezogener Jungenförderung: Leistung und Erfolg, Kooperation und Konkurrenz, Aggression und Härte, Sensibilität und Kraft, Nähe und Distanz, Spannung und Entspannung, Wagnis und Risiko, Ausdruck und Präsentation. Konkrete Anregungen für genderkompetente Unterrichtsplanung und Durchführung im Rahmen ‚reflexiver Koedukation‘ haben vor allem

Birgit Palzkill und Heidi Scheffel (2008) auf der Grundlage geschlechtertheoretischer Reflexion und umfassender Praxiserfahrung als Sportlehrerinnen und Fortbildungsleiterinnen vorgelegt. Neue didaktische Konzepte orientieren sich an aktuellen demografischen und erziehungswissenschaftlichen Tendenzen und greifen unterschiedliche Lebenslagen unter Mädchen und unter Jungen auf und beziehen die Kategorien Kulturalität (Gieß-Stüber/Grimminger 2008) und soziale Schichtzugehörigkeit (Frohn 2007) ein.

Fragen der Qualitätsentwicklung werden zukünftig auch für das Fach Sport Bedeutung gewinnen. Gramespacher (2011) entwickelt ein Modell „Schulsportqualität und Gender" in dem Input-, Prozess- und Output-Qualität aufgeführt werden. Die konsequente Umsetzung in den Schulalltag steht noch aus.

20.4 Ausblick und Forschungsperspektiven

Bezogen auf reflexive koedukative Sportunterrichtspraxis liegen keine systematischen Interventionsstudien vor. Geschlechtsbezogene didaktische Hinweise sind bisher kaum evidenzbasiert. Anzustreben ist auch die präzisere Bestimmung der Vermittlungsvariablen, Situationen und strukturellen Voraussetzungen, mit denen die geschlechtsbezogenen pädagogischen Ziele angegangen werden könnten. Gut durchdachte, an methodologischen Regeln der Geschlechterforschung ausgerichtete Unterrichtsforschung könnte einen Beitrag leisten zu differenzierten Erkenntnissen des doing gender im Schulsport oder auch Möglichkeiten des undoing gender aufzeigen. Auf der Theorieebene stellt sich für die Geschlechterforschung im Sport die Frage, was nach der sozialkonstruktivistischen Perspektive kommt. Vorsichtig zeichnet sich eine Perspektive auf Intersektionalität – zumindest als erkannte Forschungslücke – ab.

Literatur

Abraham, Anke (1986): Identitätsprobleme in der rhythmischen Sportgymnastik. Schorndorf: Hofmann Verlag.

Alfermann, Dorothee (1995): Geschlechtsunterschiede in Bewegung und Sport. Ergebnisse und Ursachen. In: Psychologie und Sport 2, Münster, S. 2–14.

Alfermann, Dorothee (1996): Geschlechterrollen und geschlechtstypisches Verhalten. Stuttgart: Kohlhammer.

Brückel, Frank/Gieß-Stüber, Petra (2006): Professionalisierung bei Sportlehrkräften – Reflektionen zu einer empirischen Schulsportstudie in Freiburg. In: Hummel, Albert/Schierz, Matthias (Hrsg.): Studien zur Schulsportentwicklung in Deutschland. Hofmann: Schorndorf, S. 171–183.

Connell, Robert W. (1990): An Iron Man: the body and some contradictions of hegemonic masculinity. In: Messner, Michael A./Sabo, Donald F. (Hrsg.): Sport, Men and the Gender Order. Champaign: Human Kinetics, S. 83–95.

Connell, Robert W. (2006): Der gemachte Mann – Konstruktion und Krise von Männlichkeiten. 3. Auflage. Opladen: Leske + Budrich.

Brettschneider, Wolf-Dietrich (2006): DSB-SPRINT-Studie. Eine Untersuchung zur Situation des Schulsports in Deutschland. Aachen: Meyer & Meyer.

Combrink, Claudia/Marienfeld, Uli (2006): Parteiliche Mädchenarbeit und reflektierte Jungenarbeit im Sport. In: Hartmann-Tews, Ilse/Rulofs, Bettina (Hrsg.): Handbuch Sport und Geschlecht. Schorndorf: Hofmann Verlag, S. 275–285.

Dieckert, Jürgen (2008): Der junge Jahn und das Turnen. Online: www.jahn-gesellschaft.de/texte/Dieckert-Jahn.pdf, 06.01.2012.

Diketmüller, Rosa (2009): Geschlecht als didaktische Kerngröße – Geschlechtersensibel unterrichten im mono- und koedukativen Schulsport. In: Lage, Harald/Sinning, Silke (Hrsg.): Handbuch Sportdidaktik. Balingen: Spitta, S. 245–259.

Faulstich-Wieland, Hannelore (2000): Dramatisierung vs. Entdramatisierung von Geschlecht im Kontext von Koedukation und Monoedukation. In: Metz-Göckel, Sigrid/Schmalharf-Larsen, Christa/Belinski, Eszter (Hrsg.): Hochschulreform und Geschlecht. Opladen: Leske + Budrich, S. 196–206.

Fessler, Norbert/Hummel, Albrecht/Stibbe, Günter (Hrsg.) (2010): Handbuch Schulsport. Schorndorf: Hofmann Verlag.

Firley-Lorenz, Michaela (2004): Gender im Sportlehrberuf. Sozialisation und Berufstätigkeit von Sportlehrerinnen in der Schule. Butzbach-Griedel: Afra Verlag.

Frohn, Judith (2007): Mädchen und Sport an der Hauptschule – Sportsozialisation und Schulsport von Mädchen mit niedrigem Bildungsniveau. Baltmannsweiler: Schneider.

Frohn, Judith (2007): Mädchen und Sport an der Hauptschule – Sportsozialisation und Schulsport von Mädchen mit niedrigem Bildungsniveau. Baltmannsweiler: Schneider Verlag Hohengehren.

Frohn, Judith (2009): Koedukation. Normative Positionen und empirische Befunde. In: Balz, Eckart/Bindel, Tim (Hrsg.): Sollen und Sein in der Sportpädagogik. Beziehungen zwischen Normativem und Empirischem. Aachen: Shaker, S. 187–199.

Gieß-Stüber, Petra (1992): Wenn zwei das Gleiche tun, ist es noch lange nicht dasselbe. Möglichkeiten und Grenzen für die Persönlichkeitsentwicklung von Mädchen im Sportunterricht. In: Erdmann, Ralf (Hrsg.): Alte Fragen neu gestellt. Anmerkungen zu einer zeitgemäßen Sportdidaktik. Schorndorf: Hofmann Verlag, S. 97–111.

Gieß-Stüber, Petra (1993): „Teilzeit-Trennung" als Mädchenparteiliche Maßnahme. Bericht über einen Unterrichtsversuch in einer Gesamtschule. In: Brennpunkte der Sportwissenschaft 7 (2), Köln: S. 166–187.

Gieß-Stüber, Petra (2000): Gleichberechtigte Partizipation im Sport? Ein Beitrag zur geschlechtsbezogenen Sportpädagogik. Butzbach-Griedel: Afra Verlag.

Gieß-Stüber, Petra (2001): Koedukation. In: Haag, Herbert/Hummel, Albrecht (Hrsg.): Handbuch Sportpädagogik. Schorndorf: Hofmann Verlag, S. 307–313.

Gieß-Stüber, Petra (2006): Frühkindliche Bewegungsförderung, Geschlecht und Identität. In: Hartmann-Tews, Ilse/Rulofs, Bettina (Hrsg.): Handbuch Sport und Geschlecht. Schorndorf: Hofmann Verlag, S. 98–111.

Gieß-Stüber, Petra (2009): Frauen- und Geschlechterforschung im Sport. Forschungsfelder, Entwicklungen und Perspektiven. In: Penkwitt, Meike (Hrsg.): Geschlechter – Bewegungen – Sport. Leverkusen-Opladen: Budrich UniPress Ltd., S. 33–44.

Gieß-Stüber, Petra/Gramespacher, Elke (2006): Geschlecht als Kategorie sozialer Ordnung an Schulen – Eine empirische Analyse als Grundlage für die Umsetzung von Gender Mainstreaming. Forschungsprojekt, gefördert vom Sozialministerium Baden-Württemberg. Unveröffentlichter Abschlussbericht. Freiburg.

Gieß-Stüber, Petra/Gramespacher, Elke (2007): Eine Genderanalyse an Schulen in Baden-Württemberg als Grundlage für Gender Mainstreaming. In: Hartmann-Tews, Ilse/Dahmen, Britt (Hrsg.): Sportwissenschaftliche Geschlechterforschung im Spannungsfeld von Theorie, Politik und Praxis. Hamburg: Czwalina, S. 77–86.

Gieß-Stüber, Petra/Elke Grimminger (2008): Kultur und Fremdheit als sportdidaktische Perspektive. In: Lange, Harald/Sinning, Silke (Hrsg.): Handbuch Sportdidaktik. Sportdidaktik. Balingen: Spitta, S. 223–244.

Gieß-Stüber, Petra/Neuber, Nils/Gramespacher/Elke/Salomon, Sebastian (2008): Mädchen und Jungen im Sport. In: Schmidt, Werner (Hrsg.): Zweiter Deutscher Kinder- und Jugendsportbericht. Schorndorf: Hofmann Verlag, S. 63–83.

Gramespacher, Elke (2008): Gender Mainstreaming in der Schul(sport)entwicklung. Eine Genderanalyse an Schulen. Saarbrücken: VDM Verlag.

Gramespacher, Elke (2011): Schulsport genderkompetent gestalten. In: Krüger, Dorothea (Hrsg.): Genderkompetenz und Schulwelten. Alte Ungleichheiten – neue Hemmnisse. Wiesbaden: VS Verlag für Sozialwissenschaften, S. 153–177.

Hartmann-Tews, Ilse (2006): Soziale Konstruktion von Geschlecht im Sport und in den Sportwissenschaften. In: Hartmann-Tews, Ilse/Rulofs, Bettina (Hrsg.): Handbuch Sport und Geschlecht. Schorndorf: Hofmann Verlag, S. 40–54.

Hartmann-Tews, Ilse/Gieß-Stüber, Petra/Klein, Marie-Luise/Kleindienst-Cachay, Christa/Petry, Karen (Hrsg.) (2003): Soziale Konstruktion von Geschlecht im Sport. Opladen: Leske + Budrich.

Helfferich, Claudia (1996): „Geschlechterverhältnis und Sportwelt." Frauen im Leistungssport. In: Anders, Georg/Braun-Laufer, Elisabeth (Hrsg.): Köln: Sport und Buch Strauß, S. 15–24.

Henkel, Ulrike/Pfister, Gertrud (1997): Für eine andere Bewegungskultur. Pfaffenweiler: Centaurus.

Hurrelmann, Klaus (2010): Leistungs- und Kompetenzdefizite von jungen Männern. Warum wir dringend eine stärkere Jungenförderung benötigen. Online: http://www.jungenarbeit-online.de/bilder/Hurrelmann.pdf, 19.12.2011.

Klein, Michael (1977): Besonderheiten im Leistungssport von Frauen. Abgeleitete Konsequenzen für Training und Forschung. In: Kölner Beiträge zur Sportwissenschaft – Jahrbuch der Deutschen Sporthochschule Köln 1977, S. 155–171.

Klein, Michael/Birgit Palzkill (1998): Gewalt gegen Mädchen und Frauen im Sport. Pilotstudie im Auftrag des Ministeriums für Frauen, Jugend, Familie und Gesundheit des Landes Nordrhein-Westfalen. Düsseldorf.

Kleindienst-Cachay, Christa/Kastrup, Valerie/Cachay, Klaus (2008): Koedukation im Sportunterricht – ernüchternde Realität einer löblichen Idee. In: Sportunterricht 57 (4), S. 99–104.

Kröner, Sabine/Pfister, Gertrud (1985): Nachdenken über Koedukation im Sport. Hamburg: Czwalina.

Kugelmann, Claudia (1991): Mädchen im Sportunterricht heute – Frauen in Bewegung morgen. Sportpädagogik, 15 (4), S. 17–25.

Kugelmann, Claudia (1996): Starke Mädchen – Schöne Frauen? Butzbach-Griedel: Afra Verlag.

Kugelmann, Claudia/Zipprich, Christa (Hrsg.) (2002): Mädchen und Jungen im Sportunterricht. Beiträge zum geschlechtssensiblen Unterrichten. Hamburg: Czwalina.

Kugelmann, Claudia/Röger, Ulrike/Weigelt, Yvonne (2006): Zur Koedukationsdebatte: Gemeinsames oder getrenntes Sporttreiben von Jungen und Mädchen. In: Hartmann-Tews, Ilse/Rulofs, Bettina (Hrsg.): Handbuch Sport und Geschlecht. Schorndorf: Hofmann Verlag, S. 260–274.

Kuhlmann, Detlef (2003): Welche besonderen Möglichkeiten bietet die Sache? Sport im weiteren Sinne. In: Balz, Eckart/Kuhlmann, Detlef (Hrsg.): Sportpädagogik – Ein Lehrbuch in 14 Lektionen. Aachen: Meyer & Meyer, S. 81–94.

Kurz, Dietrich/Fritz, Thomas (2008): Das Bewegungskönnen der Kinder – eine Bestandsaufnahme. In: Innenministerium des Landes NRW (Hrsg.): Kinder l(i)eben Sport. Scheidsteger: Velbert, S. 20–27.

Marienfeld, Uli (2004): Geschlechterneutralität im Sportstudium? In: dvs-Informationen 19 (4), Frankfurt a. M., S. 11–12.

Marienfeld, Uli (2011): Die Bedeutung von Emotionen und deren Ausdrucksformen für die soziale Konstruktion von Männlichkeiten im Schulsport. Eine Studie mit adoleszenten Jungen im Hochseilgarten. Baltmannsweiler: Schneider.

Ministerium für Kultus, Jugend und Sport Baden-Württemberg (Hrsg.) (2004): Bildungsplan. Stuttgart: Eigenverlag.

Neuber, Nils (2009): Supermann kann Seilchen springen. Bewegung, Spiel und Sport mit Jungen. Dortmund: Borgmann Media.

Palzkill, Birgit (1990): Zwischen Turnschuh und Stöckelschuh. Bielefeld: AJZ Verlag.

Palzkill, Birgit/Scheffel, Heidi/Sobiech, Gabriele (Hrsg.) (1991): Bewegungs(t)räume. Frauen – Körper – Sport. München: Frauenoffensive.

Palzkill, Birgit/Scheffel, Heidi (2008): Train the teacher – Geschlechterkompetenz im Sportunterricht. In: Miethling, Wolf-Dietrich/Gieß-Stüber, Petra (Hrsg.): Beruf: Sportlehrer/in. Hohengehren: Schneider Verlag, S. 163–178.

Palzkill, Birgit/Scheffel, Heidi/Sobiech, Gabriele (Hrsg.) (1991): Bewegungs(t)räume. Frauen – Körper – Sport. München: Frauenoffensive.

Pfister, Gertrud (1983): Geschlechtsspezifische Sozialisation und Koedukation im Sport. Berlin: Bartels & Wernitz Verlag.

Pfister, Gertrud (2006): „Auf den Leib geschrieben" – Körper, Sport und Geschlecht aus historischer Perspektive. In: Hartmann-Tews, Ilse/Rulofs, Bettina (Hrsg.): Handbuch Sport und Geschlecht. Schorndorf: Hofmann Verlag, S. 26–39.

Richartz, Alfred (2000): Sport und die Suche nach Männlichkeit. Jungen auf dem beschwerlichen Weg zur Geschlechtsidentität. In: Sportunterricht 49 (10), Schorndorf, S. 314–321.

Rose, Lotte (1991): Das Drama des begabten Mädchens. Lebensgeschichten junger Kunstturnerinnen. Weinheim und München: Juventa Verlag.

Scheffel, Heidi (1996): MädchenSport und Koedukation: Aspekte einer feministischen SportPraxis. Butzbach-Griedel: Afra Verlag.

Schmerbitz, Helmut/Seidensticker, Wolfgang (1997): Sportunterricht und Jungenarbeit [Themenheft Jungen]. In: sportpädagogik, 21 (6), S. 25–37.

Schmerbitz, Helmut/Seidensticker, Wolfgang (1998): Reflexive Koedukation im Sportunterricht als Bestandteil des Schulprogramms. In: Stibbe, Günther (Hrsg.): Bewegung, Spiel und Sport als Elemente des Schulprogramms. Grundlagen, Ansätze, Beispiele. Hohengehren: Schneider, S. 100–112.

Schnack, Dieter/Neutzling, Rainer (1990): Kleine Helden in Not. Jungen auf der Suche nach der Männlichkeit. Hamburg: Rowohlt.

Sobiech, Gabriele (2010): Gender als Schlüsselqualifikation von (Sport-)Lehrkräften. In: Fessler, Norbert/Hummel, Albert/Stibbe, Günther (Hrsg.): Handbuch Schulsport. Schorndorf: Hofmann Verlag, S. 541–553.

Voss, Anja (2002): Koedukativer Sportunterricht pro und contra. Empirische Befunde zur Sicht von Lehrerinnen und Lehrern. In: Kugelmann, Claudia/Zipprich, Christa (Hrsg.): Mädchen und Jungen im Sportunterricht. Hamburg: Czwalina, S. 61–71.

Wolters, Petra (2002): Koedukation im Sportunterricht – Zwischen Gleichheit und Differenz. In: Sportunterricht 51, Schorndorf, S. 178–183.

Wydra, Georg (2001): Beliebtheit und Akzeptanz des Sportunterrichts. In: Sportunterricht, 50 (3), S. 67–72.

Geschlechtergerechte Technikdidaktik

21

Anita Thaler und Birgit Hofstätter

21.1 Einleitung

Geschlechtergerechte Technikdidaktik orientiert sich an den Grundsätzen guter Erwachsenenbildung (vgl. Arnold et al. 2010, S. 11 ff.; Gruber 2001, S. 393; Siebert 2003). Dieser vorliegende Buchbeitrag verfolgt insbesondere das Ziel, mithilfe guter Technikdidaktik den Zugang zu Technikbildung und infolge dessen die Partizipation an Technologieprozessen zu demokratisieren (vgl. Thaler 2011a). Als Technik wird im folgenden Beitrag sowohl Technik im engeren, als auch Technologie im weiteren Sinne bezeichnet. Gemeint sind also auch technologisches Wissen, technisches Handeln und technische Objekte und Systeme (vgl. Wajcman 1991, S. 149).

Technikbildung im Verständnis der Autorinnen umfasst zugleich auf das unmittelbare Technikfachwissen bezogene Anwendungskenntnisse (z. B. wie man im Internet sogenannte ‚soziale Medien' verwendet) und Reflexionswissen über gesellschaftliche, ökologische, rechtliche und soziale Aspekte von Technik (z. B. welche Datenschutzoptionen und eventuell -probleme es bei ‚sozialen Medien' gibt), orientiert sich so an einem emanzipatorischen Kompetenzbegriff im Sinne von Oskar Negt (1999, S. 227 ff.) und sieht technologische Kompetenz als „gesellschaftskritische Grundkompetenz" (vgl. Brock et al. 2005, S. 1; Thaler 2010, S. 2 f.).

Der Beitrag der Geschlechterforschung ist für die Technikdidaktik von zentraler Bedeutung, weil diese über Geschlechterverhältnisse in der Technik und in weiterer Folge über geschlechtergerechte Technik wertvolles Wissen bereit gestellt hat. Geschlechterge-

---

A. Thaler (✉)
Alpen-Adria-Universität Klagenfurt, IFZ
Schlögelgasse 2, 8010 Graz, Österreich
E-Mail: anita.thaler@aau.at

B. Hofstätter (✉)
Schlögelgasse 2, 8010 Graz, Österreich
E-Mail: birgit.hofstaetter@aau.at

M. Kampshoff, C. Wiepcke (Hrsg.), *Handbuch Geschlechterforschung und Fachdidaktik,*
DOI 10.1007/978-3-531-18984-0_21,
© VS Verlag für Sozialwissenschaften | Springer Fachmedien Wiesbaden 2012

rechtigkeit beruht auf dem Verständnis, dass ‚Geschlecht' in seiner Funktion zur Erklärung von Unterschieden in der Bevölkerung nur selten sinnvoll ist. Bezüglich psychologischer und pädagogischer Merkmale und Fähigkeiten unterscheiden sich Menschen innerhalb einer Geschlechterkategorie prinzipiell viel stärker als zwischen den Geschlechtern. So hat sich in der Geschlechterforschung ein Konzept von vielfältigen Weiblichkeiten und vielfältigen Männlichkeiten durchgesetzt (vgl. u. a. Connell 1987). Das bedeutet, das Grundverständnis in diesem Beitrag beruht auf der Theorie, dass etwaige psychologische und intellektuelle Unterschiede, die zwischen den Geschlechtern ‚beobachtet' werden, keine Kausalbeziehung zu einem zugeschriebenen ‚biologischen' Geschlecht aufweisen, sondern viel mehr in unterschiedlichen Sozialisationsbedingungen begründet sind (vgl. Nash/Grossi 2007, S. 6 f.).

Geschlechtergerechte Technikdidaktik im Sinne der Autorinnen gibt sich also nicht damit zufrieden, geschlechterbinäre Differenzen aufzuzeigen, sondern entwickelt pädagogische Szenarien, in denen Geschlecht zwar auf einer Metaebene kontinuierlich reflektiert, im unmittelbaren Lernkontext jedoch entdramatisiert wird (vgl. Faulstich-Wieland 2005, S. 13).

21.2 Hintergrund: Technikbildung und Geschlecht

Technik und Geschlecht stehen in engem Zusammenhang, welcher sich z. B. auf dem Arbeitsmarkt durch horizontale und vertikale Segregation in als technisch wahrgenommenen Arbeitsfeldern äußert: Technisches Personal ist überwiegend männlich und Technikerinnen sind in höheren Hierarchiestufen nochmals disproportional unterrepräsentiert. Der Begriff ‚Technik' im Allgemeinen, aber auch Technik-Bildung und Technik-Berufe im Speziellen sind immer noch stark männlich konnotiert (vgl. Thaler 2011b). Aber auch persönliche und berufliche Erfahrungen von Technikerinnen und Technikern sind von Geschlecht beeinflusst (vgl. Faulkner 2000, S. 764 f.). Diese Zusammenhänge tragen u. a. dazu bei, dass Mädchen und Jungen selten technische Berufe wählen, obwohl diese Zukunftspotenzial aufweisen – nicht nur was Arbeitsmarktchancen betrifft, sondern auch hinsichtlich der Bandbreite des Berufsspektrums (vgl. Thaler/Zorn 2009, S. 4). Angesichts eines prognostizierten Mangels an Technikerinnen- und Techniker-Nachwuchs sprach die Europäische Kommission bereits von einer „Krise" (EC 2001, S. 8) des Interesses junger Menschen an naturwissenschaftlich-technischen Berufen, wobei als Hauptgründe für das wahrgenommene Desinteresse unattraktiver und zu schwieriger Naturwissenschaftsunterricht in der Schule genannt wird. Ergebnisse des EU-Projekts MOTIVATION deuten ebenfalls auf die Wichtigkeit eines attraktiven Naturwissenschafts- und Technikunterrichts hin. So nannten befragte Schülerinnen und Schüler insbesondere Anwendungsorientiertheit, die Möglichkeit, eigene Experimente durchführen zu können und Spaß am Experimentieren als wesentliche Kriterien ansprechenden Unterrichts (vgl. Dahmen/Thaler 2009, S. 5). Die Ergebnisse der PISA-Studie 2006 (vgl. u. a. Schreiner 2007) deuten jedoch darauf hin, dass im naturwissenschaftlich-technischen Unterricht zum Teil der Alltagsbezug fehlt und die Durchführung von Experimenten sowie die Möglichkeit, eigene Ideen auszutesten, zu wenig zur Anwendung kommen.

Doch nicht nur der Mangel an technischen Fachkräften und die Unterrepräsentation von Frauen in diesem Feld bieten Anlass zu einer Förderung technischen Interesses bei Kindern und Jugendlichen. Wir leben in einer technikbasierten Wissensgesellschaft, in einem Zeitalter der technologischen Zivilisation (vgl. Bammé et al. 1988), deren schulisch/beruflicher und privater Alltag von der Anwendung von Technologien durchzogen ist. Dabei ‚verschwinden' manche in Alltagsgeräten (*embedded technologies*), andere wirken auf Laien sehr komplex, was bei vielen Menschen zur Überzeugung führt, ‚Technik' verstehen und erklären zu können, bedürfe eines speziellen Expertinnen- und Expertenwissens. Denn bereits im Umgang mit Technik fühlen sich viele Menschen inkompetent – die technikspezifische Selbstwirksamkeitserwartung sinkt (vgl. Thaler/Zorn 2009, S. 5). In diesem Sinne konzentriert sich die Grundausbildung (z. B. Informatikunterricht) auch zunehmend nur mehr auf Anwendung und Bedienung von Informationstechnologien und weniger auf Vermittlung von Verständnis- und Gestaltungswissen.

Auf die Beherrschung von Technik und Technologien bezogene Geschlechterstereotypisierungen tragen des Weiteren dazu bei, dass unter Kindern und Jugendlichen geschlechtsbezogene Interessensunterschiede zu beobachten sind. Bildungsindikatoren zeigen, dass diese bereits früh verankert werden und dass Schulen eine große Rolle bei deren Veränderung zufällt. So sehen im OECD-Mittel 18 % der Jungen im Alter von 15 Jahren ihre beruflichen Perspektiven in den Bereichen Physik, Mathematik und Ingenieurswesen – im Vergleich dazu haben lediglich 5 % der Mädchen diese Erwartung (vgl. OECD 2004, S. 8).

Eine Online-Befragung der deutschen Initiative „Zukunft Technik Entdecken" zeigt, dass die junge Generation in Deutschland (und Ähnliches lässt sich für Österreich vermuten) zwar eine aufgeklärte Haltung zur Technik besitzt, technische Berufe jedoch nicht als Traumjobs angesehen werden, da keine ökologischen und sozialen Bezüge gesehen und die innovativ-kreative Seite der Technik nicht wahrgenommen wird. Sowohl potenzielle Technik-Studierende als auch Unternehmen fordern eine durch nicht-technische Fächer ergänzte interdisziplinäre Technikbildung, in der über die naturwissenschaftlich-technische Qualifikation hinausgehende Schlüsselkompetenzen wie soziale Kompetenzen, Team- und Konfliktfähigkeit, aber auch Kreativität aufgrund ihrer Technik- und Innovationsrelevanz gefördert werden. Zudem zeigen Ergebnisse des europäischen Projekts INDECS, dass interdisziplinär ausgebildete Ingenieurinnen und Ingenieure (‚Allroundtalente') am Arbeitsmarkt hohe Akzeptanz finden (vgl. Wächter 2004, S. 281; Freitag 2010, S. 8).

In Bezug auf Geschlecht spricht für eine interdisziplinäre Technikbildung, dass der Frauenanteil in entsprechend gestalteten Ausbildungen signifikant höher ist. So zeigt eine komparatistische, bildungswissenschaftliche Analyse von 22 Technikstudiengängen, dass interdisziplinäre Studienrichtungen einen höheren Studentinnenanteil aufweisen als traditionelle (monothematische) Studiengänge (vgl. Thaler 2006, S. 118 f.). Dass Interdisziplinarität in der Technik allerdings nicht nur für Frauen attraktiv ist, ergab das EU-Projekt WomEng, wonach sich mehr als ein Drittel der Technikstudierenden mehr nicht-technische Fächer in ihrem Studium wünschen würde (37,9 % der Technikstudentinnen und 34,6 % der Technikstudenten). Des Weiteren meinten mehr als ein Viertel der befragten Nicht-Technik-Studierenden, sie hätten ein Technikstudium gewählt, wenn es mehr human- und sozialwissenschaftliche Anteile aufweisen würde (vgl. Thaler/Wächter 2006, S. 60).

Als Konsequenz dieser Erkenntnisse (den Anforderungen unserer technikbasierten Wissensgesellschaft und dem Interesse Jugendlicher an interdisziplinären, kreativen Technikbereichen) wird im Folgenden exemplarisch ein interdisziplinärer technikdidaktischer Ansatz vorgestellt.

21.3 Hintergrund: Interdisziplinäre Technikbildung

Aus den Anforderungen unserer technikbasierten Wissensgesellschaft und dem Interesse Jugendlicher an interdisziplinären, kreativen Technikbereichen wurde in dem transdisziplinären Projekt „Engineer Your Sound" (EYS) ein didaktischer Ansatz getestet und weiterentwickelt (vgl. Thaler/Zorn 2009, 2010, S. 446 f.), der für diesen Beitrag als ein Beispiel dafür dient, wie geschlechtersensible und -gerechte Technikbildung gestaltet werden kann. Konkret wurden in diesem Schulprojekt Technik und Kreativität (konkret: Musik) kombiniert, wobei das Interesse der Jugendlichen an Musik den Anknüpfungspunkt für Technik-Lernen darstellte (vgl. Thaler/Zorn 2009, S. 4).

Der Boom um musikbasierte Fernsehformate wie „X-Factor™" (GRUNDY 2010), „Deutschland sucht den Superstar®" (GRUNDY 2002), „Popstars" (Tresor 2000) oder Danceshows, unterstreichen die zunehmende Bedeutung von Musik in der Jugendkultur (vgl. Martig 2006). Das Interesse beschränkt sich nicht nur auf den Konsum von Musik in ihren unterschiedlichen Formen, sondern wird auch als technologisch unterstützte Freizeitbeschäftigung verfolgt. Dies drückt sich durch die weite Verbreitung von Unterhaltungselektronik wie Karaokemaschinen und Computerspielen wie „Singstar®" (Sony 2004) und „Rock Band™" (Harmonix 2007), bzw. in der stärkeren Nachfrage in Tanzschulen aus. Den Musik-Fernsehformaten sowie auch der Unterhaltungselektronik ist gemeinsam, dass die zugrundeliegende Technik gleichsam unsichtbar bleibt und Musik als nicht-technische Disziplin wahrgenommen wird. Tatsächlich spielt Technik bei dieser künstlerischen Ausdrucksform eine zentrale Rolle: Aufnahme- und Wiedergabetechnik, Signalverarbeitung, elektronische Musik, elektronische Komposition, etc. Mit dem Themenfeld Musik schloss EYS also an einem typisch interdisziplinären Technikbereich an, der zudem ein zentrales Interessensfeld Jugendlicher darstellt (vgl. Thaler/Zorn 2009, S. 25; 2010, S. 446).

Im Folgenden werden anhand dieses konkreten Beispiels wesentliche didaktische Fragestellungen für den Technikunterricht erörtert (Details und zusätzliches Material sind als Online-Publikationen frei zugänglich; Hofstätter et al. 2010a; 2010b). Die beiden Zielausrichtungen sind dabei zum einen die Orientierung an den Interessen der Lernenden, weshalb Technik nicht als Selbstzweck sondern interdisziplinär verortet wird, zum anderen die Vermittlung technologischer Kompetenz als Basisqualifikation „über die jeder demokratische Bürger [und jede demokratische Bürgerin] verfügen sollte, um über gesellschaftliche Zusammenhänge urteilen zu können und aktiv, kritisch gestaltend, allein oder im jeweiligen Lebens- und Arbeitszusammenhang, tätig werden zu können" (Brock et al. 2005, S. 1).

21.4 Interdisziplinärer Technikunterricht: Zielgruppe und Lernziele

Ausgehend von unserer Definition geschlechtergerechter Technik-Didaktik, die den Grundsätzen guter Erwachsenenbildung folgt, könnte die Zielgruppe des hier beschriebenen Ansatzes sehr breit angelegt werden. Da es uns in diesem Beitrag jedoch auch darum geht, aufzuzeigen, wie Jugendliche einen Zugang zu Technik erhalten, diese als Interessensfeld entdecken und als mögliche berufliche Perspektive betrachten, beziehen wir uns vor allem auf Technik-Bildung im Sekundarschulbereich. Dabei bedeutet Geschlechtersensibilität vor allem, die unterschiedlichen Sozialisationsbedingungen von Kindern und Jugendlichen zwar im Fokus zu haben, diese jedoch nicht zu übergeneralisieren (es gibt sowohl technik-interessierte Mädchen wie auch technik-uninteressierte Jungen und umgekehrt) bzw. zu dramatisieren. Daher steht in unserem Ansatz die ‚Entdramatisierung‘ von Geschlecht im Zentrum. Das heißt, Geschlecht wird bewusst nicht explizit thematisiert, um die Aktivierung von Geschlechterstereotypisierungen zu vermeiden (vgl. Faulstich-Wieland 2005, S. 6; Freitag et al. 2011a, S. 24). Das gilt sowohl für den gemischten wie auch für den monoedukativen Technik-Unterricht (vgl. Freitag et al. 2011b, S. 388).

Unserem Verständnis von Technik und Technologie folgend, findet Technik-Bildung in nahezu jedem Fach statt: Der Technik-Bezug ist nicht nur in sämtlichen naturwissenschaftlichen, handwerklich-praktischen und explizit technischen Schuleinheiten gegeben, sondern ist implizit und zum Teil oft sogar explizit auch in anderen Fächern Gegenstand. So werden gesellschaftliche Aspekte wie Technikfolgenabschätzung z. B. in Sprach-Fächern, Geographie, Geschichte und Ethik diskutiert (etwa wenn es um Umweltschutz oder die Rolle des Internets geht). Auch in künstlerischen Fächern kommen nicht nur Technologien zum Einsatz, sondern stehen auch hinter den theoretischen Lerninhalten. So ist auch der Musikunterricht eine Arena technischen Lernens, wie wir in diesem Beitrag beispielhaft darstellen werden.

Als Lernziel des schulischen Technik-Unterrichts kann der Erwerb „Technologischer Kompetenz" (Negt 1999, S. 228 f.) bezeichnet werden – eine Kompetenz, die sowohl als gesellschaftskritische Grundkompetenz (vgl. Brock et al. 2005, S. 1) als auch als Schlüsselqualifikation (vgl. Mertens 1974, S. 40) verstanden werden kann (vgl. Thaler 2010, S. 2 f.). Sie geht weit über das bloße ‚Beherrschen‘ einzelner technischer Anwendungen hinaus, sondern umfasst auch ein allgemeines Verständnis für Gesetzmäßigkeiten und Muster in der Technik, wie auch die Fähigkeit einer kritischen Auseinandersetzung mit Technik hinsichtlich ihrer gesellschaftlichen Wirkung. Folglich ist technologische Kompetenz ein fächerübergreifendes Thema, wenn sie auch meist nicht als solches wahrgenommen und verfolgt wird.

21.5 Interdisziplinärer Technikunterricht: Lerninhalte

Für jedes Fach, jede Schulstufe und jeden Schultyp geben Lehrpläne die Lerninhalte vor, an denen sich Lehrende bis zu einem gewissen Grad zu orientieren haben. Bezüglich der Lehrmittel und Methoden besteht jedoch Wahlfreiheit. Das heißt, Inhalte und die zu erwerbenden Kompetenzen sind vorgegeben, der didaktische Zugang bleibt Lehrenden freigestellt. Ein didaktischer Grundsatz für erhöhten Lernerfolg ist der Praxisbezug von theoretischem Wissen, welcher jedoch nur unter bestimmten Bedingungen wirklich zielführend wirkt, denn die Praxis muss auch für die jeweiligen Lernenden als solche zugänglich sein (vgl. Arnold 2010). Das heißt, Lehrende müssen sich in ihrem didaktischen Zugang an den tatsächlichen und nicht allgemein vermuteten Vorerfahrungen und Interessen der Lernenden orientieren, um sie dort abzuholen.

Unser Zugang folgt der ‚Vehikel-Theorie': dass eher entfernte oder als entfernt wahrgenommene Lerninhalte (z. B. aus der Akustik oder Elektronik) an vorhandene Interessen (z. B. Musik) angeknüpft werden (vgl. Thaler/Zorn 2010, S. 446). Bei der Auswahl des Interessensgebietes an dem angeknüpft werden soll, ist von zentraler Bedeutung, dass dieses alle Geschlechter anspricht (vgl. Thaler/Zorn 2009, S. 7; 2010, S. 446). Jugendstudien zeigen, dass viele Interessensfelder stark vergeschlechtlicht sind. Beispielsweise beschreiben Wiesner-Steiner et al. (2006, S. 89 ff.), dass in Robotik-Workshops bereits das Vorhandensein gewisser Materialien wie Räder und Motoren geschlechterstereotype Herangehensweisen an die Technik zur Folge haben – anders als bei Workshops, in denen diese Materialien nicht angeboten werden. Musik, hingegen, ist ein Feld, das unabhängig von Geschlecht eine große Rolle bei Jugendlichen spielt. Dies kann daran gemessen werden, dass sie sowohl in ‚Jungen-' als auch in ‚Mädchenzeitschriften' thematisiert wird (vgl. Thaler 2009, S. 17) und Musikmagazine allgemein als sogenannte „Unisex-Medien" (Großegger 2005, S. 9) gelten.

Dieser Zugang wurde, um ihn am Beispiel des bereits genannten Projekts „Engineer Your Sound!" (EYS) näher zu erklären, mit Schülerinnen und Schülern eines Musikgymnasiums eingesetzt, um gemeinsam mit den Jugendlichen didaktische Konzepte für den fächerübergreifenden Unterricht, aber auch für außerschulische Lernsettings zu entwickeln, die wiederum andere Kinder und Jugendliche ohne musikalische Vorkenntnisse dazu befähigen sollen, über die Anwendung von Alltagstechnologien selbst Musik kreieren zu können (vgl. Hofstätter et al. 2010a, 2010b).

In EYS wurde also Musik als Interessensfeld vieler Jugendlicher dazu genutzt, um die Allgegenwärtigkeit von Technik bewusst zu machen und Kompetenz im Umgang mit Alltagstechnologien (Mobiltelefon, MP3-Player, Computer etc.) als Anknüpfungspunkt für weiterführendes Technik-Lernen heran zu ziehen. Die Integration des Projektes in den Schulalltag wurde vor allem von den Lehrenden der Fächer Musik und Physik bewerkstelligt. So passte beispielsweise der Physiklehrer der Klasse seine Lehrstoffverteilung so an, dass er während der Projektzeit die mit den angewandten Technologien verbundenen Themen im Unterricht behandelte.

21.6 Interdisziplinärer Technikunterricht: Methoden, Medien und Monitoring

Aus methodischer Sicht lässt sich der hier vorgestellte Zugang folgendermaßen beschreiben: Sobald das Themengebiet gewählt ist, wird ein kreativer Austausch zwischen den Lernenden ermöglicht, an dessen Ende konkrete Vorhaben formuliert werden. In EYS stand zu Beginn ein mehrstufiger Brainstormingprozess, in dem die Jugendlichen Projektideen entwickelten und sich ihren Interessen entsprechend zu Gruppen zusammen schlossen, um diese Projektideen zu verwirklichen. Zentral bei diesem ersten Schritt ist, dass die Lernenden das Ziel selbst definieren und im Laufe der Arbeit daran auch eigenständig adaptierten können, ohne von der Lehrperson bereits mit Grenzen und ‚Unmöglichkeiten' konfrontiert zu werden (diese können den kreativen Prozess sowie das Gefühl, an etwas Eigenem zu arbeiten, wesentlich beschneiden). Ausgangspunkte sind dabei bereits bekanntes Praxiswissen und vorhandene Kompetenzen. Zusätzliches, für das Erreichen des Lernziels erforderliches Wissen und damit verbundene Kompetenzen werden im Laufe der Arbeit angeeignet und nehmen eine weniger dominante Stellung ein wie im herkömmlichen Frontalunterricht. Für den Lernerfolg ist weniger das Ergebnis ausschlaggebend (dieses hat eher eine Motivationsfunktion) sondern der Prozess des Experimentierens, des sich aktiv mit der Materie Auseinandersetzens, welches zu einem nachhaltigen Lerneffekt im Sinne des „prozeduralen Gedächtnisses" (Zimbardo 1992, S. 282 f.) führt. Aus diesem Grund sollte auch auf die reine Vorführung von Technik-Anwendungen verzichtet werden, da das Zusehen alleine nur einen geringen Anteil der Lernenden anspricht. In einem praxisorientierten Projektunterricht werden erfahrungsgemäß sämtliche Lerntypen angesprochen.

Neben unterschiedlichen Lerntypen sind in einer Schulklasse (oder jeder anderen Gruppe Lernender) unterschiedliche Vorerfahrungen und Wissensstände anzunehmen. Wie kann mit einer derartigen Heterogenität im Sinne geschlechtergerechter Didaktik im Technik-Unterricht umgegangen werden? Neben der zuvor bereits angesprochenen Vermeidung der Aktivierung von Geschlechterstereotypisierungen (d. h. auch, die eigene Rolle als Vorbild in einem technik-bezogenen Beruf zu reflektieren) bedeutet dies auch, Allianzen mit technikerfahrenen Lernenden zu vermeiden und darauf zu achten, dass die ‚Fachsprache' auf einer Ebene bleibt, auf der alle mitreden und -denken können. Um zu verhindern, dass Lernende mit relevanten Technikerfahrungen weder die Führung der Gruppenarbeit übernehmen noch mit ihrem Interesse abdriften, weil sie unterfordert sind, bedarf es für sie einer gesonderten Aufgabe, die darin besteht, für ihre Peers Tutorinnen und Tutoren zu sein: Sie unterstützen die anderen Gruppenmitglieder mit ihrem Wissen und ihrer Kompetenz in beratender Funktion. Anstatt Wettbewerb unter den Lernenden zu fördern, ist bei Techniklernen eine demokratische und wertschätzende Atmosphäre in der Lerngruppe erforderlich, um Berührungsängste und Selbst-Unterschätzung abzubauen. Wichtig ist dabei, darauf zu achten, dass alle Schülerinnen und Schüler die Möglichkeit erhalten, alles selbst auszuprobieren und dass das Setting gewährleistet, dass möglichst ohne Leistungs- oder Performancedruck auch lustvoll Fehler gemacht werden können, um daraus zu lernen. Das heißt, es bedarf auch einer Lernkultur, in der Fehler als wertvoll und wichtig für den individuellen Lernprozess angesehen werden und ein Nicht-Können oder Nicht-Wissen nicht als Defizit aufgefasst, sondern als Entwicklungspotenzial anerkannt wird.

Im Sinne einer interdisziplinären Technik- und Medienbildung führt das unmittelbare Anknüpfen an das Wissen und die Kompetenzen Jugendlicher im Umgang mit Alltagstechnologien zum einen zur Stärkung dieser Kompetenzen und zur Bewusstmachung, dass diese Fähigkeiten technischer Natur sind (vielen Jugendlichen ist nicht bewusst, dass sie tagtäglich mit Technik umgehen, und sehen sich daher selbst fälschlicherweise oft als technik-unbegabt). Zum anderen ermöglicht dieser Zugang ein verstärktes Erleben von Selbstwirksamkeit im Umgang mit Technik, ermutigt zu einer erhöhten Aneignung des eigenen Umfelds und regt dazu an, dieses virtuell zu verändern und sich dadurch auch selbst auszudrücken (vgl. Thaler/Zorn 2009, S. 27, Hofstätter/Thaler 2011, S. 5).

Das verstärkte Heranziehen von Alltagstechnologien erleichtert die Identifikation der Jugendlichen mit dem Lernstoff auch insofern, als diese verfügbar sind: Eine Studie des Medienpädagogischen Forschungsverbundes Südwest (2009, S. 8) ergab, dass fast jedes Kind ab der Unterstufe entweder einen MP3-Player oder ein aufnahmefähiges Mobiltelefon besitzt und dass Computer in Deutschland in 99 % der Haushalte zu finden sind, in denen Jugendliche wohnen. Damit werden also vor allem Kompetenzen für Geräte erweitert, die Jugendliche ohnehin besitzen und bedienen.

Der didaktische Grundsatz, bekannte Technologien aus dem alltäglichen Verwendungskontext herauszulösen, kreativ zu nutzen und vielleicht sogar weiter zu entwickeln, hat dabei zwei unmittelbare Vorteile. Erstens wird Schule damit von einem Ort, an dem nur bestehendes Wissen angeeignet wird, zu einem Ort, wo auch neues Wissen entwickelt wird. Mit diesem partizipativen Technikgestaltungsansatz (vgl. Thaler/Zorn 2009, S. 8) wird ein demokratischer Prozess initiiert, der die späteren Benutzerinnen und Benutzer von Technologien nicht nur in der Rolle der Konsumierenden sieht, sondern ihnen die Möglichkeit der Mitbestimmung bietet. Zweitens bieten die partizipativ entwickelten Produkte (Soundcollagen, technologische Artefakte etc.) und selbst erstellten Weblogs bzw. andere eingesetzte soziale Medien Analysematerial für ein kontinuierliches Monitoring des Lernfortschritts. Es bedarf also keiner weiteren Prüfung oder Tests, weil die erworbenen Fähigkeiten im Entstehungsprozess beobachtet und am Ende anhand der ,Produkte' beurteilt werden können. Die Reflexionsebene der erworbenen technologischen Kompetenz kann über Lerntagebücher sowie in zusätzlichen Fokusgruppen und Interviews mit den Jugendlichen abgelesen bzw. erfragt und diskutiert werden. Kleine Diskussionsgruppen können zudem zur Sensibilisierung für verschiedenste Themen und zum Erfahrungsaustausch untereinander eingesetzt werden (vgl. Thaler/Zorn 2009, S. 20 f.; 2010, S. 6; Hofstätter/Thaler 2011, S. 7).

21.7 Schlussbetrachtung

Schule wird in dem vorliegenden geschlechtergerechten Technikdidaktikansatz als Ort relevanten Lehrens und Lernens definiert, der es ermöglicht, durch eine sinnvolle Verbindung von jugendlichen Lebenswelten mit Technik, Technikinteresse zu verstärken und ein grundlegendes Verständniswissen aufzubauen. In der Erfahrung mit diesem didaktischen Ansatz stellten sich folgende Prinzipien als erfolgsbestimmend heraus (siehe auch Thaler/Zorn 2009, S. 26 f.):

21 Geschlechtergerechte Technikdidaktik

- Das Prinzip der partizipativen Technologiegestaltung berücksichtigt die Interessen der Schülerinnen und Schüler bereits bei der Ideenfindung. Die Jugendlichen selbst sollen entscheiden, woran sie arbeiten möchten und sie machen es dann – mit entsprechender fachlicher Unterstützung – auch selbst.
- Das Prinzip der Geschlechtergerechtigkeit wird sowohl im pädagogischen Prozess als auch in der Vor- und Nachbereitung (am besten im Team mit der erforderlichen Gender-Expertise) durch konsequente Reflexion gelebt.
- Das Prinzip der Demokratisierung von Technikbildung bedeutet, dass nicht das Ziel verfolgt werden soll, die teilnehmenden Jugendlichen für ein Technikstudium vorzubereiten. Sondern es geht darum, durch selbstbestimmt durchgeführte Technologieprojekte technologische Basiskompetenzen und technikbezogene Selbstwirksamkeitserwartungen zu stärken.

Literatur

Arnold, Rolf/Nolda, Sigrid/Nuissl, Ekkehard (2010): Wörterbuch Erwachsenenpädagogik. Bad Heilbrunn: Klinkhardt. Online: http://www.wb-erwachsenenbildung.de/, 10.11.2011.

Arnold, Rolf. (2010): Didaktik – Methodik. In: Arnold, Rolf/Nolda, Sigrid/Nuissl, Ekkehard (2010): Online-Wörterbuch Erwachsenenpädagogik. Online: http://www.wb-erwachsenenbildung.de/online-woerterbuch/?tx_buhutbedulexicon_main[entry]=44&tx_buhutbedulexicon_main[action]=show&tx_buhutbedulexicon_main[controller]=Lexicon, 10.11.2011.

Bammé, Arno/Baumgartner, Peter/Berger, Wilhelm/Kotzmann, Ernst (Hrsg.) (1988): Technologische Zivilisation und die Transformation des Wissens. München, Wien: Profil Verlag.

Bandura, Albert (Hrsg.) (1997): Self-efficacy in changing societies. Cambridge. Cambridge University Press.

Brock, Adolf/Gruber, Elke/Zeuner, Christine (2005): Politische Partizipation durch gesellschaftliche Kompetenz: Curriculumentwicklung für die politische Grundbildung. Technologische Kompetenz. Europäische Kommission: Socrates-Programm Projekte zur länderübergreifenden Zusammenarbeit. Grundtvig 1. Flensburg. Online: http://www.uni-flensburg.de/allgpaed/grundtvigprojekt/TechnologischeKompetenzA.pdf, 28.11.2008.

Connell, Reawyn (vormals Robert W.; 1987): Gender and Power: Society, the Person and Sexual Politics. Cambridge: Polity Press.

Dahmen, Jennifer/Thaler, Anita (2009): Image is everything! Is image everything?! About perceived images of science, engineering and technology. In: van den Bogaard, Maartje/de Graf, Erik/Saunders-Smits, Gillian (Hrsg.): Proceedings of 37th Annual Conference of SEFI. "Attracting young people to engineering. Engineering is fun!", 1st-4th July 2009, CD-ROM, Rotterdam.

EC (2001): Eurobarometer 55.2 – Europeans, Science and Technology. Brüssel. Online: http://ec.europa.eu/public_opinion/archives/ebs/ebs_154_en.pdf, 22.05.2007.

Faulkner, Wendy (2000): Dualisms, Hierarchies and Gender in Engineering. In: Social Studies of Science 30/5, S. 759–792.

Faulstich-Wieland, Hannelore (2005): Spielt das Geschlecht (k)eine Rolle im Schulalltag? Plädoyer für eine Entdramatisierung von Geschlecht. Vortrag in der Reihe Gender Lectures an der Humboldt-Universität Berlin am 11.7.2005. Berlin. Online: http://www.genderkompetenz.info/veranstaltungen/genderlectures/faulstichwieland_manuskript_genderlecture.pdf, 20.09.2011.

Freitag, Daniela (2010): In favour of a women's technical college. An insight into the companies' perceptions of an innovative monoeducative engineering degree programme. IFZ – Electronic Working Papers 1/2010, Online: http://www.ifz.tugraz.at/Media/Dateien/Downloads-IFZ/Publikationen/Electronic-Working-Papers/IFZ-EWP-1-2010, 28.09.2011.

Freitag, Daniela/Hofstätter Birgit/Thaler Anita/Wächter Christine (2011a): Musik- und Bildtechnologie greifbar machen. Jugendliche in partizipativen Technikforschungsprojekten. In: Soziale Technik 1/2011, S. 23–25.

Freitag, Daniela/Thaler, Anita/Hofstätter, Birgit (2011b): Monoedukation in technischen Ausbildungen: Begleitevaluation des Pilotprojektes „HTL-Kolleg für Frauen". In: Markowitsch, Jörg/Gruber, Elke/Lassnigg, Lorenz/Moser, Daniela (Hrsg.): Bildungsbenachteiligung, Chancengleichheit und spezielle Zielgruppen. Berlin, Münster, Wien: LIT Verlag, S. 387–401.

Großegger, Beate (2005): Schriftenreihe Jugendpolitik: Medien und Technologie. Wien: BMSG.

Gruber, Elke (2001): Beruf und Bildung – (k)ein Widerspruch? Bildung und Weiterbildung in Modernisierungsprozessen. Innsbruck, Wien, München: Studienverlag.

GRUNDY Light Entertainment GmbH (2002): Deutschland sucht den Superstar®. TV-Show des Senders RTL. Deutschland.

GRUNDY Light Entertainment GmbH (2010): X Factor. TV-Show des Senders VOX. Deutschland.

Harmonix Music Systems (2007): Rock BandTM. Spielsoftware für die Spielkonsolen PlayStation 2 und 3, Wii und Xbox 360.

Hofstätter, Birgit/Chen, Yu/Chung, Yi-Ju/Hold, Cornelia/Masser, Sabrina/Moser, Magdalena/Oswald, Victoria/Peternusch, Sandra/Rainer, Franziska/Schweiger, Ingrid/Thaler, Anita/Theisl, Viktoria/Wächter, Christine/Weichlbauer, Katharina/Zorn, Isabel (2010a): „Was die Straßen uns erzählen". Didaktisches Konzept für einen fächerübergreifenden technikbezogenen Projektunterricht für die Fächer Musik, Informatik, Geographie, Geschichte, Bildnerische Erziehung, Psychologie, Philosophie und Religion/Ethik. IFZ – Electronic Working Papers 2a/2010, Online: http://www.ifz.tugraz.at/Media/Dateien/Downloads-IFZ/Publikationen/Electronic-Working-Papers/IFZ-EWP-2a-2010, 28.09.2011.

Hofstätter, Birgit/Deutschmann, Peter/Ebner, Katrin/Fruhwirth, Johannes/Gartner, Lisa/Hammer, Carina/Hitthaler, Alexander/ Kiegerl, Johanna/Kriebernegg, Micha/Lari, Nicole/Pischleritsch, Mario/Posch, Sarah/Taflinski, Adrian/Thaler, Anita/Vorraber, Heike/Weberhofer, Marcus/Zarfl, Michael/Zorn, Isabel (2010b): Natur- und Alltagsgeräusche. Didaktisches Konzept für einen fächerübergreifenden technikbezogenen Projektunterricht für die Fächer Musik, Informatik, Physik, Biologie und Bildnerische Erziehung. IFZ – Electronic Working Papers 2b/2010, Online: http://www.ifz.tugraz.at/Media/Dateien/Downloads-IFZ/Publikationen/Electronic-Working-Papers/IFZ-EWP-2b-2010, 28.09.2011.

Hofstätter, Birgit/Thaler, Anita (2011): Lernen mit ‚sozialen Medien'? Evaluation einer blended learning Lehrveranstaltung. IFZ – Electronic Working Papers 2/2011, Online: http://www.ifz.tugraz.at/Media/Dateien/Downloads-IFZ/Publikationen/Electronic-Working-Papers/IFZ-EWP-2-2011, 28.09.2011.

Martig, Charles (2006): „Ich bin im Fernsehen, also bin ich". Identitätskonstruktion im Music-Star-Format. In: Medienheft Dossier 26, S. 16–19.

Medienpädagogischer Forschungsverbund Südwest (2008): JIM-Studie: Jugend, Information, (Multi-) Media; Basisuntersuchung zum Medienumgang 12- bis 19jähriger. Baden-Baden: MPFS.

Mertens, Dieter (1974): Schlüsselqualifikationen. In: Mitteilungen aus der Arbeitsmarkt- und Berufsforschung, Online: http://doku.iab.de/mittab/1974/1974_1_MittAB_Mertens.pdf, 19.01.2009.

Nash, Alison/Grossi, Giordana (2007): Picking Barbie's Brain: Inherent Sex Differences in Scientific Ability? In: Journal of Interdisciplinary Feminist Thought 2/1, S. 1–23.

Negt, Oskar (1999): Kindheit und Schule in einer Welt der Umbrüche. Göttingen: Steidl Verlag.

OECD (2004): Education at a Glance. Paris, Online: www.oecd.org/dataoecd/35/14/33714671.pdf, 14.02.2008.

Schreiner, Claudia (Hrsg.) (2007): PISA 2006. Internationaler Vergleich von Schülerleistungen. Erste Ergebnisse. Graz: Leykam.

Siebert, Horst (2003): Didaktisches Handeln in der Erwachsenenbildung. Didaktik aus konstruktivistischer Sicht. 4. Auflage. München: Ziel Verlag.

Sony Computer Entertainment (2004): Singstar®. Spielsoftware für die Spielkonsole PlayStation 2 und 3.

Thaler, Anita (2006): Berufsziel Technikerin? Wien, München: Profil Verlag.

Thaler, Anita/Wächter, Christine (2006): Nachhaltige Ingenieurinnenkarrieren. In: Berger, Wilhelm/Lauritsch, Robert (Hrsg.): Wissenschaft und Nachhaltigkeit. Forschungstag 2005. Klagenfurter Beiträge zur Technikdiskussion Heft 113, S. 56–72.

Thaler, Anita (2009): "Learning technology?" About the informal learning potential of youth magazines. In: Freitag, Daniela/Wieser, Bernhard/Getzinger, Günter (Hrsg.): Proceedings 8th Annual IAS-STS Conference on Critical Issues in Science and Technology Studies. CD-ROM, Graz: IFZ, Online: http://www.ifz.tugraz.at/ias/Media/Dateien/Downloads-IFZ/IAS-STS/8th-Annual-IAS-STS-Conference/Proceedings/Anita-Thaler, 28.09.2011.

Thaler, Anita/Zorn, Isabel (2009): Engineer Your Sound! Partizipative Technikgestaltung am Beispiel Musik. Beteiligung von SchülerInnen an der Entwicklung didaktischer Konzepte zur interdisziplinären Technikbildung. Bericht zur wissenschaftlichen Begleitforschung für den Endverwendungsnachweis. Graz. Online: http://www.ifz.tugraz.at/Media/Dateien/Downloads-IFZ/Publikationen/Forschungsberichte/Frauen-Technik-Umwelt/Engineer-Your-Sound!-Bericht-zur-wissenschaftlichen-Begleitforschung-fuer-den-Endverwendungsnachweis, 28.09.2011.

Thaler, Anita/Zorn, Isabel (2010): Issues of doing gender and doing technology – Music as an innovative theme for technology education. In: European Journal of Engineering Education, 35/4, S. 445–454.

Thaler, Anita (2010): Informal modes of technology learning and its gender implications. In: Karner, Sandra/Getzinger, Günter (Hrsg.): Proceedings of the 9th Annual IAS-STS Conference on Critical Issues in Science and Technology Studies, 3th–4th May 2010, CD-ROM, Graz: IFZ.

Thaler, Anita (2011a): Informal learning with social media and its potential for a democratisation of education. In: Hofstätter, Birgit/Getzinger, Günter (Hrsg.): Proceedings of the 9th Annual IAS-STS Conference on Critical Issues in Science and Technology Studies, 2th–3th May 2011, CD-ROM, Graz: IFZ.

Thaler, Anita (2011b, in Druck): Hat Technik ein Geschlecht? In: Bammé, Arno (Hrsg.): LIFE SCIENCES. Die Neukonstruktion des Menschen? München, Wien: Profil Verlag.

Tresor, TV Produktions GmbH (2000): Popstars. TV-Show der Sender RTL II. ProSieben und Puls 4. Deutschland.

Wächter, Christine (2004): „Gender-Inclusive Interdisciplinary Engineering Education – Reaching for the Stars?" In: Lenz, Werner/Sprung, Annette (Hrsg.): Kritische Bildung. Zugänge und Vorgänge. Münster: LIT Verlag, S. 273–291.

Wiesner-Steiner, Andreas/Wiesner, Heike/Schelhowe, Heidi (2006): Technik als didaktischer Akteur: Robotik zur Förderung von Technikinteresse. In: Gransee, Carmen (Hrsg.): Hochschulinnovation: Gender-Initiativen in der Technik. Hamburg: LIT Verlag, S. 89–115.

Wajcman, Judy (1991): Feminism Confronts Technology. Cambridge: Polity Press.

Zimbardo, Philip G. (1992): Psychologie. Heidelberg: Springer.

Wirtschaftsdidaktik und Geschlechterforschung

22

Claudia Wiepcke

22.1 Einführung – Stand der Geschlechterforschung in der Wirtschaftsdidaktik

Obwohl das Geschlecht im Rahmen wirtschaftlicher Tätigkeiten wie Berufswahl, private Finanzmarktaktivitäten, Konsum oder auch der wirtschaftspolitischen Teilhabe von Individuen eine große Rolle spielt, findet es in der wirtschaftsdidaktischen Forschung bislang wenig Berücksichtigung. Im Folgenden werden – aufbauend auf dem Begriffsverständnis von Wirtschaftsdidaktik – ökonomisch geprägte alltags- und lebensökonomische Anwendungsbereiche von Individuen spezifiziert. In einem weiteren Schritt wird aufgezeigt, ob es empirische Belege für Geschlechterunterschiede in diesen Anwendungsfeldern gibt und wie diese in wissenschaftlichen Theorien erklärt werden. Gary S. Beckers Theorie der Allokation der Zeit (1965) und die darauf aufbauende Haushaltstheorie (1981) gilt dabei nach wie vor als grundlegender Erklärungsansatz für geschlechterbezogene Arbeitsteilung. Die Annahmen, die dem Ansatz zugrunde liegen, sind nicht mehr zeitgemäß. Auf der Grundlage dieser Erkenntnisse werden Konsequenzen für die ökonomische Bildung an Schulen formuliert. Darauf aufbauend wird vorgestellt, wie die Geschlechterperspektive in der Konzeption von Lehr-Lern-Arrangements ganzheitlich berücksichtigt werden kann. Abschließend werden Handlungsbedarf und Forschungsperspektiven für die Geschlechterforschung in der Wirtschaftsdidaktik aufgezeigt.

22.1.1 Wirtschaftsdidaktik – Relevanz und begriffliche Eingrenzung

Grundlage der ökonomischen Bildung ist, dass alle Individuen *wirtschaften*. „Wirtschaft ist ein Erfahrungs- und Lebensbereich, dessen Wesen dadurch bestimmt ist, menschli-

---

C. Wiepcke (✉)
Pädagogische Hochschule Weingarten,
Leibnizstraße 3, 88250 Weingarten, Deutschland
E-Mail: wiepcke@ph-weingarten.de

M. Kampshoff, C. Wiepcke (Hrsg.), *Handbuch Geschlechterforschung und Fachdidaktik*,
DOI 10.1007/978-3-531-18984-0_22,
© VS Verlag für Sozialwissenschaften | Springer Fachmedien Wiesbaden 2012

ches Leben materiell zu erhalten und zu sichern." (Hübner 2008, S. 172). Grundlage bildet die Begrenztheit von Ressourcen (Güterknappheit). Güter sind die Mittel, die menschliche Bedürfnisse befriedigen. Ihnen stehen die unbegrenzten Bedürfnisse der Menschheit gegenüber, so dass ein Konflikt zwischen Bedürfnissen und Mitteln zu deren Befriedigung besteht. Individuen müssen somit wirtschaften, indem sie zwischen verschiedenen Möglichkeiten wählen. Wirtschaftliche Tätigkeiten stellen eine Konstante im sozialen Leben aller dar, sie dienen der Existenzsicherung und sind eine Universale menschlichen Lebens (ebd., S. 170). Wirtschaftsdidaktik wird als Bezugswissenschaft der ökonomischen Bildung verstanden (Seeber 2009a, S. 6). Sie gibt an, was als effektives wirtschaftliches Handeln und Kommunizieren gelten soll, klärt über die Voraussetzungen und Bedingungen der Vermittlung ökonomischer Kompetenzen auf und gibt Hinweise zur Gestaltung von institutionalisierten Lehr- und Lernprozessen (Tenfelde 2008, S. 620). Sie erfasst dabei didaktische Fragestellungen der allgemeinbildenden Domäne Wirtschaft und schließt mit ihren Untersuchungsgegenständen sowohl das berufliche Schulwesen (Wirtschaftspädagogik), das allgemeinbildende Schulwesen als auch die ökonomische Erwachsenen- und Weiterbildung mit ein. Ökonomische Bildung hat zum Ziel, Individuen mit solchen Kenntnissen und Kompetenzen auszustatten, mit deren Hilfe sie wirtschaftlich geprägte Lebenssituationen selbständig bewältigen können. Wirtschaftsdidaktische Forschung untersucht in diesem Zusammenhang die drei Makro-Bereiche Wissenschaft, Lebensgestaltung und Bildung (vgl. Weber 2009, S. 20). Im Rahmen der Wirtschaftswissenschaft besteht die Forderung, dass Betriebswirtschafts-, Hauswirtschafts- und Volkswirtschaftslehre auf das Potenzial von mündigen, selbstbestimmten und verantwortlich handelnden Berufswählenden und Erwerbstätigen, Finanzakteuren und -akteurinnen, Konsumenten und Konsumentinnen sowie Wirtschaftsbürgern und -bürgerinnen untersucht wird. Darüber hinaus muss die Wirtschaftsdidaktik die ökonomisch geprägte Lebensgestaltung identifizieren, daraufhin untersuchen welche Gefährdungen sich für die eben genannten Anwendungsfelder von Individuen ergeben und welche Kompetenzen benötigt werden, damit sie durch Bildung mündig, selbstbestimmt, tüchtig und verantwortlich handeln (ebd., S. 22).

Im Folgenden wird der Frage nachgegangen, ob es Geschlechterunterschiede in den zuvor genannten wirtschaftlichen Anwendungsfeldern von Individuen gibt und wenn ja welche.

22.1.2 Geschlechterbezogene Determinanten in ökonomischen geprägten Anwendungsfeldern von Individuen und ihre Konsequenzen für die ökonomische Bildung

22.1.2.1 Berufsorientierung, Erwerbstätigkeit und Gründungsaktivitäten

Ein bedeutender Bereich wirtschaftlich geprägter Anwendungsfelder ist die aktive Erwerbssuche inklusive der Berufsorientierung, Erwerbstätigkeit sowie Unternehmensgründung und -führung. Zunächst kann attestiert werden, dass die Erwerbsbeteiligung von Frauen seit mehreren Jahrzehnten angestiegen ist (1972 = 48 %; 2006 = 68 %). Trotz der steigenden Erwerbsquote ist das Arbeitsvolumen von Frauen nicht gestiegen sondern unterlag einer Umverteilung. Die Beschäftigungsgewinne von Frauen basieren auf einer steigenden Teilzeitarbeit einschließlich der geringfügigen Beschäftigung (Erwerbsquote in Teilzeitbeschäftigung F = 43 %/M = 7 % (Gender Datenreport 2010). Im Bereich der Unternehmensgründung gründen Frauen ebenfalls eher im Zuerwerb (F = 61,5 %/M = 38,6 %), während Männer bevorzugt im Haupterwerb (F = 23,4 %/M = 76,6 %) gründen (Statistisches Bundesamt 2006, S. 10).

Die Erwerbsquote bildet die Teilhabe von Frauen und Männern am Arbeitsmarkt nur unvollständig ab. Ein weiterer Gleichstellungsindikator ist die Integration beider Geschlechter im Erwerbssystem (vgl. Dressel/Wagner 2010, S. 492). Eine Betrachtung der von Männern und Frauen bekleideten Berufsfelder zeigt sowohl bei der Wahl von Ausbildungsberufen als auch im Bereich der Unternehmensgründung, dass sich Frauen auf wesentlich weniger Berufe und Branchen konzentrieren als Männer und dass sich Frauen- und Männerberufe deutlich in ihren Tätigkeiten unterscheiden (vgl. auch Beitrag von Marianne Friese in diesem Band). Während Frauen bevorzugt Berufe wählen, in denen sie haushaltsnahe Tätigkeiten verrichten, kaufmännische und soziale Berufe ausüben sowie helfende bzw. assistierende Funktionen inne haben, sind Männer häufiger in landwirtschaftlichen, technischen, Bergbau- und Fertigungsberufen vorzufinden (vgl. ebd. und Wiepcke 2011, S. 168). Die von Frauen präferierten Berufe gelten als weniger angesehen, sind durch eine hohe Konzentration in diesen Berufsgruppen und eine geringere Entlohnung gekennzeichnet (Friese 2010, S. 54 f.). Ein weiterer Indikator der Ungleichstellung ist die hierarchische Stellung von Frauen und Männern im Erwerbssystem. Die EU-Kommission kommt zu dem Ergebnis, dass Frauen in leitenden Positionen unterrepräsentiert und häufiger überqualifiziert beschäftigt sind als Männer (KOM 2007, S. 3–6). Frauen sind in der ersten Führungsebene nur zu 24 % vertreten. Diese Quote nimmt mit steigender Hierarchieebene ab. Zudem konstatiert die EU Lohnunterschiede zwischen Frauen und Männern. Der Verdienstabstand zwischen Frauen und Männern für die gleichwertige Arbeitstätigkeit betrug im Jahr 2009 23,2 % (Eurostat 2010). Im Bereich der Vollzeitselbständigkeit ist das Nettoeinkommen von Frauen in Westdeutschland um 25,9 %, in Ostdeutschland um 49,6 % geringer als das der Männer.

Empirische Untersuchungen von *Existenz- und Unternehmens(gründungs)prozessen* zeigen zusätzlich, dass nur jedes dritte Unternehmen von Frauen gegründet, im Bereich des Handwerks nur jedes vierte (FHM 2009, S. 8) und nur jedes zehnte Unternehmen von einer Frau übernommen wird (BGA 2005). Frauen gründen kleinere Unternehmen als Männer, ihre Unternehmensgründungen sind dementsprechend weniger kapitalintensiv (durchschnittliches Startkapital F = ca. € 10.000, – ; M = € 50.000, – (ebd.)). Positiv ist jedoch zu verzeichnen, dass Frauen ihre Gründungstätigkeit seltener abbrechen als Männer, ihre Unternehmen weisen eine höhere Überlebenswahrscheinlichkeit auf (Piorkowsky 2009, S. 15).

Die Folgen der geschlechterspezifischen Arbeitsmarktsegregation schlagen sich in der Lebens- und Berufsbiografie von Frauen nieder (vgl. auch Beitrag von Marianne Friese in diesem Band). Neben der geringeren Wertschätzung ihrer beruflichen Tätigkeit führen das geringere Arbeitsvolumen, die vorenthaltenen Aufstiegsmöglichkeiten sowie das niedrigere Lohnniveau von Frauen zu einem geringeren Lebensarbeitseinkommen. Es beträgt nur 42 % von dem der Männer (= 100 %) (Prognos 2006, S. 42). Das signifikant niedrigere Lebensarbeitseinkommen bedeutet für Paarbeziehungen eine höhere Abhängigkeit der Frau vom Partner, für alleinstehende Frauen (mit Kindern) besteht ein höheres Risiko, dass sie in prekäre Lebenslagen geraten und stärker von Altersarmut betroffen sind als Männer (Kuiper 2010, S. 593; Wiepcke/Mittelstädt 2010, S. 65). Gleichzeitig bleibt mögliches Arbeitskräftepotenzial von Frauen gesellschaftlich ungenutzt.

Die Arbeitsmarktsegregation und die daraus resultierenden Folgen werden aus strukturtheoretischer, konstruktivistischer und akteurstheoretischer Sicht mit dem Berufswahlverhalten von Individuen begründet. Im Folgenden wird der akteurstheoretische Ansatz näher vorgestellt, da er in der Wirtschaftsdidaktik dominiert. Er basiert auf der traditionellen Humankapitaltheorie, die die Berufswahlentscheidung auf eine Kosten-Nutzen-Kalkulation zurückführt (Dressel/Wagner 2010, S. 493). Bei der individuellen Nutzenbewertung wird die ökonomische Theorie der Familie (Haushaltsökonomie) mit einbezogen, die unterstellt, dass eine Familie eine gemeinsame Nutzenfunktion hat und dass der Nutzen innerhalb der Familie bei Arbeitsteilung am höchsten ist. Die Aufgabenteilung im Familienhaushalt wird mit den unterschiedlichen Opportunitätskosten und Produktivitäten im Erwerbs und Haushaltsbereich erklärt. Da der Frau durchschnittlich eine geringere Erwerbsproduktivität aber eine höhere Haushaltsproduktivität unterstellt wird, findet eine Spezialisierung des Mannes auf die Erwerbstätigkeit und der Frau auf die Haushaltstätigkeit statt. Dadurch werden die komparativen Vorteile ausgeschöpft und die gemeinsame Nutzenfunktion maximiert (Becker 1981, S. 14–37). Bis heute wird Beckers Modell, z. B. von der Weltbank als Grundmodell zur Konzeptualisierung des ökonomischen Verhaltens von Haushalten, angewendet. Weitere bzw. neuere Rational-Choice-Ansätze sind bislang nicht entwickelt worden. Beckers Modell kann nicht mehr als zeitgemäß angesehen werden, da es nur den Gesamtnutzen des Haushalts betrachtet und nicht die individuellen Interessen der Familienmitglieder berücksichtigt. Kuiper (2010, S. 584) kritisiert, dass das Modell biologisch-essentialistisch ist, da Frauen aus biologischen Gründen für die Hausarbeit eingeteilt werden. Die den Frauen hier zugeschriebene Spezialisierung auf den Haushalt, schwächt ihre Position auf dem Arbeitsmarkt und somit auch ihre Verhandlungsposition innerhalb der Familie. Im Rahmen der zunehmenden Einpersonenhaushalte und Ehescheidungen kann eine volle Spezialisierung auf den Haushalt nicht mehr als rationales Handeln gelten (ebd., S. 585).

Die geschlechterspezifische Segregation im Bereich der beruflichen Selbständigkeit wird auch mit unterschiedlichen Präferenzen der Geschlechter begründet. Untersuchungen zeigen, dass Männer und Frauen aus unterschiedlichen Motiven heraus ein Unternehmen gründen. Während die Hauptmotive bei Frauen Selbstverwirklichung, Unabhängigkeit sowie Vereinbarkeit von Familie und Beruf sind, sind es bei Männern höhere Verdienstmöglichkeiten sowie die Ausübung einer Führungsposition (FHM 2009, S. 16). Die unterschiedlichen Motive werden mit den verschiedenen Nutzenbewertungen der Geschlechter begründet: Frauen wählen ihr Gründungsvorhaben im stärkeren Maße nach In-

22 Wirtschaftsdidaktik und Geschlechterforschung 303

teresse (immaterieller Nutzen) und Männer nach Verdienst- und Führungsmöglichkeiten (materieller Nutzen) (Niederle/Vesterlund 2007, S. 1097). Die erfolgs- und wettbewerbsorientierte Präferenz bei Männern steht einer möglichen Wettbewerbsaversion von Frauen gegenüber. Niederle und Vesterlund (2007, S. 1097) stellen für eine Untersuchung die These auf, dass unterschiedliche Präferenzen zu geschlechterdifferenten Herangehensweisen im Umgang mit Wettbewerbssituationen führen. Das Gründungsverhalten ist demnach bei Männern durch wettbewerbsfreudige und bei Frauen durch wettbewerbsvermeidende Strategien begründet. Dies führt laut Binder (2007, S. 135) dazu, dass sich Frauen eher als Männer dafür entscheiden, kein Unternehmen zu gründen bzw. kleine Unternehmen bevorzugen in Branchen mit geringerem männlichen Wettbewerb. Berufsbiografische Studien verdeutlichen, dass wettbewerbsmindernde oder -verstärkende Entwicklungen die Geschlechtersegregation beeinflussen. Einst frauendominierte Berufe wurden bei steigendem Interesse der Männer (und somit höherem Wettbewerb) zu männerdominierten Berufen. Umgekehrt konnten Frauen in männerdominierten Berufen reüssieren, wenn das Interesse der Männer an dem Beruf sank. Die Feminisierung eines Berufes wurde durch eine damit einhergehende Statusminderung, die Vermännlichung eines Berufes mit einem Statusgewinn verstärkt (Wetterer 1995, S. 208).

22.1.2.2 Finanzmarktaktivitäten und Konsumverhalten

Auch im Rahmen privater Finanzmarktaktivitäten unterscheiden sich Frauen im Vergleich zu Männern: Frauen haben eine geringere finanzielle Bildung als Männer (Commerzbank 2003; Lusardi 2008, S. 3), interessieren sich weniger für Finanzprodukte als Männer (Prognos 2006, S. 54) und unterscheiden sich in ihren finanziellen Interaktionen von Männern (Prognos 2006, S. 54): Frauen organisieren ihre Geldgeschäfte nach dem Grundsatz der Sparsamkeit und Effizienz. Ihre Präferenzen in Bezug auf Geld liegen nicht wie bei den Männern in der Erhöhung des Einkommens, sondern in der Realisierung einer guten Lebensqualität. Bei der Geldanlage bevorzugen sie Sicherheit vor Gewinn. Die präferenzbedingte Sparstruktur spiegelt sich in eher konservativen Anlageformen wider, die flexibel genutzt werden können und ein geringes Risiko haben. Dieses Anlageverhalten konnte auch an der Börse bestätigt werden: Während 45 % der Frauen (aber nur 33 % der Männer) in konservative Anlagen wie z. B. in Kombinationen von Aktien und Investmentfonds anlegen, investieren nur 3 % der Frauen (aber 9 % der Männer) in risikoreiche Kombinationen wie Aktien und Optionsscheine (DAB 2002, S. 3 f.). Insgesamt kann festgestellt werden, dass Frauen in ihrem Anlageverhalten eher risikoavers bis hin zum Attentismus sind, während Männer sich eher risikoreich bis hochspekulativ verhalten.

Meier-Pesti und Penz (2008) untersuchen im Rahmen von zwei Studien das finanzielle Risikoverhalten von Frauen und Männern. Die erste Studie untersucht, ob Unterschiede im biologischen Geschlecht (Geschlechtszugehörigkeit/sex) zu verzeichnen sind, die zweite Studie betrachtet die Unterschiede hinsichtlich der Verteilung femininer und maskuliner Eigenschaften (gender). Sie kommen zu dem Ergebnis, dass das finanzielle Risikoverhalten weniger vom biologischen Geschlecht, mehr jedoch von der Ausprägung femininer bzw.

maskuliner Eigenschaften abhängt. Je stärker eine Person durch maskuline Eigenschaften geprägt ist, desto risikofreudiger zeigte sie sich bei der Interaktion von Finanzaktivitäten.

Obwohl Frauen über geringere Geldressourcen verfügen als Männer, ist Konsum eher weiblich konnotiert. Eine Studie der Boston Consulting Group ermittelte, dass 72 % aller Konsumausgaben in Deutschland von Frauen getätigt werden (vgl. Silverstein/Sayre 2009). Frauen unterscheiden sich im *Konsumverhalten* von Männern insbesondere durch Bedürfnisfelder und Konsumstil (u. a. ökonomische und ökologische Determinanten) (Weller et al. 2001, S. 14). Ihre Bedürfnisfelder liegen im Bereich Nahrungsmittel, Kosmetika, Reinigungs- und Hygienemittel, Kleidung, Schmuck sowie Bücher und Zeitschriften während die der Männer im Bereich Auto, Kommunikations- und Informationstechnik sowie Heimwerkerartikel angesiedelt sind (Assig 1993, S. 30). Im Rahmen des Konsumstils stellen Weller et al. (2001, S. 15 ff.) in einem Überblick dar, dass Frauen gesundheits- und umweltbewusster sind, Männer eher auf Bequemlichkeit aus sind und Konsum als lästig empfinden. Während Männer ihren Fokus beim Konsum auf die Hauptmerkmale eines Produktes legen, sich eher nur für die Gerüstinformation interessieren, auf Wettbewerb und Status aus sind, konzentrieren sich Frauen auf die gesamte Produktinformation, lesen erläuternde Texte häufiger und genauer und präferieren die Nützlichkeit von Gütern sowie die damit verbundene Zuneigung und persönliche Verbindung.

Das Geschlecht als soziodemographische Variable spielt im Bereich des Konsumverhaltens bisher fast ausschließlich in der Marketingforschung eine Rolle. Geschlechterbeziehungen und -verhältnisse im Bereich der Konsumtypologie werden kaum angesprochen, entsprechende empirische Untersuchungen stehen in diesem Bereich noch aus. In bisherigen Forschungsarbeiten werden männliche und weibliche Stereotype wie z. B. die *sparsame Hausfrau* oder der *homo oeconomicus* (ökonomischer Sammelbegriff für zielgerichtete, rational handelnde und Nutzen maximierende Individuen) als normative Leitbilder zum Teil noch unkritisch reproduziert, teilweise aber auch kritisiert (ebd., S. 14).

Zur Erklärung der Geschlechterunterschiede in privaten Finanzmarktaktivitäten und Konsumverhalten wird ebenfalls an der ökonomische Theorie der Familie (siehe Kapitel 22.1.2.1) angeknüpft, da sie gleichzeitig die Sozialisation der Geschlechter prägt. Demnach wird von Jungen erwartet, dass sie die Ernährer ihrer zukünftigen Familien werden. Von Mädchen wird lediglich zweitrangig erwartet, dass sie als zukünftige Hausfrauen erwerbstätig sind (Wrede 2003, S. 56). Aus der Sozialisation leiten sich wiederum die Bedeutung für die Art des Umgangs mit Geld sowie die Konsum-Bedürfnisfelder ab.

Das geringere Einkommen von Frauen und ihre teilweise finanzielle Abhängigkeit bringt eine Distanz von Selbstverantwortung und Zuständigkeit für Finanzangelegenheiten mit sich. Die Konsequenz ist ein geringeres Interesse für Finanzangelegenheiten, womit ein geringeres Finanzwissen einhergeht. Die geringere Finanzkompetenz führt zur Ignoranz dieser Thematik und zu fehlenden Abschlüssen im Bereich der Geldanlage und Altersvorsorge (Lusardi 2008, S. 4). Dies bedingt u. a., dass Frauen stärker von Altersarmut betroffen sind und öfter als Alleinerziehende in prekäre Lebenslagen geraten. Parallel treffen Frauen vermehrt Kaufentscheidungen. Ihre höhere Zuständigkeit für privaten Konsum geht mit einer hohen Verantwortung und Kompetenzerwartungen in der ökonomischen Verbraucherinnenbildung einher.

22.1.2.3 Wirtschaftspolitische Teilhabe

Ein·weiterer Anwendungsbereich der Wirtschaftsdidaktik ist, Schüler und Schülerinnen für eine reflektierte, verantwortungsvolle und kritische Teilhabe an demokratischen und sozioökonomischen Prozessen im Sinne von Wirtschaftsbürgern und -bürgerinnen vorzubereiten. Ziel ist es, das eigene Leben in sozialer Verantwortung zu führen und an der Gestaltung einer lebenswerten demokratischen Gesellschaft mitwirken zu können. Das betrifft neben der Mündigkeit als Erwerbstätige die Bereiche des privaten Konsums und den daraus resultierenden öffentlichen Folgen (politischer Konsum), Informiertheit, Partizipation sowie Problemlöse- und Entscheidungsfähigkeit im Rahmen von Wahlprozessen (z. B. Kündigungsschutz, Krankenversicherung), Einstellung zur Marktwirtschaft und den daraus resultierenden Konsequenzen für die wirtschaftspolitische Teilhabe, Partizipation durch ethische, moralische und nachhaltige Orientierung (Seeber 2009b, S. 5 ff.) (siehe auch den Beitrag von Christian Boeser in diesem Band).

Geschlechterforschung findet im Bereich der wirtschaftspolitischen Partizipationsforschung bisher kaum Berücksichtigung. Nach dem Sozioökonomischen Standardmodell (SES-Modell, vgl. Burns/Schlozmann/Verba 2001) besteht zwischen dem Interesse an (Wirtschafts-) Politik sowie tatsächlicher Beteiligung und der individuellen Ressourcenausstattung ein Zusammenhang. Je mehr Zeit, Bildung, Einkommen, Status und Selbstvertrauen eine Person hat, desto mehr nimmt sie an wirtschaftspolitischen Entscheidungsprozessen durch Partizipation teil. Eine ähnliche Annahme treffen Seeber und Remmele (2009, S. 27 ff.): Sie unterstellen einen Zusammenhang zwischen ökonomischem Verständnis und den daraus resultierenden Einstellungen gegenüber der marktwirtschaftlichen Ordnung. Aus ihrer Analyse empirischer Studien zum ökonomischen Verständnis geht hervor, dass weibliche Probandinnen schlechtere Testergebnisse erzielen als männliche. Gleichzeitig wird aufgezeigt, dass Männer eher eine positive Einstellung zu ökonomischen Sachverhalten, Frauen hingegen Desinteresse, sogar eine grundlegende Aversion gegenüber Themen des Wirtschaftslebens aufzeigen. Es kann resümiert werden, dass durch die durchschnittlich geringere ökonomische Bildung von Frauen, ihre geringere Erwerbstätigkeit und das niedrigere Einkommen (siehe Kapitel 22.1.2.1 und 22.1.2.2) eine geringere Partizipation unterstellt werden kann. Bisher liegen nur empirische Studien zum ökonomischen Verständnis und zu Einstellungen von Männern und Frauen in der Marktwirtschaft vor. Quantitative Belege aus der Partizipation von Akteuren und Akteurinnen im wirtschaftspolitischen Alltag sind häufig nur auf die Wahlteilhabe von Frauen und Männern beschränkt. Sie belegen, dass Frauen ein geringeres Interesse an Politik und ein geringeres politisches Kompetenzbewusstsein haben, was sich in einer geringeren Wahlbeteiligung von Frauen widerspiegelt (Westle 2009, S. 179).

22.1.2.4 Konsequenzen für die ökonomische Bildung

Als wirtschaftsdidaktische Konsequenz gilt es, im Rahmen der Wirtschaftslehre geschlechterbezogene Themen zu implementieren. Im ökonomischen Kontext Arbeitsmarkt sollte die Vielfalt möglicher Formen von Lebens- und Berufsbiografien transportiert werden (Wiepcke 2008, S. 133). Unentgeltliche Arbeitsformen sollten anerkannt und im klassischen Wirtschaftskreislauf aufgenommen werden (Piorkowsky 2011, S. 33 ff.). Eine breitere Vielfalt von Ausbildungsmöglichkeiten, längerfristige Prognosen über die Entwicklung zukunftsträchtiger Berufsfelder am Arbeitsmarkt sowie Verhaltensoptionen im Fall von Erwerbslosigkeit und Karrierebruch sind mit den Schülern und Schülerinnen zu eruieren (Wiepcke/Pickard 2011, S. 34).

Männer, aber insbesondere Frauen sind zu einem kompetenten Umgang mit Finanzen und Konsum zu befähigen. Dies bedingt die inhaltliche Thematisierung und in Fragestellung traditioneller Tugenden wie Auskommen mit dem Einkommen, Konsumverzicht, kollektive Vorsorge durch das soziale Sicherungssystem sowie der ökonomischen Haushaltstheorie (siehe auch Kapitel 22.1.2.1). Dabei ist das Interesse für nachhaltige Finanzmarkt- und Konsumaktivitäten zu wecken, der gestiegenen Gefahr von Überschuldung (insbesondere beim Eintritt unvorhergesehener Risiken wie z. B. Ehescheidung oder Brüchen in Erwerbsbiografien) entgegenzuwirken und auf die steigende Bedeutung der privaten Vorsorge zu verweisen. Insgesamt ist das ökonomische Interesse, Wissen und die Partizipationskompetenz von Schülern und Schülerinnen zu verbessern. Inhaltlich sind Gerechtigkeitsaspekte aufzunehmen die verdeutlichen, dass alle Gruppen in der Gesellschaft das Recht und damit die Gelegenheit haben, an relevanten Entscheidungen teilzunehmen (Fuchs 2008, S. 540).

22.2 Geschlechtergerechte Wirtschaftsdidaktik unter besonderer Berücksichtigung der Geschlechterkonstruktion und -dekonstruktion

Die Realisierung einer geschlechtersensiblen Wirtschaftsdidaktik erfordert Lehr- und Lernarrangements, die es Mädchen wie Jungen ermöglicht, sich entsprechend ihrer Lernbedürfnisse einzubringen und weiterzuentwickeln. Um die Kategorie des Geschlechts in die Fachdidaktik als Querschnittsperspektive umfassend aufzunehmen, sollte sich eine geschlechtersensible Didaktik an alle drei Phasen einer Bildungsmaßnahme (Planung/Entwicklung, Gestaltung/Durchführung, Bewertung) richten. Die drei Phasen werden wiederum von den Eckpunkten Zielgruppe, Rahmenbedingungen, Ziele (abgeleitet von den Bildungsstandards), Inhalte, Methoden und Medien, Messung des Lernerfolges und Leitungshandeln determiniert (vgl. Abb. 22.1, Kapitel 22.2.4) (Wiepcke 2010, S. 52 ff.). Im Folgenden werden die Eckpunkte unter geschlechtersensiblen Kriterien in der Wirtschaftsdidaktik analysiert.

22.2.1 Zielgruppe, Rahmenbedingungen und Leitungshandeln

In Bezug auf die *Lernenden* wird empfohlen, das Geschlecht separat zu berücksichtigen, d. h. zu konstruieren. Dies ist möglich, in dem eine gezielte Gesprächskultur angewendet wird, Mädchen und Jungen in Gesprächssequenzen gleichermaßen einbezogen werden, geschlechtsstereotypes Verhalten beider Geschlechter bemerkt sowie kritisch hinterfragt wird (Lehmann 2003, S. 66). Die *Rahmenbedingungen* des Wirtschaftslehreunterrichts sollten ebenfalls die Lebensbedingungen von Mädchen wie Jungen widerspiegeln. Dazu gehören geschlechtersensible Ansprachekonzepte, Beispiele und Abbildungen. Diese beziehen sich insbesondere auf die Inhalte und beinhalten gendersensible Themen sowie eine nichtstereotype Darstellungsweise von Männern und Frauen (Wiepcke 2010, S. 52). Das *Leitungshandeln* bezieht sich auf die Lehrpersonen. Es erfordert Sensibilität gegenüber geschlechterbezogenen Verhaltensweisen. Im Vordergrund steht die Entwicklung eines Bewusstseins, dass sich bestehende Geschlechterverhältnisse (z. B. in Lebensentwürfen, Berufsbiografien) stetig wandeln, sie als Lehrkräfte an diesen Prozessen teilhaben und diese mitgestalten. Lehrpersonen müssen erkennen, dass Lernprozesse für Mädchen und Jungen gleichwertig sein sollen.

22.2.2 Ziele, Inhalte und Messung Lernerfolg

2004 vollzog sich in der Wirtschaftsdidaktik im Zuge der PISA-Diskussion ein Paradigmenwechsel, welcher die Inputorientierung der Lehre durch eine Orientierung am Output ergänzt. Die Inputorientierung ist hauptsächlich durch eine kategoriale ökonomische Bildung geprägt und zielt auf die Begründung und Auswahl von allgemeinbildenden *Inhalten* des Unterrichts (Kruber 2008, S. 187). Aufgrund der Fülle und der teilweise kurzen Halbwertzeit möglicher Inhalte des Unterrichts, konzentrieren sich ökonomische Kategorien auf den Aufbau von Denkmustern zur Erschließung von Wirklichkeitsbereichen. Die insbesondere von Dauenhauer (1997), May (2004) und Kruber (2008) formulierten Kategorien bildeten die Grundlage für Rahmenpläne, Richtlinien und Lehrpläne. Geschlechterspezifische Aspekte werden in den ökonomischen Kategorien der Autoren nicht formuliert. Die in Kapitel 22.1.2 geschilderte ökonomische Theorie der Familie ist nach wie vor unreflektiert in der ökonomischen Bildung verankert und wird an aktuelle Entwicklungen von Lebensentwürfen und des Arbeitsmarktes nicht angepasst.

Der Paradigmenwechsel von der Input- zur Outputorientierung wurde 1994 durch die Kultusministerkonferenz (KMK) eingeleitet. Darauf aufbauend hat die Deutsche Gesellschaft für ökonomische Bildung e.V. (DeGÖB 2005) Kompetenzen für die ökonomische Bildung und Bildungsstandards für den Grundschulabschluss, mittleren Schulabschluss sowie die gymnasiale Oberstufe formuliert. Diese wurden im Zuge der Bildungsreform in neuen Lehr- und Bildungsplänen aufgenommen und formulieren neben Inhalten (Inputs) Ergebnisse (Outputs), die von den Schülerinnen und Schülern am Ende des Lernprozesses erreicht werden sollen. Ausgangsbasis der ökonomischen Bildungsstandards sind Bildungsziele, die durch ökonomisch geprägte Lebenssituationen begründet sind, in denen Individuen in ökonomisch geprägten Rollen verschiedene ökonomische Tätigkeiten ausführen (vgl. Kapitel 22.1.2).

Die von der DeGÖB formulierten Kompetenz- und Bildungsstandards dienen als Grundlage für Richtlinien, Rahmenvorgaben und Lehr-/Bildungspläne in allen Bundesländern. In den vorgelegten Kompetenz- und Bildungsstandards werden keine geschlechterspezifischen Aspekte thematisiert. Dennoch werden sie einer geschlechterorientierten ökonomischen Bildung gerecht, da sie sich in der Argumentation auf alle Individuen (Frauen wie Männer gleichermaßen) beziehen. Alle Individuen müssen Entscheidungen über gegenwärtige und zukünftige Kosten, Nutzen und Risiken treffen. Sie agieren in wirtschaftlichen Rollen indem sie konsumieren, produzieren, Güter und Dienstleistungen am Markt anbieten, selbständig sind, sparen und investieren. Im Umgang mit knappen Ressourcen stellt Wirtschaften eine permanente Anforderung an Frauen und Männer. Die Komplexität, Differenzierung und Dynamik des modernen ökonomischen Systems erfordern einen systematischen Erwerb von Kompetenzen, die es ihnen ermöglichen, sich in wirtschaftlich geprägten Lebenssituationen zu orientieren, sie zu verstehen, beurteilen und mündig, sachgemäß und verantwortlich mitzugestalten (ebd., S. 8). Die Formulierungen implizieren, dass Jungen wie Mädchen am Ende des Lernprozesses über denselben Bildungsstand verfügen und zielen somit indirekt darauf, die zwischen den Geschlechtern bestehenden Wissens- und Verhaltensunterschiede auszugleichen.

Hinsichtlich der *Überprüfung des Lernerfolgs* besteht die Anforderung zu diagnostizieren, ob Mädchen und Jungen am Ende der Lernprozesse die gewünschten ökonomischen Kompetenzen erlangt haben und über ein gleichwertiges Kompetenzniveau verfügen (Wiepcke 2010, S. 54). Während hinsichtlich der Formulierung von Bildungszielen und der Konkretisierung fachlicher Kompetenzen im Rahmen der ökonomischen Bildung weitestgehend Konsens besteht, befindet sich die Kompetenzdiagnose sowie die Entwicklung geeigneter Messverfahren noch in den Anfängen. Hier bestände die Möglichkeit, geschlechterspezifischen Aspekten nicht nur gerecht zu werden, sondern diese bewusst in die Kompetenzdiagnose mit aufzunehmen.

22.2.3 Methodische und mediale Ausrichtung

Während die Formulierung der Kompetenz- und Bildungsstandards, die inhaltliche Ausrichtung sowie die Messung des Lernerfolges einer geschlechtergerechten Didaktik die Dekonstruktion des Geschlechtes bedingen, verhält es sich bei der methodischen und medialen Ausrichtung umgekehrt. Empirische Studien belegen, dass Männer und Frauen unterschiedlich auf Wettbewerbssituationen (Arbeitsmarkt) reagieren (siehe Kapitel 22.1.2.1) und dass das finanzielle Risikoverhalten vom soziologischen Geschlecht abhängt (siehe Kapitel 22.1.2.2). Untersuchungen aus der Koedukationsforschung zeigen auch (vgl. Lehmann 2003), dass die Wahl der Unterrichtsmethoden und -medien sowie die Berücksichtigung unterschiedlicher Lernwege und Lernstile von besonderer Bedeutung sind, um Jungen wie Mädchen gerecht zu werden.

Aus diesem Grund sollte die methodische und mediale Gestaltung unterschiedliche Interessen und Ausgangsbedingungen, Kommunikations- und Interaktionsweisen von Mädchen und Jungen berücksichtigen. Hierfür eignen sich Methoden und Medien, die sowohl weibliche wie auch männliche Talente fördern. Lernanlässe, in denen alle Individuen gleichermaßen betrachtet, ihre Interessen eingebunden und zu neuen Herausforderungen angeregt werden, thematisiert die einbeziehende Erziehung. Die methodische und mediale Ausrichtung soll Möglichkeiten bieten, dass Themen selbständig erschlossen, Informationen gesucht, strukturiert, aufbereitet und den anderen Lernenden präsentiert werden. Neben kooperativen sind also auch kompetitive Lernmethoden einzusetzen. Zu den Methoden, die (gendersensibel gestaltet) diese Fähigkeiten und Fertigkeiten fördern können, gehören Planspiele, Rollenspiele, Schülerinnen- und Schülerfirmen, Fallstudien, Projekte, Praktika etc., da sie als Makromethoden mehrere Kompetenzen ansprechen. Hinsichtlich der medialen Ausrichtung wird der Einsatz zahlreicher Medien sowie deren sinnvolle Kombination empfohlen. Ermöglicht die mediale Ausrichtung sowohl individuelles, kooperatives- als auch informelles Lernen, können die unterschiedlichen Lernstile der Geschlechter Berücksichtigung finden. Als Beispiele seien hier die Nutzung des Internets, (Diskussionsforen, Wikis) oder der Einsatz von Videofilmen genannt. Es wird deutlich, das sich eine geschlechtersensible methodische und mediale Ausrichtung vom lehrpersonzentrierten Unterricht wegbewegt hin zu einem schülerinnen- und schülerzentrierten Unterricht, der eine Mischung aus kooperativen und kompetitiven Elementen aufweist (Wiepcke 2010, S. 54).

22.2.4 Kontroversen einer geschlechtergerechten Wirtschaftsdidaktik

Die Ausführungen zeigen, dass die verschiedenen Eckpunkte einer geschlechtersensiblen Wirtschaftsdidaktik unterschiedliche Herangehensweisen erfordern, die zu einer Kontroverse bei Lehrkräften führen können. Während die Berücksichtigung der Zielgruppe und Rahmenbedingungen, die methodische und mediale Ausrichtung sowie das Leitungshandeln der Lehrkräfte eine bewusste Konstruktion und Nutzbarmachung des Geschlechts (doing gender/einbeziehende Erziehung) einfordern, verlangen die Formulierung der Lernziele, die inhaltliche Ausrichtung und die Messung des Lernerfolges die Dekonstruktion des Geschlechts (vgl. Abb. 22.1).

Das Modell einer geschlechtersensibeln Didaktik knüpft somit an den Dreischritt der konstruktivistischen Didaktik nach Reich (2002) an. Konstruktion vollzieht sich im Rahmen des Konzeptes doing gender. In dem bei den Eckpunkten Zielgruppe, Rahmenbedingungen sowie Medien- und Methodenwahl das Geschlecht für Lernprozesse konstruiert wird, werden soziale Prozesse aufgegriffen, in denen die geschlechterspezifische Unterscheidung hervorgebracht und reproduziert wird (Gildemeister 2009, S. 137). Lernen kann sich somit für jeden einzelnen im sozialen Kontext, aber doch für sich vollziehen. Der Einsatz gezielter Methoden und Medien ermöglicht zugleich eine Rekonstruktion des Geschlechts. Mädchen und Jungen entdecken selbständig vorhandene soziale Strukturen und können darauf aufbauend soziale Prozesse – die zwei Geschlechter hervorbringen – analysieren (Wetterer 2009, S. 127). Dekonstruktion hat (nach Buttler 1991) letztendlich zum Ziel, das biologische und sozial konstruierte Geschlecht aufzulösen und zielt auf gleichwertige Chancen beider Geschlechter. In Lernprozessen sollen eigene Erfindungen wie z. B. ein (Nach-)Entdecken von bereits Vorhandenem auf Einseitigkeit geprüft werden. Schüler und Schülerinnen sollen Alternativen des Konstruierens erkennen und wahrnehmen.

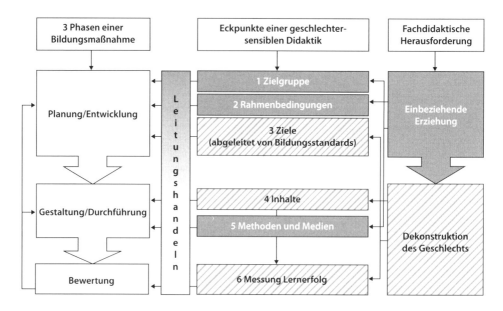

Abb 22.1 Kontroversen einer geschlechtergerechten Wirtschaftsdidaktik (Wiepcke 2010, S. 56)

Die Realisierung einer geschlechtersensiblen Bildung stellt Lehrkräfte vor eine fachdidaktische Herausforderung. Aus diesem Grund kommt dem Leitungshandeln und somit der Lehrendenkompetenz eine bedeutende Rolle zu. Erst wenn alle Eckpunkte unter geschlechterspezifischen Aspekten umgesetzt werden, kann die Geschlechterperspektive im Sinne der konstruktivistischen Didaktik zunächst konstruiert, dann rekonstruiert und schließlich dekonstruiert werden.

22.3 Zukünftige Herausforderungen für eine geschlechtergerechte Wirtschaftsdidaktik

Der Überblick verdeutlicht, dass auf der einen Seite Unterschiede im geschlechterspezifischen Verhalten in ökonomisch geprägten Anwendungsfeldern auszumachen sind und diese weitläufige Auswirkungen auf die Lebens- und Berufsbiografien von Männern und Frauen haben. Auf der anderen Seite geht aus dem Forschungsstand der ökonomischen Bildung hervor, dass die den Curricula zugrunde liegenden Stoffkategorien das Geschlecht nicht berücksichtigen und die formulierten Kompetenz- und Bildungsstandards zwar geschlechtergerecht formuliert sind, vorherrschende Geschlechterunterschiede jedoch nicht thematisieren. Dies hat zur Folge, dass vorherrschende Stereotype nicht bewusst in Frage gestellt und korrigiert werden und dass die Kompetenzentwicklung geschlechterspezifische Besonderheiten nicht berücksichtigt.

Maßnahmen zur Umsetzung einer geschlechtergerechten Wirtschaftsdidaktik setzen bei einer Überarbeitung ökonomischer Stoffkategorien und der Aufnahme von Gleichstellungskompetenzen in die Bildungsstandards der DeGÖB an. Darauf aufbauend gilt es, die Kategorie des Geschlechts in die Lehramtsausbildung und -weiterbildung zu implementieren, um ein geschlechtersensibles Leitungshandeln zukünftiger Lehrkräfte zu gewährleisten. Ein weiteres Ziel ist, Lehrkräfte für eine stärkere ökonomische Bildung in wirtschaftsaffinen Fächern und Fächerverbünden zu mobilisieren, damit Wirtschaftslehre eine Aufwertung erfährt und damit einhergehend eine stärkere Berücksichtigung des Geschlechts erreicht werden kann. Nicht zuletzt sind Rahmenvorgaben, Lehr- und Bildungspläne sowie Schulbücher und Arbeitsmaterialien um die Geschlechterperspektive zu überarbeiten, so dass alle Eckpunkte einer geschlechtersensiblen Wirtschaftsdidaktik eine ganzheitliche geschlechtergerechte ökonomische Bildung ermöglichen.

Literatur

Assig, Dorothea (1993): Zielgruppe Frauen. Erfolgreiche Konzepte für effektives Marketing. Frankfurt a. M.: Campus Verlag.

Becker, Gary S. (1965): A Theory of the Allocation of Time. In: The Economic Journal, Vol. 75./09.1965, S. 493–517.

Becker, Gary S. (1981): A Treatise on the Family. London: Cambridge Mass.

BGA (2005): Bundesweite Gründerinnenagentur. Unternehmensübernahme durch Frauen in Deutschland – Daten und Fakten, Factsheet 4/2005.

Binder, Nicole (2007): Zwischen Selbstselektion und Diskriminierung. Eine empirische Analyse von Frauenbenachteiligung am deutschen Arbeitsmarkt anhand alternativer Indikatoren unter besonderer Berücksichtigung der Berufswahl. Berlin: Duncker & Humblot.

Burns, Nancy/Schlozman, Kay/Verba, Sydney (2001): The private Roots of Public Action. Gender, Equality and Political Participation. Cambridge: Harvard University Press.

Buttler, Judith (1991): Das Unbehagen der Geschlechter. Frankfurt a. M.: Suhrkamp.

Commerzbank (2003): Detailauswertung „Frauen" zur Studie „Finanzielle Allgemeinbildung in Deutschland". Eine Untersuchung der NFO Infratest Finanzforschung im Auftrag der Commerzbank. Hamburg.

DAB (2002) (Direkt Anlage Bank): Frauen handeln anders und besser. 2. DAB AG Studie zum Anlageverhalten von Frauen. München.

Dauenhauer, Erich (1997): Kategoriale Wirtschaftsdidaktik, Band 1. Münchweiler: Walthari.

DeGÖB (2005): Kompetenzen der ökonomischen Bildung für allgemeinbildende Schulen und Bildungsstandards für den mittleren Schulabschluss. In: Weitz, Bernd O. (Hrsg.): Standards der ökonomischen Bildung. Bergisch Gladbach: Verlag Thomas Hobein, S. 3–16.

Dressel, Kathrin/Wagner, Susanne (2010): Erwerbsarbeit: Zur Situation von Frauen auf dem Arbeitsmarkt. In: Becker, Ruth/Kortendiek, Beate (Hrsg.): Handbuch Frauen- und Geschlechterforschung. Wiesbaden: VS Verlag für Sozialwissenschaften, S. 489–498.

Eurostat (2010): Geschlechterspezifisches Verdienstgefälle. Online: http://epp.eurostat.ec.europa.eu/tgm/table.do?tab=table&init=1&plugin=1&language=de&pcode=tsiem040, 08.08.2011.

Friese, Marianne (2010): Die „Arbeit am Menschen". Bedarfe und Ansätze der Professionalisierung von Care Work. In: Moser, Vera/Pinhard, Inga (Hrsg.): Care. Wer sorgt für wen?, Jahrbuch Frauen- und Geschlechterforschung in der Erziehungswissenschaft, Bd. 6. Opladen: Verlag Barbara Budrich, S. 47–68.

Fuchs, Gesine (2008): Politik: Verfasst politische Partizipation von Frauen. In: Becker, Ruth/Kortendiek, Beate (Hrsg.): Handbuch Frauen- und Geschlechterforschung. Wiesbaden: VS Verlag für Sozialwissenschaften, S. 539–546.

Gender Datenreport (2010): Datenreport zur Gleichstellung von Frauen und Männern in der Bundesrepublik Deutschland. Online: http://www.bmfsfj.de/Publikationen/genderreport/2-Erwerbstaetigkeit-arbeitsmarktintegration-von-frauen-und-maenner/2-1-einleitung.html, 08.08.2011.

Gildemeister, Regine (2009): Doing Gender: Soziale Praktiken der Geschlechterunterscheidung. In: Becker, Ruth (Hrsg.): Handbuch Frauen- und Geschlechterforschung. Wiesbaden: VS Verlag für Sozialwissenschaften, S. 137–145.

Hübner, Manfred (2008): Reflexionen zum Gegenstand der ökonomischen Bildung. In: Lörwald, Dirk et al. (Hrsg.): Ökonomik und Gesellschaft, Wiesbaden: VS Verlag für Sozialwissenschaften, S. 170–184.

KOM (2007): Kommission der Europäischen Gemeinschaften, Bekämpfung des geschlechtsspezifischen Lohngefälles, Brüssel.

Kruber, Klaus-Peter (2008): Kategoriale ökonomische Bildung. In: Hedtke, Reinhold/Weber, Birgit (Hrsg.): Wörterbuch Ökonomische Bildung. Schwalbach/Ts.: Wochenschau Verlag, S. 187–190.

Kuiper, Edith (2010): Ökonomie: Feministische Kritik mikro- und makroökonomischer Theorien. In: Becker, Ruth/Kortendiek, Beate (Hrsg.): Handbuch Frauen- und Geschlechterforschung. Wiesbaden: VS Verlag für Sozialwissenschaften, S. 591–600.

Lehmann, Helen (2003): Geschlechtergerechter Unterricht, Bern: Haupt Verlag.

Lusardi, Annamaria (2008): Planning and Financial Literacy: How do Women fare? Working Paper 13750. Online: http://www.nber.org/papers/w13750, 10.02.2010.

May, Hermann (2004): Didaktik der ökonomischen Bildung. München: Oldenbourg.

Meier-Pesti, Katja/Penz, Elfriede (2008): Sex or gender? Expanding the sex-based view by introducing masculinity and femininity as prediczors of financial risk taking. In: Journal of Economic Psychology 29, S. 180–196.

Niederle, Muriel/Vesterlund, Lise (2007): Do women shy away from competition? Do men competete too much? In: Quarterly Journal of Economics 2007, S. 1067–1101.

Piorkowsky, Michael-Burkhard (2009): Selbständigen-Monitor Deutschland. Bonn.

Piorkowsky, Michael-Burkhard (2011): Alltags- und Lebensökonomie. Bonn: UniversityPress.

Prognos (2006): Endbericht im Projekt Frauen und Finanzdienstleistungen. Berlin: Bundesanstalt für Ernährung und Landwirtschaft.

Seeber, Günther (2009a): Wirtschaftsdidaktische Forschungsfelder. In: Seeber, Günther (Hrsg.): Forschungsfelder der Wirtschaftsdidaktik. Schwalbach am Taunus: Wochenschau Verlag, S. 6–11.

Seeber, Günther (Hrsg.) (2009b): Befähigung zur Partizipation. Gesellschaftliche Teilhabe durch ökonomische Bildung. Schwalbach am Taunus: Wochenschau Verlag.

Seeber, Günther/Remmele, Bernd (2009): Ökonomische Kompetenz bedingt Einstellung zur Marktwirtschaft. In: Seeber, Günther (Hrsg.): Befähigung zur Partizipation. Gesellschaftliche Teilhabe durch ökonomische Bildung. Schwalbach am Taunus: Wochenschau Verlag, S. 27–40.

Silverstein, Michael/Sayre, Kate (2009): Woman Want More. Boston: Harper Business.

Statistisches Bundesamt (2006): Gendermonitor Existenzgründung. Bonn.

Tenfelde, Walter (2008): Wirtschaftsdidaktik. In: May, Hermann (Hrsg.): Lexikon der ökonomischen Bildung. München: Oldenbourg Verlag.

Weber, Birgit (2009): Forschungsfelder der Wirtschaftsdidaktik. In: Seeber, Günther (Hrsg.): Forschungsfelder der Wirtschaftsdidaktik. Schwalbach am Taunus: Wochenschau Verlag, S. 13–27.

Weller, Ines/Hayn, Doris/Schultz, Irmgard (2001): Geschlechterverhältnisse, nachhaltige Konsummuster und Umweltbelastungen. Vorstudie zur Konkretisierung von Forschungsfragen und Akteurskooperationen. BMBF-Sondierungsstudie. Abschlussbericht. Online: http://www.isoe.de/projekte/gesond.htm, (16.08.2011).

Wetterer, Angelika (2009): Konstruktion von Geschlecht: Reproduktionsweisen der Zweigeschlechtlichkeit. In: Becker, Ruth (Hrsg.): Handbuch Frauen- und Geschlechterforschung. Wiesbaden: VS Verlag für Sozialwissenschaften, S. 126–136.

22 Wirtschaftsdidaktik und Geschlechterforschung

Westle, Bettina (2009): „Die unpolitische Frau" – Ein Methodenartefakt der Umfrageforschung. In: Kaspar, Hanna et al. (Hrsg.): Politik- Wissenschaft – Medien. Berlin: Springer, S. 179–201.

Wiepcke, Claudia (2008): Gender: In: Hedtke, Reinhold/Weber, Birgit (Hrsg.): Wörterbuch Ökonomische Bildung. Schwalbach am Taunus: Wochenschau Verlag, S. 132–133.

Wiepcke, Claudia (2010): Gender-Didaktik und Berufsorientierung – Förderung von Chancengleichheit auf dem Arbeitsmarkt. In: Journal Netzwerk Frauenforschung Nr. 26/ 2010, S. 48–57.

Wiepcke, Claudia/Mittelstädt, Ewald (2010): Geschlechtersensible Förderung der Finanzkompetenz unter besonderer Berücksichtigung von Bildungsstandards. In: Hauswirtschaft und Wissenschaft 2/10, S. 60–68.

Wiepcke, Claudia (2011a): Gender and Competition. In: HAN Business Publications International 05/2011 No. 1, S. 167 180.

Wiepcke, Claudia (2011b): Kontroversen einer geschlechtersensiblen Finanziellen Allgemeinbildung. In: Retzmann, Thomas (Hrsg): Finanzielle Bildung in der Schule. Schwalbach am Taunus: Wochenschau Verlag, S. 127–142.

Wiepcke, Claudia/Pickard, Nadine (2011): Geschlechtergerechte Berufsorientierung in Schulbüchern. Evaluation ausgewählter Schulbücher in Baden-Württemberg. In: Albers, Hans-Jürgen (Hrsg.) et al.: Schriftenreihe des Institutes für Gesellschaftswissenschaften Nr. 3, Pädagogische Hochschule Schwäbisch Gmünd.

Teil III
Wissenschaftsdisziplinen

Genderdimensionen in der Hochschuldidaktik-Forschung

23

Sigrid Metz-Göckel

23.1 Kompetenz- und genderorientierte Hochschullehre

Die Hochschuldidaktik befasst sich mit Fragen ‚guter Lehre', mit Strukturen und Prozessen der akademischen Lehre und wie Studierende sich wissenschaftliche Erkenntnisse und Methoden berufsqualifizierend aneignen können. Zu ihrem Selbstverständnis gehört es, wissenschaftliche Erkenntnisse unbeschadet des Geschlechts nicht nur zu generieren, sondern auch zu vermitteln (Metz-Göckel/Kamphans 2011). Diese Geschlechtsneutralität wird von der Geschlechterforschung zur Hochschullehre in Frage gestellt. Hochschulangehörige meinen zwar, gut über Frauen und Männer im Allgemeinen und im Besonderen Bescheid zu wissen, denn schließlich sind alle Menschen dem einen oder dem anderen Geschlecht zugeordnet. Aus Sicht der Geschlechterforschung erweist sich Geschlecht jedoch als vieldeutiges und komplexeres soziales Phänomen, als im alltagsweltlichen Verständnis unterstellt wird. Sie untersucht, wie Mädchen und Jungen zu dem Geschlecht werden, das ihre gesellschaftliche Umgebung und Kultur ihnen nahelegt. Ihre zentrale Annahme ist, dass Geschlechterdifferenzen im Wesentlichen durch soziale Zuschreibungen zustande kommen und Unterschiede nicht essenziell, sondern sozial hergestellt und damit veränderlich sind.

In der Regel lernen die Individuen auf implizite Weise, sich ihre Geschlechtszugehörigkeit anzueignen und diese darzustellen. Aber sie erleben sie weder einheitlich noch eindeutig, sondern kontext-, zeit- und herkunftsbezogen. Wissenschaftliches Genderwissen irritiert daher das sichere alltagsweltliche Geschlechterwissen, das auch Lehre und Studium im Allgemeinen leitet. Differenzen wahrzunehmen ohne sie zu verstärken, ist eine paradoxe? Aufforderung, die mit der Geschlechterforschung in der hochschuldidaktischen Praxis verbunden ist.

Zwei Perspektiven auf Lehre und Studium sind in der Geschlechterforschung zur Hochschullehre zu unterscheiden, eine inhalts- und eine prozessbezogene: Welches lehr-

---

S. Metz-Göckel (✉)
Technische Universität Dortmund, Zentrum für Hochschulbildung
Vogelpothsweg 78, 44227 Dortmund, Deutschland
E-Mail: sigrid.metz-goeckel@uni-dortmund.de

M. Kampshoff, C. Wiepcke (Hrsg.), *Handbuch Geschlechterforschung und Fachdidaktik*, 317
DOI 10.1007/978-3-531-18984-0_23,
© VS Verlag für Sozialwissenschaften | Springer Fachmedien Wiesbaden 2012

lernrelevante Genderwissen liegt bereits vor und wie kann dieses Wissen in die Lehr-Lern-Interaktionen so integriert werden, dass sich die beteiligten Personen in diesem Prozess ändern, dass sie lernen?

Die nachfolgend skizzierten hochschuldidaktischen Forschungsergebnisse konzentrieren sich auf das akademische Lehren und Lernen als Interaktionsprozess zwischen Personen und Inhalten mit der Frage: Hat die Geschlechtszugehörigkeit der Lehrenden und der Studierenden in diesen Prozessen eine Bedeutung und wenn ja welche? Welche Rolle spielen die Studieninhalte und -kontexte, und wie werden sie von den Studierenden rezipiert? Dies sind Fragen einer zugleich gender- und kompetenzorientierten Forschung zur Hochschullehre. Die Bologna-Reform des Studiums impliziert einen Wechsel von der Stofforientierung der Lehre hin zur Lerneffizienz auf Seiten der Studierenden. Diese Kompetenzausrichtung der Ausbildung reagiert auf den Sachverhalt, dass Lehrgebiete sich verändern und die Fähigkeit der Hochschulabsolventen, Gelerntes auf neue Situationen anzuwenden, übergeordnete Kompetenzen (Meta-Kognitionen und Schlüsselkompetenzen) verlangt, um langfristig lernfähig zu bleiben.

Aus soziologischer Perspektive ist die Hochschule als soziales Feld zu begreifen (Bourdieu 2001, S. 41 ff.), in dem um Interessen und Positionen gerungen wird und die im konkreten Kontext Dominierenden und Randständigen sich unterschiedlich gut durchsetzen und ihre Fähigkeiten entwickeln können. Frauen stellen mit ihren Gleichheitsansprüchen als Neulinge im Hochschulkontext für die interpersonellen Konstellationen und sozialen Kräfteverhältnisse eine Herausforderung dar. Die Geschlechterforschung kann hier einen innovativen Beitrag leisten, indem sie genauer danach fragt, wie unterschiedliche Positionierungen von Frauen und Männern zustande kommen und zu Geschlechterdifferenzen werden. Es sind nicht (mehr) Intelligenzdefizite, auch nicht Motivationsunterschiede per se, die für die unterschiedliche Positionierung junger Frauen und Männer angeführt werden können, so dass es eine um so interessantere Frage ist, welche Faktoren und Konstellationen weiterhin Geschlechterdifferenzen reproduzieren oder diese nivellieren (Hagemann-White 1993; Metz-Göckel 1996).

Zunächst werden einige Begriffe der Geschlechterforschung eingeführt, soweit sie für die didaktischen Interaktionen in Lehre und Studium relevant sind, dann werden hochschuldidaktische Forschungsbefunde zur Angleichung und Differenzierung zwischen Studierenden vor allem in Studiengängen mit ungleichen Geschlechterproportionen referiert und abschließend Konzepte einer gendersensiblen hochschuldidaktischen Weiterbildung für Lehrende skizziert.

23.2 Konzepte einer geschlechtersensiblen Hochschuldidaktik – Veränderungspotenzial und Praxisrelevanz

Kriterien für eine ‚gute Lehre' stimmen weitgehend mit einer gendersensiblen Didaktik überein, da das Geschlecht nicht isolierbar ist, sondern immer mit anderen Variablen wie Alter und soziale Herkunft zusammenhängt. Geschlechterdifferenzen, so die zentrale Annahme, sind sozial determiniert und kontextabhängig (Paulitz 2008, S. 172 ff.; Kamphans et al. 2009, S. 283 ff.).

Der Hochschuldidaktik als Praxisanleitung gendersensibler Lehre geht es darum, Lehrende darin zu unterstützen, wissenschaftliches Genderwissen in ihr Lehrhandeln zu integrieren, um individuelle Lernprozesse der Studierenden zu fördern. Die Haltung einer gendersensiblen Didaktik kann sein

- eine Dramatisierung der Geschlechtszugehörigkeit, indem entweder den Studenten oder Studentinnen besondere Aufmerksamkeit gewidmet wird,
- ein Ignorieren der Geschlechtszugehörigkeit, wie es im Allgemeinen in der Hochschule geschieht, und
- eine Differenzierung der Geschlechter je nach Kontext.

Die *Dramatisierung* enthält das Problem, dass mit einer herausgehobenen Aufmerksamkeit eine Geschlechterdifferenz, die aufgelöst werden soll, sich noch verstärken kann.

Das Ignorieren ist alltagsweltliche Praxis mit der Folge, dass unbewusste und latente Stereotypisierungen weiter wirken können. Die *Kontextualisierung* berücksichtigt den konkreten Kontext (bzw. soziale Feld), in dem Geschlechterdifferenzen oder -hierarchien zu beobachten sind und sucht nach Möglichkeiten, diesen entgegenzuwirken. Somit handelt es sich um einen Dreiklang von theoretischen Überlegungen (Geschlecht als soziales Konstrukt), empirischen Befunden (Manifestation in der Realität) und Praxis der Hochschullehre (kulturelle Gegensteuerung, West/Zimmerman 1987; Stahr 2009).

Grundlegende geschlechtertheoretische Arbeiten stammen aus der ethnomethodologischen Forschung der 1970er Jahre. Kessler und Mc Kenna (1978) unterscheiden zwischen

- Geschlechterordnung anhand von Stereotypen (*gender assignment),*
- subjektive Geschlechtsidentität (*gender identity)* und
- Zuschreibungen von Fähigkeiten und Verhalten (*gender attribution*).

Mit *Geschlechterordnung* sind die Strukturen, Routinen und die sie stützenden (verinnerlichten) Normen gemeint, mit denen Frauen und Männern ihr jeweiliger Platz auf dem Arbeitsmarkt, in der beruflichen Positionshierarchie, in der Familie und Hochschule u. a. m. zugewiesen wird. Die *Gender-Identität* betrifft das Selbstverständnis, das über Selbstauskünfte eruiert werden kann, während sich die *Genderattributionen* auf die Außenwahrnehmungen und Zuschreibungen beziehen und nach Kessler und Mc Kenna vorrangig sind.

Die *Geschlechterattribuierungen* an die Studierenden können seitens der Lehrenden, der Kommilitonen und Kommilitoninnen, der Eltern und der Freundeskreise sehr divergieren und von den persönlichen Selbstdefinitionen abweichen. Auch das Selbstverständnis der Lehrenden kann von ihrer Wahrnehmung durch die Studierenden abweichen. „Rules for self-attribution are not necessarily the same as rules for attributing gender to others […] one's gender identity can be relatively independent of the gender attribution made by others" (ebd., S. 8 f.). Auch wenn Selbst- und Fremdeinschätzung auseinanderweisen können, sind sie doch nicht unabhängig voneinander und können z. B. in studentischen Lehrevaluationen einen Niederschlag finden (Metz-Göckel et al. 2011; Burzan/Jahnke 2010; Krempkow 1998). Diesen Übereinstimmungen und Divergenzen nachzugehen, ist ein Anliegen der empirischen Forschung zur Hochschuldidaktik.

In den Interaktionen und Formaten der Hochschulausbildung verläuft vieles habitualisiert und unbewusst, seien es Vorlesungen, Übungen, Prüfungen und Sprechstunden, seien es formale und informelle Kommunikationsprozesse zwischen Studierenden und Lehrenden oder kollegiale und studentische Gespräche. Da die Geschlechtszugehörigkeit immer präsent und in der Regel auch sichtbar ist, bietet sie sich unmittelbar zur Strukturierung der Studierenden an. Das Geschlecht muss aber nicht immer relevant sein, sondern kann auch in den Hintergrund treten. Wann ein Merkmal wie Geschlecht bedeutsam wird, hängt vom Kontext, von der Sichtbarkeit und der Geschlechterkonstellation der Gruppen ab und begründet vielfache Wirkungen der Geschlechtszugehörigkeit.

Eine grundlegende psychologische Annahme ist, dass eine Person über unterschiedliche Identitätsaspekte verfügt, die es ihr ermöglichen, die Kontexte und Gegenstände in eine relative Nähe zum Selbst zu bringen. Im Modell des dynamischen Selbst wird davon ausgegangen (Hannover 1997), dass eine Person viele Facetten in sich vereint und in unterschiedlichen Kontexten auch andere Seiten des Selbst bedeutsam werden können, je nachdem, welcher Aspekt besonders hervorgerufen, d. h. salient wird. Einer anderen psychologischen Vorstellung zufolge vereinen Menschen in sich feminine, maskuline und androgyne Komponenten in unterschiedlichen Mischungen (Bem 1974), so dass die Geschlechter nicht in einer polaren Gegenüberstellung, sondern als ein Kontinuum gedacht werden, auf dem sich die einzelnen Männer und Frauen einordnen lassen und vielfältige Unterschiede innerhalb einer Geschlechtergruppe erkennbar werden, so dass es aus dieser Sicht vielfältige Variationen des einen Geschlechts in der Gesamtgruppe der Frauen und Männer gibt.

Nicht in der allgemeinen Intelligenz, wohl aber in domänspezifischen Bereichen liegen differenzielle Forschungsbefunde vor (Rustemeier 2002). Um Übereinstimmungen und Differenzierungen zwischen Gruppen von Frauen und Männern zu messen, hat die psychologische Forschung einige Konstrukte entwickelt. Im Ergebnis fördern sie selten krasse Unterschiede zu Tage. Die Übereinstimmungen zwischen Mädchen und Jungen, Frauen und Männern insgesamt sind in unserer Gesellschaft größer als die Unterschiede und auch diese sind nur graduell, so dass von subtilen Geschlechterunterschieden auszugehen ist. Weitere psychologische Konstrukte sind die *Geschlechtsrollenorientierung* (als ‚Innenperspektive', Abele 2003, S. 167) und die *Identitätsregulation* Kessels (2002, 2007), die vor allem von persönlichen Reaktionen, z. B. positiven Gefühlen abhängig ist. Wird ein ‚Lerngegenstand' als bedeutsam eingeschätzt und von positiven Gefühlen begleitet, ist anzunehmen, dass dies Einfluss auf die individuelle Leistungsbereitschaft und Interessenentwicklung hat und zwar für beide Geschlechter. Über Lernprozesse, die sich in den Studierenden vollziehen, geben Konstrukte wie das Selbstkonzept und die Selbstwirksamkeit Auskunft. Hochschuldidaktische Fragen sind in diesem Kontext, welchen Einfluss die Geschlechtszugehörigkeit darauf hat,

1. wie Studenten und Studentinnen wahrgenommen und eingeschätzt werden und über welches Selbstvertrauen bzw. welche Selbstwirksamkeitsüberzeugung sie verfügen,
2. ob der An- und Aufforderungscharakter der Studieninhalte für die Studentinnen und Studenten unterschiedlich ist und
3. welche Atmosphäre in den Lehrveranstaltungen bzw. im Studiengang herrscht und welche Interaktionsstrukturen (hierarchische oder eher egalitäre) sich eingespielt haben.

23.3 Hochschulische Interaktionen als Vergeschlechtlichungsprozesse – Genderaspekte in Lehr-Lern-Interaktionen

Die Hochschullehre an der Kompetenzentwicklung und Beschäftigungsfähigkeit der Studierenden auszurichten, stellt die Lehrenden vor die Herausforderung, mit unterschiedlichen Ansprüchen und Erwartungen umzugehen.

23.3.1 Die Heterogenität der Studierenden als flexible Differenzkonstruktion

Studierende unterscheiden sich im Rahmen der dualen Geschlechterzuordnung in ihrer sozialen Herkunft, kulturellen Zugehörigkeit, im Alter und in persönlichen Lebensumständen, aber auch im Studienverhalten und in ihren Studienstrategien, so dass einzelne Studenten und Studentinnen innerhalb einer Genusgruppe sehr unterschiedlich sein können. Insbesondere der Studienbeginn ist eine kritische Statuspassage, die von den Anfängern und Anfängerinnen hohe Eigenleistungen des Sich-Zurechtfindens und Orientierens abverlangt. Die gleiche Studiensituation kann daher sehr unterschiedlich erlebt werden, je nach den Vorerfahrungen und Dominanzstrukturen im Studienumfeld. In einigen Studiengängen kann eine männliche Dominanzstruktur und Fachkultur die anhaltende Distanzierung vieler junger Frauen (und Männer) begründen. Studentinnen im ersten Semester ihres Informatikstudiums gehen z. B. anders als die meisten ihrer Kommilitonen davon aus, dass man von vornherein Interesse oder sogar Begeisterung für den PC zeigen oder mindestens eine Programmiersprache beherrschen muss (Schelhowe 2006, S. 61). Junge Frauen scheinen sich nur dann ein Informatik-Studium zuzutrauen, wenn sie nach eigener Einschätzung über „Hard- und Softwarekenntnisse verfügen" (ebd., S. 61). In einer vergleichenden Studie mehrerer europäischer Länder wurden Studentinnen der Ingenieurwissenschaften zu ihrer Studienwahl befragt (Sagebiel/Dahmen 2007). Sie äußerten sich zufrieden, waren sich ihrer Minderheitssituation bewusst und störten sich nicht daran.

Dies ist erwartungsgemäß, denn eine andere Äußerung wäre selbstwertschädlich. Einige erwähnten jedoch, sie würden kritischer beobachtet und müssten sich – so ihre Selbsteinschätzung – mehr beweisen als ihre Kommilitonen.

Studierende erwarten zu Beginn ihres Studiums, unzureichende Vorkenntnisse nachholen zu können und unterstützt statt selektiert zu werden. Einige Forschungsbefunde deuten darauf hin, dass junge Frauen sich deutlich seltener als junge Männer vorstellen können, später einen technisch-naturwissenschaftlichen Beruf auszuüben, weil ihnen das antizipierte Berufsumfeld nicht zusagt und zwar „bei gleicher Kompetenz und gleich stark ausgeprägtem Fähigkeitsselbstkonzept in Naturwissenschaften" (Taskinen et al. 2008, S. 79). Eine für Studienentscheidungen und -verhalten relevante Persönlichkeitsvariable ist die Selbstwirksamkeit. „Das Ausmaß der Selbstwirksamkeitserwartungen ist zudem ein Prädiktor für den Schulerfolg im MINT-Bereich […] und für die Studien- und Berufswahl ist das Ausmaß an Zutrauen entscheidender als das Interesse" (Kosuch 2010, S. 15). Lehrende sind weitgehend auf ihre subjektiven Wahrnehmungen angewiesen, wenn sie auf die Selbsteinschätzungen und Zugehörigkeiten ihrer Studierenden reagieren sollen. Wissenschaftlich differenziertes Genderwissen kann sie daher in ihrer Lehrkompetenz unterstützen.

23.3.2 Zum Aufforderungscharakter der Studieninhalte und geschlechterdifferente Präferenzen

Im Image einiger Studienfächer hat sich eine Konnotation als Männer- oder Frauenfach als intersubjektiv geteilte Annahmen über die Charakteristika der Fächer hergestellt (Abele 1999; Schelhowe 2006; Sagebiel/Dahmen 2007; Dudeck/Jansen-Schulz 2006; Kamphans 2009). Über dieses Image werden auch den Personen, die sich für diese Fächer besonders interessieren, entsprechende Eigenschaften zugeschrieben (Genderattribuierung). Dies wurde empirisch nur bedingt bestätigt, so dass Aussagen, junge Frauen würden sich mehr für kontextuelle Aspekte von Studieninhalten interessieren, z. B. für ihre Bedeutung im Alltag oder in Anwendungsbereichen wie Medizin, Biologie, Umwelt oder Ernährung, nicht zu generalisieren sind. Eine weitere Geschlechterdifferenz wird in einem stärkeren Berufs- und Praxisbezug der jungen Frauen angenommen. Diese Differenz scheint sich aber im Studienverlauf zu verflüchtigen, ebenso wie biographische Informationen und Leistungen von Forscherinnen ihren Anreiz für die Studienfachwahl verlieren (Makarowa et al. 2009). Relativ zuverlässig sind Befunde, dass interdisziplinäre Inhalte die Attraktivität des Ingenieurstudiums für Frauen erhöhen. Wird in der sprachlichen Kommunikation auch die weibliche Form benutzt und nicht nur das generische Maskulinum, in dem Frauen mit gemeint sind, kann dies die fachliche Identifizierung von Studentinnen unterstützen (Heise 2000). Die größte Barriere ist hier aber wohl, dass junge Frauen die antizipierten Anforderungen im Beruf mit ihren Lebensvorstellungen nicht verbinden können. Dies ist ein Sachverhalt, der außerhalb ihres Handlungsbereichs liegt.

23.3.3 Kontextuelle atmosphärische Faktoren und ihre Wahrnehmung

In methodischer Hinsicht präferieren Studierende dialogische Lehrformen, doch die Lehrenden setzen weitgehend monologische Lehrformen ein (Sagebiel/Dahmen 2007), da diese effizienter sind, ohne im Sinne einer kompetenzorientierten Zielsetzung effektiver zu sein (Winteler/Forster 2007). Ein weiterer kontextueller Faktor ist die *Zusammensetzung von Lern-* und *Studiengruppen*. Vereinzelte Studentinnen in einer Studentengruppe und umgekehrt vereinzelte Männer in einer Frauenumgebung werden unwillkürlich über ihr Geschlecht markiert, da es sichtbar und scheinbar eindeutig ist. Mitglied einer Minorität oder der Majorität zu sein, beeinflusst die Identitätsregulation und ist für den Schulbereich recht gut nachgewiesen (Kessels 2002). Frauenhomogene Lerngruppen können die stereotypen Fremdattribuierungen intern latent halten und das Leistungsverhalten der Schülerinnen stärker herausfordern als heterogene (Häussler/Hoffmann 1995; Herwartz-Emden 2007; Kessels 2007). Wie sich die schiefe Geschlechterverteilung in den Studiengängen der Lehrämter und der Sozialarbeit auswirkt, in denen männliche Studierende inzwischen die Minorität bilden, wäre noch genauer zu untersuchen.

Die *Fachkulturen* sind als Kräfte im Studienumfeld implizite subtile Kontextfaktoren. Ihre ‚männliche‘ oder ‚weibliche‘ Stereotypisierung bezieht sich auf (unbewusste) traditionsgebundene Aspekte, die erst einem fremden Blick auffallen und insbesondere in den technischen Fächern eine einseitige geschlechtliche Konnotation besitzen. Eine ‚männliche‘ Fachkultur ist den Studenten vertrauter als den Studentinnen (Sagebiel/Dahmen 2007). Über teilnehmende Beobachtungen in natur- und ingenieurwissenschaftlichen Lehrveranstaltungen hat Münst (2002, 2003) eine Reihe von Verhaltensweisen registriert und Konstrukteure des Geschlechts gleichsam auf frischer Tat ertappt (Hagemann-White 1993, S. 68), also in ihrem ‚doing gender‘ der Vergeschlechtlichung. Verhaltensweisen, die Hierarchisierungen zwischen den Geschlechtern reproduzieren, sind z. B. die unterschiedliche Anzahl und Art der sozialen und kommunikativen Bezugnahme auf Studentinnen, das Ignorieren ihrer Beiträge in den Kooperations- und Arbeitsformen, nicht erfolgte Zurückweisungen dominanter Studenten in Diskussionen, das Nicht-Einhalten von Kommunikationsregeln. Solche Interaktionsmerkmale bringen auf subtile Weise eine Geringschätzung der Studentinnen im Vergleich zu ihren Kommilitonen zum Ausdruck, so dass Studentinnen sich weniger aktiv beteiligen und die Lust am Studium verlieren können. Eine weitreichende Schlussfolgerung wäre daher, dass Studentinnen gewissermaßen in solchen Kontexten in einer etwas ‚anderen Umwelt‘ studieren als Studenten.

Die Geschlechtszugehörigkeit der Lehrenden kann als Kontextfaktor ebenfalls von Bedeutung sein, wenn auch nicht zwingend. In den Mentoring-Projekten kann diese Annahme überprüft werden und ergibt in der Regel eine positive Bewertung (Bauernberger 2009). Vorliegende Untersuchungen zum Fehlen weiblicher Vorbilder in Ingenieur- und Naturwissenschaften oder auch männlicher Vorbilder in der familialen und schulischen Erziehung erbrachten keine konsistenten Befunde in ihren Wirkungen (Herzog 2002). Eine einzelne Dozentin unter vielen männlichen Dozenten wird (meist unbewusst) über ihr Geschlecht wahrgenommen und sogar ihre physische Attraktivität scheint eine Rolle in den studentischen Lehrevaluationen zu spielen (Rosar/Klein 2009). Wenn jedoch einflussreiche Repräsentantinnen und Repräsentanten der Fachkulturen das Fachimage und Berufsbild des Ingenieurs problematisieren (Morik 2004), dann kommen die Impulse aus der Fach-Community, die im wissenschaftlichen Feld einflussreicher ist als externe Anreize von der Politik es sind (Leicht-Scholten 2009).

23.4 Forschungsergebnisse zur genderorientierten Hochschullehre

Eine geschlechtersensible Hochschuldidaktik sollte wissenschaftliches Genderwissen in Lehre und Studium einbeziehen (siehe Genderpackages/genderportal: www.leuphana.de/services/portale). Einige Befunde deuten darauf hin, dass sich Dozenten und Dozentinnen in ihrem sozial-emotionalen Kommunikationsverhalten und im Umgang mit sozialer Heterogenität der Studierenden unterscheiden (Brady/Eisler 1999). Frauen würden häufiger eine Lehrstrategie der sozialen Fairness verfolgen und soziale Unterschiede der Teilnehmenden, sei es das Geschlecht oder die ethnische Zugehörigkeit produktiv einsetzen (Viebahn 2007, S. 17). Einzelne Studien belegen, dass vor allem in den ,harten' Fächern die Art der Unterrichtsgestaltung die Lernmotivation und das Interesse der Schülerinnen beeinflusst, auch wenn sie notenmäßig keineswegs schlechter sind. Es gelingt häufig nicht, die Schülerinnen für diese Fächer zu begeistern und dies kann mit Geschlechterstereotypen zusammenhängen, die mit den Fächern verbunden werden (Makarowa et al. 2009). Vorkenntnisse, so ein weiterer Befund (Henn/Polaczek 2007), sind für das Ingenieurstudium wichtiger als die Durchschnittsnote im Abitur. Die Brückenkurse vor oder während des Studienbeginns werden und von den Studierenden gut angenommen, nutzen aber vor allem den Studierenden mit guten Vorkenntnissen und haben kaum kompensierende oder Interesse weckende Effekte. Es kann hier ein *studentischer Matthäus-Effekt* angenommen werden, dass denjenigen gegeben wird, die bereits viel haben. Denn bisher kamen alle diese Bemühungen vornehmlich männlichen Studierenden zu gute. „Für Studentinnen wird der experimentelle Zugang, vor allem aber das ,Erfragen' zur Hürde." (Schelhowe 2006, S. 63) Es wären aber gerade diejenigen spezifischer anzusprechen, die distanziert, unsicher und weniger gut vorbereitet, z. B. ein ingenieurwissenschaftliches Studium beginnen.

In der Informatik finden die Studienanfängerinnen eine sie eher sozial ausschließende Kommunikationskultur vor. „Systemkenntnisse, das ist das, was Männer zwischen den Vorlesungen austauschen, was sie sich in kryptischer Sprache in den Rechnerräumen zurufen, worüber sie im InterCity und abends in der Kneipe reden. Es ist gleichzeitig eine Sphäre, wo es um dass Zur-Schau-Stellen von Männlichkeit geht, wo man verklausuliert redet, je weniger genau man Bescheid weiß, wo man manchmal eher lügt als zugibt, dass man etwas nicht weiß. Es handelt sich nicht unbedingt um verlässliches Wissen, das in diesen Zusammenhängen ausgetauscht wird. Es hängt viel davon ab, wie sehr Mann oder Frau in diesen Communities zuhause ist, sich artikulieren kann, kritisch zu hinterfragen gelernt hat, die Informationen einzuschätzen weiß – Frau muss als kompetente Partnerin anerkannt werden, sollen ihre Fragen ernst genommen werden und mit einiger Zuverlässigkeit beantwortet werden." (Schelhowe 2006, S. 63 f.) Ergebnisse einer Fachkulturstudie in den ingenieurwissenschaftlichen Studiengängen (Kamphans 2009) beschreiben „das Bild einer Fach- sowie Lehr-Lernkultur, in der viel Wert auf den Erwerb von Faktenwissen gelegt wird, in der es aufs Fleißigsein, Durchhalten und auf Disziplin ankommt, zumal die Studierenden in kurzer Zeit mit großen und anspruchsvollen Stoffmengen konfrontiert werden. Ganz dem Effizienzdenken verpflichtet haben sich in der Organisation dieser Studienfächer rezeptive Formate der Wissensvermittlung (Vorlesungen) als dominant entwickelt, die Studierende nicht als Subjekte ihrer Lernprozesse verstehen, sondern eher als Gefäße, in die viel Wissen eingelagert werden muss" (Kamphans 2009, S. 286). Dies gilt auch für die Mehrheit der Übungen, die begleitend zu den großen Vorlesungen angeboten werden. Fachkultur und Leistungsansprüche im Studium werden als hart und verzichtsvoll vorgestellt. In der Mathematik, einer ebenfalls maskulin dominierten Fachkultur, halten die Genialitätsunterstellung und ein kultivierter männlicher Fachhabitus die Frauen fern (Mischau 2007) oder können zu einem Studienabbruch in diesen Fächern führen: „Bei Frauen sind die Gründe eher in einem ‚Verlust des Interessen und der ‚Entfremdung' vom Ingenieurstudium sowie einer ‚Selbstzuweisung geringerer Eignung' […] trotz eindeutig positiver Fähigkeitsprofile zu sehen (Kamphans 2009, S. 273 ff.).

Aufgabe der hochschuldidaktischen Weiterbildung wäre es, solche Befunde zu reflektieren und in die Kommunikation über die Lehre einzubeziehen und vor allem die Ko-Konstruktion von Technik und Männlichkeit zu hinterfragen (Paulitz 2008).

23.5 Genderorientierung in der hochschuldidaktischen Weiterbildung

Es ist keine leichte Aufgabe, Lehrende für Geschlechterfragen zu sensibilisieren, wenn sich Geschlechterdifferenzen ins ‚Psychologische' verlagert haben und eine kulturelle Resistenz der Fachkulturen gegenüber der Geschlechterfrage fortbesteht (Dehler et al. 2009).

Die Anforderungen *an die Lehrkompetenz* im Allgemeinen sind komplex (Webler 2011). Sie werden differenziert als Methodenkompetenz, systemische Kompetenz, Sozialkompetenz, hochschuldidaktische Fachkompetenz und Selbstkompetenz und damit leicht zur Überforderung (Stahr 2009, S. 80; Braun 2010). Akademische Fähigkeiten können sich aber weiter entwickeln, wenn Lehrende und Studierende ein angemessenes Feedback zu ihrer Performanz erfahren, z. B. indem hochschuldidaktische Weiterbildungsangebote sie darin unterstützen, individualisierte Lehr-Lern-Möglichkeiten bereitzustellen, vielfältige Lehr-Lern-Methoden anzuwenden, Anwendungs- und Berufsbezüge herzustellen, interdisziplinäre Perspektiven einzubringen u. a. m.

Die Organisation eines problembasierten Lehrens integriert viele dieser Anforderungen. Im problemorientierten didaktischen Format lernen Studierende alles Wissen in Kleingruppen durch die Bearbeitung von authentischen Problemfällen eines Faches, die für eine berufliche Situation typisch sind. Problembasiertem Lehren wird das Potenzial zugeschrieben, Studierende besser auf eine zukünftige Berufstätigkeit vorzubereiten, indem überfachliche Kompetenzen geschult werden und Fachwissen im Hinblick auf konkrete berufliche Problemlösungen nachhaltiger erworben wird (Ricken et al. 2009).

Eine Hochschuldidaktik mit dem Ziel, die Gender-Kompetenz als Schlüsselkompetenz der Lehrenden (und Studierenden) zu stärken, berücksichtigt als *integratives Gendering* Genderaspekte im Prozess der Lehre bei der Planung und Durchführung in möglichst vielen Themen des jeweiligen Studiengangs (in der sprachlichen Adressierung, in den Inhalten, in der Didaktik und Struktur der Studienorganisation(Cremer-Renz/Jansen-Schulz 2009; Jansen-Schulz et al. 2009, 2010). Werden Genderthemen in den Weiterbildungsangeboten direkt thematisiert, kann dies allerdings gegenteilige Effekte erzeugen (Kosuch 2006), da sie die mentale Selbstregulation und kognitiven Verarbeitungsprozesse stören und zu Imperativverletzungen führen können. *Subjektive Imperative* sind Blockierungen, die in ,Befehlen' an sich selbst begründet sind, „dass etwas unbedingt sein muss oder auf keinen Fall sein darf" (ebd., S. 206 ff.). Ein Imperativ kann z. B. sein ,als Hochschullehrer muss ich eine ,gute Lehre' machen'. Die kognitive Verarbeitung kann dann darin bestehen, mit verstärktem subjektiven Imperativ zu reagieren. „Gelingt es […] hingegen, statt im imperativischen Duktus einer Mission in der konstatierenden Haltung von Visionen zu formulieren und in einen Dialog mit offenem Ausgang einzutreten, so kann sich das gemeinsame Blickfeld erweitern. Mit der Veränderung der Bewusstseinsmodalität vom Imperieren zum Konstatieren entsteht die Gelassenheit und Handlungsfähigkeit, Ziele zu verfolgen und Ambivalenzen zulassen zu können" (ebd., S. 209). Die Genderperspektive in die Lehre einzubeziehen, stellt insofern eine große Herausforderung dar, als die Unterschiede zwischen den Geschlechtern subtil geworden sind, damit allerdings nicht unbedingt weniger wirksam.

23.6 Zusammenfassung

Unterschiedlich fokussierte Perspektiven in der Lehre und die Subtilisierung der Unterschiede zwischen den Geschlechtern und ihre Kontextabhängigkeit sind Merkmale, die in eine gendersensible Hochschullehre eingehen sollten. Genderaspekte spielen eine Rolle in den Interaktionen zwischen Lehrenden und Studierenden und zwischen den Studierenden, in den Curricula bzw. Modulen, in der Studienorganisation, z. B. der Gestaltung des Grundstudiums u. a. m. Aber sie ,verbergen' sich eher, als dass sie offensichtlich sind. Es bedarf einer gendersensiblen empirischen Forschungskonzeption, um differenzielle Effekte zu eruieren.

Eine *geschlechtersensible* Lehre hat die Chance, Stereotypisierungen der Studentinnen und Studenten aufgrund ihres Geschlechts entgegenzuwirken oder diese zu umgehen, indem strukturelle, kontextuelle und psychologische Einflüsse auf Lernprozesse reflektiert werden und geschlechtsneutrale Lernsituationen hergestellt werden. Um Veränderungen zu bewirken, sind aber nicht allein die Frauen zu adressieren, da auch die Männlichkeitskonstrukte als Kontextfaktoren interagieren und die Kräfte des Feldes in ihrem Beharrungsvermögen nicht zu unterschätzen sind. Die Genderdimension in die Ausbildung der

23 Genderdimensionen in der Hochschuldidaktik-Forschung

Studierenden einzubeziehen, ist deshalb wichtig, weil sich über die Hochschullehre subtile Geschlechterdifferenzen herstellen und perpetuieren, die unbeachtet bleiben, wenn sie nicht Gegenstand einer genderintegrativen bzw. gendersensiblen Forschung und hochschuldidaktischen Weiterbildung werden.

Literatur

Abele, Andrea (1999): Ingenieurin versus Pädagoge. Berufliche Werthaltungen und Beendigung des Studiums unter fach- und geschlechtervergleichender Perspektive. In: Zeitschrift für pädagogische Psychologie, 13. Jg. H.1/2, S. 84–99.

Abele, Andrea (2003): Beruf – kein Problem, Karriere – schon schwieriger: Berufslaufbahnen von Akademikerinnen und Akademikern im Vergleich. In: Abele, Andrea/Hoff, Ernst-H./Hohner, Hans-Uwe (Hrsg.): Frauen und Männer in akademischen Professionen. Berufsverläufe und Berufserfolg, Heidelberg: Asanger, S. 157–182.

Auferkorte-Michaelis, Nicole/Stahr, Ingeborg/Schönborn, Annette/Fitzek, Ingrid (Hrsg.) (2009): Gender als Indikator für gute Lehre. Erkenntnisse, Konzepte und Ideen für die Hochschule, Opladen: Verlag Barbara Budrich, S. 15–26.

Auferkorte-Michaelis, Nicole (2005): Hochschule im Blick. Münster: LIT Verlag.

Bauernberger, Marietta (2009): Das Potenzial von Mentoring in der universitären Frauenförderung. In: Gender. Zeitschrift für Geschlecht, Kultur und Gesellschaft, H. 2/2009, S. 123–132.

Bourdieu, Pierre (2001): Das politische Feld. Zur Kritik der politischen Vernunft. Konstanz: UVK.

Brady, Kristine, L./Eisler, Richard M. (1999): Sex and gender in the college classroom: A quantitative analysis of faculty-student interactions and perceptions. In: Journal of Educational Psychology, 91, S. 127–145.

Braun, Edith (2010): Kompetenzerwerb in der reformierten Hochschule: Theoretische Konzepte und empirische Befunde. Publikationsbasierte Habilitationsschrift, eingereicht beim FB Erziehungswissenschaft und Psychologie der FU Berlin, Dez. 2010.

Braun, Edith/Ulrich, Immanuel/Spexard, Anna (2008): Die Perspektive der Lehrenden. Förderung von Handlungskompetenzen in der Hochschullehre: In: Neues Handbuch Hochschullehre 2 Stuttgart: Raabe, S. 1–25.

Braun, Edith (2008): Das Berliner Evaluationsinstrument für selbsteingeschätzte studentische Kompetenzen (BEvaKomp). Göttingen: V&R Unipress. Online: http://www.gbv.de/dms/ilmenau/toc/550613471.pdf, 01.11.2011.

Braun, Edith/Hannover, Bettina (2008): Zum Zusammenhang zwischen Lehr-Orientierung und Lehr-Gestaltung von Hochschullehrenden und subjektivem Kompetenzzuwachs bei Studierenden. In: Zeitschrift für Erziehungswissenschaft. Sonderheft 9/2008, Wiesbaden, S. 277–291.

Cremer-Renz, Christa/Jansen-Schulz, Bettina (2009): Hochschuldidaktisches Zertifikatsprogramm für den wissenschaftlichen Nachwuchs der Leuphana Universität Lüneburg. In: Personal- und Organisationsentwicklung 3+4, S. 109–111.

Dany, Sigrid (2007): Start in die Lehre. Münster: LIT Verlag.

Dehler, Jessica/Wütherich, Astrid/Chartier/Bernadette/Morel, Annick (2009): Gute Lehre = Gendersensible Lehre? Ergebnisse aus dem Projekt „e-qual – Lehre, Gender, Qualität". In: Auferkorte-Michaelis, Nicole/Stahr, Ingeborg/Schönborn, Annette/Fitzek, Ingrid (Hrsg.): Gender als Indikator für gute Lehre. Erkenntnisse, Konzepte und Ideen für die Hochschule, Opladen: Verlag Barbara Budrich, S. 201–204.

Dudeck, Anne/Jansen-Schulz, Bettina (Hrsg.) (2006): Hochschuldidaktik und Fachkulturen. Gender als didaktisches Prinzip, Bielefeld: UVW.

Erpenbeck, John/Rosenstiel, Lutz (Hrsg.) (2007): Handbuch Kompetenzmessung. Erkennen, verstehen und bewerten von Kompetenzen in der betrieblichen, pädagogischen und psychologischen Praxis. Stuttgart: Schäffer/Poeschel.

Hagemann-White, Carol (1993): Die Konstrukteure des Geschlechts auf frischer Tat ertappen? Methodische Konsequenzen einer theoretischen Einsicht. In: Feministische Studien, H. 2, S. 68–78.

Hannover, Bettina (1997): Zur Entwicklung des geschlechtsrollenbezogenen Selbstkonzepts. Der Einfluss ‚maskuliner‘ und ‚femininer‘ Tätigkeiten auf die Selbstbeschreibung mit instrumentellen und expressiven Personeneigenschaften. In: Zeitschrift für Sozialpsychologie, 28, S. 60–75.

Häussler, Peter/Hoffmann, Lore (1995): Physikunterricht – an den Interessen von Mädchen und Jungen orientiert. In: Unterrichtswissenschaft, 23, S. 107–127.

Heise, Elke (2000): Sind Frauen mitgemeint? Eine empirische Untersuchung zum Verständnis des generischen Maskulinums und seiner Alternativen. In: Zeitschrift für Sprache und Kognition, 19, (1/2), S. 3–13.

Henn, Gudrun/Polaczek, Christa (2007): Studienerfolg in den Ingenieurwissensschaften. In: Das Hochschulwesen, H. 5, S. 144–147.

Herzog, Walter/Makarova, Elena: Geschlechtsuntypische Berufs- und Studienwahlen bei jungen Frauen (Manuskript), Forschungsantrag Bern 2010.

Herzog, Walter (2002): Erinnerung an Vorbilder. Über eine Lücke in der pädagogischen Theorie. In: Neue Sammlung, 42, S. 31–51.

Huber, Ludwig (1993): Hochschuldidaktik als Theorie der Bildung und Ausbildung. In: Lenzen, Dieter/ Schründer-Lenzen, Agi (Hrsg.): Enzyklopädie Erziehungswissenschaft, Bd. 10². Stuttgart: Klett-Cotta, S. 114–140.

Jansen-Schulz, Bettina (2010): Integratives Gendering in technischen Studiengängen. In: Steinbach, Jörg/Jansen-Schulz, Bettina (Hrsg.): Gender im Experiment. Gender in Experience. Ein Best-Practice Handbuch zur Integration von Genderaspekten in naturwissenschaftliche und technische Lehre. Berlin: TU-Berlin, S. 29–50.

Jansen-Schulz, Bettina/van Riesen, Kathrin (2009): Integratives Gendering in Curricula, Hochschuldidaktik und Aktionsfeldern der Leuphana Universität Lüneburg. In: Auferkorte-Michaelis, Nicole/Stahr, Ingeborg/Schönborn, Annette/Fitzek, Ingrid (Hrsg.): Gender als Indikator für gute Lehre. Erkenntnisse, Konzepte und Ideen für die Hochschule, Opladen: Verlag Barbara Budrich; S. 65–86.

Kamphans, Marion (2009): Fachkultur und Selektion – Ingenieurwissenschaftliche Lehre im Blick. In: Bülow-Schramm, Margret: Hochschulzugang und Übergänge in die Hochschule: Selektionsprozesse und Ungleichheiten. 3. Jahrestagung der Gesellschaft für Hochschulforschung in Hamburg 2008, Frankfurt a. M.: Peter Lang, S. 267–290.

Kamphans, Marion/Metz-Göckel, Sigrid/Selent, Petra (2009): Genderkompetenz als Schlüsselqualifikation in der natur- und ingenieurwissenschaftlichen Lehre. In: Robertson-von Trotha, Caroline Y. (Hrsg.): Schlüsselqualifikationen für Studium, Beruf und Gesellschaft, Karlsruhe: Universitätsverlag, S. 277–316.

Kessels, Ursula (2002): Undoing Gender in der Schule. Eine empirische Studie über Koedukation und Geschlechtsidentität im Physikunterricht, Weinheim, München: Juventa.

Kosuch, Renate (2006): Gender und Handlungskompetenz für Veränderungsprozesse. Zu den Herausforderungen bei der Vermittlung von Genderkompetenz in der Hochschullehre. Ernst, Waltraud/Bohle, Ulrike (Hrsg.): Transformationen von Geschlechterordnungen in Wissenschaft und anderen sozialen Institutionen, Münster: LIT Verlag, S. 203–215.

Kosuch, Renate (2010): Selbstwirksamkeit und Geschlecht. Impulse für die MINT-Didaktik. In: Kröll, Dorothea (Hrsg.): Gender und MINT. Schlussfolgerungen für Unterricht, Beruf und Studium, Kassel: University Press, S. 12–36.

Kremkow, René (1998): Ist gute Lehre messbar? Die Verwendbarkeit studentischer Lehrbewertungen zur Darstellung der Lehrqualität und weiteren Maßnahmen. Das Hochschulwesen, 4/1998, S. 195–199.

Leicht-Scholten, Carmen (2009): Gender und Diversity Management im Mainstream der Wissenschaften – Wandel der Wissenschaftskultur durch die Institutionalisierung von Gender and Diversity Management an der RWTH Aachen. In: Auferkorte-Michaelis, Nicole/Stahr, Ingeborg/ Schönborn, Annette/Fitzek, Ingrid (Hrsg.): Gender als Indikator für gute Lehre. Erkenntnisse, Konzepte und Ideen für die Hochschule, Opladen: Verlag Barbara Budrich, S. 41–52.

Makarowa, Elena/Schönbächler, Marie-Theres, Herzog, Walter (2009): Klassenmanagement und kulturelle Heterogenität: Ergebnisse 1. Forschungsbericht Nr. 35, Bern: APP.

Metz-Göckel, Sigrid/Kamphans, Marion/Ernst, Christiane/Funger, Anna (2010): Mythos gute Lehre und individuelles Coaching zu genderintegrativen Lehrinterventionen. In: Auferkorte-Michaelis, Nicole et al. (Hrsg.): Hochschuldidaktik für die Lehrpraxis. Interaktion und Innovation für Studium und Lehre an der Hochschule, Opladen: Verlag Barbara Budrich, S. 13–29.

Metz-Göckel, Sigrid/Selent, Petra/Schürmann, Ramona (2010): Integration und Selektion. Dem Dropout von Wissenschaftlerinnen auf der Spur. In: Bayerisches Staatsinstitut für Hochschulforschung und Hochschulplanung (Hrsg.): Beiträge zur Hochschulforschung, H. 1, S. 8–37.

Metz-Göckel, Sigrid/Kamski, Ilse/Selent, Petra (2006): Riskieren, promovieren und profilieren – wissenschaftliche Nachwuchsförderung als universitäres Profilelement. In: Personal- und Organisationsentwicklung, H. 1, S. 40–47.

Metz-Göckel, Sigrid (1996): Konzentration auf Frauen – Entdramatisierung von Geschlechterdifferenzen. Zur feministischen Koedukationskritik. In: Beiträge zur feministischen theorie und praxis, H. 43/44, S. 13–30.

Meuser, Michael/ Scholz, Sylka (2005): Hegemoniale Männlichkeiten. Versuch einer Begriffsklärung aus soziologischer Perspektive. In: Dinges, Martin (Hrsg.), Männer – Macht – Körper, Hegemoniale Männlichkeiten vom Mittelalter bis heute, Frankfurt a. M.: Campus, S. 211–238.

Mischau, Anina (2007): Wahrnehmung, Reproduktion und Internationalisierung von Geschlechterasymmetrien und Geschlechterstereotypen bei Mathematikstudierenden. In: Kamphans, Marion/ Auferkorte-Michaelis, Nicole (Hrsg.): Gender Mainstreaming – Konsequenzen für Forschung, Studium und Lehre. Studien Netzwerk Frauenforschung NRW Nr. 8, Dortmund, S. 9–16.

Morik, Katharina (2004): Gedanken zur Attraktivität der Informatik bei begabten Schulabgängerinnen. Online: http://www-ai.cs.uni-dortmund.de/PERSONAL/MORIK/INFORMFrau.pdf, 07.07.2009.

Münst, Agnes Senganata (2002): Wissensvermittlung und Geschlechterkonstruktionen in der Hochschule. Ein ethnografischer Blick auf Natur- und Ingenieurwissenschaftliche Studienfächer, Arbeitsgemeinschaft für Hochschuldidaktik, Weinheim: Beltz-Deutscher Studienverlag.

Paulitz, Tanja (2008): Flexible Modi der Vergeschlechtlichung: Neue Perspektiven auf technikwissenschaftliches Wissen. In: Wetterer, Angelika (Hrsg.): Geschlechterwissen und soziale Praxis, Königstein/Taunus: Ulrike Helmer, S. 164–184.

Rustemeyer, Ruth (2009): Geschlechtergerechte Gestaltung des Unterrichts. In: Enzyklopädie Erziehungswissenschaft Online. (EEO), Fachgebiet Geschlechterforschung. Online: www.erzwissonline.de, 02.11.2011, S. 1–32.

Sagebiel, Felizitas/Dahmen, Jennifer (2007): Hochschulkulturen und Geschlecht. Zwei Forschungsprojekte über Ingenieurinnen aus dem 5. und 6. Rahmenprogramm der EU-Kommission. In: Kamphans, Marion/Auferkorte-Michaelis, Nicole (Hrsg.): Gender Mainstreaming – Konsequenzen für Forschung, Studium und Lehre. Studien Netzwerk Frauenforschung NRW Nr. 8, Dortmund, S. 55–64.

Schelhowe, Heidi (2006): Was macht die Informatik attraktiv? Genderaspekte in Forschung und Lehre der Informatik. In: Dudeck, Anne/Jansen-Schulz, Bettina (Hrsg.): Hochschuldidaktik und Fachkulturen. Gender als didaktisches Prinzip, Bielefeld: UVW, S. 57–70.

Stahr, Ingeborg (2009): Hochschuldidaktik und Gender – gemeinsame Wurzeln und getrennte Wege. In: Auferkorte-Michaelis, Nicole/Stahr, Ingeborg/Schönborn, Annette/Fitzek, Ingrid (Hrsg.): Gender als Indikator für gute Lehre. Erkenntnisse, Konzepte und Ideen für die Hochschule, Opladen: Verlag Barbara Budrich, S. 27–40.

Taskinen, Päivi/Asseburg, Regine/Walter, Oliver (2008): Wer möchte später einen naturwissenschaftsbezogenen oder technischen Beruf ergreifen? In: Prenzel, Manfred/Baumert, Jürgen (Hrsg.): Vertiefende Analysen zu PISA,. Zeitschrift für Erziehungswissenschaft. Sonderheft 10, Wiesbaden: VS Verlag für Sozialwissenschaften, S. 79–106.

Viebahn, Peter (2007): Hochschullehrer/innen in der Interaktion mit Lernenden. Die Kategorie ‚Geschlecht‘. In: Kamphans, Marion/Auferkorte-Michaelis, Nicole (Hrsg.): Gender Mainstreaming – Konsequenzen für Forschung, Studium und Lehre. Studien Netzwerk Frauenforschung NRW Nr. 8, Dortmund, S, 17–23.

Webler, Wolff-Dietrich (2011): Strategien zum Auf- und Ausbau der Lehrkompetenz als Teil der Personalentwicklung. In: Dudeck, Anne/Bettina Jansen-Schulz (Hrsg.): Hochschule entwickeln, Baden Baden: Nomos, S. 201–230.

West, Candice/Zimmernan, Don (1987): Doing Gender. In: Gender & Society, H. 2/1, S. 125–151.

Winteler, Adi/Forster, Peter (2007): Wer sagt, was gute Lehre ist? Evidenzbasiertes Lehren und Lernen. In: Das Hochschulwesen, 4/2007, S. 102–109.

Ziegler, Albert/Dresel, Markus (2006): Lernstrategien: Die Genderproblematik. In: Mandl, Heinz/Friedrich, Helmut: Handbuch Lernstrategien, Göttingen, Bern: Hogrefe, S. 378–389.

Geschlechtergerechte Informatik-Ausbildung an Universitäten

24

Britta Schinzel

24.1 Einleitung – Informatik Geschlechterforschung zu ,Women in Science'

Das Berufswahlverhalten junger Menschen zeigt auf manchen Gebieten eine Abnahme der Geschlechterdifferenz, in anderen Berufszweigen, wie der Pflege oder der Technik hingegen nur geringe Veränderung oder gar wie in der Informatik eine Zunahme derselben. Das wirkt sich negativ auf die Gestaltung unserer Lebenswelt aus, denn die ist derzeit einer der größten Akteure der Veränderung vieler Lebensbereiche. Wenn Frauen in der Informationstechnologie als Gestalterinnen fehlen, haben sie kaum Einfluss auf die Veränderungen der Lebenswelt durch diese Technologien, von denen sie aber gleichermaßen betroffen sind. Aber auch die Informatik selbst leidet unter der geringen Frauenbeteiligung, da sie auf einen Teil des Kreativitäts- und Innovationspotenzials der Gesellschaft, der Lebenserfahrungen und Werte bei der Entwicklung der Informationstechnologie verzichtet und eingeengte Sichtweisen einzunehmen Gefahr läuft (Kleinn 2008, S. 10), zum Schaden von deren Nützlichkeit für die gesamte Gesellschaft.

Als Ursachen für die geringe weibliche Beteiligung an Studien und Berufen der Informatik in deutschsprachigen Ländern werden individuelle, strukturelle und symbolische Barrieren genannt. Mit symbolischen Barrieren wird die kulturelle Koppelung von Männlichkeit und Technik gemeint, die seit Beginn der ,rationalen Wissenschaften' und ihrer Verwertung in Technik mit der Renaissance unsere Gesellschaft formt. Sie bildet so die Grundlage für die Entwicklung der individuellen und strukturellen Barrieren. Die Institutionen unserer Gesellschaft, Recht, Berufe, Wissenschaften, Technik und ihre Artefakte reflektieren und inkorporieren ,vergeschlechtlichte' Strukturen, die durch eine nicht ausreichend diversifizierte Population gebildet werden, welche die Technik, ihre Ziele, Inhalte

---

B. Schinzel (✉)
Prof. i. R. an der Universität Freiburg,
E-Mail: britta.schinzel@modell.iig.uni-freiburg.de

M. Kampshoff, C. Wiepcke (Hrsg.), *Handbuch Geschlechterforschung und Fachdidaktik*,
DOI 10.1007/978-3-531-18984-0_24,
© VS Verlag für Sozialwissenschaften | Springer Fachmedien Wiesbaden 2012

und die Nutzungsmöglichkeiten formen, so dass Strukturen, Benutzung und Anwendungen entsprechende und so eingeschränkte Lebens- und Wahrnehmungsweisen reflektieren.

Fast überall auf der Welt ist die Verteilung der Geschlechter in der Informatik paritätischer als in deutschsprachigen Ländern. Das beweist, dass eine geringe Frauenbeteiligung in der Informatik nicht ‚naturgegeben', sondern stark kulturell und strukturell geprägt ist. Wie die kulturell, politisch und national unterschiedlichen Geschlechterverhältnisse in der Informatik entstanden, wird in Schinzel (1997, 2004) aufgezeigt.

Die Gründe für die hiesige Situation sind seit langem bekannt: Der weitgehend aufrecht erhaltenen vertikalen geschlechtshierarchischen Arbeitsteilung passt sich eine variable horizontale fachliche Geschlechtersegregation an, die kulturelle, soziale und ökonomische Konstellationen jeweils aktualisiert. Das wird gerade am Beispiel der Informatik sichtbar: Als ursprünglich offenes Fach für Diversität hat sie nach ihrer Entstehung in den 1950er Jahren sukzessive ein geschlechtliches ‚Kleid' bekommen, das von entsprechenden Gewandungen für Technik übernommen wurde. Mit der zunehmenden Etablierung des Fachs ist die Zahl weiblicher Studierender deutlich zurückgegangen. Noch 1979 waren 20 % der Informatik-Studierenden in den alten Bundesländern Frauen, 1986 in der ehemaligen DDR noch 50 % (nach unglaublichen 80 % 1972 an der TU Dresden) (Schinzel 2004, S. 3–7). Seit 1990 waren die Neuzugänge zu den Universitäten auf durchschnittlich 8 % gesunken, auch in den neuen Bundesländern (Villinger et al. 2007, S. 20–21) und sie haben sich bis heute kaum erholt.

Spezifische Barrieren für Frauen in der Informatik bilden u. a. die Fachkulturen mit einem dominanten Studierenden- und Berufsprofil: Zu wenige weibliche Vorbilder, mangelnde Erfahrungen, die aber zu Beginn des Studiums vorausgesetzt werden, andere Interessenschwerpunkte und geringeres Selbstbewusstsein im Informatik-Bereich, entsprechende Fremdbilder und Selbstkonzepte, Interaktionen im universitären Unterricht und geschlechtsspezifische Leistungsattribuierung. Alle diese Barrieren haben mit Informatik, Begabungen und Leistungen nichts zu tun und sind eliminierbar.

In diesem Beitrag werden Maßnahmen vorgeschlagen, die in der Ausbildung, an der Universität und dem Übergang von der Schule auf die Universität ansetzen und die die höheren Ausbildungsinstitutionen in ihre Verantwortung nehmen müssen und nicht auf die anderen Ebenen, wie Schule, Familie, Politik oder Arbeitswelt abschieben dürfen. Solche Veränderungen des Curriculums und Verbesserungen der Lehre kommen Männern ebenso zugute wie Frauen. Frauenförderung ist daher weder die Privilegierung von Frauen noch geht es etwa um einen Ausgleich von vermeintlichen Defiziten der Frauen. Vielmehr heißt solche Gleichstellung und Frauenförderung, Bedingungen zu schaffen, die auf die unterschiedlichen Ausgangslagen, Interessen und Schwierigkeiten von Menschen eingehen.

Es wird unbedingt vermieden, durch Zuordnungen von angeblicher Männlichkeit oder Weiblichkeit Geschlechterstereotype zu reproduzieren. In paradoxem Widerspruch dazu steht aber der Wunsch, in Bereichen wie der Technik, wo soziale Geschlechterdifferenzen augenscheinlich werden, Veränderungen zu bewirken, ohne solche Unterschiede aus-

24 Geschlechtergerechte Informatik-Ausbildung an Universitäten

zusprechen. Der Hinweis auf Kontingenzen, Variabilitäten und Veränderungen mit der Aussicht auf nachhaltige Veränderbarkeit mag einer solchen Reifizierung entgegenwirken. Daher werden hier bewusst ältere Studien über Informatik-Studierende den neuesten gegenübergestellt. Auf dem schmalen Grat zwischen Befund, Stereotypisierung und deren Auflösung bzw. ,Degendering' bewegt sich die folgende Darstellung.

24.2 Forschungsergebnisse zu Geschlechter-Konstruktionen und -Dekonstruktion

Die meisten Resultate, welche die geringe Informatik-Frauenbeteiligung in unseren Kulturen begründen, sind seit über 20 Jahren bekannt (Brandes, 1987; Crutzen 1995; Janshen/Rudolph 1987; Erb 1996; Funken et al. 1996; Roloff et al. 1987; Roloff 1989; Schinzel 1997/1999; Schiersmann 1987). Auch nötige und mögliche Maßnahmen sind dabei vorgeschlagen worden. Sie sind jedoch nicht kompetent und konsequent genug umgesetzt worden. Die hierzulande jedoch insgesamt mangelnden Erfolge vieler und teurer Aktivitäten seit den 1980er Jahren wie Girls Days, Sommer- oder Schnupperstudium beweisen, dass die tiefer liegenden Ursachen und Zusammenhänge anerkannt werden und curriculare Veränderungen wissenschaftlich kompetent begleitet werden müssen. Das Erfolgsbeispiel ist die Pittsburgher Carnegie-Mellon University CMU (Blum 2001; Margolis/Fisher 2002, S. 129). Sie hat sich über fast 10 Jahre solchen Anstrengungen unterzogen. Trotz und gerade wegen einer fast paritätischen Frauenbeteiligung führt sie seit Jahrzehnten die amerikanische Rangliste für Informatik-Fakultäten an.

24.2.1 Symbolische Barrieren

24.2.1.1 Symbolische Zuordnungen

Die enge stereotypische Verbindung von Technik und Männlichkeit greift in der Sozialisation, insbesondere in westlichen Industrieländern: ,Sehr interessiert' an Technik bezeichneten im Jahre 2000 sich selbst 42 % der Jungen in Deutschland gegenüber nur 5 % der Mädchen (Deutsche Shell 2000). Leitbilder der Technik und des Computers tragen symbolische Bedeutungen, die „vergeschlechtlicht" sind (Schinzel 1999, S. 72). Technische Kompetenz gilt als Teil der männlichen Geschlechtsidentität, für Frauen aber gelten nach wie vor Stereotype als technik-avers, sozial und kommunikativ kompetent. Auch Informatik-Frauen siedelten sich kontrafaktisch noch vor 15–20 Jahren in einem Bereich außerhalb oder am Rande der Technik und Technikkompetenz an.

Dies hat sich heute deutlich geändert: In der aktuellen Informatik-Weltbilder-Studie äußern alle Studierenden einen starken Technikbezug (Götsch et al. 2011) ganz anders als früher, wo eine weibliche Distanz zur Technik im Widerspruch mit der Wahl des Studiengangs stand (Erb 1996).

24.2.1.2 Leitbilder

Die Selbstdeutungen führen Leitbilder, symbolische Interpretationen, Wert- und Zielvorstellungen mit sich. Leitbilder implizieren auch Konnotationen, die ein ‚gendering' des Faches bewirken können. Vorstellungen wie Objektivismus, Optimalitätsziele und one-bestway-Denken sowie Technikdeterminismus leiten auch die Informatik – zu ihrem eigenen Schaden. Denn keine Technik ist gestaltbarer und kontingenter als die, die Diversifizierung der Aufgaben durch keine Materialeigenschaften einengende universalistische Methode der Formalisierung in Software. Sind Software-Entwickelnde sich dessen nicht bewusst, so erhöht sich die ohnedies bestehende Gefahr der software-medialen Objektivierung von in Wahrheit Kontingentem, Kontextabhängigem, von Auslassungen und blinden Flecken. Hinzu kommen die professionellen Ideale der Informatik: Flexibilität und Geschwindigkeit, rasche Ideenproduktion, Karriereorientierung, die Bevorzugung von stets Neuem anstelle der Verbesserung des Alten, ein zu großer Anspruch an Universalismus und das ‚Selbstmachen', etwa durch Introspektion, das im so genannten „Ego-Approach" die von den Gender Studies kritisierte I-methodology geriert (Allhutter et al. 2008, S. 154) und sich so hermeneutischen Erkenntnisproblemen bei der Wissensakquisition nicht stellt.

Manche Leitbilder der Informatik oder des Computers sind verdächtig, Frauen symbolisch auszugrenzen. So stellen Metaphern wie Maschine, Engineering (ins Deutsche fälschlich als Ingenieurswerk übersetzt) u. a. die Software in Kontexte und in Kompetenzbereiche, die eher als männlich betrachtet werden. Beispielsweise scheint die Unterscheidung nach Werkzeug und Maschine geschlechtssymbolische Bedeutung zu haben (Nelson et al. 1991). Die symbolischen Bedeutungen von Leitbildern sind also eng mit affektiven Einstellungen verknüpft und wirken so als Attraktoren oder Barrieren.

24.2.1.3 Habitus und Weltbilder

Mit fachkulturellen Denk-, Kommunikations- und Vorstellungsmustern werden fachliche Einstellungen, Wertvorstellungen und Ziele, aber auch bestimmte Habitus transportiert. In der westlichen Informatik, wie in den technischen Fächern überhaupt, entspricht dieser Habitus weitgehend einem weißen westlichen männlichen Persönlichkeitsprofil mit einem solchem Auftreten und Selbstinszenierung. Daher werden Frauen in MINT-Fächern mit widersprüchlichen Habitusanforderungen konfrontiert, solchen der Weiblichkeit und solchen der Technikaffinität. In der Ingenieurinnenstudie von Janshen et al. (1987) fiel auf, dass wesentlich häufiger Anforderungen an das Persönlichkeitsprofil einer Ingenieurin gestellt werden als etwa an ihre Leistungsfähigkeit. Auch heute noch besteht eine Diskrepanz zwischen den Habitus-Anforderungen an eine vorwiegend männliche Umgebung und solchen an Weiblichkeit, wie sie in der Weltbilderstudie (Götsch et al. 2011) von den Studierenden denn auch expliziert wurde und die von Frauen ausgehalten werden muss. Die Lehrenden präsentieren mit der Kommunikation von Werten implizite Selbstdefinitionen der Wissenschaften und der wissenschaftlichen Communities und sie leben mit ihrem gesamten Verhalten den Habitus der Fachkultur vor. Studierende passen, um sich erfolgreich zu behaupten, ihre eigenen Wertorientierungen und habituellen Muster jeweils mehr oder weniger diesen Normen an. Die Aneignung vorherrschender Verhaltensweisen im technischen Studium und im Hochschulbetrieb wird von Frauen häufig als Prozess der

24 Geschlechtergerechte Informatik-Ausbildung an Universitäten

„Akkulturation" (Schinzel 2007b, S. 32) erlebt, der im Widerspruch zu der geschlechtstypischen Sozialisation in Kindheit und Jugend steht. Dies gilt insbesondere für Konkurrenzverhalten und Profilierungsstreben.

Fellenberg und Hannover (2006) kommen in einer Studie über Studienabbruchneigungen von Frauen in MINT-Studiengängen erneut zu dem Ergebnis, dass diese weniger durch das Fachinteresse und durch die allgemeine Studierfähigkeit, sondern primär durch das Vertrauen in die eigenen berufsbezogenen Fähigkeiten beeinflusst wird. Denn Frauen bringen weniger Spiel-, Programmier- und Installations-Erfahrungen ins Studium mit, weshalb sie sich weniger als Männer ein erfolgreiches Studium zutrauen. Zutrauen in die eigenen Fähigkeiten ist aber als Bindungsaspekt wichtiger als das Interesse am Studienfach (Wolffram et al. 2007, S. 65). Auch die Studienabbrüche von Frauen und von Männern lassen sich nicht primär mit Defiziten in den Studienvoraussetzungen erklären (Ihsen 2009, S. 62–65).

Die Welt-, Menschen-, Wissenschafts-, Technik-, Verantwortungs-, Geschlechter- sowie Nutzer- und Nutzerinnenbilder der Informatik-Studierenden weisen ein eingeschränktes Profil auf. Die Weltbildstudie (Götsch et al. 2011) förderte mit Bezug auf das Wahrnehmen eigener Verantwortlichkeiten einen spürbaren Einfluss des Studiums zwischen den Erstsemester-Studierenden und den höheren Semestern zutage. Während die Anfänger und Anfängerinnen sich der Wirkungen, auch der negativen, von Computerisierung, Internet und den veränderten Kommunikationsmöglichkeiten durch Informatik durchaus bewusst sind, scheint eine kritische Sicht auf die Informatik im Studium verloren zu gehen, denn schon nach wenigen Semestern wird der Umgang mit Technikfolgen nicht mehr im Zuständigkeitsbereich der Informatiker und Informatikerinnen gesehen. Eine durchgehend objektivistische technikdeterministische Vorstellung, in der sich Informatiker und Informatikerinnen als ‚kleine Rädchen im Getriebe' sehen, handlungsohnmächtig und daher ohne Verantwortung für nicht intendierte Folgen. Die objektivistische Sicht bedingt auch, dass die Studierenden mehrheitlich der Ansicht sind, dass soziale Diversität innerhalb der Informatik-Gemeinde trotz der enormen Dynamik, Kontingenz und Breite der Entwicklung der Informatik (siehe etwa Hellige 2003, 2008) keinen oder wenig Einfluss auf das im Kern unveränderbare Fach haben könne. Das stellen sich die meisten auch bei einer stärkeren Inklusion von Frauen in die Profession vor. Solche Frauen müssten sich an die Informatik anpassen und werden dann allerdings als unweibliche Ausnahmen betrachtet. Manche halten einen höheren Frauenanteil jedoch gar nicht für möglich, da Frauen zu unbegabt für die Informatik seien. So wird die dominante Kultur als die ‚richtige' bezeichnet und als unveränderbar angesehen. Die Ausschlüsse, die sie produziert, ergeben sich dann logisch von selbst.

24.2.2 Strukturelle Barrieren

24.2.2.1 Weibliche Vorbilder

Die Vorbild-Funktion von Lehrpersonen und Wissenschaftlerinnen spielt in der Informatik, wie in allen naturwissenschaftlich-technischen Fächern, eine sehr wichtige Rolle. Schülerinnen, die sich für dieses Fach interessieren, können so Informatik-Kompetenz mit

Weiblichkeit verbinden, indem sie Realisierungsmodelle vor Augen haben. Derzeit lehren jedoch vorwiegend Männer das Studienfach Informatik, für Frauen fehlt es also an „role models" (Ihsen 2010, S. 74).

24.2.2.2 Folgen: Einstellungen und Selbstkonzepte

Der Mangel an Vorbildern mit nicht traditioneller Rollen- und Interessenverteilung trägt mitsamt der nach wie vor bestehenden stereotypen Verbindung von Technik und Männlichkeit in unserer Gesellschaft und dem oft inadäquaten Informatik-Unterricht dazu bei, dass die Geschlechter unterschiedliche Einstellungen und Motivationen zur Verwendung von Computern entwickeln und dass sich unterschiedliche Selbstkonzepte bilden. Technik-averse Selbstbilder vieler Mädchen wirken dann als individuelle Barriere beim Zugang zu naturwissenschaftlichen und technischen Berufen und Studiengängen. Frauen mit Interessen an Informatik dagegen entfernen sich von ihrem gesellschaftlich als selbstverständlich akzeptierten Rollenkonzept und erfahren daher oft keine Unterstützung in ihren technischen Neigungen. Die Unterstützung muss also anderweitig angeboten werden.

24.2.2.3 Die implizite Studierendennorm

Eine implizite Studierendennorm wirkt als Selektionsinstrument sowohl beim Zugang zur Informatik als auch während des Studienverlaufs (Hauch et al. 2007, S. 106 ff.). Diese Norm definiert sich aus Vorprägungen in der Computerkultur, technischen Vorerfahrungen, geleistetem Militärdienst. Sie führt zu einem eingeschränkten Studierendenprofil, und seligiert so gerade nicht gemäß der intellektuellen Eignung für ein Informatikstudium. Zur Studierendennorm gehören insbesondere habituelle Muster, die implizit Hierarchien nur scheinbar relevanter Kompetenzen unter den Studierenden schaffen. Solche fachkulturellen Mentalitäten und Verhaltensweisen bereiten Studentinnen oft besondere Schwierigkeiten, wenn sie mit der weiblichen Geschlechtidentität in unserer Kultur in Widerspruch stehen.

Strukturen der Lehre, Curricula und (Präsentation der) Inhalte sind oft auf die Interessen dieser Normstudierenden hin gerichtet und berücksichtigen zu wenig die diversen Motivationslagen von Studierenden, die nicht dieser Norm entsprechen.

24.2.2.4 Sprache und Gespräche

Mit Sprache werden subliminale Informationen transportiert, die u. a. (Un)Zugehörigkeit oder gar (Un)Erwünschtheit bekannt geben, sei es durch exkludierende Gesprächsthemen und Akronyme, sei es durch Körpersprache, Habitus und Lautstärke, oder durch ein Bonding zwischen Männern über die Köpfe der Frauen hinweg, kurz durch ‚doing masculinity' (Meuser 2002).

Die gleiche Wirkung hat die geschriebene Sprache, die sich in der männlichen Form zwar an beide Geschlechter richtet, doch von Zeit zu Zeit deutlich zu erkennen gibt, dass Frauen nicht mitgemeint sind. Der schlechtere Fall ist, wenn dies aber unbewusst bleibt: Männer erhalten die subliminale Information, dass Frauen ihnen (sprachlich) untergeordnet sind, Frauen dieselbe; also dass sie von Anfang an nicht wirklich mitgemeint waren, dass es nicht darauf ankommt, ob sie da sind oder nicht, dass sie unsichtbar sind – und sein sollen.

(Thematisch unausgewogene) Kontextualisierungen sind ebenso beachtungswürdig wie deren Mangel, denn „durch die Vermittlung rein technischer Themen in einer abstrakten Sprache fühlen sich junge Frauen nicht in ausreichendem Maße angesprochen" (Ihsen et al. 2006, S. 60).

24.2.2.5 Veraltetes bipolares Geschlechterwissen

Die aktuelle Weltbilderstudie (Götsch et al. 2011) fördert hinsichtlich der Sichtweisen auf Geschlecht und der Vorstellungen über den Mangel an Informatikerinnen ein erschreckendes Bild zutage: ein differenzorientiertes bipolares Geschlechterwissen, das bis auf wenige Ausnahmen den Mann dem technischen und die Frau dem sozialen, sprachlichen und/oder ästhetischen Bereich zuordnet. Entsprechend sind Informatikerinnen dann anders als andere Frauen, unweiblich, nämlich den Informatikern ähnlich, welche gleichzeitig androzentrisch als Norm konstituiert werden. Meist schreiben die Studierenden Frauen mangelnde Begabung für die Informatik zu.

24.2.2.6 Entmutigung und geringe Integration

Nicht selten werden hohe Schwund- und Abbruchquoten als Indikator für hohe Qualitätsanforderungen interpretiert, d. h. Qualität wird mit Exklusion verwechselt.

Subtile Entmutigungen erfahren Frauen in Informatik-Studiengängen tagtäglich, und sie erfordern eine wesentliche Bewältigungsleistung, entweder durch psychische Bearbeitung oder – häufiger – durch Exklusion bzw. Entwertung solcher Erfahrungen im Rahmen von Gleichheitspostulaten. Empirisch gesehen werden Frauen zudem seltener im Studium ermutigt, seltener zur Promotion aufgefordert, müssen diese häufiger selbst oder durch Stipendien finanzieren und sind während der Promotion schlechter integriert (CEWS-Newsletter 2007).

Während Frauen in der Informatik in ihrem fachbezogenen Selbstbewusstsein offenbar abhängiger sind von einem guten Studienerfolg (Derboven/Winker 2010b, S. 65) ist gleichzeitig ihre Einschätzung der eigenen Studienleistung signifikant schlechter als die der männlichen Studierenden, sodass sie doppelt entmutigt werden.

24.2.3 Fachkultur

Eine Fachkultur der freundlichen Akzeptanz und Wertschätzung, die durch Kooperation und Synergien gute Ergebnisse erzielen will, wird Frauen und diverse Studierendengruppen eher anziehen als ein hartes, auf Frustrationstoleranz orientiertes Klima. Nicht nur die Informatik-Studierendenstudie (Schinzel et al. 1998, 1999), auch die neuesten Studien (für Ingenieursstudiengänge) (Ihsen et al. 2006, S. 64; Derboven/Winker 2010a, S. 59) zeigen, dass die Fachkultur, eine Kultur der Anonymität und der Selektion, ein wesentlicher Grund dafür ist, dass viele junge Frauen (und Männer) das Studium zumeist noch im

Grundstudium wieder verlassen. Verlust des Selbstvertrauens in einer konkurrenzorientierten Studienatmosphäre wird von ihnen oft als Studienabbruchgrund hervorgehoben. Sicherlich werden dabei auch hervorragend geeignete Studierende für Beruf und Wissenschaft Informatik herausgesiebt.

24.3 Maßnahmen zur Erhöhung des Frauenanteils im Informatik-Studium

Solche Maßnahmen sollen die identifizierten Barrieren beseitigen und eine größere Diversität abseits der Studierendennorm erwirken. Alle Studierenden sollten mit gleichen Anfangsbedingungen beginnen, gleichermaßen ihre Interessen befriedigt sehen, ihre Motivation nicht verlieren und gleich günstige Lern-, Studien- und Prüfungsbedingungen vorfinden. Eine größere Diversität von Studierenden kann insbesondere Frauen die aufwändige psychische Bewältigung von habituellen Diskrepanzen und Anpassungsleistungen ersparen. Daher sollten auch im Studienverlauf unterschiedliche Studierendengruppen gleichermaßen angesprochen, akzeptiert und gefördert werden, Identifikationsangebote erhalten und Wertschätzung erfahren (Ihsen 2010).

24.3.1 Informationen über das Studium

Bei der Entscheidung für ein Studienfach und für die Erhaltung der Motivation während des Studiums ist das Wissen darüber essentiell. Dieses Wissen beruht nicht nur auf Information von professionellen Stellen (wie Studienberatung, Homepages der Universitäten oder Arbeitsamt), sondern gerade für die Informatik auch auf gängigen Vorurteilen, denen entgegenzuwirken Ziel einer umfassenden Informationspolitik sein muss. Von Beginn an und immer wieder muss im Studium klar gemacht werden, was in der Informatik tatsächlich wichtig ist, aber auch wie breit die Qualifikationen gestreut sein dürfen. Gerade die Studieneingangsphase sollte durch den Ausbau von Brückenkursen, Computerkursen, Erstsemesterwochen, sowie Tutorien für spezifische Zielgruppen erleichtert werden und darüber hinaus möglichst gute Einblicke in die Anforderungen, den Studienalltag und die berufliche Verwertung bieten. Auch auf den Internetseiten der Fakultäten der Universitäten, in Curricula und Studienplänen sollten die Voraussetzungen, die Inhalte und Ziele des Studiums deutlich vermerkt werden. Die Informationen müssen vor allem den gängigen Klischees von Informatik und Computernerds begegnen: Klarstellen, dass weder Programmierkenntnisse noch Informatik in der Schule Voraussetzungen für ein Studium sind, und dass Programmieren, Hacken, Installieren nicht gleich Informatikqualifikation ist (Schinzel et al. 1998, 1999), sondern, dass sowohl Freude an Mathematik eine Voraussetzung ist als auch die Fähigkeit zur Kommunikation und die Kompetenzen zur sprachlichen Übersetzung von Formal-Mathematischem und Programmiertem in die Umgangssprache.

24   Geschlechtergerechte Informatik-Ausbildung an Universitäten

Frauen sollte explizit vermittelt werden, dass gerade sie in der Informatik willkommen, ja erwünscht sind. Inklusion und hoher Studienerfolg sollten Qualitätsziele der Lehre in der Informatik werden.

24.3.2   Strukturelle Maßnahmen an den Universitäten

24.3.2.1   Genderforschung und forschungsgeleitete Prozesssteuerung

Erfolgreiche Integration von Frauen gelingt nur dann, wenn wie an der Carnegie Mellon University ein erfahrenes, professionelles und institutionell ermächtigtes Team mit erfahrenen Genderforschern und -forscherinnen den Prozess längerfristig begleitet. Eine solche Prozesssteuerung kann nur gelingen, wenn sie in die einzelnen Organisationseinheiten gut integriert und akzeptiert ist und wenn alle Akteurinnen und Akteure Diversität und Geschlechtergerechtigkeit wirklich wollen, denn gerade an den Hochschulen besitzen Geschlechtsrollenstereotype eine große Beharrungskraft. Das Ziel müssen dauerhafte Bewusstseins- und Mentalitätsänderungen sein, die in veränderten Normen, Verhaltensweisen und organisatorischen Strukturen Ausdruck finden. An der CMU haben sich Trainingsworkshops für die Lehrenden und ständige Ausschüsse zur Frauenförderung in Computer Science sehr bewährt (Margolis/Fisher 2002).

24.3.2.2   Mentoring

Mentoringsysteme können insbesondere Frauen dazu verhelfen, sich im Studium besser integriert und akzeptiert zu fühlen (Ihsen 2010), indem Probleme wahrgenommen und gelöst werden können, die Einordnung der eigenen Fähigkeiten ermöglicht wird, und sich so ein stabileres Selbstbewusstsein aufbauen lässt.

24.3.2.3   Fachkultur und Sprache

Wie in Kapitel 24.2 dargestellt, wird eine Fachkultur der freundlichen Akzeptanz und Wertschätzung, die durch Kooperation und Synergien gute Ergebnisse erzielen will, Frauen und diverse Studierendengruppen eher anziehen als ein hartes, auf Frustrationstoleranz orientiertes Klima. Besonders in der Anfangsphase ist es notwendig, die Studierenden so emotional und inhaltlich an das Fach zu binden. Wichtig ist auch eine geschlechtergerechte Sprache, die explizit klar macht, dass Frauen mit gemeint sind.

24.3.3   Studienorganisation

24.3.3.1   Transparenz

Ziele der Lehre und des Lernens sollten transparent gemacht werden. Die Motivation gerade von Frauen zum Erlernen der abstrakten und technischen Inhalte kann durch Begründung in den Anwendungen, und durch den von Beginn an kontextualisierten und historisch (was letztlich immer zu den Fundierungen aus Anwendungen führt) und erkenntnistheoretisch motivierten Lehrstoff erhöht werden.

Die Prüfungsanforderungen sollten so klar wie möglich kommuniziert werden. Statt auf Geschwindigkeit der (dann notwendigerweise auswendig gelernten) Antwort sollte auf Verständnis geprüft werden, gleichzeitig sollte das Prüfungsklima wohlwollend sein.

24.3.3.2 Lehrformen

Das Studium der Informatik ist an den meisten Universitäten in Vorlesungen, Übungen und nur wenigen Praktika organisiert. Diese Formen sind nicht empfehlenswert, denn in Vorlesungen wird am wenigsten gelernt, und sie befriedigen insbesondere im Hauptstudium eher Bedürfnisse der Normstudierenden, während die Kreativität und Kommunikation fördernden Seminare und Projekte offenbar Lerninteressen von Frauen eher entgegen kommen (Schinzel et al. 1998, 1999). In den Übungen und bei der Softwareherstellung in Praktika oder Studienarbeiten sollte die Teambildung und Gruppenarbeit unterstützt werden. Spätestens im Hauptstudium sollten möglichst offene Lernformen genutzt werden, die die Integration der Studieninhalte ermöglichen und die Diskussion unterstützen. Auch wirken solche Lehrformen stärker motivationsfördernd (Derboven et al. 2010) und sie orientieren sich zudem an den Erfordernissen der Softwareherstellung in der Arbeitswelt: Projektarbeit, Teamarbeit, Multiperspektivität etc.

24.3.3.3 Inhalte

Ziel der fachlichen Gestaltung sollte die Entwicklung einer Fachidentität und des Vertrauens in die eigenen fachbezogenen Fähigkeiten von Studienbeginn an sein.

In der Studierendenstudie (Schinzel et al. 1999) wurde die Informatik-Ausbildung als zu einseitig auf das Formal-Technische und zu wenig auf die Praxis der Softwareentwicklung und damit auch Interdisziplinarität gerichtet. Vermisst wurden Systematik und die Erkennbarkeit von Zusammenhängen, die Einbettung in Kontexte der Anwendung, Praxisbezug und die Verfolgung der Sinnzusammenhänge. Auch die Studie von Derboven und Winker (2010a, S. 92) zeigt auf, dass eine hohe Stoffmenge als isolierte Fakten (Inselwissen) das passive Konsumieren und Auswendiglernen notwendig mache und Eigeninitiative im Studium verhindere, und dass die Präsentation von Formeln ohne Weltbezug und Zusammenhang die Studierenden oft vom Studium entfremdet. Eine Erschließung der Inhalte, die verschiedene Sichtweisen und interdisziplinäre Verknüpfungen erlaubt und den Nutzen erfahrbar macht, kann wesentlich motivationsfördernder wirken als die gängige Lehre. Almstrum (2003) zeigte laut einer Umfrage unter Informatikerinnen, dass Sinn und der Nutzen der Tätigkeit mit Abstand der stärkste Motivator ist.

Weiter werden notwendige Kompetenzen, die leider zu selten als professionelle Qualifikationen gesehen werden, kaum eingeübt. Informatiker und Informatikerinnen interpretieren Verhältnisse und schreiben sie in formal-technischen Strukturen fest. Dazu sollten sie sie verstehen. Sie müssen also beobachten, erfragen, beurteilen, vorausdenken und kommunizieren. Solche Fähigkeiten sind weder durch mathematischen Formalismus noch durch ingenieurtechnische Grundlagen zu erwerben. Dazu müssen sie kognitiv und

24 Geschlechtergerechte Informatik-Ausbildung an Universitäten

sprachlich die Spanne zwischen Verstehen sozialer Realität, Formalismus und Technik überbrücken können. Die Eingangsprüfungen an der CMU sichern diese Studienanforderungen und sichern gleichzeitig eine hohe Frauenquote im Studium (Blum 2001). Gefordert sind also ein ganzheitlicher Blick auf Probleme, Interdisziplinarität, das Erkennen von Wesentlichem, von Zusammenhängen, der sozialen Einbettung und Folgen und das Sehen von Alternativen, etc. Dies sind notwendige Voraussetzungen für einen verantwortungsvollen Umgang mit sozial wirksamer Technologie.

Um den Sinnbezug herzustellen, sollten zuerst Anwendungsmöglichkeiten, prinzipielle Ausdehnung und Grenzen der Informatik stehen. Dazu dienen Theorie-Kenntnisse (wie die Goedel'schen Sätze, die Grenzen von Entscheidbarkeit und Berechenbarkeit, Theorem von Rice, komplexitätstheoretische Grenzen) und Ergebnisse zum Technology Assessment, welche auch dem verbreiteten Machbarkeitsglauben entgegenwirken. Umgekehrt aber ist bei der Vermittlung informatischer Problemlösungen die enorme Gestaltungsmacht bei Spezifikation, Modellierung und Problemlösung ebenso zu verdeutlichen, wie auch die jeweiligen Einengungen und Einschränkungen, die die dabei konkret verwendeten Modellbildungen den informatisierten Umgebungen aufzwingen.

24.3.3.4 Anerkennung von interdisziplinären Kompetenzen als fachliche Qualifikation

Da nach wie vor Informatikerinnen häufiger interdisziplinäre Kompetenzen haben und sich nicht unbedingt immer im Mainstream verorten, sollte der Bedeutung breiterer und interdiziplinärer Qualifikationen größeres Augenmerk gegeben werden. Dies trägt aber auch zur Informatik im wohlverstandenen Sinne bei: Arno Rolf (Rolf 2008, S. 2 ff.) fordert ein breiteres informatisches Orientierungswissen in Ergänzung zum kanonisierten Verfügungs- und Expertenwissen (Mittelstraß 2002, S. 54), das es erlaubt, die Wechselwirkungen zwischen Informatik und Gesellschaft in den Blick zu nehmen. Solches multi-, inter- und transdisziplinäres Orientierungswissen, Wissen, wie die Dinge zusammenhängen und in die Gesellschaft eingebettet sind, haben vor allem die Studentinnen der Studie (Schinzel 1999) als besonderes Bedürfnis gesehen. Orientierungswissen vermittelt Kompetenzen zur Einordnung des eigenen Handelns in historische, gesamtgesellschaftliche und ökonomische Zusammenhänge und ist somit eine Voraussetzung, um kompetent Verantwortung übernehmen zu können.

Die Einbeziehung ethischer Fragen in das Studium holt den Sinnbezug herein und hat nicht nur positive Effekte auf die Motiviertheit von Studierenden, insbesondere Frauen, sondern ist auch sachlich notwendig. Die Weltbilderstudie (Götsch et al. 2011) zeigt die Stratifizierung der Studierenden durch das Studium bezüglich der Wahrnehmung von Verantwortung in erschreckendem Licht: anders als die Studienanfänger und -anfängerinnen sehen sich die Studierenden der höheren Semester dadurch von Verantwortung befreit, dass sie sich als machtlose Akteurinnen und Akteure im Getriebe der von ihnen objektivierten deterministischen technischen Entwicklung sehen, die die Wünsche der Vorgesetzten, der Firma, der Auftraggeberinnen und Auftraggeber, der Wissenschaft bedingungslos zu befolgen haben. Diese angesichts der enormen Gestaltungsmacht der Informatik paradox anmutende Sicht gilt es aufzulösen und den Studierenden die kontingente Entwicklung der Informatik, die Möglichkeitsfülle ihres Handelns mit jedem Entwurf, jeder Designentscheidung, sogar jeder einzelnen Programmzeile wahrnehmbar zu machen. Dies gelingt sowohl mittels einer guten Fundierung in der Theoretischen Informatik (siehe oben), als auch beispielsweise mittels der Hacker-Kompetenzen zum Re-engineering und zur Computerforensik, mit dem Aufzeigen der Kontingenz im Software Engineering und der vielen Anwendungsmöglichkeiten und schließlich mit der Beschäftigung mit der Geschichte der Informatik, der Computer und des Internet (Hellige 2004, 2009). Erst wenn dieser Blick geöffnet ist, hat es Sinn, die Möglichkeiten moralischer Entscheidungen im eigenen Handeln zu diskutieren.

24.3.3.5 Fazit

Es zeigt sich, dass alle strukturellen, inhaltlichen und didaktischen Anforderungen an eine geschlechtergerechte Informatik-Lehre nicht nur Männern zugute kommen und personelle Diversität fördern, sondern auch der Informatik-Professionalität und dem Fach selbst nützlich sind. Eine breitere inhaltliche und interdisziplinäre Orientierung der Informatik wird u. a. in den (zu wenig) etablierten Fächern Informatik und Gesellschaft und Gender Studies Informatik erschlossen. Im Rahmen der Geschichte der Informatik können die historischen Beiträge der Frauen für die Informatik dargestellt werden (siehe z. B. Oechtering 2002). Um die Kontingenz der Entwicklung zu demonstrieren kann die ‚Vermännlichung‘ der Programmierung und der Informatik seit ihren Anfängen gezeigt werden. Weiter können die Rollenbilder in Technik und Wissenschaftskultur besprochen und die Situation und Selbstkonzepte der Studentinnen und Studenten diskutiert werden. Im Rahmen philosophischer Fragestellungen können Inhalte aus feministischer Wissenschaftskritik, den Gender Studies und feministischer Ethik einbezogen werden. Arbeitswissenschaftliche Überlegungen können Frauenarbeitsplätze und die Auswirkungen der Informatisierung auf sie, sowie die geschlechtsspezifische Arbeitsteilung mit einbeziehen. Dazu gehört auch eine Reflexion der Geschlechterverhältnisse im Informatikstudium selbst. Hier zeigt die Weltbilderstudie (Götsch et al. 2011) besonderen Handlungsbedarf, denn wie oben erwähnt, gehen die befragten Studierenden bis auf wenige Ausnahmen von einem unveränderlichen Unterschied zwischen Mann und Frau aus, der den Mann dem technischen und die Frau dem sprachlich-sozialen Bereich zuordnet. Wenn somit Ausschlüsse als biologisch oder sozial bedingt imaginiert werden, ist der eigene Beitrag zur Betonierung der Situation ausgeblendet. Deshalb erscheint es dringend notwendig, in die Informatik ein wenig Genderkompetenz hereinzutragen, um mehr Diversität aushalten zu können und Menschen, die nicht der impliziten Studierendennorm angehören, zu inkludieren.

Um das Fachklima zu verändern, bedarf es jedoch größerer Anstrengungen und weiterer best practice Erfahrungen. Hier und im Bereich der praktischen Umsetzung der als notwendig erkannten Veränderungen bestehen erhebliche Forschungsdefizite, denn die privilegierte Situation der CMU, die sich ihre Studierenden aussuchen kann, ist hier nicht zu erreichen.

Literatur

Allhutter, Doris/Hannapi-Egger, Elfriede/John, Sarah (2008): Zur Sichtbarmachung von impliziten Geschlechtereinschreibungen in technologischen Entwicklungsprozessen. In: Schwarze, Barbara/David, Michael/Belker, Bettina Charlotte (Hrsg.): Gender und Diversity in den Ingenieurswissenschaften und der Informatik. Bielefeld: UVW, S. 153–165.

Almstrum, Vicki L. (2003): What is the attraction to computing? In: Communications of the ACM 46, 9, S. 51–55.

Blum, Lenore (2001): Transforming the Culture of Computing at Carnegie Mellon. Online: http://www.cs.cmu.edu/~lblum/PAPERS/TransformingTheCulture.pdf, 12.02.2007.

Brandes, Uta (1987): Peripherie und Zentrum. Zur Ausgrenzung von Frauen aus den Zerntralen der Computertechnologie. Ifg 1987, S. 25–30.

Camp, Tracy. (2001): The incredible shrinking pipeline unlikely to reverse. Colorado School of Mines. Online: http://www.mines.edu/fs_home/tcamp/new-study/new-study.html, 12.02.2007.

Crutzen, Cecile (1995): Feministische Theorien: Eine Inspiration für Curriculumsentwicklungen in der Informatik; Frauenarbeit und Informatik 11, S. 45–54.

Derboven, Wibke/Winker, Gabriele (2010a): Ingenieurwissenschaftliche Studiengänge attraktiver gestalten: Vorschläge für Hochschulen, Berlin: Springer.

Derboven, Wibke/Winker, Gabriele (2010b): Tausend Formeln und dahinter keine Welt. In: Beiträge zur Hochschulforschung, 32. Jahrgang, 1.

Erb, Ulrike (1996): Frauenperspektiven auf die Informatik. Münster: Westfälisches Dampfboot.

Funken, Christiane/Hammerich, Kurt/Schinzel, Britta (1996): Geschlecht, Informatik und Schule. Oder: Wie Ungleichheit der Geschlechter durch Koedukation neu organisiert wird. St. Augustin: Academia Verlag.

Götsch, Monika/Heine, Yvonne/Kleinn, Karin (2011): „… dass auf einmal 'n blue screen 'n pink screen wäre"; Vortrag auf der GI-Jahrestagung, 7. Oktober 2011; eingereicht für Tagungsband der GI-Jahrestagung 2011, Springer Lecture Notes in Computer Science.

Hauch, Gabriella/Horvath, Ilona/Kronberger, Nicole/Wörtl, Irmgard (2007): TEquality – Technik.Gender.Equality. Das Technikstudium aus der Sicht von Frauen und Männern. Linz: Trauner Druck.

Hellige, Hans-Dieter (2008): Die Geschichte des Internet als Lernprozess. In: Kreowski, Hans-Jörg (Hrsg.): Informatik und Gesellschaft; Reihe Kritische Informatik, Band 4 des FIfF. Berlin: LIT Verlag, S. 121–186.

Hellige, Hans-Dieter (2004): Geschichten der Informatik: Visionen, Paradigmen, Leitmotive (History of Computer Science). Berlin: Springer.

Ihsen, Susanne/Beuther, Isabel/Hanny, Brigit (2006): Gender and Diversity as structural components of quality in new (engineering) study programs. In: European Forum for Quality Assurance, 23–25 November, München.

Ihsen, Susanne (Hrsg.) (2010): Spurensuche TUM Gender-und-Diversity-Studies, Band 1, München. Online: http://www.gender.edu.tum.de/spurensuche.html, 10.01.2012.

Janshen, Doris/Rudolph, Hedwig (1987): Ingenieurinnen. Frauen für die Zukunft. Berlin, New York: De Gruyter.

Kleinn, Karin (2008): „… und es geht doch!" Frauenförderung in der Informatik unter der Berücksichtigung individueller, struktureller und symbolischer Barrieren. In: Freiburger Universitätsblätter Heft 177/3: Informatik und Naturwissenschaften im Forschungsfeld der Gender Studies an der Universität Freiburg, Freiburg: Rombach, S. 9–16.

Margolis, Jane/Fisher, Alan, (2002): Unlocking the Clubhouse: The Carnegie Mellon Experience. Massachusetts: MIT Press, Cambridge.

Meuser, Michael (2002): „Doing Masculinity". Zur Geschlechtslogik männlichen Gewalthandelns. In: Dackweiler, Regina-Maria/Schäfer, Reinhild (Hrsg.): Gewalt-Verhältnisse, Frankfurt a. M., New York: Campus, S. 53–78.

Mittelstraß, Jürgen (2002): Die Zukunft der Bildung, In: Kilius, Nelson/Kluge, Jürgen/Reisch, Linda (Hrsg.): Bildung und ethische Masse. Frankfurt a. M.: Suhrkamp, S. 151–170.

Nelson, Lori/Wiese, Gina/Cooper, Joel (1991): Getting started with Computers: Experience, Anxiety and Relational Style. In: Computers in Human Behaviour, 7 (3) 1991.

Oechtering, Veronika (Hrsg.) (2002): www.frauen-informatik-geschichte.de; Frauen in der Geschichte der Informationstechnik; gefördert durch BMBF und Universität Bremen.

Rolf, Arno (2008): Informatik & Gesellschaft – Ein Orientierungsrahmen. In: Kreowski, Hans-Jörg (Hrsg.): Informatik und Gesellschaft; Reihe Kritische Informatik, Band 4 des FIfF, Berlin: LIT Verlag, S. 1–27.

Roloff, Christine/Metz-Göckel, Sigrid/Koch, Christa/Holzrichter Elke (1987): Nicht nur ein gutes Examen: Studienverlauf und Berufseinstieg von Frauen in Naturwissenschaft und Technologie – Die Chemikerinnen und Informatikerinnen. Dortmunder Diskussionsbeiträge zur Hochschuldidaktik Bd. 11.

Roloff, Christine (1989): Von der Schmiegsamkeit zur Einmischung. Professionalisierung der Chemikerinnen und Informatikerinnen, Pfaffenweiler: Centaurus.

Schiersmann, Christiane (1987): Computerkultur und weiblicher Lebenszusammenhang. BMBW (Hrsg.), Bonn.

Schinzel, Britta (1997): Why is female participation decreasing in German Informatics? In: Grundy, Frances/Oechtering, Veronika (Hrsg.): Proc. of the IFIP-Conference on Women Work and Computerization, Springer Lecture Notes in Computer Science, Berlin, Heidelberg, New York, S. 365–378.

Schinzel, Britta (1999): Informatik, vergeschlechtlicht durch Kultur und Strukturen, ihrerseits vergeschlechtlichend durch die Gestaltung ihrer Artefakte. In: Janshen, Doris (Hrsg.): Frauen über Wissenschaft. Weinheim: Juventus, S. 61–81.

Schinzel, Britta/Kleinn, Karin/Wegerle, Andrea/Zimmer, Christine (1998): Das Studium der Informatik aus der Sicht der Studentinnen und Studenten. In: Zeitschrift für Frauenforschung, 16/3, S. 76–93.

Schinzel, Britta/Kleinn, Karin/Wegerle, Andrea/Zimmer, Christine (1999): Das Studium der Informatik. Studiensituation von Studentinnen und Studenten. In: Informatik-Spektrum 22, S. 13–23.

Schinzel, Britta (2004): Kulturunterschiede beim Frauenanteil im Studium der Informatik. Teil II: Informatik in Deutschland. Online: http://mod.iig.uni-freiburg.de/cms/fileadmin/publikationen/onlinepublikationen/Frauenanteil.Informatik.Deutschland.pdf, 12.10.2011.

Schinzel, Britta (2007a): Informatik und Geschlechtergerechtigkeit in Deutschland – Annäherungen. In: Leicht-Scholten, Carmen (Hrsg.): Gender and Science: Perspektiven in den Natur- und Ingenieurwissenschaften. Bielefeld: Transcript, S. 127–145.

Schinzel, Britta (2007b): Frauenförderung in Mathematik, Technik- und Naturwissenschaften an der Universität Freiburg: Curriculare und weitere Maßnahmen in höheren Qualifikationsstufen, In: Freiburger Universitätsblätter 177/3, S. 25–37.

Villinger, Ingeborg/Volm, Barbara/Schinzel, Britta (2007): Frauenförderung in Technik und Naturwissenschaft. Bestehende Initiativen an der Universität Freiburg. In: Freiburger Universitätsblätter Heft 177/3, S. 17–25.

Wolffram, Andrea (2003): Frauen im Technikstudium. Belastungen und Bewältigungen in sozialen Studiensituationen. Münster: Waxman Verlag.

Geschlechterorientierte Didaktik in den Ingenieurwissenschaften

25

Susanne Ihsen

25.1 Einleitung

> Mit der Entwicklung der Fähigkeit zu Zweifel und zur Übernahme von Verantwortung als integrierendem Bestandteil akademischer Ausbildung ergibt sich ein Lernziel völlig neuer Dimension: Die Entfaltung kreativen, kritischen Denkens. [...]. Zugleich ist der Umgang der Gesellschaft mit ihren Konflikten [...] stilbildend für die Konfliktlösung im Raum der Universität. Gesamtes Sozialgebilde und Hochschule als sein Organ stehen in Interdependenz; die Gesellschaft hat die Hochschule, die sie verdient. (Eckstein 1972, S. 28 und 151)

Als sich die Hochschuldidaktik in Deutschland in den 1960er Jahren des letzten Jahrhunderts langsam entwickelte, kamen von Anfang an Kritik am damals herrschenden Wissenschaftssystem und Ansätze für eine Hochschul- und Studienreform auch aus den Natur- und Ingenieurwissenschaften. Gemeinsam mit der Aachener Physikerin Prof. Dr. Brigitte Eckstein thematisierte eine zunächst kleine Gruppe des sogenannten Mittelbaus an verschiedenen Standorten Technischer Hochschulen und Universitäten den Zusammenhang von aktivem Lernen und kritischem Denken für die Ausbildung des technischen Nachwuchses. Durch ihre Wissenschaftskontakte in die USA, und hier vor allem zum MIT, brachten sie die Denkweisen von Ruth Cohn (themenzentrierte Interaktion, siehe Cohn 1975), Kurt Lewin (Gruppendynamik, siehe u. a. Lewin 1953) und David A. Kolb (Lernstile, siehe Kolb 1985) in ihre Konzepte für eine veränderte Ingenieurausbildung ein (vgl. Ihsen und Reichert 1995). Die historisch frühe Verknüpfung der Hochschuldidaktik mit der Forschung über Geschlechtergerechtigkeit in der Wissenschaft in Deutschland ist uneingeschränkt Prof. Dr. Sigrid Metz-Göckel zu verdanken, die mit der Übernahme der Leitung des HDZ Dortmund 1976 diese Themen wissenschaftlich und praktisch verknüpfen konnte.

S. Ihsen (✉)
Technische Universität München, Gender Studies in Ingenieurwissenschaften,
Arcisstraße 21, 80290 München, Deutschland
E-Mail: ihsen@tum.de

M. Kampshoff, C. Wiepcke (Hrsg.), *Handbuch Geschlechterforschung und Fachdidaktik*,
DOI 10.1007/978-3-531-18984-0_25,
© VS Verlag für Sozialwissenschaften | Springer Fachmedien Wiesbaden 2012

Ingenieurdidaktik verstehe ich deshalb als einen Zweig der Hochschuldidaktik (siehe den Beitrag von Sigrid Metz-Göckel in diesem Band), der sich mit den spezifischen Lehr- und Lernformen und Inhalten der Ingenieurwissenschaften sowie mit den Aufgaben von Ingenieurinnen und Ingenieuren in der Berufspraxis und Gesellschaft befasst. Im weiteren wird von *den* Ingenieurwissenschaften als *einer* Disziplin gesprochen, im Sinne einer Abgrenzung von Theorien, Methoden und Forschungsgegenständen, wohl wissend, dass mit zunehmend vielen Querschnittthemen (z. B. Bio-Technologie) die disziplinären Grenzen durchlässig geworden sind. Auch sind strukturelle und kulturelle Unterschiede *zwischen* einzelnen Ingenieurwissenschaften vorhanden (dokumentiert z. B. in den jeweils unterschiedlich niedrigen Frauenanteilen). Diese werden hier jedoch nicht berücksichtigt. Denn: hinsichtlich ihrer Zugewandtheit der Geschlechterforschung gegenüber lassen sie sich gut als eine Disziplin betrachten.

25.2 Stand der Geschlechterforschung in den Ingenieurwissenschaften

25.2.1 Historische und soziokulturelle Entwicklung der Geschlechterforschung und ihre Bedeutung in den Ingenieurwissenschaften

Das Bild ‚des Ingenieurs‘, wie es traditionell vermittelt wird, ist eng verknüpft mit der Vorstellung von Technikentwicklung und ihrer Aufgabe im Rahmen gesellschaftlichen Fortschritts (vgl. Fox-Keller 1986, S. 112 f.), während individuelle Wertvorstellungen, gesellschaftspolitische Einordnungen, Verantwortung und weitere subjektive Faktoren nicht systematisch im Studium verankert sind (vgl. Rübsamen 1983, S. 298 ff.; Ihsen 1999, S. 36 ff.; Schiebinger 2000, S. 12 ff.). Häufig erfolgt ihre Vermittlung additiv in Wahlfächern und nicht in Verbindung mit den Fächern des Kerncurriculums. Abhängig vom Interesse der Lehrenden, und deshalb in der Regel unsystematisch (Ausnahme zurzeit: die Leuphana-Universität Lüneburg, die in einem überfachlich ausgerichteten ersten Semester verbindlich für alle Studierenden Regeln des wissenschaftlichen Arbeitens vermittelt, die auch eine Berücksichtigung von Geschlechter- und Vielfaltkategorien beinhaltet), finden auch studienreformerische, *integrative*, Lernprozesse (wie studentische Forschungsprojekte oder problem based learning) statt, in denen eine Verknüpfung fachlicher und überfachlicher Wissensvermittlung vorgenommen wird (vgl. Dudeck/Jansen-Schulz 2006).

Die Entwicklung der Geschlechterforschung/Gender Studies in die Ingenieurwissenschaften hinein erfolgt ebenfalls zunächst additiv: in den 1980er Jahren geht es den Ingenieurwissenschaften, neben den gesetzlich definierten Aufgaben zur Gleichstellung, zunächst ausschließlich darum, singuläre Maßnahmen zu entwickeln, die mehr Frauen für die Ingenieurwissenschaften motivieren. Dies umfasst zahllose Projekte für Schülerinnen. In Einzelfällen und experimentell finden sich aber auch monoedukative Angebote für Studentinnen bis hin zu reinen Frauenstudiengängen. Die Geschlechterforschung in diesem

Feld wiederum findet zunächst im Rahmen der „feministischen Wissenschaften" außerhalb der traditionellen Ingenieurwissenschaften statt und entwickelt kritische Forschungsansätze in Technik/Technologie. Durch die hier zentrale Kategorie Geschlecht werden wissenschaftliche Selbstverständlichkeiten in Frage gestellt (vgl. Becker/Kortendiek 2010, S. 409 ff.). Die technikorientierte Geschlechterforschung bezieht wissenschaftshistorische, kulturelle und partizipatorische Fragestellungen mit ein, hinterfragt aber auch die jeweiligen ingenieurwissenschaftlichen Forschungsergebnisse selbst. Erst seit ca. 10 Jahren arbeiten – je nach Fragestellung – Fachwissenschaftler bzw. Fachwissenschaftlerinnen und Fachpraktiker bzw. Fachpraktikerinnen gemeinsam mit Genderforschern bzw. Genderforscherinnen interdisziplinär zusammen, um aus den verschiedenen Perspektiven heraus neue Erkenntnisse zu gewinnen (vgl. Ihsen 2011).

Der Start in die ingenieurwissenschaftlich orientierte Geschlechterforschung in Deutschland wurde 1987 mit einer wissenschaftlichen Analyse der technischen Fachkultur und der systematischen Befassung mit dem beruflichen Umfeld von Ingenieurinnen vorgenommen. Doris Janshen, Hedwig Rudolph et al. legten mit „Ingenieurinnen. Frauen für die Zukunft" (1987) eine Studie vor, die anhand einer Befragung hinsichtlich Ausbildungs- und Berufsverlauf systematische Einblicke in die Konsistenzen und Ambivalenzen von Frauen bei der Integration in einen technischen Beruf gewährten. Die Wissenschaftlerinnen identifizierten die Zugehörigkeit zu einem Berufsstand als ein wesentliches Symbol für die erfolgreiche berufliche Identitätsentwicklung von Individuen. Der Habitus (vgl. Bourdieu 1982), als Ergebnis dieser berufsspezifischen Identitätsentwicklung, drücke sich u. a. durch eine spezifische Sprach- und Denkstruktur, die weit über das eigentlich Fachliche hinausgeht, aus. Gelingt bei Individuen die Ausbildung eines konformen Habitus (Habituskonsistenz), sei die Chance einer erfolgreichen beruflichen Laufbahn deutlich höher als bei Diskrepanzen zwischen Person und Rolle (Habitusambivalenz) (siehe dazu auch Ihsen 2010a, S. 80 ff.).

Von der Forschungsfrage, wie es gelingen kann, mehr Frauen in die Ingenieurwissenschaften zu integrieren, entwickelte sich die Geschlechterforschung immer stärker in Richtung einer Analyse der technischen Fachkulturen (in Wirtschaft und Wissenschaft) selbst mit ihren Inklusions- und Exklusionsmechanismen (vgl. Paulitz 2010, S. 789 f.) und Wechselwirkungen von gewachsenen (Fach-)Kulturen auf Angehörige verschiedener Gruppen (vor allem derzeit beider Geschlechter, mit verschiedenen Herkunftskulturen, Generationen) (vgl. Bourdieu 1982, S. 279; Engler 1993; Ihsen 1996; Ihsen et al. 2010). Auch hochschuldidaktische Themen lassen sich in dieses Themenfeld einordnen, so etwa die Frage, welcher inhaltliche und didaktische Zuschnitt Studiengänge für beide Geschlechter attraktiv sein lässt (vgl. Schwarze/Webler 1998; Schwarze 2006; Ihsen/Schneider/Gebauer 2010; Ihsen 1999). Viele Unternehmen gehen inzwischen davon aus, dass sich auch qualitativ Produkte und Prozesse von der Entwicklung bis zur Vermarktung verändern, wenn sich statt der bisherigen, relativ alters- und kulturhomogenen Männergruppen, gemischte Teams mit den Wünschen von Kundinnen und Kunden befassen (vgl. Bessing et al. 2006). Inzwischen liegt eine Vielzahl von Studien vor, die zeigen, dass und wie sich die spezifische Fach- und Organisationskultur in der Gestaltung der einzelnen Studien- und Berufsprozesse widerspiegelt und welche Auswirkungen dies auf die Integration von Frauen hat (vgl. u. a. Mooraj 2002; Wolffram 2003; Ihsen et al. 2006; Könekamp 2007; Derboven/Winker 2010; Ihsen et al. 2010; Struwe 2010).

Aus der Sicht feministischer Wissenschafts- und Technikforschung identifiziert Sandra Harding (2010) fünf Hauptkriterien, die sich aus ihrer Sicht für die Geschlechterforschung zur Analyse der traditionellen Technikkultur anbieten: sexistische und androzentrische Diskriminierung durch Prozesse und Ergebnisse der Forschung (beispielsweise in der Medizin und Pharmazie, in denen Ergebnisse aus Untersuchungen und Tests an Männern verallgemeinernd auf Menschen beiderlei Geschlechts ausgelegt werden), soziale Strukturen der Wissenschaft (von der historisch späten Zulassung von Frauen, über genderspezifisch unterschiedliche Zitationen und andere Aufstiegsbarrieren bis hin zur ausschließlichen Zuweisung der Familienverantwortung an Frauen), wissenschaftliche Ausbildung (‚doing science' als Ausprägung eines bestimmten wissenschaftlichen Berufshabitus, der Frauen nur unter Vorbehalt zuerkannt wird), Epistemologie und Wissenschaftstheorie (in der Darstellung des Erkenntnisgewinns als ‚kulturneutral' und ‚objektiv') sowie Technologiegestaltung. Zu diesem letzten Punkt führt sie aus, dass sich erst mit der stärkeren Einbeziehung von Frauen in Technikforschung und -gestaltung auch der Fokus der Technikforschung selbst von der Hardware hin zu Prozessen des technischen Wandels verschoben habe (Harding 2010, S. 315). Dies wiederum führe zu Veränderungen an der Hardware, bei den für die Produktion der Hardware als notwendig erachteten Fähigkeiten und bei der Organisation von Arbeitsabläufen in dieser Produktion. Größtmöglicher Wandel entstehe dann, wenn die heute als Diversityaspekte (Geschlechter, Klassen, kulturelle Hintergründe usw.) definierten Merkmale berücksichtigt würden.

Während der wissenschaftliche Mainstream (nicht nur) in Ingenieur- und Naturwissenschaften noch immer davon ausgeht, dass Forschung und Entwicklung, aber auch die technischen Produkte ‚kulturneutral', also unabhängig davon sind, wer sie erforscht und entwickelt, geht die heutige genderorientierte Technikforschung davon aus, dass die Forschungsergebnisse in Abhängigkeit zu den Forschenden zu verstehen sind (vgl. Harding 2010, S. 315; Schiebinger 2000). Als ein wesentliches Element in der Aufrechterhaltung dieser ‚Kulturneutralität' beschreibt Donna Haraway (1995) einen historisch gewachsenen Dualismus Kultur/Natur und Subjekt/Objekt. Während einerseits noch immer unterschwellig und meist unreflektiert eindeutige Zuordnungen und Grenzziehungen, z. B. bestimmte Attribute einzelnen Geschlechtern zuzuweisen, vorgenommen werden, seien in einigen naturwissenschaftlich-technischen Forschungsfeldern selbst derartige Gegenüberstellungen bereits überholt. So finden sich selbst in der aktuellen Robotikforschung längst auch kulturelle und biologische Implikationen.

25.2.2 Mögliche Ansatzpunkte der Geschlechterforschung

Der begonnene Paradigmenwechsel in den Ingenieurwissenschaften (prozessorientiert, stärker interdisziplinär ausgerichtet) führt zu einer stärkeren Respektierung vielfältiger

Fähigkeiten und Interessen in Bezug auf Technik (Diversity) und damit auch der Gender-perspektive. Je anwendungsorientierter Lehre und Forschung sind, umso stärker wird auf unterschiedliche Kundengruppen Bezug genommen und Studierende lernen schon früh Methoden, wie sie heraus finden können, was Käuferinnen und Käufer wünschen (vgl. Bessing et al. 2006).

Ein weiterer konkreter Ansatzpunkt ist die Erkenntnis, dass der demografische Faktor und der bereits jetzt starke Fachkräftemangel in technischen Berufen nicht länger durch die Rekrutierung immer der gleichen Zielgruppe (jung, weiß, männlich) aufzuhalten ist. Nach Jahren der Beteiligung am Girls' day, der Durchführung eigener Motivationsveranstaltungen für Schülerinnen und viel Öffentlichkeitsarbeit in diesem Themenfeld stellen die ingenieurwissenschaftlichen Fakultäten fest, dass die Begeisterung für technische Studiengänge und Berufe bei jungen Frauen noch immer mehr als verhalten ist. Dies führt zu zwei Verhaltensweisen: zum einen zur selbstkritischen Hinterfragung der eigenen Kultur, zum anderen zu einer eher resignativen Verweigerungshaltung ('sie wollen einfach nicht').

Ein elementarer Ansatz für die Erschließung neuer Zielgruppen ist die Aktualisierung des in der Gesellschaft vorherrschenden Berufsbildes. In der gesellschaftlichen Vorstellungswelt sind Ingenieurinnen und Ingenieure noch immer auf je eine Technik fixiert, unkommunikativ, langweilig: schlicht 'Nerds'. Die Fakultäten registrieren, dass dieses Bild der Realität gar nicht mehr entspricht, aber immer weiter reproduziert wird. Gleichzeitig nehmen sie sich selbst als ungeeignet wahr, mit einer modernen und aussagekräftigen Öffentlichkeitsarbeit gegen ihr veraltetes Berufsbild anzugehen – auf etlichen Internetseiten technischer Fachbereiche und Fakultäten kommen Menschen, ob in beruflichen Situationen oder bei der Techniknutzung, ja auch gar nicht vor.

25.3 Geschlechtergerechtigkeit unter besonderer Berücksichtigung des Aspekts der Geschlechterkonstruktion und -dekonstruktion

In den Ingenieurwissenschaften ist der Eindruck noch immer verbreitet, dass es sich um geschlechterneutrale Studieninhalte handelt, eine Integration von Genderaspekten in die Ingenieurausbildung also entfallen kann. In aller Regel schließt diese Auffassung auch die Einstellung ein, dass die traditionellen Lehr- und Lernmethoden (Vorlesung, Übung, Praktika) das (genderneutrale) Mittel der Wahl bleiben.

Unberücksichtigt bleibt dabei, dass Lehrende und Studierende durch den organisationalen Rahmen und die darin herrschenden Spielregeln eine, meist unbewusste, Reproduktion des Bestehenden vollziehen. Es entwickelt sich eine eigene (Fach-)Sprache, eine spezielle Art des Denkens und Herangehens an Probleme, im weiteren Sinne ein berufsbezogenes Selbstverständnis (Habitus) mit allen auch unterschwelligen Spielregeln einer mehr oder weniger in sich geschlossenen Community (Ihsen 1999, S. 62). Dieser Prozess geschieht über Integration und Selektion im Sinne einer stereotypen Auswahl verschiedener Leitideen zuungunsten anderer Möglichkeiten (vgl. Rehberg 1992, S. 12 ff.). Diese

Spielregeln im Sinne eines ‚heimlichen Lehrplans‘ regulieren die Mitgliedschaft. Dies gilt wohlgemerkt für alle akademischen Disziplinen, was die Kommunikation untereinander ja auch so schwierig macht.

In den Ingenieurwissenschaften kann die unreflektierte Reproduktion des traditionellen ‚heimlichen Lehrplans‘ zu einem latenten Ausschluss gerade derjenigen führen, die man zuvor versucht hat, durch frühe Motivation für den Gegenstand Technik zu gewinnen, ohne dass sie zu den traditionellen Zielgruppen gehören (vgl. Becker 2010, S. 349 ff.). Kommunikation und Reflexion sind deshalb der Kern aller zielgruppenrelevanten Veränderungen und damit auch für die Geschlechtergerechtigkeit.

25.3.1 Geschlechterkonstruktionen, ihre Wirkungen und Konsequenzen daraus

Studentinnen der Ingenieurwissenschaften, die von einem selbstverständlichen gleichberechtigten Umgang mit ihnen ausgehen (vgl. Ihsen 2007, S. 163), sammeln in Praktika und Studium, aufgrund ihrer Konfrontation mit den oben beschriebenen kulturellen Eigenschaften und unterschwelligen Spielregeln Erfahrungen darin, ‚aus dem Rahmen zu fallen‘. Sie entwickeln Lösungsansätze, sich kulturell zu integrieren, können damit aber den Konflikt zwischen Geschlechts- und Berufsrolle nur begrenzen. Da sie einen Teil der Fachkultur für sich adaptieren, entwickeln sie häufig zunächst individuelle Strategien (‚Ich bin schuld, wenn ich nicht akzeptiert werde, also kann ich es auch ändern‘), die dem allgemeinen ingenieurwissenschaftlichen Habitus entsprechen. Mit der Reflexionsleistung, dass auch noch so genaue Anpassung nicht zu der gewünschten Normalität führt, werden strukturelle Erklärungsansätze heran gezogen („Ich werde ausgegrenzt, weil ich eine Frau bin“) (vgl. Ihsen 1996, S. 114). Diese Erkenntnis kann zu verschiedenen Ergebnissen führen: zum Verlassen dieser Kultur (Studienabbrecherinnen gehen eher wegen einer nicht vollzogenen fachlichen Integration, Studienabbrecher dagegen eher wegen zu schwacher fachlicher Leistungen (vgl. Ihsen et al. 2010, S. 14 f.), zu weiteren individuellen Anpassungsbemühungen, zur inneren Immigration innerhalb der Kultur und zur konstruktiven Auseinandersetzung mit dem System.

Vor allem Hochschullehrer begegnen diesen Studentinnen häufig mit einem Gefühl der Unsicherheit. Ihnen ist unklar, ob und in welchem Rahmen sie sie gleichberechtigt oder ‚besonders‘ behandeln sollen. Hochschullehrerinnen wiederum übertragen eigene Erfahrungen aus Studium und Beruf auf die Studentinnen. Aufgrund vieler Lehrveranstaltungen mit großen Studierendenzahlen findet eine direkte Kommunikation mit den Studierenden der ersten Semester eher selten statt. Die Lehrenden treffen deshalb zunächst Annahmen über ihr Klientel. Dies umfasst deren bisherigen Wissensstand genauso wie deren Vorstellungskraft für praktische Beispiele oder eben auch deren Sicherheiten und Unsicherheiten im Studienalltag. Auch das individuelle Bild über ‚Frauen‘ spielt hier hinein. Diese Annahmen wiederum basieren auf den eigenen Studien-, Berufs-, Lebens- und Lehrerfahrungen und dem vorhandenen Reflexionsvermögen. Zur Unsicherheit der Lehrenden trägt bei, dass sie, wie oben ausgeführt, davon ausgehen, ‚neutrale‘ Lehrinhalte für

25 Geschlechterorientierte Didaktik in den Ingenieurwissenschaften   351

alle zu vermitteln, also die Lehre nicht als eine Möglichkeit für mehr Geschlechtergerechtigkeit im Fokus haben.

Viele Lehrende beiderlei Geschlechts erleben wir in den Ingenieurwissenschaften Studentinnen gegenüber als beschützend. Dies erfolgt z. B. über gezielte Nachfragen ,an die Damen', ob ein Beispiel verstanden wurde (eher bei Hochschullehrern) oder durch kontinuierliche Beobachtung und das Werben für geschlechtsspezifische Zusatzangebote (eher bei Hochschullehrerinnen). Bei den Studentinnen umgekehrt lösen diese Verhaltensweisen Unsicherheiten über ihre eigene Kompetenz aus, da sie eher als ihre Kollegen ihren eigenen Kompetenzen gegenüber unsicher sind (Ihsen et al. 2010, S. 37 ff.).

Auch bei der Frage, welche Inhalte Frauen interessieren, wird eine Geschlechterkonstruktion vorgenommen. Etliche Studien haben ergeben, dass sich Frauen eher von technischen Fragen angesprochen fühlen, wenn diese in einem Gesamtkontext eingebettet sind (vgl. Bessenrodt-Weberpals, zitiert nach Haasper/Jansen-Schulz 2008, S. 16). Diese Kontextbezogenheit gehört bisher aber nicht systematisch in die Lehrkonzepte an Hochschulen. Höchstens am Anfang und am Ende eines Semesters werden derartige Bezüge aufgezeigt, in der Zwischenzeit geht es tief in die technischen Details hinein. Allerdings zeigen eigene Studien, dass Studentinnen und Studenten gleichermaßen das Aufzeigen von Zusammenhängen interessant bzw. uninteressant finden, bzw. die Orientierung für das ,große Ganze' verlieren, wenn die Bezüge zu lange fehlen (Ihsen et al. 2010, S. 28 ff.).

Um eine Reflexion über diese Geschlechterkonstruktionen in Gang zu setzen, werden inzwischen in vielen Hochschulen und Fachbereichen/Fakultäten genderspezifische Daten und Fakten erhoben, gemeinsam mit den einschlägigen Gender Studies auch Befragungen und Projekte innerhalb der Ingenieurwissenschaften durchgeführt (vgl. Ihsen et al. 2010). Die Ergebnisse daraus führen zu einem Erkenntnisgewinn der Lehrenden über ihre Studierenden und dazu, eigene Vorstellungen und Annahmen über ,die' Studierenden mit deren Aussagen zu ,spiegeln'. In Workshops, bestehend aus Lehrenden und Studierenden, wurden z. B. die Ergebnisse des Projektes ,Spurensuche' (Ihsen et al. 2010), eine Befragung der Studierenden in den ersten Semestern an den TU9-Universitäten, einem Verbund der neun größten technisch orientierten Universitäten in Deutschland, in die Realität der ingenieurwissenschaftlichen Lehre umgesetzt. Es ging dabei konkret um die Gewinnung von mehr Studentinnen und Studenten in MINT-Fächern, die Verringerung des Drop-Outs in ingenieur- und naturwissenschaftlichen Studienfächern, Best practice für den Übergang Schule-Hochschule sowie um Best practice für die Gewinnung von Studentinnen und die Integration von heterogenen Studierendengruppen (z. B. ausländische Studierende, Studierende mit Migrationshintergrund).

Für die Beteiligten an diesen Projekten und Befragungen wird mit der expliziten Auseinandersetzung und Kommunikation über die Ergebnisse eine Entdramatisierung der Geschlechterthematik eingeleitet. Dies verdeutlichen auch die Ergebnisse der TU9-Workshops (Ihsen et al. 2010, S. 51 ff.). In den Diskussionen wird deutlich, dass es in einer zielgruppengerechten Lehre nicht ausschließlich um die Geschlechterfrage, sondern um die Identifizierung weiterer geschlechterübergreifender Personengruppen geht, für die konkrete Lehrangebote gestaltet werden müssen.

25.3.2 Geschlechtergerechtigkeit in den Ingenieurwissenschaften – didaktische Konsequenzen

In den Ingenieurwissenschaften bilden sich derzeit interdisziplinäre Forschungsbereiche heraus, die Fragestellungen und Methoden aus Ingenieur-, Natur- und Sozialwissenschaften für neue Erkenntnisse und Innovationen verbinden (vgl. Alpay et al. 2010, S. 225 ff.). Dies gilt z. B. für die Robotik, für die Energietechnik, die Sicherheitsforschung, die Nano- und Optotechnologien oder die Medizintechnik. Ingenieurinnen und Ingenieure benötigen zur Erfüllung ihrer fachlich-beruflichen Aufgaben also eine Menge interdisziplinärer und kommunikativer Kompetenzen. Der Ansatz des ‚problem based learning' wird diesen Anforderungen gerecht und beweist außerdem, dass es bereits ab dem ersten Semester möglich ist, technische Anwendungsbezüge und das Lernen der Grundlagen zu kombinieren (vgl. Du 2006, S. 35 ff.). Die Kontextbezogenheit des Lernens hinsichtlich Gesellschaftsbezug, Orientierung an Kundinnen und Kunden, Ethik und Verantwortung wird durch die Problemkomplexität integriert (vgl. Patterson et al. 2010, S. 211 ff.; Busch-Vishniac et al. 2010, S. 269 ff.). Beispiele zeigen, dass auch der Wechsel von traditionellen technischen Beispielen (Autos) auf genderneutrale Ebenen (Musik) zu einer Steigerung des Selbstbewusstseins von Frauen und ihrer selbstverständlichen Integration in die Studienfächer führen können (vgl. Thaler/Zorn 2010, S. 445 ff.). Formen des projekt oder problembasierten Lernens vermitteln Studierenden früh, dass es mehr als *eine* Perspektive auf der Welt gibt und dass auch technische Entwicklung von demokratischen Aushandlungsprozessen abhängt, die sie beeinflussen können, wenn die Spielregeln klar sind und sie die Kommunikation beherrschen. Als Nebeneffekt erleben die Studierenden anhand der verschiedenen sozialen, wirtschaftlichen, ökologischen oder politischen Schnittstellen, dass es neben den traditionellen Berufsfeldern in Wirtschaft und Wissenschaft eine Vielzahl an Berufstätigkeiten gibt, die technisches Know how mit gesellschaftlichen, wirtschaftlichen oder politischen Themen verbindet (in Organisationen und Interessensverbänden, in der Beratung, in der Ausbildung usw.).

In der Gleichstellungspolitik vieler Hochschulen sind die Ingenieurwissenschaften bisher strategisch nur unsystematisch vertreten. Dort, wo die Entscheidungen getroffen, Informationen ausgetauscht, Zahlen und Fakten diskutiert werden, finden sich Vertreter und Vertreterinnen aus Ingenieurwissenschaften meist dann, wenn sie ein persönliches Interesse am Thema haben, selten aber auch, um die jeweiligen Hochschulstrategien aus Sicht der Ingenieurwissenschaften mitzugestalten. In diesen Rahmen gehören Fragen zur Entwicklung realistischer Zielvereinbarungen zur Steigerung der Frauenanteile, Maßnahmen zur Qualitätssicherung für Einzelmaßnahmen zur Werbung und Motivation von Nachwuchs (vgl. Ihsen et al. 2010; Ihsen 2011a, S. 54 f.), veränderte Lehr- und Lernformen wie geschlechtergetrennte Lehrangebote (vgl. Tully/Jacobs 2010, S. 455 ff.) oder Teilzeitstudium, neue geschlechtersensible Recruitingmaßnahmen und schließlich eine geschlechtergerechte Personalentwicklung zu entwickeln.

Die Sensibilisierung für ihre Zielgruppen ist der Kern geschlechtergerechter Didaktik in den Ingenieurwissenschaften. In Bezug auf Geschlechtergerechtigkeit wird auch von

Genderkompetenz gesprochen (vgl. Dudeck/Jansen-Schulz 2006). Lehrenden sollte klar sein, ob die von ihnen vorgenommenen Annahmen über die Zielgruppe der Realität entsprechen. Dies umfasst die Zusammensetzung, den Wissens- und den Erfahrungshintergrund der Studierenden. Hinsichtlich des Umgangs mit Studentinnen und für den Umgang der Studierenden untereinander gilt es, eine offene, faire Lernatmosphäre zu schaffen und diese auch konsequent durchzuhalten. Zu einer soliden Genderkompetenz gehört auch, sich mit den einschlägigen wissenschaftlichen Befunden über Stereotype und Erkenntnisse hinsichtlich ‚Frauen und Technik‘ vertraut zu machen.

Die Lehrinhalte einer Lehrveranstaltung sind eingebunden in die Vorkenntnisse der Studierenden und die definierten Lehr- und Lernziele des Moduls. Die inhaltliche Aufteilung der einzelnen Lehreinheiten wiederum bietet die Möglichkeit zur geschlechtergerechten bzw. zielgruppenorientierten Gestaltung. Bei der Vorbereitung der Lehreinheiten können also Beispiele für Problemstellungen aus *verschiedenen* Lebens- und Interessenszusammenhängen eingebaut werden (vgl. Kröger 2010, S. 36 f.). So sind viele mathematische Sätze und Formeln von Personen (deren Namen sie häufig tragen) zu einer bestimmten Zeit in einem bestimmten gesellschaftlichen Rahmen entwickelt worden. Auch die Technikentwicklung selbst wird und wurde von Personen und Personengruppen voran getrieben. Die Einbindung von biografischen und historischen Zusammenhängen kann den Studierenden beim Verständnis helfen. Schließlich bleibt für jedes fachliche Thema die Frage zu klären, ob und in wie weit es Anknüpfungspunkte zu Gender bzw. Diversity anbietet, sei es durch eine sowieso gegebene Anwendungsorientierung (Wer wendet es denn an? Wer kauft es? Welche Relevanz hat die Beantwortung dieser Fragen für eine innovative Technikgestaltung?) oder in den Grundlagenfächern durch eine Kontextbezogenheit der Inhalte (Zur Lösung welcher technischen Probleme lerne ich das?). Besonders relevant ist das regelmäßige ‚Auftauchen‘ aus fachlichen Details, das (Wieder-)Herstellen des Gesamtzusammenhangs und der Relevanz für die Problemlösung (vgl. Franz 2008, S. 102 f.).

Lehr- und Lernmethoden sind in den Ingenieurwissenschaften in den ersten Semestern häufig durch Veranstaltungen mit großen Studierendenzahlen geprägt, die zunächst den Eindruck erwecken, dass außer einem Vortrag und einzelnen Fragen an das Auditorium nicht viel anderes möglich ist. Hier gilt es, ein Klima zu schaffen, das es Studierenden, auch aus der Anonymität heraus, ermöglicht, mit den Lehrenden, aber auch untereinander über das behandelte Problem ins Gespräch zu kommen (vgl. Borchard 2002, S. 22). Klar kommunizierte Spielregeln zu Beginn der Lehrveranstaltung (‚Es gibt hier keine blöden Fragen‘ oder ‚unterbrechen Sie mich ruhig, wenn etwas unklar ist, anderen wird es ähnlich gehen‘) sowie das stete Auffordern zum Dialog (vgl. Wörner 2008, S. 18), das Ernstnehmen der Teilnehmer und Teilnehmerinnen und die Befassung mit den Redebeiträgen schaffen eine aktive und offene Lernkultur (vgl. Schaeper/Wildt 2010, S. 74 f.). Mutmaßungen führen schnell zu einer Stereotypisierung und sollten zugunsten offener Fragen entfallen (‚wer von Ihnen kennt denn beim Auto …‘ statt ‚jeder hier kennt ja beim Auto …‘). Weitere aktivierende Methoden (wie Wettbewerbe um die beste/schnellste Lösung) lassen sich mit relativ geringem Zeitaufwand in Lehrveranstaltungen jedweder Größe einbauen. Sinnvollerweise passt die Prüfungsform zum Veranstaltungsdesign, d. h. wenn Studierende zum

Nachdenken und Diskutieren ermuntert werden, sollte die Prüfung ebenfalls – zumindest teilweise – aus offenen Fragen und der Möglichkeit einer Erörterung bestehen.

25.4   Ausblick

Innovationen finden nicht mehr in den Fachdisziplinen, sondern an den Grenzen und den Schnittstellen der verschiedenen Fächer statt. Gleichzeitig sollen aus verschiedenen Gründen die Studierendengruppen heterogener werden. ‚Gender‘ ist längst nicht mehr das einzige Thema, mit dem wir uns systematisch befassen müssen, geschlechtsspezifische Wahrnehmungen gehören auch zur Betrachtung von Bildungsausländerinnen und -ausländern, Bildungsinländerinnen und -inländern mit Migrationshintergrund, Studierenden verschiedener Altersgruppen und Erfahrungshintergründen usw. Unsere Lehrangebote spiegeln diese Herausforderungen aber bisher nicht systematisch wider.

Die ingenieurwissenschaftliche Fachkultur bietet viele Ansätze, zukunftsfähig zu sein – dies muss aber konsequent genutzt werden. Ingenieurwissenschaften verfügen über Pragmatismus, die Fähigkeiten und Methoden Probleme zu erkennen, zu analysieren und angemessene Problemlösungen zu entwickeln. Was sie fachlich hervorragend tun, können sie auch überfachlich. Es geht darum, diese charakteristischen Merkmale der Ingenieurwissenschaften nun auch konsequent im Bezug auf Erweiterung von Zielgruppen und einer zukunftsorientierten Ausbildung der Studierenden systematisch anzuwenden. Oder, um mit Brigitte Eckstein abzuschließen:

> An ihren Hochschulen hat die Gesellschaft die Möglichkeit, Konflikte zu bearbeiten und Lösungsmöglichkeiten unter verringertem Risiko durchzuspielen. […] Es ist die dringlichste Aufgabe der Universität gegenüber der Gesellschaft, diesen Beweis der Realisierbarkeit von Einsicht zu erbringen und damit die Wege für eine einsichtige Lösung von Konflikten zu bahnen. (Eckstein 1972, S. 155)

Literatur

Alpay, Esat/Ahearn, Alison L./Bull, Anthony M. J. (2010): Promoting cross-departmental initiatives for al global dimension in engineering education: the Imperial College experience. In: European Journal of Engineering Education, Vol. 36, No. 3, S. 225–242.

Becker, Frank Stefan (2010): Why don't young people want to become engineers? Rational reasons for disappointing decisions. In: European Journal of Engineering Education, Vol. 35, No. 4, S. 349–366.

Becker, Ruth/Kortendiek, Beate (2010) (Hrsg.): Handbuch Frauen- und Geschlechterforschung. Theorie, Methoden, Empirie. 3. Auflage. Wiesbaden: VS Verlag für Sozialwissenschaften.

Bessing, Nina/Bührer, Susanne/Drüner, Marc/Lukoschat, Helga/Neuss, Jana/Schraudner, Martina/Wehking, Solveig (2006): Gender als Innovationspotenzial in Forschung und Entwicklung, Stuttgart: Fraunhofer IRB Verlag.

Borchard, Christiane (2002): Hochschuldidaktische Weiterbildung – Akzeptanz und Wirkung. Eine Analyse am Beispiel des Bausteinprogramms WindH. Münster: LIT Verlag.

25 Geschlechterorientierte Didaktik in den Ingenieurwissenschaften

Bourdieu, Pierre (1982): Die feinen Unterschiede. Kritik der gesellschaftlichen Urteilskraft. Frankfurt a. M.: Suhrkamp Verlag.

Busch-Vishniac, Ilene/Kibler, Tom/Campbell, Patricia B./Patterson, Eann/Guillaume, Darrell/Jarosz, Jeffrey/Chassapis, Constantin/Emery, Ashley/Ellis, Glenn/Whitworth, Horace/Metz, Susan/Brainard, Suzanne/Ray, Pradosh (2010): Deconstructing Engineering Education Programmes: The DEEP Project to reform the mechanical engineering curriculum. In: European Journal of Engineering Education, Vol. 36, No. 3, S. 269–284.

Cohn, Ruth (1975): Von der Psychoanalyse zur Themenzentrierten Interaktion. Stuttgart: Klett-Cotta.

Derboven, Wibke/Winker, Gabriele (2010): Ingenieurwissenschaftliche Studiengänge attraktiver gestalten. Vorschläge für Hochschulen. Berlin, Heidelberg: Springer Verlag.

Du, Xiang-Yun (2006): Gendered practices of constructing an engineering identity in a problem-based learning environment. In: European Journal of Engineering Education, Vol. 31, No. 1, S. 35–42.

Eckstein, Brigitte (1972): Hochschuldidaktik und gesamtgesellschaftliche Konflikte. Frankfurt a. M.: Edition Suhrkamp.

Engler, Stefani (1993): Fachkultur, Geschlecht und soziale Reproduktion. Eine Untersuchung über Studentinnen und Studenten der Erziehungswissenschaft, Rechtswissenschaft, Elektrotechnik und des Maschinenbaus. Weinheim: Deutscher Studienverlag.

Franz, Ute (2008): Lehrer- und Unterrichtsvariablen im naturwissenschaftlichen Sachunterricht. Erlangen-Nürnberg: Klinkhardt Verlag.

Haasper, Ingrid/Jansen-Schulz, Bettina (2008) (Hrsg.): Key Competence: Gender. Berlin: LIT Verlag.

Haraway, Donna (1995): Situiertes Wissen. In: Die Neuerfindung der Natur: Primaten, Cyborgs und Frauen. Frankfurt a. M.: Campus Verlag, S. 73–97.

Harding, Sandra (2010): Wissenschafts- und Technikforschung: Multikulturelle und postkoloniale Geschlechteraspekte. In: Becker, Ruth/Kortendiek, Beate (2010) (Hrsg.), S. 312–321.

Ihsen, Susanne/Reichert, Birgit (1995): „Wir brauchen keine Theorie, wir brauchen eine Mistgabel". Interview zur Hochschuldidaktik mit Brigitte Eckstein. In: Oase e.V.: „Von aller Politik denkbar weit entfernt". Die RWTH – ein Lesebuch. Aachen: Röhrig Verlag.

Ihsen, Susanne (1996): Studentinnen an einer Technischen Hochschule. Zur Situation von Maschinenbau-Studentinnen an der RWTH Aachen. In: Münch, Dörte/Thelen, Elvi (Hrsg.): FORUM Frauenforschung – Vorträge aus fünf Jahren. Darmstadt: FiT Verlag, S. 107–130.

Ihsen, Susanne (1999): Zur Entwicklung einer neuen Qualitätskultur in ingenieurwissenschaftlichen Studiengängen. Ein prozeßbegleitendes Interventionskonzept. Düsseldorf, VDI-Fortschrittsberichte Reihe 16, Band 112.

Ihsen, Susanne (2007): Gender und Diversity in Ingenieurwissenschaften. In: Leicht-Scholten, Carmen (Hrsg.): "Gender and Science": Perspektiven in den Natur- und Ingenieurwissenschaften. Bielefeld: transkript Verlag.

Ihsen, Susanne (2010): Ingenieurinnen. Frauen in einer Männerdomäne. In: Becker, Ruth/Kortendiek, Beate (2010) (Hrsg.), S. 799–805.

Ihsen, Susanne (2010a): Technikkultur im Wandel: Ergebnisse der Geschlechterforschung in Technischen Universitäten. In: Bayerisches Institut für Hochschulforschung (Hrsg.): Beiträge zur Hochschulforschung. München, S. 80–97.

Ihsen, Susanne/Schneider, Wolfram/Gebauer, Sabrina (2010): Gendergerechte Curricula in den Ingenieurwissenschaften. In: News – Frauenpolitisches Forum an der TU Berlin, S. 14–15.

Ihsen, Susanne/Höhle, Ester Ava/Baldin, Dominik et al. (2010): Spurensuche! Entscheidungskriterien für Natur- bzw. Ingenieurwissenschaften und mögliche Ursachen für frühe Studienabbrüche von Frauen und Männern an den TU9-Universitäten. München: TUM Gender- und Diversity-Studies, Bd. 1.

Ihsen, Susanne/Kampmann, Birgit/Mellies, Sabine (2011) (Hrsg.): ... und kein bisschen leise! Festschrift für Prof. Barbara Schwarze. TUM Gender- und Diversity-Studies, Bd. 2, Münster: LIT Verlag.

Ihsen, Susanne (2011a): Gender & Diversity im Ingenieurwesen. In: Bach, Ursula/Jeschke, Sabina (Hrsg.): TeachING-LearnING.EU Fachtagung "Next Generation Engineering Education". RWTH Aachen, S. 51–55.

Janshen, Doris/Rudolph, Hedwig et al. (1987): Ingenieurinnen. Frauen für die Zukunft. Berlin, New York: De Gruyter Verlag.

Kahlert, Heike (2002): Feministische Wissenschaft. In: Kroll, Renate (Hrsg.): Metzler Lexikon Gender Studies Geschlechterforschung. Stuttgart, Weimar: Metzler Verlag, S. 404–406.

Kolb, David A. (1985): Learning Style Inventory. Boston: McBer and Company.

Könekamp, Bärbel (2007): Chancengleichheit in akademischen Berufen. Beruf und Lebensführung in Naturwissenschaft und Technik. Wiesbaden: VS Verlag für Sozialwissenschaften.

Kröger, Robin (2010): Studien- und Lebenspraxis internationaler und deutscher Studierender. Erfahrungen bei der Ausbildung eines ingenieurwissenschaftlichen Habitus. Wiesbaden: VS Verlag für Sozialwissenschaften.

Lewin, Kurt (1953): Resolving social conflicts: selected papers on group dynamics. Harper Verlag: New York 1948; deutsch: Die Lösung sozialer Konflikte. Ausgewählte Abhandlungen über Gruppendynamik. Bad Nauheim: Christian Verlag.

Mooraj, Margit (2002): Frauen, Männer und Technik. Ingenieurinnen in einem männlich besetzen Berufsfeld. Frankfurt a. M.: Peter Lang Verlag.

Patterson, Eann A./Campbell, Patricia B./Busch-Vishniac/Guillaume, Darrel W. (2010): The effect of context on student engagement in engineering. In: European Journal of Engineering Education, Vol. 36, No. 3, S. 211–224.

Paulitz, Tanja (2010): Technikwissenschaften: Geschlecht in Strukturen, Praxen und Wissensformationen der Ingenieurdisziplinen und technischen Fachkulturen. In: Becker, Ruth/Kortendiek, Beate (2010) (Hrsg.), S. 787–798.

Schaeper, Hildegard/ Wildt, Johannes (2010): Kompetenzziele des Studiums, Kompetenzerwerb von Studierenden, Kompetenzorientierung der Lehre. In: Hochschul-Informations-System (Hrsg.): Perspektive Studienqualität. Bielefeld: Bertelsmann Verlag, S. 64–83.

Schiebinger, Londa (2000): Frauen forschen anders. Wie weiblich ist die Wissenschaft? München: Beck Verlag.

Schwarze, Barbara/Webler, Wolff-Dietrich (1998): Lernen für Europa. Weinheim: Deutscher Studien Verlag.

Schwarze, Barbara (2006): Gender und Diversity in Ingenieurwissenschaften und Informatik. Universität Lüneburg, Vortrag auf der Tagung „Zukunft Bologna" am 25.09.2006.

Struwe, Ulrike (2010): Berufsorientierung im Spannungsfeld von Information und Beratung. Opladen, Farmington Hills: Budrich UniPress.

Thaler, Anita/Zorn, Isabel (2010): Issues of doing gender and doing technology – Music as an innovative theme for technology education. In: European Journal of Engineering Education, Vol. 35, No. 4, S. 445–454.

Tully, Deborah/Jacobs, Betty (2010): Effects of single-gender mathematics classrooms on self-perception of mathematical ability and post secondary engineering paths: an Australian case study. In: European Journal of Engineering Education, Vol. 35, No. 4, S. 455–468.

Wörner, Alexander (2008): Lehren an der Hochschule. Eine praxisbezogene Anleitung. 2. Auflage. Wiesbaden: VS Verlag für Sozialwissenschaften.

Geschlechterforschung in der Schulpädagogik

26

Martina Walther

Die Genderthematik ist in der Erziehungswissenschaft seit langem ein etabliertes Forschungsgebiet. Die differenzierte Erforschung des Bildungsprozesses in den verschiedenen Entwicklungs- und Lebensphasen des modernen Menschen und damit auch in den jeweiligen Bildungsinstitutionen erfordert eine entsprechend differenzierte bzw. akzentuierte Sicht auf das Konstrukt Geschlecht. Diese Notwendigkeit beruht nicht zuletzt auf der jeweiligen Akzentuierung der Geschlechterfrage in verschiedenen Stationen der biographischen Entwicklung sowie auf den unterschiedlichen Ansprüchen an eine professionelle Genderkompetenz der jeweiligen Praxisfelder. So sind für den wissenschaftlichen Genderdiskurs in Bezug auf die schulische Bildung und Erziehung andere Aspekte relevant als beispielsweise in der frühkindlichen Bildung oder im tertiären Bildungssektor. Aus diesem Grund wird entsprechend dem fachdidaktischen Anspruch des vorliegenden Handbuches im Folgenden die Relevanz der Kategorie Geschlecht und der Geschlechterverhältnisse für nur einen Kernbereich der Erziehungswissenschaft, die Schulpädagogik, betrachtet. Die Koedukationsthematik wird in diesem Zusammenhang allenfalls am Rande berührt, da dazu ein eigener Beitrag von Marita Kampshoff in diesem Band vorliegt.

26.1 Stand der Geschlechterforschung in der Schulpädagogik

26.1.1 Historische und soziokulturelle Entwicklung der Geschlechterforschung in der Schulpädagogik

Seit den 1970er Jahren wurden und werden Geschlechterfragen in der Schulpädagogik umfassend zum einen dahingehend diskutiert und erforscht, welche Rolle der Schule bei

---

M. Walther (✉)
Pädagogische Hochschule Schwäbisch Gmünd, Institut für Erziehungswissenschaften
Oberbettringer Straße 200, 73525 Schwäbisch Gmünd, Deutschland
E-Mail: martina.walther@ph-gmuend.de

M. Kampshoff, C. Wiepcke (Hrsg.), *Handbuch Geschlechterforschung und Fachdidaktik,*   357
DOI 10.1007/978-3-531-18984-0_26,
© VS Verlag für Sozialwissenschaften | Springer Fachmedien Wiesbaden 2012

der Entstehung von geschlechterbezogenen Bildungs- und damit auch Chancenungleich-heiten in Gesellschaft und Beruf zukommt (vgl. u. a. Nyssen 2004, S. 391 f.). Zum anderen stellt sich die Frage, wie in der und durch die Schule diesen Missständen und Diskrepanzen entgegengewirkt werden kann. Die historische Entwicklung der Geschlechterforschung in der Schulpädagogik lässt dabei eine deutliche Parallele zu den jeweiligen soziokulturellen Diskussionen und Theorien erkennen. Die Anfänge der schulpädagogischen Genderfor-schung liegen – zunächst als feministische Schulforschung – im Umfeld der Bildungsre-formbestrebungen der späten 1960er Jahre sowie im Kontext der in den frühen 1970er Jah-re einsetzenden Frauenbewegung und ihrer soziokulturellen Kritik. Bildungshistorisch ge-sehen entstand sie damit in der Übergangszeit von der Mono- zur Koedukation, in der Bil-dungsinhalte, Curricula, Lehrpläne und Schulbücher formal für Jungen und Mädchen an-geglichen wurden sowie im Zuge der Reformierung der gymnasialen Oberstufe. Zentrales Anliegen der Frauenbewegung war die Thematisierung und Analyse der gesellschaftlichen Benachteiligung der Mädchen und Frauen, im einzelnen insbesondere der Akzeptanz der Gleichwertigkeit von Frauen und Männern bzw. der Forderung nach der Gleichstellung, der Ablehnung biologistischer Erklärungsmuster für hierarchische Geschlechterverhält-nisse oder der Frage nach den Mechanismen, die mit dieser Hierarchisierung verbunden waren (vgl. u. a. Kampshoff/Nyssen 1999, S. 239 ff.). Dementsprechend lag der Schwer-punkt der schulpädagogischen Geschlechterforschung in der systematischen quantitativen und qualitativen Bildungsbenachteiligung der Mädchen sowohl durch Diskriminierung als auch durch mangelnde Unterstützung, die sich lange Zeit u. a. in geringer qualifizierten Bildungsabschlüssen und entsprechender Berufswahl dokumentierte (vgl. als Überblick Rendtorff 2006, S. 186 f.).

Die schulpädagogische Geschlechterforschung kritisierte zunächst den Defizitansatz im Mainstream der Schulpädagogik, der von biologisch bedingten Defiziten der Mädchen ausging, diesen nur einen sehr eingeschränkten Zugang zur Bildung ermöglichte und hie-rarchische Geschlechterverhältnisse zu erklären suchte. Die schulische ‚Antwort' darauf bestand bis in die 1960er Jahre hinein in getrennten Bildungseinrichtungen, Bildungszie-len, Curricula und Stundentafeln – kurz: in *einer* Form von Monoedukation. In Studien versuchte man zunächst, diese ‚Mängel' der Mädchen und ihre Benachteiligung heraus-zuarbeiten, um ihnen daran anknüpfend mit gezielter Förderung die Kompensation ihrer Defizite zu ermöglichen. Die geschlechterspezifischen Forschungsthemen umfassten u. a. die Sozialisation durch Schule, die Schulstrukturen, Leistungs- und Interessenprofile, Bil-dungsabschlüsse, Schulbuchkritik sowie schulische Kommunikation und Interaktion im Unterrichtsalltag (vgl. zusammenfassend Rendtorff 2006, S. 46 f.).

Damit ging aber ein wachsender Gleichheitsanspruch einher, dem bildungspolitisch u. a. die gleiche Schule, das gleiche Curriculum oder gleiche Lernziele „für alle" folgten. Von Seiten der feministischen Schulforschung kam nun Kritik an der einseitigen andro-zentrischen Angleichung der Anforderungen an die Mädchen an diejenigen der Jungen auf, da die modernen Lehr- und Lerninhalte sowie deren didaktische Umsetzung allein der Tradition der Jungenschulen entsprachen und damit diejenige der früheren Mädchen-bildung vernachlässigten (vgl. z. B. Kampshoff 2000, S. 10).

26 Geschlechterforschung in der Schulpädagogik

Der Defizitansatz wurde zur Zeit der Bildungsreformen aus schulpädagogischer Perspektive vom Differenzansatz abgelöst, der den geschlechterspezifischen Diskurs bis in die 1980er Jahre bestimmte: Der Akzent verlagerte sich nun auf die Betonung sowohl der Unterschiede zwischen Jungen und Mädchen als auch der Gleichwertigkeit in der Verschiedenheit. Die feministische Schulforschung arbeitete vor allem die Differenzen von Mädchen(kollektiv) und Jungen(kollektiv) heraus und entwickelte ihnen gemäße segregierende Konzepte. Untersuchungen, die auf eine grundlegende Differenz zwischen Jungen und Mädchen zielten, drehten sich beispielsweise um den spezifischen Zugang von Mädchen zu Mathematik oder Naturwissenschaften (vgl. z. B. Rendtorff 2006, S. 47).

Seit den 1980er Jahren konzentrierte sich die Kritik der feministischen Schulforschung zunehmend auf die – trotz des formalen Anspruchs von Gleichheit zwischen Jungen und Mädchen respektive von Geschlechtsneutralität – weitere latente androzentrische Ausrichtung der Schulpädagogik. Diese wurde als wesentliche Ursache der weiteren Geringschätzung der weiblichen Eigenheiten und Fähigkeiten im koedukativen Schulsystem, der Nötigung der Mädchen zur Anpassung an maskuline Normen und daraus resultierend der fortdauernden Reproduktion der gesellschaftlichen Geschlechterhierarchie kritisiert. Neben dem Aspekt der Benachteiligung der Mädchen wurde der Fokus zudem auf die Einübung in die Struktur ungleicher Wahrnehmung und Bewertung in der Schule gerichtet (vgl. Rendtorff 2006, S. 47 f., S. 186). Auch die von Beginn an die schulpädagogische Geschlechterforschung beherrschende Diskussion über die Diskrepanz zwischen dem gegenüber den Jungen deutlich höheren schulischem Bildungserfolg der Mädchen und ihrer anschließenden zu niedrigen Positionierung im Berufsleben wurde weitergeführt und ist bis in die heutige Zeit von hoher Aktualität (vgl. u. a. Statistisches Bundesamt 2010).

In Zusammenhang mit der Berufs- und Studienwahl ebenfalls von Interesse waren und sind die innerschulischen Mechanismen, die Leistungskurswahlen beeinflussen, die seit ihrer Einführung mit der Reform der gymnasialen Oberstufe in Deutschland einen geschlechtsabhängigen Bias aufwiesen. Darüber hinaus wurden Untersuchungen zu den Selbstkonzepten von Mädchen und Jungen in Bezug auf ihre generellen und speziell bzgl. ihrer fachspezifischen Leistungen und – auf der anderen Seite – Untersuchungen zu Geschlechterstereotypisierungen auf Seiten der Lehrpersonen und ihre Bedeutung für die Geschlechterverhältnisse im Unterricht durchgeführt (vgl. Nyssen 2004, S. 393).

In den 1980er Jahren vollzog sich zudem im Kontext der Formierung interdisziplinärer Geschlechterstudien auch in der Schulpädagogik ein Paradigmenwechsel vom Forschungsgegenstand ‚Mädchen/Frauen' sowohl hin zu einer erweiterten Geschlechterperspektive, die die Benachteiligung beider Geschlechter in den Blick nahm, als auch zu einer aufkommenden Jungenforschung. Mit dem Anfang der 1990er Jahre in die deutsche Schul- und Unterrichtsforschung aufgenommenen Begriff Gender sollte die Vorstellung von Geschlecht als Resultat sozialer Bedeutungszuweisungen hervorgehoben werden. Dem liegt die Auffassung zugrunde, dass Geschlecht, Geschlechterverhältnisse und Geschlechterdifferenzen in kontextbezogenen, interaktiven und kommunikativen Prozessen entstehen. Damit erfolgte zum einen eine Abkehr von der bisherigen Konzentration auf Benachteiligung versus Bevorzugung, zum anderen eine Hinwendung zu subjekt- und identitätstheoretischen Fragen sowie auf die empirische Untersuchung der Mechanismen der interaktiven Herstellung von Geschlecht in pädagogischen Handlungsfeldern (vgl. u. a. Kampshoff 2000). Für die schulpädagogische Genderforschung ist damit neben der Perspektive der Zuschreibung von Geschlecht im Rahmen der in unserer Gesellschaft tradierten Vorstellung der Zweigeschlechtlichkeit auch der Aspekt der aktiven Beteiligung der Schüler und Schülerinnen, Lehrpersonen, Schulleiter und Schulleiterinnen und der Eltern an der Reproduktion der Geschlechterkonstruktionen relevant (vgl. z. B. Breidenstein/Kelle 1998; Horstkemper 1998; Kampshoff/Walther 2010, S. 191 f.).

Darüber hinaus gewann in den 1990er Jahren in der (schulischen) Geschlechterforschung die Erkenntnis an Bedeutung, dass die Menschen nicht nur durch Gender, sondern auch durch weitere (soziale) Differenzen geprägt werden (vgl. z. B. ‚doing difference' bei West und Fenstermaker 1995) und Geschlecht aus diesem Grund in seiner Verflochtenheit und seinen Kreuzungen mit anderen Differenzlinien betrachtet werden muss (vgl. u. a. Lutz 2008, S. 570). Der aktuell diskutierte Intersektionalitätsansatz sieht sich dabei nicht als Ersatz der Geschlechterforschung, sondern als Orientierungsrahmen, der auch mit feministischen Theorietraditionen bzw. Theoriebildungen konform geht (vgl. z. B. Walgenbach 2010, S. 245).

26.1.2 Ansatzpunkte der Geschlechterforschung in der Schulpädagogik

Im Folgenden werden vier aktuelle Forschungsansätze der schulpädagogischen Geschlechterforschung dargelegt, die in ihrer theoretischen Fundierung, ihrem methodischen Vorgehen sowie ihren Zielsetzungen deutlich differieren, aber auch miteinander in wechselseitiger Beziehung stehen.

26.1.2.1 Fokus 1: Geschlechterdifferenzen: Die geschlechterspezifischen Analysen der nationalen und internationalen Schulleistungsstudien

Eine Vielzahl nationaler und internationaler Leistungsstudien in der Grund- und Sekundarstufe (PIRLS/IGLU, PISA, TIMSS) zeigte u. a. Leistungsdifferenzen zwischen den Geschlechtern auf. Im Folgenden sind wesentliche Ergebnisse knapp zusammengestellt (vgl. dazu ausführlich Kampshoff/Walther 2010, S. 194 ff.; OECD 2009):

Geschlechterdifferenzen werden bei den Kompetenzen in den Bereichen Lesen, Mathematik und Naturwissenschaften attestiert: Mädchen weisen überwiegend bessere sprachliche Fertigkeiten und eine höhere Lesekompetenz als Jungen auf, während die höheren Leistungserfolge der Jungen eher im mathematisch-naturwissenschaftlichen Bereich – abgesehen von Biologie – zu finden sind. Die Kompetenzunterschiede treten bereits in der Grundschule auf und nehmen im Sekundarbereich mit steigender Jahrgangsstufe zu. Dieser Effekt ist an den Haupt- und Realschulen deutlicher ausgeprägt als am Gymnasium, was zu einem großen Teil auf den höheren Mädchenanteil an letztgenannter Institution zurückzuführen ist. Die Kompetenzunterschiede zwischen den Jungen und Mädchen sind

26 Geschlechterforschung in der Schulpädagogik

zudem im Bereich Lesen wesentlich ausgeprägter als in Mathematik und den Naturwissenschaften. Es zeigt jedoch zum einen der internationale Vergleich der letztgenannten Bereiche auch Länder ohne Geschlechterdifferenzen, zum anderen unterliegen die Kompetenzunterschiede im Ländervergleich innerhalb der Bundesrepublik in allen Bereichen deutlichen Schwankungen. Bei einer dezidierten Betrachtung der einzelnen Kompetenzbereiche lassen sich Geschlechterunterschiede bei Teilkompetenzen innerhalb der einzelnen Disziplinen erkennen. Der Zusammenhang zwischen Schulleistung und Geschlecht variiert nicht nur zwischen Nationen oder Bundesländern, sondern auch innerhalb einer Schule, d. h. von Klasse zu Klasse. Dabei muss jedoch berücksichtigt werden, dass die Gruppen der Jungen oder der Mädchen keineswegs in sich homogen sind, sondern dass Lernende beiderlei Geschlechts beispielsweise gute Leistungen in mathematischen oder sprachlichen Leistungen erzielen oder demgegenüber eine positive Einstellung an den Tag legen.

Schulleistungen hängen stark mit Einstellungen, Interessen und den Selbstkonzepten der Lernenden zusammen. Während sich die Differenzen in den meisten Fächern jedoch als relativ gering erwiesen, zeigten sich interessante Befunde in der Einstellung der Jungen und Mädchen zum naturwissenschaftlichen Unterricht in der Schule: Auch dort liegen keine signifikanten Unterschiede vor. Dagegen differieren ihre Erwartungen in Hinblick auf die zukünftige Ausübung eines naturwissenschaftlichen Berufs im Alter von ca. 30 Jahren deutlich.

Die in den Analysen der Schulleistungsstudien festgestellten Geschlechterunterschiede zeigten sich gerade im internationalen Vergleich nicht als durchgängige bzw. eindeutige Überlegenheit der Mädchen oder Jungen. Gerade deswegen sind diese Untersuchungen ein wichtiges Instrument der schulischen Genderforschung, um die Ursachen ungleicher Lernchancen erkennen zu können. Interessante Anknüpfungsmöglichkeiten an die hierdurch gewonnenen Erkenntnisse zeigen sich in der englischsprachigen Forschung, die beispielsweise nicht nur nach den Ursachen für die Benachteiligung eines Geschlechts bzw. des ‚low achievement' im Bildungssystem sucht, sondern sich zudem auf das ‚underachievement' von Schülern und Schülerinnen konzentriert. Damit rückt das Bewusstsein in den Fokus, dass bei vielen Jungen und Mädchen die Leistungsfähigkeit durchaus vorhanden wäre, jedoch diese ihr Potenzial nicht ausschöpfen. Daran ansetzend wird zum einen untersucht, welche Gruppen von Schülerinnen und Schülern in welchen Bereichen hinter ihren Möglichkeiten zurückbleiben, und zum anderen, was im Schulsystem dazu beiträgt und wie dem entgegengewirkt werden kann (vgl z. B. Francis/Skelton 2005; Martino/Kehler/Weaver-Hightower 2009).

26.1.2.2 Fokus 2: Schulische Jungenforschung

Um die Jahrtausendwende kam in der Geschlechterforschung im deutschsprachigen Raum eine verstärkte interdisziplinäre Männer- und Jungenforschung auf, die seit einigen Jahren auch in der erziehungswissenschaftlichen Forschung zunehmend Aufmerksamkeit findet (vgl. z. B. Lemmermöhle et al. 2000). Bereits seit Mitte der 1990er Jahre wurden in den USA, in Australien und in Großbritannien Fragen der Männlichkeit im Bereich schulpädagogischer Forschung im Zusammenhang mit der Lesekompetenz von Jungen, Gewalt und Schikanen in der Schule, Fächerwahl, Schulsport, sexueller Identität und Schulabbruch thematisiert (vgl. Wedgwood/Connell 2008, S. 121).

Ähnliche Ansätze finden allmählich auch in Deutschland Eingang in die Schul- und Unterrichtsforschung (vgl. z. B. Budde/Mammes 2009). Eine wesentliche Ursache für das verstärkte Aufgreifen der ‚Jungendebatte' im deutschsprachigen Raum lag in der Veröffentlichung der ersten PISA-Studie, die den in vielen Bereichen höheren Bildungserfolg der Mädchen gegenüber den Jungen und damit wieder die Frage nach der Ungleichheit der Geschlechter ins Bewusstsein rückte. In jüngerer Zeit wird in verschiedenen Studien nach den Ursachen für diese Benachteiligung der Jungen gesucht, die beispielsweise als Folge einer ‚Feminisierung' der Bildung diskutiert wird. Diese Hypothese wurde mittlerweile in empirischen Studien widerlegt (vgl. z. B. Neugebauer 2011).

Marcus Weaver-Hightower konstatiert für den erziehungswissenschaftlichen Bereich jedoch zumindest für die USA, dass die Debatten bis auf wenige Ausnahmen eher populärwissenschaftlich geprägt waren und sich erst seit jüngerer Zeit akademischer Forschung öffnen, mit besonderem Augenmerk u. a. auf dem ‚underachievement of boys' bzw. den ‚failing boys' (Weaver-Hightower 2009, S. 6 ff.). Dagegen gibt es beispielsweise aus England eine Vielzahl quantitativer und qualitativer Studien zur schulischen Sozialisation von Jungen (vgl. Kampshoff 2007). Weitere mittlerweile für die Schulpädagogik adaptierte Schwerpunkte bilden die ‚Maskulinitäten' oder ‚Männlichkeiten'. Diese sich gegenseitig beeinflussenden männlichen Handlungsmuster sind in Zusammenhang mit einem (Under-) Achievement von Schülerinnen oder Schülern von hoher Relevanz (vgl. etwa Connolly 2004). Dieser Schwerpunkt wird auch von Seiten der Lehrpersonen anhand ihrer Underachievement-Konstruktionen untersucht. So kommen Susan Jones und Debra Mayhill (2004) zu dem Ergebnis:

> There is an inherent dualism in what teachers are saying here. By identifying more boys as underachievers, they could be seeing potential in lower achieving boys and failing to see potential in lower achieving girls. At the same time, teachers voice a contradictory, negative construction of boys, a deficit model, which problematizes boys and idealizes girls. (S. 542)

Auffallend beim ‚boy turn' im deutschsprachigen Raum ist die bislang geringe Integration weiterer Differenzlinien, wie er in der englischsprachigen Forschung längst vorgenommen wird, indem beispielsweise die Ethnizität oder Religionszugehörigkeit mit in den Blick genommen wird (vgl. u. a. Archer 2003; Archer/Francis 2008).

26.1.2.3 Fokus 3: Geschlechterdifferenzierung: Die Analysen der sozialen Konstruktionsprozesse von gender – doing gender – in der Schule

Der Ansatz der ‚sozialen Konstruktion von Geschlecht' ist keineswegs einheitlich definiert, sondern durch verschiedene theoretische und methodische Zugänge gekennzeichnet (vgl. Gildemeister 2009).

Ausgangspunkt des sozialkonstruktivistischen Ansatzes in der schulpädagogischen Genderforschung ist die Annahme, dass das Geschlecht zwar bei der Geburt anhand von äußeren (körperlichen) Geschlechtsmerkmalen zugeschrieben wird, jedoch kein stabiles Merkmal einer Person bildet. Vielmehr wird es erst durch soziale Prozesse wie beispielsweise die alltägliche Kommunikation und Interaktion im Unterricht zwischen Mädchen und Jungen, Lehrerinnen und Lehrern konzipiert, inszeniert, (re)produziert und institutionalisiert (vgl. Kampshoff/Nyssen 1999, S. 241). Gleichzeitig werden weitere Differenzlinien wie Klassen- bzw. Schichtzugehörigkeit, die Kultur und der Lebensstil wirksam (vgl. Weber 2008, S. 42 ff.) und es zeigen sich Konstruktionsprozesse im Zusammenhang mit dem Schüler- bzw. Schülerin-Sein und dem Erwachsen-Werden (vgl. Kampshoff 2000).

Die auf dem sozialkonstruktivistischen Ansatz beruhenden schulpädagogischen Untersuchungen bedienen sich vorwiegend einer ethnographischen Vorgehensweise. In den Arbeitsgruppen um Hannelore Faulstich-Wieland entstanden ethnographische Analysen des Doing Gender, die sich zunächst vorwiegend auf die Mikroebene von Schule konzentrieren. Fokussiert wird auf die Fragestellung, „[...] wie Lehrkräfte und Jugendliche in der Adoleszenz in unterschiedlich zusammengesetzten Schulklassen durch Interaktionen in verschiedenen Schulfächern Geschlecht als soziale Kategorie konstruieren und welche Interaktionen zur ‚Neutralisation‘ beitragen" (vgl. u. a. Faulstich-Wieland/Weber/Willems 2004, S. 25; Güting 2004). Wichtig ist dabei, die Differenzen wahrzunehmen und zu berücksichtigen, sie aber nicht durch die Dramatisierung von Geschlecht als tradierte Rollenzuweisungen oder Stereotypen zu verfestigen (vgl. Faulstich-Wieland 2002, S. 674 f.).

Hannlore Faulstich-Wieland, Martina Weber und Katharina Willems (2004) belegen in ihrer ethnographischen Studie „Doing Gender im heutigen Schulalltag", dass in der Schule die Kategorie Geschlecht zumindest zeitweise nicht relevant ist und es „eine Form des undoing-gender gibt – dann nämlich, wenn andere Kategorien für das Agieren bedeutsamer sind. Gerade in der Schule ist die strukturelle Eingebundenheit in das Schüler-Sein [...] so entscheidend, dass im Sinne des doing student Solidarisierungen ebenso wie Abgrenzungen in den Vordergrund treten können." (S. 222). Zudem stellen sie die Hypothese auf, dass koedukative Schulen per se durch die selbstverständliche Anwesenheit beider Geschlechter eine Form der Entdramatisierung darstellen (ebd.).

Neben dem interaktionell konstruierten Doing Gender spielen auch institutionelle Regelungen eine wichtige Rolle. Erving Goffman bezeichnet diese als „institutionelle Reflexivität" (Goffman 2001, S. 112). Aus diesem Grund ist die Berücksichtigung weiterer Ebenen der Schule in Hinblick auf die Konstruktion von Geschlecht notwendig. Studien dazu sind noch rar, erste Ergebnisse zur Bedeutung der Schulkultur für das Doing Gender liefern beispielsweise die Arbeiten von Jürgen Budde, Barbara Scholand und Hannelore Faulstich-Wieland (2008) oder Davina Höblich (2009). Letztere analysiert in ihrer empirischen Studie „Biografie, Schule und Geschlecht" (2010) die Einflüsse der Schule auf die Geschlechtersozialisation unter Einbezug verschiedener Perspektiven: Im Forschungsinteresse steht hier erstens die Frage, wie Schülerinnen und Schüler die sich ihnen bietenden Gelegenheiten zur eigenen Verortung als Mädchen und Jungen im Rahmen ihrer Geschlechtersozialisation verarbeiten. Zweitens wird in Hinblick darauf untersucht, welche Strukturen und Spielräume ihnen seitens der Schule und Lehrerpersonen u. a. durch deren Deutungen, Interpretationen und Orientierungen konkret geboten werden (siehe Höblich 2010, S. 7). Dabei kommt sie zu dem Schluss, dass eine zweiseitige Rekonstruktion nötig ist, die sowohl die möglichen Bezugskategorien der schulischen Erwartungsstrukturen als auch die individuellen biografischen Verarbeitungen von Seiten der Schülerinnen und Schüler wie auch der Lehrerinnen und Lehrer in den Blick nimmt (ebd., S. 273).

Hieran könnten sich Untersuchungen anschließen zu schulinternen Interaktionen zwischen den Lehrpersonen untereinander und zwischen den Lehrpersonen und der Schulleitung, und zwar sowohl formeller Art wie im Rahmen von Konferenzen als auch in informeller Form wie beispielsweise beim Flurtalk. Beide Arten bilden einen sehr relevanten Teil schulischer Interaktionen und damit schulischer Gendering-Prozesse.

26.1.2.4 Fokus 4: Diversität und Intersektionalität

In der nationalen und internationalen schulischen Geschlechterforschung wird konstatiert, dass sich die Unterschiede in den Schulleistungen, bei den Interessen, in der Motivation oder beim Selbstkonzept nicht allein durch das Geschlecht erklären lassen, sondern in dessen Verflechtung mit weiteren sozialen Kategorien wie dem Alter, dem sozioökonomischen Status oder dem kulturellen Hintergrund zu betrachten sind. Insbesondere die Trias Gender, Kultur/Ethnie und sozioökonomische Klasse steht in einem engen Zusammenhang mit der Bildungsbenachteiligung bzw. Chancen(un)gleichkeit (vgl. z. B. Weber 2009).

Ein analoger Perspektivenwechsel vollzog sich u. a. in der Ethnizitätsforschung von der Zuschreibung von Ethnizität hin zu der Frage, wie Ethnizität hergestellt wird. Beides – Gender und Ethnie – wird miteinander verknüpft und um weitere Differenzlinien wie sozioökonomische Klasse, Nationalität, Sexualität und Behinderung gleichwertig erweitert. Auch bei diesen Kategorisierungen ist eine jeweilige Dynamik hinsichtlich der Konstruktionsentwicklungen anzunehmen, die im jeweiligen Untersuchungskontext berücksichtigt werden muss. Durch wechselseitige Beeinflussung entwickelten sich die genderbezogenen Differenzdebatten zunehmend zu einem Differenzdenken (vgl. u. a. Allemann-Ghionda/ Bukow 2011, S. 7 f.; Lutz 2008, S. 570). Hannelore Faulstich-Wieland kommt für die Genderforschung zu der Überzeugung, dass Diversitätskonzepte helfen könnten, „die Einseitigkeiten der bisherigen Versuche geschlechterbewusster Ansätze zu überwinden" (Faulstich-Wieland 2009, S. 29). Der aktuelle Forschungsstand zur Diversität ist bisher unsystematisch und besteht aus vereinzelten Studien. Cristina Allemann-Ghionda sieht hierzu einen Forschungsbedarf (2011, S. 31), der für die schulpädagogische Forschung adaptiert folgendermaßen aussehen könnte:

1. Wie reagieren die an schulischen und unterrichtlichen Prozessen Beteiligten (Schülerinnen und Schüler, Lehrerpersonen, Schulleiterinnen und Schulleiter, Eltern, weiteres Schulpersonal) und Schulen auf Diversität?
2. Welche Strategien inszenieren sie, um Diversität zu thematisieren oder ignorieren, um ggf. damit zu interagieren?

26 Geschlechterforschung in der Schulpädagogik

3. Welche Auswirkungen haben Strategien des Umgangs mit Diversität auf Individuen und Gruppen im schulischen Kontext?

Katharina Walgenbach kritisiert an den Diskussionen um Heterogenität bzw. Diversität den Mangel eines übergeordneten Orientierungsrahmens, der unterschiedliche Fragen, theoretische Ansätze, Analyseebenen und soziale Kategorien miteinander verbindet, und sieht dieses Potenzial in der Intersektionalitätsforschung (vgl. Walgenbach 2010, S. 245 ff.).

Der Fokus der Intersektionalitätsdebatte liegt – im Gegensatz zur Diversitätsdebatte – nicht nur auf der Integration mehrerer sozialer Kategorien, sondern auch auf deren Wechselwirkungen: Soziale Unterscheidungen bewirken Hierarchien, die Menschen privilegieren bzw. benachteiligen. Dementsprechend erweitert sich das Forschungsfeld um die kritische Auseinandersetzung mit „Macht-, Herrschafts- und Normierungsverhältnisse(n), die soziale Strukturen, Praktiken und Identitäten (re-)produzieren" (siehe Walgenbach 2010, S. 246). Dies lässt sich auch für die Schulpädagogik fruchtbar machen, indem zum einen die jeweiligen Effekte und Wechselwirkungen der sozialen Kategorien und damit der unterschiedlichen bestehenden Machtstrukturen im Schul- und Unterrichtsalltag analysiert werden, zum anderen Strategien zur Veränderung dieser (un)beabsichtigten und (un)bewussten Hierarchien entworfen werden.

Eine der noch wenigen schulpädagogischen Untersuchungen mit diesem Fokus stellt die Dissertation von Monika Jäckle „Schule M(m)acht Geschlechter" (2009) dar, die sich auf Basis einer diskurstheoretischen Analyse mit diskursiven Geschlechterformationen, schulischen Machtstrategien, Modalitäten von Macht und Praktiken geschlechtlicher Subjektivierung sowie nicht-diskursiven Praktiken, die ein Geschlechterwissen transportieren, auseinandersetzt (vgl. Jäckle 2009, S. 24). Die Frage der Macht arbeitet sie dabei als konstitutiv sowohl für die Subjektivierung von Geschlecht als auch für pädagogische Beziehungen heraus (vgl. ebd., S. 22 ff.).

In einen solchen theoretischen Kontext könnten auch Ansätze der neueren Männerforschung integriert werden, die die Wechselwirkung mit weiteren Kategorien in den Blick nehmen müssten (vgl. Lutz 2008, S. 571). Anknüpfungsmöglichkeiten bieten sich hier sowohl für individuelle Differenzen als auch für die Konstruktion von Kollektivzugehörigkeiten, die in sich jedoch ebenfalls wiederum heterogen sind. Letztere untersuchte z. B. Louise Archer in ihren Studien (vgl. Archer 2003; Archer/Francis 2008).

Während die Intersektionalitätsforschung im deutschsprachigen Raum insbesondere bezogen auf die schulpädagogische Forschung noch in den Anfängen steckt, existieren in England, Amerika oder Australien bereits zahlreiche Studien, die den Zusammenhang von Geschlecht mit weiteren Strukturkategorien in Hinblick auf Benachteiligung, Bildungserfolg oder Leistungspotenzial im Bildungssystem – z. B. unter Fokussierung auf ethnische Minderheiten – analysieren. Dabei werden auch weitere Theorieansätze wie die die Zweigeschlechtlichkeit in Frage stellende Queertheorie aufgegriffen (vgl. Martino 2011; Rodriguez 2011).

26.2 Geschlechtergerechtigkeit in der Schul- und Unterrichtsforschung

Zur Bedeutung von Geschlechtergerechtigkeit gibt es sowohl verschiedene Begriffsbestimmungen als auch divergierende Ansichten. In diesem Zusammenhang stellen sich Fragen der diesbezüglichen Positionierung, die jeweils im Forschungskontext geklärt werden sollten:

Ist mit Geschlechtergerechtigkeit ein ‚den Geschlechtern gerecht werden‘ im Sinne einer Akzeptanz und Berücksichtigung der spezifischen, aber gleichwertigen Eigenarten oder Bedürfnissen der Jungen und Mädchen gemeint? Oder zielt die Interpretation auf eine ‚Gerechtigkeit für die Geschlechter‘ im Sinne von gleichen Chancen, gleichen Zielen oder Gleichberechtigung für alle Jungen und Mädchen? (vgl. z. B. Budde/Scholand/Faulstich-Wieland 2008, S. 10). Beide Aspekte – die Anerkennung und Wertschätzung sowohl der Gleichheit als auch der Verschiedenheit – greift beispielsweise die Denkfigur der ‚egalitären Differenz‘ auf (vgl. Prengel 2010).

Studien, die gezielt die Dimension ‚Geschlechtergerechtigkeit‘ oder eher ‚Ungleichheit‘ in den Blick nehmen, gibt es mittlerweile viele: Ein Überblick über eine Reihe kleinerer Untersuchungen findet sich beispielsweise in dem von Andreas Hadjar herausgegebenen Band „Geschlechtsspezifische Bildungsungleichheiten" (Hadjar 2011): Darin stellt er in der Studie „Determinanten des Geschlechterunterschieds im Schulerfolg" (S. 177–202) die Rolle der Geschlechterrollenorientierung, Schuldevianz, Einstellung der Peergruppe und Schulentfremdung bezüglich ihrer Auswirkungen auf den Schulerfolg dar. In ihrer videographischen Studie „Wie inszenieren Schüler und Schülerinnen sich im Unterricht?" beleuchten Elisabeth Grünewald, Stefanie Gysin und Dominique Braun (2011) in demselben Band schulerfolgsrelevante Verhaltensweisen und Einstellungen der Schülerinnen und Schüler sowie verschiedene Aspekte wie Diskriminierungen durch Lehrpersonen. Interessant ist dabei ihr Ergebnis, dass Diskriminierungsformen gegenüber Jungen eher im Verhalten, gegenüber Mädchen jedoch stärker in der Leistung deutlich werden (vgl. S. 231).

Nicht zuletzt sollte auch die Entwicklung von Schulmodellen zur Realisierung von Gendergerechtigkeit Erwähnung finden. Im Rahmen von Schulentwicklung wurden zahlreiche Konzepte an den Schulen entwickelt, von denen die meisten auf eine Sensibilisierung der Lehrpersonen hinsichtlich der Genderproblematik oder auf eine Veränderung der Unterrichtsmethoden, -formen und -inhalte zielen (vgl. z. B. Koch-Priewe 2001). Im Folgenden wird ein aktuelles Konzept vorgestellt, das eine andere Perspektive einnimmt, weil es auf die Ausbildung von Genderkompetenz bei den Schülerinnen und Schülern zielt: Manuela Westphal und Nora Schulze konzipierten und evaluierten das in NRW durchgeführte Projekt „Genderbeauftragte für die Schule", in dem männliche und weibliche Jugendliche in ihren Schulklassen zu Genderbeauftragten ausgebildet wurden. Diese sollten „Geschlechterstereotypen in Schule und Unterricht zu durchschauen und zu reflektieren lernen sowie daraus entstehende Benachteiligungen erkennen und zu ihrem Abbau beitragen können" (vgl. Schulze/Westphal 2010, S. 207). Interessanterweise stellten sie zwar eine Veränderung der Geschlechterbilder bei den Teilnehmerinnen und Teilnehmern, aber auch eine Fokussierung auf die Jungenbenachteiligung fest.

26.3 Fazit und Forschungsperspektiven

Betrachtet man zusammenfassend den schulpädagogischen Genderdiskurs, lässt sich festhalten, dass sich zwar immer wieder Perspektivenwechsel vollzogen, die zu einer Minderung der Benachteiligung bestimmter Gruppen führten, auf der anderen Seite Geschlechtergerechtigkeit nach wie vor nicht gegeben ist und die Anliegen der ‚ersten Stunde' – wenn auch unter anderen Schwerpunktsetzungen und Wendungen – noch immer von hoher Aktualität sind. Ein wesentlicher Ertrag der schulpädagogischen Genderforschung ist, dass sie immer wieder vor Augen führte und führt, wie relevant die Kategorie Geschlecht für die Reproduktion von Bildungsungleichheit und damit auch von soziokulturellen Hierarchien ist. Zudem bewirkte sie, dass die Unterschiede zwischen den Schülern und Schülerinnen zunächst durch die Berücksichtigung der Analysekategorie Geschlecht, mittlerweile auch in ihrer Verflechtung mit weiteren Kategorien, auf den verschiedenen Ebenen von Schule höhere Beachtung finden. Letzteres lässt sich von zwei Seiten her beobachten: Zum einen erfolgt in Themen der Unterrichts- und Schulforschung eine generelle Erweiterung der Geschlechterperspektive um weitere Kategorien, die einerseits zu einer Relativierung der Kategorie Geschlecht führen, andererseits dieser Kategorie in einem intersektionalen Ordnungsrahmen durchaus weiterhin ihren Platz einräumt. Zum anderen findet zwar eine Ausdifferenzierung der Geschlechterforschung in Mädchen- und Jungenforschung statt, die jedoch ebenfalls – so der angelsächsische Trend – den Blick auf die Heterogenität innerhalb eines Geschlechts wendet und sowohl genderintern als auch geschlechtsübergreifend weitere Kollektivzugehörigkeiten konstruiert oder aber stärker auf individuelle Differenzen fokussiert. Diese Tendenzen eröffnen ein sehr breites künftiges Forschungsfeld.

Weitere Forschungsdesiderate liegen beispielsweise in einer Bündelung der vorhandenen empirischen Ergebnisse, aber auch in der Verbindung der bisherigen Erkenntnisse der „Doing-Gender-Forschung" mit den Resultaten der auf Geschlechterdifferenzen konzentrierten Studien.

Ebenfalls eine Entwicklungsmöglichkeit weiterer Forschung könnte – nicht zuletzt in Zusammenhang mit der Diskussion um die ‚Feminisierung der Bildung' – in der Professionsforschung liegen. Die Ergebnisse verschiedener empirischer Untersuchungen lassen den Schluss zu, dass geschlechterbezogene Leistungsdifferenzen zumindest partiell auf unterschiedliche Leistungserwartungen und Stereotype der Lehrkräfte gegenüber den Schülern und Schülerinnen zurückzuführen sind (vgl. z. B. Ludwig 2007). Dazu wären weitere Analysen des konkreten pädagogischen Handelns der Lehrpersonen sowohl im Klassenzimmer als auch generell in schulinternen Interaktionen sinnvoll, ebenso Untersuchungen zu deren Genderwahrnehmung und Genderbewusstsein. Denkbar wären in diesem Zusammenhang auch vertiefte Untersuchungen der Schulkulturen.

Auf Ebene der Unterrichtsforschung könnten – ebenfalls unter Rückgriff auf die Erkenntnisse aus der ‚Doing-Gender-Forschung' und der ‚Genderdifferenz'-Forschung – gezielte Analysen zu Lernarrangements bzw. adäquater Leistungserhebung und -beurteilung erfolgen.

An den Schulen finden zwar zahlreiche Bemühungen zu einer Verbesserung der Gendergerechtigkeit statt. In vielen Fällen finden die wissenschaftlichen Erkenntnisse jedoch keinen Eingang in die pädagogische Praxis. Hierbei wären auch von Seiten der Schulpädagogik Maßnahmen zu einer verbesserten Verzahnung zu entwickeln.

Literatur

Allemann-Ghionda, Cristina/Bukow, Wolf-Dietrich (Hrsg.) (2011): Orte der Diversität. Formate, Arrangements und Inszenierungen. Wiesbaden: VS Verlag für Sozialwissenschaften.

Archer, Louise (2003): Race, masculinity and schooling. Muslim boys and education. London: Open University Press.

Archer, Louise/Francis, Becky (2008): Understanding Minority Ethnic Achievement. Race, gender, class and 'success'. London, New York: Routledge.

Breidenstein, Georg/Kelle, Helga (1998): Geschlechteralltag in der Schulklasse. Ethnographische Studien zur Gleichaltrigenkultur. Weinheim und München: Juventa.

Budde, Jürgen (2005): Männlichkeit und gymnasialer Alltag. Doing Gender im heutigen Bildungssystem. Bielefeld: Transkript.

Budde, Jürgen/Mammes, Ingelore (Hrsg.) (2009): Jungenforschung empirisch. Zwischen Schule, männlichem Habitus und Peerkultur. Wiesbaden: VS Verlag für Sozialwissenschaften.

Budde, Jürgen/Scholand, Barbara/Faulstich-Wieland, Hannelore. (2008): Geschlechtergerechtigkeit in der Schule. Eine Studie zu Chancen, Blockaden und Perspektiven einer gendersensiblen Schulkultur. Weinheim, München: Juventa.

Connolly, Paul (2004): Boys and Schooling in the Early Years. London: RoutledgeFalmer.

Faulstich-Wieland, Hannelore (2002): Schule und Geschlecht. In: Helsper, Werner/Böhme, Jeanette (Hrsg.): Handbuch der Schulforschung. Opladen: Leske + Budrich, S. 647–670.

Faulstich-Wieland, Hannelore (2009): Geschlechterforschung in der Erziehungswissenschaft. In: Faulstich – Wieland, Hannelore (Hrsg.): Enzyklopädie Erziehungswissenschaft (EEO), Fachgebiet Geschlechterforschung. Weinheim und München: Online: www.erzwissonline.de, 02.08.2011.

Faulstich-Wieland, Hannelore/Weber, Martina/Willems, Katharina (2004): Doing Gender im heutigen Schulalltag. Empirische Studien zur sozialen Konstruktion von Geschlecht in schulischen Interaktionen. Weinheim, München: Juventa.

Francis, Becky/Skelton, Christine (2005): Reassessing Gender and Achievement. Questioning Contemporary Key Debates. New York: Routledge.

Gildemeister, Regine (2009): Soziale Konstruktion von Geschlecht. Theorieangebote und offene Fragen. In: Faulstich – Wieland, Hannelore (Hrsg.): Enzyklopädie Erziehungswissenschaft (EEO), Fachgebiet Geschlechterforschung. Weinheim, München: Online: www.erzwissonline.de, 05.08.2011.

Goffman, Erving (2001): Interaktion und Geschlecht. Frankfurt a. M., New York: Campus.

Grünewald, Elisabeth/Gysin, Stefanie/Braun, Dominique (2011): Wie inszenieren Schüler und Schülerinnen sich im Unterricht? In: Hadjar, Andreas (Hrsg.): Geschlechtsspezifische Bildungsungleichheiten. Wiesbaden: VS Verlag für Sozialwissenschaften.

Güting, Damaris (2004): Soziale Konstruktion von Geschlecht im Unterricht. Bad Heilbrunn: Klinkhardt.

Hadjar, Andreas (Hrsg.) (2011): Geschlechtsspezifische Bildungsungleichheiten. Wiesbaden: VS Verlag für Sozialwissenschaften.

Höblich, Davina (2010): Biografie, Schule und Geschlecht. Bildungschancen von SchülerInnen. Wiesbaden: VS Verlag für Sozialwissenschaften.

26 Geschlechterforschung in der Schulpädagogik

Horstkemper, Marianne (1998): Von der „Bestimmung des Weibes" zur „Dekonstruktion der Geschlechterdifferenz", Theoretische Ansätze zu Geschlechterverhältnissen in der Schule. In: Die Deutsche Schule, 90. Jg., H.1, S. 10–26.

Jäckle, Monika (2009): Schule M(m)acht Geschlechter. Eine Auseinandersetzung mit Schule und Geschlecht unter diskurstheoretischer Perspektive. Wiesbaden: VS Verlag für Sozialwissenschaften.

Jones, Susan/Myhill, Debra (2004): Seeing things differently: teachers' constructions of underachievement. In: Gender and Education 16 (4), S. 531–546.

Kampshoff, Marita (2000): Doing gender und Doing pupil – erste Annäherungen an ein komplexes Thema. In: Lemmermöhle, Doris/Fischer, Dietlind/Klika, Dorle/Schlüter, Anne (Hrsg.) (2000): Lesarten des Geschlechts. Zur De-Konstruktionsdebatte in der erziehungswissenschaftlichen Geschlechterforschung. Opladen: Leske + Budrich, S. 189–204.

Kampshoff, Marita (2007): Geschlechterdifferenz und Schulleistung. Deutsche und englische Studien im Vergleich. Wiesbaden: VS Verlag für Sozialwissenschaften.

Kampshoff, Marita/Nyssen, Elke (1999): Schule und Geschlecht(erverhältnisse) – Theoretische Konzeptionen und empirische Analysen. In: Rendtorff, Barbara/Moser, Vera (Hrsg.): Geschlecht und Geschlechterverhältnisse in der Erziehungswissenschaft. Eine Einführung. Opladen: Leske + Budrich, S. 223–246.

Kampshoff, Marita/Walther, Martina (2010): Mädchen und Jungen in der Schule. In: Mägdefrau, Jutta (Hrsg.): Schulisches Lehren und Lernen. Pädagogische Theorie an Praxisbeispielen. Bad Heilbrunn: Klinkhardt, S. 190–211.

Klein, Susan S./Richardson, Barbara/Grayson, Dolores A./Fox, Lynn H./Kramarae, Cheris/Pollard, Diane S./Dwyer, Carol Anne (Hrsg.) (2007): Handbook for Achieving Gender Equity Through Education. London: Routledge.

Koch-Priewe, Barbara (Hrsg.) (2001): Schulprogramme zur Mädchen- und Jungenförderung: Die geschlechterbewusste Schule. Weinheim: Beltz.

Lemmermöhle, Doris (2004): Arbeit und soziale Ungleichheit. In: Glaser, Edith/Klika, Dorle/Prengel, Annedore (Hrsg.): Handbuch Gender und Erziehungswissenschaft. Bad Heilbrunn: Klinkhardt, S. 237–254.

Ludwig, Peter H. (2007): Pygmalion zwischen Venus und Mars. Geschlechterunterschiede in schulischen Lernleistungen durch Selbsterfüllung von Erwartungen. In: Ludwig, Peter H./Ludwig, Heidrun (Hrsg.): Erwartungen in himmelblau und rosarot. Effekte, Determinanten und Konsequenzen von Geschlechterdifferenzen in der Schule. Weinheim, München: Juventa, S. 17–60.

Lutz, Helma (2008): Migrations- und Geschlechterforschung: Zur Genese einer komplizierten Beziehung. In: Becker, Ruth/Kortendiek, Beate (Hrsg.): Handbuch Frauen- und Geschlechterforschung. Theorie, Methoden, Empirie. Wiesbaden: VS Verlag für Sozialwissenschaften, S. 565–573.

Martino, Wayne (2011): Queer Masculinities in Male Elementary School Teachers Lives. In: Landreau, John/Rodriguez, Nelson: Queer Masculinities. A Critical Reader in Education. Amsterdam, London, New York: Springer.

Martino, Wayne/Kehler, Michael/Weaver-Hightower, Marcus B. (2009): The Problem With Boys' Education. Beyond The Backslash. New York: Routledge.

Neugebauer, Martin (2011): Werden Jungen von Lehrerinnen bei den Übergangsempfehlungen für das Gymnasium benachteiligt? In: Hadjar, Andreas (Hrsg.): Geschlechtsspezifische Bildungsungleichheiten. Wiesbaden: VS Verlag für Sozialwissenschaften, S. 235–260.

Nyssen, Elke (2004): Gender in den Sekundarstufen. In: Glaser, Edith/Klika, Dorle/Prengel, Annedore (Hrsg.): Handbuch Gender und Erziehungswissenschaft. Bad Heilbrunn: Klinkhardt, S. 389–409.

OECD (Hrsg.) (2009): Equally prepared for life? How 15-year-old boys and girls perform in school. Paris. Online: http://www.oecd.org/dataoecd/59/50/42843625.pdf, 28.07.2011.

Prengel, Annedore (2010): Egalitäre Differenz in der Bildung. In: Lutz, Helma/Wenning, Norbert (Hrsg.): Unterschiedlich verschieden. Differenz in der Erziehungswissenschaft. Wiesbaden: VS Verlag für Sozialwissenschaften, S. 93–107. Online: http://www.pedocs.de/volltexte/2010/2621/pdf/Prengel_Annedore_Egalitaere_Differenz_in_der_Bildung_D_A.pdf, 10.11.2011.

Rendtorff, Barbara (2006): Erziehung und Geschlecht. Stuttgart: Verlag W. Kohlhammer.

Schulze, Nora/Westphal, Manuela (2011): Schüler und Schülerinnen als Genderbeauftragte an Schulen: Ein Modellprojekt. In: Krüger, Dorothea (Hrsg.): Genderkompetenz und Schulwelten. Wiesbaden: VS Verlag für Sozialwissenschaften, S. 207–228.

Skelton, Christine/Francis, Becky/Smulyan, Lisa (Hrsg.) (2006): The SAGE Handbook of gender and education. London: SAGE.

Statistisches Bundesamt (2010): Bildungstand der Bevölkerung. Online: http://www.destatis.de/jetspeed/portal/cms/Sites/destatis/Internet/DE/Content/Publikationen/Fachveroeffentlichungen/BildungForschungKultur/Bildungsstand/BildungsstandBevoelkerung5210002107004,property=file.pdf, 15.09.2011.

Walgenbach, Katharina (2010): Postscriptum: Intersektionalität – Offenheit, interne Kontroversen und Komplexität als Ressourcen eines gemeinsamen Orientierungsrahmens. In: Lutz, Helma/Vivar, Maria T. H./Supik, Linda (Hrsg.): Fokus Intersektionalität. Bewegungen und Verortungen eines vielschichtigen Konzeptes. Wiesbaden: VS Verlag für Sozialwissenschaften, S. 245–256.

Weaver-Hightower, Marcus B. (2009): Issues of Boys' Education in The United States: Diffuse Contexts And Futures. In: Martino, Wayne/Kehler, Michael/Weaver-Hightower, Marcus B. (Hrsg.) (2009): The Problem With Boys' Education. Beyond The Backlash. New York: Routledge, S. 1–35.

Weber, Martina (2008): Intersektionalität sozialer Unterscheidungen im Schulalltag. In: Seemann, Malwine (Hrsg.): Ethnische Diversitäten, Gender und Schule. Geschlechterverhältnisse in Theorie und schulischer Praxis. Oldenburg: BIS Verlag, S. 41–59.

Weber, Martina (2009): Zuweisung geschlechtlicher und ethnischer Zugehörigkeiten im Schulalltag. In: King, Vera/Koller, Hans-Christoph (Hrsg.): Adoleszenz – Migration – Bildung. Wiesbaden: VS Verlag für Sozialwissenschaften, S. 213–224.

Wedgwood, Nikki/Connell, RW (2008): Männlichkeitsforschung: Männer und Männlichkeiten im internationalen Forschungskontext. In: Becker, Ruth/Kortendiek, Beate (Hrsg.): Handbuch Frauen- und Geschlechterforschung. Theorie, Methoden, Empirie. Wiesbaden: VS Verlag für Sozialwissenschaften, S. 116–125.

West, Candace/Fenstermaker, Sarah (1995): Doing Difference. Gender & Society 9, S. 8–37.

Geschlechterforschung, Psychologie und ihre Didaktik

27

Gisela Steins

27.1 Einleitung

Psychologie als Wissenschaft des menschlichen Erlebens und Verhaltens untergliedert sich in verschiedene Disziplinen, solche, die Grundlagen erforschen (z. B. Allgemeine Psychologie, Entwicklungspsychologie, Sozialpsychologie, Differentielle und Persönlichkeitspsychologie) oder solche, die angewandte Fragen untersuchen (z. B. Pädagogische Psychologie, Arbeits- und Organisationspsychologie, Klinische Psychologie und Wirtschaftspsychologie). Alle Disziplinen unterscheiden sich in ihren zentralen Fragestellungen. In jeder Disziplin gibt es unterschiedliche Vorannahmen zu dem Verhalten und Erleben von Menschen. Die Wechselwirkung zwischen den zentralen Fragen der jeweiligen Disziplinen, historischem Kontext und Menschenbildern der Forschenden bestimmt, ob und wie der Kategorie Geschlecht Aufmerksamkeit bei der Erforschung psychologischer Fragestellungen zugeteilt wird. Deswegen kann hier nicht ein einfacher Überblick gegeben werden, sondern nur ein Teil der Komplexität des Forschungsstandes dargestellt werden.

Der Beitrag beschäftigt sich mit den folgenden Fragen: Ist eine geschlechtergerechte Didaktik aus der Perspektive der psychologischen Forschung notwendig? Falls ja, wie könnte sie aussehen? Wie steht es um die geschlechtergerechte Didaktik in der Wissenschaftsdisziplin Psychologie?

G. Steins (✉)
Universität Duisburg-Essen,
Fakultät für Bildungswissenschaften, Institut für Psychologie, 45117 Essen, Deutschland
E-Mail: gisela.steins@uni-due.de

M. Kampshoff, C. Wiepcke (Hrsg.), *Handbuch Geschlechterforschung und Fachdidaktik*, 371
DOI 10.1007/978-3-531-18984-0_27,
© VS Verlag für Sozialwissenschaften | Springer Fachmedien Wiesbaden 2012

27.2 Ist eine geschlechtergerechte Didaktik notwendig?

Die psychologische Forschung kommt überwiegend zu dem Schluss, dass die Unterschiede innerhalb der Geschlechtergruppen weitaus größer sind als die Unterschiede zwischen den Geschlechtern. Nur wenige, besonders von soziobiologischen Erklärungen aus den 1980er Jahren beeinflusste Forschende beharren auf angeborenen gravierenden Unterschieden (Steins 2008, S. 156; 2010, S. 16).

In der wissenschaftlichen Psychologie überwiegen derzeit interaktionistische Ansätze zur Erforschung und zum Verständnis der Variable Geschlecht. Interaktionistische Ansätze versuchen, das komplexe Zusammenwirken sozialer, psychologischer und biologischer Einflüsse zu verstehen.

Von sozialpsychologischem Interesse ist die Frage, wie Geschlecht im sozialen Kontext konstruiert wird (Hannover 2010). Um sich einem Verständnis dieses Konstruktionsprozesses zu nähern, sind Variablen wie Geschlechtsrollenstereotype und Prozesse wie Internalisierung und Aktivierung von Wissen wichtig. Immer dann, wenn das Geschlecht in einer konkreten Interaktionssituation hervorgehoben wird, werden Geschlechtsrollenstereotype aktiviert. Menschen zeigen in Übereinstimmung mit Geschlechtsrollenstereotypen in solchen Bereichen besonders stark Fähigkeitsselbstkonzepte, die gemäß Geschlechtsrollenstereotypen zu ihrem biologischen Geschlecht passen und weniger stark Selbstkonzepte in Bereichen, die mit dem jeweils anderen Geschlecht in Verbindung gebracht werden (Hannover 2010, S. 30). Da z. B. in Deutschland die meisten Menschen glauben, dass für Frauen gesellschaftlich andere Eigenschaften erwünscht sind als für Männer und bereits Kinder diesen Glauben verinnerlicht haben (Altstötter-Gleich 2004), werden diese Eigenschaften, wenn Geschlecht als Kategorie aktiviert ist, in bestimmten Kontexten als gefordert erlebt. Für Frauen sind generell Eigenschaften mehr erwünscht als für Männer, die sie als fürsorglich und emotional expressiv beschreiben (z. B. mitfühlend); für Männer sind eher Eigenschaften erwünscht, die sie als dominant und autonom charakterisieren (z. B. abenteuerlustig).

Diese Zuschreibungen entsprechen jedoch nicht der Realität. Lozo (2010, S. 53) kann nachweisen, dass die Beschreibung der Frau als emotional expressiv nicht zutreffend ist. Neuere Studien der Emotionsforschung zeigen, dass bei retrospektiven und globalen Befragungen Geschlechterstereotype wirksam werden und Männer und Frauen sich konformistisch mit gesellschaftlichen Erwartungen beschreiben, aber nicht wenn sie in der aktuellen Situation befragt werden. Zu ähnlichen Befunden kommen Forschende aus anderen Wissenschaftsgebieten der Psychologie. Das Vorhandensein hirnstruktureller und funktioneller Unterschiede zwischen Männern und Frauen bedeutet nicht, dass es Unterschiede in kognitiven Fähigkeiten geben kann oder muss (Hirnstein/Hausmann 2010, S. 81). Das Gehirn von Männern ist zwar durchschnittlich größer und schwerer als das der Frauen, aber kognitive Leistungsunterschiede treten nur in sehr speziellen kognitiven Leistungstests auf, und auch hier sind sie nicht stabil. So zeigen sich Geschlechtsunterschiede im mentalen Rotationstest nur dann, wenn Frauen wenig Selbstvertrauen im Umgang mit dieser Aufgabe haben, also ein Stereotype Threat vorliegt. Hiermit wird der Effekt bezeichnet, dass eine Gruppe oder ein Individuum aus der Angst heraus negative Stereotype über die eigene Leistungsfähigkeit zu bestätigen, tatsächlich schlechtere Leistungen bringt.

Generell zeigt die psychologische Forschung also genau das, was Haider und Malberg (2010, S. 123) für die Allgemeine Psychologie konstatieren, nämlich, dass bislang keine klaren Aussagen darüber getroffen werden können, ob geschlechtsspezifische Leistungsunterschiede einen Hinweis auf unterschiedliche Verarbeitungsmechanismen liefern. Wenn es geschlechtsspezifische Unterschiede gibt, dann sind sie in der Regel das Produkt aus psychologischen Prozessen (z. B. Selbstwirksamkeit einer Person), sozialen Faktoren (wie beispielsweise das Stereotype Threat) und biologischen Prozessen, wobei bis heute unklar ist, wie Sexualhormone die kognitive Leistung verändern können sollten.

Nun zu einem interessanten geschlechtsspezifischen Verhaltensmuster: Obwohl sich die Geschlechter in ihren Fähigkeiten statistisch nicht erkennbar unterscheiden, verlaufen die beruflichen Lebensgestaltungen gravierend unterschiedlich. Dieses Verhaltensmuster wird an der beruflichen Lebensgestaltung von Frauen und Männern, welche Psychologie als Wissenschaftsdisziplin studiert haben, deutlich.

Wie in jeder anderen Wissenschaft in Deutschland haben Frauen auch in der Psychologie spezifische Probleme, Fuß zu fassen (Billmann-Mahecha 2004; 2010, S. 397). Der Anteil der Wissenschaftlerinnen in der Psychologie war zwischen den beiden Weltkriegen in Deutschland im Vergleich mit anderen Disziplinen mit 18 % außergewöhnlich hoch. Während des Nationalsozialismus sank dieser Anteil auf 0 % und erreichte erst wieder 1970 den Stand von 1931. Obwohl heutzutage nahezu 80 % der Studierenden weiblich sind, sinkt deren Anteil mit zunehmender Qualifikationsstufe (Promotionen 60 %, Habilitationen 40 % und Professuren 25 %). Billmann-Mahecha zieht daraus den Schluss, dass es bis heute der Psychologie nicht besser als anderen Wissenschaftsdisziplinen gelingt, den Frauenanteil auf höheren Qualifikationsstufen anzugleichen. Psychologische Theorienbildung wird also mehrheitlich nach wie vor von Akteuren, nicht von Akteurinnen, vorangetrieben. Die so genannte weibliche Wissenschaft Psychologie (Betz/Fitzgerald 1987, S. 19) ist in der Realität nicht so weiblich.

Außerhalb der Universität sieht das Bild etwas differenzierter aus, jedoch vergleichbar. Frauen steigen in der Psychologie viel seltener auf als Männer (Grote et al. 2001, S. 23). Besonders stark ist dieser Unterschied in Bezug auf Spitzenpositionen. Frauen weisen sehr viel stärkere diskontinuierliche Verläufe des Berufslebens mit langen Unterbrechungen und gravierenden Veränderungen auf und sind mit der Integration von beruflichen und familiären Aufgaben sehr viel stärker befasst als Männer. Die Geschlechter sind auch in verschiedene Bereiche der Psychologie segregiert. Die Bereiche mit dem höchsten Prestige (z. B. gemessen an den Verdienstmöglichkeiten) sind die Bereiche Forschung und Lehre an der Spitze, gefolgt von Arbeits- und Organisationspsychologie. In beiden Bereichen sind Männer überrepräsentiert. Die Sparten mit dem niedrigsten Prestige sind eher von Frauen besetzt (z. B. Einrichtungen für Kinder und Jugendliche, während Männer hier eher in der Verkehrspsychologie zu finden sind). Eine der wenigen ausgewogenen Ausnahmen bildet der Bereich Psychotherapie in eigener Praxis.

Frauen arbeiten wesentlich häufiger auf Teilzeitstellen als Männer, auch gibt es mehr freiberufliche Tätigkeiten (vor allem in eigener Praxis) bei Frauen als bei Männern. 40 % aller Frauen, aber nur cirka 4 % der befragten Männer hatten ein vergleichsweise niedriges Einkommen, 53 % der Männer, aber nur 15 % der Frauen jedoch ein hohes Einkommen.

Dazu gestaltet sich spiegelbildlich die Verteilung des hohen Einkommens mit 53 % zu 15 %. Das mittlere Einkommen war gleichmäßig verteilt. Frauen, die in höhere Positionen aufsteigen, haben durchschnittlich weniger Kinder als Männer, die Karriere machen. Bei diesen Frauen ist auch der Anteil ohne Kinder höher als bei den Männern.

Trotz gleicher Fähigkeiten machen Psychologinnen durchschnittlich weniger aus ihrem beruflichen Leben als Psychologen. Wenn sie etwas daraus machen, dann wahrscheinlicher stärker auf Kosten privater Wünsche als ihre Kollegen.

Macht dieses Verhaltensmuster eine geschlechtergerechte Didaktik notwendig? Es zeigt in jedem Fall, und das ist auch über die Grenzen der Psychologie hinaus gültig, dass die Selbstwirksamkeit von Frauen in Bezug auf konkurrenzorientierte familienunfreundliche re Berufsfelder durchschnittlich schwächer ausgeprägt ist. Selbstwirksamkeit in Bezug auf die berufliche Biographiegestaltung ist also ein zentrales Thema geschlechtergerechter Didaktik. Wie kann diese nun aussehen?

27.3 Geschlechtergerechte Didaktik: Erkenntnisse aus der Psychologie für Lehr-Lern-Prozesse

27.3.1 Geschlechterkompetenz der Lehrenden

Stereotype von Lehrenden können sich auf den Lernenden im Sinne selbsterfüllender Prophezeiungen auswirken (Steins 2005, S. 56). So ist die Frage nach den jeweils aktuellen Inhalten von Geschlechterstereotypen im Lehr-Lern-Kontext interessant. Mathematik z. B. galt in Deutschland lange Zeit als unweiblich; möglicherweise ist dieser Trend bis heute geblieben und eine Ursache dafür, dass in Berufen, die mit mathematischen Kompetenzen assoziiert werden, der Männeranteil besonders hoch ist und der Frauenanteil besonders niedrig (Ziegler/Kuhn/Heller 1998, S. 217). Geschlechtergerechte Didaktik kann nur funktionieren, wenn die Vorstellungen der Lehrkräfte über die Fähigkeiten der Geschlechter nicht an Klischees ausgerichtet sind, sondern an den realen Fähigkeiten der Lernenden. Diese sind aber nicht geschlechtsspezifisch verteilt.

27.3.2 Gestaltung sozialer Situationen

Lernen spielt sich immer in sozialen Situationen ab. Deswegen ist der Erkenntnisstand aus der gruppendynamischen Forschung in Bezug auf geschlechtsspezifische Leistungen besonders weiterführend für didaktische Fragen. Die Aktivierung von Geschlechterstereotypen spielt eine große Rolle in sozialen Situationen. Aktivierende Situationsfaktoren sind beispielsweise gemischtgeschlechtliche Gruppenkonstellationen. Hier fallen die Leistungen dann besonders divergent aus, wenn Geschlechtsrollenstereotype aktiviert sind. Geschlechtshomogene Gruppen sind aufgrund der fehlenden direkten Konfrontation durch Mitglieder des anderen Geschlechts weniger anfällig für den Stereotype Threat (Hirnstein/Hausmann 2010, S. 80). Soziale Vergleiche zwischen den Geschlechtern, geschlechtstypisierte Aktivitäten und die

27 Geschlechterforschung, Psychologie und ihre Didaktik

Betonung von Aspekten physischer Attraktivität zählen zu den Situationsfaktoren, die Geschlechtsrollenstereotypen aktivieren (Boeger 2010, S. 136; Hannover 2010, S. 37; Steins 2007, S. 38). Auch müssen die schulinternen Medien sorgfältig und kritisch daraufhin untersucht werden, welche Stereotype sie wiedergeben (Bülow 2008). Soziale Lehr-Lern-Situationen sollten so gestaltet werden, dass die Zugehörigkeit zu der Kategorie Geschlecht irrelevant ist.

27.3.3 Fähigkeitseinschätzungen

In der Psychologie spielen in Lehr-Lern-Situationen Interaktionen eine große Rolle, die darauf abzielen, die Selbstwirksamkeit des Individuums in einem bestimmten Gebiet zu steigern (Steins 2008, S. 150). Die bekanntesten Methoden stammen aus der kognitiven Psychologie wie beispielsweise das sokratische Gespräch (Steins 2005, S. 164) oder ein Reattributionstraining (Ziegler/Heller 1998). Mit ihrer Hilfe sollen Personen ein realistisches Fähigkeitskonzept auf einem bestimmten Gebiet erwerben und ihren globalen Selbstwert nicht an einer bestimmten Fähigkeit festmachen. Im sokratischen Dialog werden durch herausfordernde Fragen irreale Vorstellungen auf den Prüfstand gestellt, im Reattributionstraining werden den Lernenden alle Informationen über die eigenen Fähigkeiten nahegebracht.

Für eine geschlechtergerechte Didaktik stellen diese Methoden ein sehr gutes und notwendiges Handwerkszeug dar. Die Anteile weiblicher Personen mit unrealistisch niedrigem Fähigkeitsselbstkonzept, besonders für mathematisch-naturwissenschaftliche Fächer, sind höher als die männlicher Personen, obwohl die schulischen Leistungen vergleichbar sind. Mädchen schätzen sich aber auch insgesamt bescheidener ein (Smaxwil 2008, S. 43).

Die Befunde aus der attributionstheoretischen Grundlagenforschung zeigen, dass diese Fähigkeitsselbstkonzepte Konsequenzen haben: Bei besserer Leistung empfinden Mädchen weniger positive Emotionen wie Stolz oder Freude. Bei schlechterer Leistung fühlen sie sich verantwortlicher für Misserfolge. Da sie sich insgesamt in ihren Fähigkeiten bescheidener einschätzen, neigen sie dazu, Aufgaben und Berufe zu wählen, die unterhalb ihrer Fähigkeiten bleiben. Sie streben häufiger in soziale Fachrichtungen und Berufe und dort in eher abhängige Positionen, während der männliche Zeitgenosse vermehrt Berufe mit Aufstiegschancen und Unabhängigkeitscharakter wählt, in denen Status und Gehalt eine Rolle spielen (Hannover 2010, S. 35). Das Ziel der oben erwähnten Methoden (sokratisches Gespräch und Reattributionstraining) ist es nun, mit einem Individuum ein realistisches Selbstkonzept zu erarbeiten. Beide Methoden sind sehr erfolgreich, besonders wenn sie in kleinen Gruppen angewandt werden (Tollefson 2000).

27.3.4 Positive Modelle

Die Rolle von gleichgeschlechtlichen Modellen für die eigenen Erfolgserwartungen ist bislang unklar (Hannover 2011, S. 241). Das mag auch daran liegen, dass neben den Lehrenden viele andere Modelle wirksam werden (Segal et al. 2001) und mehrere demographische Faktoren eine Rolle spielen können wie der sozioökonomische Status der Eltern

(Kulik/Ambrose 1992). Unstrittig ist jedoch, dass positive Modelle eine motivierende Rolle für Lernende haben, auch in der sekundären Sozialisation (Buunk/Peiró/Griffioen 2007; Lockwood 2006; Wood/Bandura 1989; Hall 1986). Vor allem scheinen zwei Faktoren motivierend zu sein (Lockwood/Kunda 1997): 1) Wenn das Modell für die eigenen Bedürfnisse und Ziele relevant ist und 2) wenn die beobachtende Person die Position und die Expertise des Rollenmodells für sich als erreichbar einschätzt.

Interessant ist eine Untersuchung von Gibson (2003). Demnach entwickelt sich das professionelle Selbstkonzept einer Person in den Stadien einer beruflichen Laufbahn unterschiedlich. In einem frühen Stadium der Ausbildung überwiegt der Versuch, ein realisierbares Selbstkonzept zu finden. Im mittleren Stadium wird dieses Selbstkonzept verfeinert. In einem späteren Stadium werden vor allem Informationen genutzt, um das Selbstkonzept zu erhöhen und zu bestätigen. Will man also Studierende erreichen und in Bezug auf ein realistisches Selbstkonzept beeinflussen, dann ist der Beginn des Studiums besonders wichtig. Das wird für die Herausbildung eines schulischen Selbstkonzeptes ebenfalls gültig sein.

Auch ist es interessant, die Hinweise der von Viebahn (2004, S. 93) dargestellten Forschung zur Wahrnehmung von Hochschullehrenden durch Studierende zur Kenntnis zu nehmen: Alle Studierenden fühlten sich durch die Lehre von Dozentinnen durchschnittlich mehr motiviert als durch die Lehre von Dozenten. Das Sozialverhalten der Dozentinnen ist interaktiver, zugewandter und fördert stärker die Partizipation der Studierenden. Wenn Studierende aktiver handeln, lernen sie mehr, als wenn sie passiv bleiben. Zugewandtheit und Partizipation sind wichtige Variablen des Lernerfolgs (Steins 2011, S. 518).

Zusammenfassend ist zu sagen: Aus der psychologischen Forschung lassen sich zahlreiche Erkenntnisse für eine geschlechtergerechte Didaktik ableiten. Wenn sie beherzigt werden, sollten Lehrpersonen in der Lage sein, ihre eigenen Stereotype zu identifizieren und zu revidieren und Gruppen so anzuleiten, dass in ihnen keine Geschlechterstereotype aktiviert werden. Darüber hinaus arbeiten sie an den Fähigkeitsselbstkonzepten ihrer Studierenden, falls diese unrealistisch ausfallen und zu unangemessenen Fähigkeitseinschätzungen führen. Sie sind zugewandt und aktivieren die Lernenden. Sie stellen im Lehr-Lern-Kontext ein positives Modell dar oder sorgen dafür, dass solche Modelle verfügbar sind. Hierzu müssen sie die Bedürfnisse und Ziele der Lernenden kennen. Es ist wichtig, bereits zu Beginn einer Ausbildung diese Erkenntnisse zu berücksichtigen, denn hier ist das Selbstkonzept der Lernenden noch nicht verfestigt.

27.4 Geschlechtergerechte Didaktik in der Psychologie als Wissenschaftsdisziplin

Ein zunehmender Frauenanteil in einer Disziplin wird oftmals so interpretiert, dass das Prestige des Faches sinkt (Maccoby 2000, S. 289). In diesem Sinne wurde der steigende Anteil der Psychologiestudentinnen 1995 von Baumann kritisch gesehen (Baumann 1995). Was hat sich durch den gestiegenen Frauenanteil wirklich geändert? Nicht das grundlegend wissenschaftliche Interesse der Studierenden (Gundlach/Tröster/Moschner 1999), wohl aber deren spezielle Interessen. Weibliche Studierende interessieren sich häufiger für Themen der Klinischen Psychologie und seltener für Themen der Grundlagenforschung als männliche Studierende (Gundlach et al. 1999). Sie promovieren häufiger im Fach Entwicklungspsychologie und sind in den Gebieten Methodenlehre, Forschungsmethoden und Wissenschaftstheorie unterrepräsentiert (Brack et al. 1997). Letzteres Ergebnis kann durchaus auf ein durchschnittlich geringeres wissenschaftliches Interesse hinweisen.

Hannover und Rau (2010, S. 408) weisen auf die Bedeutung einer geschlechtergerechten Instruktion am Beispiel der Statistik-Lehre im Psychologiestudium hin. Da Statistik als eine Domäne der Mathematik männlich konnotiert sei und auch die meisten Statistik-Dozenten männlich wären, weiterhin Statistik oft nur als für die Wissenschaft nützliche Disziplin wahrgenommen würde und die meisten Wissenschaftler und Wissenschaftlerinnen männlich wären, könne dies bei Studentinnen dazu führen, dass ihre Leistungen unter ihren wirklichen Fähigkeiten blieben. Es sollten mehr Statistikdozentinnen lehren, möglicherweise in einem monoedukativen Setting, um das Stereotyp von der mathematisch unbegabten Frau aufzubrechen und ein positives Rollenmodell für Studentinnen anzubieten. Die Evidenz für einen positiven Zusammenhang zwischen einem gleichgeschlechtlichen Lehrmodell und der Leistung eines Individuums ist eher schwach (Hannover 2011, S. 35). Allerdings zeigt die Forschung zu der Bedeutung von Modellen (vgl. Abschnitt 27.3.4), dass ein Angebot verschiedener positiver Modelle förderlich ist. Die Schlussfolgerung, monoedukative Lehre anzubieten, ist aufgrund der Evidenz nicht zwingend, zumal Statistik auch für männliche Studierende nicht leicht ist (Sander/Sanders 2007) und auch viele Frauen geringe Probleme mit Statistik haben.

Auch unterscheiden sich Studierende der Psychologie generell in ihren studiumsbezogenen Motiven und Bedürfnissen. Sie haben unterschiedliche Erwartungen hinsichtlich ihrer Qualifikationsarbeiten (Tröster/Gundlach/Moschner 1997) und bringen unterschiedliche persönliche Motive für ein Psychologiestudium mit (Harton/Lyons 2003).

Deswegen ist es nicht weiterführend, nur eine geschlechtergerechte Didaktik zu fokussieren. Stattdessen sollte Lehre so gestaltet werden, dass dem einzelnen Individuum möglichst die Chance eröffnet wird, seine Bedürfnisse zu reflektieren, seinen Handlungsspielraum kennen zu lernen und realistisch einzuschätzen.

Will man nun die Psychologie als Wissenschaftsdisziplin daraufhin untersuchen, ob sie selber geschlechtergerechte Didaktik praktiziert, können unterschiedliche Indikatoren herangezogen werden.

27.4.1 Fachinhalte

In der Psychologie gibt es eine Reihe von Theorien, die Geschlechterstereotype eher untermauern, denn differenzieren. Ein gutes Beispiel für Geschlechterstereotype aktivierende Theorien stellen die Anfang der 1980er boomenden evolutionären Ansätze in der Psychologie dar. In ihnen werden Männer und Frauen als genetische Maschinen verstanden, die ihren individuellen Genpool maximieren wollen und deshalb verschiedene evolutionär begründete Tricks der Täuschung verwenden, um möglichst wenig zu investieren und viel herauszuholen. Akzentuiert und wissenschaftlich begründet werden traditionelle Verhaltensweisen von Männern und Frauen wie die angeblich männliche Promiskuität und weibliche Monogamie. Kausale, empirische Belege gibt es für die Thesen der Soziobiologie nicht (Stainton Rogers/Stainton Rogers 2004, S. 35). Somit werden traditionelle Geschlechterstereotype tradiert und gelten irrtümlicherweise als wissenschaftlich belegt. Stainton Rogers et al. argumentieren, dass die evolutionären Ansätze deswegen so gut in der Gesellschaft als auch in der Psychologie als Wissenschaftsdisziplin Fuß fassen konnten, weil sie einfach sind. Sie sind so wenig komplex, dass sie uns mental nicht herausfordern und lassen sich deswegen gut verbreiten. Der theoretisch und psychologisch interessante Teil der ursprünglichen Theorie von Dawkins (1989), die Bedeutung der Meme, also die Bedeutung tradierter sozialer Konstrukte für das menschliche Erleben und Verhalten, die gengesteuerte Prozesse überformen können, wird in den gängigen Theorien innerhalb interaktionistischer Paradigmen nicht sorgfältig untersucht. Stainton Rogers et al. greifen einen Gedanken zu psychologischen Fachinhalten auf, der bereits 1983 von Wallach und Wallach ausführlich entwickelt wurde, nämlich dass die Psychologie als Wissenschaftsdisziplin auch eine inhaltliche ethische Verpflichtung hat und unbewiesene sowie unbeweisbare Behauptungen, die zu unethischen Konsequenzen führen können, vorsichtiger darstellen sollte (Wallach/Wallach 1983, S. 264). Es gibt keine Untersuchung dazu, wie die Psychologiestudierenden auf eine unkritische Vorlesung über evolutionäre Ansätze reagieren und auch keine Regeln für Lehrende, wie diese Inhalte geschlechtergerecht an Studierende herangetragen werden.

Das gilt auch für Neuerungen in der wissenschaftlichen Psychologie. Die Entwicklung der bildgebenden Verfahren hat besonders für die Neuropsychologie einen Boom gebracht. Aber auch hier gehen Forschende sehr unterschiedlich mit den aufgedeckten hirnphysiologischen Unterschieden zwischen Männern und Frauen um. Wie Hirnstein und Hausmann (2010) herausstellen, ist es nach wie vor unbekannt wie hirnphysiologische Unterschiede zu Unterschieden in kognitiven Leistungen führen können, aber das stellen nicht alle Wissenschaftler und Wissenschaftlerinnen gleich differenziert dar. Es ist unbekannt, wie Forschende diese Befunde Studierenden übermitteln und welche Auswirkungen dies auf das Selbstbild der Studierenden haben mag.

Somit hängt es letztendlich von den Forschenden und Lehrenden einer Wissenschaftsdisziplin ab, ob sie verantwortlich und d. h. sachlich und differenziert mit wissenschaftlichen Ergebnissen umgehen oder nicht.

27.4.2 Geschlechtergerechte Sprache

An der Anwendung sprachpsychologischer Erkenntnisse sieht man, dass oft eine Kluft zwischen Wissen und Handeln besteht. Ein Indikator hierfür ist der sexistische Sprachgebrauch. Es ist empirisch gut belegt, dass Sprache unsere mentalen Repräsentationen beeinflusst und die Verwendung des männlichen Genus für Gruppen, die aus Männern und

Frauen bestehen, die mentale Repräsentation der Frauen unterdrückt, also als sexistischer Sprachgebrauch bezeichnet werden kann. Dennoch finden wir in vielen Lehrbüchern der Psychologie immer noch einen sexistischen Sprachgebrauch, mitunter sogar mit der Erklärung, dass eine geschlechtergerechte Sprache zu wenig eleganten Formulierungen führen würde (siehe hierzu Nothbaum/Steins 2010, S. 410). Obwohl es hierfür sehr gute sprachliche Lösungen gibt (ebd.) unterziehen sich viele Autoren und Autorinnen nicht der Mühe, eine der vorgeschlagenen Lösungen zu verwenden. Selbst in herausgegebenen Werken zur Psychologiedidaktik für die Hochschule wird nur von einem Bruchteil der Autoren und Autorinnen eine geschlechtergerechte Sprache zu verwenden versucht (z. B. Krämer/ Preiser/Brusdeylins 2007; Steinebach 2005; Krampen/Montada 2000). Nimmt man also den Sprachgebrauch als Indikator für die Bedeutung einer geschlechtergerechten Lehre, schneidet die Psychologie als Wissenschaftsdisziplin schlecht ab.

27.4.3 Hochschuldidaktische Lehrwerke

Ein weiterer Indikator für eine geschlechtergerechte Didaktik ist die Bedeutung, die einer geschlechtergerechten Lehre in hochschuldidaktischen Schriften eingeräumt wird. Guss' (2002) verfasste kommentierte Bibliografie zur Psychologiedidaktik enthält keine einzige Arbeit zur Bedeutung von Gender für Lehr- und Lernprozesse, obwohl im Vorwort des Lehrers betont wird, dass ein möglichst breites Spektrum von konzeptuell und didaktisch verschiedenen Beiträgen dargestellt werden soll. „Dadurch soll allen Bemühungen Achtung gezollt werden, Psychologie in der rechten Weise an den Mann zu bringen. Darum haben sich alle großen Psychologen bemüht, z. B.: Aristoteles, William James und Max Wertheimer." (Guss 2002, S. 1). Eine Ausnahme von vielen durchgesehenen Didaktik-Lehrwerken stellt der in diesem Beitrag von Hannover und Rau zitierte Beitrag zur Bedeutung einer geschlechtergerechten Instruktion am Beispiel der Statistiklehre dar.

27.4.4 Lehrumgebung

Halpern (2008) beschreibt mit präzisen Zahlen, dass junge Wissenschaftlerinnen mit Babies deutlich weniger wahrscheinlich eine wissenschaftliche Karriere machen und dass Frauen in der Psychologie im Vergleich zu Männern auch weniger Kinder bekommen als sie sich wünschen. Begriffe wie ,baby gap' und ,motherhood penalty' beschreiben im amerikanischen Sprachraum dieses allgemeine strukturelle Problem. Zur gendergerechten Didaktik von Hochschulen gehört deswegen auch die Möglichkeit für junge Eltern, Lehrende wie Lernende, dass sie sich qualifizieren können ohne dass das Problem der Kinderbetreuung privatisiert wird (Steins 2004, S. 441). Durch die Mode eines starren Campusmanagements ist zu befürchten, dass die Familienfreundlichkeit von Universitäten sich noch verschlechtert.

27.4.5 Die Verankerung von Gender als Thema im Studienverlauf

Theoretisch ist ein Psychologiestudium möglich, ohne ein nennenswertes systematisches Wissen um die Bedeutung der Kategorie Geschlecht für die biographische Gestaltung zu erwerben. Wäre dieses Gebiet ein Thema und würde es differenziert gelehrt, dann hätten Studierende die Chance ihre eigenen Bedürfnisse und Motive selbstkritisch in Hinblick auf ihre Lebensplanung zu reflektieren (z. B. Kovach 1990).

27.5 Schlussbetrachtungen

Die einleitend gestellten Fragen werden nun beantwortet. Eine geschlechtergerechte Didaktik ist inhaltlich, aber nicht methodisch notwendig. Die situativen Rahmenbedingungen von Lehre sollten geschlechtergerecht gestaltet sein. Da die Geschlechter sich kognitiv (Hirnstein/Hausmann 2010) und emotional (Lozo 2010) nicht gravierend unterscheiden, sind sie grundsätzlich mit denselben Methoden erreichbar. Die Geschlechter unterscheiden sich in ihrer Selbstwirksamkeit zur beruflichen Lebensplanung. Dieses Thema muss früh reflektiert werden, spätestens zu Beginn des Studiums – insofern ist Gender als Thema entscheidend. Die geschlechtergerechte Didaktik in der Psychologie hat in diesem zentralen Punkt ihre Möglichkeiten noch nicht entdeckt.

Wenn es eine geschlechtergerechte Didaktik in der Wissenschaftsdisziplin Psychologie geben soll, dann muss sie mindestens drei Bausteine aufweisen, die als allgemeingültig angesehen werden können:

1. Sie muss eine strukturelle Grundlage haben. Sowohl die Lernenden wie auch die Lehrenden sollten wegen struktureller Gegebenheiten nicht gezwungen werden, ihre beruflichen Pläne wegen familiärer Pflichten zu vernachlässigen oder ganz aufzugeben.
2. Psychologie kann auch heute immer noch studiert werden ohne sich mit genderbezogenen Themen zu befassen. Gender wird als eine Variable unter vielen anderen aufgefasst, die als zentrales Personenmerkmal gilt. Eine Disziplin wie die Psychologie sollte aber ihren Studierenden systematisches Wissen zum Erleben und Verhalten von Menschen aufzeigen und das Geschlecht einer Person ist mit Variablen verknüpft, nach denen man systematisch das Verhalten der Menschen in Bezug auf ihre berufliche Biographie, die ein wesentlicher Bestandteil der modernen Biographie ist, vorhersagen kann (Greene/deBacker 2004). Gender ist nicht mit anderen Querschnittsthemen gleich zu setzen, sondern eine fundamentale Einflussgröße menschlicher Biographiegestaltung. Deshalb sollte Gender als Thema verpflichtend in die Curricula für die Ausbildung von Psychologen und Psychologinnen aufgenommen werden.
Gender sollte ein Thema gerade des Studienbeginns sein. Genderbezogene Reflexionen und Aktivitäten auf einer Metaebene erlauben den Studierenden selbstkritisch eigene Selbstkonzepteinschätzungen zu revidieren. Die Beschäftigung mit geschlechtsspezifi-

schen Berufsbiographien (Hoff et al. 2002) zu einem frühen Ausbildungsbeginn kann verhindern, dass Frauen bereits zu diesem Zeitpunkt ehrgeizige Berufspläne aufgeben und sich deswegen mehrheitlich auf weniger herausfordernde Stellenprofile bewerben. Um eine Ausbildungswahl zu verhindern, die unter den eigenen Fähigkeiten bleibt, müssen genderbezogene Reflexionen und Aktivitäten ausführlich in der Schule betrieben werden, und zwar schon ab dem 10. Lebensjahr.

Eigene Stereotype sollten aufgedeckt und überprüft werden: Die meisten Studierenden würden sich beispielsweise sicher nicht als frauenfeindlich bezeichnen, stellen dann aber später doch lieber Männer für eine Führungsposition ein. Also sollten sie bereits im Studium selber Forschung hierzu betreiben, die es ihnen erlaubt, ihre eigenen Vorurteile konkret zu untersuchen. Damit also herausfordernde berufliche Biographien von Frauen genauso häufig angestrebt werden wie von Männern, müssen Erstere bereits sehr früh mit den hemmenden Faktoren vertraut gemacht werden und aktiv üben, mit diesen umzugehen. Damit selbstbewusste Frauen eine Chance haben, müssen sich Stereotype bei Personen in personalstrategischen Schlüsselpositionen ändern. All das sind zentrale Themen, die nicht nur wichtig für die Psychologie sind.

3. Lehrende müssen besser in Bezug auf geschlechtergerechte Lehre ausgebildet werden. Stereotype ändern sich nicht durch Wissen, sondern durch Tun (Marrow 1977, S. 170). Lehre sollte frei von Stereotypen sein. Hier sollte die geschlechtergerechte Instruktion ein verpflichtender Bestandteil der Ausbildung von Lehrenden an Hochschulen sein und bei Hochschuldozierenden auch ein Aspekt universitärer Evaluation sein. Dazu gehört die geschlechtergerechte Sprache. Sie gibt oft Anlass zum Spott. Gerade in der Wissenschaft ist geschlechtergerechte Sprache jedoch sehr wohl möglich. Solange Lehrende sich nicht daran halten, sondern unter dem Vorwand ästhetischer Argumente die Genuswahl zugunsten der männlichen gestalten, kann von einer geschlechtergerechten Didaktik nicht die Rede sein.

Die psychologische Geschlechterforschung hat sehr differenzierte und interessante Erkenntnisse erbracht. Diese Erkenntnisse können für eine geschlechtergerechte Didaktik eine ausgezeichnete Nutzung finden, auch weit über die Psychologie hinaus.

Danksagung Herzlichen Dank meinem konstruktiven Kritiker, Dr. Norbert Nothbaum, für seine hilfreichen Anmerkungen.

Literatur

Altstötter-Gleich, Christine (2004): Expressivität, Instrumentalität und psychische Gesundheit. Ein Beitrag zur Validierung einer Skala zur Erfassung des geschlechtsrollenbezogenen Selbstkonzepts. In: Zeitschrift für Differentielle und Diagnostische Psychologie, 25, S. 123–139.

Baumann, Urs (1995): Bericht zur deutschsprachigen Psychologie 1994 – Fakten und Perspektiven. Psychologische Rundschau, 46, S. 3–17.

Betz, Nancy E./Fitzgerald, Louise F. (1987): The career psychology of women. Orlando, Florida: Academic Press.

Billmann-Mahecha, Elfriede (2004): Frauen in der wissenschaftlichen Psychologie. In: Psychologische Rundschau, 55, S. 78–86.

Billmann-Mahecha, Elfriede (2010): Die Beteiligung von Frauen an der Entwicklung der wissenschaftlichen Psychologie – ein historischer Rückblick. In: Steins, Gisela (Hrsg.): Handbuch Psychologie und Geschlechterforschung. Wiesbaden: VS Verlag für Sozialwissenschaften, S. 395–408.

Boeger, Annette (2010): Körper und Geschlecht im Jugendalter: Schlaglichter auf eine Entwicklungsaufgabe für beide Geschlechter. In: Steins, Gisela (Hrsg.): Handbuch Psychologie und Geschlechterforschung. Wiesbaden: VS Verlag für Sozialwissenschaften, S. 133–152.

Brack, Karen/Reinhardt, Susanne/Dahme, Bernhard,/Hoffmann, Beate (1997): Gibt es geschlechtsspezifische Präferenzen in der psychologischen Forschung? – Eine Untersuchung psychologischer Doktorarbeiten in der alten Bundesrepublik der Jahrgänge 1986–1990. Psychologische Rundschau, 48, S. 101–104.

Bülow, Sandra (2008): Geschlechtsstereotype in der Grundschule: Eine Studie zur Existenz, Variabilität und Konstanz von Stereotypen sowie zur möglichen Einflussgröße Lehrwerk. In Steins, Gisela (Hrsg.): Geschlechterstereotype in der Schule – Realität oder Mythos? Anregungen aus und für die schulische Praxis. Berlin: Pabst Science Publishers, S. 134–164.

Buunk, Abraham P./Peiró, José M./Griffioen, Chris (2007): A positive role model may stimulate career-oriented behavior. In: Journal of Applied Social Psychology, 37, S. 1489–1500.

Dawkins, R. (1998): The selfish gene. Oxford University Press.

Gibson, Donald E. (2003): Developing the professional self-concept: Role model construals in early, middle, and late career stages. In: Organization Science, 14, S. 591–610.

Greene, Barbara A./Teresa K. DeBacker (2004): Gender and orientation toward the future: Links to motivation. In: Educational Psychology Review, 16, S. 91–120.

Grote, Stefanie/Hoff, Ernst-H./Wahl, Anja/Hohner, Hans-Uwe (2001): Unterschiedliche Berufsverläufe, Berufserfolg und Lebensbedingungen von Frauen und Männern in zwei hochqualifizierten Berufen. In: Hildebrand-Nilshon, Martin/Hoff, Ernst-H./Hohner, Hans-Uwe (Hrsg.): Berichte aus dem Bereich „Arbeit und Entwicklung" am Institut für Arbeits-, Organisations- und Gesundheitspsychologie an der FU Berlin, Nr. 16.

Gundlach, Gisela/Tröster, Heinrich/Moschner, Barbara (1999): Sind Psychologiestudentinnen wissenschaftsfeindlich? Psychologie in Erziehung und Unterricht, 46, S. 29–40.

Guss, Kurt (2002): Kommentierte Bibliografie zur Psychologiedidaktik. Borgentreich, Ursula/Guss.

Haider, Hilde/Malberg, Ewelina D. (2010): Sollten geschlechtsspezifische Unterschiede in der Allgemeinen Psychologie berücksichtigt werden? In Steins, Gisela (Hrsg.): Handbuch Psychologie und Geschlechterforschung. Wiesbaden: VS Verlag für Sozialwissenschaften, S. 105–132.

Hall, D. T. (1986): Breaking career routines: Midcareer choice and identity development. D.T. Hall (Ed.): Career development in organizations. San Francisco, Jossey-Bass, S. 120–159.

Halpern, Diane F. (2008): Nurturing careers in Psychology: Combining work and family. In: Educational Psychology Review, 20, S. 57–64.

Hannover, Bettina (2010): Sozialpsychologie und Geschlecht: Die Entstehung von Geschlechtsunterschieden aus der Sicht der Selbstpsychologie. In Steins, Gisela (Hrsg.): Handbuch Psychologie und Geschlechterforschung. Wiesbaden: VS Verlag für Sozialwissenschaften, S. 27–42.

Hannover, Bettina (2011): Ist die Überrepräsentanz von Frauen im Bildungssystem für den geringeren Bildungserfolg von Jungen verantwortlich? In: Witte, Erich H./Doll, Jörg (Hrsg.): Sozialpsychologie, Sozialisation und Schule. Beiträge des 26. Hamburger Symposiums zur Methodologie der Sozialpsychologie. Lengerich: Pabst Science Publishers, S. 233–245.

Hannover, Bettina/Rau, Melanie (2010): Geschlechtergerechte Instruktion am Beispiel der Statistik-Lehre im Psychologiestudium. In: Spie, Christiane/Schober, Barbara/Wagner, Petra,/Reimann, Ralph (Hrsg.): Bildungspsychologie. Göttingen: Hogrefe, S. 406–409.

Harton, Helen C./Lyons, Patrick C. (2003): Gender, empathy, and the choice of the psychology major. In: Teaching of Psychology, 30, S. 19–24.

Hirnstein, Marco/Hausmann, Markus (2010): Kognitive Geschlechtsunterschiede. In: Steins, Gisela (Hrsg.): Handbuch Psychologie und Geschlechterforschung. Wiesbaden: VS Verlag für Sozialwissenschaften, S. 69–86.

Hoff, Ernst-H./Dettmer, Susanne/Grote, Stefanie/Hohner, Hans-Uwe (2002): Formen der beruflichen und privaten Lebensgestaltung. In: Hildebrand-Nilshon, Martin/Hoff, Ernst.-H./Hohner, Hans-Uwe (Hrsg.): Berichte aus dem Bereich „Arbeit und Entwicklung" am Institut für Arbeits-, Organisations- und Gesundheitspsychologie an der FU Berlin, Nr. 17.

Kovach, Barbara (1990): Sex roles and personal awareness. New York, University Press of America.

Krämer, Michael/Preiser, Siegfried/Brusdeylins, Kerstin (2007): Psychologiedidaktik und Evaluation VI. Göttingen: V&R unipress.

Krampen, Günter/Montada, Leo (2000): Nutzung alter und neuer Medien bei Literaturrecherchen von Experten: Strategien der Fachliteraturrezeption von Hochschullehrer(innen)n deutscher Psychologischer Institute. Psychologiedidaktik und Evaluation im Hauptfachstudium Psychologie. In Krampen, Günter/Zayer, Hermann (Hrsg.): Psychologiedidaktik und Evaluation II. Bonn: Deutscher Psychologen Verlag, S. 89–100.

Kulik, Carrie T./Ambrose, Maureen L. (1992): Personal and situational determinants of referent choice. In: Acad. Management Review, 17, S. 212–237.

Lockwood, Penelope (2006): „Someone like me can be successful": Do college students need same-gender role models? In: Psychology of Women Quarterly, 30, S. 36–46.

Lockwood, Penelope/Kunda, Zira (1997): Superstars and me: Predicting the impact of role models on the self. In: Journal of Personality and Social Psychology, 73, S. 91–103.

Lozo, Ljubica (2010): Emotionen der Geschlechter: Ein fühlbarer Unterschied? In Steins, Gisela (Hrsg.): Handbuch Psychologie und Geschlechterforschung. Wiesbaden: VS Verlag für Sozialwissenschaften, S. 43–54.

Maccoby, Eleanor (2000): Psychologie der Geschlechter. Stuttgart: Klett-Cotta.

Marrow, Alfred J. (1977): Kurt Lewin – Leben und Werk. Stuttgart: Klett-Cotta.

Nothbaum, Norbert/Steins, Gisela (2010): Nicht sexistischer Sprachgebrauch. In: Steins, Gisela (Hrsg.): Handbuch Psychologie und Geschlechterforschung. Wiesbaden: VS Verlag für Sozialwissenschaften, S. 409–415.

Sander, Paul/Sanders, Lalage (2007): Gender, psychology students and higher education. In: Psychology Learning and Teaching, 6, S. 33–36.

Segal, Harry G./De Meis, Debra K./Wood, Geoffrey A./Smith, Heidi L. (2001): Assessing future possible selves by gender and socio-economic status using the anticipated life history measure. In: Journal of Personality, 69, S. 57–87.

Smaxwil, Julia (2008): Geschlechtsspezifische Lern- und Motivationsprozesse – Lernen Mädchen anders als Jungen?. In Steins, Gisela (Hrsg.): Geschlechterstereotype in der Schule – Realität oder Mythos? Anregungen aus und für die schulische Praxis. Berlin: Pabst Science Publishers, S. 42–63.

Stainton Rogers, Wendy/Stainton Rogers, Rex (2004): The Psychology of Gender and Sexuality. Oxford: Open University Press.

Steinebach, Christoph (2005): Psychologie lehren und lernen. Beiträge zur Hochschuldidaktik. Heidelberg: Universitätsverlag Winter.

Steins, Gisela (2004): Arbeitsplatz Universität. Grundhaltungen gegenüber jungen Wissenschaftlerinnen und ihre Konsequenzen. In: Forschung und Lehre, 8, S. 440–441

Steins, Gisela (2005): Sozialpsychologie des Schulalltags. Stuttgart: Kohlhammer.

Steins, Gisela (2007): Sozialpsychologie des Körpers. Stuttgart: Kohlhammer.

Steins, Gisela (2008): Identitätsentwicklung. Lengerich: Pabst Science Publishers.

Steins, Gisela (2010): Handbuch Psychologie und Geschlechterforschung. Wiesbaden: VS Verlag für Sozialwissenschaften.

Steins, Gisela (2011): Bewertungssysteme von Lehrkräften und das Sozialverhalten von Schülern und Schülerinnen. In: Limbourg, Maria/Steins, Gisela (Hrsg.): Sozialerziehung in der Schule. Wiesbaden: VS Verlag für Sozialwissenschaften, S. 499–522.

Tollefson, Nona (2000): Classroom applications of cognitive theories of motivation. In: Educational Psychology Review, 12, S. 63–83.

Tröster, Heinrich/Gundlach, Gisela/Moschner, Barbara (1997): Was erwarten Studierende der Psychologie von ihrer Diplomarbeit? In: Zeitschrift für Pädagogische Psychologie, 1997, S. 109–122.

Viebahn, Peter (2004): Hochschullehrerpsychologie. Bielefeld: UVW.

Wallach, Michael A./Wallach, Lise (1983): Psychology's sanction for selfishness. The error of egoism in theory and therapy. San Francisco: Freeman and Company.

Wood, Robert/Bandura, Albert (1989): Social cognitive theory of organizational management. In: Acad. Management Review, 14, S. 361–384.

Ziegler, Albert/Heller, Kurt A. (1998): Motivationsförderung mit Hilfe eines Reattributionstrainings. In: Psychologie in Erziehung und Unterricht, 44, S. 216–229.

Ziegler, Albert/Kuhn, Cornelia./Heller, Kurt A. (1998): Implizite Theorien von gymnasialen Mathematik- und Physiklehrkräften zu geschlechtsspezifischer Begabung und Motivation. In: Psychologische Beiträge, 40, S. 271–287.

Teil IV
Querschnittsdisziplinen

Geschlechtergerechtigkeit im Anfangsunterricht?

28

Agi Schründer-Lenzen

28.1 Geschlechtsspezifische Leistungsunterschiede im Primarbereich: Facetten eines vielschichtigen Forschungsstandes

„Mädchen können besser lesen und schreiben, Jungen können besser rechnen" – diese Zuschreibung geschlechtsspezifischer Leistungsdifferenzen hält sich hartnäckig und ist bereits in den ersten Schuljahren feststellbar. Gleichwohl gibt es keine empirisch konsistente Absicherung dieser Behauptung, denn es finden sich sowohl Belege für bereits im Grundschulalter messbare geschlechtsspezifische Leistungsdifferenzen (Forschungsüberblick bei Brügelmann 1994; Herwartz-Emden et al. 2008; Roos/Schöler 2009; Bos et al. 2005, 2007) als auch Studien, in denen keine statistisch bedeutsamen Unterschiede feststellbar sind (Hellmich 2008; Mücke/Schründer-Lenzen 2008; Budde 2009; Brandt 2009). So zeigen die Befunde aus der Längsschnittstudie BeLesen für die ersten vier Schuljahre (vgl. Mücke/Schründer-Lenzen 2008), dass die Leistungsentwicklung im Lesen, Schreiben und Rechnen bei Jungen und Mädchen relativ ähnlich ist. Im sprachlichen Bereich lassen sich nur für Rechtschreiben, nicht für Lesegeschwindigkeit und Textverständnis, leichte Leistungsvorteile der Mädchen zum Ende der dritten Klasse erkennen. In Mathematik haben die Jungen in der zweiten Klasse zwar einen Leistungsvorsprung, dieser verliert sich dann aber zum Ende der vierten Klasse wieder. Ein vergleichbares Befundmuster für den Leistungsstand im Lesen am Ende der vierten Klasse berichtet Hellmich (2008), allerdings nur für spezifische Aufgabenstellungen, bei denen es erforderlich ist, Schlussfolgerungen auf der Basis des vorgegebenen Lesetextes zu ziehen und eigene Begründungen und Argumentationen bei komplexen, offenen Aufgabenstellungen anzuführen. Hier zeigen sich

---

A. Schründer-Lenzen (✉)
Universität Potsdam, Professur für Allgemeine Grundschulpädagogik und -didaktik,
Karl-Liebknecht-Straße 24–25, 14476 Potsdam, Deutschland
E-Mail: lenzen@uni-potsdam.de

M. Kampshoff, C. Wiepcke (Hrsg.), *Handbuch Geschlechterforschung und Fachdidaktik,*
DOI 10.1007/978-3-531-18984-0_28,
© VS Verlag für Sozialwissenschaften | Springer Fachmedien Wiesbaden 2012

zwar signifikante, aber in der Effektstärke dann doch geringfügige Unterschiede zwischen Jungen und Mädchen. Auch die in PISA berichtete Genreabhängigkeit der Leistungsdifferenz in der Lesekompetenz konnte in der Untersuchung von Hellmich für den Grundschulbereich noch nicht festgestellt werden, denn es gab keine geschlechtsspezifischen Leistungsunterschiede in der Bearbeitung von verschiedenen Textgattungen (literarisch versus informativ).

Eine vorsichtige Interpretation ist auch bei partiell auftretenden Leistungsvorteilen von Jungen in Mathematik geboten: So wurde in der BeLesen-Studie deutlich, dass der Leistungsvorteil der Jungen im Mathematiktest der zweiten Klasse (DEMAT 2 + vgl. Krajewski et al. 2004) als Effekt des Testinstruments gesehen werden muss, d. h. hier gab es ein Aufgabenformat, das Rechnen mit Geld, bei dem die Jungen eine signifikant höhere Lösungswahrscheinlichkeit erzielten. Inkonsistenzen der geschlechtsspezifischen Leistungsdifferenzen im Verlauf der Grundschule erklären sich daher teilweise durch die jeweils eingesetzten Messinstrumente, ihre Aufgabenschwierigkeit, einen ggf. impliziten *gender-bias* in der inhaltlichen Aufgabengestaltung der Testformate und ihrer teilweise eingeschränkten Eignung für die Erfassung von Leistungszuwächsen im Längsschnitt.

Eine weitere Erklärung für unterschiedliche Forschungsbefunde, insbesondere im Hinblick auf den Umfang geschlechtsspezifischer Leistungsdifferenzen im Bereich Mathematik, ergibt sich unter Bezug auf die *Gender-stratification*-Hypothese (Baker/Jones 1993) und die korrespondierende psychologische Wert-Erwartungs-Theorie (Eccles 1994), die die geringeren Leistungen von Mädchen in Mathematik im Kontext der geschlechtsspezifischen Arbeitsteilung und des damit verbundenen geringeren subjektiven Wertes mathematischer Kompetenz für Mädchen sehen. Dieses Argumentationsmuster lässt sich statistisch kontrollieren, indem der Grad der Integration weiblicher Arbeitskraft in den Arbeitsmarkt, der Prozentsatz der Bildungsbeteiligung von Frauen im akademischen Bereich, im produzierenden Gewerbe und im Dienstleistungsbereich gemessen wird (z. B. gender development index vgl. UNDP 1995) und der subjektive Wert mathematischer Kompetenz für die Erreichung persönlicher Ziele beachtet wird (Jacobs et al. 2005; Aronson/McGlone 2008). Unter Bezug auf international vergleichende Daten konnte diese Annahme bestätigt werden, denn die Leistungsdifferenzen in Mathematik sind in jenen Ländern geringer, in denen der *gender-gap* in Bildung und Arbeitsmarkt vergleichsweise klein ist (Baker/Jones 1993). Insofern sind aber auch der Zeitpunkt, zu dem eine Studie durchgeführt wurde, die jeweils national unterschiedlich entwickelte Struktur eines geschlechtsspezifisch segregierten Arbeitsmarktes, die psychologischen Aspekte der Wertigkeit der angestrebten Kompetenz und die subjektive Wahrnehmung der Persistenz von Geschlechtsrollenstereotypen entscheidend für die Quantität der gefundenen Leistungsdifferenzen in Mathematik.

Obwohl in verschiedenen Studien der letzten Jahrzehnte die inhaltlichen Domänen, in denen sich Geschlechtsunterschiede manifestieren, konstant blieben, wurde doch auch deutlich, dass die Stärke fähigkeitsbezogener Unterschiede kontinuierlich abgenommen hat (z. B. Feingold 1993; Hyde/Plant 1995). Insgesamt unterstützen die aktuellen Forschungsbefunde die *gender similarities hypothesis* (Hyde 2005), mit der angenommen wird, dass

28 Geschlechtergerechtigkeit im Anfangsunterricht?

Männer und Frauen in praktisch allen schulischen Leistungsbereichen über vergleichbare Fähigkeiten verfügen. Dieser Hypothese war teilweise für den mathematischen Leistungsbereich widersprochen worden, indem für diese Domäne auf eine höhere Variabilität des männlichen Leistungsspektrums in Mathematik verwiesen wurde. Die Argumentation beruhte dabei auf statistischen Überlegungen einer Nivellierung von Leistungsunterschieden bei Berechnungen auf der Ebene von Mittelwerten, d. h. es wurde festgestellt, dass es mehr Männer als Frauen im Hochleistungsbereich mathematischer Kompetenz gibt, die Testergebnisse der männlichen Probanden damit stärker streuen als bei den weiblichen Probanden (*greater male variability hypothesis* vgl. Hyde/Mertz 2009, S. 8801 ff.), so dass zwar bei einem Vergleich auf der Ebene von durchschnittlichen Werten, Männer und Frauen sich nicht unterscheiden, faktisch aber eine Überlegenheit von männlichen Personen insbesondere bei anspruchsvollen Testaufgaben gegeben ist. Das Phänomen einer größeren Varianz der männlichen Leistungen im mathematischen Bereich ist aber nicht universal (Penner 2008) und die jüngsten metaanalytischen Auswertungen der internationalen Vergleichsstudien (TIMSS, PISA) sprechen dafür, dass sich der *gender gap* auch beim Lösen komplexer mathematischer Problemstellungen schließt (vgl. Hyde et al. 2008; Else-Quest et al. 2010).

Gerade für den Erwerb basaler mathematischer Kompetenzen im Grundschulalter scheint ein vergleichbarer Entwicklungsverlauf bei Mädchen und Jungen vorzuliegen (vgl. Spelke 2005). Dementsprechend resümieren selbst Studien, in denen geschlechtsspezifische Leistungsdifferenzen festgestellt wurden, ihre Befunde dahingehend, dass sie nur begrenzte unterrichtspraktische Relevanz haben, da die Unterschiede zwischen Jungen und Mädchen gering sind im Vergleich zur insgesamt gegebenen Varianz innerhalb einer Klasse (Zöller/Roos 2009, S. 89; ähnlich Hornberg et al. 2007). Diese Feststellung gilt in besonderem Maße für den Anfangsunterricht der Grundschule. Vielfach wird davon ausgegangen, dass zum Zeitpunkt der Einschulung die Leistungsdifferenz zwischen den Kindern bis zu vier Klassenstufen beträgt – also über die gesamte Primarschulzeit streut. Diese ,implizite' – teilweise nicht wahrgenommene – Heterogenität ist mit der weitreichenden Einführung eines jahrgangsübergreifenden Unterrichts in den ersten zwei bis drei Schuljahren zu einer ,expliziten' – bewusst hergestellten – Heterogenität geworden, denn abgesehen vom jeweils individuellen Entwicklungsstand, Gender, Migration und Sozialschichtzugehörigkeit unterscheiden sich die Kinder einer Klasse jetzt auch im Hinblick auf die institutionelle Lern- und Instruktionserfahrung: Einige Kinder sind seit einem Jahr in der Schule, andere seit zwei oder drei Jahren. Die Grundschuldidaktik versucht daher, durch fächerübergreifende Themen – und Problemstellungen des sogenannten vorfachlichen Unterrichts, diese Heterogenität in dem gemeinsamen Lernen aller Kinder konstruktiv zu wenden. Hierfür ist es besonders wichtig, auch die psychologischen Aspekte zu beachten, die Basis potenziell unterschiedlicher Fähigkeitsentwicklungen sein können.

Der Forschungsstand zu den Wechselwirkungen zwischen Leistung und Aspekten wie Interesse, Motivation und Selbstkonzept soll daher im Folgenden skizziert werden.

28.1.1 Begründungsmuster für unterschiedliche Fähigkeiten und Präferenzen von Jungen und Mädchen

Neben dem Diskurs über die zunehmende Egalisierung von *quantitativen* Unterschieden geschlechtsspezifischer Leistungsfähigkeit gibt es eine zunehmende Differenzierung in der Analyse und Begründung *qualitativer* Differenzen bereichsspezifischer Kompetenzentwicklung. Es lassen sich also unterschiedliche Argumentationsmuster identifizieren, mit denen einerseits versucht wird, vermeintlich gefundene Differenzen zu erklären oder andererseits zu begründen, warum diese Differenzen eben nicht mehr bestehen bzw. welche moderierenden Aspekte zur Auflösung von geschlechtsstereotypen Leistungsentwicklungen führen.

Ein geradezu klassisches Begründungsmuster für eine geschlechtsspezifische Entwicklung der basalen Kulturtechniken bezieht sich auf die biologische Differenz zwischen Männern und Frauen. So werden die geringeren Mathematikleistungen von Frauen mit Schwierigkeiten im räumlichen Vorstellungsvermögen in Zusammenhang gebracht (vgl. Geary 1996). Die bei Männern und Frauen unterschiedliche Spezialisierung der zerebralen Hemisphären soll dafür verantwortlich sein, dass bei verbalen Anforderungen weibliche Personen begünstigt sind, da sie stärker beide Gehirnhälften aktivieren können, während der Vorteil der Männer im räumlichen Denken auf deren ausschließliche Nutzung der rechten Gehirnhälfte für räumlich-visuelle Aktivitäten zurückgeführt wird (vgl. Halpern 2007; Hausmann 2005; Bischof-Köhler 2006).

Diese Argumentation scheint zu folgenden Phänomenen von Differenz zu passen: Mädchen zeigen bereits früh einen Entwicklungsvorsprung im Spracherwerb und sind in der Leistungsspitze stärker repräsentiert, z. B. als Frühleserinnen (vgl. Stamm 2008). Die Entwicklung der für den Schriftspracherwerb relevanten Vorläuferfähigkeiten scheint günstiger zu sein als bei den Jungen (Mannhaupt 1994). Bei Jungen liegen demgegenüber die Prävalenzraten unterschiedlicher Störungen der sprachlichen (Dysgrammatismus, Stottern) und schriftsprachlichen Entwicklung (LRS) höher. Ihre langsamere Entwicklung im Kindesalter könnte auch ein Grund dafür sein, dass sie in fast allen Kriterien, die für die Einschulung relevant sind, ungünstiger abschneiden (vgl. Helsper/Hummrich 2005; Konsortium Bildungsberichterstattung 2006) und daher auch häufiger verspätet eingeschult werden (vgl. Statistisches Bundesamt 2008). Bereits im Grundschulalter sind sie häufiger von Klassenwiederholungen betroffen (vgl. Stürzer 2005; Gröhlich/Bos 2007) und überproportional häufig in Sonderschulen zu finden (Faulstich-Wieland 2004, S. 651; Stürzer 2003, S. 86).

In der Diskussion der zunehmenden Bildungsmisserfolge von Jungen finden sich allerdings nicht biologische Begründungsmuster, sondern *Gendering* und Sozialisation werden als Ursachen gesehen (Kuhn 2008). Die Richtung des *doing gender* in der Schule hat sich dabei umgekehrt, denn trotz ihrer geringeren Mathematikleistungen erhalten Mädchen durchschnittlich die gleichen Noten wie die Jungen (Schöps et al. 2006, S. 220), wohingegen Jungen für eine Gymnasialempfehlung 586 Punkte auf der IGLU-2006-Leseskala erreichen müssen und Mädchen nur 557 Punkte (Aktionsrat Bildung 2009, S. 94).

28 Geschlechtergerechtigkeit im Anfangsunterricht?

Diese Befunde sprechen für eine Benachteiligung der Jungen durch die in der Regel weiblichen Lehrkräfte der Grundschule. Eine vergleichbare Geringschätzung der Leistungsfähigkeit von Jungen findet sich allerdings in der Phase des Schulübergangs vom Kindergarten in die Grundschule noch nicht: So dokumentieren die Daten aus BiKS 3–8 (vgl. Kuger et al. 2011), dass nicht von einer geschlechtsspezifischen Benachteiligung bei der Wahrnehmung des passenden Einschulungszeitpunktes durch die pädagogischen Fachkräfte des Kindergartens gesprochen werden kann und auch in der BeLesen-Studie (Merkens et al. 2006; Schründer-Lenzen/Merkens 2006, S. 15 ff.) zeigen sich im Urteil der Lehrkräfte zu Beginn der ersten Klasse keine statistischen Differenzen in der Einschätzung des Sprachstandes und der Schulleistungsprognose für Jungen und Mädchen. Gleichwohl lässt sich für diese Untersuchungsstichprobe nicht ausschließen, dass das egalisierende Urteil der Lehrkräfte dadurch bedingt ist, dass andere Phänomene differenzerzeugender Wahrnehmung, hier konkret der hohe Anteil von Kindern mit Migrationshintergrund, zu dieser Nivellierung geschlechtsspezifischer Fähigkeitszuschreibungen führt. Die Benachteiligung der Jungen scheint sich insbesondere im weiteren Verlauf der Grundschule einzustellen, dann, wenn bei ihnen die mangelnde Passung zwischen männlichem Selbstbild und den Arbeitstugenden der Schule zu einem unangemessenen Sozialverhalten führt (Hannover 2004), das sich wiederum negativ auf die Übergangsempfehlung auswirkt. Demgegenüber wird für die Mädchen berichtet, dass sie sich in der Schule wohler und dementsprechend auch von ihren Lehrkräften angenommen fühlen (Valtin et al. 2005).

Der *gender-bias* in den Übergangsempfehlungen könnte auch eine Ursache darin haben, dass das eingangs zitierte Stereotyp über geschlechtsspezifische Kompetenzen immer noch bei Lehrkräften Wirkung zeigt. Jungen müssen eben besonders gut lesen können, damit diese nicht geschlechtskonforme Kompetenz wahrgenommen wird. Tiedemann (2005) konnte zumindest für das Fach Mathematik zeigen, dass Grundschullehrkräfte geschlechtsstereotype Kompetenzzuweisungen vornehmen, so dass es für Mädchen eines Mehr an Leistungsfähigkeit bedarf, um in einem Bereich zu überzeugen, der eigentlich nicht zur Geschlechtsrolle passt. Aber selbst diese ‚Überzeugungsarbeit‘ könnte für Mädchen auf Grund ihrer schuladaptiven Einstellungen und Verhaltensweisen leichter umsetzbar sein als für Jungen. Dieses Argumentationsmuster kann man im Kontext der ‚Feminisierungsthese‘ sehen, nach der Mädchen Vorteile insbesondere aber Jungen Nachteile aufgrund der hohen Anzahl von weiblichen Lehrkräften haben sowie der fehlenden männlichen Vorbilder für eine positive Entwicklung schulisch relevanter Leistungen und Einstellungen. Diese These fand erst in letzter Zeit auch eine empirische Überprüfung für die Grundschule, in der die Frauenquote von allen Schulstufen am höchsten ist. Auf nationaler Ebene stellt Helbig anhand der Daten der Berliner ELEMENT-Studie (vgl. Lehmann et al. 2008) fest, dass Jungen an Schulen mit vielen Lehrerinnen zwar nicht in ihrer Kompetenzentwicklung beeinflusst werden, aber minimal schlechter in Mathematik bewertet werden und damit auch seltener eine Gymnasialempfehlung erhalten als Mädchen, wohingegen diese an Schulen mit vielen Lehrerinnen eine höhere Lesekompetenz entwickeln (Helbig 2010a, S. 107). Die Mechanismen, die diese Daten bewirkt haben könnten, sind aber aus der ELEMENT-Studie nicht zu entnehmen. Zumindest ist es fraglich, ob in Kenntnis aller

Aspekte, die in eine Benotung einfließen, noch von einer Benachteiligung der Jungen im Sinne der Feminisierungsthese zu sprechen ist, denn in der Tat basieren Übergangsempfehlungen nicht auf einem punktuellen (Test-)Leistungsstand, sondern auf längerfristigen Entwicklungstrends und Fähigkeitsprognosen, die auch die schulisch relevanten Einstellungsmuster zur Leistungs- und Anstrengungsbereitschaft, zum akademischen Interesse, zur Selbstdisziplin und -organisation berücksichtigen. Gerade diese schulafine Selbstkonzeptualisierung scheint ein Problem der Jungen zu sein. Helbig ist daher unter Bezug auf Daten aus PIRLS 2006 und TIMSS 2007 der Frage weiter nachgegangen, wie sich ein männliches Rollenvorbild auf die Kompetenzentwicklung der Schüler auswirkt. Aus den Ergebnissen, die sich auf Daten von 146.315 Grundschülerinnen und -schülern aus 21 Ländern beziehen, leitet er ab, dass Jungen bei ihrer Kompetenzentwicklung nicht durch den Unterricht bei einer männlichen Lehrkraft in besonderer Weise profitieren (Helbig 2010b, S. 284). Die hohe Frauenquote der Grundschule kann damit kaum eine geringere Kompetenzentwicklung der Jungen erklären.

Die Entwicklung sozial ungünstiger Verhaltensmuster von Jungen wird vielfach schon im Kindergartenalter gesehen, in dem es durch unterschiedliche Spielinteressen und Aktivitätsmuster zur Wahrnehmung und Zuschreibung geschlechtsspezifischer Verhaltensmuster kommt: Zwar dokumentieren neueste Daten immer noch geschlechtsrollenstereotype Interaktionsmuster zwischen Erzieherinnen und Kindern, aber insgesamt wird diesen Befunden keine praktische Bedeutsamkeit mehr zugeschrieben (Kuger et al. 2011, S. 282). Insbesondere kann keine Zunahme geschlechtsstereotyper Zuschreibungen durch die pädagogischen Fachkräfte festgestellt werden, so dass während der Kindergartenzeit die Entwicklung von Gender als Habitus eher im Kontext von Familie und Peergruppe gesehen wird.

Rollenkonformes Verhalten und Identitätsentwicklung korrespondieren mit der Ausbildung unterschiedlicher Interessen von Jungen und Mädchen, die dazu führen, dass solche Inhalte und Aktivitäten gewählt werden, die zu der eigenen Geschlechtsrolle passen (Hannover 2004). Kompetenzerwerb und Leistung sind nicht unabhängig von Interesse, Motivation und Selbstkonzept (*skill-development*-Modell), die ihrerseits die Kompetenzentwicklung beeinflussen (*self-enhancement*-Modell). Gerade für Mädchen wird immer wieder die Entwicklung eines geringen fachlichen Selbstkonzepts bis zu ‚Angst vor Mathe‘ beschrieben (vgl. Fredricks/Eccles 2002; McGraw et al. 2006) und als Ursache für geringere Fachleistungen im Bereich der Sekundarstufe I gesehen. Dies belegt die TIMSS-Studie von 2007 auch für die Primarstufe, denn Leistungsunterschiede zwischen Jungen und Mädchen im Grundschulalter lassen sich im Fach Mathematik vollständig durch das jeweils unterschiedlich ausgeprägte Fähigkeitsselbstkonzept erklären (Bos et al. 2008, S. 15).

Die Entwicklung eines domänenspezifischen Selbstkonzepts nimmt bereits in der Anfangsphase der Grundschule einen anderen Verlauf als die Leistungsentwicklung bei Jungen und Mädchen. Marsh (1989, S. 426) stellt fest, dass sich bei Schülerinnen und Schülern im globalen Selbstkonzept keine Geschlechterunterschiede nachweisen lassen, wohl aber in den fachspezifischen. Während Mädchen bis zur vierten Klasse teilweise sogar ein leichter Vorsprung in den Mathematikleistungen bescheinigt wird (so Frost et al. 1994, S. 377),

28 Geschlechtergerechtigkeit im Anfangsunterricht? 393

zeigen sie dennoch ebenfalls sehr früh ein niedrigeres mathematisches Selbstkonzept als die Jungen. Diese haben bereits ab Klasse 1 ein dem Geschlechtsstereotyp entsprechendes günstiges Selbstkonzept im Rechnen (Hellmich/Jahnke-Klein 2008; Möller/Trautwein 2009).

Insgesamt erweist sich die Diskussion der Ursachen geschlechtsbezogener schulischer Leistungsdisparitäten als äußerst vielschichtig, da von einem komplexen Wechselspiel domänenspezifischer Kompetenzen, motivational-emotionaler Merkmale von Schülerinnen und Schülern, bereichsspezifischem Vorwissen, Mediationseffekten durch Schultyp und Klassenzugehörigkeit und der simultanen Wirksamkeit weiterer differenzerzeugender Aspekte wie Migrationshintergrund, sozialer Herkunft und Unterrichtsorganisation auszugehen ist.

28.1.2 Zur Persistenz geschlechtsspezifischer Leistungsdifferenzen in der neuen Schuleingangsstufe

Fast alle Bundesländer haben in den letzten Jahren unterschiedliche Aspekte einer Neuregelung des Schulanfangs realisiert, mit dem Ziel, für alle Kinder eine individuelle, entwicklungsorientierte Lernbegleitung in den ersten Schuljahren zu ermöglichen und durch die Unterstützung von Hilfeprozessen der Kinder untereinander zu einem konstruktiven Umgang mit Heterogenität zu gelangen. Damit müssten eigentlich auch günstige Bedingungen gegeben sein, um potenziell bestehende geschlechtsspezifische Differenzen in der Schuleingangsphase zu kompensieren.

Eine empirische Evidenz für diese Vermutung lässt sich aber aus den bisher vorliegenden Evaluationen der Schuleingangsphase nicht belegen. Nur der Bericht über die FLEX in Brandenburg enthält überhaupt spezifizierte Daten über die Kompetenzentwicklung von Jungen und Mädchen im jahrgangsübergreifenden Unterricht der neuen Schuleingangsstufe und dokumentiert die typischen Leistungsdifferenzen zum Ende der zweiten Klasse. Basierend auf den Ergebnissen der flächendeckend in Berlin und Brandenburg durchgeführten Vergleichsarbeiten VERA 2 in 2004, 2005 und 2006 zeigt sich durchgängig das gleiche Muster von besseren Leistungen der Mädchen im Lesen und besseren Leistungen der Jungen in Mathematik. Die Leistungsdifferenzen nach Geschlecht sind dabei in beiden Formen des Anfangsunterrichts, Regelklasse versus FLEX-Klassen, gleich ausgeprägt und es lässt sich keine Veränderung in der Ausprägung dieser Differenz im Zeitverlauf feststellen (vgl. FLEX Evaluationsbericht 2007, S. 75 f. und S. 92). Gleichwohl unterscheiden sich Jungen und Mädchen nicht bei den ebenfalls erhobenen Variablen Selbstkonzept, Lernfreude, Anstrengungsbereitschaft, soziale Integration und soziale Präferenz. Nur das schulische Wohlbefinden der Jungen ist nach wie vor signifikant schwächer ausgeprägt als das der Mädchen (vgl. FLEX Evaluationsbericht 2007, S. 125). Weitere Hinweise auf eine Persistenz geschlechtsstereotyper Leistungsdifferenzen auch nach weitgehender Einführung eines jahrgangsübergreifenden Unterrichts in Berlin lassen sich aus den Vergleichsarbeiten der Klasse 3 aus dem Schuljahr 2009/10 beziehen (vgl. ISQ 2010): Im Rechtschreiben liegt der Mittelwert richtig gelöster Aufgaben bei den Jungen bei 45 % und bei den Mädchen bei 51 %, im Lesen bei 46 % für die Jungen und bei 50 % für die Mädchen, in Mathematik finden sich bei den Teilaufgaben zu Daten, Häufigkeiten und Wahrscheinlichkeit praktisch keine Differenzen wohl aber bei den Teilaufgaben zu Zahlen und Operationen, die im Durchschnitt von 58 % der Jungen und von 54 % der Mädchen richtig gelöst werden. Die differenzierte Berichterstattung des ISQ ermöglicht aber nicht nur Hinweise auf Ansatzpunkte einer geschlechtersensiblen Förderung in spezifischen Inhaltsbereichen, sondern unterstreicht auch die breite Überlappung im Kompetenzerwerb von Jungen und Mädchen. Gleiche Leistungen sind also in allen Inhaltsbereichen durchaus möglich. In den nach fünf Kompetenzstufen differenzierten Leistungsergebnissen zeigen sich im Lesen praktisch nur an den äußersten Rändern der Verteilung, also auf der niedrigsten und höchsten Kompetenzstufe, deutliche geschlechtsspezifische Differenzen, wobei die 27,2 % der Jungen in der Gruppe der schwächsten Leser ohne Zweifel einer gezielten Unterstützung bedürfen.

28.2 Strategien einer geschlechtersensiblen Förderung im Anfangsunterricht

Die bisher geleistete Bilanzierung des empirisch abgesicherten Wissens über die Marginalität geschlechtsspezifischer Leistungsdifferenzen im basalen Kompetenzerwerb und die gleichwohl im Entwicklungsverlauf zunehmende Wirksamkeit geschlechtsstereotyper Selbst- und Fremdzuschreibungen macht einige Ansatzpunkte für eine geschlechtersensible Förderung deutlich: Es sind insbesondere die Lerninhalte, Aufgabenstellungen und interaktiven Prozesse, die der Reflektion bedürfen, um mädchen- und jungengerechte Bildungsangebote zu gewährleisten.

Die einschlägigen Empfehlungen für eine geschlechtersensible Leseförderung (Garbe 2007) bieten Hinweise auf Möglichkeiten der Steigerung von Lesemotivation nach dem Erwerb einer basalen Lesefähigkeit durch einen Lesestoff, der die inhaltlichen und genrespezifischen Präferenzen von Jungen aufgreift (Reise- und Heldengeschichten, Naturwissenschaft und Technik, Science fiction, Comics, Prospekte, Zeitschriften, Sachbücher), Leseaufgaben, die eher analytisch-sachlich, handlungsorientiert und von praktischem Nutzen sind (Rätselaufgaben, Lesedetektive-Suchaufgaben, Internetrecherche, SMS), sowie durch die Erweiterung von Leseanlässen (Leseförderung in allen Fächern, Lesenächte, Verbindung von schulischem und außerschulischem Lesen, Veränderung der Kommunikationsformen über das Gelesene: Lesekonferenzen, Leseprotokolle in Form von Steckbriefen). Für den Anfangsunterricht ist darüber hinaus die Einbeziehung der Eltern wichtig, ihre Sensibilisierung für positive Lesevorbilder, die Gestaltung von Vorlesesituationen und Anregungen für Lesetexte, die den Interessen der Jungen entsprechen. Diese Akzeptanz und Unterstützung individueller Interessenlagen gilt auch für den Anfangsunterricht im Rechtschreiben, der die individuellen Lernwörter aus Themenfeldern wählen sollte, die für das Kind jeweils subjektiv bedeutsam sind.

Die Vorschläge für den Mathematikunterricht laufen weniger auf eine geschlechtsspezifische Förderung hinaus als auf einen insgesamt sinnstiftenden Unterricht, der problemorientierte Aufgaben stellt und Mädchen und Jungen in gleicher Weise anspricht (Jahnke-Klein 2001, S. 225). Kooperative Arbeitsweisen, Phasen der Ruhe und Konzentration und eine angenehme Unterrichtsatmosphäre werden für wichtig gehalten. Zielstellung ist, insgesamt eine neue Unterrichtskultur zu entwickeln, in der eine offene Aufgabenkultur Raum für eigenständiges Problemlösen gibt (vgl. hierzu SINUS-Transfer Grundschule). Eine besondere Bedeutung wird dabei den Lerngesprächen gegeben, in denen die Schülerinnen und Schüler eine lernförderliche Rückmeldung erhalten (Selter 2007, S. 22 f.). Faulstich-Wieland (2004, S. 32) hat diese Empfehlung konkretisiert, indem sie ein Reattribuierungstraining vorschlägt, in dem die Lehrkräfte den Schülerinnen selbstwertförderliche Attribuierungen anbieten, durch die sie bei Erfolg persönliche und nicht veränderbare Gründe annehmen können („du kannst wohl gut rechnen") und bei Misserfolg, das Scheitern nicht der eigenen Person, sondern zufälligen, veränderbaren Ursachen („du hast wohl diesmal noch nicht genug geübt") zuschreiben können.

28.3 Fazit

Die Bilanzierung der vorliegenden empirischen Befunde zu geschlechtsbezogenen Disparitäten der Bildungsbeteiligung unterstützt in der Summe die eingangs referierte *gender similarities hypothesis*. Dies gilt in besonderem Maße für die Kompetenzentwicklung im Primarbereich, in dem geschlechtsspezifische Differenzen – wenn sie denn überhaupt festgestellt werden – statistisch kaum bedeutsam sind.

Der unterschiedliche Bildungserfolg von Jungen und Mädchen ist ein Phänomen, das sich insbesondere im Verlauf der Sekundarstufe einstellt. Hier sind es vor allem der erhöhte Medienkonsum und eine Orientierung an traditionellen Männlichkeitsbildern, die zu einer Selbstdefinition als dominant, autonom und leistungsstark führen. Dieses Festhalten an einer traditionellen Geschlechtsrolle wird vielfach als Auslöser für eine Schuldistanz gesehen, die mit geringem Interesse an schulisch relevanten Themen und Verhaltensweisen wie Anstrengungsvermeidung, Schulabsentismus bis zur Devianz einhergehen kann (vgl. Lupatsch/Hadjar 2011, S. 180 ff.).

Über diese Wechselwirkungen von schulischer Leistung, Fähigkeitsselbstkonzept und Genderhabitus im Kontext unterschiedlicher Jugendkulturen und sozialer Milieus ist zwar auf deskriptiv-statistischer Ebene einiges bekannt, die Mechanismen, die im individuellen Fall zu einer ungünstigen schulischen Leistungsentwicklung führen, können damit aber nicht erklärt werden. Insofern besteht weiterer Forschungsbedarf, um bestimmte Gruppen von Jungen in der Wahrnehmung ihrer Bildungschancen besser unterstützen zu können.

Im Primarstufenalter scheint Bildungsgerechtigkeit unter Genderperspektive weitgehend hergestellt zu sein, die bestehenden Disparitäten der Bildungsbeteiligung erklärten sich insbesondere durch Bildungsferne des Elternhauses und Migrationshintergrund.

Die weitgehenden institutionellen und unterrichtsbezogenen Veränderungen in der Grundschule lassen ein zentrales didaktisches Konzept erkennen, mit dem versucht wird, alle Formen von Differenz erzeugenenden Aspekten pädagogisch bearbeitbar zu machen: die konsequente Individualisierung des Unterrichts. Nicht die Frage ‚Was ist besser für Jungen oder Mädchen?' oder vielleicht auch ‚Was ist für beide gleich gut?' steht zur Diskussion, sondern das individualisierte Lernangebot, das letztlich auch den Erwerb von Geschlechtsidentität ermöglichen soll.

Literatur

Aktionsrat Bildung (2009): Geschlechterdifferenzen im Bildungssystem. Wiesbaden: Verlag für Sozialwissenschaften.

Aronson, Joshua/McGlone, Matthew S. (2008): Stereotype and social identity threat. In: Nelson, Todd D. (Hrsg.): The handbook of prejudice, stereotyping, and discrimination. New York: Psychology Press, S. 153–178.

Baker, David P./Jones, Deborah Perkins (1993): Creating gender equality: Crossnational gender stratification and mathematical performance. In: Sociology of Education 66, Washington, S. 91–103.

Berthold, Barbara (2008): Einschulungsregelungen und flexible Eingangsstufe. http://www.dji.de/bibs/01_natBild_Expertise_Berthold.pdf, 28.09.2011.

Bischof-Köhler, Doris (2006): Von Natur aus anders – Die Psychologie der Geschlechterunterschiede. Stuttgart: Kohlhammer.

Bos, Wilfried/Lankes, Eva-Maria/Prenzel, Manfred/Schwippert, Knut/Valtin, Renate/Walther, Gerd. (Hrsg.) (2005): IGLU. Vertiefende Analysen zu Leseverständnis, Rahmenbedingungen und Zusatzstudien. Münster: Waxmann.

Bos, Wilfried/Hornberg, Sabine/Arnold, Karl-Heinz/Faust, Gabriele/Fried, Lilian/Lankes, Eva-Maria/Schwippert, Knut/Valtin, Renate (Hrsg.) (2007): IGLU 2006. Lesekompetenzen von Grundschulkindern in Deutschland im internationalen Vergleich. Münster: Waxmann.

Bos, Wilfried/Bonsen, Martin/Baumert, Jürgen/Prenzel, Manfred/Selter, Christoph/Walther, Gerd (Hrsg.) (2008): TIMSS 2007. Mathematische und naturwissenschaftliche Kompetenzen von Grundschulkindern in Deutschland im internationalen Vergleich. Münster: Waxmann.

Bundesministerium für Unterricht, Kunst und Kultur (Hrsg.) (2007): Gender & Lesen. http://www.bmukk.gv.at/medienpool/15230/genderlesenwebfassung.pdf, 28.9.2011.

Brandt, Sandra (2009): Genderkompetenzen im Mathematikunterricht. In: Grunder, Hans-Ulrich/Gut, Adolf (Hrsg.): Zum Umgang mit Heterogenität in der Schule, Band 1. Baltmannsweiler: Schneider Verlag Hohengehren, S. 48–66.

Budde, Jürgen (2009): Mathematikunterricht und Geschlecht. Empirische Ergebnisse und pädagogische Ansätze. http://www.bmbf.de/pub/band_dreissig_bildungsforschung.pdf, 28.09.2011.

Brügelmann, Hans (1994): Wo genau liegen geschlechtsspezifische Unterschiede beim Schriftspracherwerb? In: Richter, Sigrun/Brügelmann, Hans (Hrsg.): Mädchen lernen anders lernen Jungen. Konstanz: Libelle, S. 14–26.

Eccles, Jacquelynne S. (1994): Understanding women's educational and occupational choices: Applying the Eccles et al. model of achievement-related choices. In: Psychology of Women Quarterly 18, New York, S. 585–610.

Else-Quest, Nicole/Hyde, Janet Shibley/Linn, Marcia C. (2010): Cross-National Patterns of Gender Differences in Mathematics: A Meta Analysis. In: Psychological Bulletin, 2010, Vol. 136, No. 1, Washington, S. 103–127. Online: http://www.apa.org/pubs/journals/releases/bul-136-1-103.pdf, 25.09.2011.

Faulstich-Wieland, Hannelore (2004): Schule und Geschlecht. In: Helsper, Werner/Böhme, Jeanette (Hrsg.): Handbuch der Schulforschung. Wiesbaden: VS Verlag für Sozialwissenschaften, S. 647–669.

Feingold, Alan (1993): Cognitive gender differences: A developmental perspective. In: Sex Roles 29, New York, S. 91–112.

FLEX Evaluationsbericht (2007): Online: http://www.grundschulpaedagogik.uni-bremen.de/forschung/brandenburg/FLEX_Evaluationsbericht2007.pdf, 28.9.2011.

Fredricks, Jennifer A./Eccles, Jacquelynne S. (2002): Children's competence and value beliefs from childhood through adolescence: Growth trajectories in two male-sex-typed domains. In: Developmental Psychology 38, Richmond, VA., S. 519–533.

Frost, Laurie A./Hyde, Janet S./Fennema, Elizabeth (1994): Gender, Mathematics Performance, and Mathematics-Related Attitudes and Affect: A Meta-Analytic Synthesis. In: International Journal of Educational Research, Vol. 21, Amsterdam, S. 373–384.

Garbe, Christine (2007): Lesen – Sozialisation – Geschlecht. Geschlechterdifferenzierende Leseforschung und –förderung. In: Bertschi-Kaufmann, Andrea (Hrsg.): Lesekompetenz – Leseleistung – Leseförderung. Zug: Klett und Balmer, Seelze: Friedrich Kallmeyer, S. 66–82.

Geary, David C. (1996): Sexual selection and sex differences in mathematical ability. In: Behavioral and Brain Sciences, 19, New York, S. 229–284.

Gröhlich, Carola/Bos, Wilfried (2007): Klassenwiederholungen an Hamburger Grundschulen. In: Bos, Wilfried/Gröhlich, Carola/Pietsch, Marcus (Hrsg.): KESS 4 – Lehr- und Lernbedingungen in Hamburger Grundschulen, Münster: Waxmann, S. 47–70.

Halpern, Diane F./Benbow, Camilla P./Geary, David C./Gur, Ruben/ Hyde, Janet S./ Gernsbacher, Morton A. (2007): The science of sex differences in science and mathematics. In: Psychological Science in the Public Interest 8, Oxford, S. 1–51.

Hannover, Bettina (2004): Gender revisited. Konsequenzen aus PISA für die Geschlechterforschung. In: Lenzen, Dieter/Baumert, Jürgen (Hrsg.): PISA und die Konsequenzen für die erziehungswissenschaftliche Forschung. Beiheft der Zeitschrift für Erziehungswissenschaft 3, VS Wiesbaden: VS Verlag für Sozialwissenschaften, S. 81–99.

Hausmann, Markus (2005): Eine Frage der Symmetrie. In: Gehirn und Geist Dossier 3, S. 44–49.

Helbig, Marcel (2010a): Sind Lehrerinnen für den geringeren Schulerfolg von Jungen verantwortlich? In: Kölner Zeitschrift für Soziologie und Sozialpsychologie 62, 2010, S. 93–111.

Helbig, Marcel (2010b): Geschlecht der Lehrer und Kompetenzentwicklung der Schüler. In: Hurrelmann, Klaus/Quenzel, Gudrun (Hrsg.): Bildungsverlierer. Wiesbaden: VS Verlag für Sozialwissen schaften, S. 273–288.

Hellmich, Frank (2008): Erklärungsfaktoren für Geschlechterunterschiede in der Lesekompetenz bei Grundschulkindern am Ende ihrer Grundschulzeit. In: Zeitschrift für Grundschulforschung 1, 2008, H. 2, S. 46–58.

Hellmich, Frank/Jahnke-Klein, Silvia (2008): Selbstbezogene Kognitionen und Interessen von Mädchen und Jungen im Mathematikunterricht der Grundschule. In: Jahrbuch Frauen- und Geschlechterforschung in der Erziehungswissenschaft: Kinder und Geschlecht, Heft 4. Opladen: Verlag Barbara Budrich, S. 111–120.

Helsper, Werner/Hummrich, Merle (2005): Erfolg und Scheitern in der Schulkarriere. Ausmaß, Erklärungen, biographische Auswirkungen und Reformvorschläge. In: Sachverständigenkommission Zwölfter Kinder- und Jugendbericht (Hrsg.): Kompetenzerwerb von Kindern und Jugendlichen im Schulalter, München: Verlag Deutsches Jugendinstitut 2005, S. 95–173.

Herwartz-Emden, Leonie/Braun, Cornelia/Heinze, Aiso/Rudolph-Albert, Franziska/Reiss, Kristina (2008): Geschlechtsspezifische Leistungsentwicklung von Kindern mit und ohne Migrationshintergrund im frühen Grundschulalter. In: Zeitschrift für Grundschulforschung 1, Heft 2, S. 13–28.

Hornberg, Sabine/Valtin, Renate/Potthoff, Britta/Schwippert, Knut/Schulz-Zander, Renate (2007): Lesekompetenzen von Jungen und Mädchen im internationalen Vergleich. In: Bos, Wilfried/

Hornberg, Sabine/Arnold, Karl-Heinz/Faust, Gabriele/Fried, Lilian/Lankes, Eva-Maria/Schwippert, Knut/Valtin, Renate (Hrsg.): IGLU 2006. Lesekompetenzen von Grundschulkindern in Deutschland im internationalen Vergleich. Münster: Waxmann, S. 195–223.

Hyde, Janet S. (2005): The Gender Similarities Hypothesis. In: American Psychologist, Vol. 60, No. 6, S. 581–592.

Hyde, Janet S./Fennema, Elizabeth/Lamon, Susan J. (1990): Gender differences in mathematics performance: A meta-analysis. In: Psychological Bulletin 107, Washington, S. 139–155.

Hyde, Janet S./Lindberg, Sara M./Linn, Marcia C./Ellis, Amy/Williams, Caroline (2008): Gender similarities characterize math performance. In: Science 321, S. 494–495.

Hyde, Janet/Plant, Elizabeth A. (1995): Magnitude of psychological gender differences. In: American Psychologist 50, S. 159–161.

Hyde, Janet/Mertz, Janet E. (2009): Gender, culture, and mathematics performance. In: Proceedings of the National Academy of Science, USA, 106, S. 8801–8807. Online: http://www.pnas.org/content/106/22/8801.full.pdf+html, 15.10.2011.

ISQ (2010): Vergleichsarbeiten VERA 2 und 3. Ergebnisse für Berlin und Brandenburg. Online: http://www.isq-bb.de/uploads/media/VG2-2007-AuswertungsuebersichtFlex.pdf, 28.9.2011.

Jacobs, Janis/Davis-Kean, Pamela/Bleeker, Martha/Eccles, Jacquelynne/Malanchuk, Oksana (2005): "I can, but I don't want to": The impact of parents, interests, and activities on gender differences in math. In: Gallagher, Ann/Kaufman, James (Hrsg.): Gender differences in mathematics: An integrative psychological approach. New York: Cambridge University Press, S. 73–98.

Jahnke-Klein, Sylvia (2001): Sinnstiftender Mathematikunterricht für Mädchen und Jungen. Baltmannsweiler: Schneider Verlag Hohengehren.

Konsortium Bildungsberichterstattung (2006): Bildung in Deutschland. Ein indikatorengestützter Bericht mit einer Analyse zu Bildung und Migration. Bielefeld: Bertelsmann Verlag.

Krajewski, Kristin/Liehm, Susann/Schneider, Wolfgang (2004): DEMAT2+. Deutscher Mathematiktest für zweite Klassen. Göttingen: Hogrefe Verlag.

Kuhn, Hans Peter (2008): Geschlechterverhältnisse in der Schule: Sind die Jungen jetzt benachteiligt? Eine Sichtung empirischer Studien. In: Jahrbuch Frauen- und Geschlechterforschung in der Erziehungswissenschaft. Kinder und ihr Geschlecht 4, 2008. Opladen: Verlag Barbara Budrich, S. 49–71.

Kuger, Susanne/Kluczniok, Katharina/Sechtig, Jutta/Smidt, Wilfried (2011): Gender im Kindergarten – Empirische Datenlage zu Unterschieden zwischen Mädchen und Jungen. In: Zeitschrift für Pädagogik 57, 2, Weinheim, S. 269–288.

Lehmann, Rainer/Nikolova, Roumiana (2008): Erhebungen zum Lese- und Mathematikverständnis – Entwicklungen in den Jahrgangsstufen 4 bis 6 in Berlin. Abschlussbericht. Berlin: Senatsverwaltung für Bildung, Jugend und Sport. Online: http://www.landtag.sachsen-anhalt.de/fileadmin/downloads/Lehmann_2008.pdf, 15.10.2011.

Lupatsch, Judith/Hadjar, Andreas (2011): Determinanten des Geschlechtsunterschieds im Schulerfolg: Ergebnisse einer quantitativen Studie aus Bern. In: Hadjar, Andeas (Hrsg.): Geschlechtsspezifische Ungleichheiten. Wiesbaden: VS Verlag für Sozialwissenschaften, S. 177–202.

Mannhaupt, Gerd (1994): Risikokind Junge – Vorteile der Mädchen in Vorläufer- und Teilfertigkeiten für den Schriftspracherwerb. In: Richter, Sigrun/Brügelmann, Hans (Hrsg.): Mädchen lernen anders lernen Jungen. Konstanz: Libelle, S. 36–50.

Marsh, Herbert W. (1989): Age and Sex Effects in Multiple Dimensions of Self-Concept: Preadolescence to Early Adulthood. In: Journal of Educational Psychology, No. 3, Vol. 81, American Psychological Association Washington, S. 417–430.

McGraw, Rebecca/Lubienski, Sarah T./Strutchens, Marylin E. (2006): A closer look at gender in NAEP mathematics achievement and affect data: Intersections with achievement, race/ethnicity, and socioeconomic status. In: Journal of Research in Mathematics Education 37, S. 129–150.

28 Geschlechtergerechtigkeit im Anfangsunterricht? 399

Möller, Jens/Trautwein, Ulrich (2009): Selbstkonzept. In: Wild, Elke/Möller, Jens (Hrsg.): Pädagogische Psychologie. Berlin, Heidelberg: Verlag Springer, S, 179–203.

Mücke, Stephan/Schründer-Lenzen, Agi (2008): Zur Parallelität der Schulleistungsentwicklung von Jungen und Mädchen im Verlauf der Grundschule. In: Jahrbuch Frauen- und Geschlechterforschung in der Erziehungswissenschaft. Kinder und ihr Geschlecht, 4, 2008. Opladen: Verlag Barbara Budrich, S. 135–146.

Penner, Andrew M. (2008): Gender differences in extreme mathematical achievement: An international perspective on biological and social factors. In: American Journal of Sociology, 114, S. 138–170. Online: http://www.socsci.uci.edu/~penner/media/ajs.pdf, 15.10.2011.

Ruch, Hermann/Sachse-Weinert, Martin (2010): Auswahlbibliographie Leseförderung. Online: http://www.leseforum.bayern.de/download.asp?DownloadFileID=7330002136e349f3890d9e894 b63aca0, 28.9.2011.

Selter, Christoph (2007): Sinus –Transfer Grundschule, Modul G 7: Interessen aufgreifen und weiterentwickeln. Online: http://sinus-transfer-grundschule.de/fileadmin/MaterialienIPN/G7_fuer_ Download.pdf, 28.9.2011.

Schöps, Katrin/Walter, Oliver/Zimmer, Karin/Prenzel, Manfred (2006): Disparitäten zwischen Jungen und Mädchen in der mathematischen Kompetenz. In: Prenzel, Manfred/Baumert, Jürgen/ Blum, Werner/Lehmann, Rainer/Leutner, Detlev/Neubrand, Michael/Pekrun, Reinhard/Rost, Jürgen/Schiefele, Ulrich (Hrsg.): PISA 2003 – Untersuchungen zur Kompetenzentwicklung im Verlauf eines Schuljahres. Münster: Waxmann, S. 209–224.

Schründer-Lenzen, Agi/Merkens, Hans (2006): Differenzen schriftsprachlicher Kompetenzentwicklung bei Kindern mit und ohne Migrationshintergrund. In: Schründer-Lenzen, Agi (Hrsg.): Risi kofaktoren kindlicher Entwicklung, Wiesbaden: VS Verlag für Sozialwissenschaften, S. 15–44.

SINUS-Transfer Grundschule: Online: http://www.sinus-an-grundschulen.de/, 28.9.2011.

Spelke, Elizabeth S. (2005): Sex differences in intrinsic aptitude for mathematics and science? In: American Psychologist, 60, Washington, S. 950–958.

Stamm, Margit (2008): Underachievement von Jungen: Perspektiven eines internationalen Diskurses. In: Zeitschrift für Erziehungswissenschaft 1, Wiesbaden, S. 106–124.

Stanat, Petra/Bergann, Susanne (2009): Geschlechterbezogene Disparitäten in der Bildung. In: Tippelt, Rudolf/Schmidt, Bernhard (Hrsg.): Handbuch Bildungsforschung. Wiesbaden: Verlag für Sozialwissenschaften, S. 513–527.

Statistisches Bundesamt (2008): Statistik der allgemeinbildenden Schulen, Anzahl der Schulanfänger nach Einschulungsart im Schuljahr 2006/2007. Wiesbaden.

Stürzer, Monika (2003): Geschlechtsspezifische Schulleistungen. In: Stürzer, Monika et al. (Hrsg.): Geschlechterverhältnisse in der Schule. Opladen: Leske + Budrich, S. 83–118.

Tiedemann, Joachim (2005): Gender-related beliefs of teachers in elementary school mathematics. In: Educational studies in Mathematics 41, New York, S. 191–207.

UNDP = United Nations Development Programme (1995): Human developmen report 1995. New York: Oxford University Press.

Valtin, Renate/Wagner, Christine/Schwippert, Knut (2005): Schülerinnen und Schüler am Ende der vierten Klasse – schulische Leistungen, lernbezogene Einstellungen und außerschulische Lernbedingungen. In: Bos, Wilfried u. a. (Hrsg.): IGLU. Vertiefende Analysen zu Leseverständnis, Rahmenbedingungen und Zusatzstudien. Münster: Waxmann, S. 187–238.

Zöller, Isabelle/Roos, Jeanette (2009): Einfluss individueller Merkmale und familiärer Faktoren auf den Schriftspracherwerb. In: Roos, Jeanette/Schöler, Hermann (Hrsg.): Entwicklung des Schriftspracherwerbs in der Grundschule. Wiesbaden: VS Verlag für Sozialwissenschaften, S. 47–108.

Ästhetische Bildung: Differenz und sinnliche Wahrnehmung

29

Jeannette Windheuser

Der vorliegende Artikel verknüpft über queere und feministische Begriffe von sinnlicher Wahrnehmung und Differenz ästhetische Bildung mit Geschlecht. In dieser Perspektive verbinden sich unbequem ästhetische Bildung und Feminismus, da sie der Ästhetik die Schönheit entreißen und die Wahrnehmung des Ästhetischen politisieren. Die (queer-)feministische Verbindung von sinnlicher Wahrnehmung und Differenz berücksichtigt zwei Herausforderungen, die damit einhergehen, ästhetische Bildung im Kontext von Fachdidaktik und Geschlechterforschung zu thematisieren. Diese betreffen zum einen, dass in der Schule eine zunehmende Marginalisierung der ‚schönen Künste' bzw. eine Technokratisierung von Bildungsprozessen (z. B. in Form von Leistungsstandserhebungen) beobachtet werden kann. Zum anderen werden in der ästhetischen Bildung Geschlechterforschung und feministische Perspektiven kaum beachtet, wie sich in einschlägigen erziehungswissenschaftlichen und pädagogischen Handbüchern zeigt. Im Zentrum steht daher, welche Möglichkeiten (queer-)feministische Perspektiven für ästhetische Bildung und Didaktik eröffnen können.

29.1 Vorbemerkungen zur politischen Ästhetisierung

Die Verbindung von *queeren* und feministischen Ansätzen soll nicht deren Einheit vermitteln, sondern verschiedene Betrachtungsweisen ästhetischer Bildung unter der Fokussierung von Geschlecht aufzeigen. *Queer* drückt eine Kritik an jeglicher Form der Normalisierung von Sexualität und Geschlecht aus und steht zugleich für soziale Bewegungen mit einer ästhetisierten Protestkultur (z. B. in Form von *Radical Cheerleading*, vgl. Groß/Winkler 2009, S. 59 f.). Abzugrenzen ist dieser *queer*-Begriff von Verwendungen, die da-

---

J. Windheuser (✉)
Bergische Universität Wuppertal,
Gaußstraße 20, 42119 Wuppertal, Deutschland
E-Mail: jeannette.windheuser@uni-wuppertal.de

M. Kampshoff, C. Wiepcke (Hrsg.), *Handbuch Geschlechterforschung und Fachdidaktik*,   401
DOI 10.1007/978-3-531-18984-0_29,
© VS Verlag für Sozialwissenschaften | Springer Fachmedien Wiesbaden 2012

runter alles Normabweichende positiv gewendet verstehen (vgl. Perko 2003, S. 35). Diese laufen Gefahr, Heterosexualität in ihrer kulturellen Erzeugung aus dem Blick zu verlieren und damit eine heteronormative Sichtweise zu stärken. Der Begriff ‚feministisch' betont die politische Dimension geschlechtsbewusster ästhetischer Bildung und lässt diese nicht unter einem neutralisierenden Begriff der Geschlechterforschung verschwinden (vgl. dazu die Kontroverse zwischen Stefan Hirschauer und Gudrun-Axeli Knapp (2006)).

Abweichend zu den anderen Artikeln im vorliegenden Handbuch wird in Anlehnung an Kitty Hermann alias s_he im Text die Unterstrich-Variante (z. B. Pädagog_in) bevorzugt, um zweigeschlechtliche Symbolisierungen zu verschieben. Dabei handelt es sich um einen ästhetischen Prozess, der jene Wahrnehmungen von Geschlecht mit einbezieht, an denen ein heteronormatives Sprechen und Schreiben scheitert und die aber dennoch in der Überschreitung dessen ausgedrückt werden können. „Dagegen [gegen eine zweigeschlechtliche Schreibweise, J. W.] möchte [s_he] einen anderen Ort von Geschlechtlichkeit setzen, einen Ort, den es zu erforschen gilt und um den wir kämpfen sollten, er sieht so aus: _" (Hermann 2003, S. 22). Daneben werden trotzdem konventionelle Schreibweisen genutzt, um heteronormative Festschreibungen zu markieren.

29.2 Sinnliche Wahrnehmung als Provokation – Ästhetik und Ästhetische Bildung

Ästhetische Bildung wird zusammen mit Ästhetik thematisiert, weil sie nicht ohne Letztere zu denken ist. Die philosophische Disziplin der Ästhetik (griechisch *aisthesis*, Übers. ‚sinnliche Wahrnehmung') strebte zunächst ein „Wissen von dem Sinnenhaften" (Welsch 1990, S. 9) an und verengte sich dann auf die Beschäftigung mit der Kunst und dem Schönen. In der Philosophiegeschichte wird jedoch der Wahrnehmung Bedeutung gezollt. So beziehen sich Alexander Gottlieb Baumgarten, Immanuel Kant und Friedrich Schiller sehr wohl auf sie. Ersterer gilt als Vorreiter der Ästhetik als philosophische Disziplin, die er mit seinen 1750 und 1758 veröffentlichten unvollständigen Teilbänden der „Aesthetica" begründete (vgl. Ritter 1971; Schneider 1996). Wichtiger für das Entstehen einer ästhetischen Bildung war jedoch Kant, insbesondere seine „Kritik der Urteilskraft" (1790). Durch diese Schrift inspiriert entwickelte Schiller seinen Begriff einer ästhetischen Bildung, von dem verschiedene ästhetische Bildungs-Entwürfe ausgingen. Diese Zusammenhänge werden nur angedeutet, um nicht nur eine männlich dominierte philosophische Geschichtsschreibung nachzuvollziehen (diese ist nachzulesen bei Koch 2008, 2008a oder Parmentier 2004). Bezüglich der Geschlechterthematik ist entscheidend, dass Baumgartens, Kants und Schillers Ästhetiken modernen, aufklärerischen Subjektvorstellungen folgen.

Bis heute spielen die Vorstellung einer autonomen Ästhetik und die ersten Begriffe ästhetischer Bildung und Erziehung eine Rolle in der pädagogischen Diskussion. Allerdings verengt sich der Ästhetikbegriff häufig auf die Beschäftigung mit künstlerischen Erfahrungen, sowohl im tätigen wie rezipierenden Sinne. Gegenwärtig können dennoch vier unterschiedliche Verbindungen von Pädagogik und Ästhetik benannt werden: a) die bil-

29 Ästhetische Bildung: Differenz und sinnliche Wahrnehmung 403

dungstheoretische Beschäftigung mit Ästhetik, b) die ästhetische Erziehung, c) Kunst und Ästhetik als Thema oder Fach und d) Aisthetik, welche den Ästhetikbegriff um Wahrnehmungsprozesse im Allgemeinen erweitert (vgl. Ehrenspeck 2001, S. 6 f.).

Alle Ästhetikvorstellungen werden, trotz der Autonomieerklärungen der Kunst, von Instrumentalisierungen oder Erwartungen gegenüber dem Schönen und der Kunst durchzogen. Zu Beginn des 20. Jahrhunderts wurde z. B. im Zuge reformpädagogischer Religionskritik eine ,ästhetische Erziehung' als Unterrichtsfach gefordert, die den konventionellen Religionsunterricht ablösen sollte, um die „wahre Religion" in der Kunst zu finden (Baader 2007, S. 118). Auch Yvonne Ehrenspeck zeigt die erhofften „Versprechungen des Ästhetischen" von Ende des 18. Jahrhunderts bis in die Gegenwart auf (Ehrenspeck 1998).

Die bis heute dominante moderne subjektivitätstheoretische Tradition in der Ästhetik wird durch ein feministisches ästhetisches Projekt gefährdet, wenn dieses Ästhetik als Wissenschaft der sinnlichen Wahrnehmung betrachtet: Wurden der Wahrnehmung in der Antike eine aktive und eine passive Dimension zugesprochen, wird in der Moderne das Subjekt zu dem Grund, von dem alle Sinne in einem tätigen Sinne ausgehen (vgl. Meyer-Drawe 2008, S. 538 f.). Die antike Wahrnehmung, als „Widerfahrnis" begriffen, berichtet von einer „Auslieferung des Menschen an seine Welt, welche er nicht ohne Rest in Beherrschung umwandeln kann" (ebd., S. 539). Die Philosophie hat in der Moderne versucht, diese Unwägbarkeit zu bannen und dabei vor der Ästhetik nicht halt gemacht. Bei Kant muss die Wahrnehmung als „qualitätslose Affektion" durch die „transzendentalsubjektiven Formen der Anschauung" (von Raum und Zeit) zum Blick geformt werden, „in dem uns die Welt objektiv gegeben ist" (Schlüpmann 1998, S. 10). Nur im „Naturschutzpark – der schönen und erhabenen Natur" (ebd.) existiert für Kant eine Form qualifizierter Wahrnehmung.

Es scheint, als provoziere die sinnliche Wahrnehmung durch ihre Offenheit. Dies zeigt sich u. a. in der Widerspenstigkeit der Kunst, wenn diese zum Problem wird: Die Kunst „erzieht (oder bildet), aber als Kunst", was dazu führt, dass trennscharfe oder eindeutige Begriffe von Bildung und Erziehung ihre Schärfe am ästhetischen Material verlieren (Oelkers 1990; Vorbemerkung o. S.; Herv. i. O.). Die sinnliche Wahrnehmung steht einem „zum Ziel drängende[n, männlichen] Eros" im Weg, der „besessen [ist] von dem Einen, der Einheit und [für den] kein[e] Begegnung mit dem Vielen der Welt der Erscheinungen mehr offen" ist (Schlüpmann 1998, S. 29).

Die sinnliche Wahrnehmung findet dennoch in einem Raum statt, in dem ästhetische Gegenstände „Instrumente und Agenten" (Engel 2009, S. 221) einer ,Regierung' von Geschlecht und Sexualität sein können (Engel verwendet Michel Foucaults Begriff der Gouvernementalität (Foucault 2005, S. 171). Zu dieser ,Regierung' der Bevölkerung u. a. mittels Wissen gehört das Wissen um und die damit einhergehende Erzeugung von Sexualität und Geschlecht (vgl. dazu Foucault 1983)). Die Beschäftigung mit ästhetischen Fragen ist daher für Geschlechterforschung, Feminismus und eine (*queer*-)feministisch inspirierte Pädagogik bedeutsam. Beispielsweise war und ist das Erlangen von Sichtbarkeit eine Strategie feministischer, *queerer* und antirassistischer sowie postkolonialer Politiken. Allerdings ist das ,Wie' von Darstellungen in einem doppelten Sinne für Hegemonie- und

Repräsentationskritiken relevant. Zum Einem verhindern solche Kritiken sich selbst, folgen sie nur einem Diktum der Sichtbarkeit. „The project of making experience visible precludes analysis of the workings of this system [einer phallischen Ökonomie; J. W.] and of its historicity; instead, it reproduces its terms" (Scott 1991, S. 779). In einem weiteren Sinne ist Sichtbarkeit eine ästhetische Frage: „If representational visibility equals power, then almost-naked young white women should be running Western Culture. The ubiquity of their image, however, has hardly brought them political or economic power" (Phelan 1993; zitiert nach Schaffer 2008, S. 15). Weder die ästhetischen Gegenstände noch ihre Produktion und Rezeption sind sogesehen frei oder unpolitisch. Trotz einer Hegemonie beispielsweise heteronormativer Darstellungen und Lesarten sind sie uneindeutig – und gerade darin liegt weniger ein Mangel als eine Chance feministischer Intervention. So zeigt Antke Engel, wie im Feld „visuelle[r] Bildproduktion […] das kulturelle Bildarchiv und die Darstellungs- und Wahrnehmungskonventionen herausgefordert und umgearbeitet werden" und in dem „visuelle Repräsentationen entstehen, die nicht das erfüllen, was die geo-historischen, sozio-kulturellen Regeln der Intelligibilität vorgeben" (Engel 2009, S. 219). Insofern sind Ansätze einer (queer-)feministischen Ästhetik und daran anschließenden ästhetischen Bildung eine Provokation moderner Ästhetikvorstellungen.

29.3 Geschlecht in Ästhetik und ästhetischer Bildung

Geschlechtsbewusste Betrachtungen von Ästhetik und Ästhetischer Bildung betonen in erster Linie die politische Dimension des Ästhetischen. Das steht geradezu konträr zu einer Autonomieerklärung der Kunst. Wahrnehmung und Produktion von ästhetischen Gegenständen sind (queer-)feministisch gesehen eingebunden in hegemoniale und subversive Diskurse.

Die Analyse dieser Zusammenhänge wurde in den 1960er und -70er Jahren Gegenstand einer „feministischen Ästhetik" (Nagl-Docekal 2000, S. 69). Sie zielt darauf, die Aktivität von Geschlecht in der westlichen Kunst zu untersuchen und Alternativen zu bieten (vgl. ebd., S. 71). Für dieses Vorhaben formuliert Herta Nagl-Docekal vier Ebenen (vgl. ebd., S. 72): a) die Analyse des Ausschlusses von Frauen von Akademien und künstlerischen Diskursen, b) ein (Wieder-)Sichtbarmachen von Künstlerinnen c) die Analyse der Darstellung von Frauen bzw. Geschlechterverhältnisse in den Künsten, d) die Forderung nach einer „Distanz zur Thematik des Geschlechts" bei der Rezeption von „Kunst von Frauen" (ebd., S. 74). Aus queerer Perspektive erweitert sich dieses Projekt um die Suche nach queer agierenden Künstler_innen und heteronormativitätskritische Geschlechterdarstellungen in der Kunst.

Implizit lassen sie sich Nagl-Docekals Ebenen in den im Folgenden dargestellten Ansätzen feministischer bzw. queer-feministischer kritischer Entwürfe von Ästhetik als Strategien in unterschiedlicher Ausprägung verfolgen und erweitern. Über die Begriffe der Differenz und der sinnlichen Wahrnehmung werden die Eigentümlichkeiten und Mög-

29 Ästhetische Bildung: Differenz und sinnliche Wahrnehmung

lichkeiten hervorgehoben, die sich mit verschiedenen (*queer-*)feministischen Perspektivverschiebungen eröffnen.

29.3.1 Ästhetik und Geschlecht – Differente Entwürfe

Ein wichtiges Moment feministischer Kritik an modernen Wirklichkeits- und Subjektvorstellungen ist die Auseinandersetzung mit Differenz, wobei keine einheitlichen, sondern vielmehr gegensätzliche Bestimmungen des Differenzbegriffs erfolgen (vgl. Rendtorff 2004). Bezogen auf Fragen von Ästhetik und ästhetischer Bildung kann dies die Kritik an einem androzentrischen Ausschluss all derer, die nicht (hegemonialen) Männlichkeitsvorstellungen entsprechen, umfassen. Ebenso kann es sich um eine Neubestimmung von Differenz in wechselseitiger und widerstreitender Beziehung zum Anderen handeln, so dass eindeutige Geschlechterbilder ad absurdum geführt werden. Letzteres Differenzverständnis verabschiedet sich von einer bipolaren Geschlechtsunterscheidung zugunsten eines Denkens ohne Ursprungsvorstellungen, in dem u. a. Subjekt oder Frau-Sein an sich unmöglich sind (vgl. ebd., S. 106). Barbara Rendtorff formuliert Differenz als „einen Aspekt menschlicher Grundbeschaffenheit", so das Geschlecht ein „Singular" in Form von „Geschlechtlichkeit" ist, die auf die „eigene Nicht-Vollständigkeit und die Andersheit des Anderen, die uneinholbar bleibt" (ebd., S. 109), hinweist. „Geschlecht *ist* selbst Differenz" (ebd., Herv. i. O.) und trennt und verbindet mit dem Anderen, u. a. durch die Sexuierung von Sprechen und menschlichen Beziehungen.

Inspirierend für feministische Literatur und Kunst(-wissenschaft) wurde Jacques Derridas dekonstruktivistischer Umgang mit Differenz (vgl. Schneider 1996, S. 251). Derridas Schreiben ist in ästhetischer Art und Weise de-zentrierend und de-identifizierend. Derrida erzeugt Neologismen wie ‚Dekonstruktion' oder ‚*différance*' (vgl. Derrida 2004) und durchkreuzt Wörter auf Martin Heidegger bezugnehmend (ders. 1983, S. 43: Die vermeintliche Präsenz einer Bezeichnung „[v]erschwindet und bleibt dennoch lesbar, wird destruiert und macht doch den Blick auf die Idee des Zeichens selbst frei"). Diese Strategie wendet sich gegen die abendländische Metaphysik und deren identifizierendes Regime der Präsenz. Für Derrida markieren Zeichen die Abwesenheit von dem, was repräsentiert werden soll (vgl. Derrida 2004, S. 119). Die Idee eines Zentrums, manifestiert in Form einer Präsenz (z. B. eines autonomen männlichen Subjekts), wird dezentriert indem nach Undenkbarem, Ausgeschlossenem und den Spuren danach, was einheitliche und abgrenzbare Identitäten und Präsenzen erst ermöglicht, gesucht wird.

Feministisch dekonstruiert Luce Irigaray durch ihr ästhetisches Schreiben u. a. in „Das Geschlecht, das nicht eins ist" (1979) und „Speculum" (1980). Darin werden nicht nur patriarchale Auffassungen inhaltlich kritisiert, sondern Weibliches wird mittels Begriffen als nicht festlegbar begründet (Rendtorff 2004, S. 107). Differenz bedeutet in diesem Sinne „Vielgestaltigkeit" (ebd.). „Irigaray […] hat herausgearbeitet, dass es immer etwas gibt, das von der herrschenden Denkordnung ausgeschlossen wird, als Unpassendes diskriminiert und eliminiert werden soll, und sie nennt es das Weibliche" (ebd.). Diese Konturierung von Weiblichem, oder besser dessen, was nicht eindeutig hegemonial-männlich ist, lässt Ästhetik feministisch gewendet in einem zweifachen Sinne different zu den traditionellen Vorstellungen denken. a) Setzen sich dann (*queer*-)feministische Ästhetiken von einer Ästhetik ab, die auf einem autonomen Subjekt beruht, das das Schöne als allgemein gültig identifizieren kann. b) Zeigt sich die Verbindung zwischen androzentrischer Repräsentationsvorstellung und ausschließendem historisch-spezifischem Kontext.

Letzterem nähert sich Scott (1991) über den Begriff der Erfahrung an. Erfahrung wird eher der Charakter eines ‚Widerfahrnisses‘ zugesprochen als dem heutigen Begriff von Wahrnehmung. Dennoch unterliegt auch die moderne Vorstellung der Erfahrung der Annahme einer Trennung zwischen Subjekt und objektiver Welt und erhält als „subjektives Erleben" (Casale/Larcher 2004, S. 61) seinen aktiven Moment zurück. Bei dem Ende des 20. Jahrhunderts in die „Genderdebatte" eingeführten Begriff ist Erfahrung hingegen an „Raum und Zeit gebunden, in [denen] sich sinnliche Wahrnehmung" (ebd.) vollzieht. Erfahrung ist ein „permanenter Verarbeitungsprozess von Erleben, in dem Wahrnehmung, Deutung und Handeln ineinander greifen" (ebd.). Scott fragt danach, „welche Bedeutungen Geschlecht aufgrund von Erfahrungen erhält und welche ihm zugeordnet werden" (vgl. ebd., S. 62). Für Scott ist „Erfahrung […] eine Form von Konstruktion und Aneignung von Wirklichkeit" (ebd.). Zudem ist Erfahrung durch Differenz gekennzeichnet, denn „in Erfahrung sind auch immer fremde Erfahrungen enthalten und aufgehoben" (ebd.).

Eine Form, Erfahrung und ästhetische Erfahrung in Bildungsprozessen feministisch zu wenden, stellen weibliche Bildungsromane dar. In der ästhetischen Bildung bleiben Romane über weibliche Bildungswege trotz ihrer Existenz so gut wie unbeachtet, obwohl sie was „Dichte und Intensität" angeht, den „Bildungsgängen der männlichen Helden in nichts nachstehen" (May 2006, S. 199). Anhand der „Geschichte von Sophie von Sternheim" von Sophie von La Roche und Friederike Helene Ungers „Julchen Grünthal" stellt Anja May das dekonstruktivistische Potenzial weiblicher Bildungsromane um 1800 heraus (vgl. ebd., S. 182). Darin wird Literatur als ästhetisches Medium zu einem Schauplatz feministischer Kritik und zugleich eines feministischen Bildungsprojekts. In den Romanen macht May eine „komplexe Struktur ‚doppelten Sprechens‘ über Erziehung und Bildung" (ebd., S. 137) aus, die deren „performativ-rhetorischen Dimensionen" (ebd., S. 190) markiert, ästhetisch kritisiert und überschreitet. In den Romanen werden populäre Geschlechterbilder aufgegriffen um sie zugleich durch ihre Protagonistinnen zu entgrenzen und Ironie bringt Mädchenpensionate und „häuslich-ländlich[e]" Idyllen ins Wanken (vgl. ebd., S. 117, S. 138). Themen und Stil der Romane überschreiten die zielorientierten Subjektkonstitutionen der bekannten ‚männlichen‘ Bildungsromane. In ihnen äußert sich eine Umdefinition von Subjektivierungsprozessen und von ästhetischer Erfahrung.

Nietzscheanisch inspiriert entwirft Heide Schlüpmann eine feministische Ästhetik des Kinos (Schlüpmann 1998). Diese Ästhetik als „Liebe zur Wahrnehmung" wird in Anlehnung an eine Philosophie als „Liebe zur Weisheit" entwickelt. Das individuelle Gefühl der Liebe steht der Ästhetik im Sinne eines individuellen Erlebens nahe (ebd.). Zwar wendet sich Schlüpmann gegen eine aufklärerische Ästhetik im Sinne einer allgemeingültigen Erkenntnis, jedoch versteht sie das individuelle ästhetische Erleben als ein gesellschaftliches, „in dem das Erleben der Einzelnen zugleich das in der Masse ist" (ebd., S. 11). Mit Nietzsche wird dies als eine „von der heraufkommenden Massengesellschaft aufgebrochene individuelle Wahrnehmung" (ebd.) begriffen. Über diese Verquickung von Individuellem und Kollektivem wird Kants subjektivierter Ästhetikbegriff in ein Aufklärungsprojekt transformiert, bei dem „Ich und Subjekt" (ebd.) aufklärungsbedürftig werden statt Aufklärung zu betreiben. Diese feministische ästhetische Theorie, greift die Liebe als eine „den Frauen zugeschriebene[n] Fähigkeit [auf], die sie zugleich zur Theorie untauglich machen soll" (ebd., S. 15). Dieses Vorgehen fällt aus dem vorherrschenden abendländisch-männlichen Denken der ‚Liebe zur Weisheit' heraus und wird so auf eine sich widersetzende Art, die den philosophischen Objektivitätsanspruch kritisiert, theoriebildend (vgl. ebd., S. 16). Darin gewinnt eine Verschiebung des Sichtbarkeits-Begriffs an Bedeutung und die Liebe, die versteckte gesellschaftliche Produktivkraft, wird öffentlich. Die Vorherrschaft der Wortsprache stigmatisiert das Sichtbarwerden von Nonverbalem, weiblich Intimem und Privatem und betont damit deren Unmündigkeit (vgl. ebd., S. 22). In einer feministischen Ästhetik werden, teils verbal, visuelle Reize evoziert und der Wahrnehmungsmoment der Philosophie hervorgehoben. Dieser Kritik an einer männlich-hegemonialen Philosophie versucht die aufklärerische Erkenntnis über die Konstruktion des autonomen philosophischen Subjekts zu begegnen. Das ausgeschlossene Andere dieses Subjekts sind sein eigener Leib, seine eigene Wahrnehmung und die Ohnmacht angesichts der sinnlichen Wahrnehmung des Anderen (vgl. ebd., S. 28 f.). Diese Ohnmacht einer durch den Anderen oder durch das Weibliche (im Sinne einer Öffnung gegenüber dem Anderen) konstituierten Wahrnehmung wird tabuisiert, so dass es möglich wird, die machtdurchdrungene Wirklichkeit zu leugnen (vgl. ebd., S. 31). Demgegenüber wendet sich Nietzsche gegen ein einheitliches Subjekt, das die Wahrnehmung beherrscht und überlässt der Wahrnehmung die ästhetische Bildung der Öffentlichkeit, und zwar über den Weg des „anscheinend Privaten" (ebd., S. 33). Diese Öffentlichkeit ist eine andere gegenüber der bürgerlich-männlichen, es ist die des Privaten und Intimen (vgl. ebd., S. 33 ff.). Der Film als gemeinsam genutztes und öffentliches Medium sprach die Rezipient_innen an, die „eine Sehnsucht […] nach einer Wahrnehmung [wahrnahmen], die durch die Impression des Anderen konstituiert wird" (ebd., S. 37).

Die Konzeption von ‚Frau' beleuchtet bei Schlüpmann ebenso wie bei Irigaray historisch-spezifische Lebenszusammenhänge, die in androzentrischer Perspektive ausgeblendet bleiben. Diese Verständnisse von Weiblichem und feministischer Ästhetik betonen, dass Weibliches androzentrisch erst als different vom Männlichen konstruiert wird. Differenz ist sogesehen keine absolute Trennung bipolarer Geschlechter, sondern die uneinholbare Andersheit von eindeutigen Festschreibungen und zugleich das ausgeschlossene Andere, was dennoch in der gegenseitigen Hervorbringung untrennbar mit dem vermeintlich Eindeutigen verbunden ist.

Julia Kristeva kritisiert hegemoniale Ästhetikvorstellungen, indem sie in „Das weibliche Genie" (2001) den Geniebegriff erobert, der vor dem 20. Jahrhundert Männern vorbehalten war. Anhand der Biographien von Hannah Arendt, Melanie Klein und Colette arbeitet Kristeva seine Verwobenheit mit weiblichen Lebenszusammenhängen heraus. War das Genie zuvor göttlicher Geist, der Menschen Ungewöhnliches hervorbringen ließ, wandelt sich dies in der Moderne zu einer Gleichsetzung von Genie und der schaffenden Person (vgl. ebd., S. 7). Kristeva beschreibt ihre Genies als begeisternd und zugleich mit „Ächtung, Verständnislosigkeit und Verachtung" Bestrafte (ebd., S. 19 f.): „Gemeinsames Schicksal der Genies … und der Frauen?" (ebd., S. 20). Eine eindeutige Festschreibung des Weiblichen im Genie verwehrt Kristeva und dokumentiert zugleich das Gemeinsame darin: „Eine Musik, gemacht aus Singularitäten, Dissonanzen, Kontrapunkten jenseits der grundlegenden Akkorde. Vielleicht wird es das sein, das weibliche Genie" (ebd., S. 21). Darüber hinaus verbindet Arendt und Colette die schöpferischen Fähigkeiten von Körper und Geist im Weiblichen. Ist bei Kant das Genie derjenige, der der Kunst die Regeln gibt (vgl. Schneider 1996, S. 51), ist es bei Kristevas Biographie Arendts die gebärende Frau, welche das Leben und damit neue Gesetze gibt, und bei ihrer Biographie Colettes wird das Wort zum Schöpferischen des Werkes.

Neben den differenztheoretischen Auseinandersetzungen mit weiblicher Ästhetik erfahren Geschlecht und Ästhetik eine Dekonstruktion durch den theoretischen Begriff des Performativen sowie durch künstlerische *Performances*. In ihnen materialisieren sich nonverbale und körperliche Aspekte feministischer Ästhetikentwürfe. Zudem brechen viele (*queer-*)feministische *Performances* auf radikale Weise mit traditionellen Vorstellungen von Schönheit.

Performativität wird im Kontext von Judith Butlers dekonstruktiver Heteronormativitätskritik diskursiv als „sich ständig wiederholende und zitierende Praxis" (Butler 1997, S. 22) verstanden. Performative Äußerungen erzeugen geschlechtliche Subjekte und ihre Körper. Dabei sind die Körper nicht vordiskursiv vorhanden, sondern das „‚biologische Geschlecht' wird […] als eine kulturelle Norm, die die Materialisierung von Körpern regiert [, ausgelegt]" (ebd.). Eine solche „*Normalisierung*" macht soziale Praktiken intelligibel und definiert „was innerhalb des Bereichs des Sozialen erscheinen wird und was nicht" (Butler 2009, S. 73, Herv. i. O.). Die Heteronormativität verwischt die Spuren sprachlicher und körperlicher Zitate von intelligiblen Subjekten und Körpern, so dass diese nur noch als natürlich wahrgenommen werden. Eindringlich verdeutlicht Butler dies an der „Konstruktion fester Körperumrisse", die „auf festgelegten Stellen der Körperdurchlässigkeit und Undurchlässigkeit" (Butler 1991, S. 195) beruhen. Die Grenze des Körpers wird nicht allein durch die Haut im materiellen Sinne abgesteckt, sondern „systematisch durch Tabus und antizipierte Übertretungen bezeichnet" (ebd., S. 194). Verändert der Körper die Bereiche seiner Durchlässigkeit, werden diese Vorgänge also unreguliert, droht die Gefahr von Verunreinigung, wie Butler anhand homophober Diskurse aufzeigt (vgl. ebd., S. 194 ff.). (*Queer-*)Feministische künstlerische Performances überschreiten diese Grenzziehung und Konstruktion von Reinheit, wenn sie beispielsweise Blut durch Selbstverletzung, und damit durch eine unzulässige ‚Körper-Öffnung', sichtbar machen (siehe dazu die *Performances* von Valie Export (1973): „… Remote … Remote" oder von Boryana Rossa und Oleg Mavromatti (2009): „The Vitruvian Body"). In der künstlerischen *Performance* wird die öffentliche Dimension von Geschlechtlichkeit hervorgehoben. Butlers Verständnis der

29 Ästhetische Bildung: Differenz und sinnliche Wahrnehmung

Performativität von Geschlecht folgend, ist Geschlecht eine öffentliche Handlung, deren „öffentlicher Charakter […] kein Zufall" (Butler 1991, S. 206) ist. Mittels performativer Akte wird die Bipolarität von Geschlecht aufrechterhalten, was Subjekte als geschlechtliche ermöglicht und festigt (vgl. ebd.). *Queere* Inszenierungen und *Performances* nutzen die Übertreibung, um die performativen Hervorbringungen von Heterosexualität und binärer Geschlechterordnung zu parodieren. Dadurch wird der „Verlust des Normalitätsgefühls selbst zum Anlaß des Gelächters […], besonders wenn sich das ‚Normale' oder das ‚Original' als ‚Kopie' erweist, und zwar als eine unvermeidlich verfehlte, ein Ideal, das niemand verkörpern *kann*" (ebd., S. 204; Herv. i. O.). Insofern ästhetisieren und politisieren *Performances* (*queer*-)feministisch gedacht alltägliche Normalitätserwartungen und naturalisierte Geschlechterdarstellungen.

Die vorgestellten unterschiedlichen Ansätze *queerer* und feministischer Ästhetik verbindet die Interpretation sinnlicher Wahrnehmung als einen Prozess, der nicht von einem identifizierenden Subjekt ausgeht. Vielmehr ist er verbunden mit dem Anderen und eingebunden in einen normierenden Deutungszusammenhang, der jedoch überschritten werden kann. (*Queer*-)Feministische Prozesse der Produktion von ästhetischen Gegenständen arbeiten mit unterschiedlichen Strategien der Entgrenzung, der Parodie und der Übertreibung. Sie greifen determinierende Auffassungen von Weiblichkeit und Geschlechtlichkeit auf, kehren dabei Privates in Öffentliches und machen den Körper zum Ort ästhetischer Auseinandersetzung. Dies hat Auswirkungen auf ästhetische Bildung und Didaktik.

29.3.2 Fachdidaktische Konsequenzen

Eine Ästhetik der sinnlichen Wahrnehmung ist ein Querschnittsthema für die Didaktik und erweitert deren Blick über die Kunst und das Schöne hinaus. Naturgesetze erschließen sich nicht unmittelbar aus einer physikalischen Beobachtung, „sondern [haben] eine Geschichte widerstreitender Konzepte und Organisationsprinzipien, eine Geschichte von Konflikten über die adäquate Repräsentation von Natur" (Scott 2001, S. 48). Diese Suche nach adäquaten Repräsentationen führt zu einer Ästhetisierung naturwissenschaftlicher Phänomene. Beispielsweise ist das „Bild vom ursprünglichen Knall" mehr als eine „mathematische Gleichun[g]", nämlich der Versuch einer „präzise[n] Veranschaulichung" (Oelkers 1990, S. 26). Die in der Physik verwandten „Bilder geben nicht die ‚Wirklichkeit' wieder, sondern veranschaulichen sie, ohne dass eine lineare Beziehung zwischen Symbol und Objekt möglich wäre" (ebd.). Ansätze, das Ästhetische in den Naturwissenschaften zu thematisieren, finden sich beispielsweise bei Marie-Luise Angerer u. a. (2002) oder Wolfgang Krohn (2006). Die (*queer*-)feministischen Perspektivwechsel, wie sie im Vorangehenden vorgestellt wurden, fokussieren die Kategorie Geschlecht im ästhetischen ‚Wie' der jeweiligen Gegenstände. Eine *gender*bewusste Ästhetik kann so zu einer grundlegenden Haltung in den Fachdidaktiken werden und die wirklichkeitserzeugende Kraft des Ästhetischen in den nicht-musischen Fächern beachten. Das Ästhetische in diesen Fächern tritt in Form von verbalen und non-verbalen Verbildlichungen auf.

Eine sexualisierte Bezeichnungspraxis findet sich z. B. im Physik- und Informatikunterricht wenn Stecker in ‚weibliche‘ (mit einer Öffnung zum reinstecken) und ‚männliche‘ (die einen Kontakt zum Reinstecken haben) unterteilt werden. Die Unterscheidung der Steckersysteme verläuft über heteronormative Bilder von Geschlecht, die dieses davon abhängig machen, wer penetriert wird und wer penetriert. Solche impliziten Geschlechterbilder stehen neben der Vermittlung von ‚Fakten‘ über die Zweigeschlechtlichkeit beispielsweise anhand von Abbildungen im Biologieunterricht. Dabei findet sich sehr wohl medizinische Literatur und medizinisches Bildmaterial, das Geschlecht als Kontinuum denken lässt (vgl. Lang 2006, S. 64 ff.; Fausto-Sterling 1982). Im Grenzbereich literarischer Ästhetik und feministischer Kritik an naturwissenschaftlichem Körper- und Geschlechterwissen bewegen sich Donna Haraways Essays in „Die Neuerfindung der Natur" (1995).

In den ‚klassischen‘ ästhetischen Feldern des Kunst-, Musik- und Literaturunterrichts kann die Aufmerksamkeit den Blickregimen gelten, die die Betrachtung eines Bildes leiten, oder dem subversiven Potenzial eines Textes. Es kann gefragt werden, welche (Subjekt-) Bildung ästhetische Gegenstände (in Prozessen der Produktion und Rezeption) ermöglichen und von welchen Hegemonien dies beeinflusst wird. Ein Beispiel für eine solche *queer*-feministische ästhetische Didaktik wurde im Rahmen des Netzwerkmoduls „Queer und DIY [Do it yourself, J. W.] im Kunstunterricht" der Zürcher Hochschule der Künste erarbeitet (vgl. Settele 2011). Die Verknüpfung von DIY und *queer*-feministischer Kunst zielt darauf ab, „ästhetisch[e], sozial[e] und politisch[e] Handlungsmacht" (ebd., S. 1) herzustellen und sich anzueignen.

Unabhängig davon, ob es sich um Ästhetisches in musischen oder nicht-musischen Fächern handelt, wird häufig die ‚Gefahr‘ einer Zerstückelung ästhetischer Erfahrung durch Unterrichtseinheiten problematisiert (vgl. Mollenhauer 1990, S. 484). Um zu zeigen, wie sich (*queer*-)feministische Perspektivverschiebungen auf die didaktische Praxis auswirken können, sollen hier dennoch knappe Hinweise und mögliche Ausblicke auf *gender*bewusste didaktische Projekte gegeben werden. Sie unterliegen jedoch der Einschränkung, dass ästhetische Bildung in der Schule insofern an ihre Grenzen gelangt, als unklar ist, wie ästhetische Erfahrungen benotet oder ästhetische Prozesse in 45 Minuten gezwängt werden sollen.

Erstes Beispiel ist eine dekonstruierende Unterrichtseinheit zur Sprach- und Wahrnehmungssensibilisierung namens „Phantomzeichnung" (Ebenfeld/Windheuser 2009), die für den Sprach-, Kunst-, aber auch Biologieunterricht geeignet ist. Sie zielt u. a. darauf ab, für die Konstruktion von Geschlecht durch Sprache zu sensibilisieren, eigene Repräsentationen und Bedeutungskonstruktionen zu hinterfragen, *queere* und dekonstruktive Sprachpraxis zu diskutieren und auf die Wirkmächtigkeit von Heteronormativität aufmerksam zu machen. Die Teilnehmenden werden in Bildbeschreibende und Phantomzeichner_innen aufgeteilt. Die Beschreibenden müssen alle Wörter, die das Geschlecht der auf einem Foto abgebildeten Personen eindeutig markieren (z. B. Frau, Mann, Junge, Mädchen, feminin, maskulin etc.), vermeiden. Anschließend werden im Plenum die von den Phantomzeichner_innen erstellten Bilder anhand von Fragen diskutiert, die die eigene Wahrnehmung, die ‚Bilder im Kopf‘, die Schwierigkeit in der zunächst gegebenen Sprache ‚anders zu spre-

29 Ästhetische Bildung: Differenz und sinnliche Wahrnehmung — 411

chen' und heteronormative Deutungsmuster thematisieren. In der Konfrontation mit dem Bild kommt es zu einer sinnlichen Erfassung des Dargestellten. Zunächst erscheint diese Sinnlichkeit unmittelbar, was jedoch durch die gleichzeitige Betonung und Ablenkung von verbalen Geschlechterdarstellungen gebrochen wird. Hier wird deutlich, dass ästhetische Erfahrungen als sinnliche Wahrnehmungen verstanden, diskursiv/kulturell vermittelt werden und zugleich normativ sind.

Ein weiteres Beispiel ist die Gestaltung von ,Strickgraffitti' (vgl. Lobby für Mädchen 2011). Indem gestrickte Muster oder Botschaften an Laternenmasten oder Mauern aufgehängt werden, wird mit einer ,weiblich-häuslich' konnotierten Tätigkeit öffentlicher Raum erobert und etablierte Kunst infrage gestellt. Werden Stricken, *Patchwork* oder *Crafting* um ihren Gebrauchswert gebracht, kann kritisch gefragt werden, warum sie traditionell als Gebrauchskunst betrachtet werden und Architektur nicht (vgl. Nagl-Docekal 2000, S. 119 f.). Prominente Beispiele einer Verschiebung von privatem Handwerk hin zu öffentlicher/politischer Kunst finden sich bei den Künstlerinnen Rosemarie Trockel und Tracey Emin.

Fächerübergreifend werden zwei politische Dimensionen *gender*bewusster ästhetischer Bildung deutlich. Erstens geht es um eine ästhetische Wissenschaftskritik, die sowohl die ästhetische Vermittlung vermeintlich empirisch vorhandener Tatsachen auf ihre heteronormativen oder (hetero-)sexistischen Differenzproduktionen hin untersucht; als auch ästhetische Gegenstände in ihrer historisch-spezifischen Verortung analysiert. Zweitens handelt es sich um einen politischen Aufforderungscharakter, der um die Unmöglichkeit wissenschaftlicher Neutralität weiß und diese als Anlass politischen Eingreifens nimmt (vgl. dazu Forster 2007). Eine so verstandene *gender*bewusste ästhetische Bildung lädt dazu ein, Klassiker philosophischer Ästhetik, ästhetische Gegenstände und Darstellungen zu rekontextualisieren. Gleichzeitig stellt sie ihnen ,Schwestern' und *queere* Freund_innen zur Seite. Zudem eröffnet sich ein Blick auf die ästhetische Seite grundlegender Kulturtechniken, wenn beispielsweise bei Derrida oder Kitty Hermann Sprache, Sprechen und Schrift als ästhetische Medien dekonstruiert werden.

29.4 Ergebnisse der aktuellen Bildungsforschung

Empirische Ergebnisse zu Kunstwahrnehmung und ästhetischer Erfahrung sind rar und zugleich auch fragwürdig. „Dies liegt unter anderem an dem Umstand, dass es sich [dabei] um äußerst komplexe Phänomene handelt, bei denen es fraglich ist, ob und inwieweit sie überhaupt empirischer Forschung zugänglich zu machen sind" (Ehrenspeck 2001, S. 16). Darüber hinaus stellt die Verbindung von Geschlecht mit ästhetischer Bildung weitestgehend ein Desiderat dar. Einzelne Untersuchungen arbeiten diese Verbindung in spezifischen pädagogischen oder bildungshistorischen Bereichen heraus. Dazu zählen beispielsweise Anja Mays (2006) Analyse von Bildungsromanen oder Anja Tervoorens (2006) Untersuchung von Geschlechterinszenierungen in der beginnenden Adoleszenz. Andere beziehen die ästhetischen Dimensionen implizit in die Thematisierung von weiblicher Bildungsgeschichte mit ein (vgl. beispielsweise Schmid 1999).

Wie im Aufsatz gezeigt wurde, finden sich im Kontext feministischer und *queer*-feministischer Theorie einige Schnittstellen zu ästhetischer Bildung und Didaktik. An ihnen kann Verortung des Ästhetischen über die musischen Fächer hinaus vorangetrieben werden. Darüber hinaus problematisiert die vorgestellte Perspektive, was ästhetische Gegenstände sind und welche hegemonialen Ordnungen die Grenzen des Ästhetischen setzen. Die Politisierung von Geschlecht führt damit auch zu einer Politisierung des Ästhetischen, was kein Mangel sondern eine Chance für (*queer-*)feministische Interventionen mit sich bringt.

Literatur

Angerer, Marie-Luise/Peters, Kathrin/Sofoulis, Zoe (2002): Future Bodies. Zur Visualisierung von Körpern in Science und Fiction. Wien: Springer.

Baader, Meike Sophia (2007): Weitreichende Hoffnungen der ästhetischen Erziehung – eine Überfrachtung der Künste. In: Bilstein, Johannes/Dornberg, Bettina/Kneip, Winfried (Hrsg.): Curriculum des Unwägbaren. Bd. 1: Ästhetische Bildung im Kontext von Schule und Kultur. Oberhausen: ATHENA, S. 113–131.

Butler, Judith (1991): Das Unbehagen der Geschlechter, Frankfurt a. M.: Suhrkamp.

Butler, Judith (1997): Körper von Gewicht, Frankfurt a. M.: Suhrkamp.

Butler, Judith (2009): Die Macht der Geschlechternormen, Frankfurt a. M.: Suhrkamp.

Casale, Rita/Larcher, Sabina (2004): Das Geschlecht als semiotischer Unterschied – Zeichentheorie als Grundlage der erziehungswissenschaftlichen Geschlechterforschung. In: Glaser, Edith/Klika, Dorle/Prengel, Annedore (Hrsg.): Handbuch Gender und Erziehungswissenschaft. Bad Heilbrunn: Julius Klinkhardt, S. 58–75.

Derrida, Jacques (1983): Grammatologie. Frankfurt a. M.: Suhrkamp.

Derrida, Jacques (2004): Die différance, in: ders.: Die différance. Ausgewählte Texte, Stuttgart: Reclam, S. 110–149.

Ebenfeld, Melanie/Windheuser, Jeannette (2009): Identität in der Kritik – Queere Methoden für die pädagogische Praxis. (bisher unveröffentlichter Methoden-Reader anlässlich des Fachtags „Ohnmächtige Macht & Mächtige Ohnmacht: dynamische Machtverhältnisse, Intersektionalität und Antidiskriminierungsarbeit" von Abqueer e.V./KomBi 30.10.2009).

Ehrenspeck, Yvonne (1998): Versprechungen des Ästhetischen. Die Entstehung eines modernen Bildungsprojekts. Opladen: Leske + Budrich.

Ehrenspeck, Yvonne (2001): Stichwort: Ästhetik und Bildung. In Zeitschrift für Erziehungswissenschaft. 4. Jg., Heft 1/2001, S. 5–21.

Engel, Antke (2009): Bilder von Sexualität und Ökonomie. Queere kulturelle Politiken im Neoliberalismus. Bielefeld: transcript.

Fausto-Sterling, Anne (1982): Course Close-up: The Biology of Gender. Women's Studies Quarterly 13, S. 30–32.

Forster, Edgar (2007): Radikale Performativität. In: Wulf, Christoph/Zirfas, Jörg (Hrsg.): Päda-gogik des Performativen. Theorien, Methoden, Perspektiven. Weinheim, Basel: Beltz, S. 224–237.

Foucault, Michel (1983): Der Wille zum Wissen. Sexualität und Wahrheit Bd. 1. Frankfurt a. M.: Suhrkamp.

29 Ästhetische Bildung: Differenz und sinnliche Wahrnehmung

Foucault, Michel (2005): Die „Gouvernementalität". In: ders.: Analytik der Macht. Frankfurt a. M.: Suhrkamp, S. 148–179.

Groß, Melanie/Winkler, Gabriele (2009): Queer-/Feministische Praxen in Bewegung. In: Aulen-bacher, Brigitte/Riegraf, Birgit (Hrsg.): Erkenntnis und Methode. Geschlechterforschung in Zeiten des Umbruchs. Wiesbaden: VS Verlag für Sozialwissenschaften, S. 48–63.

Haraway, Donna (1995): Die Neuerfindung der Natur. Primaten, Cyborgs und Frauen. Frankfurt a. M. und New York: Campus.

Hermann, Kitty bzw. s_he (2003): „Performing the Gap – Queere Gestalten und geschlechtliche Aneignung", in: arranca! Nr.28, Aneignung I, S. 22–26.

Hirschauer, Stefan/Knapp, Gudrun-Axeli (2006): Wozu Geschlechterforschung? Ein Dialog über Politik und den Willen zum Wissen. In: Aulenbacher, Brigitte u. a. (Hrsg.): FrauenMännerGeschlechterforschung. State of the Art, Münster: Westfälisches Dampfboot, S. 22–63.

Irigaray, Luce (1979): Das Geschlecht, das nicht eins ist. Berlin: Merve.

Irigaray, Luce (1980): Speculum. Spiegel des anderen Geschlechts. Frankfurt a. M.: Suhrkamp.

Koch, Lutz (2008): Einführung in den Themenbereich „Ästhetische Erziehung/Bildung". In: Mertens, Gerhard/Forst, Ursula/Böhm, Winfried u. a. (Hrsg.): Handbuch der Erziehungswissenschaft. Bd. I Grundlagen. Allgemeine Erziehungswissenschaft. Paderborn, München et al.: Ferdinand Schöningh, S. 689.

Koch, Lutz (2008a): Ästhetische Bildung. In: Mertens, Gerhard/Forst, Ursula/Böhm, Winfried u. a. (Hrsg.): Handbuch der Erziehungswissenschaft. Bd. I Grundlagen. Allgemeine Erziehungswissenschaft. Paderborn, München et al.: Ferdinand Schöningh, S. 691–718.

Kristeva, Julia (2001): Das weibliche Genie. I. Hanna Arendt. Berlin und Wien: Philo.

Krohn, Wolfgang (Hrsg.) (2006): Ästhetik in der Wissenschaft. Interdisziplinärer Diskurs über das Gestalten und Darstellen von Wissen. Sonderheft 7 der Zeitschrift für Ästhetik und Allgemeine Kunstwissenschaft. Hamburg: Felix Meiner.

Lang, Claudia (2006): Intersexualität. Menschen zwischen den Geschlechtern. Frankfurt a. M.: Campus.

Lobby für Mädchen (2011): http://www.lobby-fuer-maedchen.de/2.html, 20.10.2011.

May, Anja (2006): Wilhelm Meisters Schwestern. Bildungsromane von Frauen im ausgehenden 18. Jahrhundert. Königstein/Taunus: Ulrike Helmer.

Meyer-Drawe, Käte (2008): Aisthesis. In: Mertens, Gerhard/Forst, Ursula/Böhm, Winfried u. a. (Hrsg.): Handbuch der Erziehungswissenschaft. Bd. I Grundlagen. Allgemeine Erziehungswissenschaft. Paderborn, München et al.: Ferdinand Schöningh, S. 537–546.

Mollenhauer, Klaus (1990): Ästhetische Bildung zwischen Kritik und Selbstgewißheit. In: Zeitschrift für Pädagogik. Jg. 36, 4/1990, S. 481–494.

Nagl-Docekal, Herta (2000): Feministische Philosophie. Ergebnisse, Probleme, Perspektiven. Frankfurt a. M.: Fischer.

Oelkers, Jürgen (1990): Aesthetische Bildung. (unveröffentlichtes) Vorlesungsskript aus dem Sommersemester 1990, Grosshöchstetten i. E.

Parmentier, Michael (2004): Ästhetische Bildung. In: Benner, Dietrich/Oelkers, Jürgen (Hrsg.): Historisches Wörterbuch der Pädagogik. Weinheim, Basel: Beltz, S. 11–32.

Perko, Gudrun (2003): Fragend queer be/denken. In: Czollek, Leah C./Weinbach, Heike (Hrsg.): Was Sie schon immer über Gender wissen wollten ... und über Sex nicht gefragt haben. Berlin, Alice-Salomon-Fachhochschule, S. 27–42.

Rendtorff, Barbara (2004): Theorien der Differenz – Anregungen aus Philosophie und Psychoanalyse. In: Glaser, Edith/Klika, Dorle/Prengel, Annedore (Hrsg.): Handbuch Gender und Erziehungswissenschaft. Bad Heilbrunn: Julius Klinkhardt, S. 102–112.

Ritter, Joachim (1971): Ästhetik, ästhetisch. Ritter, Joachim /Gründer, Karlfried (Hrsg.): Historisches Wörterbuch der Philosophie. Bd. 1. Basel: Schwabe, S. 555–580.

Schaffer, Johanna (2008): Ambivalenzen der Sichtbarkeit. Über die visuellen Strukturen der Anerkennung. Bielefeld: transcript.

Schlüpmann, Heide (1998): Abendröthe der Subjektphilosophie. Eine Ästhetik des Kinos. Frankfurt a. M.: Stroemfeld.

Schmid, Pia (1999): Weib oder Mensch? Zur Geschichte der Mädchen- und Frauenbildung. In: Scarbath, Horst/Schlottau, Heike/Straub, Veronika u. a. (Hrsg.): Geschlechter. Opladen: Leske + Budrich, S. 11–24.

Schneider, Norbert (1996): Geschichte der Ästhetik von der Aufklärung bis zur Postmoderne. Stuttgart: Reclam.

Scott, Joan W. (1991): The Evidence of Experience. In: Critical Inquiry. Vol. 17, H. 4, S. 773–797.

Scott, Joan W. (2001): Die Zukunft von *gender*. Fantasien zur Jahrtausendwende. In: Honegger, Claudia/Arni, Claudia (Hrsg.): Gender. Die Tücken einer Kategorie. Joan W. Scott, Geschichte und Politik. Zürich: Chronos, S. 39–63.

Settele, Bernadett (2011): Queer und DIY im Kunstunterricht. Eine Einführung. In: Art Education Research. 3/2011, Jg. 2, S. 1–4.

Tervooren, Anja (2006): Im Spielraum von Geschlecht und Begehren. Ethnographie der ausge-henden Kindheit. Weinheim: Juventa.

Welsch, Wolfgang (1990): Ästhetisches Denken. Stuttgart: Reclam.

Querschnitt – Gender in der Didaktik der Beruflichen Bildung

30

Ilona Ebbers

30.1 Stand der Geschlechterforschung in der Disziplin

30.1.1 Historische Entwicklung der genderbezogenen Berufsbildung

Der Geschlechterforschung wurde in der Berufsbildung und ihrer Didaktik (im Folgenden wird hier die Berufsausbildung – Duales System und Berufsfachschule – fokussiert) allgemein bislang wenig Priorität eingeräumt. Der Diskurs über einen stark geschlechtersegmentierten Arbeitsmarkt und eine damit in Verbindung stehende Berufswahl hat nach wie vor wenig Veränderungen in den gesellschaftlich anerkannten Berufsstrukturen erzielt (vgl. Lemmermöhle et al. 2006, S. 42). Die Forschung bereichernde Interventionsstudien (vgl. Lemmermöhle et al. 2006; Ebbers 2011) sind bislang fragmentarisch in einzelnen Gebieten der Berufsbildungsforschung vorzufinden, bilden jedoch derzeit keinen ausreichenden Rahmen, um eine geschlechtergerechte Didaktik umfassend für die Berufsbildung erproben zu können.

Der vorliegende Beitrag kann in diesem Sinne ausschließlich als Querschnittsbesprechung der genderbezogenen Berufsbildungsforschung betrachtet werden. Zudem wird es nicht möglich sein, die Berufsbildung (hier gemeint als Vermittlung der „für die Ausübung einer qualifizierten beruflichen Tätigkeit in der sich wandelnden Arbeitswelt notwendigen beruflichen Fertigkeiten, Kenntnisse und Fähigkeiten (berufliche Handlungsfähigkeit) in einem geordneten Ausbildungsgang") (vgl. Berufsbildungsgesetz 2005) in ihren einzelnen Facetten abbilden zu können. Daher kann nur ein grobes Raster für die Berufsbildung und ihre Didaktik mit Blick auf die Genderthematik vorgestellt werden. So wird in diesem Beitrag ein Querschnittsthema aller beruflichen Fachrichtungen (Kapitel 30.2.3) – das der

---

I. Ebbers (✉)
Universität Flensburg, Internationales Institut für Management,
Campusallee 3, 24943 Flensburg, Deutschland
E-Mail: ilona.ebbers@uni-flensburg.de

M. Kampshoff, C. Wiepcke (Hrsg.), *Handbuch Geschlechterforschung und Fachdidaktik,*   415
DOI 10.1007/978-3-531-18984-0_30,
© VS Verlag für Sozialwissenschaften | Springer Fachmedien Wiesbaden 2012

Berufsarbeit – herausgestellt. Die Lernzielformulierungen werden entsprechend allgemein gehalten und die Methodenwahl diesem Vorgehen ebenfalls angeglichen.

Um nun die Genderproblematik in der Berufsbildung allgemein auffächern zu können, bedarf es eines Blicks in die Vergangenheit, denn die Strukturen des bundesdeutschen beruflichen Bildungssystems sind historisch gewachsene Gebilde (vgl. Mayer 2010, S. 32).

Geschichtlich bildet in diesem Zusammenhang das Handwerk eine Mentalitätsbasis der Berufserziehung. Die hier stattfindende Ausbildung prägte das Berufsprinzip des Beschäftigungsverhältnisses maßgeblich. Hierdurch organisierte sich in Deutschland der genderspezifische Arbeitsmarkt (vgl. Mayer 2010, S. 32–33).

Diesbezüglich war das Verständnis von Beruf auf die Lebenswelt des Mannes ausgerichtet. Für Frauen bildete sich eine Form des Berufskonzeptes heraus, die bis weit in das 20. Jahrhundert den weiblichen Lebensentwurf prägte. Dieser sollte sich als besonders funktional sowohl für die materielle als auch für die symbolische Reproduktion der modernen Gesellschaft herausstellen (vgl. Lemmermöhle et al. 2006, S. 40).

Da der Zugang in das Handwerk aus geschichtlicher Perspektive Frauen weitestgehend verweigert wurde, entstand im Zuge des Verberuflichungsprozesses des Beschäftigungssystems um das 18. Jahrhundert herum der sogenannte Beruf des Weibes als Gattin, Mutter und/oder Hausfrau (vgl. Krüger 2004, S. 20). Hieraus entwickelte sich die Legitimation für eine genderspezifische Ausbildung und führte gleichzeitig zur Genese einer differenzierten Bildungswelt für junge Frauen und Männer (vgl. Mayer 2010, S. 34).

Weiterhin sorgte der Anstieg der Reallöhne im Handwerk zur geschlechterdifferenzierenden Segmentierung des Arbeitsmarktes. „Erst das Bild des männlichen Alleinverdieners und Familienernährers machte auch in nicht-bürgerlichen Schichten den Weg frei für den Wandel von der vormaligen familialen Erwerbsgemeinschaft hin zur nicht erwerbstätigen, sondern an häuslichen Arbeiten und Sparsamkeit orientierten Hausfrau." (Mayer 2010, S. 34).

Die Reformpädagogik hat diesen Faden beispielsweise durch die hauswirtschaftliche Bildungsidee von Georg Kerschensteiner (vgl. Kerschensteiner 1902) weitergesponnen. Der ‚Beruf der Frau' galt längst als naturgegeben und sollte als Ausgangspunkt für eine moderne Mädchenerziehung dienen. Damit konnte sich eine Fortbildungspflichtschule für junge Frauen entwickeln, die parallel zur Berufsschule der jungen Männer ihren Einzug erhielt (vgl. Krüger 2004, S. 24).

Im Rahmen der Besuchspflicht der Fortbildungsschule aller jungen Frauen nach Abschluss der Volksschule entstand in den 1920er Jahren ein weibliches Bildungskonzept für un- und angelernte Tätigkeiten sowie erwerbslose oder auch vom Elternhaus abhängige Mädchen. Hieraus resultierte ein Bildungsansatz im sozialen und hauswirtschaftlichen Berufsegment, welcher bis weit in die 1960er Jahre für ungelernte Frauen prägend war (vgl. Mayer 2010, S. 35).

Die folgende Zeit der Emanzipation der Frau und der weitgehende gleichberechtigte Zugang in die Bildungssysteme von Frauen und Männern formte das moderne Bildungs- und Berufskonzept für Frauen, welches sich einerseits in die familiale und andererseits in die erwerbsberufliche Seite aufspaltete. Der ‚weibliche Beruf' verlor zugunsten des Er-

30   Querschnitt – Gender in der Didaktik der Beruflichen Bildung

werbsberufes zunehmend an Bedeutung, wurde aber bis heute nicht ganz aufgehoben. Dies ist beispielsweise der Grund dafür, dass einige sogenannten ‚Frauenberufe‘, wie der der Erzieherin, im Rahmen von Professionalisierungsprozessen mit großen Akzeptanzproblemen zu kämpfen haben (vgl. Friese 2010, S. 315). Nicht zuletzt basiert hierauf die heutige Berufsausbildungssituation von jungen Frauen. Ihnen stehen oftmals nur Ausbildungsmöglichkeiten zur Verfügung, die in Sackgassen führen bzw. hohe Arbeitszeitbelastungen oder niedrige Verdienstmöglichkeiten mit sich bringen. In diesem Zusammenhang sind gerade diese Berufszweige suggestiv dem weiblichen Geschlecht vorbehalten (vgl. Lemmermöhle et al. 2006, S. 42).

Aber nicht nur in der beruflichen Ausbildung ist eine Geschlechterdifferenzierung erkennbar, auch die fachschulische Ausbildung ist davon betroffen. Hier wird deutlich, dass Berufsfachschulen eine besondere Attraktivität auf weibliche Jugendliche ausüben. „Die Zahl der Schülerinnen in diesen Schulen stieg in den 1970er Jahren stetig an; 1982 machte ihr Anteil an der Gesamtzahl (375.000) mehr als zwei Drittel aus. Der starke Zustrom zu mehrjährigen Bildungsgängen verdeutlicht, dass Berufsfachschulen für weibliche Jugendliche auch heute noch eine wichtige Alternative zur betrieblichen Ausbildung darstellen." (Mayer 2010, S. 40).

Gerade für die sozialen und personennahen Berufe, wie Altenpflegerin, Sozialassistentin oder auch kaufmännische Assistentin werden die Berufsfachschulen zu zentralen Ausbildungsstätten. Diese Berufe haben als Frauenberufe ihre jeweiligen berufsstrukturellen Probleme, die bereits weiter oben erwähnt wurden. Trotz allem waren es im Schuljahr 2007/2008 ca. 65 % der Fachschülerinnen, die den Ausbildungsgang der Erzieherin, Sozialarbeiterin oder auch Heilerzieherin besuchten und auch absolvierten (vgl. Statistisches Bundesamt 2008, S. 214 f., S. 296 f.).

Des Weiteren fungieren die Berufsfachschulen seit den 1970er Jahren als spezifische Funktionsträgerinnen des Berufsbildungssystems. Allgemeinbildende Schulabschlüsse können nachgeholt werden und sie dienen als Auffangbecken oder Warteschleife im Rahmen von ein- und zweijährigen Bildungsgängen. Befindet sich das Ausbildungssystem in einer Krisenzeit, so kompensieren vor allem weibliche Jugendliche diese Phase des Wartens auf eine Ausbildungsstelle mit dem Besuch einer Berufsfachschule (vgl. Mayer 2010, S. 40).

Zusammenfassend kann festgestellt werden, dass neue didaktische Ansatzpunkte mit einer Geschlechterperspektive auf dem Feld der beruflichen Bildung gefunden werden sollten, worauf im Weiteren Bezug genommen wird.

30.1.2   Mögliche Ansatzpunkte für eine Geschlechterperspektive in der Beruflichen Bildung

Es wurde bereits dargestellt, dass dieser Beitrag nur einen Querschnitt der Geschlechterforschung in der Berufsbildung betrachten kann. Daher bleiben auch die Darstellungen zu Ansatzpunkten für eine didaktische Ausgestaltung auf einer relativ allgemeinen Ebene. In diesem Zusammenhang werden keine politischen Gestaltungsspielräume diskutiert, der Fokus soll vielmehr auf den individuellen Gestaltungsmöglichkeiten der Lernenden in Bezug auf die geschlechtsspezifischen Berufssegmentierungen in der Berufsbildung liegen. Werden diese Möglichkeiten nicht eröffnet, wird beispielsweise eine individuelle Entwicklung der Lernenden aus den sogenannten ‚Frauenberufen‘ heraus, welche das Stigma von Sackgassenberufen, Professionalisierungsproblemen, Niedriglohnberufen etc. haben, erschwert. Wenn Lernende jedoch über die Berufssegregation und deren Hintergründe aufgeklärt wird, haben sie im Rahmen des Lehr-Lern-Geschehens die Möglichkeit, inhaltlich und methodisch-didaktisch die Problematik konstruktiv zu bearbeiten.

In Form einer reflexiven Koedukation (vgl. Krüger 2010) sollten demnach Optionen aufgezeigt werden, wie im Zuge der lebenslangen Qualifizierung Wege aus Sackgassen und Entprofessionalisierungsdynamiken (vgl. Friese 2010, S. 324) gefunden werden können. Hierzu bedarf es bei den Lernenden, wie bereits erwähnt, einer Sensibilisierung für die Rekonstruktionsprozesse von Geschlechterverhältnissen im Rahmen der Berufsbildung, welche auch Einflüsse auf den Arbeitsmarkt und damit zukünftige Beschäftigungsverhältnisse nach der Ausbildung haben. Wie ein solcher Prozess aussehen kann, soll im Weiteren erörtert werden.

30.2 Geschlechtergerechtigkeit unter besonderer Berücksichtigung des Aspekts der Geschlechterkonstruktion und -dekonstruktion

30.2.1 Zur Geschlechterkonstruktion der Berufsarbeit

Wie zuvor ausgeführt, sollte im Lehr-Lern-Geschehen als Unterrichtsinhalt die Genderproblematik auf dem Ausbildungsmarkt thematisiert werden. Hierzu zählt die Geschlechterkonstruktion der Berufsarbeit. Diesbezüglich ist zu erwähnen, dass der Begriff der Konstruktion in der Debatte um ‚Sex‘ und ‚Gender‘ ca. Mitte der 1960er Jahre an Bedeutung zunahm. Konstruktion im Sinne Kants bedeutet, dass die Wahrnehmung der Wirklichkeit durch das Individuum, wie es die Wirklichkeit wahrnimmt, entsteht (vgl. Rendtorff 2006, S. 102).

Für Berger und Luckmann (2009), die Begründer des sozialwissenschaftlichen Konstruktivismus, ist jede Form von Gesellschaftsordnung ein Produkt menschlichen Handelns. Entsprechend ist das kontinuierliche menschliche Tun das gestaltende Element von Gesellschaft. Das Handeln verfestigt sich durch Gewöhnung, es kommt zu einer Übernahme in das habitualisierte Handeln. Somit wird die Wiederholung der Handlung erleichtert (vgl. Best-Kubik 2009, S. 15).

Demnach ist es nicht verwunderlich, dass die Gewöhnung an bestimmte Strukturen der Verberuflichung im Bildungssystem durch Gesellschaft habitualisiert und als gegeben betrachtet wird. Doch um dieser Problematik auf den Grund gehen und diese Konstrukte verstehen zu können, bedarf es zunächst einer Rekonstruktion der gegebenen Strukturen.

Das Berufsbildungssystem bietet die Möglichkeit im Lehr-Lern-Geschehen, einen Aufklärungsprozess bei den Lernenden anzustoßen. Daher wird es zunächst bedeutsam sein, zu verstehen, wie Berufsarbeit in Deutschland entstanden ist und wie diese Struktur auf den heutigen Arbeitsmarkt und damit auf jedes Individuum wirkt.

Wie bereits oben erwähnt, führte die Aufteilung der Berufsarbeit und der Privatarbeit zu einem naturhaft scheinenden Faktum. Frauen wurden in diesem Kontext zu einer ökonomisch unselbstständigen Gruppe. Nach Bordieu (1995) sind sie sowohl im Kampf um Kapital als auch bei der Auseinandersetzung um Macht und Einfluss bis heute stark benachteiligt. Nach Eccard basiert die ungleiche Stellung von Frauen und Männern in der Gesellschaft mit ihren differenten Chancen-Risiken-Lagen auf diesem Sachverhalt (vgl. Eccard 2004, S. 52–53).

Diese ungleiche Stellung gilt es zu hinterfragen, indem beispielsweise ergründet wird, wie es zu einer geschlechtsspezifischen Zuschreibung von Berufen kommen konnte, denn die Zahl der genderneutralen und geschlechtlich uneindeutigen Berufe ist recht gering. So meinen Gildemeister und Wetterer: „Was wir in der Geschichte der Berufe und Professionen aufschlussreicherweise nicht finden – es sei denn für kurze Übergangsphasen – sind nicht codifizierte oder gewissermaßen androgyne Berufe oder Berufsfelder." (Gildemeister/Wetterer 1992, S. 227) Demnach gibt es kaum einen Berufszweig, der nicht dem sogenannten binären Code unterzogen wurde.

In diesem Zusammenhang ist besonders bemerkenswert, dass im Laufe der Zeit das Geschlecht mancher Berufe wechselte. Somit ist die geschlechtliche Zuschreibung keine Konstante, sondern eine Variable. Es kann damit von einer beliebigen Konstruktion gesprochen werden. Dieses beweist, dass Berufsinhalte nicht zwingend geschlechtlich zugeschrieben werden können. Die Genderkonstruktion erscheint damit vielmehr fragil (vgl. Eccard 2004, S. 55).

Hieraus lässt sich ableiten, dass die gesellschaftlichen Konstrukte der Beruflichkeit keineswegs unverrückbar oder veränderbar sind. Selbst wenn Berufsstrukturen verfestigt erscheinen, sollte jedem und jeder einzelnen deutlich gemacht werden, welcher Spielraum vorhanden ist, diese Strukturen für den individuellen Lebensentwurf und im Rahmen des lebenslangen Lernens beeinflussen zu können. Somit kann einer beruflich gefestigten Geschlechterhierarchie entgegen gewirkt werden. Um den Konstruktionsprozess nachvollziehen zu können, sollte der Ansatz des ‚doing gender‘ vergegenwärtigt und im Rahmen des Themengebietes Berufsarbeit im Unterricht verdeutlicht werden. Im Weiteren wird dieser Ansatz beschrieben.

30.2.2 Zum Ansatz des ‚doing gender‘ und dessen Dekonstruktion

Der Ansatz des ‚doing gender‘ wurde in der Geschlechterforschung zu einem Synonym für die soziale Konstruktion von Geschlecht. ‚Doing gender‘ bedeutet in diesem Zusammenhang, dass nicht das Geschlecht bzw. die Geschlechtszugehörigkeit des Einzelnen betrachtet wird, sondern das ‚Geschlecht‘ aus sozialen Prozessen, wie es auch gerade beschrieben wurde, heraus reproduziert wird. Das Konzept ist von früheren Ansätzen abzugrenzen, in denen implizit von einem natürlichen Unterschied der Geschlechter ausgegangen und die kulturellen Ausprägungen lediglich als eine Reaktion der Gesellschaft auf die Natur aufgefasst wurde (vgl. West/Zimmerman 1987). Das Geschlecht wird hier als ein kontinuierlicher Produktionsprozess verstanden, welcher durch menschliche Sozialisation entsteht (vgl. Gildemeister 2004, S. 132).

Der Ansatz des ‚doing gender' entstammt der interaktionstheoretischen Soziologie. Eine Interaktion zeichnet sich dadurch aus, dass Personen physisch gegenwärtig sind, sich wahrnehmen und aufeinander reagieren (vgl. Gildemeister 2004, S. 133). Darüber hinaus stellt sie einen formenden Prozess dar, der Zwänge beinhalten kann und in dem Akteure agieren, ohne diesen möglichen Zwängen entgehen zu können. In diesem Zusammenhang wird die Geschlechtszugehörigkeit bedeutsam, denn beim ‚doing gender' werden Prozesse in Gang gesetzt, die eine Interaktion widerspiegeln. „Jede Interaktion basiert auf Typisierung und Klassifikation. Klassifikationen sind in umfassendere Wissenssysteme und in eine Vielzahl institutioneller Arrangements eingelassen, über die Verhaltensregelmäßigkeiten und situativ angemessene Handlungsmuster zuverlässig erwartbar werden." (Gildemeister 2004, S. 133).

In diesem Zusammenhang erscheint der Prozess der Dekonstruktion im Bereich der Berufsbildung vor dem Hintergrund der Konstruktion von binären Berufscodes als anerkannte gesellschaftliche Verhaltensregelmäßigkeit besonders bedeutsam. Mittels der Dekonstruktion soll ‚doing gender' bzw. der binäre Code des Ausbildungs- und Arbeitsmarktes durchbrochen werden, indem die Individuen an sich als Strukturelement moderner Gesellschaften betrachtet werden. In diesem Sinne wird nach Kontexten der Vergesellschaftung, d. h., wie beispielsweise in diesem Fall, nach ihrer Segregation gefragt (vgl. Böhnisch/Schröer 2007, S. 254). Es kann davon ausgegangen werden, dass anerkannte Differenzen und Pluralitäten Ungleichheiten bergen, die unterschiedlich kontextualisiert sind. So birgt, wie gezeigt, der Arbeitsmarkt seine jeweiligen Kontexte und entsprechenden Ungleichheiten für das Geschlecht. Im Rahmen von Lehr-Lern-Situationen in der Berufsbildung soll demnach bei dem Unterrichtsthema Berufsarbeit das Phänomen des ‚doing gender' aufgedeckt werden. Habitualisierte Verhaltensweisen, welche beispielsweise geschlechterspezifische Berufshierarchien perpetuieren, sollen aufgezeigt werden. Durch die Öffnung der Lernenden für den Prozess des ‚doing gender' wird sodann eine Auseinandersetzung mit genderspezifischen Berufsfragen und Arbeitskontexten ermöglicht. Dekonstruktionsprozesse können in allen aktuellen beruflichen Fachrichtungen im didaktischen Geschehen erfahrbar gemacht werden, wie im weiteren Verlauf dargestellt wird.

30.2.3 Berufliche Fachrichtungen und ihre Spezifika zur Geschlechterdekonstruktion

Um die Prozesse des ‚doing gender' nachvollziehen und im individuellen möglichen Rahmen verändern zu können, sollen zunächst die heute existierenden verschiedenen Fach-

30 Querschnitt – Gender in der Didaktik der Beruflichen Bildung

richtungen des beruflichen Schulwesens sortiert werden. Damit können die jeweiligen auf die Fachrichtung bezogenen genderspezifischen Ungleichheiten verdeutlicht werden. Gleichzeitig wird durch die Sortierung die Komplexität der Berufssegmente im dualen System sowie in den Berufsfachschulen reduziert (vgl. Herkner 2010, S. 50).

Zunächst wird die Gruppe der Fachrichtungen gewerblich-technischer Berufe (Metalltechnik, Elektrotechnik, Bautechnik, Holztechnik, Textiltechnik und -gestaltung, Labortechnik/Prozesstechnik, Medientechnik, Farbtechnik, Raumgestaltung und Oberflächentechnik, Fahrzeugtechnik, Informationstechnik) betrachtet.

Obgleich im Laufe der letzten Jahre die gewerblich-technischen Berufe ausdifferenziert und modernisiert wurden (z. B. der Beruf des/der Kraftfahrzeug-Mechatronikers/Mechatronikerin), bleiben die Gewerke in der Mehrheit männerdominiert (vgl. Daten zum Berufsbildungsbericht 2011, S. 277). Wie bereits im ersten Kapitel ausführlich hergeleitet wurde, ist dieser Zustand der Historie des Handwerks geschuldet. Ein Relikt des vorletzten und letzten Jahrhunderts ist die geschlechtsspezifische Segmentierung des Arbeitsmarktes, in dem die produktive Schöpfung dem Mann überlassen wird. Hieraus resultieren aktuell genderspezifische Entwicklungen für die weiteren Fachrichtungen, die im Folgenden genauer beschrieben werden. Um den Dekonstruktionsprozess bei den Lernenden anstoßen zu können, bedürfen sie einer Aufklärung über den historischen Zusammenhang der Entwicklung der Berufsarbeit und sollten den Prozess des ‚doing gender‘, wie in Kapitel 30.2.2 beschrieben, reflektieren können.

Im Weiteren wird nun die Gruppe der Fachrichtungen im Berufsbereich Wirtschaft und Verwaltung (Wirtschaft und Verwaltung, Agrarwirtschaft) fokussiert. Entsprechend einer Untersuchung von Dorsch-Schweizer (2004, S. 46) stellt sich die Situation für junge Frauen in den kaufmännisch-verwaltenden Berufen ambivalent dar. Im Zuge der Neuordnung von 172 kaufmännisch-verwaltenden Berufen zur Modernisierung und Neueinrichtung haben diese bildungspolitisch massiv an Bedeutung gewonnen (vgl. Dorsch-Schweizer 2004, S. 43). Frauen haben in diesem Segment einen Ausbildungsschwerpunkt in der Höhe von ca. 66 %, so dass sich die zunehmende Hinwendung zunächst positiv auf die Gruppe der Frauen auswirken wird (vgl. Dorsch-Schweizer 2004, S. 44). Der Bedeutungsgewinn verzeichnet jedoch gleichzeitig einen Rückgang des Frauenanteils. Gerade in neuen Berufen können sich vor allem Männer verorten und somit in den neuen Bereichen spezielle Ausbildungschancen erschließen. So werden in IT- und Medienberufen mit höherem kaufmännischen Anteil mehr Frauen und solchen mit höherem technischen Anteil (bessere Qualifizierungs- und Karrierechancen) mehr Männer ausgebildet. Von Frauen stark besetzte Berufsgruppen (vgl. Datenreport zum Berufsbildungsbericht 2011, S. 277), wie beispielsweise die der Bürokauffrau, wurden bislang noch keiner Modernisierungsbemühung unterzogen. Dieser Umstand, so lässt sich vermuten, wird sich in Zukunft auf die Entwicklungschancen der Berufsbiographien eher negativ auswirken. Hier bedarf es einer Dekonstruktion des Geschlechts, indem die politischen Strukturen hinterfragt werden. Ein Grund für die noch nicht durchgeführte Neuordnung sind die unterschiedlichen Forderungen der Tarifparteien. Auf der einen Seite möchte der Arbeitgeberverband eine Stufenausbildung einführen, und die Gewerkschaft möchte auf der anderen Seite die Struktur der dreijährigen Gesamtausbildung nicht verändern. Durch eine zweijährige Ausbildungszeit würden die Tarife und Lohnnebenkosten sinken. Es verwundert nicht, dass diese Debatte gerade in stark frauenbesetzten Berufen stattfindet. Dieser Fall könnte somit als Beispiel für die Dekonstruktion der Berufssegmentierung in der beruflichen Fachrichtung für Wirtschaft und Verwaltung im Unterricht gewählt werden.

Des Weiteren wird die Gruppe der Fachrichtungen im personenbezogenen Dienstleistungsbereich (Gesundheit- und Körperpflege, Ernährungs- und Hauswirtschaft, Sozialpädagogik, Pflege) betrachtet. Wie schon im gewerblich-technischen Bereich bezugnehmend auf das Kapitel 30.1.1 aufgezeigt werden konnte, hatte die männliche Facharbeiterausbildung eine starke Orientierung an das Berufsprinzip, wodurch auch Standards in der Berufsausbildung gelegt wurden (vgl. Friese 2010, S. 315). Die Ausbildung für haushaltsnahe, pflegerische und soziale Berufe, basierte sodann auf der Kulturaufgabe der Frau. Diese Form der Berufsausbildung fand vornehmlich in vollzeitschulischen Foren statt. Bis heute zeichnen sich diese Berufe, wie schon mehrmals erwähnt, „durch einen geringen Status an Standardisierung, formaler Bildung, Professionalisierung, niedriger Wertschätzung und Entlohnung aus." (Friese 2010, S. 315). Bedeutsam ist in diesem Zusammenhang, dass im personenbezogenen Dienstleistungsbereich der Frauenanteil bei 80 % liegt, womit dann auch genderbezogene Strukturen der Ausbildungssituation einhergehen (vgl. Friese 2010, S. 315).

Dekonstruktionsprozesse können ähnlich wie im Bereich der Wirtschaft und Verwaltung in Form einer bildungspolitischen Debatte angestoßen werden. Personenbezogene Dienstleistungsberufe, wie im Bereich der Krankenpflege sind beispielsweise aufgrund des niedrigen Status in Bezug auf das Bildungsniveau und wegen fehlender akademischer Strukturen, von Karrierewegen weitestgehend abgeschnitten. Der fehlende Qualifizierungsschutz führt dazu, dass auch An- und Ungelernte den Beruf der Krankenpflege ausüben dürfen. Es fehlen, anders als bei Facharbeiterberufen, starke Interessensvertreter, die auf diesen Schutz hinwirken. „Entsprechend sind personenbezogene Dienstleistungsberufe auch häufig durch eine geringe Entlohnung und Arbeitsbedingungen, die keine langfristige Berufsausübung erlauben, gekennzeichnet." (Gottschall 2010, S. 681) Solche Fälle können im Lehr-Lern-Geschehen im Themengebiet der Berufsarbeit bearbeitet werden, um mögliche eigene prekäre Situationen vor dem Hintergrund des ‚doing gender' reflektieren zu können. Hierdurch können neue Wege zur Auflösung der Situation durch beispielsweise Aufzeigen von Effekten des lebenslangen Lernens gefunden werden.

Welches Lernziel hierfür im Unterricht verfolgt werden kann, soll im nächsten Abschnitt diskutiert werden.

30.2.3.1 Zur allgemeinen Lernzielformulierung

Im Weiteren soll eine allgemeine Lernzielformulierung für die soeben beschriebenen beruflichen Fachrichtungen vorgenommen werden, da hier die detaillierte Beschreibung von Lernzielen für die einzelnen Berufssegmente den Rahmen des Beitrags sprengen würde.

Die gesellschaftliche Forderung, in Qualifizierungsmodulen über Fachkompetenzen hinaus auch so genannte Schlüsselqualifikationen zu entwickeln und zu fördern, führte zu

30 Querschnitt – Gender in der Didaktik der Beruflichen Bildung

einer Beschäftigung mit der handlungsorientierten Didaktik. Dieser wird zugeschrieben, extrafunktionale Kompetenzen, wie beispielsweise Gendersensibilität, besonders zu fördern (vgl. Ebbers 2004, S. 26; Esser/Twardy 1998, S. 14).

Mit dem damit verbundenen Begriff der ‚beruflichen Handlungskompetenz' wird die Befähigung eines Menschen umschrieben, die immer komplexer und unbestimmter werdende berufliche Umwelt zu begreifen und durch „ziel- und selbstbewusstes, flexibles, rationales, kritisch-reflektiertes und verantwortliches Handeln zu gestalten" (Pätzold 1999, S. 57). In diesem Zusammenhang sei zu erwähnen, dass mit der KMK-Handreichung von 1996 die Berufsbildung insoweit innoviert wurde, als das sich berufliche Handlungskompetenz auf den individuellen Lernerfolg und die Befähigung zu einem verantwortungsbewussten Handeln in beruflichen, gesellschaftlichen und privaten Situationen bezieht. Der Kompetenzbegriff ist vor allem für die personenbezogenen Dienstleistungsberufe als Gewinn zu betrachten, da der Bereich des Privaten expliziert wird und damit das Verhältnis von Lebenswelt und Beruf in das Blickfeld rückt (vgl. Friese 2010, S. 325). Dies kann als Chance betrachtet werden, genderspezifische Berufsarbeit als Inhalt im Lehr-Lern-Geschehen zu implementieren. Hierdurch wird die Ungleichbehandlung des Geschlechts im Beruf fokussiert und reflektiert. Vor allem für die Berufs- und Wirtschaftspädagogik ist diese Hinwendung bedeutsam, da sie tendenziell die Alltags- und Lebensführungskompetenzen vernachlässigt (vgl. Friese 2010, S. 325). Curricular-didaktische Konzepte der beruflichen Bildung können dem entsprechend neu ausgestaltet werden und zudem für berufsbildungstheoretische Erweiterungen des Arbeits- und Berufsbegriffs sorgen. Dies gilt sogleich für den gewerblich-technischen Zweig. Bedeutsam im Kontext der geschlechtergerechten Didaktik im Rahmen der Berufsbildung ist demnach, wie bereits in Kapitel 30.2.1 beschrieben wurde, der Erwerb einer Kompetenz, die Genderdifferenzen der Berufsarbeit reflektiert in einen gesellschaftlichen Zusammenhang bringen zu können und sich hier der eigenen Rolle und Position bewusst zu sein. Im nächsten Schritt soll es den Lernenden dann ermöglicht werden, den Sachverhalt in einer konkreten Handlung zu dekonstruieren bzw. gegebene Konstrukte anders zu denken und damit aufzulösen. Wie diese Form der beruflichen Handlungskompetenz erworben und erprobt werden kann, soll im Weiteren mit dem Blick auf eine hierfür gewählte Unterrichtsmethode dargestellt werden.

30.2.3.2 Methodisches Vorgehen zur Dekonstruktion von Gender in der Berufsbildung

Wie im Abschnitt 30.2.3.1 bereits erwähnt, gelingt der Erwerb der beruflichen Handlungskompetenz durch den Einsatz handlungsorientierter Didaktik und der in ihr genutzten handlungsorientierten Methode. Um komplexe Sachverhalte, wie beispielsweise die genderspezifische Berufsarbeit, handelnd für die Lernenden erlebbar machen zu können, bedarf es der Wahl sogenannter Simulationsmethoden (vgl. Ebbers 2009, S. 213).

Die Simulationsmethode zählt dementsprechend zu den Methoden einer handlungsorientierten Didaktik. Nach Ewig stellt sie eine umfassende Bezeichnung für alle Aktivitäten dar, die durch Nachahmung der Realität in einem Modell den Lernenden Erfahrungen der berufsbildenden Praxis vermitteln wollen (vgl. Ewig 1991, S. 130). Sie bietet den

Lernenden die Möglichkeit in einer Lernumwelt, die die Wirklichkeit vereinfacht abbildet, Sozialverhalten im Unternehmen zu erleben und somit mögliche Konflikte im Rahmen von genderspezifischen Gruppenprozessen im Betrieb zu erfahren (vgl. Buddensiek 1999, S. 353; Bonz 1999, S. 125). Zu den sich teilweise überschneidenden Konzepten gehören z. B. Rollenspiele, Planspiele, Fallstudien, Übungsfirmen, Juniorenfirmen, Computersimulationen etc. (vgl. Ewig 1991, S. 130).

Die Übungsfirma zählt zu den sogenannten methodischen Großformen. Sie ist vornehmlich im Bereich der wirtschaftsberuflichen Bildungsgänge bekannt (vgl. Bonz 1999, S. 127; Achtenhagen 1997, S. 625), ist aber auch problemlos in gewerblich-technischen und personenbezogenen Dienstleistungs-Bildungsgängen einsetzbar, da komplexe Arbeitshandlungen aller Berufssegmente in einem Unternehmen simuliert werden können. Das abwechslungsreiche Arrangement der Methoden ermöglicht Lernenden in hohem Maße, handlungsorientierte Lehr-Lern-Prozesse zu erfahren und eröffnet einen umfassenden Einblick in Prozesse der unternehmerischen Praxis und deren geschlechterspezifisches habitualisiertes Verhalten (vgl. Ebbers 2004, S. 42).

Im Zuge der Thematik ‚genderspezifische Berufsarbeit‘ können die Lernenden im Rahmen der Simulation von Arbeitsabläufen im Betrieb Geschlechterhierarchien erfahren und reflektieren. Habitualisierte Handlungen können so rekonstruiert und individuell neu eingeordnet werden. Hierauf aufbauend können Lernende neue Handlungen erproben, um Geschlechterhierarchien im Arbeitskontext und in der Berufsarbeit im eigenen, zwar hier zunächst simulierten Arbeitsumfeld, zu dekonstruieren.

Diese Möglichkeit der Dekonstruktion darf als methodischer Vorschlag zur Reflexion des eigenen genderspezifischen habitualisierten Verhaltens verstanden werden. Inwiefern nun die aktuelle Bildungsforschung die Genderproblematiken in der Beruflichen Bildung tatsächlich bearbeitet, soll im folgenden Abschnitt diskutiert werden.

30.3   Perspektiven der beruflichen Bildung

30.3.1   Zu den Chancen der (vor-)beruflichen Bildung

Die Segmentierung des Arbeitsmarktes und die Struktur der geschlechtsspezifischen Berufsarbeit werden zwar in der Bildungsforschung der beruflichen Bildung erkannt und reflektiert, jedoch kommt es nur bedingt zu einer Aufklärung über diese Problematik bei den Lernenden im Bildungssystem.

Vor allem in der vorberuflichen Bildung könnte hier schon frühzeitig für den Umstand sensibilisiert werden. Ein erster Schritt könnte beispielsweise darin vollzogen werden, indem die Lernenden für die Konstruktion des ‚doing gender‘ und das damit einhergehende habitualisierte angepasste Verhalten der Mitglieder in der Gesellschaft, welches sich am Arbeitsmarkt widerspiegelt, sensibilisiert werden könnten. Dazu würde auch gehören, dass die Lernenden das gesamte Spektrum der Berufsausbildungsmöglichkeiten kennenlernen. In Deutschland stehen den Jugendlichen derzeit 348 staatlich anerkannte Ausbildungs-

30 Querschnitt – Gender in der Didaktik der Beruflichen Bildung

berufe zur Auswahl, dennoch werden in den Schulen häufig nur solche Berufe behandelt, die sich entweder durch eine sehr hohe Bewerberinnen und Bewerberzahl auszeichnen oder die bereits über viele Jahre hinweg Bestand im Unterricht haben (vgl. Ebbers/Klein 2012, S. 12). Modernisierte, neue oder eher bei den Schulabsolventinnen und Schulabsolventen unbeliebte bzw. unbekannte Berufe werden somit kaum im berufsorientierenden Unterricht behandelt, obwohl insbesondere diese den Jugendlichen weitere Möglichkeiten der Erwerbsbiographie aufzeigen könnten (ebd.). Eine umfassende und reflektierte, zukunftsversprechende Berufswahl, welche der geschlechtsspezifischen Segmentierung des Arbeitsmarktes entgegenwirken könnte, wäre hierdurch ermöglicht. Eine kritische Betrachtung der meist gewählten Ausbildungsberufe von jungen Frauen und Männern wäre in diesem Zusammenhang vor dem Hintergrund der in diesem Beitrag diskutierten geschlechtsspezifischen Berufsarbeit bedeutsam. Zu diesen zählen laut Datenreport zum Berufsbildungsbericht bei den männlichen Auszubildenden beispielsweise der Kraftfahrzeug-Mechatroniker, der Kaufmann im Einzelhandel, der Industriemechaniker, der Koch und der Elektroniker (Rangfolge 1–5). Bei den weiblichen Auszubildenden werden in der Rangfolge die meisten Ausbildungsverträge zur Verkäuferin, zur Kauffrau im Einzelhandel, zur Bürokauffrau, zur Medizinischen Fachangestellten und zur Friseurin abgeschlossen (vgl. Datenreport zum Berufsbildungsbericht 2011, S. 277).

Damit wird deutlich, dass bereits in der vorberuflichen Bildung angesetzt werden sollte, die geschlechtsspezifische Segregation des Arbeitsmarktes zu reflektieren. Hierdurch werden die Gestaltungsspielräume der Berufs- und Lebenswegplanung individuell frühzeitig erfahrbar. Es sind zwar in diesem Sinne verschiedene Initiativen (beispielsweise der Girls- und Boys Day) bekannt. Sie erzielen jedoch bislang noch keine Veränderung des geschlechtsspezifischen Berufswahlverhaltens.

30.3.2 Forschungsperspektiven und Transfer

Wie in den bisherigen Erörterungen verdeutlicht, bedarf es mit Rückgriff auf die Struktur des geschlechtsspezifisch organisierten Arbeitsmarktes einer Neugestaltung von curricularen Vorgaben, Bildungsplänen und Schulbüchern in der Berufsbildung, um auch bildungspolitisch Erfolge im Bereich der geschlechtergerechten Organisation von Berufen erzielen zu können. Konkrete Vorschläge für diese Veränderungen sind für diesen Querschnittsbeitrag zur Berufsbildung jedoch nicht leistbar.

Es konnten hier nur Möglichkeiten aufgezeigt werden, die direkten Einfluss auf das didaktische Lehr-Lern-Geschehen in der Berufsbildung haben können. Damit soll eine defizitorientierte Ausrichtung auf ‚Frauenberufe' neu gedacht werden, indem die eigenen Spielräume im Rahmen des lebenslangen Lernens für die Lernenden konstruktiv aufgearbeitet werden.

Hierzu bedarf es einer Aufklärung der Lernenden in allen beruflichen Fachrichtungen und auch schon in der vorberuflichen Bildung, indem die geschlechtsspezifische Arbeitsmarktsituation aufgedeckt und rekonstruiert wird. Durch den Einsatz von handlungsorientierten Simulationsmethoden können angepasste Handlungen erfahrbar und ihre Dekonstruktion erprobbar gemacht werden. Es konnte damit deutlich gemacht werden, dass der Prozess des ‚doing gender' bei den Lernenden im Rahmen der habitualisierten Handlung durch Dekonstruktionsbemühungen durchbrochen werden kann, womit ein bedeutsamer Schritt in Richtung geschlechtergerechte Berufsstrukturierung vollzogen werden kann.

Literatur

Achtenhagen, Frank (1997): Berufliche Ausbildung. In: Weinert, Franz E. (Hrsg.): Psychologie des Unterrichts und der Schule. Göttingen, Bern, Toronto, Seattle: Hogrefe Verlag, S. 604–657.

Berger, Peter L./Luckmann, Thomas (2009): Die gesellschaftliche Konstruktion der Wirklichkeit. Eine Theorie der Wissenssoziologie. Frankfurt a. M.: Fischer Verlage Taschenbuch.

Berufsbildungsgesetz (2005): Online: http://www.gesetze-im-internet.de/bbig_2005/__1.html, 21.02.2012.

Best-Kubik, Anna (2009): Neue Wege, der Förderung weiblicher Auszubildender durch Erkenntnisse konstruktivistischer Geschlechtersoziologie. Uelvesbüll: Der andere Verlag.

Böhnisch, Lothar/Schröer, Wolfgang (2007): Politische Pädagogik. Eine problemorientierte Einführung. Weinheim, München: Juventa.

Bonz, Bernhard (1998): Methoden der Berufsausbildung. Hirzel: Stuttgart.

Bordieu, Pierre (1995): Sozialer Raum und Klassen. Zwei Vorlesungen. Frankfurt a. M.: Suhrkamp Verlag.

Buddensiek, Wilfried (1999): Simulationsspiel. In: Kaiser, Franz-Josef/Pätzold, Günther (Hrsg.): Wörterbuch Berufs- und Wirtschaftspädagogik. Bad Heilbrunn: Klinkhardt Verlag, S. 353–355.

Bundesinstitut für Berufliche Bildung (2011): Datenreport zum Berufsbildungsbericht 2011. Bonn: W. Bertelsmann Verlag.

Dorsch-Schweizer, Marlies (2004): Die Ambivalenz moderner Beruflichkeit für Frauen. In: BWP 5/2004, S. 43–46.

Ebbers, Ilona (2004): Wirtschaftsdidaktisch geleitete Unternehmenssimulation im Rahmen der Förderung von Existenzgründungen aus Hochschulen. Köln: Josef Eul Verlag.

Ebbers, Ilona (2009): Doing Gender in universitären Übungsfirmen. In: Seeber, Günther (Hrsg.): Forschungsfelder der Wirtschaftsdidaktik. Schwalbach am Taunus: Wochenschau Verlag, S. 201–216.

Ebbers, Ilona (2012): Beschreibung des Projektes INA. Flensburg. Online: http://www.uni-flensburg. de/fileadmin/ms2/inst/wipo/img/Projekte/Projektexpose_INA.pdf, 21.02.2012.

Ebbers, Ilona/ Klein, Rebekka (2012): Ich werde selbstständig. Berufsrelevante Schlüsselkompetenzen für Schülerinnen und Schüler. Schwalbach am Taunus: Wochenschau Verlag.

Eccard, Carmen (2004): Berufe haben (k)ein Geschlecht. In: Paul-Kohlhof, Angela (Hrsg.): Berufsbildung und Geschlechterverhältnis. Bielefeld: W. Bertelmann Verlag, S. 51–64.

Esser, Friedrich H./Twardy, Martin (1998): Entrepreneurship als didaktisches Problem einer Universität – aufgezeigt am Organisationsentwicklungskonzept „WIS-EX" der Universität zu Köln. In: Kölner Zeitschrift für „Wirtschaft und Pädagogik", Nr. 24, S. 5–26.

Ewig, Gerd (1991): Schülerzentriertes Lernen im Wirtschaftsunterricht. Simulation (Fallstudie, Rollenspiel, Lern- und Planspiel). In: Erziehungswissenschaft und Beruf, Nr. 2, S. 130–149.

Friese, Marianne (2010): Didaktisch-curculare Aspekte für Fachrichtungen und Fachrichtungsbereiche personenbezogener Dienstleistungsberufe. In: Pahl, Jörg-Peter/Herkner, Volkmar (Hrsg.): Handbuch Berufliche Fachrichtungen. Bielefeld: W. Bertelsmann Verlag, S. 311–327.

30 Querschnitt – Gender in der Didaktik der Beruflichen Bildung

Geißler, Rainer (2005): Die Metamorphose der Arbeitertochter zum Migrantensohn. Zum Wandel der Chancenstruktur im Bildungssystem nach Schicht, Geschlecht, Ethnie und deren Verknüpfungen. In: Berger, Peter A./Kahlert, Heike (Hrsg.): Institutionalisierte Ungleichheiten. Wie das Bildungswesen Chancen blockiert. Weinheim, München: Juventa Verlag, S. 71–100.

Gildemeister, Regine (2004): Doing Gender: Soziale Praktiken der Geschlechterunterscheidung. In: Becker, Ruth/Kortendiek, Beate (Hrsg.): Handbuch Frauen- und Geschlechterforschung. Theorien, Methoden, Empirie. Wiesbaden: VS Verlag für Sozialwissenschaften, S. 132–140.

Gildemeister, Regine/Wetterer, Angelika (1992): Wie Geschlechter gemacht werden. Die soziale Konstruktion der Zweigeschlechtlichkeit und ihre Reifezierung in der Frauenforschung. In: Knapp, Gudrun-Axeli/Wetterer Angelika (Hrsg.): TraditionenBrüche. Entwicklungen feministischer Theorie. Freiburg: von Kore Verlag, S. 201–254.

Gottschall, Karin (2010): Arbeit, Beschäftigung und Arbeitsmarkt aus der Genderperspektive. In: Böhle, Fritz/Voß, G. Günter/Wachtler, Günther (Hrsg.): Handbuch Arbeitssoziologie, Wiesbaden: VS Verlag für Sozialwissenschaften, S. 671–697.

Großkurth, Heike/Reißig, Birgit (2009): Geschlechterdimensionen im Übergang von der Schule in den Beruf. In: Budde, Jürgen/Mammes, Ingelore (Hrsg.): Jungenforschung empirisch. Zwischen Schule, männlichen Habitus und Peerkultur. Wiesbaden: VS Verlag für Sozialwissenschaften, S. 115–128.

Herkner, Volkmar (2010): Berufspädagogische Wurzeln und Entwicklung der Beruflichen Fachrichtungen. In: Pahl, Jörg-Peter/Herkner, Volkmar (Hrsg.): Handbuch Berufliche Fachrichtungen. Bielefeld: W. Bertelsmann Verlag, S. 35–56.

Krüger, Dorothea (2010): Genderkompetenz und Schulwelten. Alte Ungleichheiten – neue Hemmnisse. Wiesbaden: VS Verlag für Sozialwissenschaften.

Krüger Helga (2004): Der Institutionenansatz in der Geschlechterforschung am Beispiel der beruflichen Bildung. In: Paul-Kohlhof, Angela (Hrsg.): Berufsbildung und Geschlechterverhältnis. Bielefeld: W. Bertelmann Verlag, S. 17–33.

Lemmermöhle Doris/Große, Stefanie/Schellack, Antje/Putschbach, Renate (2006): Passagen und Passantinnen. Biographisches Lernen junger Frauen. Eine Längsschnittstudie. Münster, New York, München, Berlin: Waxmann.

Mayer, Christine (2010): Bildung – Beruf – Geschlecht: Historische und aktuelle Entwicklungsprozesse. In: Liesner, Andrea/Lohmann, Ingrid (Hrsg.): Gesellschaftliche Bedingungen von Bildung und Erziehung. Stuttgart: Verlag W. Kohlhammer, S. 31–42.

Meyer, Hilbert (1996): Leitfaden zur Unterrichtsvorbereitung, Berlin: Cornelsen Verlag Skriptor.

Pätzold, Günther (1999): Berufliche Handlungskompetenz. In: Kaiser, Franz-Josef/Pätzold. Günther (Hrsg.): Wörterbuch Berufs- und Wirtschaftspädagogik. Bad Heilbrunn, Hamburg: Klinkhardt S. 57–58.

Peisert, Hansgert (1967): Soziale Lage und Bildungschancen in Deutschlang. München: Piper Verlag.

Rendtorff, Barbara (2006): Erziehung und Geschlecht. Eine Einführung. Stuttgart: Verlag W. Kohlhammer.

Statistisches Bundesamt (2008): Berufliche Schulen, Fachserie 11, Reihe 2, Wiesbaden.

West, Candace/Zimmerman, Don H. (1987): Doing Gender. In: Gender & Society, 1 (2), S. 125–151.

Erwachsenenbildung, Gender und Didaktik

31

Anne Schlüter und Babette Berkels

31.1 Einleitung

Lehren und Lernen ist das zentrale Thema der Disziplin Erwachsenenbildung. Didaktische Kompetenz ist eine feste Größe für die Planung, Durchführung und Evaluation von Lernprozessen. Sie ist sowohl auf der Mikroebene von Kursen als auch auf der institutionellen Mesoebene, auf der das Bildungsangebot nach Bedarf zu organisieren ist, notwendig. Didaktik nimmt die Wechselwirkung von Lehren und Lernen in den Blick. Je nach Lern- oder Bildungsanlass helfen verschiedene theoretische Konzepte und Prinzipien, bezogen auf konkrete Handlungsfelder, Lernprozesse anzuregen, zu ermöglichen und zu begleiten. Für die Planung und Durchführung von Lern- und Lehr-Situationen muss die Frage beantwortet werden, wie Erwachsene gewohnt sind zu lernen bzw. unter welchen Bedingungen sie optimal lernen können. Erwachsenenlernen knüpft an bereits gelernte Muster und Strategien an. Das bedeutet, metakognitive Reflexionen über Lernstrategien sind generell ein sinnvoller Bestandteil der Lehr- und Lernplanung in der Erwachsenenpädagogik, speziell wenn es um die Erweiterung der Wahrnehmung und um die Umsetzung des Gelernten in der Zeit danach geht.

Horst Siebert definiert Didaktik als Vermittlung zwischen der Sachlogik des Inhalts und der Psychologik der Lernenden unter Berücksichtigung ihrer Lern- und Motivationsstrukturen. Die Vermittlung von Sach- und Psychologik wird über das didaktische Handeln der Erwachsenenbildner und Erwachsenbildnerinnen erwartet. Geschlechterdiffe-

---

A. Schlüter (✉)
Universität Duisburg-Essen,
Campus Duisburg: Forsthausweg 2, 47057 Duisburg, Deutschland
E-Mail: anne.schlueter@uni-due.de

B. Berkels (✉)
Universität Duisburg-Essen,
Campus Duisburg: Forsthausweg 2, 47057 Duisburg, Deutschland
E-Mail: babette.berkels@uni-due.de

M. Kampshoff, C. Wiepcke (Hrsg.), *Handbuch Geschlechterforschung und Fachdidaktik,*
DOI 10.1007/978-3-531-18984-0_31,
© VS Verlag für Sozialwissenschaften | Springer Fachmedien Wiesbaden 2012

renzen werden von ihm als Thema der Erwachsenenbildung aufgenommen (vgl. Siebert 1997, S. 2 ff.).

Didaktisches Handeln in der Erwachsenenbildung ist an die Kompetenzen der Lehrenden gebunden. Die Diskussion um eine Professionalisierung der Erwachsenenbildung und somit um die Professionalität des Personals in der Erwachsenenbildung ist ein Dauerthema. Gender-Kompetenz als Teilkompetenz blieb bis auf wenige Ausnahmen in der Vergangenheit im Mainstream der Didaktik für lernwirksames Lehren bzw. Unterrichten unberücksichtigt (vgl. Venth 2005). In der Diskussion um die Qualität von Lehre an Hochschulen allerdings wird Gender aktuell als Indikator für gute Lehre behandelt (vgl. Auferkorte-Michaelis et al. 2010).

31.2 Stand der Forschung in der Erwachsenenbildung zu Gender und Didaktik

Über die Aufbereitung von Themen wird implizit eine Wissensordnung vermittelt. Diese lässt sich in der Erwachsenenbildung z. B. in Lehrbüchern als eine Ordnung, in der Frauen weder als Objekte noch als Subjekte selten bis kaum vorkommen, nachweisen. Eine Analyse der „Einführungen in die Erwachsenenbildung" zeigt dies überdeutlich (vgl. Schlüter 2004). Positiv hervorzuheben ist der von Horst Siebert nun in der 3. Auflage erschienene Studientext „Theorien für die Praxis", in dem der Gender-Ansatz gleichberechtigt neben anderen Ansätzen vorgestellt wird (Siebert 2011, S. 76–85). Zu der Frage, warum das Geschlecht als Thema einerseits ausgeschlossen wird, andererseits über Wissensvermittlung eine Geschlechterordnung hergestellt wird, liegen Analysen von Angela Venth zur Erwachsenenbildung vor (Venth 2006). Für ihre diskursanalytischen Reflexionen zur Konstruktion von Geschlechterverhältnissen in der Erwachsenenbildung wählte sie empirisches Material aus, das die Bandbreite von Konzeption, Planung bis Umsetzung von Lern-Lehr-Prozessen als fachspezifischem Diskursstrang zeigt. Um den Geschlechterverhältnissen auf die Spur zu kommen, wurden u. a. Veranstaltungsankündigungen und -dokumentationen, Evaluationsstudien, die Weiterbildungsstatistik sowie eine geschlechterdialogische Fortbildungsdokumentation ausgewertet. Beeindruckend ist die Darstellung eines Diskursfragments, das die Konstruktion von Geschlechterhierarchien aufnimmt. Danach folgt die Herstellung von Erst- und Zweitrangigkeit zwischen den Geschlechtern einem argumentativen Muster der Diskreditierung, das von Angela Venth als funktionierendes „Regelwerk" (ebd.) im analysierten Material nachgewiesen wird. Die Gender-Metaphorik scheint fest in unserer Kultur verankert zu sein.

Wie sich Genderaspekte in den einzelnen Wissenschaften konstituieren, ist in dem Werk von Christina von Braun und Inge Stephan zu Gender-Theorien nachzulesen (Braun/Stephan 2009). Dies ist nicht allein ein sprachliches Problem, denn über die Wahl und Präsentation von Themen werden genderrelevante Inhalte und Theorien unterdrückt oder transportiert. Die Kritik an der maskulin orientierten sprachlichen Ausdrucksweise – häufig wiederholt – führte zu Vorschlägen, wie eine geschlechtergerechte Sprech- und Schreibkultur für die Weiterbildung zu entwickeln ist (vgl. Gindl/Hefter 2010).

Die Erfahrungen in der Vergangenheit hoben immer wieder darauf ab, dass Beziehungsaspekte in der „Dozent-Teilnehmer-Beziehung" (Wolf 2006) eine Ressource für Lernprozesse sein können (vgl. ebd.), geschlechterstereotype Erwartungen an Verhaltensweisen weiblicher und männlicher Teilnehmender aber auch Lernprozesse blockieren können. Aber nicht jede Bildungsveranstaltung versteht sich als kritisch gegenüber sozialen Zuordnungen, geschlechterstereotypen Zuweisungen, Etikettierungen und Ungleichheits-Strukturen. Offensichtlich braucht es eigene Seminarkonzepte, die die Dimensionen der Kategorie Geschlecht aufnehmen. Eine genderbewusste Didaktik vertritt einen emanzipatorischen Anspruch für beide Geschlechter. Eine gendersensible Didaktik will sicherstellen, dass auf die Bedürfnisse sowohl von Männern als auch auf von Frauen als Teilnehmende eingegangen wird, dass alle vom Lernangebot profitieren und sogar ihre Genderkompetenz ausbauen können (Gindl/Hefter 2010, S. 71).

Ein emanzipatorischer Anspruch muss bereits in die Planung der Lehrangebote einfließen, damit eine gendergerechte Lernkultur entstehen kann. Bei der Durchführung sind die Lehrenden gefordert, gendersensibel vorzugehen. Das erfordert eine erhöhte Aufmerksamkeit bei der eigenen Wahrnehmung und eine angemessene Reaktionsfähigkeit in kritischen Situationen. Für die Erweiterung der Genderkompetenz lassen sich gerade die konfliktträchtigen kritischen Situationen aktiv nutzen.

31.2.1 Historische und soziokulturelle Entwicklung der Geschlechterforschung und ihre Bedeutung für die Erwachsenenbildung

Die Frauen- und Genderforschung in der Erwachsenenbildung hat für die praktische Bildungsarbeit schon früh Rahmenpläne und Leitfäden entwickelt (z. B. Arbeitsgruppe Frauenbildung und Politik 1992; Eberhardt/Weiher 1994). Feministische Forscherinnen und Forscher mit dem Interesse an Bildungsarbeit haben Untersuchungen durchgeführt und Konzepte erarbeitet, auf die auch die aktuellen Studien u. a. von Karin Derichs-Kunstmann (2010), Anita P. Mörth und Barbara Hey (2010) sowie auch Gisela Pravda (2003) zurückgehen. Letztere bezieht auch die Analyseergebnisse zu einzelnen Fächern berufsbildender Fernlehrgänge ein (Pravda 2003). Der Thematisierung von Geschlecht und Didaktik gehen also vielfältige Forschungen zur Frauenbildung voraus, die sich in den folgenden Handbüchern widerspiegeln: im Handbuch zur Frauenbildung (Gieseke 2001), im Handbuch zu Gender und Erziehungswissenschaft (Glaser et al. 2004); im Handbuch zur Frauenweiterbildung (de Sotelo 2000).

Die Sektion Frauen- und Geschlechterforschung in der Erziehungswissenschaft (DGfE) hat über ihre Jahrestagungen und über ihre verschiedenen Buch-Reihen Ergebnisse der Frauen- und Geschlechter-Forschung publiziert. Auf diese kann sich die Erwachsenenbildung beziehen, wenn es um die Lesarten des Geschlechts geht. Denn in der Sektion Erwachsenenbildung geht man mehrheitlich davon aus, dass die Unterschiede innerhalb der Zugehörigkeit zu einem Geschlecht größer sind als die Differenzen zwischen Frauen und Männern. Dabei wird allerdings übersehen, dass in der Tradition der Erwachsenenbildung

Männerbildung und Frauenbildung immer ihre Orte hatten und es dies auch heute noch braucht. Es existiert offensichtlich ein unterschiedliches Bedürfnis nach Weiterbildungsinhalten. Anhand der Analyse der Veränderungen im Verständnis von Zielgruppenarbeit (Zielgruppe als didaktischer Makrokategorie) in der Erwachsenenbildung lässt sich eine historische und soziokulturelle Entwicklung für die Frauenbildung aufzeigen (vgl. Schlüter 2010).

31.2.2 Ansatzpunkte der Geschlechterforschung in der Erwachsenenbildung

Die Anteile von Frauen und Männern bezogen auf die Teilnahme an Kursen, der Anteil am Personal usw. wird regelmäßig in den Weiterbildungsberichten erhoben. Statistiken für Deutschland sind beispielsweise der Deutsche Bildungsbericht und das Berichtssystem Weiterbildung/Adult Education Survey. Erfasst wird auch, welche Inhalte für Frauen und Männer relevant sind. Wesentliche Unterschiede zwischen Frauen und Männern bestehen in der Nachfrage nach allgemeiner und beruflicher Weiterbildung (vgl. Venth 2005 und 2006; Schlüter/Harmeier 2010).

Im Bildungsbericht von 2010 heißt es: 2007 haben insgesamt 44 % der Bevölkerung an Weiterbildung (WB) teilgenommen, wobei mehr Männer (46,3 %) als Frauen (41,7 %) an Weiterbildung teilhaben. Männer partizipieren deutlich häufiger an betrieblicher Weiterbildung (33,2 % zu 25,4 %), wohingegen Frauen häufiger an nicht-berufsbezogener Weiterbildung teilnehmen (12,4 % zu 7,9 %). Bei der individuell-berufsbezogenen Weiterbildung halten sich die Anteile von Männern und Frauen die Waage (Männer 13,3 %, Frauen 13,4 %). Laut Bildungsbericht lässt sich die geringere Nachfrage von Frauen an betrieblicher Weiterbildung weniger auf individuelles Verhalten, sondern vielmehr auf systematische Benachteiligungen von Frauen durch die betrieblichen Weiterbildungsangebote zurückführen, wobei diese im Managementverhalten, im betrieblichen Status oder in der Branchenzugehörigkeit von weiblichen Arbeitskräften begründet sein kann (vgl. Autorengruppe Bildungsberichterstattung 2010).

Erwachsenenbildung wird im allgemeinen Verständnis als genderneutral betrachtet. Man geht davon aus, dass Erwachsene, ob Männer oder Frauen, gleiche Zugangsbedingungen zur Weiterbildung haben. Sie suchen ihren Bedürfnissen entsprechend die passenden Bildungsangebote aus. Da Erwachsenenbildung selten verpflichtend ist, sondern individuell nachgefragt wird, können Lernende nach inhaltlichem Interesse ihre Kurs-Wahl treffen. Wenn Bildungsangebote nicht zur Zufriedenheit ausfallen, geht man nicht mehr hin.

Die Institutionen vermeiden in der Regel, Themen als Genderthemen anzukündigen. Kurse sollen genderoffen sein. Spätestens aber bei der Gruppe der Berufsrückkehrerinnen wird deutlich, welchen Stellenwert Gender für die Lebensgestaltung hatte und hat. Die Mehrheit der Frauen, die gern wieder in den Beruf einsteigen würden, haben weder Unterstützung dafür von ihrer Familie, noch finden sie auf dem Erwerbsarbeitsmarkt angemessene Arbeitsplätze. Eine Studie von Cornelia Feider über die Entscheidungen nach einer Weiterbildungsmaßnahme zeigt die Situation von Frauen nach der Familienphase differenziert nach ihren lebensweltlichen Bedingungen auf (vgl. Feider 2006).

Hannelore Faulstich-Wieland (2009) beschreibt außerdem, dass Angebote der Erwachsenenbildung vor dem Hintergrund geschlechtsangemessenen Verhaltens von potenziellen Teilnehmenden auch als ‚gegenderte' Angebote wahrgenommen werden: „Kann ein Mann einen VHS-Kurs zum Thema ‚Wie schminke ich mich?' belegen? Formal kann er das natürlich, aber welches soziale Risiko er damit eingeht, kann man sich durchaus vorstellen. Darüber hinaus sind Erwachsenenbildungseinrichtungen durch die Art ihrer Angebote selbst am doing gender beteiligt" (Faulstich-Wieland 2009, S. 849). Das heißt, die angebotenen Themen bei den Erwachsenenbildungsinstitutionen bestimmen sozusagen die ‚Spielregeln' für geschlechtsangemessenes Verhalten, durch Teilnahme resp. Nicht-Teilnahme, ebenso bezogen auf ihre Präsentation und Vermarktung der Erwachsenenbildungseinrichtungen.

Das Paradox in der Erwachsenenbildung besteht darin, Gleichheit zu behaupten und sich genderoffen zu geben, um Festlegungen zu vermeiden. Einige verstehen dies auch als rhetorische Befriedungsstrategie. Gleichzeitig ist Ungleichheit an der Tagesordnung, denn Gender (re-)produziert nicht nur Unterschiede in der Nachfrage an Weiterbildung, sondern lebt selbstverständlich diese Unterschiede.

Die Forschung über Männlichkeit als Konstrukt ist noch nicht sehr verbreitet. Sie hat – wie Angela Venth 2010 in ihrem Überblick über den Einfluss von Männlichkeit auf das Lernen im Lebenszusammenhang ausführt – mit der Schwierigkeit zu kämpfen, „dass die Thematisierung des Konstruktionscharakters von Männlichkeit ein Tabu bricht, nimmt sie doch der sozialen Positionierung von Männern den Anschein des Naturwüchsigen und stellt sie qua Diskussion auch zur Disposition" (Venth 2010, S. 237). Darum lassen Männer sich selten auf die Diskussion über ihre eigene soziale Rolle ein. Während Seminarteilnehmerinnen sich relativ schnell darauf einlassen, halten Teilnehmer sich dabei zurück bzw. distanzieren sich über die üblichen Strategien (vgl. Schlüter/Justen 2009).

31.3 Geschlechtergerechtigkeit unter besonderer Berücksichtigung des Aspekts der Geschlechterkonstruktion und -dekonstruktion

Geschlecht wird in jeder Interaktion, so auch im Rahmen von Erwachsenenbildungsveranstaltungen, von allen Beteiligten gleichermaßen hergestellt (vgl. Auszra 2001). Geschlecht wird basierend auf kulturellen Übereinkünften beständig und auch auf unbewusster Ebene inszeniert, durch das äußere Erscheinungsbild ebenso wie durch (geschlechtsrollentypisches) Kommunikations- und Interaktionsverhalten. Geschlecht ist damit nicht allein ein angeborenes Faktum, sondern ist auch als eine sozial konstruierte Kategorie wahrzunehmen.

Auf einer Tagung der Frauen- und Geschlechterforschung in der Erziehungswissenschaft wurden Konstruktion und Dekonstruktion von Geschlecht als Konturen divergierender Diskurse analysiert (vgl. Lemmermöhle et al. 2000). Die Lesarten des Geschlechts zeigten sich in der theoretischen Zugangsweise zur Wirklichkeit zwischen einerseits sozialen Konstruktionsprozessen und andererseits leiblicher Existenz als wesentlicher Erfahrung. Im Rahmen von Bildungsarbeit mit erwachsenen Frauen wird dagegen gefragt, wie Spielräume für die Lebensgestaltung erweiterbar sind, die nicht bei Genderzuschreibungen stehen bleiben. Die Nutzung der Dimension ‚Zeit' als Reflexionskategorie hilft Biographien nicht nur neu zu schreiben, sondern auch zu gestalten (vgl. Strametz 2006).

Häufig wird in Bildungs-Veranstaltungen sehr allgemein über Genderfragen diskutiert. Mit dieser Art der Herstellung eines ‚common sense' werden aber auch individuelle Lernmöglichkeiten unterbunden. Daher empfehlen Gindl und Hefter zur Entwicklung einer Lernkultur, Inputs sowie Lehrunterlagen vorzubereiten, um produktiv über Genderthemen arbeiten zu können. Zur Vorbereitung gehören strukturierende Methoden, die diesen Auseinandersetzungsprozess stützen sowie eine geschlechtergerechte Sprache und die Festlegung von Gruppenregeln, in denen Regeln zum bewussten Umgang mit Gender enthalten sind (ebd., S. 75 ff.).

Um Gendergerechtigkeit zu erreichen, kann auf die explizite Vermittlung von Ergebnissen der Genderforschung nicht verzichtet werden. An ihnen lassen sich verfestigte Deutungsmuster überprüfen, auch differenzieren und verändern (Gindl/Hefter 2010, S. 74 ff.). Dies gilt besonders für die Versuche von Medien, Presse und vereinzelten Wissenschaftlerinnen und Wissenschaftlern in den letzten Jahren, Jungen als Opfer und Verlierer der Emanzipationsprozesse von Frauen darzustellen. Der Zweck liegt offensichtlich darin, die „männliche Suprematie zu verteidigen" (Venth 2010, S. 256). Empirisch gesicherte Forschungen über die Benachteiligungen von Jungen im Bildungswesen liegen allerdings nicht vor (ebd.).

31.3.1 Handlungsfelder und Zielgruppen in der Erwachsenenbildung

Traditionell waren in der institutionellen Erwachsenenbildung immer Männerbildung und Frauenbildung vorhanden. Männerbildung war historisch selbstverständlich über die Männerarbeit in den religiösen, gewerkschaftlichen und politischen Bünden, Verbänden und Vereinen beheimatet. Frauenbildung geschah auch in verschiedenen Verbänden: beispielsweise in der evangelischen und katholischen Erwachsenenbildung (vgl. Gieseke 2001, S. 561 ff.). Selbstverständlich war damit auch Identitätsbildung verbunden (vgl. Stahr 2001) und Erfahrungsaustausch als grundlegendes Bedürfnis (vgl. Schüßler 2001).

Mit der Benachteiligtenförderung, verstärkt seit den 1980er Jahren, wurde die Forderung nach Erhöhung der Weiterbildungsbeteiligung von spezifischen Bevölkerungsgruppen politisch in den Fokus gerückt. Bezogen auf zu fördernde Zielgruppen gehörte es schließlich zum politischen Programm, Forschungs- und Entwicklungsfragen zu stellen, die auch die Zielgruppe Frauen einschloss. Obgleich darauf verwiesen wurde, dass Frauen nicht generell als benachteiligt eingestuft werden können, kamen doch spezifische Zielgruppen in den Blick: vor allem Alleinerziehende und Berufsrückkehrerinnen, aber auch Ausländerinnen (vgl. Brüning/Kuwan 2002). Mit der Frage: „Wie können Potenziale, die in der Heterogenität der in Deutschland lebenden Migrant/innen stecken, genutzt und in ein

31 Erwachsenenbildung, Gender und Didaktik

Konzept der ‚managing diversity' integriert werden?" (ebd., S. 99) versuchte man beispielsweise den Dialog zwischen Mehrheit und Minderheit zur Integration in die Gesellschaft und zur gesellschaftlichen Partizipation anzuregen. Mit solch einer Leitfrage verbunden, wurden auch didaktische Fragen aufgeworfen, z. B.: „Wie muss Weiterbildung gestaltet sein, damit sie auch für Migrant/innen zum ‚Lernen lernen' beiträgt?" (ebd., S. 99 f.).

Wichtige Handlungsfelder der Erwachsenenbildung sind auch heute immer noch: Familienbildung und Elternbildung (vgl. Schiersmann 2001; Schiersmann/Iller 2009; Iller 2009) – Felder, die nicht von Männern dominiert werden. Die Ankündigung von Veranstaltungen bezieht sich jedoch mittlerweile auf ‚Eltern mit Familienpflichten', um offen für beide Geschlechter zu sein.

Der Bildungsbericht 2010 stellt deutliche geschlechtsspezifische Divergenzen in der Teilnahme an den verschiedenen Themenbereichen der Weiterbildung fest: „Während die Themenbereiche ‚Sprachen, Kultur, Politik', ‚Pädagogik, Sozialkompetenz' sowie ‚Gesundheit, Sport' klar von Frauen dominiert werden, sind Männer in den Bereichen ‚Wirtschaft, Arbeit, Recht' und ‚Natur, Technik, Computer' überrepräsentiert" (Autorengruppe Bildungsberichterstattung 2010, S. 137). Beim E-Learning sind Männer dominant. Die Kritik von Anita Thaler bezieht sich darauf, dass der Geschlechter-Blick sich auf die Bilder hegemonialer Männlichkeit richten sollten, damit E-Learning geschlechterdemokratisch wird (vgl. Thaler 2010, S. 135 ff.).

Eine Erklärung für die konstatierten themenbezogenen Differenzen bieten laut Angela Venth die Erfahrungen, die Frauen und Männer „mit der traditionell eingeschliffenen geschlechtsspezifischen Arbeitsteilung und ihren Rollenzwängen" (Venth 2007, S. 4) gemacht haben. Die geschlechtsspezifisch differenten Neigungen, die in der Studienfachwahl bzw. in der Wahl des Ausbildungsberufs deutlich werden, setzen sich in der Teilnahme an Erwachsenenbildung und der thematischen Wahl der Angebote fort (ebd.).

31.3.2 Entwicklungen hinsichtlich einer Öffnung für Geschlechterdifferenzierungen durch Diversity, Intersektionalität, Heterogenität

Grundsätzlich ist darauf hinzuweisen, dass in der Erwachsenenbildung das Thema Heterogenität immer vorhanden war. Auch die Zusammensetzung von Lerngruppen verlangte immer Überlegungen zu Homogenität und Heterogenität als Voraussetzung für erfolgreiches Lernen (vgl. Siebert 1997). Die Thematik sozialer Ungleichheit war aufgrund der unterschiedlichen Zielgruppenarbeit mit sozial Benachteiligten (Iller/Schiersmann 2009) immer präsent. Schließlich ist Erwachsenenbildung schon vor Jahrzehnten mit dem Ziel ‚Bildung für alle' angetreten, um Bildungsferne zu gewinnen. Viele Maßnahmen wurden dafür durchgeführt. Empirische Untersuchungen fragten nach Barrieren an der Weiterbildungs-Teilnahme (vgl. Schiersmann 2006).

Durch die (de-)konstruktivistischen Debatten, vor allem aus dem angloamerikanischen Raum angestoßen, gerieten die Prozesse einerseits des doing gender verstärkt in den Blick, andererseits erweiterte sich die Perspektive auf die sexuelle Orientierung mit Themen der

Heterosexualität und Homosexualität. Denn wenn Geschlecht als in Interaktionen hergestellt begriffen wird, gibt es keine festgelegte sexuelle bzw. geschlechtliche Identität. Die von Judith Butler kritisierte Differenz als Norm ermöglichte die Reflexion von Geschlechtsgrenzen und in der Folge, Entwürfe für neue und andere vielfältige Lebensweisen, sozusagen jenseits der Geschlechterdualität (vgl. Butler 1991).

Ein Ergebnis solcher Dekonstruktionsdiskussionen ist in manchen Kreisen die missverständliche Behauptung junger Menschen heute, es gäbe nunmehr weder Frauen noch Männer. Sie definieren nicht nur die Lebenswelt als geschlechtslos, sondern glauben, durch solche Umdeutungen dem Gender-Paradox zu entkommen.

Andererseits ist aufgrund der veränderten kulturellen Verschiedenheit in Alltag und Beruf der Einfluss von Maskulinität und Feminität als Ausdruck von Gender im Rahmen der Integration von Menschen mit Migrationshintergrund nicht wegzudiskutieren.

Diversity als Ansatz wird aktuell debattiert, um die sozialen Gruppen, z. B. die Studierenden mit Migrationshintergrund, in der Hochschule angemessen wahrnehmen, erfassen und fördern zu können. In Betrieben sind die Auswirkungen des Diversity Ansatzes in Themen zu sehen wie work-life-balance und der Beteiligung nach Ethnie, Geschlecht, Alter usw. unterschiedlich zusammengesetzter Gruppen für Entscheidungsfindungen. Das Ziel ist, Diskriminierungen zu vermeiden. Seminare zum Thema Diversity versuchen darum, vor allem die soziale Wahrnehmung zu trainieren.

Gudrun Perko und Leah Carola Czollek haben nach der Konzeptualisierung einer Gender- und Diversity-gerechten Didaktik gefragt. Als praktisches Konzept – so führen sie aus – hebt es auf „gleiche Chancen für alle Menschen" ab, „unabhängig von der ‚Nützlichkeit' des jeweiligen Menschen". Sie begreifen Diversity als Instrumentarium für den „anerkennenden Umgang mit Differenzen zwischen Menschen" mit dem Ziel, „jene Differenzen zugunsten von Gleichberechtigung nicht aufzuheben, sondern zu enthierarchisieren" (Perko/ Czollek 2008, S. 7–8).

Perko und Czollek schlagen vor, ein ganzheitliches Diversity Konzept zu verfolgen, indem bestehende Handlungs- und Theorieansätze wie interkulturelle Öffnung, Gender Mainstreaming, feministische Ansätze, Queer Studies u. a. zusammengeführt werden (ebd., S. 7–10). Konkret würden sie gern einen intersektionalen Ansatz durchsetzen, der sich in drei spannungsgeladenen Zugangsweisen ausdrückt: nämlich einer inter-kategorialen, einer intra-kategorialen und einer anti-kategorialen Zugangsweise. Dies hat Fragen zu Wechselwirkungen zur Folge, z. B. zu Gender und anderen Kategorien. Die intra-kategoriale Zugangsweise würde Fragen von Differenz und Ungleichheit innerhalb einer Kategorie in den Blick nehmen. Die anti-kategoriale wäre vor allem für die Dekonstruktion von Stereotypen notwendig. Verschiedene Checklisten (zum Selbst, zu den Teilnehmenden, zu den Inhalten, zu den Methoden) sollen helfen, Gender und Diversity Kompetenzen auszubilden bzw. zu verfeinern. Eine der Methoden ist die Herstellung von verschiedenen Perspektiven, die Unterschiede zwischen den Teilnehmenden sichtbar machen. Denn Diversitäten können kaum aufgehoben werden. Es gilt, sie als gleichwertig anzuerkennen. Sie sind zugunsten gleicher Lern- und Beteiligungsmöglichkeiten zu enthierarchisieren (ebd., S. 7–23).

31.3.3 Geschlechtergerechtigkeit in der Erwachsenenbildung – fachdidaktische Konsequenzen aus dem Zusammenspiel von Konstruktion und Dekonstruktion

Aktuell diskutierte Geschlechterkonzepte sind das Konzept der universellen Gleichheit zwischen den Geschlechtern (Universalisten und Universalistinnen), das Konzept der Differenz oder des Rekonstruktivismus/Essentialismus (Differenzialisten und Differenzialistinnen) und das Konzept des Dekonstruktivismus (Dekonstruktivisten und Dekonstruktivistinnen). Gesine Spieß geht davon aus, dass diese Geschlechterkonzepte sich „in der politischen Praxis ergänzen, allerdings in widersprüchlicher Weise" (Spieß 2010, S. 99). Spieß verweist darauf, dass Lehrende sich in der Bildungsarbeit in einem Differenzdilemma befinden können. Wenn die Differenzen von subordinierten Gruppen ignoriert werden, führt das zur falschen Neutralität. Wenn Lehrende sich allerdings auf die Differenz konzentrieren, kann ein Stigma erzeugt oder verstärkt werden (Spieß 2010, S. 108). Daher sind in der Konsequenz Denk-, Wahrnehmungs- und Argumentationsübungen zur Stärkung des Bewusstseins von Lehrenden sinnvoll.

31.4 Ergebnisse der aktuellen Bildungsforschung

Über Geschlechterdifferenzen wird weiterhin geforscht. Sie standen beispielsweise im Mittelpunkt des Jahresgutachtens des Aktionsrats Bildung. Die Lernprobleme von Jungen wurden darin offensichtlich für politische Zwecke instrumentalisiert (Venth 2010, S. 256). Damit steht auch das Lehr-Lern-Verhältnis wieder im Fokus der Beachtung.

31.4.1 Forschungsergebnisse und ihre Einflüsse auf die Disziplin

Lehrpersonen wirken, ob sie es wollen oder nicht, als Vorbilder für Verhaltensweisen und Deutungsmuster. Die „Dozent-Teilnehmer-Beziehung" kann eine Ressource für Lernen sein, wie Gertrud Wolf thematisiert hat (vgl. Wolf 2006). In der Erwachsenenbildung in biographischer Perspektive haben Dozentinnen und Dozenten eine unterstützende Funktion (vgl. Justen 2011) für die Aneignung der eigenen Biographie. Die Wirkung männlicher und weiblicher Rollenbilder in der Erwachsenen- und Weiterbildung ist ein offensichtlich nicht erforschter Bereich (vgl. Schlüter 1999).

Geschlechtsspezifische Bildungsungleichheiten werden eher für die Schule diskutiert als für die Erwachsenenbildung und Weiterbildung. Die geringeren Chancen von Jungen höhere Schulformen der Sekundarbildung zu besuchen, oder die schlechteren Schulnoten der Jungen führten zu der Frage, ob nun die Jungen benachteiligt werden. Stichworte und Titel wie ‚Helden in Not', die ‚angeknacksten Helden' oder ‚Alpha-Mädchen' zeugen davon. Sie führen zur Suche nach Ursachen wie z. B. zur Klage nach fehlenden männlichen Rollenbildern. Darüber hinaus münden sie in Untersuchungen, die wiederum aufzeigen, dass es bereits Verhaltens- und Interessensunterschiede zwischen Mädchen und Jungen vor der Einschulung gibt (vgl. zum Forschungsstand Hadjar 2011).

Wie Leiterinnen von Bildungseinrichtungen ihr Geschlecht für den Einstieg in Leitungspositionen betrachten, lässt sich anhand neuerer biographischer Darstellungen zeigen (vgl. Nollmann 2011; Schlüter 2011). Einfluss auf die Einschätzungen ihrer Chancen und Statuszuweisungen als Leitungsfrauen in der Weiterbildungslandschaft haben frühere Forschungen zur Feminisierung von Berufen gehabt. Manche Leiterin fühlt sich in ihrer Haut nicht so wohl, weil sie die Herabsetzung ihres Berufsstandes durch die wachsende Zahl von Frauen in solchen Positionen interpretiert.

31.4.2   Forschungen in Bezug auf Geschlechtergerechtigkeit

Um Geschlechtergerechtigkeit in der alltäglichen Bildungsarbeit zu implementieren, wurden in Österreich und Deutschland Praxisprojekte gefördert mit dem Ziel des Entwurfs neuer Lehrkonzepte. Es wurden Instrumente zur Diagnose entwickelt (vgl. Hey 2010, S. 148 ff.). Gender-Checks gelten nach Anita Thaler als erstrebenswert, um der Geschlechterungleichheit entgegenzuwirken (Thaler 2010).

Karin Derichs-Kunstmann hat einen Ansatz zur geschlechtergerechten Didaktik entwickelt. Das Fortbildungskonzept dient der Entwicklung von Genderkompetenz der pädagogisch Tätigen, „um sie für die Implementation von Gender Mainstreaming in die Programmpraxis der Weiterbildung zu qualifizieren" (Derichs-Kunstmann et al. 2009, S. 10) und somit Geschlechtergerechtigkeit fördern zu können. Gender-Kompetenz stellt nach Derichs-Kunstmann eine Schlüsselqualifikation dar und umfasst die drei Ebenen von Wollen, Wissen und Können, die durch die didaktischen Elemente der Sensibilisierung in Bezug auf die Ebene des Wollens, der Informationsvermittlung zur Wissenserweiterung und des Transfers zur Steigerung des Könnens (weiter-)entwickelt werden sollen. Wollen zielt auf die Bereitschaft und die Motivation, geschlechtergerechtes Handeln in der Bildungsarbeit zu realisieren und Geschlechtergerechtigkeit zu fördern, Wissen bezieht sich auf die Aneignung von Kenntnissen aus der Geschlechterforschung und deren Übertragung auf verschiedene Fächer. Können meint die Fähigkeit, Gender-Aspekte zu erkennen, sichtbar zu machen und sie handlungswirksam werden zu lassen, d. h. das eigene pädagogische Handeln daran zu orientieren (ebd., S. 55 f.).

Das didaktische Konzept der Gender-Qualifizierungen orientiert sich an diesen Ebenen der Gender-Kompetenz und bezieht sowohl theoretische Auseinandersetzung als auch reflexive Elemente sowie praktische Übungen ein. Die Qualifizierungen bestehen aus vier Modulen: „Gender-Perspektiven in der Weiterbildung – Theorie, Politik, Praxis", „Geschlechtergerechte Didaktik und Methoden in der Bildungsarbeit", „Konzepte und Methoden geschlechtergerechter Bildung" sowie „Geschlechtergerechte Programmqualität: Kollegiale Beratung und Evaluation". Jedes Modul ist von vier- bis fünftägiger Dauer, wobei zwischen den Modulen ca. sechs Monate liegen, in denen die Teilnehmenden Praxisaufgaben und Praxisprojekte bearbeiten. Insgesamt erstreckt sich der Lehrgang damit auf eine Dauer von zwei Jahren. Durchgeführt werden die Module von gemischtgeschlechtlichen Teams.

Inhalte der Gender-Qualifizierungen fokussieren die persönlich-individuelle Ebene der Sensibilisierung beispielsweise für Gender-Aspekte in der eigenen Biographie und Berufspraxis sowie die organisationale Ebene der Sensibilisierung, u. a. im Hinblick auf den aktuellen Stand von Gender Mainstreaming in der eigenen Organisation. Des Weiteren werden theoretische Grundlagen der sozialwissenschaftlichen Frauen-, Männer- und Geschlechterforschung, politische Ansätze wie Gender Mainstreaming oder Diversity Management sowie didaktische Theorien der Erwachsenenbildung behandelt und didaktisch-methodische Grundlagen angeeignet, wie das Konzept der geschlechtergerechten Didaktik und Methodik. Ein weiterer Inhaltsbereich besteht im Themenkomplex von Transfer und Handlungsorientierung. Im Rahmen dieses Themenkomplexes wird von den Teilnehmenden u. a. ein Konzept einer geschlechtergerechten Bildungsarbeit entwickelt, das im Rahmen eines eigenen Praxisprojektes umgesetzt wird. Diese Praxisprojekte werden im Seminar präsentiert und die hiermit gesammelten Erfahrungen im Rahmen Kollegialer Beratung bearbeitet.

Die Kompetenz, die über die Formulierung eines solchen Konzepts erwartet wird, ist eine trainierte Genderkompetenz. Welche Wirkung diese hat, ist großflächig und unter Nachhaltigkeitsüberlegungen noch zu evaluieren.

31.5 Ausblick

Lern- und Bildungsprozesse von Mädchen und Frauen in Schule, Ausbildung und Studium verlaufen heute nicht mehr unbedingt unterschiedlich zu der der Jungen und Männer. Gleichwohl gehen die Interessenslagen von Mädchen und Jungen schon früh auseinander. Die weitere Entwicklung der Erwachsenenbildung, ihre Gender Differenzierung und ihre wachsende soziokulturelle Bedeutung werden zweifellos dazu beitragen, Frauen und Männer in Zukunft für die Herstellung von Geschlechtergerechtigkeit zu stärken. Empirische Forschungen werden dafür notwendig sein, vor allem im Hinblick auf die Vorbild- und Vermittlungsfunktionen von Männern und Frauen als Lehrende für die nachwachsende Generation.

Literatur

Arbeitsgruppe Frauenbildung und Politik (1992) (Hrsg.): Von Frauen für Frauen. Ein Handbuch zur politischen Frauenbildungsarbeit. Zürich, Dortmund: eFeF Verlag.

Auferkorte-Michaelis, Nicole et al. (2009) (Hrsg.): Gender als Indikator für gute Lehre. Opladen, Farmington Hills: Budrich UniPress.

Auszra, Susanne (2001): Interaktionsstrukturen zwischen den Geschlechtern in Lernsituationen. In: Gieseke, Wiltrud (Hrsg.): Handbuch zur Frauenbildung. Opladen: Leske + Budrich, S. 321–330.

Autorengruppe Bildungsberichterstattung (2010): Bildung in Deutschland. Ein indikatorengestützter Bericht mit einer Analyse zu Perspektiven des Bildungswesens im demografischen Wandel. Bielefeld: W. Bertelsmann Verlag.

Braun, Christina von/Stephan, Inge (2009) (Hrsg.): Gender@Wissen. Ein Handbuch der Gender-Theorien. 2. Auflage. Stuttgart: UTB.

Brüning, Gerhild/Kuwan; Helmut (2002): Benachteiligte und Bildungsferne – Empfehlungen für die Weiterbildung. Bielefeld: W. Bertelsmann Verlag.

Butler, Judith (1991): Das Unbehagen der Geschlechter. Frankfurt a. M.: Edition Suhrkamp.

Derichs-Kunstmann, Karin et al. (2009) (Hrsg.): Gender Kompetenz für die Bildungsarbeit. Konzepte, Erfahrungen, Analyse, Konsequenzen. Recklinghausen: FiAB Verlag.

Eberhardt, Ursula/Weiher, Katharina (1994): Rahmenplan Frauenbildung. Differenz und Gleichheit von Frauen. Frankfurt a. M.: Deutsches Institut für Erwachsenenbildung.

Faulstich, Peter/Zeuner, Christine (2006): Erwachsenenbildung. Eine handlungsorientierte Einführung in Theorie, Didaktik und Adressaten. 2.akt. Auflage. Weinheim u. a.: Juventa.

Faulstich-Wieland, Hannelore (2009): Frauenbildung/Gender Mainstreaming. In: Tippelt, Rudolf/von Hippel, Aiga (Hrsg.): Handbuch Erwachsenenbildung/Weiterbildung. 3., überarb. u. erw. Auflage. Wiesbaden: VS Verlag für Sozialwissenschaften.

Feider, Cornelia (2006): Berufsrückkehrerinnen. Bielefeld: W. Bertelsmann Verlag.

Gindl, Michaela/Hefter, Günter (2010): Gendersensible Didaktik in universitärer Lehre und Weiterbildung für Erwachsene. In: Mörth, Anita P./Hey, Barbara: Geschlecht und Didaktik. 2. Auflage. Graz: Leykam Buchverlag, S. 71–94.

Glaser, Edith/Prengel, Annedore/Klika, Dorle (2004) (Hrsg.): Handbuch Gender und Erziehungswissenschaft. Bad Heilbrunn: Klinkhardt.

Gieseke, Wiltrud (2001) (Hrsg.): Handbuch zur Frauenbildung. Opladen: Leske + Budrich.

Hadjar, Andreas (2011) (Hrsg.): Geschlechtsspezifische Bildungsungleichheiten. Wiesbaden: VS Verlag für Sozialwissenschaften.

Hartmann, Jutta (2010): Differenz, Kritik, Dekonstruktion – Impulse für eine mehrperspektivische Gender-Didaktik. In: Mörth, Anita P./Hey, Barbara. (Hrsg.): Geschlecht und Didaktik, Graz: Leykam Buchverlag, S. 13–21.

Hey, Barbara (2010): Geschlechtergerechte Curriculumsentwicklung. Ein Leitfaden für die Praxis. In: Mörth, Anita P./Hey, Barbara (Hrsg.): Geschlecht und Didaktik, Graz: Leykam Buchverlag, S. 145–163.

Iller, Carola (2010): Familienbildung. In: Zeuner, Christine (Hrsg.): Enzyklopädie Erziehungswissenschaft Online (EEO), Fachgebiet Erwachsenenbildung, Anbieter von Erwachsenenbildung: Einrichtung und Organisation. Weinheim und München: Juventa Verlag.

Justen, Nicole (2011): Erwachsenenbildung in biographischer Perspektive. Opladen: Verlag Barbara Budrich.

Lemmermöhle, Doris et al. (2000) (Hrsg.): Lesarten des Geschlechts. Zur De-Konstruktionsdebatte in der erziehungswissenschaftlichen Geschlechterforschung. Opladen: Leske + Budrich.

Meueler, Erhard (2009): Didaktik der Erwachsenenbildung – Weiterbildung als offenes Projekt. In: Tippelt, Rudolf/von Hippel, Aiga (Hrsg.): Handbuch Erwachsenenbildung/Weiterbildung. 3., überarb. u. erw. Auflage. Wiesbaden: VS Verlag für Sozialwissenschaften, S. 973–987.

Mörth, Anita P./Hey, Barbara (2010) (Hrsg.): Geschlecht und Didaktik. 2. überarb. Auflage. Graz: Leykam Buchverlag.

Nollmann, Ulrike (2011): Gender als Einflussgröße im Zugang zu Leitungsfunktionen vor dem Hintergrund des derzeitigen Generationenwechsels in Weiterbildungsinstitutionen. In: Schlüter, Anne (Hrsg.): Offene Zukunft durch Erfahrungsverlust? Opladen, Farmington Hills: Verlag Barbara Budrich, S. 27–53.

Nuissl, Ekkehard (2006) (Hrsg.): Vom Lernen zum Lehren. Lern- und Lehrforschung für die Weiterbildung. Bielefeld: W. Bertelsmann Verlag.

Perko, Gudrun/Czollek, Leah Carola (2008): Gender und Diversity gerechte Didaktik: ein intersektionaler Ansatz. In: Magazin erwachsenenbildung.at/magazin Nr. 3, S.07-1-07.26.

Pravda, Gisela (2003): Die Genderperspektive in der Weiterbildung. Analysen und Instrumente am Beispiel des berufsbildenden Fernunterrichts. Bonn/Bielefeld: W. Bertelsmann Verlag.

Schlüter, Anne (1999): „Vorbilder haben (k)ein Geschlecht". Frauenbildung im Generationenverhältnis. In: Kilian, Eveline/Komfort-Hein, Susanne (Hrsg.): GeNarrationen. Variationen zum Verhältnis von Generation und Geschlecht. Tübingen: Attempo, S. 130–153.

Schlüter, Anne (2004): Gender in der Erwachsenenbildung. In: Glaser, Edith/Prengel, Annedore/Klika, Dorle (Hrsg.): Handbuch Gender und Erziehungswissenschaft. Bad Heilbrunn: Klinkhardt, S. 502–515.

Schlüter, Anne (2010): Didaktische Kompetenz und Intersektionalität. In: Auferkorte-Michaelis, Nicole/Ladwig, Annette/Stahr, Ingeborg (Hrsg.): Hochschuldidaktik für die Lehrpraxis. Interaktion und Innovation für Studium und Lehre an der Hochschule. Opladen, Farmington Hills: Budrich UniPress, S. 157–168.

Schlüter, Anne (2010): Erwachsenenbildung für Frauen In: Enzyklopädie Erziehungswissenschaft Online (EEO).

Schlüter, Anne (2011): Erfolgsfaktoren für den Einstieg in Leitungsfunktionen in der Erwachsenenbildung. In: Schlüter, Anne (Hrsg.): Offene Zukunft durch Erfahrungsverlust. Zur Professionalisierung der Erwachsenenbildung. Opladen, Farmington Hills: Verlag Barbara Budrich, S. 55–80.

Schlüter, Anne/Harmeier, Michaela (2010): Gender-Rätsel in der zielgruppenorientierten Gesundheitsbildung an Volkshochschulen. In: GENDER. Zeitschrift für Geschlecht, Kultur und Gesellschaft. 2. Jg., Heft 2, S. 122–131.

Schlüter, Anne/Justen, Nicole (2009): Pädagogische Biographiearbeit mit Studierenden zur Förderung von Genderkompetenz. In: Auferkorte, Nicole et al. (Hrsg.): Gender als Indikator für gute Lehre. Erkenntnisse, Konzepte und Ideen für die Hochschule. Opladen, Farmington Hills: Budrich UniPress, S. 169–179.

Schiersmann, Christiane (2001): Familienbildung in Deutschland. In: Gieseke, Wiltrud (Hrsg.): Handbuch zur Frauenbildung. Opladen: Leske + Budrich, S. 447–454.

Schiersmann, Christiane (2006): Profile lebenslangen Lernens. Weiterbildungserfahrungen und Lernbereitschaft der Erwerbsbevölkerung. Bielefeld: W. Bertelsmann Verlag.

Schiersmann, Christiane/Iller, Carola (2009): Zielgruppen in der Weiterbildung. In: Krug, Peter/Nuissl, Ekkehard (Hrsg.): Praxishandbuch WeiterbildungsRecht. Köln: Luchterhand.

Schüßler, Ingeborg (2001): Frauenbildung als erfahrungsbezogener Ansatz. In: Gieseke, Wiltrud (Hrsg.): Handbuch zur Frauenbildung. Opladen: Leske + Budrich, S. 149–166.

Siebert, Horst (1997): Didaktisches Handeln in der Erwachsenenbildung. Berlin: Ziel Verlag.

De Sotelo, Elisabeth (2000) (Hrsg.): Frauenweiterbildung. Weinheim: Beltz.

Spieß, Gesine (2010): Voll gesellschaftsfähig! – mit einer gendersensiblen Lehre. In: Mörth, Anita P./Hey, Barbara (Hrsg.): Geschlecht und Didaktik. Graz: Leykam Buchverlag, S.95–133.

Stahr, Ingeborg (2001): Frauenbildung als identitätsbezogener Ansatz. In: Gieseke, Wiltrud (Hrsg.): Handbuch zur Frauenbildung. Opladen: Leske + Budrich, S. 167–182.

Strametz, Barbara et al. (2006): Bildung bewegt: Biographie. Lebensläufe und ökonomische Zeitmuster als Ansatzpunkt für Lernherausforderungen. In: Schlüter, Anne (Hrsg.): Bildungs- und Karrierewege von Frauen. Opladen: Verlag Barbara Budrich, S. 77–95.

Thaler, Anita (2010): E-Learning und Gender. In: Mörth, Anita P./Hey, Barbara (Hrsg.): Geschlecht und Didaktik. Graz: Leykam Buchverlag, S. 135–143.

Venth, Angela (2005): Wenn Gender auf Didaktik trifft ... Lernen und Lehre im Kontext sozialer Konstruktionen. In: Report: Zeitschrift für Weiterbildungsforschung. 28. Jg. Heft 3, S. 46–53.

Venth, Angela (2006): Gender-Porträt Erwachsenenbildung. Bielefeld: W. Bertelsmann Verlag.

Venth, Angela (2010): Zwischen Inklusion und Exklusion – Der Einfluss von Männlichkeit auf das Lernen im Lebenszusammenhang. In: Kronauer, Martin (Hrsg.): Inklusion und Weiterbildung. Reflexionen zur gesellschaftlichen Teilhabe in der Gegenwart. Bielefeld: W. Bertelsmann Verlag, S. 235–275.

Wolf, Gertrud (2006): Der Beziehungsaspekt in der Dozent-Teilnehmer-Beziehung als Ressource und Determinante lebenslangen Lernens. In: Report: Zeitschrift für Weiterbildungsforschung. 29. Jg., Heft1, S. 27–36.

Geschlechtertrennung ja oder nein?!

32

Marita Kampshoff

Die Thematik der Geschlechtertrennung nimmt in diesem Handbuch eine Querschnitts-perspektive ein. Diese Perspektive zu beleuchten macht insofern Sinn, als in Schulen eine partielle Geschlechtertrennung häufig dann ein Mittel der Wahl ist, wenn eine Gruppe – etwa Mädchen in naturwissenschaftlich-technischen Fächern oder Jungen im Sport oder bezüglich ihrer Lesekompetenz – ausdrücklich berücksichtigt bzw. gefördert werden soll. Geschlechtertrennung hat in diesem Kontext also zumindest, was das Anliegen der Leh-rerinnen und Lehrer angeht, viel mit (Fach)Didaktik zu tun, wie sich ebenfalls in einigen Beiträgen dieses Bandes zeigt, die die Bildung von Mädchen- oder Jungengruppen als An-liegen einer geschlechtersensiblen Fachdidaktik ausdrücklich erwähnen (vgl. die Beiträge von Lembens/Bartosch, Grein, Bartsch/Methfessel, Gieß-Stüber, Thaler/Hofstätter und Ihsen in diesem Band). Auch in wissenschaftlichen Debatten, sowohl national als auch international, steht das Thema immer wieder auf der Agenda. Ein kürzlich abgeschlosse-nes Forschungsprojekt zu ‚Schulkultur, Geschlechtersegregation und Mädchensozialisa-tion' von Herwartz-Emden und ihren Mitarbeiterinnen ist für den nationalen Bereich zu nennen (Herwartz-Emden et al. 2007; 2010), international können hier Smithers und Ro-binson zitiert werden, nach denen die vergleichende Untersuchung von geschlechtshomo-gener und -heterogener Unterrichtung „one oft he most researched topics in education" (Smithers/Robinson 2006, S. 1) darstellt.

M. Kampshoff (✉)
Pädagogische Hochschule Schwäbisch Gmünd,
Oberbettringer Straße 200, 73525 Schwäbisch Gmünd, Deutschland
E-Mail: marita.kampshoff@ph-gmuend.de

M. Kampshoff, C. Wiepcke (Hrsg.), *Handbuch Geschlechterforschung und Fachdidaktik,*
DOI 10.1007/978-3-531-18984-0_32,
© VS Verlag für Sozialwissenschaften | Springer Fachmedien Wiesbaden 2012

32.1 Versuch einer Begriffsklärung – Umsetzungsmöglichkeiten, Ziele, historische und soziokulturelle Entwicklung und theoretische Erklärungsansätze

Bei der Sichtung der umfangreichen Literatur zu diesem Themenspektrum zeigt sich, dass es gar nicht so eindeutig ist, was Geschlechtertrennung genau meint und welches Ziel mit dieser Strategie jeweils verfolgt wird. Damit eng zusammen hängt auch die Frage, welche Gendertheorie implizit mit der Einrichtung von monoedukativen Lernumgebungen verbunden wird. Auf jede dieser Fragen wird im Folgenden kurz eingegangen.

Bei der Frage, wie Monoedukation realisiert wird, zeigt sich, Geschlechtertrennung lässt sich auf sehr unterschiedlichen Wegen realisieren:

- Wie bereits einleitend erwähnt, kann Geschlechtertrennung als didaktisches Prinzip und gezieltes Mittel in ausgewählten Fächern eingesetzt werden, um Mädchen oder Jungen speziell zu fördern oder ihre Interessen zu berücksichtigen. Alle anderen Fächer werden koedukativ unterrichtet. In Deutschland wurde dies erstmals nach der (fast) flächendeckenden Einführung der Koedukation in vielfältigen Modellversuchen mit partieller Geschlechtertrennung umgesetzt (vgl. etwa Nyssen 1996; Häußler/Hoffmann 1998; Hannover/Kessels 2002).
- Ähnlich von der Umsetzung her gestaltet sich die zufällige methodische Geschlechtertrennung nach Kreienbaum (1996). Hier wird pro Halbjahr ein zufällig gewähltes Fach monoedukativ unterrichtet. Mit diesem Vorgehen soll zum einen die im ersten Beispiel häufig mitschwingende Defizitorientierung an den Schwächen von Mädchen und/oder Jungen umgangen werden, zum anderen sollen Mädchen und Jungen sowie die Lehrenden Erfahrungen mit geschlechtergetrenntem Unterricht machen und reflektieren können.
- Ein vor allem aus England bekanntes Vorgehen besteht darin, dass eine an sich koedukative Schule ausschließlich Mädchen- und Jungenklassen einrichtet. Davon versprechen sich Schulen, dass Vorteile der monoedukativen *Unterrichtung* hinsichtlich einer Leistungsorientierung ihrer Lernenden mit Vorteilen des koedukativen *Schullebens* hinsichtlich eines sozialen Miteinanders aller Schülerinnen und Schüler verbunden werden können. Die genannten Vorteile wurden in Studien, die monoedukative Schulen mit koedukativen Einrichtungen verglichen haben, herausgearbeitet (vgl. Baumert 1992, S. 87).
- Als Letztes besteht die Möglichkeit, dass die gesamte Schule nur einem Geschlecht offensteht. In den USA, aber auch in anderen englischsprachigen Ländern sind sogenannte Single Sex Schulen vorwiegend Privatschulen. Im deutschsprachigen Raum wurden Mädchen- und Jungenschulen in den 1970er bis 1980er Jahren im Zuge der Bildungsexpansion größtenteils in koedukative Schulen umgewandelt. Vor allem im süddeutschen Raum gibt es aber noch eine ganze Reihe von geschlechtshomogenen Schulen (in erster Linie Realschulen und Gymnasien), mit denen sich, wie bereits erwähnt, Herwartz-Emden und Kolleginnen im Rahmen des DFG-Schwerpunktprogramms „Bildungsqualität von Schule (BiQua)" beschäftigt haben (vgl. Herwartz-Emden et al. 2007; 2010).

In der Darstellung der unterschiedlichen Realisierungsmöglichkeiten deuteten sich an zwei Stellen Problematiken mit der Einrichtung von monoedukativen Lernumgebungen an, die noch einmal gesondert erwähnt werden sollen. Mädchen und Jungen gezielt und separiert fördern zu wollen, ist oftmals mit einer *Defizitperspektive* auf die jeweilige Geschlechtergruppe verbunden. Dies ist nicht nur aus der Perspektive der Lehrenden unerwünscht, da hier oft stereotype Vorstellungen von Mädchen und Jungen aktiviert werden. Ebenso problematisch stellt sich diese Förderabsicht für die Mädchen und/oder Jungen dar, da diejenigen, die tatsächlich Schwächen in diesem Gebiet haben, quasi durch die Einteilung in eine Fördergruppe noch einmal darauf gestoßen werden, dass sie Nachholbedarf haben. Diejenigen, die im jeweiligen Förderbereich leistungsstark sind, werden qua Geschlecht unter die falsche Gruppe subsumiert. Es sind ja nicht alle Mädchen in Physik leistungsschwach und nicht alle Jungen haben Nachholbedarf bei der Lesekompetenz (vgl. Stamm 2008; 2009). Geschlecht ist also nicht unbedingt eine geeignete Sortierungskategorie. Die andere, hier angeschnittene Problematik ist die *Diskriminierung* einer Geschlechtergruppe, die von einer Schule ausgeschlossen wird. Diese Diskriminierung qua Separierung hat in den deutschsprachigen Ländern eine lange Geschichte. Mädchen waren von höherer Bildung lange Zeit ausgeschlossen, sie galten als zu höherer Bildung nicht fähig und vor allem im bürgerlichen Ideal der guten Hausfrau und Mutter im ausgehenden 19. Jahrhundert galt es auch als schädlich, ihnen zuviel oder eine sogenannte ‚falsche' Bildung angedeihen zu lassen (vgl. Albisetti 2007).

Weder die Stärkung einer defizitären Sichtweise auf Schülerinnen oder Schüler noch die Diskriminierung von Mädchen sind aber natürlich heutzutage als explizite Ziele der Geschlechtertrennung intendiert. Aber welche Ziele sollen realisiert werden?

1. Mädchen oder Jungen würden bessere Schulleistungen erbringen, wenn Sie getrennt unterrichtet werden (vgl. dazu etwa Kampshoff 2006; 2007).
2. Das Fächer- und Berufswahlspektrum der Schülerinnen und Schüler erweitere sich (vgl. dazu etwa Center of Education 2006).
3. Selbstkonzepte, Selbstwirksamkeitserwartungen und das Selbstwertgefühl würden sich bei den Mädchen verbessern (vgl. ebd.).
4. Aufgrund der fehlenden direkten Vergleichsgruppe, in Form der jeweils anderen Geschlechtsgruppe, würde die Bildung von und eine Ausrichtung an Geschlechterstereotypen geringer ausfallen (vgl. dazu etwa Kessels/Hannover 2000).
5. Der Unterricht würde aufgrund der fehlenden ‚Ablenkung' durch das jeweils andere Geschlecht störungsfreier verlaufen (vgl. dazu etwa Warrington/Younger 2003).
6. Mädchen oder Jungen unter sich würden einen gewissen Schon- oder Schutzraum darstellen, in dem ungestört vom jeweils anderen Geschlecht geschlechterbezogene Anliegen (etwa im Sexualkundeunterricht) leichter bearbeitet werden können (vgl. dazu etwa Strange/Oakeley 2003).
7. Es würden Freiräume für persönliche Entwicklungen entstehen, in denen bestehende geschlechterbezogene Zuschreibungen überschritten werden können (vgl. dazu etwa Graff 2011).

Die Liste dieser Annahmen ließe sich sicherlich noch erweitern, deutlich wird aber bereits hier, dass es neben den sehr unterschiedlichen Umsetzungsmöglichkeiten der Geschlechtertrennung auch recht unterschiedliche Erwartungen sind, die an die Organisationsform Monoedukation gerichtet werden. Die Frage, ob sich diese Hoffnungen erfüllen lassen oder nicht, lässt sich nicht mit einem einfachen ja oder nein beantworten. Aber vielleicht sind es gerade diese Annahmen, die zu einem scheinbar nicht abnehmenden Forschungsinteresse führen. In Kapitel 32.2 werden einige der genannten Aspekte wieder aufgegriffen und der jeweilige Forschungsstand dazu berichtet.

Die dritte eingangs erwähnte Frage bezieht sich auf die jeweils implizit oder auch explizit hinterlegte Geschlechtertheorie (ausführlicher vgl. den Beitrag von Faulstich-Wieland/Horstkemper in diesem Band), die dem Anliegen, Mädchen und Jungen getrennt zu unterrichten, zu Grunde liegt. Es können ein Gleichheitsansatz, Differenztheorien unterschiedlicher Reichweite oder konstruktivistische Gendertheorien zum Tragen kommen (vgl. auch Kampshoff/Nyssen 1999). Knapp wiedergegeben heißt das, dass ein Ausgleich von Nachteilen durch gezielte Bildung von Mädchen- oder Jungengruppen im Sinne einer *Gleichheit* der Geschlechter angestrebt werden kann. Selbstbestimmung und eine Abkehr von stereotypisierenden Zuschreibungen kann in einer die *Differenzen* zunächst bewusst betonenden Strategie das Ziel sein. Oder ein ‚*doing gender*‘ also die Herstellung von Geschlecht in alltäglichen Interaktionen, kann zu einem ‚undoing gender‘ werden, indem Mädchen oder Jungen unter sich sind und so der Anlass, nämlich die gegengeschlechtliche Gruppe, wegfällt, das eigene Geschlecht zu betonen. Jede dieser Theorien kann jedoch auch für die gegenteilige Position, nämlich das Ablehnen von Monoedukation herangezogen werden. Landläufig bekannt ist etwa, dass gerade wegen des Anliegens der *Gleichheit* der Geschlechter Mädchen und Jungen gemeinsam unterrichtet werden sollten. Geschlechterdemokratie solle in koedukativen Kontexten auf die gemischtgeschlechtliche gesellschaftliche Realität vorbereiten. *Differenztheoretisch* könnte argumentiert werden, dass das letztlich unbestimmbare Unterschiedliche zwischen den Geschlechtern zu einer fruchtbaren Spannung und Auseinandersetzung im Unterricht führen könne. Dazu bedarf es auch des Blickes auf das bislang immer noch ausgeblendete Weibliche in vielen Unterrichtsgegenständen. Entgegen der Hoffnung eines quasi automatisch eintretenden ‚undoing gender‘ findet sich von *konstruktivistisch* forschenden Autorinnen oder Autoren eher der Hinweis, dass vor allem in Jungengruppen hegemoniale Männlichkeiten (Connell 2006) stark zum Tragen kommen und der Druck auf marginalisierte oder untergeordnete Männlichkeiten gegenüber dem koedukativen Unterricht zunehme. Doing gender verschärft sich somit eher. Angesichts der nur angedeuteten Auslegungsweisen sollte deutlich geworden sein, dass eine einfache Verortung bei der einen oder anderen Gendertheorie nicht ausreicht, theoretisch abzusichern, aus welchem Grunde für oder gegen Geschlechtertrennung votiert wird. Dazu bedarf es einer ausführlichen Argumentation und einer Prüfung dieser Annahmen. Eine derartige theoretische Verortung findet sich jedoch häufig in Texten zur Geschlechtertrennung nicht – eine Ausnahme bilden die geradezu gegenteiligen Positionen von Metz-Göckel 2010 und Faulstich-Wieland 2011. Problematische

32.2 Aktuelle Debatten um Geschlechtertrennung

32.2.1 Überblicksaufsätze zum Forschungsstand

Annahmen finden sich ebenfalls, in denen etwa Geschlechterdifferenzen überbetont und Gemeinsamkeiten zwischen den Geschlechtern negiert werden.

Wie sieht es mit den weiteren gendertheoretischen Ansätzen in Bezug auf Monoedukation aus? Poststrukturalistische Ansätze oder Queertheorien werden eher nicht in Verbindung mit dem Anliegen, Mädchen und/oder Jungen getrennt zu unterrichten, verbunden – eine Ausnahme für die außerschulische Mädchenarbeit stellt etwa Howald (2001) dar. Diskussionen um Heterogenität und Intersektionalität, in denen mehrere Differenzkategorien neben dem Geschlecht zum Tragen kommen, lassen die Einrichtung von monoedukativen Lernumgebungen als hoffnungslos unterkomplex erscheinen und stellen ihren Sinn in Frage (vgl. etwa Budde 2011).

Die Begriffsklärung bilanzierend lässt sich festhalten, dass der Forschungsgegenstand alles andere als eindeutig ist, mit Geschlechtertrennung sehr vielschichtige Erwartungen verknüpft sind und es keine eindeutige theoretische Verortung der Debatte um Vor- und Nachteile der Mono- oder Koedukation zu geben scheint.

32.2 Aktuelle Debatten um Geschlechtertrennung

32.2.1 Überblicksaufsätze zum Forschungsstand

Seit der Jahrtausendwende sind in Deutschland einige Überblicksaufsätze zum Stand der Forschung zu Mono- und Koedukation erschienen. Anhand dieser Beiträge lassen sich verschiedene Positionen bezogen auf die grundsätzliche Haltung gegenüber der Geschlechtertrennung ausmachen.

Zunächst erschien in der Zeitschrift für Pädagogik eine Zusammenschau von Studien von Ludwig (2003, vgl. auch Ludwig/Ludwig 2007). Er kommt zu dem Schluss, dass (partielle) Monoedukation die an sie gestellten Erwartungen in keiner Weise erfüllen kann. Herwartz-Emden (2005) kritisiert in ihrem zwei Jahre später in derselben Zeitschrift erscheinenden Beitrag Ludwig grundlegend. Sie weist ihm nach, dass er keinesfalls den Forschungsstand wiedergegeben habe, sondern wichtige Studien ausgeblendet habe. Somit sei auch seine Schlussfolgerung nicht zulässig. Nach ihrer Sichtung von aktuellen Studien zeigt sich vielmehr, dass nicht von einer gesättigten Forschungslage ausgegangen werden kann, sondern vor allem differenzierter und bereichsbezogener geforscht werden sollte (vgl. Herwartz-Emden 2005, S. 356 f.). Die Forscherin hält geschlechtergetrennten Unterricht für geeignet, um den subtilen Benachteiligungen der koedukativen Schule zu entgehen und eine geschlechtsuntypische Interessensentwicklung sowie die Selbstentfaltung von Mädchen zu fördern (vgl. ebd., S. 358).

2007 erscheint der eben genannte Beitrag von Herwartz-Emden in Ko-Autorinnenschaft mit Schurt und Waburg in überarbeiteter und stark erweiterter Fassung. Die Autorinnen geben hier sowohl wesentliche Schritte in der Genese der Forschungslage in Deutschland als auch einen sehr umfassenden Überblick über die internationale Forschung wider. Letztere gliedern sie in positive, negative, keine und uneinheitliche Effekte der Monoedukation. Dabei unterscheiden die Autorinnen wiederum zwischen monoedukativen Schulen und einer partiellen Monoedukation. Auch Studien zu prinzipiell koedukativen Schulen, in denen eine vollständige Segregation der Schülerinnen- und Schülerschaft zu finden ist, werden beleuchtet. In ihrem Fazit wird zum einen betont, dass einheitliche Schlussfolgerungen sich aufgrund der Uneinheitlichkeit der Studien verbieten. Zu unterschiedlich sind die jeweils verfolgten Forschungsansätze, die Stichproben und die jeweils untersuchten Bereiche (vgl. Herwartz-Emden et al. 2007, S. 100). Zum anderen bilanzieren die drei Autorinnen:

> Allerdings scheinen Mädchenschulen und Frauencolleges im Vergleich zu koedukativen Institutionen ein *unterstützenderes Umfeld* bereitstellen zu können (beispielsweise Streitmatter) und sich günstig auf verschiedene Personenmerkmale – wie das Selbstkonzept insgesamt (Mael, 1998) oder einzelne Aspekte desselben (Selbstwert [ebd.], Selbstvertrauen [Miller-Bernal 2000] und Selbstwirksamkeitserwartung [Carroll 2002] – auszuwirken. In Bezug auf diese Aspekte zeichnen sich länder- und studienübergreifende Parallelen ab. In unserer Auswertung des Forschungsstandes zeigt sich des Weiteren, dass Studien, die von günstigen oder keinen Auswirkungen der Monoedukation berichten, überwiegen (vgl. dazu ebenfalls Mael u. a. 2005). (ebd., S. 101)

Aus den Studien lässt sich den Verfasserinnen nach also neben den genannten Vorzügen auch ableiten, dass eine Geschlechtersegregation zumindest nicht schadet. Sie weisen ferner darauf hin, dass es an qualitativen Studien fehle, die sich mit dem Thema beschäftigen. Vor allem qualitative und auf konkrete, möglichst spezielle Unterrichtssituationen bezogene Studien machen es ihrer Ansicht nach möglich, den Sinn oder Unsinn der Geschlechtertrennung nachzuvollziehen.

Einen Überblick über den aktuellen Forschungsstand gibt auch Kampshoff (2006, 2007), hier wird ausschließlich auf Schulleistungen abgezielt und hier wiederum werden gezielt deutsche und englische Studien miteinander verglichen. Als Fazit aus den betrachteten Studien wird zum einen der Schluss gezogen, dass sich Hinweise finden, dass sowohl die Organisationsform als auch die hohe Selektivität der zumeist privaten Mädchen- und Jungenschulen in England eine Wirkung zeigen (vgl. Kampshoff 2006, S. 332). Zum anderen erscheint bilanzierend aber auch eine grundlegende Erkenntnis der Schulleistungsforschung zentral zu sein, nach der sich monokausale Erklärungsversuche für das Zustandekommen von Schulleistungen verbieten und auch bei der Frage der Geschlechtertrennung ein ganzes Bündel von Einflussfaktoren wirken müssten. Erste Hinweise auf derartige Faktoren sind den gesichteten Studien nach das Ethos der Schule, die Unterrichtsprozesse in geschlechtshomogenen Gruppen sowie die Elternunterstützung bei der Wahl und dem Verbleib in den Schulen bzw. Schulklassen (vgl. ebd., S. 333).

Der jüngste Überblickstext stammt von Faulstich-Wieland (2011), einer seit Jahren vehement gegen Monoedukation als Reformansatz eintretenden Bildungsforscherin. Faulstich-Wieland hält die Einrichtung geschlechtergetrennter Gruppen im Unterricht nur dann für sinnvoll, wenn sie erwiesenermaßen positive Wirkungen entfaltet. Dies verdeutlicht sie bereits 1991 in ihrer Definition von „reflexiver Koedukation" (vgl. Faulstich-Wieland 2011, S. 6). In ihrem Beitrag stellt sie nach einem kurzen historischen Abriss zur Entwicklung der Koedukation in Deutschland und einem Blick in Schulgesetze und Schulprogramme neuere (internationale) Studien vor, die Argumente gegen eine pauschale Annahme von Vorzügen der Geschlechtertrennung liefern. Im Anschluss setzt sie sich exemplarisch mit theoretischen Begründungen für Monoedukation (nach Teubner und nach Metz-Göckel) auseinander, die u. a. davon ausgehen, dass in geschlechtshomogenen Gruppen Mechanismen außer Kraft gesetzt werden, die die Unterschiedlichkeit von Mädchen und Jungen hervorheben (vgl. ebd., S. 19). Ihre eigenen, im Anschluss dargestellten theoretischen Reflexionen stellt sie mit Bezug auf Bourdieu und das Konzept des doing gender nach West/Zimmerman an. Faulstich-Wieland sieht die Theorie bilanzierend die Geschlechtertrennung eher als Dramatisierung und die „Hoffnung auf eine entdramatisierte Situation in homogenen Gruppen [… als, M. K.] Illusion" an (ebd., S. 26).

32.2.2 Erfüllt geschlechtergetrennter Unterricht die in ihn gestellten Erwartungen? Auswertung aktueller Studien

Von den in Kapitel 32.1 beschriebenen Erwartungen an geschlechtergetrennten Unterricht, Schulleistungen verbessern, Fächer- und Berufswahlspektrum erweitern, Personenmerkmale günstig beeinflussen, Entdramatisierung von Geschlecht, Schutz- oder Schonraum, wurden bereits einige im vorangegangenen Abschnitt erwähnt. Sowohl bei den *Schulleistungen* als auch bei den *Personenmerkmalen* scheinen sich teilweise günstige Auswirkungen zu zeigen. Allerdings bezieht sich beides auf Schülerinnen von Mädchenschulen bzw. Frauencolleges. Diese finden sich in Deutschland nicht mehr allzu häufig. Ob sich diese Wirkung auch bei einer Geschlechtertrennung, die gezielt in einzelnen Fächern eingesetzt wird, zeigt, bleibt unklar. Auf die Verbesserung von *Schulleistungen* bezieht sich auch Riordan. Er führt am Beispiel von mehreren von ihm durchgeführten Studien aus, dass es bestimmte Single-Sex Schulen sind, die hier erfolgreich sind. Es handelt sich dabei um öffentliche Schulen, die einen hohen Anteil an afrikanisch-amerikanischen oder spanischamerikanischen Schülerinnen oder Schüler sowie einen großen Anteil an Lernenden, die ein freies oder preislich reduziertes Mittagessen erhalten (vgl. Riordan 2002, S. 24 ff.). Riordan sieht aus diesem Grunde Single-Sex Schulen vor allem für diese Zielgruppen als positiv an.

Zur Frage, ob *Geschlecht entdramatisiert oder dramatisiert* wird, finden sich gegenteilige Auffassungen. Für die Annahme, dass Geschlecht oder Geschlechterstereotypisierungen in Mädchengruppen weniger bedeutsam sind als in gemischtgeschlechtlichen sprechen Ergebnisse von Kessels (2002) sowie Kessels und Hannover (2002), die situational aktivierte Selbstkonzepte im Physikanfangsunterricht untersucht haben. Für das Fach Physik zeigt sich auch in der bereits mehrfach erwähnten Studie zu ‚Schulkultur, Geschlechtersegregation und Mädchensozialisation', dass Mädchenschulschülerinnen sich bei der Basis-Fragebogenerhebung hochsignifikant von Schülerinnen koedukativer Schule unterschieden. Zwischen Jungen einer koedukativen Schule und den Mädchenschulschülerinnen gab es in Physik keinerlei Unterschiede. Die Autorinnen deuten diese Ergebnisse dahingehend, dass den Mädchenschulschülerinnen eine geschlechtsatypischere Entwicklung zugestanden werde. Im Fach Deutsch und Mathematik fanden sich dahingehend keine belastbaren Unterschiede. Hier halten die Autorinnen Erfahrungen mit koedukativem Unterricht in beiden Fächern in der Grundschule für möglicherweise ausschlaggebend (vgl. Schurt/Waburg 2007, S. 145 ff.).

Gegen die Annahme einer Lernumgebung, die eine geschlechtsatypischere Entwicklung unterstützt, sprechen Ergebnisse aus ethnographisch angelegten Studien, die etwa im geschlechtergetrennten Sportunterricht einen Protektionismus gegenüber Mädchen und eine Verstärkung hegemonialer Männlichkeit gegenüber Jungen seitens der Lehrpersonen feststellen konnten (vgl. etwa Budde et al. 2008, S. 225 ff.). In eine ähnliche Richtung weisen folgende Ergebnisse: 1997 führte der Gouverneur von Kanada Single-Gender Akademien ein. Um den damals noch geltenden Title IX zu umgehen (nach diesem Gesetz wurde in den USA bis 2001 Geschlechtertrennung als diskriminierend eingeschätzt und war an öffentlichen Schulen weitgehend verboten), regte er an, im selben Schulgebäude jeweils eine Jungen- und eine Mädchenakademie einzurichten (vgl. Woody 2002, S. 281). Woody führte mit ihrem Team eine umfassende qualitative Studie mit Fokus auf die Erfahrungen der Schülerinnen und Schüler in Form von etwa 300 Interviews mit Lernenden, Lehrenden, Verwaltung, Eltern und an jeder Schule Beobachtungen durch (vgl. ebd., S. 282). Die Ergebnisse waren vor allem an den Jungenschulen schockierend: Die Jungen wurden seitens des Lehrpersonals stark diszipliniert, sie sollten abgehärtet werden und zu ‚echten Männern' gemacht werden (vgl. ebd., S. 286 ff.).

Tietjens, Hagemann und Stracke (2010) haben für den Sportunterricht quasi-experimentell überprüft, ob mono- und koedukative Gruppen einen Einfluss auf das spontane geschlechtsbezogene Selbstwissen haben. Sie überprüften dieses Selbstwissen, nachdem in sechs Gruppen jeweils in gleich- oder getrenntgeschlechtlichen Kontexten Fußball, Tanz oder Brennball eingeführt wurde. Es konnten allerdings keine signifikanten Einflüsse der Gruppenzusammensetzung festgestellt werden (vgl. ebd., S. 131). Velásquez u. a. überprüften den Einfluss mono- oder koedukativer Kontexte auf Annahmen von Schülerinnen und Schülern. Sie untersuchten, ob Mädchen aus Mädchenschulen andere Zusammenhänge zwischen „victimisation and aggression" (Velásquez et al. 2010, S. 282) angeben als Schülerinnen aus gemischtgeschlechtlichen Schulen. Entgegen ihrer Hypothese zeigten die Mädchenschulschülerinnen in einem stärkeren Ausmaß geschlechterstereotypenkonforme Annahmen als die anderen Schülerinnen. Als stereotyp bzw. normativ akzeptabel wurde angesehen, wenn Mädchen physische Aggressionen stärker mit „victimisation" verbinden als relationale Aggression (Beziehungsaggressionen wie etwa Ausschluss oder üble Nachrede). Die Autorinnen und Autoren interpretieren dieses Ergebnis dahingehend, dass die Mädchen aus gemischtgeschlechtlichen Kontexten häufiger Erfahrungen mit physischen Aggressionen seitens ihrer Mitschüler gemacht haben und dies eher verzeihen als Mädchenschulschülerinnen (vgl. ebd., S. 298).

In Bezug auf die *Berufswahlen* liefert die Studie von Herwartz-Emden et al. (2007) neue Erkenntnisse. Hier konnten keine deutlichen Unterschiede zwischen Mädchenschulschülerinnen und Schülerinnen von koedukativen Schulen festgestellt werden (vgl. Schurt/Waburg/Roth 2007, S. 278 f.). Dieses Ergebnis entspricht auch dem internationalen Trend, sowohl was das Berufswahl- als auch das Fächerwahlspektrum angeht. Untersuchungen zeigten keine starken Belege dafür, dass geschlechtstypische Wahlen durch Monoedukation verringert werden (vgl. Herwartz-Emden 2007, S. 98 ff.). Zur Frage des *Schutz- oder Schonraums* berichtet Schurt (2010) im Rahmen einer von ihr ausgewerteten ethnographischen Teilstudie, dass die beobachteten Körperkontakte der Schülerinnen untereinander darauf hinweisen, dass in den Mädchenschulen der Studie anscheinend Freiräume herrschen, die von den Mädchen intensiv genutzt werden (vgl. ebd., S. 78). Diese Annahme müsste aber gezielt weiter untersucht werden.

Bei der Sichtung des Forschungsstandes zur Geschlechtertrennung wird zum einen deutlich, dass es in den Debatten um segregierte Unterrichtung von Mädchen und/oder Jungen unterschiedliche *Positionen* gibt, die vertreten werden. Zum anderen ist die *Forschungslage* alles andere als eindeutig. Sowohl Befürworterinnen und Befürworter als auch Gegnerinnen und Gegner der Monoedukation können auf entsprechende Studienergebnisse verweisen. Zudem gilt es zu bedenken, was Kruse (1996) bilanziert: „Sex-segregated education can be used for emancipation or oppression. As a method, it does not guarantee an outcome. The intentions, the understanding of people and their gender, the pedagogical attitudes and practices, are crucial, as in all pedagogical work" (ebd., S. 189). Dies gilt aber natürlich auch für die Koedukation (vgl. Datnow/Hubbard 2002, S. 7).

32.3 Geschlechtergerechtigkeit durch Geschlechtertrennung?!

Die Frage, ob Geschlechtertrennung zur Geschlechtergerechtigkeit beiträgt, scheint somit falsch gestellt. Zu untersuchen wären vielmehr die konkreten Bedingungen und Prozesse oder Praktiken, unter denen Geschlechtergerechtigkeit hergestellt bzw. konterkariert wird. Diese Bedingungen können prinzipiell sowohl im geschlechtergetrennten als auch im koedukativen Unterricht gewährleistet bzw. nicht gegeben sein. Ob eine Geschlechtertrennung Sinn macht, muss jeweils im Einzelfall entschieden werden. Wie einige Modellversuche seit den 1990er Jahren verdeutlicht haben (vgl. Nyssen 1996; Häußler/Hoffmann 1998; Hannover/Kessels 2002), kann die Einrichtung monoedukativer Gruppen in naturwissenschaftlich-technischem Unterricht durchaus als erfolgreich angesehen werden und wird sowohl seitens der beteiligten Lehrerinnen und Lehrer als auch seitens der Lernenden als positiv eingeschätzt. Für andere Fächer oder als generelle Strategie zeigen sich bislang kaum überzeugende Belege. Aus Großbritannien, den USA und Australien liegen Berichte zur Einrichtung von Mädchen- oder Jungenklassen in koedukativen Schulen vor. Younger und Warrington, die eine Längsschnittstudie an einigen dieser Schulen durchgeführt haben, warnen vor allzu großen Hoffnungen, die in diesen Ländern vor allem hinsichtlich einer Jungenförderung bestehen: Der Erfolg der Einrichtung von Single-Sex-Klassen hänge sehr stark von den Begründungen, die für eine solche Einführung gegeben werden, ab. Bei essentialistischen Geschlechtervorstellungen könne die Einrichtung von monoedukativen Lerngruppen Stereotypen verstärken sowie Mädchen und bestimmte Jungen entwerten. „Our longitudinal study, based on close work with schools in different parts of United Kingdom over the past 5 years, suggest that single-sex classes will contribute to raising achievement levels in schools and enhancing the self-esteem and social attributes of girls and boys only when they are implemented within a gender-relational context, with the support of teachers at all levels of the school, and with a positive framework rationalized clearly through the school community (staff, students, and parents and caregivers)." (Younger/Warrington 2006, S. 614). Mit Datnow und Hubbard (2002, S. 7) ließe sich wohl auch in diesem Fall sagen: „The same is true for coeducation."

Literatur

Albisetti, James C. (2007): Mädchen- und Frauenbildung im 19. Jahrhundert. Bad Heilbrunn: Klinkhardt.

Baumert, Jürgen (1992): Koedukation oder Geschlechtertrennung. In: Zeitschrift für Pädagogik 38 (1), S. 83–110.

Budde, Jürgen/Scholand, Barbara/Faulstich-Wieland, Hannelore (2008): Geschlechtergerechtigkeit in der Schule. Eine Studie zu Chancen, Blockaden und Perspektiven einer gender-sensiblen Schulkultur. Weinheim: Juventa Verlag.

Budde, Jürgen (2011): Geschlechtshomogene Pädagogik – innovatives Konzept oder antiquiertes Format? In: Wentzel, Wenka (Hrsg.): Generation Girls' Day. Opladen, Berlin, Farmington Hills: Verlag Barbara Budrich, S. 177–191.

Connell, Raewyn (2006): Der gemachte Mann : Konstruktion und Krise von Männlichkeiten. 3. Auflage. Wiesbaden: VS Verlag für Sozialwissenschaften.

Datnow, Amanda/Hubbard, Lea (Hrsg.) (2002): Gender in policy and practice. Perspectives on single-sex and coeducational schooling. New York: RoutledgeFalmer. Online: http://www.worldcat.org/oclc/49822975, 27.11.2011.

Faulstich-Wieland, Hannelore (2011): Koedukation – Monoedukation. In: Enzyklopädie Erziehungswissenschaft Online. Online: http://www.erzwissonline.de/fachgebiete/geschlechterforschung/beitraege/17090179.htm, 27.11.2011.

Graff, Ulrike (2011): Emanzipatorisches Potenzial monoedukativer pädagogischer Settings. In: Wentzel, Wenka (Hrsg.): Generation Girls' Day. Opladen, Berlin, Farmington Hills: Verlag Barbara Budrich, S. 193–210.

Hannover, Bettina/Kessels, Ursula (2002): Monoedukativer Anfangsunterricht in Physik in der Gesamtschule. Auswirkungen auf Motivation, Selbstkonzept und Einteilung in Grund- oder Fortgeschrittenenkurse. In: Zeitschrift für Entwicklungspsychologie und pädagogische Psychologie 34 (4), S. 201–215.

Häußler, Peter/Hoffmann, Lore (1998): Chancengleichheit für Mädchen im Physikunterricht – Ergebnisse eines erweiterten BLK-Modellversuchs. In: Zeitschrift für Didaktik der Naturwissenschaften 4 (1), S. 51–67. Online: ftp://ftp.ipn.uni-kiel.de/pub/zfdn/1998/Heft1/S.51–67_Haeussler_Hoffmann_98_H1.pdf, 27.11.2011.

Herwartz-Emden, Leonie (2005): Mädchenschulen zwischen Traditionalismus und Emanzipationsanspruch. In: Zeitschrift für Pädagogik, 51 (3), S. 342–362.

Herwartz-Emden, Leonie (Hrsg.) (2007): Neues aus alten Schulen – empirische Studien in Mädchenschulen. Opladen, Berlin, Farmington Hills: Verlag Barbara Budrich.

Herwartz-Emden, Leonie (2007): Schulkultur, Geschlechtersegregation und Mädchensozialisation. Eine Studie über Mädchenschulen. In: dies. (Hrsg.): Neues aus alten Schulen – empirische Studien in Mädchenschulen. Opladen, Berlin, Farmington Hills: Verlag Barbara Budrich, S. 27–39.

32 Geschlechtertrennung ja oder nein?!

Herwartz-Emden, Leonie/Schurt, Verena/Waburg, Wiebke (2007): Geschlechtersegregierter Unterricht in monoedukativen Schulen und Klassen. Forschungsstand und Forschungsdesiderat. In: Neues aus alten Schulen – empirische Studien in Mädchenschulen. Opladen, Berlin, Farmington Hills: Verlag Barbara Budrich, S. 41–112.

Herwartz-Emden, Leonie/Schurt, Verena/Waburg, Wiebke (Hrsg.) (2010): Mädchen in der Schule. Empirische Studien zu Heterogenität in monoedukativen und koedukativen Kontexten. Opladen, Berlin, Farmington Hills: Verlag Barbara Budrich.

Hoffmann, Lore/Häußler, Peter/Haft-Peters, Sabine (1997): An den Interessen von Jungen und Mädchen orientierter Physikunterricht. Ergebnisse eines BLK-Modellversuchs. Kiel: IPN.

Hoppe, Heidrun/Kampshoff, Marita/Nyssen, Elke (2001): Geschlechterperspektiven in der Fachdidaktik. Dr. nach Typoskript. Weinheim: Beltz (Beltz Wissenschaft, 5).

Howald, Jenny (2001): Ein Mädchen ist ein Mädchen ist kein Mädchen? Mögliche Bedeutungen von „Queer Theory" für die feministische Mädchenbildungsarbeit. In: Dekonstruktive Pädagogik. Opladen: Leske + Budrich, S. 295–309.

Kampshoff, Marita (2006): Geschlechtertrennung und Schulleistungen. Ein Blick auf deutsche und englische Studien. In: Die deutsche Schule 98 (3), S. 322–336.

Kampshoff, Marita (2007): Geschlechterdifferenz und Schulleistung. Deutsche und englische Studien im Vergleich. Wiesbaden: VS Verlag für Sozialwissenschaften.

Kampshoff, Marita/Nyssen, Elke (1999): Schule und Geschlecht(erverhältnisse). Theoretische Konzeptionen und empirische Analysen. In: Rendtorff, Barbara/Moser, Vera (Hrsg.): Geschlecht und Geschlechterverhältnisse in der Erziehungswissenschaft. Eine Einführung. Opladen: Leske + Budrich, S. 223–246

Kessels, Ursula/Hannover, Bettina (2000): Situational aktivierte Identität in koedukativen und monoedukativen Lerngruppen. In: Zur Didaktik der Physik und Chemie Tagung 1999, S. 105–107.

Kessels, Ursula/Hannover, Bettina/Janetzke, Hanna (2002): Einstellungen von Schülerinnen und Schülern zur Monoedukation im naturwissenschaftlichen Anfangsunterricht. In: Psychologie in Erziehung und Unterricht 49 (1), S. 17–30.

Kreienbaum, Maria Anna (1996): Bewährt, aber reformbedürftig. Ansätze für eine zeitgemäße Koedukation. In: Beiträge zur feministischen Theorie und Praxis 19 (44), S. 49–57.

Kruse, Anne-Mette (1996): Single-sex settings: Pedagogies for girls and boys in Danish schools. In: Patricia F. Murphy (Hrsg.): Equity in the classroom. Towards effective pedagogy for girls and boys. London et al.: Falmer et al., S. 173–191.

Ludwig, Peter H. (2003): Partielle Geschlechtertrennung – enttäuschte Hoffnungen? Monoedukative Lernumgebungen zum Chancenausgleich im Unterricht auf dem Prüfstand. In: Zeitschrift für Pädagogik 49 (5), S. 640–656.

Ludwig, Peter H./Ludwig, Heidrun (Hrsg.) (2007): Erwartungen in himmelblau und rosarot. Effekte, Determinanten und Konsequenzen von Geschlechterdifferenzen in der Schule. Weinheim: Juventa Verlag (Juventa Materialien). Online: http://deposit.d-nb.de/cgi-bin/dokserv?id=2883602&prov=M&dok_var=1&dok_ext=htm, 27.11.2011.

Metz-Göckel, Sigrid (2010): Geschlechterdifferenzierung in der Collegeforschung und ihre Bedeutung für die Schulforschung. In: Herwartz-Emden, Leonie/Schurt, Verena/Waburg, Wiebke (Hrsg.): Mädchen in der Schule. Empirische Studien zu Heterogenität in monoedukativen und koedukativen Kontexten. Opladen, Berlin, Farmington Hills: Verlag Barbara Budrich, S. 143–170.

Nyssen, Elke (Hrsg.) (1996): Mädchenförderung in der Schule. Ergebnisse und Erfahrungen aus einem Modellversuch. Weinheim: Juventa Verlag.

Riordan, Cornelius (2002): What do we know about the Effects of Single-Sex Schools in the private sector?: Implications for Public Schools. In: Datnow, Amanda /Hubbard, Lea (Hrsg.): Gender in policy and practice. Perspectives on single-sex and coeducational schooling. New York: RoutledgeFalmer, S. 10–30.

Rost, Detlef H./Pruisken, Christiane (2000): Vereint schwach? Getrennt stark? Mädchen und Koedukation. In: Zeitschrift für pädagogische Psychologie 14 (4), S. 177–193.

Schurt, Verena (2010): „Ist der nicht ein bisschen kurz?". Ethnographie in der Mädchenschule am Beispiel von Kleidungs-, Haar-, Styling- und Körperpraktiken. In: Herwartz-Emden, Leonie/Schurt, Verena/Waburg, Wiebke (Hrsg.): Mädchen in der Schule. Empirische Studien zu Heterogenität in monoedukativen und koedukativen Kontexten. Opladen, Berlin, Farmington Hills: Verlag Barbara Budrich, S. 49–83.

Schurt, Verena/Waburg, Wiebke (2007): Geschlechtsspezifik und/oder Fachtypik? Selbstwirksamkeit, Interesse, Stimmung und körperliches (Wohl)Befinden von Schülerinnen im ausgewählten Schulfächern im Vergleich. In: Herwartz-Emden, Leonie (Hrsg.): Neues aus alten Schulen – empirische Studien in Mädchenschulen. Opladen, Berlin, Farmington Hills: Verlag Barbara Budrich, S. 115–160.

Schurt, Verena/Warburg, Wiebke/Roth, Sabine (2007): Mädchen und Beruf. Berufswünsche, Traumberufe, Heiratsabsicht und Kinderwunsch. In: Herwartz-Emden, Leonie (Hrsg.): Neues aus alten Schulen – empirische Studien in Mädchenschulen. Opladen, Berlin, Farmington Hills: Verlag Barbara Budrich, S. 257–284.

Smithers, Alan/Robinson, Pamela (2006): The Paradox of Single-Sex and Co-Educational Schooling. Centre for Education and Employment Research (Hrsg.) (1–56). Online: http://wordpress.buckingham.ac.uk/wp-content/uploads/2010/10/hmcsscd.pdf, 29.09.2011.

Stamm, Margrit (2008): Underachievement von Jungen: Perspektiven eines internationalen Diskurses. Paralleltitel: Underachieving boys: Perspectives from an international debate. In: Zeitschrift für Erziehungswissenschaft 11 (1), S. 106–124. Online: http://dx.doi.org/10.1007/s11618-008-0006-6, 27.11.2011.

Stamm, Margrit (2009): Underachievement von Jungen in der Schule. In: Jungenforschung empirisch. Wiesbaden: VS, Verlag für Sozialwissenschaften, S. 131–148.

Strange, Vicki/Oakeley, Ann/Forrest, Simon (2003): Mixed-sex or Single-sex Sex Education: how would young people like their sex education and why? In: Gender and Education 15 (2), S. 201–214.

Streitmatter, Janice (2002): Perceptions of a Single-Sex Class Experience: Females and Males. In: Datnow, Amanda/Hubbard, Lea (Hrsg.): Gender in policy and practice. Perspectives on single-sex and coeducational schooling. New York: RoutledgeFalmer, S. 212–226.

Tietjens, Maike/Hagemann, Norbert/Stracke, Sascha (2010): Auswirkungen mono- vs. koedukativen Unterrichts im Sport auf das spontane geschlechtsbezogene Selbstwissen. In: Zeitschrift für Entwicklungspsychologie und pädagogische Psychologie 42 (3), S. 123–132.

Velásquez, Ana Maria/Santo, Jonathan Bruce/Saldarriaga, Lina María/López, Luz Stella/Bukowski, William M. (2010): Context-Dependent Victimization and Aggression. Differences Between All-Girl and Mixed_Sex Schools. In: Merrill-Palmer Quarterly 56 (3), S. 283–302

Waburg, Wiebke (2010): Zwischen Legitimationszwang und Normalitätserleben. Weiblichkeitskonstruktionen von Schülerinnen monoedukativer Schulen. In: Herwartz-Emden, Leonie/Schurt, Verena/Waburg, Wiebke (Hrsg.): Mädchen in der Schule. Empirische Studien zu Heterogenität in monoedukativen und koedukativen Kontexten. Opladen, Berlin, Farmington Hills: Verlag Barbara Budrich, S. 85–121.

Warrington, Molly/Younger, Michael (2003): 'We Decided to Give it a Twirl': single-sex teaching in English comprehensive schools. In: Gender and Education 15 (4), S. 339–350.

Woody, Elisabeth L. (2002): Constructions of Masculinity in Californias's Single-Gender Academies. In: Datnow, Amanda/Hubbard, Lea (Hrsg.): Gender in policy and practice. Perspectives on single-sex and coeducational schooling. New York: RoutledgeFalmer, S. 280–303.

Younger, Michael/Warrington, Molly (2006): Would Harry and Hermione Have Done Better in Single-sex Classes? A Review of Single-Sex Teaching in Coeducational Secondary Schools in the United Kingdom. In: American Educational Research Journal, 43 (4), S. 579–620.

Geschlechterforschung und Gesundheitsförderung: Anforderungen an die Fachdidaktik

33

Birgit Babitsch und Ingeborg Jahn

33.1 Einleitung

Geschlecht ist eine der zentralen Determinanten für Gesundheit. Frauen und Männer unterscheiden sich nicht nur in der Entstehung, im Verlauf und in den Folgen von Erkrankungen, in den gesundheitsfördernden bzw. krankheitsbegünstigenden Lebenskonstellationen und darin eingebetteten Ressourcen und Risiken, sondern auch in der Gesundheits- und Krankheitswahrnehmung sowie in der Krankheitsverarbeitung und -bewältigung. Kaum ein Bereich in Deutschland ist so stark durch eine soziale Bewegung – die Frauengesundheitsbewegung – beeinflusst worden, wie der der Gesundheit. Dies betrifft das Verständnis von Gesundheit, bei welchem bereits in der Frauengesundheitsbewegung von einem breiten Gesundheitsverständnis und der Einbettung von Gesundheit und Krankheit in soziale Lebenskontexte ausgegangen wurde (Babitsch et al. 2012). Vergleichbares gilt für Konzepte zur gesundheitlichen Versorgung und deren Komponenten, wie Empowerment, Beteiligung/Partizipation und Nutzer- sowie Nutzerinnen-Orientierung, deren Berücksichtigung im Medizinsystem schon damals eingefordert wurde.

Die Frauengesundheitsbewegung und -forschung hatte zudem einen starken Einfluss auf die Entwicklung des Konzeptes der Gesundheitsförderung. Die mit der Ottawa Charta verabschiedeten Grundannahmen leiteten einen Paradigmenwechsel im Gesundheitsverständnis und in den Konzepten zur gesundheitlichen Versorgung ein. Wesentliche Merkmale – und auch für die Ausbildung von hoher Relevanz – sind die Orientierung auf ein

---

B. Babitsch (✉)
Universität Osnabrück, New Public Health
Albrechtstraße 28, 49076 Osnabrück, Deutschland
E-Mail: bbabitsch@uni-osnabrueck.de

I. Jahn (✉)
Universität Bremen, BIPS
Achterstraße 30, 28359 Bremen, Deutschland
E-Mail: jahn@bips.uni-bremen.de

M. Kampshoff, C. Wiepcke (Hrsg.), *Handbuch Geschlechterforschung und Fachdidaktik,*
DOI 10.1007/978-3-531-18984-0_33,
© VS Verlag für Sozialwissenschaften | Springer Fachmedien Wiesbaden 2012

455

lebenslagenbezogenes Gesundheitsverständnis und die Stärkung von (gesundheitsrelevanten) Ressourcen. Konkret wird die Gesundheitsförderung in der Ottawa-Charta wie folgt definiert: „Gesundheitsförderung zielt auf einen Prozess, allen Menschen ein höheres Maß an Selbstbestimmung über ihre Gesundheit zu ermöglichen und sie damit zur Stärkung ihrer Gesundheit zu befähigen. Um ein umfassendes körperliches, seelisches und soziales Wohlbefinden zu erlangen, ist es notwendig, dass sowohl einzelne als auch Gruppen ihre Bedürfnisse befriedigen, ihre Wünsche und Hoffnungen wahrnehmen und verwirklichen sowie ihre Umwelt meistern bzw. verändern können. In diesem Sinne ist die Gesundheit als ein wesentlicher Bestandteil des alltäglichen Lebens zu verstehen und nicht als vorrangiges Lebensziel. Gesundheit steht für ein positives Konzept, das in gleicher Weise die Bedeutung sozialer und individueller Ressourcen für die Gesundheit betont wie die körperlichen Fähigkeiten. Die Verantwortung für Gesundheitsförderung liegt deshalb nicht nur bei dem Gesundheitssektor, sondern bei allen Politikbereichen und zielt über die Entwicklung gesünderer Lebensweisen hinaus auf die Förderung von umfassendem Wohlbefinden hin." (WHO 1986, o. S.). Die wesentlichen Leitprinzipien für die Gesundheitsförderung wurden in der Ottawa-Charta wie folgt präzisiert:

- Interessen vertreten,
- Befähigen und ermöglichen,
- Vermitteln und vernetzen,
- Eine gesundheitsfördernde Gesamtpolitik entwickeln,
- Gesundheitsförderliche Lebenswelten schaffen,
- Gesundheitsbezogene Gemeinschaftsaktionen unterstützen,
- Persönliche Kompetenzen entwickeln,
- Die Gesundheitsdienste neu orientieren (ebd.).

Als weiteres Leitprinzip wurde in der Ottawa-Charta festgeschrieben, dass Frauen und Männer in der Planung, Umsetzung und Auswertung von Aktivitäten und Maßnahmen der Gesundheitsförderung gleichberechtigte Partnerinnen und Partner sind (ebd.). Interessanterweise wird dieser Aspekt bei der, in der Literatur häufig zu findenden, Beschreibung der Kernelemente der Gesundheitsförderung selten explizit benannt (vgl. z. B. Hurrelmann et al. 2010).

Folgerichtig ist in den Gesundheitswissenschaften und als Teilbereich in der Gesundheitsförderung die Thematisierung von Gesundheit (respektive Krankheit) immer in den Kontext des Lebensalltages und der jeweiligen Settings zu stellen. Der einzelnen Person im Kontext ihres Lebensalltags kommt hierdurch eine besondere Bedeutung zu. Anknüpfungspunkte zur Frauen- und Geschlechterforschung sind mannigfach. So lassen sich Parallelen zu der in der Frauenforschung geforderten Subjektorientierung in der Forschung finden. Des Weiteren ist im Kontext von Gender Mainstreaming auch in der Gesundheitsförderung die Partizipation von Männern und Frauen in allen beteiligten Akteursgruppen (Zielgruppen, Forscher und Forscherinnen, Mitarbeiterinnen und Mitarbeitern in der Gesundheitsförderungspraxis) Gegenstand quantitativer und qualitativer Überlegungen (Jahn/Kolip 2002; Jahn 2005; Kolip 2008). Bezüge können auch zum aktuell verhandelten

Ansatz der partizipativen Gesundheitsforschung hergestellt werden (Wright 2010), welche bislang jedoch eher weniger explizit in der Perspektive der Kategorie Geschlecht ausformuliert ist. Eine systematische Integration der Geschlechterperspektive wäre jedoch lohnend, da sehr gute theoretische Anschlüsse bestehen und inzwischen empirische Studien vorliegen, die die Bedeutung partizipativer Methoden für die Wirksamkeit von Interventionen in der Gesundheitsförderung für ausgewählte Bevölkerungsgruppen (z. B. Unger 2010) und Settings (Piek 2008) belegen.

Die universitäre Ausbildung in Public Health hat in Deutschland eine eher kurze Geschichte. Mit Beginn der 1990er Jahre erfolgte die Etablierung von postgradualen Studienprogrammen an verschiedenen Universitäten. Inzwischen gibt es eine Vielzahl von Bachelor- und Masterprogrammen, die, wenngleich mit unterschiedlicher Fokussierung, Studiengänge mit einer gesundheitswissenschaftlichen Orientierung anbieten. Das Themenfeld Gesundheitsförderung und Prävention wird derzeit in einschlägigen Bachelor- und Masterprogrammen oder als Studienschwerpunkt in breiter orientierten gesundheitswissenschaftlichen Bachelor- und Masterprogrammen angeboten. Auch in der allgemeinen und berufsbildenden Schulausbildung findet sich das Themenfeld Gesundheitsförderung und Prävention, wenngleich hier die Umsetzung in die Curricula sehr heterogen ist. Die Veränderungen von Berufsbezeichnungen, wie z. B. der Gesundheits- und Krankheitspflege, sind ein Ausdruck einer inhaltlichen Neuorientierung, die sich auch entsprechend in den Fachcurricula wiederfindet.

Ziel des Beitrages ist es, aufzuzeigen, wie eine geschlechterangemessene Lehre im Fach Gesundheitsförderung ausgestaltet sein sollte. Dafür werden zunächst wesentliche Erkenntnisse zu Unterschieden zwischen Frauen und Männern in der Gesundheitsförderung und Prävention dargestellt. Darauf aufbauend werden zentrale Anforderungen an Curricula für das Fach Gesundheitsförderung und Prävention formuliert, die anschließend mit konkreten Beispielen untermauert werden.

33.2 Stand der Geschlechterforschung in der Gesundheitsförderung

Zahlreiche Publikationen deuten auf starke Geschlechterunterschiede in der Gesundheitsförderung und Prävention hin (vgl. z. B. Kolip/Altgeld 2006). Frauen nehmen häufiger und regelmäßiger gesundheitsfördernde und präventive Maßnahmen als Männer wahr. Dies zeigt sich für die über die gesetzliche Krankenversicherung mit dem § 20 angebotenen verhaltensorientierten Angebote und auch für die Früherkennungsuntersuchungen einerseits sowie für viele gesundheitsförderliche Projekte in den unterschiedlichen Settings, wie z. B. Kindergarten, Schule und Gemeinde, andererseits (Kolip/Koppelin 2002; Altgeld 2006b).

Mit den Präventionsberichten, erstellt durch den Medizinischen Dienst des Spitzenverbandes Bund der Krankenkassen e. V. (MDS), liegen jährlich Daten zur Nutzung der Leistungen der gesetzlichen Krankenversicherung im Bereich der Gesundheitsförderung

Tab. 33.1 Inanspruchnahme von Maßnahmen der Gesundheitsförderung im Leistungskatalog der GKV von Frauen und Männern (MDS 2010b, S. 5; eigene Darstellung)

	Setting-Ansatz		Individueller Ansatz		Betriebliche Gesundheitsförderung		Gesamt	
	in Mio.	%	in Mio.	%	in Mio.	%	in Mio.	%
Frauen	3,5	51	1,6	77	0,3	38	5,5	56
Männern	3,4	49	0,5	23	0,5	62	4,4	44
Gesamt	6,9	100	2,1	100	0,9	100	9,9	100

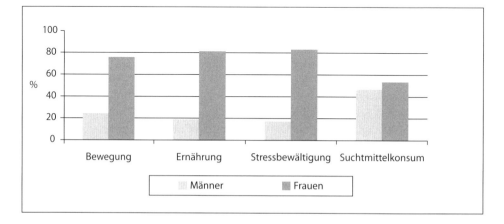

Abb 33.1 Inanspruchnahme individueller Maßnahmen der Gesundheitsförderung im Leistungskatalog der GKV von Frauen und Männern (MDS 2010a, S. 8; Angaben in Prozent; eigene Darstellung)

und Prävention vor (MDS 2010a). Im Jahr 2009 haben 9,9 Millionen Menschen eine gesundheitsfördernde Maßnahme in Anspruch genommen (siehe Tab. 33.1).

Insgesamt nahmen Frauen etwas häufiger als Männer die in Tab. 33.1 dargestellten Maßnahmen in Anspruch (56 % versus 44 %). Bei den Leistungsbereichen werden jedoch starke Differenzen zwischen Frauen und Männern deutlich: Während Frauen häufiger als Männer individuelle Maßnahmen nutzten (77 % versus 23 %), werden durch die Angebote der betrieblichen Gesundheitsförderung Männer häufiger als Frauen erreicht (38 % versus 62 %).

Im Rahmen individueller Angebote werden verschiedene Handlungsfelder, wie Bewegung, Ernährung, Stressbewältigung und Suchtmittelkonsum, adressiert. Die Daten des Präventionsberichtes zeigen weitere Unterschiede nach Geschlecht (siehe Abb. 33.1).

Bis auf die Angebote zum Thema Suchtmittelkonsum, bei denen sich eine nahezu gleiche Inanspruchnahme von Männern und Frauen zeigt, dominiert der Anteil der Frauen bei den anderen Handlungsfeldern mit einem prozentualen Anteil von 73 % (Bewegung) bis zu 83 % (Stressbewältigung) (MDS 2010a, S. 68). Als Erklärungsgründe für die geringere Inanspruchnahme individueller Maßnahmen der Gesundheitsförderung durch Männer sind neben Geschlechterunterschieden in der Gesundheitsorientierung, die bei Frauen eher weitreichender auf das Wohlbefinden ausgerichtet und bei Männern eher leistungsorientiert ist, auch die Vertrautheit mit dem System sowie die Passgenauigkeit der Angebote für die Zielgruppen relevant. Zudem scheinen Geschlechterstereotype einen Einfluss auf die Inanspruchnahme von Gesundheitsförderung und Prävention zu nehmen (u. a. Sieverding 2004, 2010; Altgeld 2006a). So zeigten Studienergebnisse beispielsweise von Sieverding (2010), dass mit dem männlichen Geschlechterstereotyp verbundene Eigenschaften, unabhängig davon, ob diese bei einer Frau oder einem Mann ausgeprägt waren, zu einer geringeren Teilnahme an präventiven Maßnahmen führen.

Eine Erklärung für die geschlechtsbezogenen Unterschiede in der betrieblichen Gesundheitsförderung liegt in diesem Angebot selbst. Traditionell fokussierte die betriebliche Gesundheitsförderung auf Großbetriebe und damit häufiger auf Erwerbsbereiche mit einer überwiegend männlichen Belegschaft. So wurden in 2009 beispielsweise ein Drittel aller Maßnahmen im verarbeitenden Gewerbe durchgeführt (MDK 2010b, S. 32 f.). Darüber hinaus bezog sich die betriebliche Gesundheitsförderung primär und nahezu ausschließlich auf die Erwerbstätigkeit und ließ relevante Aspekte wie Fragen der Vereinbarkeit von Erwerbsarbeit und Familie außer Acht (Kreis/Bödecker 2003). Frauen hatten damit nicht nur ein rein quantitativ geringeres Angebot, sondern ihnen standen auch weniger auf ihre Lebenslage sowie erwerbsarbeitsbedingten gesundheitlichen Belastungen passende Maßnahmen zur Verfügung (z. B. Gümbel 2009). Bis dato existieren nur einige Maßnahmen der betrieblichen Gesundheitsförderung, die Geschlecht als wichtige Planungs-, Prozess- und Strukturkategorie aufnehmen (BARMER 2005; Piek 2008).

In den Gesundheitswissenschaften wurde bislang meist auf Unterschiede zwischen den Geschlechtern rekurriert. Wie Ruiz und Verbrugge (1997) ausführten, besteht der Gender Bias in der Medizin, d. h. die Verzerrungen, die durch Nicht- oder Fehlberücksichtigung der Kategorie Geschlecht induziert werden, darin, dass 1) Ungleiches übersehen und/oder fälschlicherweise als Gleiches behandelt wird und 2) Gleiches übersehen und fälschlicherweise als Ungleiches behandelt wird. Diese Fehler können vermieden werden, wenn bei der Untersuchung nicht einseitig auf Unterschiede zwischen Männern und Frauen fokussiert wird, sondern immer auch die Möglichkeit von Ähnlichkeiten/Gemeinsamkeiten in Betracht gezogen wird. Des Weiteren ist die enge Verwobenheit von biologischen und sozialen Geschlechteraspekten zu berücksichtigen, was sich in der Verwendung des kombinierten Terminus sex/gender ausdrückt (Springer et al. 2011). Die Bedeutung einer solchen Betrachtung lässt sich sehr gut an einem aktuellen Beispiel im Kontext von Knieprothesen verdeutlichen, welches unter dem Stichwort ‚Degendering the knee‘ diskutiert wird. Während der Geschlechterblick zunächst die unterschiedliche Anatomie von Frauen und Männern im Auge hatte, zeigen neuere Forschungsergebnisse, dass der zentrale Einflussfaktor die Körpergröße ist, ein vom Geschlecht zwar nicht gänzlich unabhängiger aber auch kein vom Geschlecht ausschließlich bestimmter Faktor (Gendered Innovations 2011). Auch Lademann und Kolip (2005) greifen diese Betrachtungsweise auf, in dem sie exemplarisch für einige zentrale Bereiche in der Gesundheitsförderung und Prävention, wie Ernährung, Tabak, körperliche Aktivität und Alkoholkonsum, Unterschiede und Gemeinsamkeiten von Frauen und Männern aufzeigen (siehe für Ernährung, Tab. 33.2).

Tab. 33.2 Unterschiede und Gemeinsamkeiten für Männer und Frauen im Bereich Ernährung. (Lademann/Kolip 2005; eigene Darstellung)

Unterschiede zwischen Frauen und Männern	Gemeinsamkeiten bei Frauen und Männern
Der Kalorienbedarf ist bedingt durch den Stoffwechsel unterschiedlich (nach Geschlecht und Alter).	Übergewicht führt bei Frauen und Männern zu ähnlichen Krankheiten (Bluthochdruck, Koronare Herzkrankheit, Diabetes Mellitus Typ 2, Gallenblasenerkrankungen).
Übergewicht führt zu geschlechtsspezifischen Krankheitsrisiken (Eierstock- und Gebärmutterkrebs, Prostatakrebs).	Männer und Frauen essen heute weniger Fett und mehr Kohlehydrate als früher.
Bei gleichem Body-Mass-Index (BMI) ist das Mortalitätsrisiko für Männer höher als für Frauen.	Es gibt nach wie vor bei beiden Geschlechtern eine Überversorgung mit Fett.
Prävalenz von Übergewicht ist bei Männern höher als bei Frauen.	Bei beiden Geschlechtern steigt das Gewicht ab dem 35. Lebensjahr.
Frauen machen mehr Diäten als Männer.	Der Energiebedarf sinkt bei beiden Geschlechtern im Alter.
Frauen sorgen sich mehr um ihr Gewicht.	Essverhalten hat eine besondere physische und psychische Funktion.
Frauen leider häufiger an Ess-Störungen.	

Zunehmend wird den Differenzen innerhalb der einzelnen Genusgruppen eine größere Aufmerksamkeit in der Forschung und Praxis der Gesundheitsförderung geschenkt. Insbesondere durch die Einbeziehung weiterer sozialer Merkmale, wie die Ethnizität und der soziale Status oder anderer Variablen zur Abbildung sozialer Ungleichheit, werden vorhandene Unterschiede innerhalb der Gruppe der Frauen bzw. der Männer offensichtlich. Konzeptionell wird dies unter dem Stichwort ‚Intersektionalität' verhandelt (Schulz/Mullings 2006). Vor diesem Hintergrund sollte der Begriff geschlechterspezifisch nur sehr überlegt verwendet werden, insbesondere im Zusammenhang mit geschlechtsspezifischer Biologie oder – in Bezug auf Gesundheitsförderung – für geschlechtsspezifische Angebote.

In der Literatur sind eine Reihe von Gesundheitsförderungsprojekten beschrieben, die als geschlechtersensibel gelten (z. B. Kolip/Altgeld 2006; Kolip 2008; Piek 2008). Hayn und Jahn (2008) haben in Zusammenarbeit mit einem Praxisprojekt den Versuch unternommen, folgende Kriterien für ‚Gute Genderpraxis in Prävention und Gesundheitsförderung' zu formulieren:

1. Die Projektziele sind explizit als Gleichstellungsziele formuliert; die Zielsetzung wird anhand von geschlechterdifferenziert und geschlechtersensibel gewonnenem wissenschaftlichen und/oder Erfahrungswissen entwickelt und begründet.
2. Die relevanten Geschlechteraspekte (sex/gender) sind herausgearbeitet und in das Projektkonzept angemessen integriert.
3. Die Theoriebasierung wird geschlechterkritisch reflektiert und begründet.
4. Die Wahl der Methoden wird geschlechterbezogen begründet.

33 Geschlechterforschung und Gesundheitsförderung

5. Bei den Akteuren und Akteurinnen ist Genderkompetenz nachweislich vorhanden.
6. ‚Gute Genderpraxis‘ ist im Leitbild handlungsorientiert verankert.
7. Das Projektkonzept ist offen für situative Änderungen und fördert die Partizipation der Geschlechter in den Zielgruppen.
8. Das Projektkonzept ist kontextsensitiv und bezieht z. B. das Setting und weitere Kriterien sozialer Differenzierung (z. B. Ethnie, Alter, soziale Lage) mit ein.
9. Die Teamzusammensetzung erfolgt im Hinblick auf eine angemessene Berücksichtigung der Geschlechter: quantitativ und qualitativ.
10. In den Projektverlauf sind Reflexionsphasen eingeplant, in denen die (Gender-)Praxis systematisch reflektiert und weiterentwickelt wird.

Eine adäquate Berücksichtigung der Gender-Perspektive in der Gesundheitsförderung setzt voraus, dass die Akteure und Akteurinnen über ein entsprechendes, theoretisches und methodisches Wissen verfügen. Neben der schulischen und akademischen Ausbildung spielt auch die Weiterbildung für die Qualifizierung in diesem Themenfeld eine wichtige Rolle. Ein gutes Beispiel sind für den letztgenannten Bereich die Materialien für den Gesundheitsbereich und die Gesundheitsförderung (Jahn/Kolip 2002; Jahn 2004, 2005). Demnach beinhalt der dem Gender Mainstreaming folgende geschlechtersensible Blick in der Gesundheitsförderung fünf Dimensionen:

- Politik/Abbau von Ungleichheit: Nach SGB V sollen Prävention und Gesundheitsförderung soziale Ungleichheit im Blick haben und möglichst abbauen. Diese Dimension bezieht sich auf die ungleichen Gesundheitschancen der Geschlechter allgemein, die je nach Handlungsfeld sehr unterschiedlich ausgeprägt sein können.
- Partizipation: Geschlechtersensible Gesundheitsförderung muss die Beteiligung von Frauen/Mädchen und Männern/Jungen in allen Akteursgruppen im Blick haben, quantitativ und/oder qualitativ. Zu letzterem ist zu fragen, ob gewährleistet ist, dass Problemlagen und -sichten der Geschlechter angemessen berücksichtigt werden.
- Sex/Gender: Bislang erfolgt in der Gesundheitsforschung und Gesundheitsförderung meist eine routinisierte binäre Zuweisung zu den Genusgruppen, z. B. auf Grundlage selbstberichteter Informationen bzw. Registerdaten. Während soziale/kulturelle Aspekte der Kategorie Geschlecht häufiger berücksichtigt werden, gibt es kaum explizit biologisch begründete Krankheitserklärungen. Dabei wird Gender häufig als Interpretationsfolie für gefundene Unterschiede zwischen Frauen und Männern berücksichtigt und selten direkt untersucht (Phillips 2008). Demgegenüber ist für die Entwicklung von Programmen und Projekten zur Gesundheitsförderung und Prävention eine möglichst genaue Kenntnis der verursachenden Faktoren erforderlich. Das heißt Faktoren, die zu Geschlechterunterschieden führen (können), müssen direkt untersucht werden (siehe oben das Beispiel ‚Degendering the knee‘; vgl auch Krieger 2003; Doyal 2003, 2004).
- Methoden: Weder Forschungsmethoden noch Methoden der Prävention und Gesundheitsförderung sind geschlechtsneutral. Deshalb müssen die jeweils verwendeten Methoden auf ihre Geschlechteraspekte untersucht und ggf. begründet werden. Dies reicht

von Zugangswegen zu Zielgruppen der Gesundheitsförderung bis hin zu Evaluationsinstrumenten, bei denen jeweils gefragt werden muss, welche wissenschaftliche Evidenz zur Anwendung bei verschiedenen Zielgruppen vorliegt. Gegebenenfalls muss diese Evidenz z. B. in vorgelagerten Pilotstudien ergänzt werden.

- Konzepte/Theorien: Für die geschlechtersensible Bewertung vorhandener Konzepte und Rahmenmodelle der Gesundheitsförderung und Prävention ist ebenfalls eine geschlechterbezogene Bewertung und ggf. Reformulierung erforderlich (siehe oben).

Mit diesen Dimensionen wird deutlich, in welcher Weise Geschlechteraspekte in der Gesundheitsförderung zu berücksichtigen sind, die sich konsequenterweise auch in der geschlechteradäquaten Vermittlung des Wissens im Fach Gesundheitsförderung wiederfinden müssten.

33.3 Geschlechtergerechte Fachdidaktik

Eine strikte Festlegung des Curriculums für das Fach Gesundheitsförderung und Prävention existiert in wenigen Fällen für Schulen, insbesondere Berufsschulen, nicht jedoch für Hochschulen. Im Folgenden wird der Fokus auf die Hochschulausbildung gelegt.

Ausbildungsstandards liegen für das Fach Gesundheitsförderung vor. Die wichtigsten internationalen Standards beschreiben Kompetenzen entweder als Teil der Public Health Ausbildung insgesamt (Standards der ‚Association of Schools of Public Health' (ASPH 2007) und der ‚Association of Schools of Public Health in the European Region (ASPHER 2008)') oder spezifisch für die Professionellen im Bereich der Gesundheitsförderung (Projekt ‚Developing Competencies and Professional Standards for Health Promotion Capacity Building in Europe' (CompHP) (Royal Society for Public Health 2011)). Für Deutschland haben die Hochschulen für Gesundheit (2010) Standards für den Bachelor und auch Master in der Gesundheitsförderung bzw. in Public Health festgelegt, die sich für Erstgenannte an dem Public Health Action Cyle und den Dublin-Deskriptoren orientieren.

Eine systematische Integration der Gender-Perspektive findet sich jedoch nicht; mit Ausnahme des CompHP der im Rahmen des übergeordneten professionellen und ethischen Standards explizit auf Gender eingeht. Im Dokument wird dazu ausgeführt: „Ethical health promotion practice is based on a commitment to health as a human right, which is central to human development. It demonstrates respect for the rights, dignity, confidentiality and worth of individuals, groups and communities; and for diversity of gender, sexual orientation, age, religion, disability and cultural beliefs. Ethical health promotion practice addresses health inequities and social injustice, and prioritises the needs of those experiencing poverty and social marginalisation. It acts on the political, economic, social, cultural, environmental, behavioural and biological determinants of health and wellbeing. A health promotion practitioner ensures that health promotion action is beneficial and causes no harm; and is honest about what health promotion is, and what it can and cannot achieve." (Royal Society for Public Health 2011, S. 10).

33.3.1 Geschlechtergerechte Fachdidaktik

Die Auseinandersetzung mit der Fachdidaktik in gesundheitswissenschaftlichen Studiengängen ist national und international nicht besonders stark ausgeprägt. Es liegen nur wenige empirische Studien insgesamt vor; solche, die sich explizit mit der Kategorie Geschlecht befassen, sind für diese Disziplin nahezu inexistent, wie Ergebnisse einer systematischen Literaturrecherche zeigen. Weitaus häufiger haben sich Wissenschaftler und Wissenschaftlerinnen mit der medizinischen Ausbildung insgesamt und mit gender-spezifischen Aspekten im Besonderen befasst (vgl. z. B. Busch et al. 2007; Lagro-Janssen 2010; Verdonk et al. 2009; Hareiter et al. 2011; Riesberg et al. 2011). In den letzten Jahren hat sich der Forschungsschwerpunkt ,medical education' international und national etabliert. Auch für die Pflegewissenschaften findet sich eine größere Anzahl von wissenschaftlichen Arbeiten, die sich wissenschaftlich mit curricularen bzw. didaktischen Fragen auseinander setzen, jedoch erst jüngst Gender und Diversity explizit thematisieren (Olbrich 2009; Bednarz et al. 2010).

Betrachtet man die Ausbildungsangebote insgesamt, so finden sich in der Mehrzahl der gesundheitswissenschaftlichen Studiengänge Lerninhalte, die sich mit gender-bezogenen Aspekten beschäftigen. Ausgewiesene Gender-Schwerpunkte finden sich mit Ausnahme des Studiengangs Health and Society: Gender and Diversity Studies, der sich mit Gender- und Diversity-Inhalten im Kontext von Global Public Health befasst, an den deutschen Hochschulen kaum. Damit besteht ein Defizit in Hinblick auf eine gender-differenzierte Ausbildung, in der auch Theorien und Methoden der Geschlechterforschung eingebunden sind, wodurch Anforderungen an eine geschlechtergerechte Fachdidaktik für die Gesundheitsförderung und Prävention im Folgenden eine eher theoretische denn bereits praktisch umgesetzte Erörterung ist.

Ellen Kuhlmann und Petra Kolip (2010) haben in der Expertise ,Gender-Curricula für Bachelor und Master' gender-spezifische Anforderungen für das Studium der Gesundheitswissenschaften dargelegt, die sich auch für die Gesundheitsförderung und Prävention anwenden lassen. Als übergeordnetes Ausbildungsziel wird von den Autorinnen die „Vermittlung geschlechtersensibler methodischer Konzepte und theoretischer Grundlagen zu biologischen, psychischen und sozialen Dimensionen von Gesundheit und Krankheit" (Kuhlmann/Kolip 2010, o. S.) benannt. Konkret bedeutet das für die Ausbildung, dass den Studierenden Lehrinhalte vermittelt werden, die sie befähigen in gesundheitswissenschaftlichen Problemstellungen die Gender-Perspektive mitzudenken. Dafür müssen entsprechende theoretische und methodische Voraussetzungen gegeben sein und die Fertigkeit und Fähigkeit vermittelt werden, diese Kenntnisse auch auf wissenschaftliche und praktische Fragestellungen anzuwenden. Die Autorinnen fokussieren in ihren Überlegungen auf drei Bereiche, die unter der Gender-Perspektive in den Curricula einzubringen wären:

„1. […] Kenntnis über Wechselwirkungen biologischer und sozialer Einflüsse auf Gesundheit und Krankheit,

2. [...] die Analyse des ‚gender blas‘ im Versorgungssystem und in der gesundheitswissenschaftlichen Forschung und
3. [...] die Entwicklung gendersensibler Versorgungskonzepte" (Kuhlmann/Kolip 2010, o. S.).

Kuhlmann und Kolip (2010) sprechen sich für die Integration der Genderaspekte in das Gesamtcurriculum als Querschnittsdimension aus. Zudem halten sie spezifische Gendermodule, z. B. zu Aspekten der Frauen- und Männergesundheit, für angebracht (ebd., o. S.).

33.3.2 Beispiele einer geschlechtergerechten Fachdidaktik

In den vorhandenen Bachelor und Master-Programmen mit einem Schwerpunkt im Bereich Gesundheitsförderung und Prävention wird die Geschlechterperspektive meist implizit im Rahmen der geforderten Zielgruppenorientierung berücksichtigt. Wenige Programme benennen Geschlecht explizit als wichtige Querschnittsdimension bzw. als wichtige Dimension horizontaler Ungleichheit. In nur einem Programm (FU Berlin) konnte eine spezifische Veranstaltung zum Thema Geschlecht und Gesundheit gefunden werden.

Im Masterstudiengang Health and Society: Gender and Diversity Studies an der Charité – Universitätsmedizin Berlin wurde ein gender-spezifisches und kompetenzbasiertes Curriculum entwickelt, in welchem die allgemeinen und weiter oben benannten US-amerikanischen und europäischen Standards für die Public-Health-Ausbildung aufgegriffen und systematisch um Gender- und Diversity-Kompetenzen erweitert wurden (Babitsch/Waldherr-Ifada 2010). Der Masterstudiengang hat eine Programmlaufzeit von 12 Monaten und vergibt insgesamt 60 ETCS. Insgesamt werden zehn Module unterrichtet, davon vier im Grundlagen- und vier im Schwerpunktstudium; zwei Module sind der Masterarbeit zugeordnet. Für das Studium wurden insgesamt zehn Kompetenzbereiche identifiziert; einer davon ist der Bereich Gesundheitsförderung und Prävention. Die erforderlichen theoretischen und methodologischen Grundlagen werden in dem ‚Modul: Gender and Diversity Theories‘ des Grundlagenstudiums vermittelt.

Für den Kompetenzbereich Gesundheitsförderung und Prävention wurden folgende Lernziele festgelegt, für die immer eine Fokussierung auf Gender- und Diversity-Aspekte vorgenommen wird (Babitsch/Waldherr-Ifada 2010, o. S.):

- mit der Geschichte und Entwicklung von Gesundheitsförderung und Krankheitsverhütungsstrategien vertraut sein,
- relevante Dokumente bzw. Beschlüsse für Public Health, insbesondere International und Global Public Health kennen und erläutern können,
- das Konzept der Gesundheitsförderung kennen und auf PH-relevante Problemstellungen anwenden können,

33 Geschlechterforschung und Gesundheitsförderung 465

- die Konzepte und Definitionen von Primär- Sekundär- Tertiärprävention kennen und auf PH-relevante Problemstellungen anwenden können,
- theoretische Ansätze der Salutogenese und Pathogenese kennen und in ihren Prinzipien darstellen können,
- das Risikofaktorenkonzept kennen und erläutern können,
- verhaltensbezogene Gesundheitsrisiken kennen, erklären und für die Bevölkerungsgesundheit bewerten können,
- gesundheitspsychologische Konzepte kennen und im Kontext der Bevölkerungsgesundheit anwenden können,
- Verhaltensansätze und Verhältnisansätze (Setting) vergleichen und ihre Potenziale für die Bevölkerungsgesundheit darstellen können,
- Interventionsmaßnahmen von Gesundheitsförderung und Krankheitsprävention beurteilen können,
- die Konzepte Partizipation und Empowerment kennen und in PH anwenden können,
- Konzepte und Maßnahme von Qualitätssicherung in der Gesundheitsförderung und Krankheitsprävention kennen und darstellen können.

33.4 Ausblick

Gesundheitsförderung kann durch die Integration der Geschlechterperspektive profitieren. Wie im Beitrag deutlich herausgearbeitet, spielt das Geschlecht nicht nur für das Zielkriterium, zu einer Stärkung der Ressourcen und zu einer Verbesserung der Gesundheit beizutragen, sondern auch für die angebotenen Maßnahmen an sich eine wichtige Rolle. Die in der Frauen- und Geschlechterforschung geführten Diskurse haben bereits mit Anbeginn wichtige Perspektiven für die Gesundheitsförderung entwickelt, auch wenn dies selten explizit so benannt wird.

Vorhandene Daten, Analysen und Projekterfahrungen zeigen wie komplex eine systematische Integration der Geschlechterperspektive ist. Es liegen inzwischen gut belegte Kriterien für eine ‚Gute Genderpraxis in Prävention und Gesundheitsförderung' (Hayn/ Jahn 2008) vor, ebenso wie eine Konkretisierung für Gender-Curricula im Bereich Gesundheitswissenschaften (Kuhlmann/Kolip 2010; Babitsch/Waldherr-Ifada 2010). Eine konsequente Umsetzung steht jedoch bis dato noch aus; gleichwohl besteht insbesondere mit dem Ansatz des Gender Mainstreamings eine Sensibilisierung für Fragen der Geschlechtergerechtigkeit bei den Akteurinnen und Akteuren in der Gesundheitsförderung.

Die Berücksichtigung der Geschlechterperspektive in der akademischen Ausbildung im Fach Gesundheitsförderung ist mit den vorhandenen Daten kaum zu beschreiben. Trotz abgestimmter Standards für das Curriculum im Fach Gesundheitsförderung ist die Ausbildung in diesem Fach sehr heterogen. Ein hochschulübergreifender Konsens, wie darin Geschlechterinhalte zu thematisieren sind, fehlt bis heute. Die für diesen Beitrag vorgenommene Übersicht zeigt, dass in vielen Programmen Geschlecht als Querschnitts-kategorie berücksichtigt wird. Allerdings bieten nur wenige Studiengänge spezifische Veranstaltungen zum Thema Geschlecht und Gesundheit bzw. Gesundheitsförderung an. Der Masterstudiengang Health and Society: Gender and Diversity Studies ist – auch weltweit – der einzige Studiengang, der systematisch diese Perspektiven in die Public Health Ausbildung integriert.

Im Beitrag wurde deutlich, dass eine wissenschaftlich orientierte Auseinandersetzung und Forschung mit der Public Health Ausbildung gänzlich fehlt. Damit wurde ein erhebliches Forschungsdesiderat im Allgemeinen und für die Integration der Geschlechterperspektive im Besonderen deutlich. Auch für andere Bereiche der Gesundheitsförderung, wie ein aktueller Review für Rahmenmodelle der Gesundheitsförderung ermittelte, zeigt sich „that although gender was at times mentioned as a determinant of health, gender was never identified and integrated as a factor critical to successful health promotion" (Gelb et al. 2011, S. 3; siehe auch Pederson et al. 2010).

Als unbestritten darf die Relevanz der Kategorie Geschlecht in der Gesundheitsförderung gelten; ihre Implementation in Forschung, Lehre und Praxis zeigt gute Anfänge, weist jedoch noch auf viele weitere und notwendige Handlungsschritte hin.

Literatur

Altgeld, Thomas (2006a): Warum Gesundheit noch kein Thema für „richtige" Männer ist und wie es eines werden könnte. In: Jacob, Jutta/Stöver, Heino (Hrsg.): Sucht und Männlichkeiten – Entwicklungen in Theorie und Praxis der Suchtarbeit. Wiesbaden: VS Verlag für Sozialwissenschaften, S. 79–97.

Altgeld, Thomas (2006b): Der Settingansatz als solcher wird es schon richten? Zielgruppengenauigkeit bei der Arbeit im Setting. In: Kolip, Petra/Altgeld, Thomas (Hrsg.): Geschlechtergerechte Gesundheitsförderung und Prävention. Theoretische Grundlagen und Modelle guter Praxis. Weinheim: Juventa, S. 75–88.

ASPHER – Association of Schools of Public Health in the European Region (2008): Provisional List of Public Health Core Competencies. European Public Health Core Competencies Programme (EPHCC) for Public Health Education. Phase 2. Publication No. 4. Online: http://www.aspher. org, 19.1.2012.

ASPH – Association of Schools of Public Health (2007): Master's Degree in Public Health Core Competency Development. Version 2.3. Online: http://www.asph.org/document.cfm?page=851, 19.1.2012.

Babitsch, Birgit/Waldherr-Ifada, Ruth (2010): Kompetenz- und Lernzielkatalog des Masterstudiengangs Health and Society: Gender and Diversity Studies. Berlin.

Babitsch, Birgit/Ducki, Antje/Maschewsky-Schneider, Ulrike (2012): Geschlecht und Gesundheit. In: Hurrelmann, Klaus/Razum, Oliver (Hrsg.): Handbuch für Gesundheitswissenschaften. Weinheim: Belz Juventa, S. 639–657.

Badura, Bernhard/Schröder, Helmut/Vetter, Christian (Hrsg.) (2008): Fehlzeiten-Report 2007. Arbeit, Geschlecht und Gesundheit. Heidelberg: Springer Medizin Verlag.

BARMER (2005): Gesundheitsreport 2005. Fehlzeiten, Gender Mainstreaming und betriebliche Gesundheitsförderung. Online: http://www.haward.de/cms_pdf/2005__Gesundheitsreport.pdf, 19.1.2012.

Bednarz Hedi/Schim, Stephanie/Doorenbos Ardith (2010): Cultural diversity in nursing education: perils, pitfalls, and pearls. In: Journal of Nursing Education 49 (5), S. 253–260.

Brandenburg, Stephan/Endl, Hans-L./Glänzer, Edeltraud/Meyer, Petra/Mönig-Raane, Margret (Hrsg.) (2009): Arbeit und Gesundheit: Präventive betriebliche Gesundheitspolitik aus der Perspektive von Männern und Frauen. Hamburg: VSA Verlag.

Busch, Jonas/Babitsch, Birgit/Dohnke, Birte/Begenau, Jutta/Braun, Vittoria/Dören, Martina/Regitz-Zagrosek, Vera/Fuchs, Judith (2007): Integration geschlechtsspezifischer Inhalte in die Lehre der Charité – Universitätsmedizin Berlin. GMS Zeitschrift für Medizinische Ausbildung. 24 (3) Doc149. Online: http://www.egms.de/static/pdf/journals/zma/2007-24/zma000443.pdf, 20.01.2012.

Doyal, Lesley (2003): Sex and gender: the challenges for epidemiologists. In: Int J Health Serv 33 (3), S. 569–579.

Doyal, Lesley (2004): Sex und Gender: Fünf Herausforderungen für Epidemiologinnen und Epidemiologen. In: Gesundheitswesen 66 (3), S. 153–157.

Gelb, Karen/Pederson, Ann/Greaves, Lorraine (2011): How have health promotion frameworks considered gender? In: Health promotion international. Nov 21. [Epub ahead of print].

Gendered Innovations. Stanford University (2011): Online: http://genderedinnovations.stanford.edu/case-studies/knee.html, 02.02.2012.

Gümbel, Michael (2009): Gender (Mainstreaming) in Arbeitsschutz und betrieblicher Gesundheitsförderung. In: Brandenburg, Stephan/Endl, Hans-L./Glänzer, Edeltraud/Meyer, Petra/Mönig-Raane, Margret (Hrsg.): Arbeit und Gesundheit: Präventive betriebliche Gesundheitspolitik aus der Perspektive von Männern und Frauen. Hamburg: VSA Verlag, S.14–23

Harreiter, Jürgen/Wiener, Hubert/Plass, Herbert/Kautzky-Willer, Alexandra (2011): Perspectives on gender-specific medicine, course and learning style preferences in medical education: a study among students at the Medical University of Vienna. In: Wiener Medizinische Wochenschrift 161 (5–6), S. 149–154.

Hayn, Doris/Jahn, Ingeborg (2008): Gute Genderpraxis in Prävention und Gesundheitsförderung. Poster. Erster gemeinsamer Präventionskongress von BMG und BVPG „Prävention und Gesundheitsförderung in Lebenswelten – mit Qualität", 26. Februar 2008, Berlin. Online: http://www.bvpraevention.de/bvpg/images//Kongress08/Abstract_Poster_ISOE.pdf, 30.01.2012.

Hochschulen für Gesundheit (2010): Synopse: Bachelor Gesundheitsförderung/Public Health: Studienprofil A und A+B. Online: http://www.gesundheitsfoerderung-studieren.de/images/pdf/entwicklung/synopse_bachelor.pdf, 20.1.2012.

Hurrelmann, Klaus/Klotz, Theodor/Haisch, Jochen (2010): Prävention und Gesundheitsförderung. Bern: Hans Huber Verlag.

Jahn, Ingeborg (2004): Gender Mainstreaming im Gesundheitsbereich. Materialien und Instrumente zur systematischen Berücksichtigung der Kategorie Geschlecht. Erstellt im Auftrag des Ministeriums für Gesundheit, Soziales, Frauen und Familie des Landes Nordrhein-Westfalen. Online: http://www.bips.uni-bremen.de/data/jahn_gm_2004.pdf, 25.01.2012.

Jahn, Ingeborg (2005): Die Berücksichtigung der Geschlechterperspektive: Neue Chancen für Qualitätsverbesserungen in Epidemiologie und Gesundheitsforschung. In: Bundesgesundheitsblatt, Gesundheitsforschung, Gesundheitsschutz 48 (3), S. 287–295.

Jahn, Ingeborg/Kolip, Petra (2002): Die Kategorie Geschlecht als Kriterium für die Projektförderung von Gesundheitsförderung Schweiz. Erstellt im Auftrag von Gesundheitsförderung Schweiz. Online: http://www.bips.uni-bremen.de/data/jahn_gesundheitsfoerderung_2002.pdf, 25.01.2012.

Kolip, Petra (2008): Gender sensitive health promotion and prevention. In: Bundesgesundheitsblatt Gesundheitsforschung Gesundheitsschutz 51 (1), S. 28–35.

Kolip, Petra/Koppelin, Frauke (2002): Geschlechtsspezifische Inanspruchnahme von Prävention und Krankheitsfrüherkennung. In: Hurrelmann, Klaus/Kolip, Petra (Hrsg): Geschlecht, Gesundheit und Krankheit. Männer und Frauen im Vergleich. Bern et al.: Verlag Hans Huber, S. 491–504.

Kolip, Petra/Altgeld, Thomas (Hrsg.) (2006): Geschlechtergerechte Gesundheitsförderung und Prävention. Theoretische Grundlagen und Modelle guter Praxis. Weinheim: Juventa.

Kreis, Julia/Bödeker, Wolfgang (2003): Gesundheitlicher und ökonomischer Nutzen betrieblicher Gesundheitsförderung und Prävention. Zusammenstellung der wissenschaftlichen Evidenz. Online: http://www.dnbgf.de/fileadmin/texte/BGF/IGA-Report.pdf, 30.01.2012.

Krieger, Nancy (2003): Genders, sexes, and health: what are the connections-and why does it matter? In: International Journal of Epidemiology 32 (4), S. 652–657.

Kuhlmann, Ellen/Kolip, Petra (2010): Public Health. In: Koordinations- und Forschungsstelle Netzwerk Frauen- und Geschlechterforschung NRW (Hrsg.): Gender Curricula für Bachelor und Master. Online: http://www.gender-curricula.com/gender-curricula/, 18.01.2012.

Lademann, Julia/Kolip, Petra (2005): Gesundheit von Frauen und Männern im mittleren Lebensalter. Schwerpunktbericht der Gesundheitsberichterstattung. Berlin: Robert Koch-Institut.

Lagro-Janssen, Toine (2010): Gender and sex: issues in medical education. In: GMS Zeitschrift für Medizinische Ausbildung 27 (2): Doc27. Online: http://www.egms.de/static/pdf/journals/zma/2010-27/zma000664.pdf, 20.01.2012.

MDS – Medizinischer Dienst des Spitzenverbandes Bund der Krankenkassen e.V. (MDS) (2010a): Präventionsbericht 2010. Essen. Online: http://www.mds-ev.de/media/pdf/Praeventionsbericht__2010.pdf, 18.01.2012.

MDS – Medizinischer Dienst des Spitzenverbandes Bund der Krankenkassen e.V. (MDS) (2010b): Tabellenband zum Präventionsbericht 2010. Essen. Online: http://www.mds-ev.de/media/pdf/Praeventionsbericht_2010_Tabellenband.pdf, 18.01.2012.

Olbrich, Christa (Hrsg.) (2009): Modelle der Pflegedidaktik. München: Urban und Fischer Verlag.

Pederson, Ann/Ponic, Pamela/Greaves, Lorraine/Mills, Sue/Christilaw, Jan/Frisby, Wendy/Humphries, Karin/Poole, Nancy/Young, Lynne (2010): Igniting an agenda for health promotion for women: critical perspectives, evidence-based practice, and innovative knowledge translation. In: Canadian Journal of Public Health 101 (3), S. 259–261.

Phillips, Susan P. (2008): Measuring the health effects of gender. In: Journal of Epidemiology and Community Health 62 (4), S. 368–371.

Pieck, Nadine (2008): Geschlechtergerechtes Gesundheitsmanagement im öffentlichen Dienst. In: Badura, Bernhard/Schröder, Helmut/Vetter, Christian (Hrsg.): Fehlzeiten-Report 2007. Arbeit, Geschlecht und Gesundheit. Heidelberg: Springer Medizin Verlag, S. 211–227.

Risberg, Gunilla/Johansson Eva/Hamberg, Katarina (2011): 'Important … but of low status': male education leaders' views on gender in medicine. In: Medical Education 45, S. 613–624.

RKI – Robert-Koch Institut (2006): Gesundheit in Deutschland. Berlin. Online: http://www.rki.de/cln_226/nn_204552/DE/Content/GBE/Gesundheitsberichterstattung/GesInDtld/GesInDtld__node.html?__nnn=true, 17.01.2012.

Rosenfield, Sarah (2012): Triple jeopardy? Mental health at the intersection of gender, race, and class. In: SocSciMed, DOI 10.1016/j.socscimed.2011.11.010.

Royal Society for Public Health (2011): Handbook of Professional Standards for Health Promotion. Draft 2. Online: http://www.iuhpe.org/uploaded/CompHP/CompHP_Draft2standards.pdf, 19.01.2012.

Ruiz, Teresa/Verbrugge, Lois (1997): A two way view of gender bias in medicine. In: Journal of Epidemiology and Community Health 51 (2), S. 106–109.

Schulz, Amy J./Mullings, Leith (Hrsg.) (2006): Gender, Race, Class and Health: Intersectional Approaches. San Francisco: Jossey Bass.

Sieverding, Monika (2004): Achtung! Die männliche Rolle gefährdet Ihre Gesundheit! In: psychomed 16 (1), S. 25–30.

Sieverding, Monika (2010): Genderforschung in der Gesundheitspsychologie. In: Steins, Gisela (Hrsg.): Handbuch Geschlechterforschung und Psychologie. Wiesbaden: VS Verlag für Sozialwissenschaften, S. 189–201.

Springer Kirsten W./Stellman Jeanne M./Jordan-Young Rebecca M. (2011): Beyond a catalogue of differences: A theoretical frame and good practice guidelines for researching sex/gender in human health. In: Soc Sci Med, doi:10.1016/j.socsciemed.2011.05.033[epup].

Unger, Hella von (2010): HIV-Prävention mit Migrant/innen. Interkulturell, partizipativ und strukturell. In: Drewes, Jochen/Sweers, Holger (Hrsg.): Strukturelle Prävention und Gesundheitsförderung im Kontext von HIV. AIDS-Forum DAH, Bd. 57. Berlin: Deutsche AIDS-Hilfe, S. 195–217.

Verdonk, Petra/Benschop, Yvonne/de Haes, Hanneke/Lagro-Janssen, Toine (2009): From gender bias to gender awareness in medical education. In: Advances in health sciences education: theory and practice 14 (1), S. 135–152.

WHO – World Health Organisation (1986): Ottawa-Charta zur Gesundheitsförderung. Online: http://www.euro.who.int/__data/assets/pdf_file/0006/129534/Ottawa_Charter_G.pdf, 17.01.2012.

Wright, Michael (Hrsg.) (2010): Partizipative Qualitätsentwicklung in der Gesundheitsförderung und Prävention. Bern: Verlag Hans Huber.

Geschlecht(erforschung) in der Interkulturellen Pädagogik

34

Leonie Herwartz-Emden und Wiebke Waburg

Die Relevanz der Kategorie Geschlecht ist in der Erziehungswissenschaft unbestritten und wird in jüngerer Zeit für die Teildisziplinen des Faches ausbuchstabiert, so auch für die Interkulturelle Pädagogik. Für die Fachdidaktiken ergibt sich die Forderung, dass die Erkenntnisse sowohl aus der Interkulturellen Pädagogik wie auch aus der Geschlechterforschung Berücksichtigung finden sollten (vgl. dazu die Einleitung des vorliegenden Bandes Kampshoff/Wiepcke 2012).

Auf die Differenzmerkmale Kultur, Ethnizität und Nationalität wird rekurriert, um gesellschaftliche Über- und Unterordnungsverhältnisse zwischen Mehrheit und Minderheit zu legitimieren, eine besondere Bedeutung kommt dabei der Kategorie Geschlecht zu: Sie wird zum bevorzugten Aufhänger, wenn es darum geht, für die Mehrheitsgesellschaft ein Selbstbild aufgeklärter Fortschrittlichkeit zu behaupten, das im Gegensatz zum zugeschriebenen rückständigen Geschlechterverhältnis der Migrationsbevölkerung steht (Diehm/Messerschmidt 2011, S. 1). Dies geschieht auch im pädagogischen Alltag; hier werden Konflikte oft als ‚Kulturkonflikte' gedeutet, gleichzeitig bleibt eine kritische, geschlechterreflektierende Auseinandersetzung aus. ‚Vergeschlechtlichte' Stereotype über Migrantinnen und Migranten spielen im gesamtgesellschaftlichen Diskurs sowie in den Bildungsinstitutionen eine große Rolle, da Ethnisierungsprozesse eng mit Geschlechterdiskursen verknüpft sind (Herwartz-Emden 1991, S. 6 ff.; Lutz/Huth-Hildebrandt 1998, S. 159 ff.).

L. Herwartz-Emden (✉)
Universität Augsburg, Philosophisch-Sozialwissenschaftliche Fakultät,
Universitätsstraße 10, 86159 Augsburg, Deutschland
E-Mail: leonie.herwartz-emden@zdfl.uni-augsburg.de

W. Waburg (✉)
Universität Augsburg, Philosophisch-Sozialwissenschaftliche Fakultät,
Universitätsstraße 10, 86159 Augsburg, Deutschland
E-Mail: wiebke.waburg@phil.uni-augsburg.de

M. Kampshoff, C. Wiepcke (Hrsg.), *Handbuch Geschlechterforschung und Fachdidaktik*,
DOI 10.1007/978-3-531-18984-0_34,
© VS Verlag für Sozialwissenschaften | Springer Fachmedien Wiesbaden 2012

Im Folgenden werden zunächst die Entwicklung der Interkulturellen Pädagogik sowie Ansatzpunkte der Geschlechterforschung in der Interkulturellen Pädagogik skizziert. Diese Ausführungen und die sich daran anschließenden Forschungsergebnisse zur Bedeutung der Kategorien Geschlecht und Ethnizität in Schule und Bildungswesen bilden die Grundlage für die Darstellung der Grundrisse einer Interkulturellen und Geschlechtergerechten Pädagogik in Schule und Unterricht.

34.1   Entwicklung der Interkulturellen Pädagogik nach 1945

In der jüngeren Geschichte begann die vertiefte Auseinandersetzung mit Interkulturalität aufgrund des Integrationsbedarfs von Kindern aus eingewanderten Familien ins deutsche Schulsystem. Diese Notenwendigkeit entstand infolge der Anwerbung von ‚Gastarbeiterinnen und Gastarbeitern‘ in den 1950er und 1960er Jahren (Krüger-Potratz 2005, S. 14). Zunächst entwickelte sich eine als ‚Ausländerpädagogik‘ bezeichnete pädagogische Orientierung. Als Zielgruppenpädagogik richtete sie sich ausschließlich an die – grundlegend als ‚fremd‘ betrachteten – Zugewanderten: Man unterstellte ihnen eine Befangenheit in der Herkunftskultur und defizitäre Sozialisationsleistungen. Der zugrunde liegende Kulturbegriff war essentialistisch und statisch. Die ‚Ausländerpädagogik‘ zielte zum einen auf (schulische) Integration und zum anderen auf den Erhalt der kulturellen Identität sowie der Rückkehrfähigkeit der Kinder und Jugendlichen in ihre Herkunftsländer nach kurzfristigen Aufenthalten im deutschen Bildungssystem (Auernheimer 2007, S. 38).

Die ‚Ausländerpädagogik‘ war im Mainstream des Faches Pädagogik nicht verankert, ihre Themen entwickelten sich vielmehr am Rande und weitgehend forschungsfern. Die Fragestellungen und die wenigen im deutschsprachigen Raum durchgeführten Untersuchungen entstanden vornehmlich in Praxiszusammenhängen und verblieben ohne Bezugnahme auf internationale Erfahrungen und Diskurse in klassischen Einwanderungsgesellschaften, wie z. B. Großbritannien und den USA (Beck-Gernsheim 2007).

Die heute als ‚Interkulturelle Pädagogik‘ bezeichnete Disziplin entstand in den 1980er Jahren infolge einer kritischen Auseinandersetzung mit den defizitorientierten Grundsätzen der ‚Ausländerpädagogik‘ und als Reaktion auf die verstärkte Marginalisierung von Zugewanderten (Auernheimer 2004, S. 19). Zunächst rückte die Wahrnehmung und Anerkennung von Differenzen bei gleichzeitiger Annahme der Gleichwertigkeit unterschiedlicher Kulturen in den Mittelpunkt des pädagogischen Interesses (Krüger-Potratz 2005, S. 156). Als entscheidende Neuerung richtete sich die Interkulturelle Pädagogik nun gleichermaßen an Angehörige der Mehrheitsgesellschaft und von Migrationsgruppen. Allerdings wurde bald eine zu starke Betonung der Differenzen kritisiert, da diese zu einer Kulturalisierung beiträgt und sogar eine ungewollte Verstärkung von Diskriminierungen zur Folge haben kann (Nieke 2008, S. 32 f.). Wie die ‚Ausländerpädagogik‘ war auch die ‚Interkulturelle Pädagogik‘ lange Zeit sozialpädagogisch beeinflusst, Verbreitung fanden diese Ansätze in den Praxisfeldern der Sozialen Arbeit und später der Migrationsarbeit.

34 Geschlecht(erforschung) in der Interkulturellen Pädagogik

Interkulturelle Pädagogik steht für eine Vielfalt unterschiedlicher Konzepte (wie Anti-diskriminierungspädagogik, reflexive interkulturelle Pädagogik, antirassistische Erziehung). Übergreifend gelten in diesen Ausdifferenzierungen Kulturen *nicht* als einheitliche, homogene und statische Entitäten, die über einen essentiellen Kern verfügen; stattdessen werden sie als dynamisch, prozesshaft und heterogen definiert (Auernheimer 2007, S. 75). Dies verweist allerdings nicht auf eine prinzipielle Beliebigkeit von Kulturen, denn diese sind in gesellschaftlich und geschichtlich bestimmte Möglichkeitsräume eingebunden (Kalpaka 2005, S. 390).

Gegenwärtig werden alle beschriebenen Ausdifferenzierungen der Interkulturellen Pädagogik als Grundlage für Konzepte und Praxisprojekte genutzt. Beispielsweise finden sich in aktuellen Programmen, Forschungen und Praxisinitiativen teilweise noch sogenannte ,ausländerpädagogische' Setzungen wieder, so auch die Fokussierung auf Defizite und Differenzen.

In den 1990er Jahren geriet in der Interkulturellen Pädagogik die Verschränkung verschiedener Differenzdiskurse unter der Perspektive der Pluralität, Gleichheit und Verschiedenheit (= Diversity-Ansätze) stärker in den Blick (Krüger-Potratz 2005, S. 15). Damit fand die Differenzlinie *Geschlecht* in Fragestellungen der Interkulturellen Pädagogik und Forschung zunehmend Beachtung.

34.2 Die Geschlechterforschung in der Interkulturellen Pädagogik

34.2.1 Geschlecht und Ethnizität in der Geschlechter- und Migrationsforschung

In aktuellen Publikationen der Geschlechter- und Migrationsforschung wird die Interdependenz der Kategorien Geschlecht und Ethnizität in den Blick genommen und eine Analyse ihres interdependenten Zusammenhanges (auch mit anderen Kategorien) gefordert (Herwartz-Emden/Schurt/Waburg 2010; Leiprecht/Lutz 2005; Weber 2009a, b). Eine entsprechende Theoretisierung sowie gleichzeitige (empirische) Erforschung werden sowohl in der Geschlechterforschung als auch in der Migrationsforschung verlangt und unter dem Stichwort Intersektionalität diskutiert.

In den Debatten und Forschungen der Migrations-, Frauen- und Geschlechterforschung dominiert(e) eine Sichtweise auf ,die fremde Frau', die von einem westlich gefärbten Weltbild ausging, das sich in den getroffenen Aussagen über Migrantinnen widerspiegelte. Insofern bezeichnete man Frauen dieser Gruppe mit unterschiedlichen Akzentsetzungen als unemanzipiert, als abhängig vom Mann, als rückständig und traditionell – immer wiederkehrende Themen waren und sind dabei das Kopftuch, Zwangsheirat, Geschlechtersegregation und das Konzept der Ehre (Lutz/Huth-Hildebrandt 1998, S. 163).

In der deutschsprachigen Diskussion wurde seit Ende der 1980er kritisch reflektiert, dass die beschriebenen Setzungen auf der einen Seite im pädagogischen, politischen und im Alltagsdiskurs Relevanz besaßen und auf der anderen Seite die Forschungen zur Reproduktion von geschlechtsbezogenen Stereotypen über Migrantinnen und Migranten beitrugen (Gümen 1998; Lenz 1993). Es wurde nachgezeichnet, wie sich die Konstruktion von ‚kulturellen Differenzen' im Schnittpunkt von Geschlecht und Ethnizität vollzieht. Eine systematische empirische Erforschung fand zwischen 1990 und 1997 im Forschungsprojekt FAFRA statt, dieses war angesiedelt im Forschungsschwerpunktprogramm FABER (DFG) zu den Folgen von Arbeitsmigration für Bildung und Erziehung. Hier offenbarte sich die Fruchtbarkeit der verschränkten Sichtweise in einem theoretisch reflektierten empirischen Zugang. Vergleiche zwischen Frauen aus der ehemaligen UdSSR, der Türkei und Deutschland stellten beispielsweise für das Konzept Mutterschaft heraus, dass Mutterschaft für Arbeitsmigrantinnen und Aussiedlerinnen inhärenter Bestandteil des weiblichen Lebenskonzeptes war und mit statuserhöhenden Konsequenzen verbunden wurde. Es erfolgte eine positive Zustimmung zum Zusammenhang zwischen Frauenleben und Mutterschaft bei Migrantinnen, während (west-)deutsche einheimische Frauen einem erfüllten Frauenleben durch Kinder tendenziell kritisch-distanziert gegenüberstanden (Herwartz-Emden 1995).

Der seit der Jahrtausendwende zunehmend in deutschsprachigen Publikationen diskutierte sogenannte Intersektionalitätsansatz (in Anlehnung an Kimberlé Crenshaw 1995) zielt auf die Verschränkung verschiedener Differenzkategorien und analysiert deren spezifische Bedeutung theoretisch und empirisch. Winker und Degele (2009, S. 15) begreifen Intersektionalitätsanalysen als einen Mehrebenenansatz, der Interdependenzen der Mikro-, Meso- und Makroebene berücksichtigt; sie definieren Intersektionen als „kontextspezifische, gegenstandsbezogene und an sozialen Praxen ansetzende Wechselwirkungen ungleichheitsgenerierender sozialer Strukturen (d. h. von Herrschaftsverhältnissen), symbolischer Repräsentationen und Identitätskonstruktionen". Welche Kategorien einbezogen werden, hängt vom Untersuchungsgegenstand und von der spezifischen Fragestellung ab (ebd.). Neben Geschlecht und Ethnizität spielen in der erziehungswissenschaftlichen Diskussion weitere Differenzlinien (z. B. Klasse, Alter, Sexualität, Nationalität, Befähigung/ Behinderung) und deren Intersektionen eine Rolle. Es wird davon ausgegangen, dass „alle Menschen sozusagen am Schnittpunkt (*intersection*) dieser Kategorien positioniert [sind] und dort ihre Loyalitäten und Präferenzen entwickeln. Die Kategorien sind also nicht nur soziale Platzanweiser, sondern sie generieren auch Identität" (Leiprecht/Lutz 2005, S. 220 f.; Herv. i. O.).

34.2.2 Ansatzpunkte der Geschlechterforschung in der Interkulturellen Pädagogik: Interaktive Herstellung von ethnisierenden Geschlechterkonstruktionen

Weiterführend für eine intersektionale Analyse des Geschehens in Schule und Unterricht ist der doing-difference-Ansatz (West/Fenstermaker 1995), der auf die interaktive Konstruktion von Differenzen abhebt, für die institutionelle Setzungen, allgemeine kulturelle Muster, gesellschaftliche Klassifikationen sowie lebensweltliche Erfahrungen eine Rolle

34 Geschlecht(erforschung) in der Interkulturellen Pädagogik 475

spielen (Jäger 2011, S. 28). Berücksichtigung finden sowohl die Kategorien Geschlecht und Ethnizität als auch Klasse. In erziehungswissenschaftlichen Publikationen kursieren neben den diesbezüglichen Begriffen doing gender, doing ethnicity und doing class die Wendungen doing adolescence, doing adult und doing pupil. Im doing-difference-Ansatz wird davon ausgegangen, dass die je spezifischen Unterscheidungsmerkmale oder Differenzierungen (Lernende sind anders als Lehrkräfte, Angehörige einer Herkunftsgruppe unterscheiden sich von denen einer anderen, Mädchen sind anders als Jungen) durch Interaktionen hervorgebracht werden und Relevanz erlangen. Je nach Interaktionskontext kann die Relevanz dieser Kategorien bzw. Ordnungsmuster variieren (Fenstermaker/West 2001, S. 237).

Die Wirkungen der Ungleichheitskategorien Geschlecht, Ethnizität und Klasse können sich in ihrer gegenseitigen Verzahnung sowie in der mit anderen Kategorien verstärken. Dies hat für alle gesellschaftlichen Bereiche Konsequenzen, auch für die Einrichtungen des Bildungswesens. Der Rückgriff auf im gesamtgesellschaftlichen Diskurs verankerte, geschlechtlich konnotierte Stereotype über Migrantinnen und Migranten ist beispielsweise im Unterricht – in allen Fächern und Schulformen – keine Seltenheit.

34.3 Ergebnisse der Forschung zu Geschlecht und Ethnizität in Schule und Bildungssystem

An dieser Stelle ergibt sich die Frage, welche Bedeutung die präsentierten Grundlagen für das Bildungssystem und hier insbesondere die Schule haben. Um die Antwort einzukreisen, werden zunächst die Ergebnisse quantitativer Studien zur Situation von eingewanderten Schülerinnen und Schülern in deutschen Schulen dargelegt. Im zweiten Punkt wird basierend auf den Ergebnissen qualitativer Untersuchungen der Bogen zu den Ausführungen über ethnisierende Geschlechtskonstruktionen geschlagen und erläutert, welche Rolle diese in der Wahrnehmung von Schülerinnen und Schülern spielen und in welchem Zusammenhang sie zur Befindlichkeit und den Schulleistungen bzw. Bildungskarrieren stehen. Inwieweit ethnisierende Konstruktionen in den Alltag von Schule verwoben sind und auch Lehrkräfte zu deren Reproduktion beitragen, ist eine weitere zentrale Frage.

34.3.1 Quantitative Studien

Zur Situation von Zugewanderten im deutschen Bildungssystem liegen so gut wie keine Daten vor, die in einer längsschnittlichen Perspektive nach Geschlecht und unterschiedlichen Herkunftsgruppen differenzieren. Stattdessen finden sich Aussagen über einzelne Gruppen oft nur in (kaum vergleichbaren) Einzelstudien. Darüber hinaus erschwert die hohe Heterogenität der Zuwanderungsbevölkerung und ihrer Lebenslagen eine differenzierte Analyse.

Vergleicht man allochthone und autochthone Heranwachsende, zeigt sich, dass Lernende aus eingewanderten Familien im deutschen Bildungssystem nicht die gleichen Chancen haben wie einheimisch deutsche Kinder und Jugendliche. Mädchen und Jungen mit Migrationshintergrund stellen allerdings keine homogene Gruppe dar. Ihre Heterogenität basiert zum einen auf Unterschieden wie der sozialen Herkunft, dem Migrationsstatus, der Aufenthaltsdauer, den Wanderungsmotiven und -geschichten sowie der Bildungsnähe der Familie, zum anderen kommen institutionelle und strukturelle Determinanten zum Tragen.

Unter Berücksichtigung der Kategorien Geschlecht und Ethnizität lässt sich konstatieren, dass Mädchen aus eingewanderten Familien verglichen mit Jungen aus diesen Familien an höher qualifizierenden über- und an weniger qualifizierenden Schulen unterrepräsentiert sind (Siegert 2008, S. 23). Dementsprechend erzielen sie im Durchschnitt bessere Schulabschlüsse (Herwartz-Emden/Schurt/Waburg 2010, S. 108 ff.). Allerdings sind die Mädchen nicht per se im Vorteil gegenüber Jungen. Beim Risiko, eine Klasse wiederholen zu müssen und der Ausbildungsbeteiligung zeigen sich Nachteile (Krohne/Meier 2004, S. 140; Boos-Nünning/Granato 2008, S. 79). Uneinheitliche und vielschichtige Ergebnisse erbringen die Auswertungen von Segeritz et al. (2010, S. 174 ff.), die untersuchen, ob Geschlechterdifferenzen hinsichtlich bildungsrelevanter Faktoren (Bildungsbeteiligung, elterliche Hausaufgabenunterstützung, Einstellung zur Schule, Bildungsaspirationen, Lesekompetenz und Mathematikkompetenz) in unterschiedlichen Migrationsgruppen stärker ausgeprägt sind als bei einheimischen Jugendlichen.

Gegenwärtig ist noch ungeklärt, ob Mädchen mit Migrationshintergrund im deutschen Bildungssystem weniger oder stärker benachteiligt werden als Jungen mit Migrationshintergrund und/oder ob diesbezüglich je nach Herkunftsgruppe und untersuchten Variablen unterschiedliche geschlechtsbezogene Muster existieren. Schlüssige Ergebnisse sind von der vertieften vergleichenden Untersuchung einzelner Gruppen zu erwarten, wobei anzunehmen ist, dass die Wechselwirkungen zwischen Geschlecht und Ethnizität durchaus widersprüchlich und gebrochen sind, dass sich die Kategorien wechselseitig verstärken oder abschwächen können.

34.3.2 Ethnisierende Geschlechtskonstruktionen in Interaktionen zwischen Lehrkräften und Schülerinnen und Schülern

Ein wichtiges Ergebnis qualitativer (zumeist biografieanalytisch angelegter) Studien ist, dass junge Frauen und Männer mit Migrationshintergrund ihre Bildungsabschlüsse häufig erst nach langen (Um-)Wegen durch das Schulsystem und mit hohem persönlichem Engagement erreichen (Behrensen/Westphal 2009, S. 119 f.). Problematisch ist für die Schülerinnen und Schüler aus eingewanderten Familien, dass vergeschlechtlichte Stereotype über Familien, Frauen und Männer, Jungen und Mädchen mit Migrationshintergrund, im schulischen Alltag zum Tragen kommen. Teilweise strukturieren stereotype Bilder schulische Routinen (Weber 2005, S. 149), sie können in Interaktionen zwischen Lehrenden

34 Geschlecht(erforschung) in der Interkulturellen Pädagogik

und Lernenden bestätigt und verfestigt werden. Empirische Untersuchungen zu Wahrnehmungen und Deutungsweisen von Lehrkräften (beispielsweise die Studie ‚Heterogenität im Schulalltag‘ von Martina Weber 2003) belegen, dass diesen häufig eine defizitorientierte Perspektive auf Schülerinnen und Schüler mit Migrationshintergrund zugrunde liegt, die aus der Zuschreibung von traditionellen Geschlechterverhältnissen in den Herkunftsfamilien resultiert (siehe auch Jäger 2011, S. 39; Meser/Urban/Werning 2010, S. 342). Die stereotypen Merkmalszuschreibungen münden häufig in als ‚ausländerpädagogisch‘ zu bezeichnende Strategien im Umgang mit Heterogenität.

Männliche Jugendliche mit Migrationshintergrund gelten in Folge einer angeblich autoritären Erziehung und der Erfahrung innerfamiliärer Gewalt als potenziell kriminelle Gewalttäter, ‚Machos‘ und ‚Paschas‘ (Weber 2005, S. 155). Als typisch für diese Schüler werden schlechte Leistungen angesehen und Versuche, sich über ein unangemessenes Sozialverhalten zu profilieren, etwa indem sie sich betont männlich, aggressiv und gewaltbereit zeigen und es an Respekt vor weiblichen Lehrkräften mangeln lassen – was aus Sicht der Lehrkräfte ein Zeichen für ausgeprägte Dominanzansprüche gegenüber Frauen darstellt (Weber 2003, S. 145). Die Verhaltensauffälligkeiten werden als kulturbedingt interpretiert, folglich stellen Lehrende den Umgang mit Jungen aus eingewanderten Familien u. a. als ‚Kulturkampf‘ dar, der aus ‚einfachen Denkstrukturen‘ der Schüler resultiere und der häufig mit dem Konzept ‚männlicher Ehre‘ in Verbindung gebracht wird (Weber 2009a, S. 78 ff.).

Vor allem muslimische Mädchen nimmt man als Opfer wahr, deren Freiheiten durch die Familie eingeschränkt werden (Weber 2009b, S. 218 ff.). Dementsprechend gelten sie als wenig eigenständig sowie zurückhaltend. Dieses Stereotyp schließt die Annahme ein, Schülerinnen aus muslimischen Familien verfügten über geringe schulrelevante Kompetenzen bzw. intellektuelle Fähigkeiten und geringe Bereitschaft, sich für die Schule anzustrengen. So findet sich auch die Zuschreibung, sie würden eine (weiterführende) Schule besuchen, um einer Zwangsheirat zu entgehen. Insbesondere das Kopftuch symbolisiert in diesem Zusammenhang Fremdheit; im Bild des ‚unterdrückten Kopftuchmädchens‘ verdichtet sich der grundsätzliche Unterschied zwischen den angenommenen ‚traditionellen‘ Geschlechterverhältnissen in der Herkunftsfamilie der Mädchen und den emanzipierten Arrangements der Mehrheitsgesellschaft. Dies bewirke für die Schülerinnen – so die Annahme der Lehrkräfte – einen Konflikt zwischen der Herkunfts- und der Aufnahmekultur (Weber 2003, S. 163).

In qualitativen Studien befragte junge Migrantinnen und Migranten berichten davon, dass sie in der Schule durch Lehrkräfte sowie Mitschülerinnen und -schüler Stereotypisierungen und Diskriminierungen erfahren haben. Die zumeist bildungserfolgreichen Migrantinnen und Migranten aus unterschiedlichen Herkunftsgruppen sprechen darüber, anhand äußerer Kriterien (Namen oder Aussehen) als ‚fremd‘, als ‚Ausländerinnen oder Ausländer‘ kategorisiert und dadurch ‚besondert‘ worden zu sein. Dies verhinderte häufig ihre eigene Zuordnung zur Mehrheitsgesellschaft (Badawia 2002, S. 122 f.). Kinder und Jugendliche waren mit der Annahme konfrontiert, sie seien den schulischen Leistungsanforderungen trotz guter Noten (aufgrund von unzureichenden Deutschkenntnissen) nicht gewachsen, was u. a. zu Schwierigkeiten beim Wechsel von der Grund- in weiterführende Schulen führte. Zum Teil waren sehr subtile Ausschlussmechanismen festzustellen, wie versagte Anerkennung, Beschämung sowie das Vorenthalten von Unterstützung durch Lehrpersonen (Hummrich 2009, beispielsweise S. 81 f.; Tepecik 2011, S. 29 ff.). Als verletzend erlebten die Befragten auch ein Lob für Leistungen, die bei anderen als selbstverständlich galten und wenn Lehrkräfte diskriminierende Äußerungen von anderen Lernenden nicht sanktionierten (Behrensen/Westphal 2009, S. 100 ff.). Unterstützendes Verhalten seitens der Lehrkräfte wurde hingegen – im Rückblick bildungserfolgreicher Migrantinnen – als überaus positiv und hilfreich für den weiteren schulischen Weg erlebt (ebd.).

Die vorliegenden Veröffentlichungen, die Mechanismen der verschränkten Konstruktion von Geschlecht und Ethnizität in der Schule in den Blick nehmen, rekurrieren vor allem auf muslimisch-türkischstämmige Migrantinnen und Migranten. Möglicherweise werden diese in der Schule als besonders ‚fremd‘ wahrgenommen, während für andere Gruppen (z. B. die mit polnischem Migrationshintergrund) eine größere ‚kulturelle Nähe‘ zu den Geschlechterverhältnissen der Mehrheitsgesellschaft angenommen wird.

Vor allem in den USA durchgeführte sozialpsychologische Untersuchungen zu Erwartungseffekten und zum Stereotype-Threat-Phänomen belegen, dass sich Stereotypisierungen negativ auf Leistungsfähigkeit und -bereitschaft der Stereotypisierten auswirken (Aronson/Wilson/Akert 2008, S. 442 f.). Dementsprechend müssen die bei Lehrerinnen und Lehrern vorhandenen Stereotype und Vorurteile als äußerst folgenreich angesehen werden; Lehrkräften kommt eine Schlüsselrolle für den Bildungserfolg von Kindern und Jugendlichen mit Migrationshintergrund zu. Durch ihr Engagement können erfolgreiche Bildungswege angebahnt und zunächst weniger erfolgreiche revidiert und umgelenkt werden. Sie sind es, die den Kindern Wege und Strategien aufzeigen, gerade da, wo Eltern und die erweiterte Familie nicht über die entsprechenden Systemkenntnisse verfügen (Behrensen/Westphal 2009, S. 114; Tepecik 2011, S. 290 ff.).

34.4 Interkulturelle Pädagogik in der Schule unter besonderer Berücksichtigung der Kategorie Geschlecht

Die übergreifende Zielsetzung für eine geschlechtergerechte Interkulturelle Pädagogik und eine auf den Umgang mit Heterogenität ausgerichtete Methodik und Didaktik sollte die Etablierung einer *interkulturell-geschlechtergerechten Schul- und Lernkultur* sein, die zur Chancengleichheit für alle Gruppen beiträgt. Defizitmarkierenden Stereotypen und vereinheitlichenden Bezugnahmen auf Herkunftsgruppen sollte im pädagogischen Alltag eine Absage erteilt werden. Ein zentraler, fachübergreifender Ansatzpunkt ist die Ausbildung interkultureller Genderkompetenz von Lehrkräften. Sie muss im Sinne einer Grundqualifikation in der Aus- und Weiterbildung entwickelt werden und sollte Eingang in die jeweiligen Fachdidaktiken finden.

34.4.1 Interkulturelle Genderkompetenz von Lehrkräften

Kulturelle Heterogenität fordert die professionelle Kompetenz von Lehrerinnen und Lehrern in besonderer Weise heraus (Strasser 2011). Pädagogische Professionalität ist gefragt in den Domänen des pädagogischen Handelns, wie des Erziehens, Beratens, Unterrichtens, sie manifestiert sich in konkreten Aufgaben und Anforderungen, in je spezifischen Kontexten (Strasser/Gruber 2008). Professionelles Wissen und professionelle Handlungskompetenz bilden den Kern pädagogischer Professionalität, und es wird angenommen, dass neben dem Wissen als kognitiver Komponente, Einstellungen, Werthaltungen und Motive Voraussetzungen professionellen pädagogischen Handelns bilden (Baumert/Kunter 2006).

Interkulturelle Kompetenz gilt mittlerweile als Schlüsselqualifikation in allen pädagogischen Handlungsfeldern (Göbel/Hesse 2009, S. 1139), als ein wichtiges Element professioneller Kompetenz findet sie in der Aus- und Weiterbildung von Lehrkräften allerdings noch nicht ausreichend Berücksichtigung. Wie in Kapitel 34.3 erläutert, verstärken und überlagern sich die Kategorien Geschlecht und Ethnizität wechselseitig in Interaktionen und münden nicht selten in Ausgrenzungen im Schulalltag, so dass für dieses Feld eine deutliche Konzentration auf die *interkulturelle Genderkompetenz* von Lehrkräften erfolgen muss. In einer ersten, praxisbezogenen Konzeptionalisierung werden drei Elemente der interkulturellen Genderkompetenz unterschieden (siehe Kunert-Zier 2005, S. 283 f.): Wollen, Wissen und Können, womit ähnlich wie oben benannt auf den Kern professioneller Professionalität abgehoben wird.

Angewendet auf die Schule betrifft das *Wollen* die Bereitschaft, Engagement für Gleichstellung zu zeigen und somit zum Abbau von Hierarchien beizutragen, die auf einer Verschränkung von Geschlecht und Ethnizität/kultureller Herkunft basieren. Diese Bereitschaft muss bei den einzelnen Beteiligten vorhanden sein, aber auch übergreifend vom Kollegium getragen werden.

Das zweite Element ist das *Wissen,* grundlegend ist Theoriewissen über gesellschaftliche Strukturen im Zusammenhang mit Geschlecht und Kultur, vor allem zum Konstruktcharakter der Kategorien. Sowohl kulturelle Differenzen im Sinne ethnischer Unterschiede als auch Geschlechterdifferenzen sollten als sozial konstruiert und im Zusammenspiel mit anderen relevanten Differenzlinien erkannt werden (Stichwort: Intersektionalität), aber nicht mit einer Leugnung der Relevanz kultureller und geschlechtsbezogener Differenzierungen und Positionierungen für Sinnkonstitutionen, Identitätsbildung und Lebensstile von Einzelnen und Gruppen gleichgesetzt werden (Kalpaka 2005, S. 391; Westphal 2007, S. 104). Es muss allerdings in Rechnung gestellt werden, „dass die Identitätskonstrukte sich nicht mehr auf einen kulturellen Kontext beschränken, sondern meist auf mehrere kulturelle Praxen und symbolische Formen Bezug nehmen" (Auernheimer 2008, S. 60). Kenntnisse über Geschlechterverhältnisse in den Herkunftsgesellschaften der Zugewanderten und deren Wandel durch Migration und im jetzigen Lebenskontext sowie über die Lebenslage und Bildungssituation der eingewanderten ebenso wie der einheimischen Schülerinnen und Schüler sind dabei ebenso unerlässlich wie Kenntnisse über die Entstehung und Funktion von Vorurteilen und Stereotypen, Rassismus und Sexismus sowie deren Auswirkungen auf Individuen und Gruppen (Auernheimer 2008, S. 57 f.). Eine grundlegende Perspektive sollte auf die Heterogenität und Individualität der allochthonen *und* autochthonen Gruppen gerichtet sein und es sollte erkannt werden, dass das Machtgefälle in den Interaktionen zwischen Lehrenden und Lernenden qua schulischem Status mit Geschlecht und kultureller Herkunft verknüpft ist (Kalpaka 2005, S. 401) – was für Schule und Unterricht, aber auch für die Gestaltung einer interkulturellen Elternarbeit von Bedeutung ist.

Für die dritte Dimension der interkulturellen Genderkompetenz – *das Können* – bildet der Wissensbereich den Grundstein für die reflexive Auseinandersetzung mit der eigenen Weltsicht in der komplexen Dynamik des Umgangs mit eingewanderten Schülerinnen und Schülern, mit der Dramatisierung von Geschlecht und Ethnizität im Schulalltag und in der Unterrichtsgestaltung, aber auch mit diskriminierenden institutionellen Praktiken und Strukturen. Reflektiert werden muss u. a. die Kulturgebundenheit der eigenen Wahrnehmungen und Situationsdeutungen, die Eingebundenheit in eine zweigeschlechtlich organisierte Welt. Professionelle Kompetenz in dem genannten Sinn umfasst somit eine übergreifende Handlungsfähigkeit und methodisch-didaktische Fertigkeiten. Selbstreflexion ist erforderlich in allen Situationen des Umgangs mit machtasymmetrischen Konstellationen und in Situationen, die durch Heterogenität qua Geschlecht und kulturelle Herkunft geprägt sind. Gefordert ist ein Umgang mit für diese Situationen typischen Spannungsverhältnissen – zwischen der Anerkennung sozialer und individueller Zugehörigkeiten (Mecheril 2008, S. 32) – und eine gelingende Balance zwischen der Fokussierung auf die kulturelle Dimension und deren Ausblendung (Auernheimer 2008, S. 59).

Interkulturelle Genderkompetenz als Bestandteil pädagogischer Professionalität stellt eine Kompetenz dar, die lebenslang in Bezug auf je spezifische Situationen, Möglichkeitsräume und Kontexte immer wieder neu angeeignet und auf das jeweilige Professionalisierungsfeld abgestimmt werden muss (Lanfranchi 2008, S. 237; siehe auch Göbel/Hesse 2009, S. 1141), da sie stark vom jeweiligen Kontext, den konkreten Handlungsbedingungen innerhalb eines spezifischen Settings und der jeweiligen Domäne, dem inhaltlichen Handlungsfeld, abhängt.

34.4.2   Interkulturelle Didaktik und Geschlecht

Eine interkulturelle Didaktik sollte stereotypisierende Dramatisierungen bezüglich Geschlecht und Ethnizität bewusst machen, so dass im konkreten Handeln entdramatisierend agiert werden kann. Als eine konkrete Maßnahme für den schulischen Kontext wird das ‚Ruhenlassen' geschlechtlicher und ethnischer Unterscheidungen vorgeschlagen (Weber 2009b, S. 221 ff.). Dieses Vorgehen zielt darauf, eben keine grundsätzlichen ethnischen und geschlechtlichen ‚Besonderungen' (Gümen 1998, S. 196) vorzunehmen. Eine Entdramatisierung von Geschlecht und Ethnizität soll durch einen Dreischritt realisiert werden (in Anlehnung an Budde/Venth 2010, S. 80): Zunächst wird die Bedeutung von Geschlecht/ Ethnizität im jeweiligen Kontext analysiert, wodurch eine Dramatisierung erfolgt. Zentral ist hier, den Sinn und die Bedeutungen dafür zu erschließen, für wen und wofür die vergeschlechtlichten Ethnisierungen funktional bzw. dysfunktional sind. Im zweiten Schritt muss ausdifferenziert werden, dass es eine große Bandbreite an Vielfalt unter Mädchen und Jungen mit und ohne Migrationshintergrund gibt und sich Individuen nicht den Stereotypen über die (Geschlechterverhältnisse der) Herkunftsgruppe entsprechend verhalten. In der konkreten Situation erfolgt schließlich eine Entdramatisierung: Geschlecht und Ethnizität werden bewusst als zentrale Marker außer Kraft gesetzt – etwa durch eine individualisierte Gestaltung des Unterrichts.

Für den schulischen Kontext ist zu bedenken, dass Schülerinnen und Schülern interkulturelle Kompetenz primär im Fachunterricht vermittelt werden soll. Anvisiert wird dabei hauptsächlich das Ablegen ethnozentrischer Einstellungen (Göbel 2011, S. 198). Grundthemen interkulturellen Lernens, die auch als Lehr-Lern-Ziele verstanden werden, sind nach Holzbrecher (2009, S. 1131) das Verstehen des Fremden sowie Umgang mit Fremdheit, die Anerkennung der/des Anderen und ihrer/seiner Identität, ein nicht-wertender Umgang mit Differenz sowie die grenzüberschreitende Verständigung in globaler Verantwortung. Neben der allgemein didaktischen Ebene ist auszubuchstabieren, wie im einzelnen Fach die Zielsetzungen interkultureller Didaktik berücksichtigt werden können – etwa bei der Entwicklung interkultureller Curricula und der Erweiterung von Lerninhalten um interkulturelle Aspekte (siehe dazu die Beiträge in Reich/Holzbrecher/Roth 2000). In den bisherigen Veröffentlichungen fehlt es zumeist an expliziten Verweisen auf die Verschränkung der Kategorien Geschlecht und Ethnizität (Roth 2000; Holzbrecher 2009).

34.4.3 Sprachbildung: durchgängige Sprachförderung in allen Fächern

Ein wichtiger Ansatzpunkt für die Didaktiken *aller* Fächer ist die Forderung einer zentralen unterrichts- und fachübergreifenden Sprachförderung. Grundlegende Voraussetzung für die Etablierung einer durchgängigen Sprachförderung stellt die Anerkennung von Mehrsprachigkeit bzw. die konstruktive Berücksichtigung sprachlicher Heterogenität dar. Zielsetzung ist, Unterschiede in den sprachlichen Voraussetzungen auszugleichen und sprachliche Defizitzuschreibungen in der Schule zu bekämpfen (Gogolin/Lange 2010). Fast ein Drittel (29,4 %) der Gesamtbevölkerung der Bundesrepublik im Alter von 0 bis 20 Jahren stammte im Jahr 2008 aus Zuwandererfamilien (Herwartz-Emden/Schurt/Waburg 2010, S. 21). Für viele dieser Kinder und Jugendlichen stellt Deutsch nicht die Mutter- oder Primärsprache dar, so dass sie Deutsch parallel zu den Unterrichtsinhalten lernen müssen. Da es für den Schulerfolg unerlässlich ist, die Bildungssprache Deutsch zu beherrschen, muss Sprachförderung in allen Unterrichtsfächern erfolgen, so auch in Fächern wie Mathematik und Physik, in denen der Kompetenzerwerb, anders als lange Zeit angenommen, ebenfalls von Sprachkompetenzen abhängig ist (Heinze/Herwartz-Emden/Reiss 2007, S. 575 f.). Ein konstruktiver Umgang mit sprachlicher Diversität hat sich nicht nur auf migrationsbedingte Mehrsprachigkeit zu beziehen, sondern ebenfalls auf innersprachliche Varietäten, Unterschiede in der sprachlichen Praxis (beispielsweise qua Bildungshintergrund) und nicht zuletzt auf eine geschlechtsbezogene sprachliche Praxis (Fürstenau 2011, S. 9).

34.5 Forschungsperspektiven und Transfer

Zusammenfassend kann festgehalten werden, dass ein großer Bedarf an quantitativen und qualitativen Studien besteht, die für Schule und Unterricht und im Hinblick auf das Zustandekommen von Bildungserfolgen die Bedeutung der Kategorien Geschlecht, Ethnizität und kulturelle Herkunft weiter untersuchen. Bei den eingewanderten Schülerinnen und Schülern sollte zwischen unterschiedlichen Herkunftsgruppen sowie -generationen unterschieden werden, wobei es einer geschlechter- und migrationstheoretisch begründeten Perspektive bedarf. Hier muss insbesondere der Tatsache Rechnung getragen werden, dass der große Teil der Schülerinnen und Schüler aus eingewanderten Familien in Deutschland geboren wurde und ihr Herkunftskontext bzw. ihre ‚Kultur' und auch der Spracherwerb nur im Generationentransfer der Migration und in ihren hybriden Identitätskonstruktionen verstanden werden kann. Solchen Forschungen kommt für die Entwicklung von Ansätzen für die Arbeit in heterogenen Schulklassen und für eine verbesserte interkulturelle Elternarbeit in der Schule zentrale Bedeutung zu.

Literatur

Aronson, Elliot/Timothy D. Wilson/Robin M. Akert (2008): Sozialpsychologie. München: PEARSON Studium.

Auernheimer, Georg (2004): Drei Jahrzehnte Interkulturelle Pädagogik – eine Bilanz. In: Karakaşoğlu, Yasemin/Lüddecke, Julian (Hrsg.): Migrationsforschung und Interkulturelle Pädagogik. Münster: Waxmann, S. 17–28.

Auernheimer, Georg (2007): Einführung in die Interkulturelle Pädagogik. 5. Auflage. Darmstadt, WBG.

Auernheimer, Georg (2008): Interkulturelle Kommunikation, mehrdimensional betrachtet, mit Konsequenzen für das Verständnis von interkultureller Kompetenz. In: Auernheimer, Georg (Hrsg.): Interkulturelle Kompetenz und pädagogische Professionalität. 2., aktualisierte und erweiterte Auflage. Wiesbaden: VS Verlag für Sozialwissenschaften, S. 35–65.

Badawia, Tarek (2002): Der dritte Stuhl. Frankfurt a. M.: IKO.

Baumert, Jürgen/Kunter, Mareike (2006): Stichwort: Professionelle Kompetenz von Lehrkräften. Zeitschrift für Erziehungswissenschaft 9 (4), S. 469–520.

Beck-Gernsheim, Elisabeth (2007): Wir und die Anderen. Frankfurt a. M.: Suhrkamp.

Behrensen, Birgit/Westphal, Manuela (2009): Beruflich erfolgreiche Migrantinnen. Rekonstruktion ihrer Wege und Handlungsstrategien. IMIS Beiträge. Heft 35.

Boos-Nünning, Ursula/Granato, Mona (2008): Integration junger Menschen mit Migrationshintergrund: Ausbildungschancen und Ausbildungsorientierung. Forschungsergebnisse und offene Fragen. IMIS-Beiträge 34, S. 57–89.

Budde, Jürgen/Venth, Angela (2010): Genderkompetenz für lebenslanges Lernen. Bielefeld: Bertelsmann.

34 Geschlecht(erforschung) in der Interkulturellen Pädagogik

Crenshaw, Kimberlé (1995): Race, reform, and retrenchment: transformation and legiti-mation in antidiscrimination law. In: Crenshaw, Kimberlé/Thomas, Kendall/Peller, Garry (Hrsg.): Critical race theory. New York: The New Press, S. 103–122.

Diehm, Isabell/Messerschmidt, Astrid (2011): Call for Paper: Das Geschlecht der Migration. Online: http://www.frauen-undgeschlechterforschung.de/Inhalte/pdf/cfp_Jahrbuch_Migration_Bd_9-1.pdf, 08.11.2011.

Fenstermaker, Sarah/West, Candace (2001): ‚Doing difference‘ revisited. Probleme, Aussichten und der Dialog in der Geschlechterforschung. In: Heintz, Bettina (Hrsg.): Geschlechtersoziologie. Wiesbaden: Westdeutscher Verlag, S. 236–249.

Fürstenau, Sara (2011): Diversität als schulisches Leitmotiv. Erfolgreich lernen mit Mehrsprachig-keit. Vortrag auf dem Kongress ‚Bildung: Schlüssel zur Zukunft‘. Bochum: Online: http://www.gew-nrw.de/uploads/tx_files/BK_F_1.08_Fuerstenau.pdf, 08.11.2011.

Göbel, Kerstin (2011): Interkultureller Kompetenz und Englischunterricht. In: Allemann-Ghionda, Cristina/Bukow, Wolf-Dietrich (Hrsg.): Orte der Diversität. Wiesbaden: VS Verlag für Sozial-wissenschaften, S. 191–208.

Göbel, Kerstin/Hesse, Hermann-Günter (2009): Interkulturelle Kompetenz – ist sie erlernbar oder lehrbar? Konzepte für die Lehrerbildung, die allgemeine Erwachsenenbildung und die beruf-liche Weiterbildung. In: Meder, Norbert/Allemann-Ghionda, Cristina/Uhlendorff, Uwe/Mer-tens, Gerhard (Hrsg.): Handbuch der Erziehungswissenschaft. Band III/2. Umwelten. Paderborn: Schöningh, S. 1139–1152.

Gogolin, Ingrid/Lange, Imke (2010): Durchgängige Sprachbildung. Münster: Waxmann.

Gümen, Sedef (1998): Das soziale des Geschlechts. Frauenforschung und die Kategorie „Ethnizität". Das Argument 40 (1–2), S. 187–202.

Heinze, Aiso/Herwartz-Emden, Leonie/Reiss, Kristina (2007): Mathematikkenntnisse und sprachli-che Kompetenz bei Kindern mit Migrationshintergrund zu Beginn der Grundschulzeit. Zeitschrift für Pädagogik 53 (4), S. 562–581

Herwartz-Emden, Leonie (1991): Migrantinnen und ihre Familien in der Bundesrepublik Deutsch-land. Ethnizität & Migration 2 (7), S. 5–28.

Herwartz-Emden, Leonie (1995): Mutterschaft und weibliches Selbstkonzept. Weinheim: Juventa.

Herwartz-Emden, Leonie/Schurt, Verena/Waburg, Wiebke (2010): Aufwachsen in heterogenen So-zialisationskontexten. Wiesbaden: VS Verlag für Sozialwissenschaften.

Holzbrecher, Alfred (2009): Interkulturelle Fachdidaktiken und soziales Lernen. In: Meder, Norbert/Allemann-Ghionda, Cristina/Uhlendorff, Uwe/Mertens, Gerhard (Hrsg.): Handbuch der Erzie-hungswissenschaft. Band III/2. Umwelten. Paderborn: Schöningh, S. 1127–1138.

Hummrich, Merle (2009): Bildungserfolg und Migration. 2., überarbeitete Auflage. Wiesbaden: VS Verlag für Sozialwissenschaften.

Jäger, Marianna (2011): ‚Doing difference‘ in einer Schweizer Primarschulklasse. Das Fremdbild des Erstklässlers Amir aus ethnographischer Perspektive. In: Diehm, Isabell/Panagiotopoulou, Argy-ro (Hrsg.): Bildungsbedingungen in europäischen Migrationsgesellschaften. Wiesbaden: VS Ver-lag für Sozialwissenschaften, S. 25–44.

Kalpaka, Annita (2005): Pädagogische Professionalität in der Kulturalisierungsfalle – Über den Um-gang mit ‚Kultur‘ in Verhältnissen von Differenz und Dominanz. In: Leiprecht, Rudolf/Kerber, Anne (Hrsg.): Schule in der Einwanderungsgesellschaft. Schwalbach am Taunus: Wochenschau, S. 387–405.

Krohne, Julia/Meier, Ulrich (2004): Sitzenbleiben, Geschlecht und Migration. In: Schümer, Gundel/Tillmann, Klaus-Jürgen/Weiß, Manfred (Hrsg.): Die Institution Schule und die Lebenswelt der Schüler. Wiesbaden: VS Verlag für Sozialwissenschaften, S. 117–148.

Krüger-Potratz, Marianne (2005): Interkulturelle Bildung. Münster: Waxmann.

Kunert-Zier, Margitta (2005): Erziehung der Geschlechter. Wiesbaden: VS Verlag für Sozialwissen-schaften.

Lanfranchi, Andrea (2008): Interkulturelle Kompetenz als Element pädagogischer Professionalität. In: Auernheimer, Georg (Hrsg.): Interkulturelle Kompetenz und pädagogische Professionalität. 2., aktualisierte und erweiterte Auflage. Wiesbaden: VS Verlag für Sozialwissenschaften, S. 231–260.

Leiprecht, Rudolf/Lutz, Helma (2005): Intersektionalität im Klassenzimmer: Ethnizität, Klasse, Geschlecht. In: Leiprecht, Rudolf/Kerber, Anne (Hrsg.): Schule in der Einwanderungsgesellschaft. Schwalbach am Taunus, Wochenschau, S. 218–234.

Lenz, Ilse (1993): Wie hängen Geschlecht und Ethnizität zusammen? In: Schäfers, Bernhard (Hrsg.): Lebensverhältnisse und soziale Konflikte im neuen Europa. Frankfurt a. M.: Campus, S. 337–345.

Lutz, Helma/Huth-Hildebrandt, Christine (1998): Geschlecht im Migrationsdiskurs. Neue Gedanken über ein altes Thema. Das Argument. 40 (1–2), S. 159–173.

Mecheril, Paul (2008): „Kompetenzlosigkeitskompetenz". Pädagogisches Handeln unter Einwanderungsbedingungen. In: Auernheimer, Georg (Hrsg.): Interkulturelle Kompetenz und pädagogische Professionalität. 2., aktualisierte und erweiterte Auflage. Wiesbaden: VS Verlag für Sozialwissenschaften, S. 15–34.

Meser, Kapriel/Urban, Michael/Werning, Rolf (2010): Konstruktionen von kultureller Differenz, Bildungsorientierungen und genderspezifischen Erziehungshaltungen. In: Schildmann, Ulrike (Hrsg.): Umgang mit Verschiedenheit in der Lebensspanne. Bad Heilbrunn: Klinkhardt, S. 335–345.

Nieke, Wolfgang (2008): Interkulturelle Erziehung und Bildung. 3., aktualisierte Auflage. Wiesbaden: VS Verlag für Sozialwissenschaften.

Reich, Hans H./Holzbrecher, Alfred/Roth, Hans Joachim (Hrsg.) (2000): Fachdidaktik interkulturell. Opladen: Leske + Budrich.

Roth, Hans Joachim (2000): Allgemeine Didaktik. In: Reich, Hans H./Holzbrecher, Alfred/Roth, Hans Joachim (Hrsg.): Fachdidaktik interkulturell. Opladen: Leske + Budrich, S. 11–53.

Segeritz, Michael/Stanat, Petra/Walter, Oliver (2010): Muster des schulischen Erfolgs von Mädchen und Jungen mit Migrationshintergrund. Zeitschrift für Pädagogik. 55. Beiheft, S. 165–186.

Siegert, Manuel (2008): Schulische Bildung von Migranten in Deutschland. Working Paper 13 der Forschungsgruppe des Bundesamtes aus der Reihe ‚Integrationsreport' (Teil 1). Nürnberg: BAMF.

Strasser, Josef (2011): Diversity as a challenge for teachers professionalism? Outline of a research program. In: Journal of Social Science Education 10 (2), S. 14–28.

Strasser, Josef/Gruber, Hans (2008): Kompetenz von Beratungslehrern im Vergleich. In: Gläser-Zikuda, Michaela/Seifried, Jürgen (Hrsg.): Lehrerexpertise? Analyse und Bedeutung unterrichtlichen Handelns. Münster: Waxmann, S. 239–260.

Tepecik, Ebru (2011): Bildungserfolge mit Migrationshintergrund. Wiesbaden: VS Verlag für Sozialwissenschaften.

Weber, Martina (2003): Heterogenität im Schulalltag. Opladen: Leske + Budrich.

Weber, Martina (2005): Apartheit im Schulhaus? Konstruktion ethnischer und geschlechtlicher Grenzen im Schulalltag. In: Spies, Anke/Stecklina, Gerd (Hrsg.): Die Ganztagsschule – Herausforderungen an Schule und Jugendhilfe. Band 1. Bad Heilbrunn: Klinkhardt, S. 149–171.

Weber, Martina (2009a): Das Konzept ‚Intersektionalität' zur Untersuchung von Hierarchisierungsprozessen in schulischen Interaktionen. Budde, Jürgen/Willems, Katharina (Hrsg.): Bildung als sozialer Prozess. Weinheim: Juventa, S. 73–91.

Weber, Martina (2009b): Zuweisung geschlechtlicher und ethnischer Zugehörigkeiten im Schulalltag. In: King, Vera/Koller, Hans-Christoph (Hrsg.): Adoleszenz – Migration – Bildung. 2., erweiterte Auflage. Wiesbaden: VS Verlag für Sozialwissenschaften, S. 213–224.

West, Candace/Fenstermaker, Sarah (1995): Doing difference. Gender & Society 9, S. 8–37.

Westphal, Manuela (2007): Interkulturelle Kompetenzen – ein widersprüchliches Konzept als Schlüsselqualifikation. In: Müller, Hans-Rüdiger/Stravoravdis, Wassilios (Hrsg.): Bildung im Horizont der Wissensgesellschaft. Wiesbaden: VS Verlag für Sozialwissenschaften, S. 85–111.

Winker, Gabriele/Degele, Nina (2009): Intersektionalität. Bielefeld: Transcript.

Die Kategorie Geschlecht in Umwelt-/ Nachhaltigkeitswissenschaften und -bildung

35

Sabine Hofmeister

35.1 Einleitung: Bezüge und Synergien zwischen Umwelt-/ Nachhaltigkeitswissenschaften und Geschlechterstudien

Geschlechterverhältnisse verweisen auf das Verhältnis der Gesellschaft zur Natur und umgekehrt: Die sogenannte ökologische Krise – verstanden als Ausdruck historisch spezifischer Verhältnisse moderner Gesellschaften zur Natur – verweist auf das Verhältnis zwischen den Geschlechtern.

„Man kommt nicht als Frau zur Welt, man wird es." (Beauvoir 1951, S. 281). Dieser Satz steht für den Beginn der feministischen Theoriedebatte, die im Kontext der neuen Frauenbewegung in den 1970er Jahren einsetzte. Sie kreiste von Beginn an um die Frage, was das Natürliche am Geschlecht sei. Was Menschen gesellschaftlich auf Frau- *oder* Mann-Sein festlegt, wurde bis in das 20. Jahrhundert hinein mit physiologisch biologischen Unterschieden begründet (Hausen 1976) – ein Begründungszusammenhang, der jedoch auch naturwissenschaftlichen Erkenntnissen nicht standhält (Faulstich-Wieland 2006, S. 101). Indem mit der Frauen- und Geschlechterdebatte das ‚Gewordensein' von Geschlecht in den Vordergrund rückte – und in die Frage nach dem ‚*Wie*‘ des Gemacht-Werdens, der sozialen Konstruktion von Geschlecht einmündete –, ließen sich naturalistische Begründungen für die Zweigeschlechtlichkeit und damit verbunden für soziale Ungleichheitslagen von Männern und Frauen zurückweisen. Doch war in der Perspektive einer sich jetzt ausschließlich als *Sozial*wissenschaft verstehenden Geschlechterforschung, in der die sozialkonstruktivistische Sicht auf Geschlecht dominant wurde, Natur kein Thema mehr

---

Ich danke Sylvia Kägi, Kiel, und Anja Thiem, Lüneburg, für ihre in diesen Beitrag eingebrachte Expertise.

S. Hofmeister (✉)
Leuphana Universität Lüneburg
Scharnhorststraße 1, 21335 Lüneburg, Deutschland
E-Mail: hofmeister@uni.leuphana.de

M. Kampshoff, C. Wiepcke (Hrsg.), *Handbuch Geschlechterforschung und Fachdidaktik*, 485
DOI 10.1007/978-3-531-18984-0_35,
© VS Verlag für Sozialwissenschaften | Springer Fachmedien Wiesbaden 2012

(Hofmeister/Katz 2011, S. 366 f.). Diese konnte bleiben, was sie war: faktisch, universell und unveränderlich – gegeben also.

Diese anscheinend unumstößliche Faktizität der Natur wurde jedoch an anderer Stelle, aufgrund materiell physischer Entwicklungen fragwürdig: „Das Umweltproblem ist nicht geschlechtsneutral", so der Titel einer frühen Publikation zum Zusammenhang von Umwelt und Geschlecht (Buchen et al. 1994). Mit wachsendem Bewusstsein über das Wesen sogenannter ökologischer Krisenphänomene – Luft- und Gewässerverschmutzungen und ‚Waldsterben' in den 1970er und 1980er Jahren, Klimawandel und Biodiversitätsverluste seit den 1990er Jahren – zeigte sich immer deutlicher, dass die Annahme einer konstanten Natur – eine ökologische Natur, die der Gesellschaft vorgegeben ist und deren Produktivität als dauerhaft nutzbare wie selbstverständlich zur Verfügung steht – nicht hält. Vielmehr wurde Natur als ein sozial-ökologisches Ko-Produkt erkannt, dessen Qualität nur dann zukunftsfähig gestaltet werden kann, wenn die Vermittlung zwischen Gesellschaft und Natur und ihre Bedingungen entsprechend um- und ausgestaltet werden. In diesen Diskursen ist das Gegensatzverhältnis zwischen Gesellschaft/Kultur und Natur nach und nach als durchlässig und brüchig (an)erkannt worden.

In der Folge der politischen und wissenschaftlichen Debatten um nachhaltige Entwicklung (ab Mitte der 1990er Jahre) geriet die Ökologie- bzw. Umweltdebatte dann auch immer mehr zu einer *sozial-ökologischen* Frage – genauer: zu einer Debatte um die sozial-ökologische Krise (Becker/Jahn 1989). Sie führte schließlich zu einem veränderten öffentlichen Bewusstsein über die Formen der Problembewältigung und beeinflusste grundlegend auch die wissenschaftliche Umweltforschung. Im sozial-ökologischen Diskurs zu nachhaltiger Entwicklung fungierte Geschlecht von Beginn an als eine Schlüssel- und Querschnittskategorie (Scheich/Schultz 1987; Becker/Jahn/Schramm 1999). Es entstand ein Diskussionsraum, in dem die Parallelisierungen der in gesellschaftliche Natur- und Geschlechterverhältnisse eingeschriebenen Dichotomisierungen und Hierarchisierungen thematisiert werden konnten. Damit waren Möglichkeiten geschaffen, die Synergien der noch jungen Nachhaltigkeitswissenschaften zu den vielfach bereits konsolidierten Geschlechterwissenschaften auszuloten.

Denn die Produktivität der Verbindung von Umwelt- und Nachhaltigkeits- mit Frauen- und Geschlechterforschung basiert – neben den inhaltlichen Bezügen zwischen den Diskursen – zum anderen auch auf den Strukturmerkmalen und -ähnlichkeiten beider Wissenschaftsfelder (Hofmeister/Katz/Mölders 2012). Es geht in beiden Feldern um die Rückgewinnung wissenschaftlicher Wahrnehmungsfähigkeit für lebensweltliche Probleme und für die Entwicklung von Problemlösungen, um eine neue Aufmerksamkeit und Wertschätzung für die Lebenswelt.

Gerade im Blick hierauf verfügen die Frauen- und Geschlechterwissenschaften über eine Tradition, an die die Umwelt- und Nachhaltigkeitswissenschaften anschließen (könnten). Auch dieses (vergleichsweise junge) Wissenschaftsfeld braucht Geschlecht als eine Basiskategorie (Hofmeister/Mölders 2006). Zu zeigen, dass in der problemorientierten Zusammenführung von Nachhaltigkeits- und Geschlechterwissenschaften Potenziale entstehen, dass die inhaltlichen, methodologischen und methodischen Synergien zwischen

35 Die Kategorie Geschlecht in Umwelt 487

beiden sichtbar gemacht und genutzt werden können, ist das dem vorliegenden Beitrag zugrunde liegende Anliegen.

Dazu wird zunächst der Stand der geschlechterbezogenen Umwelt- und Nachhaltigkeitsforschung knapp skizziert sowie Innovationspotenziale aufgezeigt 2). Im Anschluss daran werden die Lern-Lehr-Ziele und -Inhalte im Querschnittsfeld dargestellt und der methodische Rahmen skizziert 3). Schließlich wird ein Überblick über die aktuellen Erkenntnisse der und Anforderungen an die Bildungsforschung in diesem Feld gegeben 4).

35.2 Geschlechterforschung in den Umwelt- und Nachhaltigkeitswissenschaften

35.2.1 Von der feministischen Umweltforschung zur Nachhaltigkeitsforschung

Es waren die Besonderheiten der sich in den 1980er Jahren im Kontext der Frauen- und Ökologiedebatte (vgl. DIE GRÜNEN im Bundestag und AK Frauenpolitik 1987) ausbildenden *feministischen Umweltforschung*, die das Fundament für eine (sozial-ökologische) Nachhaltigkeitsforschung schufen. Feministische Umweltforschung zielte von Anbeginn – sowohl in der Theorieentwicklung, z. B. in naturwissenschafts- und technikkritischer Perspektive, als auch in der problem- und anwendungsorientierten Forschung – auf die Generierung von ‚Übersetzungswissen‘ (Schultz 1994). Es galt Umweltwissen in soziale und gesellschaftliche Kontexte einzubetten, wodurch Umweltschutzziele und -konzepte kritisierbar wurden und zugleich neues konzeptuelles Wissen über die Einschreibungen von ‚Geschlecht‘ in und für gendersensible Politiken im Umweltbereich geschaffen werden konnte. Für die feministische Umweltforschung der frühen Jahre bedeutete dies, dass sie

- problemorientiert ansetzte, d. h. die Problemgenese in die Forschung einbezog,
- partizipativ und transdisziplinär angelegt war, d. h., Alltagserfahrungen, lebensweltliches Wissen und die besondere Problemsicht der verschiedenen Frauen und Männer in die Forschung integrierte,
- bei der Entwicklung von Gestaltungsvorschlägen geschlechterdifferenzierend von den unterschiedlichen Akteuren und Akteurinnen ausging und schließlich, dass sie
- eine Folgenabschätzung ihrer Vorschläge geschlechterdifferenzierend vornahm.

Feministische Umweltforschung war also zu keiner Zeit universell und abstrakt, sondern zielte auf die Generierung von kontextualisiertem Gestaltungswissen (Schultz 1994, S. 164 ff.). Mit ihr wurde ein Forschungszugang angelegt, der direkt Eingang in die Nachhaltigkeitsforschung fand. Denn auch in dieser wird der Anspruch, fachdisziplinäre Wissensbestände zu integrieren und natur- und technikwissenschaftliche Sichtweisen und Denkmuster mit sozial- und kulturwissenschaftlichen zu verbinden, nun explizit formuliert. In der feministischen Umweltforschung wurden die theoretischen und methodischen

Grundlagen für eine kritische geschlechterbezogene Nachhaltigkeitsforschung geschaffen noch bevor die politische Debatte um nachhaltige Entwicklung und in der Folge die Ausbildung von Nachhaltigkeitsforschung eingesetzt hatte.

Dies ist der Hintergrund, vor dem Umwelt- und Nachhaltigkeitswissenschaften in der Perspektive auf Geschlechterforschung zusammenfassend betrachtet werden können.

35.2.2 Analyseperspektiven im Querschnittfeld Geschlechter-, Umwelt- und Nachhaltigkeitswissenschaften

An anderer Stelle (Hofmeister/Katz 2011) wurde gezeigt, dass es vier Perspektiven sind, die die analytischen Zugänge in der Schnittfläche von Geschlechter- zu Umwelt- und Nachhaltigkeitsforschung kennzeichnen und die sich in den Konzepten geschlechterorientierter Umwelt- und Nachhaltigkeitsforschung niederschlagen: Geschlecht wird als Differenz- und epistemologische Kategorie, als Struktur- und Prozesskategorie genutzt. Die Übergänge zwischen diesen sind fließend; sie erlauben keine eindeutigen Zuordnungen zu den theoretischen und konzeptionellen Ansätzen in diesem Feld. Dennoch gelingt es, durch die Explikation der Analyseperspektiven eine erste Sondierung und Systematisierung dieses komplexen und heterogenen Forschungsfelds vorzunehmen.

Die Perspektive auf Geschlecht als (identitätspolitische) *Differenzkategorie* ist unmittelbar verbunden mit den (politischen) Anliegen der Frauen- und Geschlechterforschung: Ungleichheit und Diskriminierung von Frauen werden sichtbar gemacht und kritisch analysiert. Empirisch sind geschlechtsspezifische Unterschiede z. B. im Blick auf das Umweltbewusstsein und -verhalten von Frauen und Männern (vgl. Preisendörfer 1999) deutlich geworden. Derartige Ergebnisse ermöglichen einerseits Aussagen über die Vermitteltheit der materiellen und symbolischen Dimension nachhaltigkeitsrelevanter Handlungen, z. B. über Konsum- und Lebensstile (siehe den Beitrag von Claudia Wiepcke in diesem Band). Andererseits besteht in dieser Forschungsperspektive auch die Gefahr von Fehlschlüssen: So zeigt sich u. a., dass die Zuständigkeit für die Versorgungsarbeit einen höheren Erklärungswert für Umweltbewusstsein und -verhalten hat als die Geschlechterzugehörigkeit (Empacher/Hayn 2001). Werden also geschlechterdisaggregiert erhobene Daten nicht kontextualisiert, Machtverhältnisse nicht mit bedacht, erzeugen sie notwendig Fehlinterpretationen (Schön et al 2002, S. 454 ff.; Weller 2004). Dies kann zu einer ‚Bestätigungsforschung‘ führen, die zur Verfestigung von Geschlechterbildern und -stereotypen beiträgt, statt diese ebenso wie die Bedingungen, Prozesse und Bedeutung ihres Zustandekommens kritisch in Frage zu stellen. Die Kritik an der identitätspolitisch ausgerichteten, am Differenzparadigma orientierten Geschlechterforschung bezieht sich daher auf die Reichweite und die Aussagekraft ihrer Erkenntnisse sowie auf die anti-emanzipatorische Wirkung der davon abgeleiteten politischen Maßnahmen. Dennoch hat dieser Zugang inzwischen nicht an Bedeutung verloren, denn noch immer ist das wissenschaftliche Interesse an nach Geschlecht disaggregierten Daten über umwelt- und nachhaltigkeitsrelevante Aspekte der Tätigkeiten, des Verhaltens und der Wahrnehmung von Frauen und Männern groß. Denn insbesondere auch im Kontext des Politikkonzepts Gender Mainstreaming entwickeln sich zunehmend Forschungen, die Geschlechterdifferenzen und Exklusionsprozesse in den Bereichen Natur- und Umweltschutz in den Blick nehmen und eine entsprechende empirische Datenbasis erfordern (vgl. Kapitel 35.4). Geschlecht als Differenzkategorie ist daher ein Zugang, der für die individuelle Ebene, auf der geschlechtspezifische Unterschiede sichtbar werden, nach wie vor eine hohe Berechtigung hat (Weller 2004, S. 33).

Diese Erkenntnisebene ist jedoch um die Perspektive auf die *Strukturkategorie* Geschlecht zu erweitern. Gefragt wird nach den Orten, an denen Geschlecht als ein ‚sozialer Platzhalter' (Knapp 1988) in der Gesellschaft fungiert; und sie fragt danach, wie durch Dichotomisierungen und damit verbunden durch Hierarchisierungen Ungleichheitslagen erzeugt, aufrechterhalten und stabilisiert oder auch verschoben werden. Damit verlagert sich der Fokus der Forschung von der Frage nach der geschlechtlichen Identität hin zu Geschlechter*verhältnissen*, die einerseits Gesellschaften strukturieren und andererseits durch die Dynamik gesellschaftlicher Entwicklungen hindurch als gesellschaftliche Strukturierungen geschaffen, erneuert oder verändert werden. Indem konstruktivistische Ansätze an Einfluss gewinnen, verschiebt sich der Schwerpunkt der Theorieentwicklung in der Geschlechterforschung nochmals: Das Konzept der Zweigeschlechtlichkeit wird – sowohl in sozialer Dimension als auch im Blick auf das biologische Geschlecht als solches – in Frage gestellt oder (in radikal konstruktivistischer) Sicht ganz aufgegeben. Im Schnittfeld Geschlechter-, Umwelt- und Nachhaltigkeitsforschung haben radikal sozialkonstruktivistische Ansätze allerdings bislang noch keine große Bedeutung erlangt. Denn in dieser Forschungsperspektive sind Materialität und Körperlichkeit weiterhin wesentliche Dimensionen, die im Diskurs um nachhaltige Entwicklung notwendig mitgedacht werden müssen. Soweit es in diesem Diskurs um die Reproduktion von Gesellschaft und Natur geht, geraten sowohl die sozial kulturellen als auch die biologisch generativen Reproduktionsbedingungen und -fähigkeiten gleichermaßen in den Blick.

Allerdings verschiebt sich die Forschungsfrage darauf, *wie* (Zwei)Geschlechtlichkeit sozial konstruiert wird (doing gender, West/Zimmerman 1987; Gildemeister/Wetterer 1992). Die Perspektive auf Geschlecht als *Prozesskategorie* wird in der Verbindung der Geschlechter- mit der Umwelt- und Nachhaltigkeitsforschung erweitert um Natur als Prozesskategorie (doing nature). An der Analyseachse doing gender – doing nature scheint ein hohes theoretisches Innovationspotenzial auf (vgl. Hofmeister/Katz 2011, S. 386 ff.). In dem Anliegen, beide Dualismen – Kultur/Gesellschaft versus Natur und männlich versus weiblich – in ihrer Verschränktheit zu verstehen und sie zugleich in Frage zu stellen, aufzubrechen und zu unterlaufen, indem die Kategorien Natur und Geschlecht in ihrer wechselseitigen Konstruktion als historisch und als veränderlich begriffen werden, zeigen sich die Synergien zwischen den beiden Forschungsfeldern besonders deutlich.

Wie die sozialen Konstruktionen von Geschlechter- und Naturverhältnissen miteinander verwoben sind, in welchen Prozessen und von wem diese eine ineinander verschränkte Konstruktion geleistet wird, ist jedoch als ein die feministische Forschung motivierender Fragekomplex nicht neu: Gewissermaßen quer zu einer an der Theorieentwicklung der Geschlechterforschung orientierten Systematisierung steht die *feministische Wissenschafts-*

theorie, die – soweit sie sich auf die kritische Analyse auch der Naturwissenschaften bezieht – immer schon an der Frage, *wie* die Kategorien Natur und Weiblichkeit in einem ineinander verschränkten, wechselseitigen Prozess erzeugt werden (vgl. Scheich 1993), interessiert war. Die Perspektive auf Geschlecht als eine *epistemologische Kategorie* hat die feministische Umweltforschung von Anbeginn an inspiriert, motiviert, angeleitet und erweitert. Als Analyseperspektive ist sie im Blick auf die hier zugrunde liegende Frage, was die Kategorie Geschlecht in den Nachhaltigkeitswissenschaften und der Umwelt- und Nachhaltigkeitsbildung kritisch analytisch zu leisten vermag, von herausragendem Interesse. In dieser Forschungsperspektive konnten und können schließlich Erkenntnisse über die Prämissen, Theorien, Methoden und Ergebnisse jener Wissenschaften gewonnen werden, die in die Umwelt- und Nachhaltigkeitswissenschaften maßgeblich einfließen – und die in der interdisziplinären Konstruktion dieses Wissenschaftstypus über eine hohe Deutungsmacht verfügen. Die kritische Reflexion sowohl der Wissensbestände als auch der Prozesse der Wissensgenerierung in den Natur- und Technikwissenschaften ist daher von besonderer Relevanz für das Querschnittfeld Umwelt-/Nachhaltigkeits- und Geschlechterwissenschaften.

35.3 Lernziele und -inhalte im Querschnittfeld Geschlechter-, Umwelt- und Nachhaltigkeitswissenschaften

35.3.1 Lehr- und Studienziele

Ziel einer gendersensiblen Bildung in diesem Querschnittfeld ist es, eine Befähigung zur kritischen Analyse und Bewertung von Konzepten und Methoden, wissenschaftlichen Zugängen, Ansätzen, Verfahren und Ergebnissen der Umwelt- und Nachhaltigkeitsforschung aus der Perspektive der Geschlechterforschung zu ermöglichen. Genderwissen ist so zu vermitteln, dass die Lernenden in die Lage kommen, es auf Umwelt- und Nachhaltigkeitsprobleme anzuwenden. Der Grundlagenvermittlung im Bereich der feministischen (Natur-)Wissenschaftstheorie, Umwelt-, Technik- und Nachhaltigkeitsforschung kommt dabei ein besonderes Gewicht zu: Die Bedeutung der Kategorie Geschlecht – sowie anderer gesellschaftlicher Differenzierungen wie Klasse, ‚Rasse'/Ethnie, Alter, Gesundheit – in wissenschaftlichen Analyse- und Bewertungsverfahren sowie für die Generierung umwelt- und nachhaltigkeitspolitischer Konzepte, Strategien und Maßnahmen ist herauszuarbeiten. Dieses Verständnis soll auf eigene Arbeitsaufgaben und -ergebnisse angewendet werden können. Zentrale Lehr- und Studienziele sind somit Kritik- und Reflektionsfähigkeit als Basis für die Befähigung zum eigenständigen wissenschaftlichen Arbeiten in inter- und transdisziplinären Themen- und Forschungsfeldern der Umwelt- und Nachhaltigkeitswissenschaften unter Berücksichtigung der Erkenntnisse der Frauen- und Geschlechterforschung.

35.3.2 Lehrinhalte

Zentral für die Vermittlung der Bedeutung der Kategorie Geschlecht in den Umwelt- und Nachhaltigkeitswissenschaften ist das Verständnis von den Zusammenhängen und Wechselwirkungen zwischen gesellschaftlichen Natur- und Geschlechterverhältnissen. Für die Auswahl, Anordnung und Explikation der Lehrinhalte bedeutet dies, dass neben anwendungsorientierten Fragen der aus Geschlechterperspektive kritischen Umwelt- und Nachhaltigkeitsforschung (beispielsweise auf Themenfelder, wie Stoffströme und Produkte, Ressourcenplanung und Naturschutzmanagement) ein Grundverständnis ausgebildet wird, wie Geschlecht als kritisch-analytische und konzeptionelle Kategorie auf umwelt- und nachhaltigkeitswissenschaftliche Themenfelder angewendet werden kann.

Als ‚eye opener' vermittelt ‚Geschlecht' neue Perspektiven auf Umweltforschungen und die Umsetzung des Integrationsanspruchs einer nachhaltigen Entwicklung. Im Vordergrund steht dabei die Integration ökologisch-naturwissenschaftlicher mit sozial- und kulturwissenschaftlichen Wissensbeständen (Übersetzungswissen, vgl. Kapitel 35.2.1).

Die Forschungsfoki sowie die Erkenntniswege und Forschungsprozesse sollen als vergesellschaftet und vergeschlechtlicht verstanden werden. Für umwelt- und nachhaltigkeitsbezogene Kontexte bedeutet dies, dass soziale Ungleichheiten und damit verbundene Machtverhältnisse (Dualismen/Hierarchisierungen), insbesondere einseitige (geschlechtliche) Zuschreibungen (Dichotomisierungsprozesse) bei der Ursachenanalyse und für die Suche nach Problemlösungen einzubeziehen sind. Hierbei sind die Geschlecht als Strukturkategorie nutzende Analyseperspektive sowie das Verständnis von den interaktiven Prozessen bei der Re/Konstruktion von Geschlecht (doing gender – Geschlecht als Prozesskategorie) von besonderer Bedeutung (vgl. Kapitel 35.2.2).

Implizite und explizite Geschlechterbezüge in umwelt- und nachhaltigkeitswissenschaftlichen Themenfeldern sollen erkannt und herausgearbeitet werden: Implizite (verborgene) Aspekte beziehen sich auf die strukturell symbolischen Dimensionen des Geschlechterverhältnisses, z. B. auf nicht offensichtliche Einfluss- und Gestaltungsmöglichkeiten von Männern und Frauen in den Bereichen Produktion und Konsum. Explizite Geschlechteraspekte beziehen sich auf Unterschiede zwischen Männern und Frauen als soziale Gruppen, beispielsweise im Hinblick auf Unterschiede in den Lebens- und Konsumstilen (z. B. bei der Nutzung von Ressourcen und Produkten, in Risikowahrnehmung und -verhalten).

Deutliche Bezüge zur Geschlechterdebatte weisen insbesondere die Bereiche (Natur-) Wissenschaftstheorie mit Fokus auf der Ausbildung und Entwicklung von Reflektions- und Kritikfähigkeit, (angewandte) Umwelt- und Nachhaltigkeitswissenschaften in Bezug auf die Ausbildung und Entwicklung von Gestaltungs-, Handlungs- und Problemlösungskompetenzen sowie politische Nachhaltigkeitsdiskurse und wissenschaftliche Nachhaltigkeitsforschungen auf.

Diese stellen erste Ansätze dar, z. B. für die Umsetzung einer an Nachhaltigkeitskriterien bemessenen und vorsorgeorientierten Wassernutzung, für eine gendersensible Forschungsarbeit und Politikgestaltung in den Themenfeldern Energieversorgung und Klima-,

Immissionsschutz sowie für mögliche geschlechtsspezifische Wirkungen des europäischen Emissionshandelssystems. Aktuelle Beiträge beziehen sich auch auf genderorientierte Ansätze im Bereich Naturschutz: Naturschutzkonzeptionen und Strategien des Naturschutzmanagements, Naturbilder und Vorstellungen des Schützenswerten und deren geschlechtlichen Kodierungen werden kritisch analysiert, die Relevanz von Geschlechteraspekten für die Arbeitszusammenhänge von Umwelt- und Naturschutzverbänden und Organisationen wird herausgearbeitet. Insbesondere im Kontext sozial-ökologischer Forschungen werden relevante Beiträge generiert, die mittels inter- und transdisziplinärer Methoden Umweltprobleme integrativ analysieren und Gesellschaft und Natur in materieller und symbolischer Hinsicht in Beziehung setzen.

Die Studieninhalte in diesem heterogenen und dynamischen Querschnittfeld sind daher kontinuierlich an den Forschungsstand anzupassen, zu ergänzen und zu aktualisieren. Zugleich bieten sich in diesem Bildungsbereich zahlreiche Möglichkeiten an, die Gestaltungskompetenz und Kreativität der Lernenden herauszufordern und zu fördern (Empowerment), indem eine eigenständige Problemformulierung und Erschließung von Problemlösungen aus der Geschlechterperspektive ermöglicht wird.

35.3.3 Methoden

Für den Bereich der Umwelt- und Nachhaltigkeitswissenschaften und -bildung sind insbesondere problemorientierte, forschende Lehr- und Lernformen (Projektstudien) geeignet. Derartige Studienformen ermöglichen neben dem Erwerb von Fach-, Sozial-, Gender- und Diversitätskompetenz zugleich auch das Vermitteln und Einüben von Methodenwissen und -kompetenzen.

Zusätzlich zum Erwerb der fachspezifischen inter- und transdisziplinären Methoden sind den Lernenden Möglichkeiten zu eröffnen, weitere Methodenkompetenzen zu erwerben, um die Kategorie Geschlecht und andere gesellschaftliche Differenzkategorien (vgl. Kapitel 35.3.1) in umwelt- und nachhaltigkeitswissenschaftliche Analyse- und Bewertungsverfahren sowie in die umwelt- und nachhaltigkeitspolitische Konzept-, Strategie- und Maßnahmenentwicklung einbringen zu können. Es sollen vor allem folgende gendersensible methodische Zugänge vermittelt werden: Methodenwissen zu Situationsanalysen – Dekonstruktionsanalysen – Rekonstruktionsanalysen als genderanalytischer Zugang, Methoden des Gender Mainstreaming (z. B. Gender-Analyse und Gender-Budgeting) sowie das Gender Impact Assessment (GIA) zur Analyse und Bewertung der Wirkungen von umweltpolitischen Maßnahmen auf Frauen, auf Männer sowie auf Geschlechterverhältnisse. Die Lernenden sollen außerdem gendersensitive Methoden und Verfahren der Kommunikation, Partizipation und Mediation kennen und anwenden können.

35.4 Bildungsaufgaben im Querschnittfeld Geschlechter-, Umwelt- und Nachhaltigkeitswissenschaften

Im Vordergrund der Bildungsaufgaben im Querschnittsfeld Geschlechter-, Umwelt- und Nachhaltigkeitswissenschaften steht die Vermittlung von Wissen über ökosystemare Zusammenhänge, die Sensibilisierung für ökologische Probleme und ihre Ursachen sowie die Förderung des Umweltbewusstsein und eines ,umweltgerechten' Verhaltens der Individuen. Umweltbildung wurde und wird bis heute als eine eher naturwissenschaftlich orientierte Aufgabe verstanden und praktiziert. Der wissenschaftsbiographische Hintergrund vieler Bildungsakteurinnen und -akteure ist ein naturwissenschaftlicher (Katz 2007, S. 1). Die Vermittlung sozial- und kulturwissenschaftlicher Erkenntnisse und die Förderung einer kritischen Reflektionsfähigkeit über gesellschaftliche Ungleichheitslagen und deren Ursachen fließt in diesen Bildungsbereich, wenn überhaupt, dann eher randständig ein. Dass die Themen Geschlechterverhältnisse und Geschlechtergerechtigkeit hier wenig Berücksichtigung fanden und finden, ist daher wenig überraschend.

Bis in die 1990er Jahre spiegelt sich dies auch in der Bildungsforschung in den Bereichen Umweltpädagogik (z. B. Gebhard 2001) und in der Umweltbewusstseins- und -verhaltensforschung (z. B. De Haan/Kuckartz 1996) wider, in denen geschlechterdifferenzierte Analysen selten und geschlechterpezifische Unterschiede kaum wahrgenommen und/oder thematisiert worden waren. Mit den ersten Studien zu Umweltbewusstsein und Umweltverhalten, die geschlechterdisaggregiert angelegt waren (Preissendörfer 1999) und in einigen Bereichen zum Teil gravierende Unterschiede zwischen Frauen und Männern sichtbar machten, wurde das Thema Geschlecht – wenngleich eher marginal – als Gegenstand auch der Umweltbildungsforschung wahrgenommen.

Die Wende von der Umweltbildung hin zur Bildung für nachhaltige Entwicklung (BNE) setzte in Deutschland im Anschluss an die Rio-Konferenz und mit Umsetzung der Agenda 21 (Kapitel 36, BMU o. J.) etwa ab 1996 ein (De Haan 2006, S. 4). Damit einhergehend wurde die Integration von natur- und sozial-/kulturwissenschaftlichen Bildungsinhalten angestrebt und die normative Dimension (inter- und intragenerationaler) Gerechtigkeit in den Vordergrund gestellt (ebd.). Das Thema Geschlechtergerechtigkeit wird nun auch für die Bildungsforschung in diesem Bereich (potenziell) interessant: So verweist die UNESCO (2005) im International Implementation Scheme für die UN-Dekade BNE (2005–2014) auf die zentrale Bedeutung von Geschlechtergerechtigkeit in der Bildung für nachhaltige Entwicklung. Dasselbe gilt für die europäische Ebene: Auch hier wird im Rahmen der Strategie zu BNE die Gleichheit der Geschlechter als ein Kernthema ausgewiesen (UNECE 2005) (vgl. Knoll/Szalai 2005; Krikser/Nüthen 2010; Rohrbach 2005).

Doch, obgleich die internationalen Regelwerke und Vereinbarungen im UN- und EU-Kontext die Berücksichtigung der Themenfelder Geschlechterverhältnisse und -gerechtigkeit in die Bildung für nachhaltige Entwicklung (BNE) inzwischen seit langem fordern, ist deren Integration in Deutschland bislang noch ausgeblieben. Das Querschnittsfeld Geschlechter- und Umwelt-/Nachhaltigkeitswissenschaften findet daher auch in der Forschung zu BNE nur selten Beachtung. Die anhaltende Geschlechtsblindheit (ebenso wie die Ausblendung anderer Problemfelder, wie explizit Armut und Alphabetisierung) wird von dem Vorsitzenden des Deutschen Nationalkomitees für die UN-Dekade BNE, Gerhard de Haan (2006, S. 7), mit einer spezifischen nationalen Ausprägung des Konzeptes BNE begründet, die dieses vor Überfrachtung und Diffusion schützen soll: So sei in einem Land wie Deutschland, in dem der Zugang von Mädchen und Jungen zu Bildung schon durch die Schulpflicht gewährleistet sei, das Problem der Geschlechtergerechtigkeit keines, das auf die aus der Perspektive der BNE auf die Agenda gehöre (ebd.). Der Realisierung der Geschlechtergerechtigkeit als eine der Kernvoraussetzungen für eine nachhaltige Entwicklung sei damit im Bildungsbereich schon Genüge getan.

Aus Genderperspektive ist diese Argumentation in zweifacher Hinsicht verkürzt: Zum einen spiegelt sich darin eine Engführung des Verständnisses von Nachhaltigkeit und BNE wider. Krikser und Nüthen (2010, S. 72) weisen darauf hin, dass mit der De-Thematisierung und Marginalisierung von Geschlechterverhältnissen zugleich die Reflektion gesellschaftlicher Hierarchien entlang von Strukturkategorien, wie Herkunft, Klasse, Geschlecht und Körper – ja, die Reflektion gesellschaftlicher Macht- und Herrschaftsverhältnisse insgesamt – ausgeblendet werde. Zum anderen zeigt sich in dieser Argumentation ein äußerst enges Verständnis von Geschlechtergerechtigkeit: Dass die strukturelle Benachteiligung von Frauen bezogen auf den Zugang zu Ressourcen, wie Erwerbsarbeit, Einkommen und Zeit, nicht unabhängig von den Strukturen und Formen in den Bildungssystemen, -einrichtungen und -formen gesehen werden kann, ist eine theoretisch und empirisch vielfach belegte Erkenntnis der (erziehungswissenschaftlichen) Frauen- und Geschlechterforschung, die sich von Anfang an kritisch mit den Inhalten und den Vermittlungsformen von Wissen auseinandergesetzt hat (Faulstich-Wieland 2006, S. 12).

Im Zusammenhang mit BNE werden diese Fragen jedoch kaum diskutiert. Mayer und Katz (2008) weisen auf diese Leerstelle hin und fragen, ob und wie Geschlechterunterschiede in der naturbezogenen Bildungsarbeit durch die Wahl der Themen, Zugänge und didaktischen Methoden auf welche Weisen reproduziert werden (ebd., S. 1034 f., vgl. auch Hehn et al. 2010; Franz-Balsen 2005, S. 346). Eine wesentliche Erkenntnis dieser Forschungen ist, dass die mangelnde Sensibilität für Doing-gender-Prozesse in der Umwelt- und Nachhaltigkeitsbildung sowohl auf Wissensdefizite der Bildungsakteure und -akteurinnen (fehlende Genderkompetenz, fehlendes Wissen über die Zusammenhänge von Natur- und Geschlechterkonstruktionen) hindeutet als auch darauf zurückzuführen ist, dass Bildungseinrichtungen ihre (Mit)Verantwortlichkeit für die (Re-)Produktion und Stabilisierung von gesellschaftlichen Ungleichheitslagen nicht ausreichend wahrnehmen (Mayer/Katz 2008, S. 1034).

Aktuell zeichnen sich zwei Entwicklungswege ab, auf denen sich die in der Literatur vielfach beschriebene Lücke zwischen geschlechter- und umwelt-/nachhaltigkeitsorientierter Bildungsforschung zu schließen beginnt: Zum einen werden auf Grundlage des Konzepts Gender Mainstreaming, dessen Anwendung in der BNE zwar häufig gefordert wird (u. a. Knoll/Szalai 2005; Rohrbach 2005; Franz-Balsen 2005), bislang jedoch nicht realisiert wurde, Prozesse angeregt, die zu einer Bildungsforschung in diesem

Querschnittfeld herausfordern: Im Kontext des Gender Mainstreamings in staatlichen (Hayn 2004; Hofmeister et al. 2002) sowie in nicht staatlichen Umwelt- und Naturschutzeinrichtungen (DNR 2006) werden die Themen Geschlechterverhältnisse, Natur, Umwelt und Nachhaltigkeit zusammengeführt, Fragen nach der Kompetenzentwicklung und Vermittlung in diesem Querschnittfeld aufgeworfen, mitgedacht und mitbearbeitet (Franz-Balsen 2005). Zum anderen zeichnen sich entlang der bildungstheoretischen und -methodischen Diskussion um das im Rahmen der BNE zentrale Konzept Gestaltungskompetenz (De Haan/Harenberg 1999, AG „Qualität und Kompetenzen" des Programms Transfer-21 2007) Synergien zwischen der nachhaltigkeits- und der geschlechterorientierten Bildungsforschung deutlich ab. Dies gilt insbesondere für die Forschung zu Aneignungs- und Vermittlungsformen von Genderkompetenz einerseits (Pravda 2001, S. 311; zitiert nach Faulstich-Wieland 2006, S. 93 f.) und von Nachhaltigkeitskompetenz andererseits (Barth et al. 2008). Beide Forschungsrichtungen weisen auffällige Bezüge zueinander auf, die es sichtbar zu machen und zu nutzen gilt. Denn in beiden Lernräumen geht es zentral um die „Restrukturierung von Wissen und das Neuformulieren des eigenen Verständnisses aufgrund neuer Erfahrungen, Sichtweisen und Kontexte" (ebd., S. 123 sowie in der Perspektive der Geschlechterforschung Faulstich-Wieland 2006, S. 87 ff.). Die durch die Geschlechterforschung generierten Erkenntnisse zu einer geschlechtersensiblen Didaktik könnten also unmittelbar in der BNE reflektiert und genutzt werden. Darüber hinaus wird der Kenntnisstand zu den Geschlechteraspekten von Bildung auch für die Diskussion darüber, was Nachhaltigkeitskompetenz charakterisiert und insbesondere für die Frage, ob und welche Geschlechterkonnotationen in ‚Gestaltungskompetenz' eingehen, fruchtbar gemacht. Erste Forschungen zu den Bezügen zwischen Nachhaltigkeits- und Genderkompetenz laufen derzeit an (Leuphana Universität Lüneburg 2011).

Literatur

AG „Qualität und Kompetenzen" des Programms Transfer-21 (2007): Orientierungshilfe BNE in der Sekundarstufe I. Begründungen, Kompetenzen, Lehrangebote. Berlin.

Althoff, Martina/Bereswill, Mechthild/Riegraf, Birgit (2001): Feministische Methoden und Methodologien. Traditionen, Konzepte, Erörterungen. Opladen: Leske + Budrich.

Barth, Matthias/Godemann, Jasmin/Rieckmann, Marco/Stoltenberg, Ute (2008): Erwerb von Schlüsselkompetenzen ermöglichen: Nachhaltige Entwicklung in der Hochschulbildung. In: Michelsen, Gerd/Adomßent, Maik/Godemann, Jasmin (Hrsg.): „Sustainable University". Nachhaltige Entwicklung als Strategie und Ziel von Hochschulentwicklung. Bad Homburg: VAS, S. 110–129.

Beauvoir, Simone (1951): Das andere Geschlecht. Sitte und Sexus der Frau. Hamburg: Rowohlt.

Becker, Egon/Jahn, Thomas (1989): Soziale Ökologie als Krisenwissenschaft. Sozial-ökologische Arbeitspapiere. AP 1, 2. Auflage. Forschungsgruppe Soziale Ökologie, Frankfurt a. M.: ISOE.

Becker, Egon/Jahn, Thomas/Schramm, Engelbert (1999): Sozial-ökologische Forschung. Rahmenkonzept für einen neuen Förderschwerpunkt. Frankfurt a. M.: IKO.

BMU, Bundesministerium für Umwelt, Naturschutz und Reaktorsicherheit (Hrsg.) (o. J.): Umweltpolitik. Konferenz der Vereinten Nationen für Umwelt und Entwicklung im Juni 1992 in Rio de Janeiro – Dokumente. Agenda 21. Bonn.

Buchen, Judith/Buchholz, Kathrin/Hoffmann, Esther/Hofmeister, Sabine/Kutzner, Ralf/Olbrich, Rüdiger/van Rüth, Petra (Hrsg.) (1994): Das Umweltproblem ist nicht geschlechtsneutral – Feministische Perspektiven. Bielefeld: Kleine.

De Haan, Gerhard (2006): Bildung für eine nachhaltige Entwicklung – ein neues Lern- und Handlungsfeld. In: UNESCO heute. Hrsg. v. Deutsche UNESCO-Kommission. H. 1/2006, S. 4–8.

De Haan, Gerhard/Harenberg, Dorothee (1999): Bildung für eine nachhaltige Entwicklung. Gutachten zum Programm. Materialien zur Bildungsplanung und zur Forschungsförderung. Hrsg. v. BLK. Bonn.

De Haan, Gerhard/Kuckartz, Udo (1996): Umweltbewusstsein. Denken und Handeln in Umweltkrisen. Opladen: Westdeutscher Verlag.

DIE GRÜNEN im Bundestag/AK Frauenpolitik (Hrsg.) (1987): Frauen & Ökologie. Gegen den Machbarkeitswahn. Köln: Kölner Volksblatt Verlag.

DNR, Deutscher Naturschutzring (Hrsg.) (2006): Vielfältig, kooperativ, geschlechtergerecht. Natur- und Umweltschutzverbände auf dem Weg. Dokumentation „Gender Greenstreaming" – Geschlechtergerechtigkeit im Umwelt- und Naturschutz. Berlin, Bonn, Lüneburg.

Empacher, Claudia/Hayn, Doris (2001): Sind Frauen besser? Die Relevanz der Alltagsgestaltung für nachhaltiges Konsumverhalten. In: Politische Ökologie 19 (70), S. 37–39.

Faulstich-Wieland, Hannelore (2006): Einführung in Genderstudien. 2. Auflage. Opladen, Farmington Hills: Verlag Barbara Budrich.

Franz-Balsen, Angela (2005): Gender im Mainstream – Konsequenzen für Theorie und Praxis der Nachhaltigkeitskommunikation. In: Michelsen, Gerd/Godemann, Jasmin (Hrsg.): Handbuch Nachhaltigkeitskommunikation. Grundlagen und Praxis. München: oekom, S. 338–348.

Gebhard, Ulrich (2001): Kind und Natur. Die Bedeutung der Natur für die psychische Entwicklung. 2. aktualisierte und erweiterte Auflage. Opladen: Westdeutscher Verlag.

Gildemeister, Regine/Wetterer, Angelika (1992): Wie Geschlechter gemacht werden. Die soziale Konstruktion der Zweigeschlechtlichkeit und ihre Reifizierung in der Frauenforschung. In: Knapp, Gudrun Axeli/Wetterer, Angelika (Hrsg.): Traditionen Brüche. Entwicklungen feministischer Theorie. Freiburg: Kore, S. 75–81.

Hagemann-White, Carol (1984): Sozialisation: weiblich – männlich? Opladen: Leske + Budrich.

Hausen, Karin (1976): Die Polarisierung der „Geschlechtercharaktere". Eine Spiegelung der Dissoziation von Erwerbs- und Familienleben. In: Conze, Werner (Hrsg.): Sozialgeschichte der Familie in der Neuzeit Europas. Stuttgart: Klett-Cotta, S. 363–393.

Hayn, Doris (Bearb.) (2004): Gender Mainstreaming im Naturschutz. Hrsg. v. Bundesamt für Naturschutz (BfN). Bonn/Münster: Landwirtschaftsverlag.

Hehn, Maria/Katz, Christine/Mayer, Marion/Westermayer, Till (2010): Abschied vom grünen Rock? Forstverwaltungen, waldbezogene Umweltbildung und Geschlechterverhältnisse im Wandel. München: oekom.

Hofmeister, Sabine/Katz, Christine/Mölders, Tanja (2012): Grundlegungen im Themenfeld Geschlechterverhältnisse und Nachhaltigkeit. In: Dies. (Hrsg.): Geschlechterverhältnisse und Nachhaltigkeit. Die Kategorie Geschlecht in den Nachhaltigkeitswissenschaften. Opladen Farmington Hills: Verlag Barbara Budrich.

Hofmeister, Sabine/Katz, Christine (2011): Naturverhältnisse. Geschlechterverhältnisse. Nachhaltigkeit. In: Groß, Matthias (Hrsg.): Handbuch Umweltsoziologie. Wiesbaden: VS Verlag für Sozialwissenschaften, S. 365–398.

Hofmeister, Sabine/Thiem, Anja (2011): Curricula: Umwelt- und Nachhaltigkeitswissenschaften. Curricula: Engineering. Environmental and Sustainalbility Science. In: Becker, Ruth/Kortendiek,

Beate (Hrsg.): Gender-Aspekte bei der Einführung und Akkreditierung gestufter Studiengänge. Fortschreibung und Aktualisierung fachspezifischer Lehrinhalte. Studien Netzwerk Frauenforschung NRW. Dortmund (im Druck).

Hofmeister, Sabine/Mölders, Tanja (2006): Geschlecht als Basiskategorie der Nachhaltigkeitsforschung. In: Schäfer, Martina/Schultz, Irmgard/Wendorf, Gabriele (Hrsg.): Gender-Perspektiven in der Sozial-ökologischen Forschung. Herausforderungen und Erfahrungen aus inter- und transdisziplinären Projekten. München: oekom, S. 17–37.

Hofmeister, Sabine/Brinkmann, Verena/Kägi, Silvia/Karsten, Maria-Eleonora/Katz, Christine/Mölders, Tanja/Thiem, Anja/Weller, Ines (2002): Dokumentation zum aktuellen Stand von Forschung und Diskussion zum Thema „Geschlechterverhältnisse und Nachhaltigkeit". Abschlussbericht für das Umweltbundesamt, Online: http://www.umweltdaten.de/publikationen/fpdf-l/2324.pdf, 24.08.2010.

Katz, Christine (2007): Gender Mainstreaming in der Umweltbildung. Erfolge und Defizite auf dem Weg zur Nachhaltigkeit. Manuskript zum Vortrag anlässlich des Workshops „High noon: Frauen, Männer und Naturschutz am 30.10.2007 an der Johannes Gutenberg Universität in Mainz. Online: http://www.mufv.rlp.de, 27.07.2011.

Knapp, Gudrun-Axeli (1988): Die vergessene Differenz. In: Feministische Studien, Jg. 6, H. 1, S. 12–31.

Knoll, Bente/Szalai, Elke (2005): Gender und Bildung für nachhaltige Entwicklung. Hrsg. v. Bundesministerium für Land- und Forstwirtschaft, Umwelt und Wasserwirtschaft, Österreich. Wien.

Krikser, Thomas/Nüthen, Inga (2010): Bildung für nachhaltige Entwicklung und ihre Geschlechter – zum Status quo der Geschlechterverhältnisse in der Bildung für nachhaltige Entwicklung. In: Femina politica. Zeitschrift für feministische Politikwissenschaft. 19. Jg., H. 1, S. 67–76.

Leuphana Universität Lüneburg (2011): Forschungsprojekt „Befördern Nachhaltigkeitskompetenzen Frauen an die Spitze?" im Forschungsgebiet Umweltplanung. Online: http://www.leuphana.de/institute/insugo/umweltplanung/forschung/forschungsprojekte/nachhaltigkeitskompetenz-und-geschlecht.html, 29.07.2011.

Mayer, Marion/Katz, Christine (2008): Gender und Bildung für nachhaltige Entwicklung? In: AFZ, Allgemeine Forst Zeitschrift – Der Wald, Jg. 19, S. 1033–1036.

Pravda, Giesela (2001): Zum anderen Lernen von Frauen. In: Gieseke, Wiltrud (Hrsg.): Handbuch zur Frauenbildung. Opladen: Westdeutscher Verlag, S. 305–320.

Preissendörfer, Peter (1999): Umwelteinstellungen und Umweltverhalten in Deutschland. Opladen: Westdeutscher Verlag.

Rohrbach, Bianca (2005): Gender Mainstreaming in der Bildung für nachhaltige Entwicklung. Analyse der Umsetzung in den Konzepten der UN-Dekade. genaStudien 9. Hrsg. v. gena.net. Leitstelle Geschlechtergerechtigkeit und Nachhaltigkeit. Frankfurt a. M. Online: http://www.genanet.de, 27.07.2011.

Scheich, Elvira (1993): Naturbeherrschung und Weiblichkeit. Denkformen und Phantasmen der modernen Naturwissenschaften. Pfaffenweiler: Centaurus.

Scheich, Elvira/Schultz, Irmgard (1987): Soziale Ökologie und Feminismus. Sozial-ökologische Arbeitspapier AP 2. Frankfurt a. M.: IKO.

Schön, Susanne/Keppler, Dorothee/Geißel, Brigitte (2002): Gender und Nachhaltigkeit. In: Balzer, Ingrid/Wächter, Monika (Hrsg.): Sozial-ökologische Forschung. Ergebnisse der Sondierungsprojekte aus dem BMBF-Förderschwerpunkt. München: oekom, S. 453–473.

Schultz, Irmgard (1994): Das Frauen & Müll-Syndrom – Überlegungen in Richtung einer feministischen Umweltforschung. In: Buchen, Judith et al. (Hrsg.): Das Umweltproblem ist nicht geschlechtsneutral – Feministische Perspektiven. Bielefeld: Kleine, S. 152 167.

UNECE, United Nations Economic Commissions for Europe (2005): UNECE-Strategie über die Bildung für nachhaltige Entwicklung. Vilnius.

UNESCO, United Nations Educational, Scientific and Cultural Organisation (2005): United Nations Decade of Education for Sustainable Development (2005–2014): International Implementation Scheme. Paris.

Weller, Ines (2004): Nachhaltigkeit und Gender. Neue Perspektiven für die Gestaltung und Nutzung von Produkten. München: oekom.

West, Candace/Zimmerman, Don H. (1987): Doing Gender In: Gender & Society. 1987/1, S. 125–151.

Schulische Mobilitätserziehung aus der Geschlechterperspektive

36

Maria Limbourg

Trotz sich verändernder Rollenbilder hat das Geschlecht nach wie vor einen großen Einfluss auf das Mobilitätsverhalten, auf die Verkehrsmittelnutzung und auf die Verkehrsunfallbelastung von Kindern, Jugendlichen und Erwachsenen in unserer Gesellschaft. In diesem Beitrag möchte ich die wichtigsten Geschlechterunterschiede im Lebensbereich „Mobilität" vorstellen, auf ihre Ursachen eingehen und auf der Grundlage dieser Erkenntnisse Konsequenzen für die schulische Mobilitätserziehung formulieren. Danach soll analysiert werden, ob die aktuellen Ziele, Inhalte und Methoden der schulischen Mobilitätserziehung aus einer geschlechterorientierten Perspektive angemessen sind oder geändert bzw. ergänzt werden müssten. Als Grundlage für die Analyse möchte ich auch die historische Entwicklung und den aktuellen Stand der schulischen Mobilitätserziehung (in einem Teil der Bundesländer als „Verkehrserziehung" bezeichnet) vorstellen. Grund dafür ist die Erkenntnis, dass nicht alle Lehrenden – besonders an weiterführenden Schulen – dieses fächerübergreifende Erziehungsgebiet gut kennen und in ihre pädagogische Arbeit einbeziehen (vgl. Weishaupt et al. 2004, S. 28 ff.).

36.1 Geschlechtsspezifische Aspekte des menschlichen Mobilitätsverhaltens als Grundlage für eine geschlechtergerechte Mobilitätserziehung in der Schule

In der verkehrspsychologischen und -soziologischen Forschung waren Gender-Fragen schon zu Beginn des 20. Jahrhunderts von Bedeutung – sie wurden den Forschenden durch die großen Geschlechterunterschiede in den Verkehrsunfallzahlen nahe gelegt. So wurde das Geschlecht eine wichtige Variable, die in den meisten einschlägigen For-

---

M. Limbourg (✉)
Universität Duisburg-Essen,
Universitätsstraße 2, 45141 Essen, Deutschland
E-Mail: maria.limbourg@uni-due.de

M. Kampshoff, C. Wiepcke (Hrsg.), *Handbuch Geschlechterforschung und Fachdidaktik,*
DOI 10.1007/978-3-531-18984-0_36,
© VS Verlag für Sozialwissenschaften | Springer Fachmedien Wiesbaden 2012

schungsarbeiten erfasst wurde (vgl. Limbourg/Reiter 2009b, S. 174). Die in der Verkehrsforschung ermittelten Geschlechterunterschiede sind meistens quantitativer Art (z. B. „Mehr Frauen als Männer nutzen Busse und Bahnen" oder „Mehr Männer als Frauen halten sich nicht an Geschwindigkeitsbeschränkungen"). Das bedeutet, dass die beschriebenen Merkmale nicht bei allen Personen des gleichen Geschlechts zu beobachten sind, sondern nur bei einer bestimmten Anzahl, die größer oder kleiner als beim anderen Geschlecht sein kann (vgl. auch Beitrag von Gisela Steins in diesem Buch). Diese Erkenntnis muss auch bei einer geschlechterorientierten Didaktik berücksichtigt werden. Mit dieser Einschränkung möchte ich in diesem Abschnitt auf die für die schulische Mobilitätserziehung relevanten Geschlechterunterschiede im menschlichen Mobilitätsverhalten eingehen und daraus Konsequenzen für die pädagogische Arbeit in den Schulen ableiten.

36.1.1 Mobilitätsverhalten und Verkehrsmittelnutzung

Männer legen pro Jahr in Deutschland durchschnittlich 46 km pro Tag im Verkehrsraum zurück und sind dabei 81 min unterwegs. Frauen legen durchschnittlich nur 33 km täglich zurück, halten sich aber mit 76 min fast genau so lange wie Männer im Verkehrsraum auf (vgl. Mobilität in Deutschland, MiD 2008, S. 79). Grund dafür sind Unterschiede im Mobilitätsverhalten von Männern und Frauen. Während Männer den Pkw häufiger als Frauen nutzen, gehen Frauen mehr zu Fuß und nutzen Busse und Bahnen häufiger als Männer. So legte die Gesamtheit der Männer in Deutschland im Jahr 2008 pro Tag 1.199 Millionen Pkw-Kilometer zurück, bei den Frauen waren es nur 513 Millionen – obwohl fast genau so viele Frauen wie Männer eine Pkw-Fahrerlaubnis besitzen (Frauen: 29,2 Millionen; Männer: 30,8 Millionen). Frauen zeigen ein stärkeres Umweltbewusstsein und sind deshalb häufiger als Männer bereit, umweltverträgliche Mobilitätsformen zu nutzen (Flade/Limbourg 1997, S. 87 ff.).

Bereits im Kindesalter lassen sich Unterschiede im Mobilitätsverhalten von Jungen und Mädchen feststellen: Jungen nutzen häufiger das Fahrrad, sie legen durchschnittlich 1,22 km pro Tag damit zurück (Mädchen: 0,82 km pro Tag) (Funk/Faßmann 2002; S. 198 ff.). Jungen bevorzugen das jeweils schnellere unter den verfügbaren Verkehrsmitteln (Flade/Hacke/Lohmann 2003, S. 129 ff.). In einer Befragung von 1.185 Jugendlichen zu ihren Motiven für das Autofahren war für 22 % der männlichen, aber nur für 10 % der weiblichen Jugendlichen „Spaß beim Fahren" das am häufigsten genannte Motiv (Flade/Limbourg 1997, S. 91 ff.). Auch die österreichische Studie von Schmidt, Schmidt und Drunecky (1999) zeigte ähnliche Ergebnisse: Das Hauptmotiv für Autofahren bei männlichen Jugendlichen war das „Genießen von Geschwindigkeit".

In unserer mobilen Gesellschaft entwickelten Männer und Frauen unterschiedliche Modellvorstellungen von Fahrkompetenz: Im männlichen Modell ist der Faktor „Wagemut beweisen" (schnell fahren und überholen), im weiblichen Modell der Faktor „Hilfsbereitschaft" (den Verkehr nicht behindern, andere vorbei lassen) bedeutsamer (vgl. Flade

36 Schulische Mobilitätserziehung aus der Geschlechterperspektive

1999, S. 140 ff.; Limbourg et al. 2000, S. 115 ff.). Darüber hinaus zeigt die Forschung, dass Männer – und darunter besonders die jüngeren – ihre fahrtechnischen Fähigkeiten häufig überschätzen, was zu einem offensiven und risikofreudigen Fahrstil führt. Frauen beurteilen ihre Fahrkompetenzen realistischer (vgl. Flade 1999, S. 140; Limbourg/Reiter 2009b, S. 217). Die Ursachen der Unterschiede im Mobilitätsverhalten von Männern und Frauen sind vielfältig und lassen sich sowohl durch verschiedene Lebensalltage (Berufstätigkeit, Kinderbetreuung, Pflege von Angehörigen, Einkaufen usw.) als auch durch unterschiedliche Sozialisationseinflüsse (Familie, Kindergarten, Schule, Peer-Group, Medien usw.) in unserer Gesellschaft erklären (vgl. Flade 1999, S. 137 ff.).

► Als pädagogische Konsequenz dieser Erkenntnisse sollte die schulische Mobilitätserziehung die Nutzung umweltschonender Mobilitätsformen, das Umweltbewusstsein und die Hilfsbereitschaft bei Kindern und Jugendlichen fördern (vgl. Siller/Lahr 2003b, S. 45; Spitta 2005, S. 98 ff.; ADAC 2005; Limbourg 2011b, S. 412 ff.). Außerdem sollten jungen Fahrern und Fahrerinnen die physikalischen Grenzen ihrer fahrerischen Kompetenzen aufgezeigt werden – z. B. im Rahmen eines Verkehrssicherheitstrainings mit dem Fahrrad, dem Mofa oder dem Pkw (vgl. ADAC 2006).

36.1.2 Räumliche Aktionsräume, kognitive Landkarten und räumliches Vorstellungsvermögen

Durch das häufigere Radfahren haben Jungen einen durchschnittlich größeren Aktionsradius als gleichaltrige Mädchen. Je weiter der räumliche Aktionsradius reicht, umso ausgedehnter ist im Allgemeinen auch die individuelle kognitive Landkarte der räumlichen Umwelt. So können nach Webley (1981, S. 298 ff.) Geschlechtsunterschiede in den kognitiven Landkarten und im räumlichen Vorstellungsvermögen auf ein unterschiedliches Ausmaß an räumlichen Erfahrungen zurückgeführt werden. Webley gelangte bei der Untersuchung achtjähriger Kinder zu dem Ergebnis, dass die kognitiven Landkarten von Jungen ausgedehnter und genauer sind als diejenigen von Mädchen. Als vermittelnde Variable erwies sich der Aktionsradius, der bei Jungen im Mittel um 40 % größer als bei Mädchen war. Unter kontrollierten Bedingungen mit gleich großem räumlichem Aktionsraum bei den Mädchen und Jungen verschwanden die Geschlechtsunterschiede in den kognitiven Karten zu diesen Räumen.

► Als pädagogische Konsequenz dieser Erkenntnisse sollte die schulische Mobilitätserziehung in der Grundschule die Bildung von kognitiven Landkarten ihres Lebensraums bei Jungen und Mädchen durch Schul-/und Wohnumfeld-Erkundungen mit dem Fahrrad (aber auch zu Fuß und mit öffentlichen Verkehrsmitteln) fördern (vgl. Flade 2009, S. 36 ff.).

36.1.3 Verkehrsunfallgefährdung

Das Risiko, bei der Teilnahme am Straßenverkehr tödlich zu verunglücken, ist für Männer deutlich höher als für Frauen. So waren im Jahr 2002 73 % der 1,2 Millionen weltweit gezählten Verkehrstoten männlich und 27 % weiblich (WHO 2004, S. 14). Diese geschlechtsspezifischen Anteile an der Gesamtzahl der Verkehrstoten finden sich auch in Deutschland wieder: Im Jahr 2009 wurden in unserem Lande 3.050 Männer (73,5 %) und 1.102 Frauen (26,5 %) bei Verkehrsunfällen getötet (Statistisches Bundesamt 2010). Diese geschlechtsspezifischen Unterschiede zeigen sich in allen Altersklassen (Kinder, Jugendliche und Erwachsene) und bei allen Verkehrsarten (Fußgänger, Radfahrer und motorisierte Verkehrsteilnehmer) (vgl. Limbourg/Reiter 2009b, S. 205 ff.).

Da Männer mit motorisierten Fahrzeugen durchschnittlich mehr Kilometer pro Jahr als Frauen zurücklegen, müssen die Getöteten-Zahlen bei Autofahrern und motorisierten Zweiradfahrern vor einem Vergleich der Geschlechter auf die Verkehrsleistung bezogen werden (Getötete je 100.000 zurückgelegter Kilometer). Die Ergebnisse dieses Vergleichs zeigen, dass das verkehrsleistungsbezogene Risiko für Männer, als Fahrer eines motorisierten Fahrzeugs bei einem Verkehrsunfall im Straßenverkehr getötet zu werden, um 83 % größer ist als für Frauen.

▶ Als pädagogische Konsequenz dieser Erkenntnisse muss die schulische Mobilitätserziehung in der Grundschule Beiträge zur Erhöhung der Verkehrssicherheit von Kindern als Zu-Fuß-Gehende, als Rad-Fahrende oder als Mitfahrende im Pkw oder in Bussen und Bahnen leisten (Siller 2008, S. 41 ff.; Limbourg 2008, S. 150 ff.). In den weiterführenden Schulen sollten Schüler und Schülerinnen auch an eine sichere Verkehrsteilnahme mit motorisierten Verkehrsmitteln herangeführt werden (vgl. Siller/ Lahr 2003b, S. 106 ff. Limbourg 2011a, S. 76 ff.).

36.1.4 Mobilitätsbezogenes Risikoverhalten

Die Ergebnisse der einschlägigen verkehrspsychologischen Forschungsarbeiten zeigen, dass sich Männer als Verkehrsteilnehmer riskanter als Frauen verhalten (vgl. Limbourg/ Reiter 2009b, S. 209 ff.). In den einschlägigen empirischen Studien konnte gezeigt werden, dass Männer häufiger als Frauen aggressiv fahren, dass sie Geschwindigkeitsbeschränkungen und Alkohol-Promille-Grenzen seltener als Frauen einhalten und dass sie den Sicherheitsgurt seltener als Frauen nutzen. Die erhöhte Risikobereitschaft von Männern im Vergleich zu Frauen zeigt sich bereits im Kindesalter und erreicht ihren Höhepunkt im Jugendalter.

Zuckerman (1979, S. 18 ff.) erklärt das Risikoverhalten im Rahmen seiner biosozialen Theorie mit der Sensation Seeking-Tendenz („Kick/Thrill"-Suche). „Sensation Seeking" wird von Zuckerman als eine Verhaltensdisposition beschrieben, die durch ein interindividuell variierendes Bedürfnis nach neuen, abwechslungsreichen und intensiven Sinneseindrücken und Erfahrungen gekennzeichnet ist. Die Suche nach solchen Erfahrungen geht mit der Bereitschaft einher, dafür auch Risiken in Kauf zu nehmen. Die Sensation Seeking-Werte sind im Jugendalter am höchsten und bei Männern durchschnittlich höher als bei Frauen. Außerdem gehen hohe Sensation Seeking-Werte mit hohen Werten des männlichen Hormons Testosteron einher. Die Forschungsergebnisse von Zuckerman wurden durch weitere Studien bestätigt (z. B. Dabbs/Morris 1990; Gerra et al. 1999). Zuckerman konnte in seinen Forschungsarbeiten außerdem zeigen, dass der Testosteron-Spiegel durch Umweltfaktoren beeinflusst wird. Aggressionen und Konflikte – wie sie auch häufig in der Schule auftreten – gehen mit einer Erhöhung des Testosteron-Spiegels einher (Zuckerman 1994) – eine auch für die Schulpädagogik wichtige Erkenntnis.

Sozialisationstheoretische Ansätze zur Erklärung der geschlechtsspezifischen Unterschiede im Risikoverhalten stellen die konstruktivistischen Geschlechtertheorien dar. Sie begreifen das soziale Geschlecht (gender) als soziale Konstruktion innerhalb eines kulturellen Systems (vgl. Hannover 2010, S. 27 ff. und den Beitrag von Faulstich-Wieland/Horstkemper in diesem Buch). Leistung und Sieg sind für die Geschlechtsidentität von Jungen von zentraler Bedeutung. Gewalt, exzessive Risikopraktiken oder auch riskante Mutproben bieten sich an, um männliche Invulnerabilität, Stärke und Überlegenheit zu demonstrieren. PS-starke Autos und Motorräder haben für eine große Anzahl von Männern in unserer Gesellschaft eine identitätstiftende Bedeutung (Arnett et al. 2002, S. 17 ff.). Extreme Formen der öffentlichen Präsentation von Männlichkeit, die auf körperliche Kraft und Dominanz beruhen, wählen insbesondere marginalisierte Jugendliche (Helfferich 2001, S. 332 ff.). So ist auch zu verstehen, dass gerade für Jugendliche aus benachteiligten Soziallagen Risikoverhalten und körperliche Gewalt der Geschlechtsidentitätsreproduktion dienen. Zur öffentlichen Präsentation von Männlichkeit gehört in unserer Gesellschaft auch der Alkoholkonsum, der schon in jungen Jahren das Unfallgeschehen beeinflusst. So zeigen die Verkehrsunfallstatistiken 2009, dass bereits bei den unter 15-jährigen Kindern acht Jungen, aber nur ein Mädchen unter Alkoholeinfluss im Straßenverkehr verunglückten. Bei den 15- bis 18-Jährigen waren es 561 Jungen gegenüber 49 Mädchen und bei den 18- bis 24-Jährigen war das Verhältnis 4.046 junge Männer zu 404 junge Frauen (Statistisches Bundesamt 2010).

▶ Als mobilitätspädagogische Konsequenz für den Unterricht in den Sekundarstufen sollten die biologischen und die sozialen Grundlagen des Risikoverhaltens im Jugendalter, die Auswirkungen des Alkohol- und Drogenkonsums auf das Risikoverhalten im Straßenverkehr und die Ursachen der geschlechtsspezifischen Unterschiede in diesem Bereich thematisiert werden (Unterricht Biologie 2004; Limbourg 2010, S. 37 ff.). Außerdem sollte die Schule den Jugendlichen Möglichkeiten bieten, ihre erhöhte Risikobereitschaft unter kontrollierten Bedingungen auszuleben (Hochseilgärten, Kletterwände, Nachtwanderungen, Skater-Anlagen usw.). Besondere Schwerpunkte solcher erlebnispädagogischer Aktivitäten sollten in Schulen in sozialen Brennpunkten gelegt werden.

36.1.5 Delinquenz im Straßenverkehr

Verkehrsverstöße und Delikte im Straßenverkehr werden beim Kraftfahrt-Bundesamt in Flensburg (KBA) im Verkehrszentralregister (VZR, „Verkehrssünderkartei") registriert. Die VZR-Statistik umfasst Daten zu Delikten wie z. B. Fahren ohne Fahrerlaubnis, Alkoholgenuss beim Führen des Fahrzeugs, Fahren ohne gültigen Führerschein, Verstöße bezüglich Geschwindigkeit, Vorfahrt, Überholen, Sicherheitsabstand, Abbiegen usw. Im VZR sind Jugendliche ab 14 Jahren vertreten, weil nach dem Strafgesetzbuch mit diesem Alter die Strafmündigkeit beginnt.

Die Zahlen der im VZR registrierten jungen Täter je 100.000 Einwohner der Altersgruppe zeigen, dass Männer (und besonders junge Männer) im VZR sehr viel häufiger vertreten sind als Frauen. So waren im Jahr 2007 Männer im Alter von 18 bis 24 Jahren im VZR mit 494.000 zu 141.000 Eintragungen von Verkehrsverstößen von Frauen gleichen Alters deutlich überrepräsentiert (Kraftfahrt-Bundesamt 2008). 14 % der Fahranfänger und -anfängerinnen gelingt es nicht, die zweijährige Probezeit ohne eine Eintragung im VZR zu bestehen. Männer sind davon durchschnittlich 3,5-mal häufiger als Frauen betroffen. Dieses Verhältnis verschiebt sich noch weiter zu Lasten der Männer bei der Betrachtung von Verkehrsstraftaten, Alkohol- und Geschwindigkeitsdelikten.

Die statistischen Erkenntnisse aus dem VZR zur Häufigkeit von Verkehrsverstößen von Frauen und Männern werden auch durch eine Reihe von Forschungsarbeiten aus anderen Ländern bestätigt (vgl. Übersicht bei Limbourg/Reiter 2009b, S. 217 ff.). Die Ergebnisse der Studien zeigen, dass die Bereitschaft von jungen Frauen, sich im Straßenverkehr regelkonform zu verhalten, signifikant größer als bei jungen Männern ist. Hauptmotiv für die höhere Bereitschaft von Frauen zur Einhaltung von Verkehrsregeln ist die Vermeidung von Unfällen – nicht die Angst vor Bestrafung. Bei Männern ist das Hauptmotiv für regelkonformes Verhalten die Angst vor Bestrafung. Die Angst vor Unfällen spielte bei ihnen eine geringere Rolle.

▶ Als mobilitätspädagogische Konsequenz für den Unterricht in allen Schulformen und Schulstufen sollte in Schulfächern, die sich mit ethischen und moralischen Fragen beschäftigen, die Problematik der Gesetzes- und Regelbefolgung sowie des Sozialverhaltens im Verkehrsraum erörtert werden. In diesem Bereich haben Mädchen gegenüber Jungen einen deutlichen Vorsprung und Jungen können von Mädchen prosoziale Verhaltensweisen lernen (vgl. Hoppe 1997, S. 65 ff.).

36.2 Historische Entwicklung der schulischen Mobilitätserziehung aus einer geschlechtsspezifischen Perspektive

Die geschichtliche Entwicklung der Mobilitätserziehung steht in einer engen Beziehung zur Entwicklung des motorisierten Straßenverkehrs. Durch die Zunahme des Autoverkehrs traten immer häufiger Konflikte zwischen motorisierten und nicht motorisierten

36 Schulische Mobilitätserziehung aus der Geschlechterperspektive

Verkehrsteilnehmenden auf, die häufig zu Unfällen führten. Schon zu Beginn des 20. Jahrhunderts gab es viele Beschwerden über „rüpelhaftes" Benehmen und zu schnelles Fahren seitens der – meistens männlichen – Autofahrer.

Die pädagogischen Bemühungen in der Anfangszeit der Mobilitätserziehung bezogen sich nur auf die motorisierten Fahrer und Fahrerinnen. Ihre Schulung führte jedoch nicht zur Reduktion der Unfallzahlen und so wurden schließlich auch zu Fuß gehende und Rad fahrende Personen als zu erziehende Verkehrsteilnehmergruppen einbezogen. Sie sollten an die Ordnung des motorisierten Verkehrs angepasst werden (vgl. Siller/Lahr 2003a, S. 38).

Die Forderungen zur Schulung aller Verkehrsteilnehmergruppen wurden in den 1920er Jahren von Automobilclubs und Verkehrsverbänden unterstützt. Mit ihrer Hilfe wurde das Lernen von Verkehrsregeln auch im schulischen Unterricht berücksichtigt, bis dann im Jahr 1930 die schulische Verkehrserziehung durch den preußischen Kultusminister institutionalisiert wurde (vgl. Siller/Lahr 2003a, S. 39). Von diesem Zeitpunkt an wurde Mobilitätserziehung ein fester Bestandteil der schulischen Erziehung. Die pädagogischen Aufgaben in diesem Bereich wurden vorwiegend an außerschulische Institutionen delegiert (Polizei, Verkehrswacht, Automobilverbände).

In der Zeit nach dem Zweiten Weltkrieg wurde von der deutschen Verkehrspolitik dem Automobil ein eindeutiger Vorrang gegenüber den nicht motorisierten Verkehrsarten eingeräumt. Die Folgen waren für Deutschland extrem hohe Verkehrsunfallzahlen – mit den höchsten Getöteten-Zahlen in ganz Europa (vgl. Limbourg 2008, S. 23). Angesichts der besonders hohen Kinderunfallzahlen in Westdeutschland – aber auch in den europäischen Nachbarländern – wurden in den 1970er Jahren Forschungsprojekte gefördert, die sich mit der Untersuchung der Ursachen von Kinderunfällen im Straßenverkehr beschäftigten und unfallpräventive pädagogische Ansätze entwickeln und erproben sollten. Viele dieser Projekte wurden von weiblichen Forscherinnen durchgeführt, weil sie häufig mehr Erfahrung in der Erforschung des kindlichen Verhaltens als männliche Verkehrsforscher hatten (vgl. Limbourg/Reiter 2009a, S. 137 ff.). Da sich Kinder überwiegend zu Fuß, mit dem Rad oder mit öffentlichen Verkehrsmitteln bewegten, richtete sich das Interesse der Forscherinnen stärker auf die Gruppe der nicht-motorisierten Verkehrsteilnehmenden. Ihre Forderung an die Gesellschaft – und besonders an die motorisierten Verkehrsteilnehmenden – lautete, sich stärker auf die Besonderheiten der nicht motorisierten Verkehrsteilnehmenden einzustellen und auf sie Rücksicht zu nehmen, um so einen Beitrag zur Humanisierung des Straßenverkehrs und als Folge auch zur Reduktion der Unfallzahlen zu leisten.

Auf der Grundlage dieser Entwicklungen wurde im Jahr 1972 die schulische Mobilitätserziehung durch eine Empfehlung der Kultusministerkonferenz grundlegend verändert (soziale Wende der Mobilitätserziehung). Die Mobilitätserziehung sollte nicht nur Regelkenntnisse vermitteln, sondern auch verkehrsbezogene soziale Kompetenzen fördern (vgl. Siller/Lahr 2003a, S. 39 ff.). Gender-Aspekte wurden dabei nicht explizit berücksichtigt – auch wenn die sozialen Lernziele aus der Geschlechter-Perspektive heraus sinnvoll sind. (Viele Mädchen sind an den sozialen Aspekten der Mobilität interessiert, Jungen haben in diesem Bereich häufig Defizite.)

Die – bislang letzte – Weiterentwicklung der schulischen Mobilitätserziehung wurde durch die Empfehlungen der KMK aus dem Jahr 1994 eingeleitet. Es handelt sich um eine ökologische Wende der Mobilitätserziehung, die durch Umweltverbände, durch ökologisch orientierte Verkehrsclubs und durch die Umweltwissenschaften angestoßen wurde. Zu den klassischen Zielen der Mobilitätserziehung (Unfallprävention und Sozialerziehung) kamen Umwelt- und gesundheitsbezogene Ziele hinzu, die mit der Förderung einer Umwelt- und gesundheitsverträglichen Mobilität in Beziehung stehen. Kinder und Jugendliche sollten die durch den motorisierten Straßenverkehr verursachten Umwelt- und Gesundheitsschäden erkennen lernen und an umweltverträgliche Mobilitätsformen wie Zu-Fuß-Gehen, Radfahren und Bus- und Bahn-Fahren herangeführt werden. Auch in dieser Neufassung der KMK-Empfehlung 1972 wurden Gender-Aspekte leider außer Acht gelassen, obwohl die Umweltthematik für eine geschlechterorientierte Mobilitätserziehung sehr gut geeignet ist, weil Mädchen und Jungen in diesem Bereich unterschiedliche Voraussetzungen mitbringen.

Seit dieser ökologischen Wende in der Mobilitätserziehung steht nicht mehr nur die Verkehrsunfallprävention im Mittelpunkt der pädagogischen Bemühungen, sondern auch die Prävention von Umwelt- und Gesundheitsschäden durch Verkehr und Mobilität. Die Erweiterung der Erziehungsziele in der Mobilitätspädagogik führte auch zu einer Veränderung in der Palette der außerschulischen Partner der Mobilitätserziehung. Neben den klassischen Automobilclubs und Verkehrsvereinen beteiligen sich daran auch Fahrradverbände, öffentliche Verkehrsbetriebe und Umweltverbände.

Die ökologische Wende hatte zur Folge, dass dieser Erziehungsbereich immer häufiger Mobilitätserziehung (oder Mobilitätsbildung) statt Verkehrserziehung genannt wurde. Diese begriffliche Veränderung erscheint aus pädagogischer Sicht folgerichtig: Wenn man den Verkehr verändern will, muss das Mobilitätsverhalten der Menschen beeinflusst werden. Menschen und ihr Verhalten sind Gegenstand der Pädagogik. Den Verkehr können wir weder erziehen noch bilden, die am Verkehr teilnehmenden Menschen schon. Im schulischen Kontext kann versucht werden, das Mobilitätsverhalten von Schülerinnen und Schülern zu beeinflussen und ihnen die erforderlichen Kompetenzen für den Lebensbereich Mobilität zu vermitteln. Der Begriff „Mobilitätserziehung/-Bildung" passt besser zu diesem Erziehungskonzept als der Begriff „Verkehrserziehung" (vgl. von Reeken 2001, S. 612 ff.).

36.3 Ziele und Inhalte der schulischen Mobilitätserziehung

Da in diesem Beitrag nicht alle Bundesländer-Lehrpläne zur schulischen Mobilitätserziehung vorgestellt werden können, werde ich mich auf die Empfehlungen der Kultusministerkonferenz aus dem Jahr 1994 konzentrieren. Sie stellen die Grundlage aller Länder-Curricula dar.

Nach den KMK-Empfehlungen 1994 hat die schulische Mobilitätserziehung eine doppelte Zielsetzung: Schülerinnen und Schüler aller Schulstufen und -formen sollen lernen, sich im Verkehrsraum sicher, sozial und umweltverträglich zu bewegen. Zur gleichen Zeit sollen die Lernenden auch ein kritisches Verständnis für den Verkehr und seine Komponenten erlangen und befähigt werden, an der Verbesserung der Verkehrsverhältnisse mitzuwirken. Demnach beschränkt sich die Mobilitätserziehung nicht nur auf die Anpassung der Kinder und Jugendlichen an bestehende Verkehrsverhältnisse; sie schließt vielmehr auch die Hinführung der Lernenden zu einer kritischen Auseinandersetzung mit den derzeitigen Mobilitätsformen, dem daraus resultierenden Verkehr und seinen Auswirkungen auf die Sicherheit, die Gesundheit und die Umwelt der Menschen ein. Schülerinnen und Schüler sollen lernen, ihr Mobilitätsverhalten und ihre Verkehrsmittelnutzung kritisch zu hinterfragen und Mobilitätsentscheidungen bewusst und kompetent zu treffen.

Die Inhalte der schulische Mobilitätserziehung beschränken sich nicht nur auf den Straßenverkehr, sondern schließen auch alle anderen Verkehrsarten, wie z. B. den Bahn-, den Flug- und den Schiffsverkehr mit ein – sowohl als Personen- als auch als Güterverkehr.

Die KMK-Empfehlungen von 1994 liefern bis heute die Grundlage für Richtlinien, Rahmenvorgaben und Lehrpläne für die schulische Mobilitätserziehung in allen Bundesländern. Die mobilitätspädagogischen Inhalte wurden zum Teil in den Fachunterricht integriert, zum Teil stellt die Mobilitätserziehung ein fächerübergreifendes Erziehungsgebiet dar, das in alle Schulfächer eingebunden werden soll.

Geschlechtsspezifische Aspekte der Mobilitätserziehung werden weder in den KMK-Empfehlungen noch in den Curricula der Bundesländer thematisiert. Trotzdem werden die in den KMK-Empfehlungen formulierten Ziele, Inhalte und Methoden einer geschlechterorientierten Mobilitätserziehung gerecht, weil sie die pädagogischen Konsequenzen der geschlechtsspezifischen Unterschiede aufgreifen. Zu beklagen ist allerdings, dass bislang diese fächerübergreifenden Erziehungsaufgaben nur zum Teil in den Fachunterricht integriert werden.

In den Grundschulen werden mobilitätspädagogische Erziehungsaufgaben häufiger als in den weiterführenden Schulen wahrgenommen, weil sie in der Regel in die Lehrpläne der Schulfächer – besonders in den Sachunterricht und zum Teil auch in den Sportunterricht – eingebunden sind. Dieser Lehrplanbezug fehlt in den meisten Curricula für weiterführende Schulen. Nur in Niedersachsen wurde im Curriculum Mobilität eine Integration der Mobilitätserziehung in die Lehrpläne einzelner Schulfächer der Sekundarstufen vorgenommen (Deutsch, Englisch, Biologie, Physik, Erdkunde, Kunst und Politik) (vgl. Curt/Lindenberg/Ulbrich 2009). In den anderen Bundesländern stellt die Mobilitätserziehung in weiterführenden Schulen einen fächerübergreifenden Erziehungsbereich dar, für den alle Schulfächer zuständig sind. Das führt (leider) häufig zur Verantwortungsdiffusion und als Folge zur Vernachlässigung dieses Erziehungsbereichs, wie die Ergebnisse der bundesweiten repräsentativen Befragung von Lehrerinnen und Lehrern der Sekundarstufe I von Weishaupt et al. (2004, S. 28 ff.) zeigen: Nur 54,6 % der männlichen und 51,8 % der weiblichen Lehrpersonen gaben an, im den der Befragung vorausgehenden Schuljahr mobilitätspädagogische Bildungs-/Erziehungsaufgaben wahrgenommen zu haben. Wie die geschlechtsspezifischen Prozentzahlen zeigen, nehmen Lehrer diese Aufgabe etwas häufiger als Lehrerinnen war.

36.3.1 Schulstufenspezifische Ziele und Inhalte in der KMK-Empfehlung 1994

Primarbereich: „Die Grundlage der Verkehrserziehung im *Primarbereich* ist eine umfassende psychomotorische Erziehung, die das Bewegungs-, Wahrnehmungs-, Anpassungs- und Reaktionsvermögen fördert. Am Schulanfang steht ein Schulwegtraining, bei dem die Schülerinnen und Schüler gemeinsam mit Lehrern und Eltern ein sicheres Verhalten auf dem Schulweg üben. Ein Schwerpunkt der Verkehrserziehung im Primarbereich ist die Radfahrausbildung." (KMK-Empfehlungen 1994, S. 3).

Sekundarbereich I: Der inhaltliche Rahmen wird durch Themen umrissen, die auf ein sicheres und verantwortungsbewusstes Rad- und Mofa fahren in unterschiedlichen Verkehrssituationen, auf eine möglichst rational geleitete Auswahl der Verkehrsmittel und -wege, auf die für die Teilnahme am Verkehr notwendigen, rechtlichen, medizinischen, psychologischen und technischen Kenntnisse und auf Einsichten in grundlegende verkehrspolitische Fragestellungen zielen." (KMK-Empfehlungen 1994, S. 4).

Sekundarbereich II: „Der inhaltliche Rahmen wird durch Themen bestimmt, die über ein vertieftes Verständnis für verkehrswissenschaftliche Fragestellungen den Jugendlichen und den jungen Erwachsenen helfen, eigenverantwortlich, umweltbewusst und sicherheitsbewusst am Straßenverkehr teilzunehmen. Dazu eignen sich u. a. folgende Fragestellungen: physikalisch-technische (Brems- und Anhaltewege, Fliehkräfte, Aquaplaning), verkehrsmedizinische (Alkohol, Drogen), psychologische (Aggressionen, Imponiergehabe), ökologische (Schadstoffe, Tempolimit), ökonomische (Güterverkehr, Transportmittel), rechtliche (Haftung, Versicherung) und philosophische Themen." (KMK-Empfehlungen 1994, S. 4 ff.).

Die schulstufenspezifischen Ziele und Inhalte der KMK wurden in den Rahmenvorgaben und Curricula der Bundesländer aufgenommen – mit teilweise unterschiedlichen Schwerpunktsetzungen und Ergänzungen. So wurde in vielen Länder-Lehrplänen die Mobilitätsform „Öffentlicher Verkehr" einbezogen – sowohl für die Grundschule als auch für weiterführende Schulen. Diese Mobilitätsform kommt in den KMK-Empfehlungen aus dem Jahr 1994 zu kurz, ist aber für die umweltorientierte Mobilitätserziehung von großer Bedeutung.

36.4 Schwerpunkte einer geschlechterorientierten Mobilitätserziehung in der Schule

Mit einer geschlechterorientierten Mobilitätserziehung kann die Entwicklung der für die Verkehrsteilnahme erforderlichen Fähigkeiten und Fertigkeiten bei beiden Geschlechtern in einem koedukativen Kontext gefördert werden. Jungen und Mädchen werden gemeinsam unterrichtet – mit gemeinsamen, aber zum Teil auch unterschiedlichen Zielsetzungen. So können Schulumfeld-Erkundungen mit dem Fahrrad oder mit Inline-Skates bei Mädchen zur Vergrößerung ihrer Aktionsräume und als Folge zur Entwicklung des räum-

36 Schulische Mobilitätserziehung aus der Geschlechterperspektive 509

lichen Vorstellungsvermögens beitragen. Davon profitieren gleichzeitig Jungen, die in diesem Bereich Defizite haben. Gleichzeitig können Radtouren bei Jungen – aber auch bei risikobereiten Mädchen – durch das Erleben, Beobachten und Reflektieren gefährlicher Situationen im Straßenverkehr die Gefahrenkognition verbessern und durch Erkennung der Sinnhaftigkeit von Verkehrsregeln die Regel-Akzeptanz erhöhen und so einen Beitrag zur Unfallprävention leisten.

In einer schulischen Fahrradwerkstatt könnten Mädchen ihr technisches Verständnis vergrößern und Interesse an der Technik entwickeln, Jungen können sich mit den sicherheitsrelevanten Elementen am Fahrrad besser vertraut machen (ADAC 2002, 2010).

Die Thematisierung der Auswirkungen von Alkohol und Drogen auf das Risikoverhalten im Straßenverkehr kann dazu führen, dass männliche Jugendliche ihr Trinkverhalten in Diskotheken ändern oder statt mit dem Auto mit dem Nachtbus zur Disko fahren. Bei Mädchen kann die Auseinandersetzung mit dem Thema zur Ablehnung des Mitfahrens im Pkw eines alkoholisierten jungen Fahrers führen (ADAC 2003; Unterricht Biologie 2004).

Da bei vielen Mutproben männlicher Jugendlicher Mädchen als Zuschauerinnen einbezogen werden, kann eine gemeinsame Diskussion beider Geschlechter im Unterricht über Motive und Funktionen von Mutproben zu kognitiven Umstrukturierungen und zu Verhaltensänderungen bei beiden Geschlechtern führen – wie das folgende Beispiel aus dem Unterricht zeigt: In einer 6. Klasse wurde über eine Mutprobe diskutiert, die an der A 33 bei Detmold zum Tod eines Jugendlichen geführt hatte: Fünf Jugendliche hatten eine private Feier besucht. Dort wurde beschlossen, als Mutprobe möglichst knapp vor den herannahenden Fahrzeugen über die Autobahn zu laufen. Die bei der Feier anwesenden Mädchen wurden als Zuschauerinnen auf die Autobahnbrücke postiert. Sie sollten die Mutproben beobachten. Dabei wurde ein Jugendlicher von einem Auto erfasst und getötet (vgl. Limbourg et al. 2000, S. 69). In der Diskussion zeigte sich, dass die Annahme der Jungen, die Mädchen würden bei gefährlichen Mutproben ihren Mut bewundern, falsch war. Die Mädchen bezeichneten das Verhalten der Jungen als „dumm" und äußerten sich kritisch über die bei der Mutprobe anwesenden Mädchen, die möglicherweise die Mutprobe verhindern hätten können. Die gemeinsame Reflexion führte bei beiden Geschlechtern zu unterschiedlichen – durchaus positiven – Einsichten.

Offene Unterrichtsmethoden, die geschlechtsspezifische Schwerpunktsetzungen ermöglichen, sind für eine geschlechterorientierte Mobilitätserziehung besonders gut geeignet. Mit Projekten, Stationen, Betrieben oder Werkstätten lassen sich sowohl gemeinsame als auch unterschiedliche mobilitätspädagogische Ziele für beide Geschlechter erreichen. Diese Unterrichtsmethoden werden in den KMK-Empfehlungen 1994 ausdrücklich vorgeschlagen. Ein sehr gutes Beispiel für einen geschlechtergerechten Unterricht zur Förderung der Bus-Nutzung bei Schülerinnen und Schülern in einer Realschule in Gütersloh ist das Projekt „Rollende Traumbus-Revue" (vgl. Meier/Czapla 2002). Jungen und Mädchen konnten Busse des örtlichen Verkehrsbetriebs nach ihren eigenen „Traum-/Wunsch"-Vorstellungen gestalten und mit ihnen durch die Stadt fahren. Einige Busse wurden nur von Mädchen gestaltet (z. B. ein Modeschau-Bus), andere nur von Jungen (z. B. ein Tischfußball-Bus). Es gab aber auch Busse, die von Jungen und Mädchen gemeinsam gestaltet wurden (z. B. ein Kunst-Bus oder ein Literatur-Bus).

36.5 Schlussbetrachtung

Eine wichtige Maßnahme zur Umsetzung einer geschlechtergerechten Mobilitätserziehung wäre eine stärkere Beteiligung von Lehrern und Lehrerinnen aller Schulstufen und Schulfächer an der Vermittlung von Kompetenzen in diesem fächerübergreifenden Erziehungsgebiet. Das würde eine größere thematische Vielfalt in die Mobilitätserziehung bringen und dadurch die Chancen für eine angemessene Berücksichtigung beider Geschlechter vergrößern. Dieses Ziel könnte durch eine Integration der Mobilitätserziehung in die Lehrpläne der Schulfächer – so wie es bundesweit in den Grundschulen und in Niedersachsen in den weiterführenden Schulen bereits realisiert wurde – erreicht werden. Auch die stärkere Berücksichtigung der Mobilitätserziehung in der Lehrer- und Lehrerinnenausbildung sowie in der Fortbildung könnte einen Beitrag zur Intensivierung der pädagogischen Bemühungen in diesem Erziehungsbereich leisten.

Ein weiterer wichtiger Schritt wäre eine Überarbeitung der KMK-Empfehlungen aus dem Jahr 1994 unter Einbeziehung der Gender-Perspektive bei der Formulierung von Zielen und Inhalten für die schulische Mobilitätserziehung. Die Veränderungen von Mobilität und Verkehr seit den 1990er Jahren in unserer Gesellschaft machen eine Überarbeitung der KMK-Empfehlungen nicht nur aus der Gender-Perspektive erforderlich. Bei einer erneuten Befassung der Kultusministerkonferenz mit der schulischen Mobilitätserziehung könnten die KMK-Empfehlungen unter Einbeziehung der Gender-Perspektive aktualisiert werden. (Nach Fertigstellung dieses Beitrags wurde die Empfehlungen zur Mobilitäts-/Verkehrserziehung aus den Jahren 1972 und 1994 von der Kultusministerkonferenz erneut überarbeitet. Die neuen Empfehlungen wurden am 10.5.2012 bekanntgegeben (Beschluss der Kultusministerkonferenz vom 07.07.1972 i. d. F. vom 10.05.2012). Sie berücksichtigen zum ersten Mal auch geschlechtsspezifische Aspekte, die jetzt in den Länder-Curricula konkretisiert werden müssen.)

Literatur

ADAC (2002): Unterwegs mit dem Fahrrad. Reihe ADAC-Signale, München.
ADAC (2003): Alkohol und Drogen sind schlechte „Beifahrer". Reihe ADAC-Signale, München.
ADAC (2005): Hilfe – Wo bleibt die Hilfsbereitschaft? Reihe ADAC-Signale, München.
ADAC (2006): Naturgesetze setzen Grenzen. Reihe ADAC-Signale, München.
ADAC (2010): Inline-Skating: Auf Rollen unterwegs. Reihe ADAC-Signale, München.
Arnett, Jeffrey/Irwin, Charles/Halpern-Felsher, Bonnie (2002): Developmental sources of crash risk in young drivers. In: Injury Prevention, 8 (Suppl. 2), S. 17–23.
Curt, Erwin/Lindenberg, Bodo/Ulbrich, Klaus (2009): Das niedersächsische Curriculum Mobilität. Ein wegweisendes Bildungskonzept für die Schule. In: Curt, Erwin/Roselieb, Horst/Wiesmül-

36 Schulische Mobilitätserziehung aus der Geschlechterperspektive

ler, Christian (Hrsg.): Mobilität bewegt Schule – Das niedersächsische Curriculum Mobilität an schulischen und außerschulischen Lernorten. Bielefeld: Bertelsmann Verlag, S. 85–99.

Dabbs, James/Morris, Robin (1990): Testosterone, social class and antisocial behavior in a sample of 4462 men. In: Psychological Science, 1, S. 209–211.

Flade, Antje (1999): Zu den Ursachen des unterschiedlichen Mobilitätsverhaltens von Männern und Frauen. In: Flade, Antje/Limbourg, Maria (Hrsg.): Frauen und Männer in der mobilen Gesellschaft. Opladen: Leske + Budrich, S. 137–151.

Flade, Antje (2009): Unterwegs zur Schule. In: Grundschulzeitschrift, 224, S. 36–39.

Flade, Antje/Hacke, Ulricke/Lohmann, Günther (2003): Pragmatische Kindheit und das Verschwinden des Geschlechtsunterschieds. In: Podlich, Carola/Kleine, Wilhelm (Hrsg.): „Kinder auf der Straße" – Bewegung zwischen Begeisterung und Bedrohung. Sankt Augustin: Academia Verlag, S. 120–142.

Flade, Antje/Limbourg, Maria (1997): Das Hineinwachsen in die motorisierte Gesellschaft. Darmstadt: Institut Wohnen und Umwelt.

Funk, Walter/Faßmann, Hendrik (2002): Beteiligung, Verhalten und Sicherheit von Kindern und Jugendlichen im Straßenverkehr. Bergisch Gladbach: Bericht der Bundesanstalt für Straßenwesen, Heft M 138.

Gerra, Gilberto/Avanzini, Paola/Zaimovic, Amir/Sartori, Roberto/Bocchi, Carlotta/Timpano, Mariaemanuela/Zambelli, Ursula/Delsignore, Roberto/Gardini, Federica/Talarico, Enrica/Brambilla, Francesca (1999): Neurotransmitters, neuroendocrine correlates of sensation seeking temperament in normal humans. In: Neuropsychobiology, 39, S. 207–213.

Hannover, Bettina (2010): Sozialpsychologie und Geschlecht – Die Entstehung von Geschlechterunterschieden aus der Sicht der Selbstpsychologie. In: Steins, Gisela (Hrsg.): Psychologie und Geschlechterforschung. Wiesbaden: VS Verlag für Sozialwissenschaften, S. 27–42.

Helfferich, Cornelia (2001): Jugendliches Risikoverhalten aus geschlechtsspezifischer Sicht. In: Raithel, Jürgen (Hrsg.): Risikoverhaltensweisen Jugendlicher. Opladen: Leske + Budrich, S. 331–347.

Hoppe, Heidrun (1997): Der Straßenverkehr als Feld sozialen Lernens für Mädchen und Jungen. In: Verkehrsclub Deutschland: Symposium „Kinder im Verkehr". Hamburg, 1996, S. 63–68.

Kraftfahrt-Bundesamt (2008): Statistische Mitteilungen, Flensburg.

Kultusministerkonferenz (1973): Empfehlungen zur Verkehrserziehung in der Schule. Beschluss der KMK vom 7. Juli 1972. In: KMK (1973): Kulturpolitik der Länder 1971–1972, Bonn, S. 297–301.

Kultusministerkonferenz (1994): Empfehlungen zur Verkehrserziehung in der Schule vom 17. Juni 1994, Bonn. In: Zeitschrift für Verkehrserziehung, 1995, 45, 1, S. 4–8.

Limbourg, Maria (2008): Kinder unterwegs im Straßenverkehr. Reihe Prävention in NRW, Heft Nr. 12. Düsseldorf: Unfallkasse NRW.

Limbourg, Maria (2010): Mutproben im Kindes- und Jugendalter. In: Sache-Wort-Zahl, 38, 107, S. 35–42.

Limbourg, Maria (2011a): Jugendliche unterwegs. Reihe Prävention in NRW, Heft Nr. 46. Düsseldorf: Unfallkasse NRW.

Limbourg, Maria (2011b): Mobilitätserziehung als Beitrag zur Sozialerziehung. In: Limbourg, Maria/Steins, Gisela (Hrsg.): Sozialerziehung in der Schule. Wiesbaden: VS Verlag für Sozialwissenschaften, S. 399–424.

Limbourg, Maria/Flade, Antje/Schönharting, Jörg (2000): Mobilität im Kindes- und Jugendalter. Opladen: Leske + Budrich.

Limbourg, Maria/Reiter, Karl (2009a): Vorschulische und schulische Mobilitäts- und Verkehrserziehung. In: Krüger, Hans-Peter (Hrsg.): Enzyklopädie der Psychologie, Serie VI, Verkehrspsychologie, Band 2: Anwendungsfelder der Verkehrspsychologie. Hogrefe Verlag für Psychologie, Göttingen, S. 127–159.

Limbourg, Maria/Reiter, Karl (2009b): Verkehrspsychologische Genderforschung. In: Steins, Gisela (Hrsg.): Psychologie und Geschlechterforschung. Wiesbaden: VS Verlag für Sozialwissenschaften, S. 173–197.

Meier, Hubert/Czapla, Günna (2002): „Rollende Traumbus-Revue". In: Verkehrszeichen, 4, 24–31.

Mobilität in Deutschland (2008): http://www.mobilitaet-in-deutschland.de/pdf/MiD2008_Abschlussbericht_I.pdf, 29.6.2011.

Schmidt, Günther/Schmidt, Lieselotte/Drunecky, Gabriele (1999): MOMO – Modellversuch Mobilitätsausbildung in Schule und Fahrschule. In: Meyer-Gramcko, Fritz (Hrsg.): Verkehrspsychologie auf neuen Wegen. 37. BDP-Kongress für Verkehrspsychologie. Bonn: Deutscher Psychologen Verlag, S. 447–454

Siller, Rolf (2003) (Hrsg.): Entwurf einer Didaktik der Verkehrs- und Mobilitätserziehung. In: Siller, Rolf (Hrsg.): Kinder unterwegs – Schule macht mobil – Verkehrs- und Mobilitätserziehung in der Schule. Donauwörth: Ludwig Auer Verlag, S. 41–45.

Siller, Rolf/Lahr, Christine (2003a): II. Didaktik der Verkehrs- und Mobilitätserziehung – Abriss einer Geschichte der Verkehrserziehung. In: Siller, Rolf (Hrsg.): Kinder unterwegs – Schule macht mobil – Verkehrs- und Mobilitätserziehung in der Schule. Donauwörth: Ludwig Auer Verlag, S. 38–40.

Siller, Rolf/Lahr, Christine (2003b): Der jugendliche Verkehrsteilnehmer. In: Siller, Rolf. (Hrsg.): Kinder unterwegs – Schule macht mobil – Verkehrs- und Mobilitätserziehung in der Schule. Donauwörth: Ludwig Auer Verlag, S. 100–110.

Spitta, Philipp (2005): Praxisbuch Mobilitätserziehung. Baltmannsweiler: Schneider Verlag Hohengehren.

Statistisches Bundesamt (2010): Verkehrsunfälle 2009, Wiesbaden.

Unterricht Biologie (2004): Mobilitätserziehung im Biologieunterricht, Heft 294.

von Reeken, Dietmar (2001): Verkehrserziehung und Mobilitätsbildung. In: Einsiedler, Wolfgang/Götz, Margarete/Hacker, Hartmut/Kahlert, Joachim/Keck, Rudolf/Sandfuchs, Uwe (Hrsg.): Handbuch Grundschulpädagogik und Grundschuldidaktik. Bad Heilbrunn/Obb: Klinkhardt, S. 611–615.

Webley, Paul (1981): Sex differences in home range and cognitive maps in eight-year old children. In: Journal of Environmental Psychology, 1, 4, S. 293–302.

Weishaupt, Horst/Berger, Melanie/Saul, Bernadette/Schimunek, Franz-Peter/Grimm, Katja/Pleßmann, Stefan/Zügenrücker, Ingra (2004): Verkehrserziehung in der Sekundarstufe. Berichte der Bundesanstalt für Straßenwesen, Reihe Mensch und Sicherheit, Heft M 157, Bergisch Gladbach.

World Health Organisation (2004): World report on road traffic injury prevention. Geneva: WHO.

Zuckerman, Marvin (1979): Sensation seeking: Beyond the optimal level of arousal. Hillsdale: Erlbaum.

Zuckerman, Marvin (1994): Behavioral Expressions and Biosocial Bases of Sensation Seeking. Cambridge: Cambridge University Press.